BECK'SCHE KOMMENTARE ZUM ARBEITSRECHT

HERAUSGEGEBEN VON GÖTZ HUECK UND DIRK NEUMANN

BAND XXXI

Mindestlohngesetz

Kommentar

Von

Christian Riechert
Oberregierungsrat im Bundesministerium für Arbeit und Soziales

Dr. Lutz Nimmerjahn
Richter am Arbeitsgericht Stuttgart

Verlag C.H.Beck München 2015

www.beck.de

ISBN 978 3 406 67694 9

© 2015 Verlag C. H. Beck oHG
Wilhelmstraße 9, 80801 München
Druck: fgb · freiburger graphische betriebe
Bebelstraße 11, 79108 Freiburg

Satz: Druckerei C. H. Beck Nördlingen

Gedruckt auf säurefreiem, alterungsbeständigem Papier
(hergestellt aus chlorfrei gebleichtem Zellstoff)

Vorwort

Zum 1.1.2015 wird mit Artikel 1 des Tarifautonomiestärkungsgesetzes v. 11.8.2014 (BGBl. I S. 1348) erstmals ein allgemeiner gesetzlicher Mindestlohn in der Bundesrepublik Deutschland eingeführt. Bundesministerin für Arbeit und Soziales Andrea Nahles sieht im Mindestlohngesetz einen Meilenstein in der Arbeits- und Sozialpolitik der Bundesrepublik Deutschland. Karl Schiewerling, arbeitsmarkt- und sozialpolitischer Sprecher der CDU/CSU-Bundestagsfraktion, spricht von „einer Operation am offenen Herzen der sozialen Marktwirtschaft" und spricht damit zugleich die befürchteten Risiken und Nebenwirkungen des Mindestlohns an. Aus ordnungs- und verfassungspolitischer Sicht wird es Umsicht bedürfen, damit sich der auch als Stärkung der Tarifpartnerschaft gewollte Mindestlohn im Rückblick nicht als Einstieg in eine umfassendere staatliche Lohnfindung erweist.

Nach Einschätzung der Bundesregierung profitieren über 3,7 Millionen Arbeitnehmerinnen und Arbeitnehmer unmittelbar von der Einführung des Mindestlohns. Das Mindestlohngesetz – dies hat sich noch nicht überall herumgesprochen – wirkt aber nicht nur in diesen Arbeitsverhältnissen. Einen Anspruch auf den Mindestlohn hat jede Arbeitnehmerin und jeder Arbeitnehmer. Regelungen zur Fälligkeit des Mindestlohns, der Führung von Arbeitszeitkonten, der Anrechenbarkeit von Sachleistungen sowie von Zulagen und Zuschlägen auf den Mindestlohn oder gesetzliche Melde- und Dokumentationspflichten sind auch in Arbeitsverhältnissen von Bedeutung, bei denen auf dem Lohnzettel (vermeintlich) mehr als brutto 8,50 Euro je Arbeitsstunde stehen. Für die Praxis sind die sich stellenden Rechtsfragen insbesondere deshalb von besonderer Bedeutung, da Verstöße gegen die Vorgaben des Mindestlohngesetzes nicht nur zivilrechtliche Folgen zeitigen, sondern als Ordnungswidrigkeit geahndet werden können. Schon aus dem Gesichtspunkt der „Compliance" heraus ist es für Unternehmensjuristen und Personaler ebenso wie für die rechts- und steuerberatenden Berufe daher unerlässlich, sich mit dem Mindestlohngesetz eingehend zu befassen.

Die vorliegende Kommentierung soll vor allem der Praxis als fundiertes und verlässliches Nachschlagewerk dienen. Soweit die Rechtsauffassung der Verfasser von einer bereits bei Drucklegung absehbaren Kontrollpraxis der Zollbehörden abweicht, wird dies in der Kommentierung entsprechend ausgewiesen. Über die für die Praxis besonders bedeutsamen tarifgestützten Übergangsverordnungen sowie die vom Bundesministerium der Finanzen und dem Bundesministerium für Arbeit und Soziales erlassenen Ausführungsverordnungen im Hinblick auf die Melde- und Dokumentationspflichten wird ein Überblick gegeben. Sie befinden sich zudem als Volltext im Anhang.

Ein großer Dank gebührt den Kolleginnen und Kollegen in der „Mindestlohngruppe" des Bundesministeriums für Arbeit und Soziales. Ihre fachliche Expertise hat das Nachdenken über die verschiedenen Rechtsfragen außerordentlich bereichert und den Verfassern sehr geholfen, ihre persönliche Rechtsauffassung zu entwickeln. Bedanken möchten sich die Verfasser bei Herrn Oberregierungsrat Thomas Keysers, dessen Diskussionsfreude an manchen Stellen dazu angeregt hat, die Argumentation nochmals zu schärfen. Dieses Kommentarprojekt wurde durch die freundliche Fürsprache von Herrn Prof. Dr. Rainer Schlegel, Vizepräsident des Bundessozialgerichts und ehemaliger Leiter der Abteilung für Arbeitsrecht und Arbeitsschutz im Bundesministerium für Arbeit und Soziales, mindestens befördert. Die Verfasser sind ihm nicht nur hierfür zum Dank verpflichtet.

Berlin, im Februar 2015

Christian Riechert
Lutz Nimmerjahn

Inhaltsverzeichnis

Vorwort	V
Abkürzungsverzeichnis	IX
Literaturverzeichnis	XVII
Gesetz zur Regelung eines allgemeinen Mindestlohns	1
Einführung	11

Gesetz zur Regelung eines allgemeinen Mindestlohns

Abschnitt 1. Festsetzung des allgemeinen Mindestlohns

Unterabschnitt 1. Inhalt des allgemeinen Mindestlohns

§ 1	Mindestlohn	53
§ 2	Fälligkeit des Mindestlohns	92
§ 3	Unabdingbarkeit des Mindestlohns	108

Unterabschnitt 2. Mindestlohnkommission

§ 4	Aufgabe und Zusammensetzung	122
§ 5	Stimmberechtigte Mitglieder	123
§ 6	Vorsitz	132
§ 7	Beratende Mitglieder	136
§ 8	Rechtsstellung der Mitglieder	140
§ 9	Beschluss der Mindestlohnkommission	143
§ 10	Verfahren der Mindestlohnkommission	150
§ 11	Rechtsverordnung	155
§ 12	Geschäfts- und Informationsstelle für den Mindestlohn; Kostenträgerschaft	166

Abschnitt 2. Zivilrechtliche Durchsetzung

§ 13	Haftung des Auftraggebers	171

Abschnitt 3. Kontrolle und Durchsetzung durch staatliche Behörden

§ 14	Zuständigkeit	187
§ 15	Befugnisse der Behörden der Zollverwaltung und anderer Behörden; Mitwirkungspflichten des Arbeitgebers	189
§ 16	Meldepflicht	197
§ 17	Erstellen und Bereithalten von Dokumenten	207
§ 18	Zusammenarbeit der in- und ausländischen Behörden	219
§ 19	Ausschluss von der Vergabe öffentlicher Aufträge	221
§ 20	Pflichten des Arbeitgebers zur Zahlung des Mindestlohns	236
§ 21	Bußgeldvorschriften	242

Abschnitt 4. Schlussvorschriften

§ 22	Persönlicher Anwendungsbereich	271
§ 23	Evaluation	304
§ 24	Übergangsregelung	307

Inhaltsverzeichnis

Anlage 1	Verordnung über Meldepflichten nach dem Mindestlohngesetz, dem Arbeitnehmer-Entsendegesetz und dem Arbeitnehmerüberlassungsgesetz	321
Anlage 2	Verordnung zu den Dokumentationspflichten nach den §§ 16 und 17 des Mindestlohngesetzes in Bezug auf bestimmte Arbeitnehmergruppen	323
Anlage 3	Verordnung zur Abwandlung der Pflicht zur Arbeitszeitaufzeichnung nach dem Mindestlohngesetz und dem Arbeitnehmer-Entsendegesetz	325
Anlage 4	Verordnung über zwingende Arbeitsbedingungen in der Fleischwirtschaft	327
Anlage 5	Verordnung über zwingende Arbeitsbedingungen im Friseurhandwerk	331
Anlage 6	Verordnung über zwingende Arbeitsbedingungen in der Land- und Forstwirtschaft sowie im Gartenbau	335
Anlage 7	Zweite Verordnung über zwingende Arbeitsbedingungen für Wäschereidienstleistungen im Objektkundengeschäft	339
Anlage 8	Verordnung über zwingende Arbeitsbedingungen in der Textil- und Bekleidungsindustrie	343
Anlage 9	Zweite Verordnung über eine Lohnuntergrenze in der Arbeitnehmerüberlassung	345
Sachverzeichnis		347

Abkürzungsverzeichnis

a. D.	außer Dienst
aA	anderer Auffassung
aaO	am angegebenen Ort
abl.	ablehnend
ABl.	Amtsblatt
Abs.	Absatz
aE	am Ende
AEntG	Arbeitnehmer-Entsendegesetz
AEntGMeldV	Verordnung über Meldepflichten nach dem Arbeitnehmer-Entsendegesetz
AEUV	Vertrag über die Arbeitsweise der Europäischen Union
aF	alte Fassung
AfP	Zeitschrift für Medien-und Kommunikationsrecht
AG	Aktiengesellschaft
AGB	Allgemeine Geschäftsbedingungen
ähnl.	ähnlich
allgM	allgemeine Meinung
Alt.	Alternative
ÄndG	Änderungsgesetz
Anh.	Anhang
AO	Abgabenordnung
AP	Arbeitsrechtliche Praxis
ArbG	Arbeitsgericht
ArbGG	Arbeitsgerichtsgesetz
ArbR	Arbeitsrecht aktuell
ArbRB	Arbeits-Rechts-Berater
ArbZG	Arbeitszeitgesetz
Art.	Artikel
ASiG	Gesetz über Betriebsärzte, Sicherheitsingenieure und andere Fachkräfte für Arbeitssicherheit
ATZG	Altersteilzeitgesetz
AuA	Arbeit und Arbeitsrecht
AufenthG	Gesetz über den Aufenthalt, die Erwerbstätigkeit und die Integration von Ausländern im Bundesgebiet
AÜG	Gesetz zur Regelung der Arbeitnehmerüberlassung
AuR	Arbeit und Recht
AusbDienstLArbbV	Verordnung über zwingende Arbeitsbedingungen für Aus- und Weiterbildungsdienstleistungen nach dem Zweiten oder Dritten Buch Sozialgesetzbuch
ausf.	ausführlich
AVRAG	Arbeitsvertragsrechts-Anpassungsgesetz
AZO	Arbeitszeitordnung
BA	Bundesagentur für Arbeit
Bad.-Württ.	Baden-Württemberg
BAG	Bundesarbeitsgericht
BAnz	Bundesanzeiger
BAnz AT	Bundesanzeiger Allgemeiner Teil
BArbBl.	Bundesarbeitsblatt
BAT	Bundesangestelltentarifvertrag
BAuA	Bundesanstalt für Arbeitsschutz und Arbeitsmedizin
BauArbbV	Bauarbeitsbedingungenverordnung

Abkürzungsverzeichnis

Bay. LSG	Bayerisches Landessozialgericht
BayObLG	Bayerisches Oberstes Landesgericht
BayVBl	Bayerische Verwaltungsblätter
BB	Betriebs-Berater
Bbg.	Brandenburg
BBiG	Berufsbildungsgesetz
BDA	Bundesvereinigung der Deutschen Arbeitgeberverbände
BdKEP	Bundesverband der Kurier-Express-Post-Dienste
BDSG	Bundesdatenschutzgesetz
BDVZ	Bundesverband Deutscher Zeitungsverleger
BeckRS	Beck-Rechtsprechung
BEEG	Bundeselterngeld- und Elternzeitgesetz
BergbauArbbV	Bergbauspezialarbeitenarbeitsbedingungenverordnung
BerlVgV	Berliner Ausschreibungs- und Vergabegesetz
Beschl.	Beschluss
BetrAVG	Gesetz zur Verbesserung der betrieblichen Altersversorgung
BetrVG	Betriebsverfassungsgesetz
BFD	Bundesfinanzdirektion
BFDG	Bundesfreiwilligendienstgesetz
BFH	Bundesfinanzhof
BGB	Bürgerliches Gesetzbuch
BGBl.	Bundesgesetzblatt
BGH	Bundesgerichtshof
BGHSt	Entscheidungen des Bundesgerichtshofs in Strafsachen
BGHZ	Entscheidungen des Bundesgerichtshofs in Zivilsachen
BGremBG	Bundesgremienbesetzungsgesetz
BIBB	Bundesinstitut für Berufsbildung
BJagdG	Bundesjagdgesetz
Bln.	Berlin
Bln.-Bbg.	Berlin-Brandenburg
BMAS	Bundesministerium für Arbeit und Soziales
BMEL	Bundesministerium für Energie und Landwirtschaft
BMF	Bundesministerium für Finanzen
BMFSFJ	Bundesministerium für Familie, Senioren, Frauen und Jugend
BMVI	Bundesministerium für Verkehr und digitale Infrastruktur
BMWi	Bundesministerium für Wirtschaft und Technologie
BPersVG	Bundespersonalvertretungsgesetz
BQFG	Berufsqualifikationsfeststellungsgesetz
BR	Bundesrat
BRAK	Bundesrechtsanwaltskammer
BRD	Bundesrepublik Deutschland
BR-Drs.	Drucksache des Bundesrats
BReg	Bundesregierung
Brem.	Bremen
BRTV	Bundesrahmentarifvertrag für das Baugewerbe
BSG	Bundessozialgericht
BSGE	Entscheidungen des Bundessozialgerichts
BSHG	Bundessozialhilfegesetz
bspw.	beispielsweise
BT-Drs.	Drucksache des Deutschen Bundestags
Buchst.	Buchstabe
BUrlG	Bundesurlaubsgesetz
BverfG	Bundesverfassungsgericht
BverfGE	Entscheidungen des Bundesverfassungsgerichts
BVerwG	Bundesverwaltungsgericht
BVerwGE	Entscheidungen des Bundesverwaltungsgerichts
BVV	Beitragsverfahrensverordnung
bzw.	beziehungsweise

Abkürzungsverzeichnis

ca.	circa
CDU	Christlich Demokratische Union Deutschlands
CEEP	Europäischer Verband der öffentlichen Unternehmen und Arbeitgeber
CGZP	Tarifgemeinschaft Christlicher Gewerkschaften für Zeitarbeit und Personal-Service-Agenturen
CSU	Christlich-Soziale Union in Bayern
DachdArbbV	Verordnung über zwingende Arbeitsbedingungen im Dachdeckerhandwerk
DAV	Deutscher Anwaltverein
DB	Der Betrieb
ders.	derselbe
DGB	Deutscher Gewerkschaftsbund
dh	das heißt
dies.	dieselbe
diff.	differenzierend
DIHK	Deutscher Industrie- und Handelskammertag
DIW	Deutsches Institut für Wirtschaftsforschung
Drs.	Drucksache
DRV	Deutsche Rentenversicherung
DStR	Deutsches Steuerrecht
DZWIR	Deutsche Zeitschrift für Wirtschafts- und Insolvenzrecht
e. V.	eingetragener Verein
eA	einer Ansicht
ebs.	ebenso
EFZG	Entgeltfortzahlungsgesetz
EG	Europäische Gemeinschaft
EGB	Europäischer Gewerkschaftsbund
EGB-UNICE-CEEP	Drei Europäische Sozialpartner; zur Bedeutung siehe unter den drei Einzelabkürzungen
Einf.	Einführung
Einl.	Einleitung
EMRK	Europäische Menschenrechtskonvention
ErwGr	Erwägungsgrund
ESC	Europäische Sozialcharta
EStG	Einkommensteuergesetz
EU	Europäische Union
EuGH	Europäischer Gerichtshof
EuZA	Europäische Zeitschrift für Arbeitsrecht
EuZW	Europäische Zeitschrift für Wirtschaftsrecht
evtl.	eventuell
EzA	Entscheidungssammlung zum Arbeitsrecht
EzAÜG	Entscheidungssammlung zum Arbeitnehmerüberlassungsgesetz
f.	folgende
f., ff.	fortfolgende
FA	Fachanwalt Arbeitsrecht
FAZ	Frankfurter Allgemeine Zeitung
FDP	Freie Demokratische Partei
FG	Finanzgericht
FKS	Finanzkontrolle Schwarzarbeit der Bundeszollverwaltung
FleischArbbV	Verordnung über zwingende Arbeitsbedingungen in der Fleischwirtschaft
Fleischw	Fleischwirtschaft
FriseurArbbV	Friseurarbeitsbedingungenverordnung
FS	Festschrift
FVG	Finanzverwaltungsgesetz

Abkürzungsverzeichnis

GebäudeArbbV	Gebäudereinigungsarbeitsbedingungenverordnung
GerüstbArbbV	Verordnung über zwingende Arbeitsbedingungen im Gerüstbauerhandwerk
GewArch	Gewerbearchiv
GewO	Gewerbeordnung
GG	Grundgesetz
ggf.	gegebenenfalls
gGmbH	Gemeinnützige Gesellschaft mit beschränkter Haftung
GGO	Gemeinsame Geschäftsordnung der Bundesministerien
GLFA	Gesamtverband der Deutschen land- und forstwirtschaftlichen Arbeitgeberverbände
GmbH & Co. KG	Gesellschaft mit beschränkter Haftung & Compagnie Kommanditgesellschaft
GMBl	Gemeinsames Ministerialblatt
GRC	Charta der Grundrechte der Europäischen Union
grds.	grundsätzlich
GRUR	Gewerblicher Rechtsschutz und Urheberrecht
GS	Gedächtnisschrift
GWB	Gesetz gegen Wettbewerbsbeschränkungen
HAG	Heimarbeitsgesetz
HDE	Handelsverband Deutschland
Hess.	hessisch
HGB	Handelsgesetzbuch
hM	herrschende Meinung
Hmb.	Hamburg
Hs.	Halbsatz
IAB	Institut für Arbeitsmarkt- und Berufsforschung
IAQ	Institut Arbeit und Qualifikation
IBR	Immobilien- und Baurecht
idF	in der Fassung
idR	in der Regel
idS	in diesem Sinne
iE	im Ergebnis
ieS	im engeren Sinne
IFG	Informationsfreiheitsgesetz
IG BAU	Industriegewerkschaft Bauen-Agrar-Umwelt
IG BCE	Industriegewerkschaft Bergbau, Chemie, Energie
IG Metall	Industriegewerkschaft Metall
iHv	in Höhe von
iSd	im Sinne (des, der)
iSe	im Sinne (einer, eines)
IStR	Internationales Steuerrecht
iSv	im Sinne von
iÜ	im Übrigen
iVm	in Verbindung mit
iwS	im weiteren Sinne
JA	Juristische Arbeitsblätter
JArbSchG	Jugendarbeitsschutzgesetz
JFDG	Jugendfreiwilligendienstegesetz
jM	juris – Die Monatszeitschrift
JuMoG	Justizmodernisierungsgesetz
jurisPR-ArbR	juris Praxisreport-Arbeitsrecht
jurisPR-TranspR	juris PraxisReport-Transportrecht
JuS	Juristische Schulung

Abkürzungsverzeichnis

JVEG	Justizvergütungs- und Entschädigungsgesetz
JZ	JuristenZeitung
Kfz	Kraftfahrzeug
KG	Kammergericht
Kita	Kindertagesstätte
krit.	kritisch
KSchG	Kündigungsschutzgesetz
KStG	Körperschaftsteuergesetz
LAG	Landesarbeitsgericht
LAGE	Entscheidungen der Landesarbeitsgerichte
Landw	Landwirtschaft
LTTG RhPf.	Landestariftreuegesetz Rheinland-Pfalz
MalerArbbV	Verordnung über zwingende Arbeitsbedingungen im Maler- und Lackiererhandwerk
max.	maximal
MiArbG	Gesetz über die Festsetzung von Mindestarbeitsbedingungen
MiLoAufzV	Mindestlohnaufzeichnungsverordnung
MiLodokEV	Mindestlohndokumentationspflichteneinschränkungsverordnung
MiLoG	Gesetz zur Regelung eines allgemeinen Mindestlohns
MiLoG-E	Mindestlohngesetz Entwurf
MiLoMeldV	Mindestlohnmeldeverordnung
Mio.	Million(en)
MiZi	Anordnung über Mitteilung in Zivilsachen
MOE-Staaten	Staaten Mittel- und Osteuropas
MPhG	Gesetz über die Berufe in der Physiotherapie
MV	Mecklenburg-Vorpommern
mwN	mit weiteren Nachweisen
NachwG	Gesetz über den Nachweis der für ein Arbeitsverhältnis geltenden wesentlichen Bedingungen
Nds.	Niedersachsen
nF	neue Fassung
NGG	Gewerkschaft Nahrung-Genuss-Gaststätten
NJOZ	Neue Juristische Online Zeitschrift
NJW	Neue Juristische Wochenschrift
NotSanG	Gesetz über den Beruf der Notfallsanitäterin und des Notfallsanitäters
Nr.	Nummer
nrkr	nicht rechtskräftig
NStZ	Neue Zeitschrift für Strafrecht
NStZ-RR	Neue Zeitschrift für Strafrecht – Rechtsprechungsreport
NTVergG	Niedersächsisches Tariftreue- und Vergabegesetz
NVwZ	Neue Zeitschrift für Verwaltungsrecht
NVwZ-RR	Neue Zeitschrift für Verwaltungsrecht – Rechtsprechungsreport
NZA	Neue Zeitschrift für Arbeitsrecht
NZA-Beil.	Neue Zeitschrift für Arbeitsrecht – Beilage
NZA-RR	Neue Zeitschrift für Arbeitsrecht – Rechtsprechungsreport
NZBau	Neue Zeitschrift für Baurecht und Vergaberecht
NZS	Neue Zeitschrift für Sozialrecht
NZS	Neue Zeitschrift für Sozialrecht
oä	oder ähnliches
OECD	Organisation für wirtschaftliche Zusammenarbeit und Entwicklung
OLG	Oberlandesgericht
ÖPNV	Öffentlicher Personennahverkehr
OVG	Oberverwaltungsgericht

Abkürzungsverzeichnis

Owi	Ordnungswidrigkeit
OWiG	Gesetz über Ordnungswidrigkeiten
PflegeArbbV	Pflegearbeitsbedingungenverordnung
PM	Pressemitteilung
PostG	Postgesetz
PsychTh-APrV	Ausbildungs- und Prüfungsverordnung für Psychologische Psychotherapeuten
PsychThG	Gesetz über die Berufe des Psychologischen Psychotherapeuten und des Kinder- und Jugendlichenpsychotherapeuten
PTAG	Gesetz über den Beruf des pharmazeutisch-technischen Assistenten
RdA	Recht der Arbeit. Zeitschrift für die Wissenschaft und Praxis des gesamten Arbeitsrechts
RefE	Referentenentwurf
RegE	Regierungsentwurf
RettAssG	Gesetz über den Beruf der Rettungsassistentin und des Rettungsassistenten
RhPf.	Rheinland-Pfalz
RL	Richtlinie
Rn.	Randnummer
ROM-I-VO	Verordnung (EG) Nr. 593/2008 des Europäischen Parlaments und des Rates vom 17. Juni 2008 über das auf vertragliche Schuldverhältnisse anzuwendende Recht
Rs.	Rechtssache
Rspr.	Rechtsprechung
RVVerkG	Gesetz über die Verkündung von Rechtsverordnungen
S.	Seite, Satz
s.	siehe
Saarl.	Saarland
Sächs.	Sächsisch
SAE	Sammlung arbeitsrechtlicher Entscheidungen
SchlH	Schleswig-Holstein
SchwarzArbG	Gesetz zur Bekämpfung der Schwarzarbeit und illegalen Beschäftigung
SchwbVWO	Wahlordnung Schwerbehindertenvertretungen
SG	Sozialgericht
SGB	Sozialgesetzbuch
sog.	sogenannt (e, er, es)
SPD	Sozialdemokratische Partei Deutschlands
st. Rspr.	ständige Rechtsprechung
SteinmetzArbbV	Verordnung über zwingende Arbeitsbedingungen im Steinmetz- und Steinbildhauerhandwerk
StGB	Strafgesetzbuch
StPO	Strafprozessordnung
str.	strittig
StVollzG	Strafvollzugsgesetz
SVLFG	Sozialversicherung für Landwirtschaft, Forsten und Gartenbau
Teilurt.	Teilurteil
TextilArbbV	Textilarbeitsbedingungenverordnung
Thür.	Thüringen
TV	Tarifvertrag
TV MiBed	Tarifvertrag Mindestbedingungen
TV MiEnt	Tarifvertrag Mindestentgelt
TV MiLo	Tarifvertrag Mindestlohn
TVG	Tarifvertragsgesetz
TVöD	Tarifvertrag für den öffentlichen Dienst

Abkürzungsverzeichnis

TVPöD		Tarifvertrag für Praktikantinnen/Praktikanten im öffentlichen Dienst
TzBfG		Teilzeit- und Befristungsgesetz
ua		und andere, unter anderem
uä		und ähnliches
UNICE		Union of Industrial and Employers' Confederation of Europe
Unterabs.		Unterabsatz
Urt.		Urteil
UStG		Umsatzsteuergesetz
UWG		Gesetz gegen den unlauteren Wettbewerb
v.		von, vom
va		vor allem
ver.di		Vereinte Dienstleistungsgewerkschaft
VermBG		Vermögensbildungsgesetz
VG		Verwaltungsgericht
VGH		Verwaltungsgerichtshof
vgl.		vergleiche
vH		vom Hundert
VKA		Vereinigung der kommunalen Arbeitgeberverbände
VO		Verordnung
VO LohnuntergrenzeAÜ		Verordnung über eine Lohnuntergrenze in der Arbeitnehmerüberlassung
VOB		Vergabe- und Vertragsordnung für Bauleistungen
VOF		Vergabeordnung für freiberufliche Leistungen
VOL		Vergabe- und Vertragsordnung für Leistungen
Vol.		volume
VwGO		Verwaltungsgerichtsordnung
VwVfG		Verwaltungsverfahrensgesetz
WEG		Wohnungseigentumsgesetz
wistra		Zeitschrift für Wirtschafts- und Steuerstrafrecht
WRP		Wettbewerb in Recht und Praxis
WRV		Verfassung des Deutschen Reichs (Weimarer Reichsverfassung)
WSI		Wirtschafts- und Sozialwissenschaftliches Institut
WuW		Wirtschaft und Wettbewerb
zB		zum Beispiel
ZDH		Zentralverband des Deutschen Handwerks
ZEW		Zentrum für Europäische Wirtschaftsforschung
ZfA		Zeitschrift für Arbeitsrecht
ZfV		Zeitschrift für Versicherungswesen
ZHR		Zeitschrift für das gesamte Handels- und Wirtschaftsrecht
ZIP		Zeitschrift für Wirtschaftsrecht
zit. Ents.		zitierte Entscheidung
ZPO		Zivilprozessordnung
ZRP		Zeitschrift für Rechtspolitik
ZStW		Zeitschrift für die gesamte Strafrechtswissenschaft
ZTR		Zeitschrift für Tarifrecht

Literaturverzeichnis

Amlinger/Bispinck/Schulten	Jugend ohne Mindestlohn? WSI Report 14/2014 S. 3
APS/Bearbeiter	Ascheid/Preis/Schmidt (Hrsg.), Kündigungsrecht, 4. Aufl. (2012)
Ast/Klocke	Die Sanktionierung der Mindestlohnunterschreitung durch § 23 Abs. 1 Nr. 1 AEntG und § 266a StGB, wistra 2014, 206
Aulmann	Verstöße gegen das Arbeitnehmerentsendegesetz als unlauterer Wettbewerb im Sinne von § 4 Nr. 11 UWG, BB 2007, 826
Baeck/Deutsch	Arbeitszeitgesetz, 3. Aufl. (2014)
Baeck/Lösler	Neue Entwicklungen im Arbeitszeitrecht, NZA 2005, 247
Barczak	Mindestlohngesetz und Verfassung, RdA 2014, 290
Barth	Arbeitsrechtliche Einfühlungsverhältnisse rechtssicher gestalten, BB 2009, 2646
Baumbach/Hopt/Bearbeiter	Handelsgesetzbuch, 36. Aufl. (2014)
Bayreuther	Der gesetzliche Mindestlohn, NZA 2014, 865
Bayreuther	Einige Anmerkungen zur Verfassungsmäßigkeit des Arbeitnehmer- Entsendegesetzes und des Mindestarbeitsbedingungengesetzes 2009, NJW 2009, 2006
Bayreuther	Gesetzlicher Mindestlohn und sittenwidrige Arbeitsbedingungen, NJW 2007, 2022
Bayreuther	Mindestlohnwirksame Leistungen im Geltungsbereich des Entsenderecht, EuZA 2014, 189
BeckOK ArbR/Bearbeiter	Rolfs/Giesen/Kreikebohm/Udsching (Hrsg.), Beck'scher Online-Kommentar Arbeitsrecht (Stand 1.9.2014)
BeckOK BGB/Bearbeiter	Bamberger/Roth (Hrsg.), Beck'scher Online-Kommentar BGB (Stand 1.11.2014)
BeckOK GG/Bearbeiter	Epping/Hillgruber (Hrsg.), Beck'scher Online-Kommentar GG (Stand 1.12.2014)
BeckOK InfoMedienR/Bearbeiter	Gersdorf/Paal (Hrsg.), Beck'scher Online-Kommentar Informations- und Medienrecht (Stand 1.11.2014)
BeckOK SozR/Bearbeiter	Rolfs/Giesen/Kreikebohm/Udsching (Hrsg.), Beck'scher Online-Kommentar Sozialrecht (Stand 1.9.2014)
BeckOK VwGO/Bearbeiter	Posser/Wolff (Hrsg.), Beck'scher Online-Kommentar VwGO (Stand 1.10.2014)
Benecke/Hergenröder	Berufsbildungsgesetz (2009)
Bepler	Problematische Arbeitsverhältnisse und Mindestlohn, in: Festschrift für Reinhard Richardi (2007), S. 189
Bepler	Stärkung der Tarifautonomie – Welche Änderungen empfehlen sich?, Gutachten für den 70. Deutschen Juristentag (2014)
Bepler	Stärkung der Tarifautonomie – Welche Maßnahmen empfehlen sich?, NZA 2014, 891
Berndt	Arbeits- und sozialversicherungsrechtliche Auswirkungen des Mindestlohngesetzes (MiLoG) – Was gehört zum Mindestlohn?, DStR 2014, 1878
Bieback	Rechtliche Probleme von Mindestlöhnen, insbesondere nach dem Arbeitnehmer-Entsendegesetz, RdA 2000, 207
Bieback/Dietrich/Hanau/Kocher/Schäfer	Tarifgestützte Mindestlöhne (2007)
Bietmann	Gesetzliche Wege zu einem systemkonformen Mindestlohn (2010)
Bissels/Falter/Evers	Geltung des MiLoG bei Transitfahrten durch das Inland, ArbR 2015, 4
Blümich/Bearbeiter	Huermann/Brandis (Hrsg.), StG/KStG/GewStG, 124. Erg.-Lieferung (8/2014)
Böggemann	Arbeitsgerichtliche Rechtsprechung zum Lohnwucher, NZA 2011, 493

Literaturverzeichnis

Böhret/Konzendorf	Moderner Staat – Moderne Verwaltung, Leitfaden zur Gesetzesfolgenabschätzung (2000)
Bohnert	Ordnungswidrigkeitengesetz, 2. Aufl. (2010)
Brenke/Müller	Gesetzlicher Mindestlohn: kein verteilungspolitisches Allheilmittel, DIW Wochenbericht 39/2013, S. 3
Brenke/Wagner	Gesetzliche Mindestlöhne: mit der Einführung kommen die Tücken der Umsetzung, Wirtschaftsdienst 2013, S. 754
Brenner	Das Bruttoprinzip gilt für den Einzeltäter und für Unternehmen, nicht nur für den unschuldigen Täter oder Dritten, NStZ 2004, 256
BRO/Bearbeiter	Blomeyer/Otto (Begr.), BetrAVG, 5. Aufl. (2010)
Brors	Europäische Rahmenbedingungen für den neuen Mindestlohn und seine Ausnahmen, NZA 2014, 938
Brown	Minimum wages, employment, and the distribution of income, in: Ashenfelter/Card, Handbook of Labor Economics (1999), S. 2101
Buschmann	Abbau des gesetzlichen Arbeitnehmerschutzes durch kollektives Arbeitsrecht?, in: Festschrift für Reinhard Richardi (2007), S. 93
Card/Krueger	Myth and Measurement: The New Economics of the Minimum Wage (1997)
Däubler	Der gesetzliche Mindestlohn – doch eine unendliche Geschichte?, NJW 2014, 1924
Däubler	Der vergaberechtliche Mindestlohn im Fadenkreuz des EuGH – Auf dem Weg zu Rüffert II?, NZA 2014, 694
Däubler/Bearbeiter	Tarifvertragsgesetz, 3. Aufl. (2012)
Deckers	Der Mindestentgeltbegriff in § 1a AEntG, NZA 2008, 321
Degenhart	Pressefreiheit als Vertriebsfreiheit, Gutachten (2013)
Deinert	Arbeitnehmerentsendung im Rahmen der Erbringung von Dienstleistungen innerhalb der Europäischen Union, RdA 1996, 339
Deter	Bericht aus Berlin, AuR 2014, 324
di Fabio	Mindestlohn und Pressefreiheit, Gutachten (2014)
Dieterich	Koalitionswettbewerb – Nutzung von Freiheit oder Störung der Ordnung?, in: Dieterich/Friant/Nogler/Kezuka/Pfarr (Hrsg.) Gedächtnisschrift für Ulrich Zachert (2010), S. 532
Eichenhofer	Ausnahme vom gesetzlichen Mindestlohn nach § 22 IV MiLoG und Freizügigkeit (Art. 45 AEUV), AuR 2014, 450
Engels	Verfassungsrechtliche Determinanten staatlicher Lohnpolitik, JZ 2008, 490
ErfK/Bearbeiter	Müller-Glöge/Preis/Schmidt (Hrsg.), Erfurter Kommentar zum Arbeitsrecht, 15. Aufl. (2015)
Fehn/Bearbeiter	Schwarzarbeitsbekämpfungsgesetz (2005)
Fischer	Gesetzlicher Mindestlohn – Verstoß gegen die Koalitionsfreiheit?, ZRP 2007, 20
Fischer-Lescano	Verfassungs-, Völker- und Europarechtlicher Rahmen für die Gestaltung von Mindestlohnausnahmen (2014)
Fitting	Betriebsverfassungsgesetz, 27. Aufl. (2014)
Fitting	Das Gesetz über die Festsetzung von Mindestarbeitsbedingungen, RdA 1952, 5
Forst	Arbeitnehmer – Beschäftigte – Mitarbeiter, RdA 2014, 157
Forst	Null-Stunden-Verträge, NZA 2014, 998
Forsthoff	Die eigenständige Bedeutung des sekundären Gemeinschaftsrechts, IStR 2006, 698
Franzen	Gleicher Lohn für gleiche Arbeit am gleichen Ort?, DZWIR 1996, 89
Franzen	Nettolohnhaftung nach § 1a AEntG, SAE 2003, 190
Gaul, Björn	Der Zweck von Sonderzahlungen, BB 1994, 494
Giesen	Rechtspolitik des Mindestlohns, in: Schubert (Hrsg.), Festschrift für Otto Ernst Kempen (2013), S. 216
GK-Bearbeiter	Gemeinschaftskommentar zum Betriebsverfassungsgesetz, 10. Aufl. (2014)

Literaturverzeichnis

Glaser/Kahl	Zur Europarechtskonformität kombinierter Tariftreue- und Mindestlohnklauseln in Landesvergabegesetzen, ZHR 177, 643
GMP/Bearbeiter	Germelmann/Matthes/Prütting, Arbeitsgerichtsgesetz, 8. Aufl. (2013)
Gosch/Bearbeiter	Körperschaftssteuergesetz, 2. Aufl. (2009)
Grau/Sittard	Zivilrechtliche Rechtsfolgen von MiLoG-Verstößen, ArbRB 2014, 336
Greiner	Von der Tariftreue zum Landesvergabemindestlohn – Bestandsaufnahme und europarechtliche Bewertung, ZIP 2011, 2129
Groeger	Die Geltendmachung des Annahmeverzugslohnanspruchs, NZA 2000, 793
Grzeszick	Ausnahmen vom gesetzlichen Mindestlohn: Verfassungsrechtlich zulässiger Kompromissweg?, ZRP 2014, 66
Haberzettl	Varianten der Kodifizierung eines Mindestlohns und ihre Vereinbarkeit mit höherrangigem Recht (2011)
Hanau, Hans	Mindestlohn und Natur des Arbeitsverhältnisses, ZfA 2012, 269
Hanau, Peter	Das Gesetz zur Verhinderung von Mindestarbeitsbedingungen, in: Schubert (Hrsg.), Festschrift für Otto Ernst Kempen (2013), S. 235
Hanau, Peter	in: Due/Lutter/Schwarze (Hrsg.), Festschrift für Ulrich Everling (1995), S. 415
Hanau/Veit	Neues Gesetz zur Verbesserung der Rahmenbedingungen für die Absicherung flexibler Arbeitszeitregelungen und zur Änderung anderer Gesetze, NJW 2009, 182
Heinze/Ricken/Giesen	Meldepflicht nach dem Arbeitnehmerentsendegesetz, NZA 2003, 908
Herschel	Festsetzung von Mindestarbeitsbedingungen, BArbBl. 1952, 36
Hilgenstock	Das Mindestlohngesetz (2014)
HK-BBiG/Bearbeiter	Wohlgemut (Hrsg.), BBiG Handkommentar (2011)
HK-BGB/Bearbeiter	Schulze (Schriftleitung), BGB Handkommentar, 8. Aufl. (2014)
HK-ZPO/Bearbeiter	Saenger (Hrsg.), ZPO Handkommentar, 5. Aufl. (2013)
Hombrecher	Fragen des Allgemeinen Teils des Wirtschaftsstrafrechts, JA 2012, 535
Hund/Pechtold	Der Mindestlohn für Praktikanten, AuA 2014, 540
HWK/Bearbeiter	Henssler/Willemsen/Kalb (Hrsg.), Handbuch Arbeitsrecht, 6. Aufl. (2014)
Ikas	Zum ständigen Gratisvertrieb von Presseerzeugnissen, insbesondere Stadtmagazinen, WRP 1997, 392
Immenga/Mestmäcker/Bearbeiter	Wettbewerbsrecht, 5. Aufl. (2014)
Ignor/Rixen	Handbuch Arbeitsstrafrecht, 2. Aufl. (2008)
Insam/Hinrichs/Tacou	Der Mindestlohn für Arbeitnehmer von Werk- bzw. Dienstleistungsunternehmen – Haftung des Auftraggebers um jeden Preis?!, NZA-RR 2014, 569
JKOS/Bearbeiter	Jacobs/Krause/Oetker/Schubert, Tarifvertragsrecht, 2. Aufl. (2013)
Jöris	Tarifautonomiestärkungsgesetz: Thema verfehlt!, ZRP 2014, 124
Jöris/v. Steinau-Steinrück	Der gesetzliche Mindestlohn, BB 2014, 2101
jurisPK-SGB IV/Bearbeiter	Schlegel/Wlotzke (Hrsg.), juris Praxiskommentar SGB IV, 2. Aufl. (2011)
KAEW/Bearbeiter	Koberski/Asshoff/Eustrup/Winkler, Arbeitnehmer-Entsendegesetz, 3. Auflage (2011)
Kamps/Wulf	Neue Rechtsprechung zur Geltung des Grundsatzes „in dubio pro reo" im Verfahrensrecht der AO, DStR 2003, 2045
KassKomm/Bearbeiter	Leitherer (Hrsg.), Kasseler Kommentar Sozialversicherungsrecht, 83. Erg.-Lieferung (10/2014)
Kempen/Zachert/Bearbeiter	Brecht-Heitzmann/Kempen/Schubert/Seifert (Hrsg.), Tarifvertragsgesetz, 5. Aufl. (2014)
KK-OWiG/Bearbeiter	Senge (Hrsg.), Karlsruher Kommentar zum Gesetz über Ordnungswidrigkeiten, 4. Aufl. (2014)
Klebeck	Grenzen staatlicher Mindestlohntariferstreckung, NZA 2008, 446

Literaturverzeichnis

Klein	Die Auswirkungen der unterschiedlichen Beweislast im Steuerrecht und im Strafrecht (1998)
Knauer/Wolf	Zivilprozessuale und strafprozessuale Änderungen durch das Erste Justizmodernisierungsgesetz, NJW 2004, 2857
Knöfel	The Sweet Escape – Zur Ausweichklausel im Europäischen Internationalen Arbeitsvertragsrecht, EuZA 2014, 375
Knospe	Neue Rahmenbedingungen für Wertguthaben und Arbeitszeitkonten im Sozialgesetzbuch IV, NZS 2009, 600
Koch-Rust/Rosentreter	Rechtliche Gestaltung der Praxisphase bei dualen Studiengängen, NJW 2009, 3005
Kocher	Mindestlöhne und Tarifautonomie – Festlegung allgemeiner Mindestentgelte durch Verbindlicherklärung nach AEntG?, NZA 2007, 600
Kohte	Verfassungsmäßige Bürgenhaftung des Hauptunternehmers für Zahlung eines Mindestlohns an vom Nachunternehmer beschäftigte Arbeitnehmer, jurisPR-ArbR 6/2008 Anm. 2
Körner	Mindestlohnanforderungen im internationalen Arbeitsrecht, NZA 2011, 425
KR/Bearbeiter	KR-Gemeinschaftskommentar zum KSchG und sonstigen kündigungsschutzrechtlichen Vorschriften, 10. Aufl. (2013)
Krebber	Vergabegesetzes der Länder und Dienstleistungsfreiheit, EuZA 2013, 435
Kreikebohm/Bearbeiter	Kreikebohm (Hrsg.), SGB IV, 2. Aufl. (2014)
Krimphove	Das Praktikum – Rechte und Pflichten eines arbeitsrechtsähnlichen Rechtsverhältnisses, BB 2014, 564
Kühn/Reich	Haftung für die Zahlung des Mindestlohns an fremde Arbeitnehmer/innen, BB 2014, 2938
Küttner/Bearbeiter	Personalbuch, 21. Aufl. (2014)
KZD/Bearbeiter	Kittner/Zwanziger/Deinert (Hrsg.), Arbeitsrecht, 7. Aufl. (2013)
Lakies	Allgemeiner gesetzlicher Mindestlohn mit Ausnahmen ab 2015, AuR 2014, 343
Lakies	Auswirkungen des Mindestlohngesetzes auf geringfügig Beschäftigte, ArbR 2014, 527
Lakies	Das „Tarifautonomiestärkungsgesetz": Der Mindestlohn ist auf dem Weg, ArbR 2014, 189
Lakies	Die „schwarz-rote" Lohnregulierung nach der Koalitionsvereinbarung, ArbR 2014, 3,
Lakies	Gesetzlicher Mindestlohn: Zur Legitimation der Staatsintervention gegen Niedriglöhne, AuR 2013, 69
Lakies	Rechtsprobleme des neuen Mindestlohngesetzes – ein erster Überblick, AuR 2014, 360
Lakies/Malottke	Berufsbildungsgesetz, 4. Aufl. (2011)
Latzel/Seer	Rechtsschutz gegen Mindestlöhne, ZfA 2011, 391
Leinemann/Taubert	Berufsbildungsgesetz, 2. Aufl. (2008)
Lembke	Arbeitskampfrecht – Quo vadis?, NZA 2014, 471
Lembke	Das Mindestlohngesetz und seine Auswirkungen auf die arbeitsrechtliche Praxis, NZA 2015, 70
LK-StGB/Bearbeiter	Leipziger Kommentar zum Strafgesetzbuch, 12. Aufl. (2007)
Lobinger	Stärkung oder Verstaatlichung der Tarifautonomie?, JZ 2014, 810
Lobinger	Mindestlohn und Menschenwürde, in: Anderheiden/Keil/Kirste/Schaefer (Hrsg.), Gedächtnisschrift für Winfried Brugger (2013), S. 355
Lörcher	Deutschland und die Europäische Sozialcharta, AuR 2011, 113
Löwisch	Die neue Mindestlohngesetzgebung, RdA 2009, 215
Löwisch	Rechtsschutz gegen das Mindestlohngesetz, NZA 2014, 948
Löwisch	Stimmenthaltungen sind keine Nein-Stimmen, BB 1996, 1006
Löwisch/Rieble	Tarifvertragsgesetz, 3. Aufl. (2012)
Lüderssen	Primäre oder sekundäre Zuständigkeit des Strafrechts?, in: Arnold/Burkhardt/Gropp/Heine/Koch/Lagodny/Perron/Walther (Hrsg.) Festschrift für Albin Eser (2005), S. 163

Literaturverzeichnis

Maier	Unterbietung des Mindestlohns durch Tarifverträge, NZA 2009, 351
Marschner	Die Übermittlung von Sozialdaten durch die Bundesanstalt für Arbeit, NZS 1996, 113
Maschmann	Die staatliche Durchsetzung des allgemeinen Mindestlohns nach den §§ 14 ff. MiLoG, NZA 2014, 929
Maties	Generation Praktikum, RdA 2007, 135
Maunz/Dürig/Bearbeiter	Herzog/Scholz/Herdegen/Klein (Hrsg.), Grundgesetz, 72. Erg.-Lieferung (7/2014)
Mauthner/Rid	Haftungsfalle für Auftraggeber, AuA 2014, 518
Metz	Strafbarkeit bei untertariflicher Bezahlung, NZA 2011, 782
Meyer	Gesetzliche Neuregelungen im Renten- und Arbeitsförderungsrecht einschließlich des Arbeitnehmer-Entsendegesetzes, NZA 1999, 121
Meyer-Goßner	Strafprozessordnung, 57. Aufl. (2014)
Moll	Staatliche Vergütungsregulierung zwischen Tarifautonomie und Gemeinschaftsrecht, RdA 2010, 321
MüArbR/Bearbeiter	Richardi/Wißmann/Wlotzke/Oetker (Hrsg.), Münchener Handbuch zum Arbeitsrecht, 3. Aufl. (2009)
MüKoBGB/Bearbeiter	Säcker/Rixecker (Hrsg.), Münchener Kommentar zum BGB, 6. Aufl. (2012)
Musielak	Zivilprozessordnung, 11. Aufl. (2014)
Nassibi	Schutz vor Lohndumping in Deutschland (2012)
Natzel	Berufsvorbereitung – praktische Erfahrungen, rechtliche Rahmenbedingungen, BB 2011, 1589
Natzel	Der Praktikant als Mindestlöhner, BB 2014, 2490
Natzel	Duale Studiengänge – arbeitsrechtliches Neuland?, NZA 2008, 567
Natzel	Zur Angemessenheit der Ausbildungsvergütung, DB 1992, 1521
Nebel/Kloster	Zur Entstehung, Fälligkeit und Unabdingbarkeit des Mindestlohnanspruchs, BB 2014, 2933
Neumann/Biebl	Arbeitszeitgesetz, 16. Aufl. (2013)
Neumann/Pahlen/Majerski-Pahlen	Sozialgesetzbuch IX, 12. Aufl. (2010)
Neumark/Wascher	Minimum Wages (2008)
Orlowski	Praktikantenverträge – transparente Regelung notwendig!, RdA 2009, 38
Ory	Volontäre fallen nicht unter das Mindestlohngesetz, AfP 2014, 308
Ott	Kann Entgeltumwandlung strafbar sein?, ZfV 2012, 723
Palandt/Bearbeiter	Bürgerliches Gesetzbuch, 73. Aufl. (2014)
Peter	Gesetzlicher Mindestlohn: Eine Maßnahme gegen Niedriglöhne von Frauen (1995)
Picker, Christian	Niedriglohn und Mindestlohn, RdA 2014, 25
Picker/Sausmikat	Ausnahmsweise Mindestlohn?, NZA 2014, 942
Pieroth/Barczak	Mindestlohnausnahme für Zeitungszusteller? (2014)
Pötters	Der personale Anwendungsbereich des Arbeitsrechts: Morgen ist gestern?, NZA 2014, 704
Preis/Greiner	Die staatliche Geltungserstreckung nach dem alten und neu gefassten AEntG, insbesondere bei Vorliegen konkurrierender Tarifverträge, ZfA 2009, 825
Preis/Sagan (Hrsg.)	Europäisches Arbeitsrecht (2015)
Preis/Ulber	Ausschlussfristen und Mindestlohngesetz, HSI-Schriftenreihe, Band 12 (2014)
Preis/Ulber	Die Verfassungsmäßigkeit des allgemeinen gesetzlichen Mindestlohns (2014)
Quardt	Die Auftragssperre im Vergaberecht, BB 1997, 477
Ramming	Kontrolle durch die Finanzkontrolle Schwarzarbeit (FKS), NZA-Beilage 2014, 149
Reichhold	Stärkung in Tiefe und Breite – wie viel Staat verkraftet die Tarifautonomie?, NJW 2014, 2534

Literaturverzeichnis

Reinecke	Arbeitnehmer, Arbeitnehmerähnliche und freie Mitarbeiter in den Bereichen Gesundheit, Soziales, Betreuung, ZTR 2014, 63
Reinhard/Kettering	Der Mindestlohn und seine Auswirkungen, ArbRB 2014, 302
Reufels/Blöchl	Mindestlohn bei Praktikanten und untypischen Arbeitsverhältnissen, ArbRB 2014, 352
Reuter	Der Schutz des Außenseiters im Tarifrecht – funktionswidrig oder institutionell notwendig?, in: Konzen/Krebber/Raab/Veit/Waas (Hrsg.) Festschrift für Rolf Birk (2008), S. 717
Rieble	Funktionalität allgemeiner und sektoraler Mindestlöhne, in: Rieble/Junker/Giesen (Hrsg.), Mindestlohn als politische und rechtliche Herausforderung (2011), S. 17
Rieble	Mindestlohncompliance für Auftraggeber, NJW-Spezial 2009, 414
Rieble/Klebeck	Gesetzlicher Mindestlohn?, ZIP 2006, 829
Rieble/Picker	Lohnwucher, ZfA 2014, 153
Riechert	Grenzen tariflicher Abweichung vom Equal Pay-Grundsatz des AÜG, NZA 2013, 303
Riechert/Stomps	Der unbestimmte Rechtsbegriff der sozialen Verwerfungen, RdA 2012, 81
Riechert/Stomps	Mindestlohnkonzepte – Mehr sachliche Orientierung, NJW 2013, 1050
Rixen	Grundprobleme und gegenwärtige Tendenzen des Arbeitsstrafrechts, NStZ 2002, 510
Rödl	Bezifferte Mindestentgeltvorgaben im Vergaberecht, EuZW 2011, 292
Rönnau	Untreue als Wirtschaftsdelikt, ZStW 119 (2007), 887
Sack	Gesetzwidrige Wettbewerbshandlungen nach der UWG-Novelle, WRP 2004, 1307
Sagan	Mindestlohn: Das Aus für die Ausschlussfrist?, NZA 16/2014 S. I
Sagan/Witschen	Mindestlohn für alle?, jM 2014, 372
Schade	Der Student im Pflichtpraktikum – ein rechtloses Wesen? NJW 2013, 1039
SchadeVPraktikum	Aktuelle Rechtslage 2012, NZA 2012, 654
Schaub/Bearbeiter ArbR-Hdb	Koch/Linck/Treber/Vogelsang, Arbeitsrechts-Handbuch, 15. Aufl. (2013)
Schaub/Koch ArbR A–Z	Koch (Hrsg.), Arbeitsrecht von A–Z, 19. Aufl. (2014)
Schliemann	Arbeitszeitgesetz, 2. Aufl. (2013)
Schmidt/Koberski/Tiemann/Wascher	Heimarbeitsgesetz, 4. Aufl. (1998)
Schnelle	Eine Fehlerfolgenlehre für Rechtsverordnungen (2007)
Schubert/Jerchel/Düwell	Das neue Mindestlohngesetz (2014)
Schulten	WSI-Mindestlohnbericht 2014 – stagnierende Mindestlöhne, S. 132
Schwab	Das neue Arbeitnehmer-Entsendegesetz, NZA-RR 2010, 225
Schweibert/Leßmann	Mindestlohngesetz – der große Wurf?, DB 2014, 1866
Seifert	Bürgenhaftung des Hauptunternehmers gemäß § 1a AEntG, SAE 2007, 386
Seiwerth	Das „Genter System" als Mittel zur Stärkung der Tarifautonomie?, NZA 2014, 708
Siebert/Klagges	8,50 EUR für alle! (mindestens), ArbR 2014, 577
Simon	Verstößt das Tariftreue- und Vergabegesetz Nordrhein-Westfalen gegen EU-Recht? – Zur Inkohärenz von Tariftreuepflichten und Mindestlohnklauseln im Vergaberecht, RdA 2014, 165
Sittard	Das MiLoG – Ein Ausblick auf die Folgen und anstehende Weichenstellungen, NZA 2014, 951
Sittard	Gilt das Mindestlohngesetz auch beim Kurzeinsatz in Deutschland?, NZA 2015, 78
Sittard	Neue Mindestlohngesetze in Deutschland, NZA 2009, 346
Sittard	Verfassungs- und europarechtliche Anmerkungen zu den Mindestlohnbeschlüssen des Deutschen Juristentags, NZA 2010, 1160

Literaturverzeichnis

Sittard	Vermögenswirksame Leistungen und Pauschalzahlungen als Mindestlohnbestandteil – Anmerkung zu EuGH in der Rs. Isbir, EuZW 2014, 104
Sittard	Voraussetzungen und Wirkungen der Tarifnormerstreckung nach § 5 TVG und dem AEntG (2010)
Sittard/Sassen	Mindestlohn & Co., ArbRB 2014, 142
Sodan/Zimmermann	Die Beseitigung des Tarifvorrangs gegenüber staatlich festgelegten Mindestarbeitsentgelten auf dem Prüfstand der Koalitionsfreiheit, ZfA 2008, 526
Sodan/Zimmermann	Tarifvorrangige Mindestlöhne versus Koalitionsfreiheit – Die Neufassungen des Mindestarbeitsbedingungengesetzes und des Arbeitnehmer-Entsendegesetzes, NJW 2009, 2001
Spielberger/Schilling	Das Gesetz zur Regelung eines allgemeinen Mindestlohns, NJW 2014, 2897
Spielberger/Schilling	Der Regierungsentwurf zum Gesetz über die Regelung eines allgemeinen Mindestlohns (MiLoG), NZA 2014, 414
Stelkens/Bonk/Sachs/Bearbeiter	Verwaltungsverfahrensgesetz, 8. Aufl. (2014)
Stiebert/Pötters	Spielräume der Exekutive bei Mindestlöhnen durch Rechtsverordnung, RdA 2013, 101
Stommel/Valder	Mindestlohngesetz im Güterkraftverkehr: ein Überblick, jurisPR-TranspR 5/2014 Anm. 4
Thüsing	Mindestlohn im Spannungsverhältnis staatlicher und privatautonomer Regelung, ZfA 2008, 590
Thüsing/Bearbeiter	Arbeitnehmer-Entsendegesetz (2010)
Thüsing/v. Hoff	Ökonomische Theorien zum Mindestlohn, FA 2008, 322
Ulber, Daniel	Die Erfüllung von Mindestlohnansprüchen, RdA 2014, 176
Ulber, Daniel	Neues zur Tariffähigkeit, RdA 2011, 353
Ulber, Daniel	Personelle Ausnahmen und Einschränkungen im MiLoG, AuR 2014, 402
Ulber, Daniel	Tarifdispositives Gesetzesrecht im Spannungsfeld von Tarifautonomie und grundrechtlichen Schutzpflichten (2009)
Ulber, Jürgen	Arbeitnehmerentsendegesetz (2009)
Ulrici	Verbotsgesetz und zwingendes Gesetz, JuS 2005, 1073
v. Danwitz	Die Gestaltungsfreiheit des Verordnungsgebers (1989)
v. Hoyningen-Huene/Wagner	Das untertarifliche Arbeitsentgelt, NZA 1995, 969
Vielmeier	Tarifzensur (2013)
Vielmeier	Der Qualitätsrahmen für Praktika der Europäischen Kommission, BB 2014, 2485
Waltermann	Stärkung der Tarifautonomie – Welche Wege könnte man gehen?, NZA 2014, 874
Waltermann	Mindestlohn, Mindesteinkommen, Mindestsicherung – Eine Bewertung aus der Sicht des deutschen Arbeits- und Sozialrechts, NZA-Beilage 2009, 110
Wank	Mindestlöhne – Begründungen und Instrumente –, Festschrift für Herbert Buchner (2009), S. 898
Wiedemann	Zur Wirksamkeit der Allgemeinverbindlicherklärung von Vorruhestandstarifverträgen, RdA 1987, 265
Wiedemann/Bearbeiter	Tarifvertragsgesetz, 7. Aufl. (2007)
Willemsen/Sagan	Mindestlohn und Grundgesetz – Staatliche Lohnfestsetzung versus Tarifautonomie, NZA 2008, 1216
Wohlers	Die strafrechtliche Bewältigung der Finanzkrise am Beispiel der Strafbarkeit wegen Untreue, ZStW 123 (2011), 791
Wolf	Der neue Mindestlohn – Tarifstärkung geht anders!, BB 21/2014 S. I
Zachert	„Neue Kleider für die Allgemeinverbindlichkeitserklärung?", NZA 2003, 132
Zeising/Weigert	Verfassungsmäßigkeit des Mindestlohngesetzes, NZA 2015, 15

Literaturverzeichnis

Ziekow/Völlink/Bearbeiter	Vergaberecht, 2. Aufl. (2013)
Zöller	Zivilprozessordnung, 30. Aufl. (2014)
Zwanziger	Nationale Koalitionsfreiheit vs. europäische Grundfreiheiten – aus deutscher Sicht, RdA-Beilage 5/2009 S. 10
Zwiehoff	Vorenthalten von Arbeitsentgelt bei Lohndumping, jurisPR-ArbR 51/2010

Gesetz zur Regelung eines allgemeinen Mindestlohns (Mindestlohngesetz – MiLoG)

Vom 11. August 2014 (BGBl. I S. 1348)
FNA 802-5

Abschnitt 1. Festsetzung des allgemeinen Mindestlohns

Unterabschnitt 1. Inhalt des Mindestlohns

§ 1 Mindestlohn

(1) Jede Arbeitnehmerin und jeder Arbeitnehmer hat Anspruch auf Zahlung eines Arbeitsentgelts mindestens in Höhe des Mindestlohns durch den Arbeitgeber.

(2) ¹Die Höhe des Mindestlohns beträgt ab dem 1. Januar 2015 brutto 8,50 Euro je Zeitstunde. ²Die Höhe des Mindestlohns kann auf Vorschlag einer ständigen Kommission der Tarifpartner (Mindestlohnkommission) durch Rechtsverordnung der Bundesregierung geändert werden.

(3) ¹Die Regelungen des Arbeitnehmer-Entsendegesetzes, des Arbeitnehmerüberlassungsgesetzes und der auf ihrer Grundlage erlassenen Rechtsverordnungen gehen den Regelungen dieses Gesetzes vor, soweit die Höhe der auf ihrer Grundlage festgesetzten Branchenmindestlöhne die Höhe des Mindestlohns nicht unterschreitet. ²Der Vorrang nach Satz 1 gilt entsprechend für einen auf der Grundlage von § 5 des Tarifvertragsgesetzes für allgemeinverbindlich erklärten Tarifvertrag im Sinne von § 4 Absatz 1 Nummer 1 sowie §§ 5 und 6 Absatz 2 des Arbeitnehmer-Entsendegesetzes.

§ 2 Fälligkeit des Mindestlohns

(1) ¹Der Arbeitgeber ist verpflichtet, der Arbeitnehmerin oder dem Arbeitnehmer den Mindestlohn
1. zum Zeitpunkt der vereinbarten Fälligkeit,
2. spätestens am letzten Bankarbeitstag (Frankfurt am Main) des Monats, der auf den Monat folgt, in dem die Arbeitsleistung erbracht wurde,

zu zahlen. ²Für den Fall, dass keine Vereinbarung über die Fälligkeit getroffen worden ist, bleibt § 614 des Bürgerlichen Gesetzbuchs unberührt.

(2) ¹Abweichend von Absatz 1 Satz 1 sind bei Arbeitnehmerinnen und Arbeitnehmern die über die vertraglich vereinbarte Arbeitszeit hinausgehenden und auf einem schriftlich vereinbarten Arbeitszeitkonto eingestellten Arbeitsstunden spätestens innerhalb von zwölf Kalendermonaten nach ihrer monatlichen Erfassung durch bezahlte Freizeitgewährung oder Zahlung des Mindestlohns auszugleichen, soweit der Anspruch auf den Mindestlohn für die geleisteten Arbeitsstunden nach § 1 Absatz 1 nicht bereits durch Zahlung des verstetigten Arbeitsentgelts erfüllt ist. ²Im Falle der Beendigung des Arbeitsverhältnisses hat der Arbeitgeber nicht ausgeglichene Arbeitsstunden spätestens in dem auf die Beendigung des Arbeitsverhältnisses folgenden Kalendermonat auszugleichen. ³Die auf das Arbeitszeitkonto eingestellten Arbeitsstunden dürfen monatlich jeweils 50 Prozent der vertraglich vereinbarten Arbeitszeit nicht übersteigen.

(3) ¹Die Absätze 1 und 2 gelten nicht für Wertguthabenvereinbarungen im Sinne des Vierten Buches Sozialgesetzbuch. ²Satz 1 gilt entsprechend für eine im Hinblick auf den Schutz der Arbeitnehmerinnen und Arbeitnehmer vergleichbare ausländische Regelung.

§ 3 Unabdingbarkeit des Mindestlohns

¹Vereinbarungen, die den Anspruch auf Mindestlohn unterschreiten oder seine Geltendmachung beschränken oder ausschließen, sind insoweit unwirksam. ²Die Arbeitnehmerin oder der Arbeitnehmer kann auf den entstandenen Anspruch nach § 1 Absatz 1 nur durch gerichtlichen Vergleich verzichten; im Übrigen ist ein Verzicht ausgeschlossen. ³Die Verwirkung des Anspruchs ist ausgeschlossen.

Unterabschnitt 2. Mindestlohnkommission

§ 4 Aufgabe und Zusammensetzung

(1) Die Bundesregierung errichtet eine ständige Mindestlohnkommission, die über die Anpassung der Höhe des Mindestlohns befindet.

(2) ¹Die Mindestlohnkommission wird alle fünf Jahre neu berufen. ²Sie besteht aus einer oder einem Vorsitzenden, sechs weiteren stimmberechtigten ständigen Mitgliedern und zwei Mitgliedern aus Kreisen der Wissenschaft ohne Stimmrecht (beratende Mitglieder).

§ 5 Stimmberechtigte Mitglieder

(1) ¹Die Bundesregierung beruft je drei stimmberechtigte Mitglieder auf Vorschlag der Spitzenorganisationen der Arbeitgeber und der Arbeitnehmer aus Kreisen der Vereinigungen von Arbeitgebern und Gewerkschaften. ²Die Spitzenorganisationen der Arbeitgeber und Arbeitnehmer sollen jeweils mindestens eine Frau und einen Mann als stimmberechtigte Mitglieder vorschlagen. ³Werden auf Arbeitgeber- oder auf Arbeitnehmerseite von den Spitzenorganisationen mehr als drei Personen vorgeschlagen, erfolgt die Auswahl zwischen den Vorschlägen im Verhältnis zur Bedeutung der jeweiligen Spitzenorganisationen für die Vertretung der Arbeitgeber- oder Arbeitnehmerinteressen im Arbeitsleben des Bundesgebietes. ⁴Übt eine Seite ihr Vorschlagsrecht nicht aus, werden die Mitglieder dieser Seite durch die Bundesregierung aus Kreisen der Vereinigungen von Arbeitgebern oder Gewerkschaften berufen.

(2) Scheidet ein Mitglied aus, wird nach Maßgabe des Absatzes 1 Satz 1 und 4 ein neues Mitglied berufen.

§ 5 Stimmberechtigte Mitglieder

(1) ¹Die Bundesregierung beruft je drei stimmberechtigte Mitglieder auf Vorschlag der Spitzenorganisationen der Arbeitgeber und der Arbeitnehmer aus Kreisen der Vereinigungen von Arbeitgebern und Gewerkschaften. ²Die Spitzenorganisationen der Arbeitgeber und Arbeitnehmer sollen jeweils mindestens eine Frau und einen Mann als stimmberechtigte Mitglieder vorschlagen. ³Werden auf Arbeitgeber- oder auf Arbeitnehmerseite von den Spitzenorganisationen mehr als drei Personen vorgeschlagen, erfolgt die Auswahl zwischen den Vorschlägen im Verhältnis zur Bedeutung der jeweiligen Spitzenorganisationen für die Vertretung der Arbeitgeber- oder Arbeitnehmerinteressen im Arbeitsleben des Bundesgebietes. ⁴Übt eine Seite ihr Vorschlagsrecht nicht aus, werden die Mitglieder dieser Seite durch die Bundesregierung aus Kreisen der Vereinigungen von Arbeitgebern oder Gewerkschaften berufen.

(2) Scheidet ein Mitglied aus, wird nach Maßgabe des Absatzes 1 Satz 1 und 4 ein neues Mitglied berufen.

§ 7 Beratende Mitglieder

(1) ¹Die Bundesregierung beruft auf Vorschlag der Spitzenorganisationen der Arbeitgeber und Arbeitnehmer zusätzlich je ein beratendes Mitglied aus Kreisen der Wissenschaft. ²Die Bundesregierung soll darauf hinwirken, dass die Spitzenorganisationen der Arbeitgeber und Arbeitnehmer eine Frau und einen Mann als beratendes Mitglied vorschlagen. ³Das beratende Mitglied soll in keinem Beschäftigungsverhältnis stehen zu
1. einer Spitzenorganisation der Arbeitgeber oder Arbeitnehmer,
2. einer Vereinigung der Arbeitgeber oder einer Gewerkschaft oder
3. einer Einrichtung, die von den in der Nummer 1 oder Nummer 2 genannten Vereinigungen getragen wird.

⁴§ 5 Absatz 1 Satz 3 und 4 und Absatz 2 gilt entsprechend.

(2) ¹Die beratenden Mitglieder unterstützen die Mindestlohnkommission insbesondere bei der Prüfung nach § 9 Absatz 2 durch die Einbringung wissenschaftlichen Sachverstands. ²Sie haben das Recht, an den Beratungen der Mindestlohnkommission teilzunehmen.

§ 7 Beratende Mitglieder

(1) ¹Die Bundesregierung beruft auf Vorschlag der Spitzenorganisationen der Arbeitgeber und Arbeitnehmer zusätzlich je ein beratendes Mitglied aus Kreisen der Wissenschaft. ²Die Bundesregierung soll darauf hinwirken, dass die Spitzenorganisationen der Arbeitgeber und Arbeitnehmer eine Frau und einen Mann als beratendes Mitglied vorschlagen. ³Das beratende Mitglied soll in keinem Beschäftigungsverhältnis stehen zu
1. einer Spitzenorganisation der Arbeitgeber oder Arbeitnehmer,
2. einer Vereinigung der Arbeitgeber oder einer Gewerkschaft oder
3. einer Einrichtung, die von den in der Nummer 1 oder Nummer 2 genannten Vereinigungen getragen wird.

⁴§ 5 Absatz 1 Satz 3 und 4 und Absatz 2 gilt entsprechend.

(2) ¹Die beratenden Mitglieder unterstützen die Mindestlohnkommission insbesondere bei der Prüfung nach § 9 Absatz 2 durch die Einbringung wissenschaftlichen Sachverstands. ²Sie haben das Recht, an den Beratungen der Mindestlohnkommission teilzunehmen.

§ 9 Beschluss der Mindestlohnkommission

(1) ¹Die Mindestlohnkommission hat über eine Anpassung der Höhe des Mindestlohns erstmals bis zum 30. Juni 2016 mit Wirkung zum 1. Januar 2017 zu beschließen. ²Danach hat die Mindestlohnkommission alle zwei Jahre über Anpassungen der Höhe des Mindestlohns zu beschließen.

(2) ¹Die Mindestlohnkommission prüft im Rahmen einer Gesamtabwägung, welche Höhe des Mindestlohns geeignet ist, zu einem angemessenen Mindestschutz der Arbeitnehmerinnen und Arbeitnehmer beizutragen, faire und funktionierende Wettbewerbsbedingungen zu ermöglichen sowie Beschäftigung nicht zu gefährden. ²Die Mindestlohnkommission orientiert sich bei der Festsetzung des Mindestlohns nachlaufend an der Tarifentwicklung.

(3) Die Mindestlohnkommission hat ihren Beschluss schriftlich zu begründen.

(4) Die Mindestlohnkommission evaluiert laufend die Auswirkungen des Mindestlohns auf den Schutz der Arbeitnehmerinnen und Arbeitnehmer, die Wettbewerbsbedingungen

und die Beschäftigung im Bezug auf bestimmte Branchen und Regionen sowie die Produktivität und stellt ihre Erkenntnisse der Bundesregierung in einem Bericht alle zwei Jahre gemeinsam mit ihrem Beschluss zur Verfügung.

§ 10 Verfahren der Mindestlohnkommission

(1) Die Mindestlohnkommission ist beschlussfähig, wenn mindestens die Hälfte ihrer stimmberechtigten Mitglieder anwesend ist.

(2) ¹Die Beschlüsse der Mindestlohnkommission werden mit einfacher Mehrheit der Stimmen der anwesenden Mitglieder gefasst. ²Bei der Beschlussfassung hat sich die oder der Vorsitzende zunächst der Stimme zu enthalten. ³Kommt eine Stimmenmehrheit nicht zustande, macht die oder der Vorsitzende einen Vermittlungsvorschlag. ⁴Kommt nach Beratung über den Vermittlungsvorschlag keine Stimmenmehrheit zustande, übt die oder der Vorsitzende ihr oder sein Stimmrecht aus.

(3) ¹Die Mindestlohnkommission kann Spitzenorganisationen der Arbeitgeber und Arbeitnehmer, Vereinigungen von Arbeitgebern und Gewerkschaften, öffentlich-rechtliche Religionsgesellschaften, Wohlfahrtsverbände, Verbände, die wirtschaftliche und soziale Interessen organisieren, sowie sonstige von der Anpassung des Mindestlohns Betroffene vor Beschlussfassung anhören. ²Sie kann Informationen und fachliche Einschätzungen von externen Stellen einholen.

(4) ¹Die Sitzungen der Mindestlohnkommission sind nicht öffentlich; der Inhalt ihrer Beratungen ist vertraulich. ²Die übrigen Verfahrensregelungen trifft die Mindestlohnkommission in einer Geschäftsordnung.

§ 11 Rechtsverordnung

(1) ¹Die Bundesregierung kann die von der Mindestlohnkommission vorgeschlagene Anpassung des Mindestlohns durch Rechtsverordnung ohne Zustimmung des Bundesrates für alle Arbeitgeber sowie Arbeitnehmerinnen und Arbeitnehmer verbindlich machen. ²Die Rechtsverordnung tritt am im Beschluss der Mindestlohnkommission bezeichneten Tag, frühestens aber am Tag nach Verkündung in Kraft. ³Die Rechtsverordnung gilt, bis sie durch eine neue Rechtsverordnung abgelöst wird.

(2) ¹Vor Erlass der Rechtsverordnung erhalten die Spitzenorganisationen der Arbeitgeber und Arbeitnehmer, die Vereinigungen von Arbeitgebern und Gewerkschaften, die öffentlich-rechtlichen Religionsgesellschaften, die Wohlfahrtsverbände sowie die Verbände, die wirtschaftliche und soziale Interessen organisieren, Gelegenheit zur schriftlichen Stellungnahme. ²Die Frist zur Stellungnahme beträgt drei Wochen; sie beginnt mit der Bekanntmachung des Verordnungsentwurfs.

§ 12 Geschäfts- und Informationsstelle für den Mindestlohn; Kostenträgerschaft

(1) ¹Die Mindestlohnkommission wird bei der Durchführung ihrer Aufgaben von einer Geschäftsstelle unterstützt. ²Die Geschäftsstelle untersteht insoweit fachlich der oder dem Vorsitzenden der Mindestlohnkommission.

(2) Die Geschäftsstelle wird bei der Bundesanstalt für Arbeitsschutz und Arbeitsmedizin als selbständige Organisationeinheit eingerichtet.

(3) Die Geschäftsstelle informiert und berät als Informationsstelle für den Mindestlohn Arbeitnehmerinnen und Arbeitnehmer sowie Unternehmen zum Thema Mindestlohn.

(4) Die durch die Tätigkeit der Mindestlohnkommission und der Geschäftsstelle anfallenden Kosten trägt der Bund.

Abschnitt 2. Zivilrechtliche Durchsetzung

§ 13 Haftung des Auftraggebers

§ 14 des Arbeitnehmer-Entsendegesetzes findet entsprechende Anwendung.

Abschnitt 3. Kontrolle und Durchsetzung durch staatliche Behörden

§ 14 Zuständigkeit
Für die Prüfung der Einhaltung der Pflichten eines Arbeitgebers nach § 20 sind die Behörden der Zollverwaltung zuständig.

§ 15 Befugnisse der Behörden der Zollverwaltung und anderer Behörden; Mitwirkungspflichten des Arbeitgebers
¹Die §§ 2 bis 6, 14, 15, 20, 22 und 23 des Schwarzarbeitsbekämpfungsgesetzes sind entsprechend anzuwenden mit der Maßgabe, dass
1. die dort genannten Behörden auch Einsicht in Arbeitsverträge, Niederschriften nach § 2 des Nachweisgesetzes und andere Geschäftsunterlagen nehmen können, die mittelbar oder unmittelbar Auskunft über die Einhaltung des Mindestlohns nach § 20 geben, und
2. die nach § 5 Absatz 1 des Schwarzarbeitsbekämpfungsgesetzes zur Mitwirkung Verpflichteten diese Unterlagen vorzulegen haben.

²§ 6 Absatz 3 sowie die §§ 16 bis 19 des Schwarzarbeitsbekämpfungsgesetzes finden entsprechende Anwendung.

§ 16 Meldepflicht
(1) ¹Ein Arbeitgeber mit Sitz im Ausland, der eine Arbeitnehmerin oder einen Arbeitnehmer oder mehrere Arbeitnehmerinnen oder Arbeitnehmer in den in § 2a des Schwarzarbeitsbekämpfungsgesetzes genannten Wirtschaftsbereichen oder Wirtschaftszweigen im Anwendungsbereich dieses Gesetzes beschäftigt, ist verpflichtet, vor Beginn jeder Werk- oder Dienstleistung eine schriftliche Anmeldung in deutscher Sprache bei der zuständigen Behörde der Zollverwaltung nach Absatz 6 vorzulegen, die die für die Prüfung wesentlichen Angaben enthält. ²Wesentlich sind die Angaben über
1. den Familiennamen, den Vornamen und das Geburtsdatum der von ihm im Geltungsbereich dieses Gesetzes beschäftigten Arbeitnehmerinnen und Arbeitnehmer,
2. den Beginn und die voraussichtliche Dauer der Beschäftigung,
3. den Ort der Beschäftigung,
4. den Ort im Inland, an dem die nach § 17 erforderlichen Unterlagen bereitgehalten werden,
5. den Familiennamen, den Vornamen, das Geburtsdatum und die Anschrift in Deutschland der oder des verantwortlich Handelnden und
6. den Familiennamen, den Vornamen und die Anschrift in Deutschland einer oder eines Zustellungsbevollmächtigten, soweit diese oder dieser nicht mit der oder dem in Nummer 5 genannten verantwortlich Handelnden identisch ist.

³Änderungen bezüglich dieser Angaben hat der Arbeitgeber im Sinne des Satzes 1 unverzüglich zu melden.

(2) Der Arbeitgeber hat der Anmeldung eine Versicherung beizufügen, dass er die Verpflichtungen nach § 20 einhält.

(3) ¹Überlässt ein Verleiher mit Sitz im Ausland eine Arbeitnehmerin oder einen Arbeitnehmer oder mehrere Arbeitnehmerinnen oder Arbeitnehmer zur Arbeitsleistung einem Entleiher, hat der Entleiher in den in § 2a des Schwarzarbeitsbekämpfungsgesetzes genannten Wirtschaftsbereichen oder Wirtschaftszweigen unter den Voraussetzungen des Absatzes 1 Satz 1 vor Beginn jeder Werk- oder Dienstleistung der zuständigen Behörde der Zollverwaltung eine schriftliche Anmeldung in deutscher Sprache mit folgenden Angaben zuzuleiten:
1. den Familiennamen, den Vornamen und das Geburtsdatum der überlassenen Arbeitnehmerinnen und Arbeitnehmer,
2. den Beginn und die Dauer der Überlassung,
3. den Ort der Beschäftigung,
4. den Ort im Inland, an dem die nach § 17 erforderlichen Unterlagen bereitgehalten werden,
5. den Familiennamen, den Vornamen und die Anschrift in Deutschland einer oder eines Zustellungsbevollmächtigten des Verleihers,
6. den Familiennamen, den Vornamen oder die Firma sowie die Anschrift des Verleihers.
²Absatz 1 Satz 3 gilt entsprechend.

(4) Der Entleiher hat der Anmeldung eine Versicherung des Verleihers beizufügen, dass dieser die Verpflichtungen nach § 20 einhält.

(5) Das Bundesministerium der Finanzen kann durch Rechtsverordnung¹ im Einvernehmen mit dem Bundesministerium für Arbeit und Soziales ohne Zustimmung des Bundesrates bestimmen,
1. dass, auf welche Weise und unter welchen technischen und organisatorischen Voraussetzungen eine Anmeldung, eine Änderungsmeldung und die Versicherung abweichend von Absatz 1 Satz 1 und 3, Absatz 2 und 3 Satz 1 und 2 und Absatz 4 elektronisch übermittelt werden kann,
2. unter welchen Voraussetzungen eine Änderungsmeldung ausnahmsweise entfallen kann, und
3. wie das Meldeverfahren vereinfacht oder abgewandelt werden kann, sofern die entsandten Arbeitnehmerinnen und Arbeitnehmer im Rahmen einer regelmäßig wiederkehrenden Werk- oder Dienstleistung eingesetzt werden oder sonstige Besonderheiten der zu erbringenden Werk- oder Dienstleistungen dies erfordern.

(6) Das Bundesministerium der Finanzen kann durch Rechtsverordnung² ohne Zustimmung des Bundesrates die zuständige Behörde nach Absatz 1 Satz 1 und Absatz 3 Satz 1 bestimmen.

§ 17 Erstellen und Bereithalten von Dokumenten

(1) ¹Ein Arbeitgeber, der Arbeitnehmerinnen und Arbeitnehmer nach § 8 Absatz 1 des Vierten Buches Sozialgesetzbuch oder in den in § 2a des Schwarzarbeitsbekämpfungsgesetzes genannten Wirtschaftsbereichen oder Wirtschaftszweigen beschäftigt, ist verpflichtet, Beginn, Ende und Dauer der täglichen Arbeitszeit dieser Arbeitnehmerinnen und Arbeitnehmer spätestens bis zum Ablauf des siebten auf den Tag der Arbeitsleistung folgenden Kalendertages aufzuzeichnen und diese Aufzeichnungen mindestens zwei Jahre beginnend ab dem für die Aufzeichnung maßgeblichen Zeitpunkt aufzubewahren. ²Satz 1 gilt entsprechend für einen Entleiher, dem ein Verleiher eine Arbeitnehmerin oder einen Arbeitnehmer oder mehrere Arbeitnehmerinnen oder Arbeitnehmer zur Arbeitsleistung in einem der in § 2a des Schwarzarbeitsbekämpfungsgesetzes genannten Wirt-

---

¹ Siehe hierzu ua die MindestlohnmeldeVO.
² Siehe hierzu ua die VO zur Bestimmung der zuständigen Behörde nach § 16 Absatz 6 MiLoG.

schaftszweige überlässt. ³Satz 1 gilt nicht für Beschäftigungsverhältnisse nach § 8a des Vierten Buches Sozialgesetzbuch.

(2) ¹Arbeitgeber im Sinne des Absatzes 1 haben die für die Kontrolle der Einhaltung der Verpflichtungen nach § 20 in Verbindung mit § 2 erforderlichen Unterlagen im Inland in deutscher Sprache für die gesamte Dauer der tatsächlichen Beschäftigung der Arbeitnehmerinnen und Arbeitnehmer im Geltungsbereich dieses Gesetzes, mindestens für die Dauer der gesamten Werk- oder Dienstleistung, insgesamt jedoch nicht länger als zwei Jahre, bereitzuhalten. ²Auf Verlangen der Prüfbehörde sind die Unterlagen auch am Ort der Beschäftigung bereitzuhalten.

(3) Das Bundesministerium für Arbeit und Soziales kann durch Rechtsverordnung³ ohne Zustimmung des Bundesrates die Verpflichtungen des Arbeitgebers oder eines Entleihers nach § 16 und den Absätzen 1 und 2 hinsichtlich bestimmter Gruppen von Arbeitnehmerinnen und Arbeitnehmer oder der Wirtschaftsbereiche oder den Wirtschaftszweigen einschränken oder erweitern.

(4) Das Bundesministerium der Finanzen kann durch Rechtsverordnung⁴ im Einvernehmen mit dem Bundesministerium für Arbeit und Soziales ohne Zustimmung des Bundesrates bestimmen, wie die Verpflichtung des Arbeitgebers, die tägliche Arbeitszeit bei ihm beschäftigter Arbeitnehmerinnen und Arbeitnehmer aufzuzeichnen und diese Aufzeichnungen aufzubewahren, vereinfacht oder abgewandelt werden kann, sofern Besonderheiten der zu erbringenden Werk- oder Dienstleistungen oder Besonderheiten des jeweiligen Wirtschaftsbereiches oder Wirtschaftszweiges dies erfordern.

§ 18 Zusammenarbeit der in- und ausländischen Behörden

(1) Die Behörden der Zollverwaltung unterrichten die zuständigen örtlichen Landesfinanzbehörden über Meldungen nach § 16 Absatz 1 und 3.

(2) ¹Die Behörden der Zollverwaltung und die übrigen in § 2 des Schwarzarbeitsbekämpfungsgesetzes genannten Behörden dürfen nach Maßgabe der datenschutzrechtlichen Vorschriften auch mit Behörden anderer Vertragsstaaten des Abkommens über den Europäischen Wirtschaftsraum zusammenarbeiten, die diesem Gesetz entsprechende Aufgaben durchführen oder für die Bekämpfung illegaler Beschäftigung zuständig sind oder Auskünfte geben können, ob ein Arbeitgeber seine Verpflichtungen nach § 20 erfüllt. ²Die Regelungen über die internationale Rechtshilfe in Strafsachen bleiben hiervon unberührt.

(3) Die Behörden der Zollverwaltung unterrichten das Gewerbezentralregister über rechtskräftige Bußgeldentscheidungen nach § 21 Absatz 1 bis 3, sofern die Geldbuße mehr als zweihundert Euro beträgt.

§ 19 Ausschluss von der Vergabe öffentlicher Aufträge

(1) Von der Teilnahme an einem Wettbewerb um einen Liefer-, Bau- oder Dienstleistungsauftrag der in § 98 des Gesetzes gegen Wettbewerbsbeschränkungen genannten Auftraggeber sollen Bewerberinnen oder Bewerber für eine angemessene Zeit bis zur nachgewiesenen Wiederherstellung ihrer Zuverlässigkeit ausgeschlossen werden, die wegen eines Verstoßes nach § 21 mit einer Geldbuße von wenigstens zweitausendfünfhundert Euro belegt worden sind.

(2) Die für die Verfolgung oder Ahndung der Ordnungswidrigkeiten nach § 21 zuständigen Behörden dürfen öffentlichen Auftraggebern nach § 98 Nummer 1 bis 3 und 5 des Gesetzes gegen Wettbewerbsbeschränkungen und solchen Stellen, die von öffentlichen

---

³ Siehe hierzu ua die MindestlohndokumentationspflichtenVO.
⁴ Siehe hierzu ua die MindestlohnaufzeichnungsVO.

Auftraggebern zugelassene Präqualifikationsverzeichnisse oder Unternehmer- und Lieferantenverzeichnisse führen, auf Verlangen die erforderlichen Auskünfte geben.

(3) ¹Öffentliche Auftraggeber nach Absatz 2 fordern im Rahmen ihrer Tätigkeit beim Gewerbezentralregister Auskünfte über rechtskräftige Bußgeldentscheidungen wegen einer Ordnungswidrigkeit nach § 21 Absatz 1 oder Absatz 2 an oder verlangen von Bewerberinnen oder Bewerbern eine Erklärung, dass die Voraussetzungen für einen Ausschluss nach Absatz 1 nicht vorliegen. ²Im Falle einer Erklärung der Bewerberin oder des Bewerbers können öffentliche Auftraggeber nach Absatz 2 jederzeit zusätzlich Auskünfte des Gewerbezentralregisters nach § 150a der Gewerbeordnung anfordern.

(4) Bei Aufträgen ab einer Höhe von 30 000 Euro fordert der öffentliche Auftraggeber nach Absatz 2 für die Bewerberin oder den Bewerber, die oder der den Zuschlag erhalten soll, vor der Zuschlagserteilung eine Auskunft aus dem Gewerbezentralregister nach § 150a der Gewerbeordnung an.

(5) Vor der Entscheidung über den Ausschluss ist die Bewerberin oder der Bewerber zu hören.

§ 20 Pflichten des Arbeitgebers zur Zahlung des Mindestlohns

Arbeitgeber mit Sitz im In- oder Ausland sind verpflichtet, ihren im Inland beschäftigten Arbeitnehmerinnen und Arbeitnehmern ein Arbeitsentgelt mindestens in Höhe des Mindestlohns nach § 1 Absatz 2 spätestens zu dem in § 2 Absatz 1 Satz 1 Nummer 2 genannten Zeitpunkt zu zahlen.

§ 21 Bußgeldvorschriften

(1) Ordnungswidrig handelt, wer vorsätzlich oder fahrlässig
1. entgegen § 15 Satz 1 in Verbindung mit § 5 Absatz 1 Satz 1 des Schwarzarbeitsbekämpfungsgesetzes eine Prüfung nicht duldet oder bei einer Prüfung nicht mitwirkt,
2. entgegen § 15 Satz 1 in Verbindung mit § 5 Absatz 1 Satz 2 des Schwarzarbeitsbekämpfungsgesetzes das Betreten eines Grundstücks oder Geschäftsraums nicht duldet,
3. entgegen § 15 Satz 1 in Verbindung mit § 5 Absatz 3 Satz 1 des Schwarzarbeitsbekämpfungsgesetzes Daten nicht, nicht richtig, nicht vollständig, nicht in der vorgeschriebenen Weise oder nicht rechtzeitig übermittelt,
4. entgegen § 16 Absatz 1 Satz 1 oder Absatz 3 Satz 1 eine Anmeldung nicht, nicht richtig, nicht vollständig, nicht in der vorgeschriebenen Weise oder nicht rechtzeitig vorlegt oder nicht, nicht richtig, nicht vollständig, nicht in der vorgeschriebenen Weise oder nicht rechtzeitig zuleitet,
5. entgegen § 16 Absatz 1 Satz 3, auch in Verbindung mit Absatz 3 Satz 2, eine Änderungsmeldung nicht, nicht richtig, nicht vollständig, nicht in der vorgeschriebenen Weise oder nicht rechtzeitig macht,
6. entgegen § 16 Absatz 2 oder 4 eine Versicherung nicht, nicht richtig oder nicht rechtzeitig beifügt,
7. entgegen § 17 Absatz 1 Satz 1, auch in Verbindung mit Satz 2, eine Aufzeichnung nicht, nicht richtig, nicht vollständig oder nicht rechtzeitig erstellt oder nicht oder nicht mindestens zwei Jahre aufbewahrt,
8. entgegen § 17 Absatz 2 eine Unterlage nicht, nicht richtig, nicht vollständig oder nicht in der vorgeschriebenen Weise bereithält oder
9. entgegen § 20 das dort genannte Arbeitsentgelt nicht oder nicht rechtzeitig zahlt.

(2) Ordnungswidrig handelt, wer Werk- oder Dienstleistungen in erheblichem Umfang ausführen lässt, indem er als Unternehmer einen anderen Unternehmer beauftragt, von dem er weiß oder fahrlässig nicht weiß, dass dieser bei der Erfüllung dieses Auftrags

1. entgegen § 20 das dort genannte Arbeitsentgelt nicht oder nicht rechtzeitig zahlt oder
2. einen Nachunternehmer einsetzt oder zulässt, dass ein Nachunternehmer tätig wird, der entgegen § 20 das dort genannte Arbeitsentgelt nicht oder nicht rechtzeitig zahlt.

(3) Die Ordnungswidrigkeit kann in den Fällen des Absatzes 1 Nummer 9 und des Absatzes 2 mit einer Geldbuße bis zu fünfhunderttausend Euro, in den übrigen Fällen mit einer Geldbuße bis zu dreißigtausend Euro geahndet werden.

(4) Verwaltungsbehörden im Sinne des § 36 Absatz 1 Nummer 1 des Gesetzes über Ordnungswidrigkeiten sind die in § 14 genannten Behörden jeweils für ihren Geschäftsbereich.

(5) Für die Vollstreckung zugunsten der Behörden des Bundes und der bundesunmittelbaren juristischen Personen des öffentlichen Rechts sowie für die Vollziehung des dinglichen Arrestes nach § 111d der Strafprozessordnung in Verbindung mit § 46 des Gesetzes über Ordnungswidrigkeiten durch die in § 14 genannten Behörden gilt das Verwaltungs-Vollstreckungsgesetz des Bundes.

Abschnitt 4. Schlussvorschriften

§ 22 Persönlicher Anwendungsbereich

(1) ¹Dieses Gesetz gilt für Arbeitnehmerinnen und Arbeitnehmer. ²Praktikantinnen und Praktikanten im Sinne des § 26 des Berufsbildungsgesetzes gelten als Arbeitnehmerinnen und Arbeitnehmer im Sinne dieses Gesetzes, es sei denn, dass sie
1. ein Praktikum verpflichtend auf Grund einer schulrechtlichen Bestimmung, einer Ausbildungsordnung, einer hochschulrechtlichen Bestimmung oder im Rahmen einer Ausbildung an einer gesetzlich geregelten Berufsakademie leisten,
2. ein Praktikum von bis zu drei Monaten zur Orientierung für eine Berufsausbildung oder für die Aufnahme eines Studiums leisten,
3. ein Praktikum von bis zu drei Monaten begleitend zu einer Berufs- oder Hochschulausbildung leisten, wenn nicht zuvor ein solches Praktikumsverhältnis mit demselben Ausbildenden bestanden hat, oder
4. an einer Einstiegsqualifizierung nach § 54a des Dritten Buches Sozialgesetzbuch oder an einer Berufsausbildungsvorbereitung nach §§ 68 bis 70 des Berufsbildungsgesetzes teilnehmen.

³Praktikantin oder Praktikant ist unabhängig von der Bezeichnung des Rechtsverhältnisses, wer sich nach der tatsächlichen Ausgestaltung und Durchführung des Vertragsverhältnisses für eine begrenzte Dauer zum Erwerb praktischer Kenntnisse und Erfahrungen einer bestimmten betrieblichen Tätigkeit zur Vorbereitung auf eine berufliche Tätigkeit unterzieht, ohne dass es sich dabei um eine Berufsausbildung im Sinne des Berufsbildungsgesetzes oder um eine damit vergleichbare praktische Ausbildung handelt.

(2) Personen im Sinne von § 2 Absatz 1 und 2 des Jugendarbeitsschutzgesetzes ohne abgeschlossene Berufsausbildung gelten nicht als Arbeitnehmerinnen und Arbeitnehmer im Sinne dieses Gesetzes.

(3) Von diesem Gesetz nicht geregelt wird die Vergütung von zu ihrer Berufsausbildung Beschäftigten sowie ehrenamtlich Tätigen.

(4) ¹Für Arbeitsverhältnisse von Arbeitnehmerinnen und Arbeitnehmern, die unmittelbar vor Beginn der Beschäftigung langzeitarbeitslos im Sinne des § 18 Absatz 1 des Dritten Buches Sozialgesetzbuch waren, gilt der Mindestlohn in den ersten sechs Monaten der Beschäftigung nicht. ²Die Bundesregierung hat den gesetzgebenden Körperschaften zum 1. Juni 2016 darüber zu berichten, inwieweit die Regelung nach Satz 1 die Wieder-

eingliederung von Langzeitarbeitslosen in den Arbeitsmarkt gefördert hat, und eine Einschätzung darüber abzugeben, ob diese Regelung fortbestehen soll.

§ 23 Evaluation

Dieses Gesetz ist im Jahr 2020 zu evaluieren.

§ 24 Übergangsregelung[5]

(1) [1]Bis zum 31. Dezember 2017 gehen abweichende Regelungen eines Tarifvertrages repräsentativer Tarifvertragsparteien dem Mindestlohn vor, wenn sie für alle unter den Geltungsbereich des Tarifvertrages fallenden Arbeitgeber mit Sitz im In- oder Ausland sowie deren Arbeitnehmerinnen und Arbeitnehmer verbindlich gemacht worden sind; ab dem 1. Januar 2017 müssen abweichende Regelungen in diesem Sinne mindestens ein Entgelt von brutto 8,50 Euro je Zeitstunde vorsehen. [2]Satz 1 gilt entsprechend für Rechtsverordnungen, die auf der Grundlage von § 11 des Arbeitnehmer-Entsendegesetzes sowie § 3a des Arbeitnehmerüberlassungsgesetzes erlassen worden sind.

(2) [1]Zeitungszustellerinnen und Zeitungszusteller haben ab dem 1. Januar 2015 einen Anspruch auf 75 Prozent und ab dem 1. Januar 2016 auf 85 Prozent des Mindestlohns nach § 1 Absatz 2 Satz 1. [2]Vom 1. Januar 2017 bis zum 31. Dezember 2017 beträgt der Mindestlohn für Zeitungszustellerinnen und Zeitungszusteller brutto 8,50 Euro je Zeitstunde. [3]Zeitungszustellerinnen und Zeitungszusteller im Sinne der Sätze 1 und 2 sind Personen, die in einem Arbeitsverhältnis ausschließlich periodische Zeitungen oder Zeitschriften an Endkunden zustellen; dies umfasst auch Zustellerinnen und Zusteller von Anzeigenblättern mit redaktionellem Inhalt.

---

[5] § 24 tritt gem. Art. 15 Abs. 2 G v. 11.8.2014 (BGBl. I S. 1348) mit Ablauf des 31.12.2017 außer Kraft.

Einführung

A. Entwicklung der Mindestlohngesetzgebung

I. Diskussion um Mindestlöhne durch aufkommende Entsendeproblematik

Das bundesdeutsche Recht kannte lange Jahre keine Festsetzung staatlicher Mindestlöhne. Zwar war im Jahre 1952 das **Gesetz zur Festsetzung von Mindestarbeitsbedingungen** (MiArbG 1952) erlassen worden (vgl. dazu Fitting RdA 1952, 5; Herschel BArbBl. 1952, 36). Das MiArbG 1952 blieb aber für die Gestaltung der Arbeitsbedingungen in Deutschland bedeutungslos. Bis zur Novellierung des MiArbG im Jahr 2009 wurde lediglich viermal die Festsetzung eines Mindestlohns beantragt – ein Antrag wurde für „Angestellte von Rechtsanwälten und Notaren" (vgl. Mitteilung in DB 1952, 911), einer für „im Haushalt beschäftigte Personen" und zwei Anträge wurden für „Landarbeiter" (vgl. Der Arbeitgeber 1952, 452, 453) gestellt. Mindestarbeitsbedingungen konnten nach § 1 Abs. 2 Buchst. a MiArbG 1952 nur festgesetzt werden, soweit Gewerkschaften oder Vereinigungen von Arbeitgebern für den Wirtschaftszweig oder die Beschäftigungsart nicht bestehen oder nur eine Minderheit der Arbeitnehmer oder Arbeitgeber umfassen. Nach den Vorstellungen des Gesetzgebers sollte das MiArbG 1952 als eine Art „Damoklesschwert" dienen, welches dazu anspornen sollte, „repräsentative Koalitionen" zu gründen und damit staatliche Festsetzung von Mindestarbeitsbedingungen zu verhindern (Fitting RdA 1952, 5, 9; Herschel BArbBl. 1952, 36, 39). Dieses Ziel wurde erreicht, denn in den auf den Erlass des MiArbG 1952 folgenden Jahren entwickelte sich ein funktionierendes Tarifsystem.

In den 1990er Jahren erlangte der **grenzüberschreitende Einsatz von Arbeitskräften** ausländischer Arbeitgeber größere Bedeutung. Die zwischen den ausländischen Arbeitgebern und ihren Beschäftigten bestehenden Arbeitsverhältnissen unterlagen nach dem internationalen Privatrecht grundsätzlich dem ausländischen Recht des Herkunftsstaates, und zwar auch dann, wenn im Fall der Entsendung des Arbeitnehmers die Arbeit vorübergehend in einem anderen Staat stattfand. Dabei waren die aus dem Ausland entsandten Arbeitnehmer häufig zu deutlich ungünstigeren Arbeitsbedingungen als deutsche Arbeitnehmer beschäftigt. Auch die nach § 5 TVG für allgemeinverbindlich erklärten Tarifverträge fanden mangels international zwingender Wirkung auf die entsandten Arbeitnehmer keine Anwendung (BAG Urt. v. 4.5.1977 – 4 AZR 10/76, NJW 1977, 2039; **aA** seinerzeit Franzen DZWIR 1996, 89, 91; Deinert RdA 1996, 339, 344; P. Hanau FS Everling S. 415, 428). Damit waren die Arbeitsbedingungen des Arbeitsortes zwar für die im Inland ansässigen Arbeitgeber verbindlich, galten aber nicht für Arbeitnehmer, die von im Ausland ansässigen Arbeitgebern nach Deutschland entsandt wurden. Dadurch gerieten die deutschen Unternehmen und deutschen Arbeitnehmer unter Wettbewerbs- bzw. Lohndruck. Auch aufenthaltsrechtlich bestand keine Möglichkeit, die Entsendung ausländischer Arbeitnehmer von der Einhaltung bestimmter Mindeststandards abhängig zu machen, da die Arbeitnehmer von Arbeitgebern aus der Europäischen Union und dem Europäischen Wirtschaftsraum keine Arbeitserlaubnis benötigten, wobei sich erstere überdies auf die vom Unionsrecht gewährleisteten Grundfreiheiten berufen konnten.

Mit der Verabschiedung des Gesetzes über zwingende Arbeitsbedingungen bei grenzüberschreitenden Dienstleistungen (Arbeitnehmer-Entsendegesetz – AEntG), das am 1.3.1996 in Kraft trat (BGBl. I S. 227), reagierte der Gesetzgeber auf die mit der Intensivierung des europäischen Binnenmarktes einhergehenden Verwerfungen auf dem deut-

Einführung A. Entwicklung der Mindestlohngesetzgebung

schen Arbeitsmarkt (vgl. BT-Drs. 13/2414 S. 7). Regelungsbedarf wurde zunächst vor allem in der Baubranche gesehen, in der der Einsatz von ausländischen Arbeitnehmern besondere Bedeutung erlangt hatte. Vor diesem Hintergrund ermöglichte es das AEntG insbesondere, einen Mindestlohn-Tarifvertrag in der Baubranche nunmehr auch mit Wirkung für die von ausländischen Arbeitgebern nach Deutschland entsandten Arbeitnehmer für allgemeinverbindlich zu erklären.

4 Die Verabschiedung des AEntG ging der RL 96/71/EG des Europäischen Parlaments und des Rates vom 16.12.1996 über die Entsendung von Arbeitnehmern im Rahmen der Erbringung von Dienstleistungen (**Entsende-RL**), deren Erlass äußerst umstritten gewesen war, einige Monate voraus. Mit der Entsende-RL wurden bestimmte Kernarbeitsbedingungen definiert, die im Empfangsstaat für alle am Arbeitsort tätigen Arbeitnehmer, also auch für die entsandten Arbeitnehmer, einzuhalten waren. Es wurde damit zwar nicht ausgeschlossen, dass Arbeitgeber aus Niedriglohnländern aus den unterschiedlichen Lohnkosten einen Wettbewerbsvorteil ziehen können; dieser Vorteil wurde aber umfangmäßig beschränkt (ErfK/Schlachter AEntG § 1 Rn. 5).

5 Mit dem **Ersten Gesetz zur Änderung des Dritten Buches Sozialgesetzbuch** (1. SGB III-Änderungsgesetz – 1. SGB III-ÄndG) vom 16.12.1997 (BGBl. I S. 2970) wurde das AEntG erstmalig inhaltlich überarbeitet. Die Novellierung zielte insbesondere auf eine effektivere Durchsetzung des Mindestlohns, indem die Arbeitgeber zu Arbeitszeitaufzeichnungen verpflichtet, die Pflichten zur Bereithaltung von Unterlagen konkretisiert, die Meldepflichten erweitert und die Ordnungswidrigkeitentatbestände ergänzt wurden. Zudem wurde die Verpflichtung zur Zahlung des Mindestlohns auf den Verleiher erstreckt, wenn der Leiharbeitnehmer beim Entleiher mit einer mindestlohnpflichtigen Tätigkeit beschäftigt wird.

6 Art. 10 des **Gesetzes zu Korrekturen in der Sozialversicherung und zur Sicherung der Arbeitnehmerrechte** vom 19.12.1998 (BGBl. I S. 3843) reagierte auf Umgehungsstrategien der Arbeitgeber. Neben der Einführung der sog. Generalunternehmerhaftung (hierzu § 13) wurde der Bußgeldrahmen für Verstöße gegen die sich aus dem AEntG ergebenden Pflichten erhöht. Vor allem aber wurde in das AEntG eine Rechtsverordnungsermächtigung aufgenommen, auf deren Grundlage ein Tarifvertrag über bestimmte Regelungsgegenstände – unter anderem über Mindestentgelte – durch Verordnung vom BMAS auf alle nicht tarifgebundenen in- und ausländischen Arbeitgeber erstreckt werden konnte. Im Unterschied zur Allgemeinverbindlicherklärung verlangte das Verordnungsverfahren keine Beteiligung des Tarifausschusses. Die Rechtsverordnungsermächtigung war vor allem eine Reaktion darauf, dass die BDA ihre Vetomöglichkeit im Tarifausschuss dazu genutzt hatte, das Zustandekommen der Allgemeinverbindlicherklärung zu verhindern oder zumindest eine Absenkung der tarifvertraglichen Mindestarbeitsbedingungen zu erzwingen (KAEW/Koberski AEntG § 7 Rn. 13).

7 Kurz vor dem vorzeitigen Ende der 15. Legislaturperiode hatten im Mai 2005 die damaligen Regierungsfraktionen SPD und BÜNDNIS 90/ DIE GRÜNEN einen **Gesetzentwurf zur Ausweitung des AEntG auf alle Branchen** vorgelegt (BT-Drs. 15/5445). Zu einer Verabschiedung des Gesetzes kam es allerdings wegen der vorzeitigen Auflösung des 15. Bundestages durch Bundespräsident Köhler am 21.7.2005 nicht mehr.

II. Ausweitung von Branchenmindestlöhnen in der 16. Legislaturperiode

8 Im **Bundestagswahlkampf des Jahres 2005** war das Thema Mindestlohn umstritten. Die SPD trat für tarifgestützte Mindestlöhne in allen Branchen ein und erwog auch erstmalig die Einführung eines allgemeinen Mindestlohns für den Fall, dass die Tarifvertragsparteien nicht in der Lage sind, für alle Branchen Mindestlohntarifverträge zu vereinbaren. Von CDU/CSU wurden beide Maßnahmen abgelehnt.

II. Ausweitung von Branchenmindestlöhnen in der 16. Legislaturperiode   Einführung

Der **Koalitionsvertrag der Großen Koalition von CDU/CSU und SPD** mündete in einem Kompromiss (vgl. Gemeinsam für Deutschland. Mit Mut und Menschlichkeit, Koalitionsvertrag von CDU, CSU und SPD vom 11.11.2005, Rn. 1471–1483 S. 30). Eine Ausdehnung des AEntG sollte für Branchen geprüft werden, in denen erstens soziale Verwerfungen durch entsandte Arbeitnehmer nachgewiesen werden und zweitens Tarifverträge bestanden, die zuvor nach § 5 TVG für allgemeinverbindlich erklärt worden sind. Diese Voraussetzungen sahen die Koalitionäre für das Gebäudereinigerhandwerk gegeben, über dessen Aufnahme ins AEntG man sich daher ausdrücklich im Koalitionsvertrag verständigte. Die **Aufnahme des Gebäudereinigerhandwerks** in das AEntG erfolgte durch das Erste Gesetz zur Änderung des Arbeitnehmer-Entsendegesetzes (1. AEntGÄndG) vom 25.4.2007 (BGBl. I S. 576), welches am 1.7.2007 in Kraft trat. 9

Inzwischen war seit Beginn der 16. Legislaturperiode eine **intensive Diskussion über Mindestlöhne** entbrannt (ausf. hierzu KAEW/Koberski AEntG Einl. Rn. 63 ff.). Sie stand zum einen unter dem Eindruck der zum 1.4.2004 vollzogenen Osterweiterung der Europäischen Union sowie den langwierigen Verhandlungen über die RL 2006/123/EG (sog. Dienstleistungsrichtlinie oder Bolkestein-Richtlinie), auf die man sich schließlich am 12.12.2006 verständigt hatte. Zum anderen rückten auf nationaler Ebene die seit geraumer Zeit stetig abnehmende Tarifbindung sowie der vor allem in den neuen Bundesländern entstandene Niedriglohnsektor ins Blickfeld. In den Diskussionen wurden unterschiedliche Konzepte von Branchenmindestlöhnen über eine spezifische Regelung zur Sittenwidrigkeit von Löhnen bis hin zur Einführung eines branchenübergreifenden gesetzlichen Mindestlohns erörtert (KAEW/Koberski AEntG Einl. Rn 94). 10

Nach intensiven Beratungen einigte sich schließlich der **Koalitionsausschuss** am 18./19.6.2007 auf ein Konzept zur Erleichterung branchenspezifischer Mindestlöhne. Die Vereinbarung sah eine **Überarbeitung von AEntG und MiArbG iSe Konzeptes „kommunizierender Röhren"** vor. Branchen mit einer Tarifbindung von mehr als 50 % erhielten das Angebot, auf gemeinsamen Antrag von Tarifvertragsparteien in den Branchenkatalog des AEntG aufgenommen zu werden. Das MiArbG sollte für Branchen gangbar gemacht werden, in denen eine Tarifbindung nur für eine Minderheit der Arbeitnehmer oder Arbeitgeber bestand. 11

Zeitlich vorgezogen wurde von der Bundesregierung die **Aufnahme der „Branche der Postdienstleistungen"** ins AEntG, die am 28.12.2007 in Kraft trat (BGBl. I S. 3140). Infolge der Liberalisierung des deutschen Postmarktes durch das zum 1.1.2008 in Kraft getretene PostG wurde seitens der SPD befürchtet, dass sich private Wettbewerber vor allem über schlechte Arbeitsbedingungen Marktanteile verschaffen (ausf. zu den Hintergründen sowie zur gerichtlichen Auseinandersetzung KAEW/Koberski AEntG Einl. Rn. 97 ff.). Die erste Mindestlohn-Verordnung für die Branche der Briefdienstleistungen trat zum 1.1.2008 in Kraft. Noch im Januar 2008 erhoben private Konkurrenten der Deutschen Post AG sowie der Bundesverband der Kurier-Express-Post-Dienste (BdKEP) Klage gegen die Mindestlohn-Verordnung. Das BVerwG entschied mit Urteil vom 28.1.2010, dass die Mindestlohn-Verordnung die Kläger in ihren Rechten verletzt, weil die Bundesregierung das von § 1 Abs. 3a S. 2 AEntG aF vorgegebene Beteiligungsverfahren nicht eingehalten habe (BVerwG Urt. v. 28.1.2010 – 8 C 19/09, NZA 2010, 718). 12

Die Beratungen innerhalb der Bundesregierung über die am 18./19.6.2007 vereinbarte **Reform von AEntG und MiArbG** kreisten um zentrale Punkte der neuen Gesetze (ausf. zum Gesetzgebungsverfahren KAEW/Koberski AEntG Einl. Rn. 107 ff.). An einige strittige Punkte soll stichwortartig erinnert werden, weil die aufgeworfenen Fragen auch die Diskussionen der folgenden Jahre zum Thema Mindestlohn prägten. Umstritten waren beim AEntG ua die Zielsetzung sowie die Kriterien für die Auswahl zwischen konkurrierenden Tarifverträgen. Beim MiArbG wurde neben Aufgaben und Zusammensetzung des Hauptausschusses und der Fachausschüsse insbesondere über die Frage der Tariffestigkeit der hiernach festgesetzten Branchenmindestlöhne diskutiert. Die Bundesregierung legte am 16.7.2008 den Entwurf eines Gesetzes über zwingende Arbeitsbedingungen 13 für grenzüberschreitend entsandte Arbeitnehmer und für regelmäßig im Inland beschäftigte Arbeitnehmer und Arbeitnehmerinnen (BT-Drs. 16/10486) sowie den Entwurf eines Ersten Gesetzes zur Änderung des Gesetzes über die Festsetzung von Mindestarbeitsbedingungen (BT-Drs. 16/10485) vor. Der Bundesrat nahm am 19.9.2009 zu den Gesetzentwürfen der Bundesregierung Stellung, wobei sich seine Änderungswünsche im Schwerpunkt auf das MiArbG bezogen (BR-Drs. 542/08). Dabei vertrat der Bundesrat ua die Auffassung, dass die durch Art. 9 Abs. 3 GG gewährleistete Tarifautonomie einen Vorrang repräsentativer Tarifverträge vor den nach dem MiArbG festgesetzten Branchenmindestlöhnen verlange. Am 22.1.2009 wurden die Gesetzentwürfe vom Deutschen Bundestag mit den vom federführenden Ausschuss für Arbeit und Soziales vorgeschlagenen Änderungen (BT-Drs. 16/11669) verabschiedet. Das AEntG wurde am 23.4.2009 im Bundesgesetzblatt verkündet (BGBl. I S. 799), das MiArbG am 27.4.2009 (BGBl. I S. 818). Die Gesetze traten jeweils am Tag nach ihrer Verkündung in Kraft.

14 Mit der **Neufassung des AEntG** wurden sechs weitere Branchen in den Katalog des Gesetzes aufgenommen:
- Pflegebranche (Altenpflege und ambulante Krankenpflege),
- Sicherheitsdienstleistungen,
- Abfallwirtschaft (mit Straßenreinigung und Winterdienst),
- Aus- und Weiterbildungsdienstleistungen nach dem SGB II/SGB III,
- Wäschereidienstleistungen im Objektkundengeschäft,
- Bergbauspezialarbeiten auf Steinkohlebergwerken.

15 Mit der Neufassung des AEntG war ein Paradigmenwechsel verbunden. Ursprünglich war das AEntG dazu konzipiert worden, um den infolge der Entsendung von Arbeitnehmern aus Niedriglohnländern entstehenden Verwerfungen zu begegnen. Die neu ins AEntG aufgenommenen Branchen waren allerdings nicht durch eine besonders ausgeprägte Entsendeproblematik gekennzeichnet. Stattdessen rückte mit der Neufassung des AEntG der in Deutschland in den vergangenen Jahren entstandene Niedriglohnsektor in den Fokus (vgl. Sittard NZA 2009, 346; Sodan/Zimmermann ZfA 2008, 526, 530 ff.).

16 Im AEntG wurden erstmals Gesetzesziele definiert und in § 1 AEntG vorangestellt (Schaffung und Durchsetzung angemessener Mindestarbeitsbedingungen, Gewährleistung fairer und funktionierender Wettbewerbsbedingungen, Erhaltung sozialversicherungspflichtiger Beschäftigung, Wahrung der Ordnungs- und Befriedungsfunktion der Tarifautonomie). Ein Quorum wurde für die „Erstreckung" eines Tarifvertrags – anders als § 5 Abs. 1 TVG aF – nicht vorausgesetzt. Niedrigere Tarifentgelte wurden von einer tarifgestützten Mindestlohn-Verordnung verdrängt. In § 7 Abs. 2 AEntG wurde deshalb eine Auswahlregelung für den Fall geschaffen, dass in einer Branche mehrere Tarifverträge bestehen, die sich in ihrem Geltungsbereich zumindest teilweise überschneiden. In diesem Fall hatte der Verordnungsgeber in einer Gesamtabwägung ergänzend zu den Gesetzeszielen des § 1 AEntG die Repräsentativität der Tarifverträge zu berücksichtigen. Für die Pflegebranche sah das neugefasste AEntG eine Sonderregelung vor: Hier knüpft der Verordnungsgeber zur Festsetzung von Mindestlöhnen nicht an einen Tarifvertrag, sondern an den Vorschlag einer sich aus Vertretern der Branche zusammensetzenden Kommission an, in die auch Vertreter der Arbeitsrechtlichen Kommissionen des Dritten Weges eingebunden sind. Hintergrund der Kommissionslösung war, dass kirchlichen Einrichtungen in der Pflegebranche eine erhebliche Bedeutung zukommt und aus diesem Grunde die Prägung der Pflegebranche durch kollektive Regelungen nicht nur auf Tarifverträge, sondern in erheblichem Maße auf im Dritten Weg ausgehandelte Arbeitsbedingungen zurückzuführen ist.

17 Das **reformierte MiArbG** ermöglichte in einem dreistufigen Verfahren die Festsetzung von Mindestlöhnen für Wirtschaftszweige mit einer Tarifbindung von weniger als 50 Prozent (vgl. § 1 Abs. 2 MiArbG). Auf der ersten Stufe hatte der sog. Hauptausschuss „unter umfassender Berücksichtigung der sozialen und ökonomischen Auswirkungen durch Beschluss festzustellen, ob in einem Wirtschaftszweig *soziale Verwerfungen* vorliegen und Mindestarbeitsentgelte festgesetzt, geändert oder aufgehoben werden sollen" (§ 3 Abs. 1 S. 1 MiArbG). Der schriftlich zu begründende Beschluss des Hauptausschusses bedurfte der Zustimmung des *BMAS* (§ 3 Abs. 1 S. 3 MiArbG). Über die Höhe der Mindestarbeitsentgelte in einem Wirtschaftszweig hatte auf der zweiten Stufe ein Fachausschuss zu befinden, der für den betroffenen Wirtschaftszweig zu bilden war. Die Bundesregierung konnte sodann auf der dritten Stufe die vom Fachausschuss festgesetzten Mindestarbeitsentgelte auf Vorschlag des *BMAS* als Rechtsverordnung erlassen (vgl. im Einzelnen § 4 MiArbG). Das MiArbG sah vor, dass die durch Rechtsverordnung festgesetzten Mindestlöhne für alle Arbeitgeber und Arbeitnehmer des Wirtschaftszweigs verbindlich sind. Sie wären daher grundsätzlich auch niedrigeren tarifvertraglich vereinbarten Arbeitsentgelten vorgegangen; lediglich den zu einem Stichtag bestehenden Tarifverträgen sowie ihren Folgetarifverträgen räumte die Übergangsregelung des § 8 Abs. 2 MiArbG Vorrang ein.

III. Diskussion um Mindestlöhne in der 17. Legislaturperiode

1. Koalitionsvertrag von CDU/CSU und FDP

Hatte die 16. Legislaturperiode im Zeichen der Ausweitung branchenspezifischer Mindestlöhne gestanden, zielte der **Koalitionsvertrag von CDU, CSU und FDP für die 17. Legislaturperiode** darauf ab, die Nutzung der reformierten Instrumente einzubremsen. Der Erlass von Mindestlohn-Verordnungen nach dem AEntG sollte restriktiver gehandhabt werden. Während nach § 7 Abs. 1 S. 1 AEntG der Erlass einer Mindestlohn-Verordnung grundsätzlich in die Verantwortung des BMAS fiel, sollte der Verordnungserlass nunmehr an einen Kabinettbeschluss gebunden werden. Zudem wurde verabredet, dass die Bundesregierung **Mindestlohn-Verordnungen nach dem AEntG** nur bei einer mehrheitlichen Zustimmung des Tarifausschusses erlässt. Gesetzlich war gemäß § 7 Abs. 5 S. 1 AEntG die Beteiligung des Tarifausschusses an sich nur beim erstmaligen Erlass einer Mindestlohn-Verordnung erforderlich. Um verbliebene Unklarheiten zu beseitigen, stellte der Koalitionsausschuss im Dezember 2009 in einer ergänzenden Vereinbarung der Koalitionsfraktionen zum Mindestlohn fest: „Rechtsverordnungen für heute bereits in das Arbeitnehmerentsendegesetz einbezogene Branchen erfolgen nach dem im Koalitionsvertrag vereinbarten Verfahren. Dieses gilt auch für die Erneuerung von Mindestlöhnen. Voraussetzung dafür ist grundsätzlich Einstimmigkeit im Tarifausschuss." Unter dem Strich war der Erlass von Mindestlohn-Verordnungen nach dem AEntG damit sowohl unter den Vetovorbehalt des FDP-geführten BMWi als auch der BDA gestellt worden. Obwohl das AEntG selbst unverändert blieb, entsprach der politisch für die Nutzung des Instruments gesetzte Rahmen wieder der bis Ende 1998 geltenden Rechtslage. Seinerzeit war mit Art. 10 des Gesetzes zu Korrekturen in der Sozialversicherung und zur Sicherung der Arbeitnehmerrechte vom 19.12.1998 (BGBl. I S. 3843) erstmalig mit der Rechtsverordnungsermächtigung ein alternatives Instrument neben die Allgemeinverbindlicherklärung nach § 5 TVG getreten, welches vor allem der Aufhebung der Blockademöglichkeit der Arbeitgeberseite im Tarifausschuss diente (vgl. KAEW/Koberski AEntG § 7 Rn. 6 f., 13).

Als Placebo sollte laut Koalitionsvertrag im Gegenzug die **Kodifizierung der Rechtsprechung zum Verbot sittenwidriger Löhne** verabreicht werden. Damit verbunden war eine Absage der Koalition an die Nutzung des noch in der 16. Legislaturperiode von der Großen Koalition überarbeiteten MiArbG. Laut Koalitionsvertrag würde nämlich mit der Kodifizierung der Lohnwucherrechtsprechung auch wirksam gegen soziale Verwerfungen in einzelnen Branchen vorgegangen. Voraussetzung für die Festsetzung von Mindestlöhnen nach dem MiArbG war das Vorliegen ebensolcher sozialer Verwerfungen (vgl.

§ 3 Abs. 2 S. 1 MiArbG). Wer diesen Wink mit dem Zaunpfahl noch nicht verstanden hatte, dem sagte es im Dezember 2009 der Koalitionsausschuss noch einmal: „Die Koalition führt keine Mindestlöhne nach dem Mindestarbeitsbedingungsgesetz ein, solange nicht erwiesen ist, dass die im Koalitionsvertrag vorgesehene Festschreibung des Verbots sittenwidriger Löhne nicht ausreicht, soziale Verwerfungen in Branchen mit weniger als 50 Prozent Tarifbindung zu vermeiden."

20 Das Vorhaben zur Kodifizierung der Rechtsprechung zum Verbot sittenwidriger Löhne versandete im Laufe der 17. Legislatur. Es war mit ihm – man muss es so deutlich sagen – auch kein ernsthafter Versuch politischer Gestaltung verbunden. Vielmehr war das Vorhaben von vornherein als Feigenblatt gedacht: Dagegen, dass die Koalition sittenwidrige Löhne ablehnt, ließ sich nun einmal schwerlich etwas sagen. Der fehlende politische Gestaltungsanspruch dürfte neben den rechtstechnischen Herausforderungen, die eine Kodifizierung der Lohnwucherrechtsprechung mit sich bringt, ein Grund gewesen sein, weshalb das Vorhaben vom federführenden BMAS nicht mit Priorität verfolgt wurde.

21 Zum **Erlass eines Mindestlohns über das reformierte MiArbG** kam es bis zu seiner Aufhebung durch das Tarifautonomiestärkungsgesetz in der 18. Legislaturperiode nicht. Die dbb tarifunion hatte zwar im November 2009 dem Hauptausschuss den Vorschlag unterbreitet, die Festsetzung eines Mindestlohns für die Call-Center-Branche zu beschließen. Jedoch wurde der Antrag vom Hauptausschuss einverständlich und in apodiktischer Kürze mangels feststellbarer sozialer Verwerfungen abgelehnt (vgl. § 3 Abs. 1 S. 1 MiArbG). Es würde jedoch ein verzerrtes Bild vermitteln, wollte man die fehlende Nutzung des MiArbG hauptsächlich auf die von den Koalitionären getroffene Vereinbarung zurückführen. Auch lag es nicht hauptsächlich daran, dass das vom MiArbG vorgegebene Verfahren zu schwerfällig war (dies sahen aber als zentrales Problem Däubler/Lakies TVG Anhang 1 zu § 5 TVG; P. Hanau FS Kempen S. 235; KAEW/Koberski MiArbG § 4 Rn. 10). Entscheidend war vielmehr, dass das Instrument von DGB und BDA nicht angenommen wurde. Dem DGB schwebte eine umfassendere Reform der Entgeltfindung auf dem Arbeitsmarkt vor: Neben der Einführung eines allgemeinen Mindestlohns forderte der DGB eine Ausweitung des AEntG auf alle Branchen sowie eine Reform der Allgemeinverbindlicherklärung, die insbesondere eine Abschaffung des 50 %-Quorums sowie die Beseitigung der Vetomöglichkeit der BDA im Tarifausschuss beinhaltete. Die BDA auf der anderen Seite hielt tariffeste Branchenmindestlöhne nur ausnahmsweise – insbesondere bei Auftreten einer Entsendeproblematik – für berechtigt. Dem MiArbG sprach man weitgehend einen eigenen Anwendungsbereich ab, da die von § 3 Abs. 1 S. 1 MiArbG für die Festsetzung eines Branchenmindestlohns vorausgesetzten sozialen Verwerfungen – ganz iSd Koalitionsvereinbarung – als im Grunde deckungsgleich mit der Sittenwidrigkeit des Lohns begriffen wurden.

22 Im Koalitionsvertrag hatten CDU, CSU und FDP zudem eine **Evaluation der bestehenden Mindestlohnregelungen nach dem AEntG** bis Oktober 2011 vereinbart (vgl. Wachstum. Bildung. Zusammenhalt, Koalitionsvertrag zwischen CDU, CSU und FDP, S. 21, abrufbar unter www.bmi.bund.de). Den Fortbestand der Branchenmindestlöhne machten die Koalitionäre dabei vom Ergebnis der Evaluation abhängig. Gemäß § 24 AEntG war die Evaluation an sich erst fünf Jahre nach Inkrafttreten des 2009 neugefassten AEntG, also im Jahr 2014 vorgesehen. Die Evaluation der Branchenmindestlöhne wurde damit deutlich vorgezogen. In den Jahren 2010/2011 wurden daraufhin acht Branchenmindestlöhne hinsichtlich ihrer Auswirkungen auf die Beschäftigung, den Arbeitnehmerschutz und den Wettbewerb untersucht. Evaluiert wurden die Branchenmindestlöhne für die Bauindustrie, das Dachdeckerhandwerk, das Maler- und Lackiererhandwerk, das Elektrohandwerk, die Gebäudereinigung, die Pflegebranche, die Abfallwirtschaft sowie die Wäschereidienstleistungen im Objektkundengeschäft. Die Evaluation wurde im Auftrag des BMAS von verschiedenen Forschungsinstituten durchgeführt. Auf Branchenebene konnte die Evaluation der Mindestlöhne nach dem AEntG keine negativen Beschäftigungseffekte feststellen. Die vorgezogene Evaluation erwies sich letztlich nicht als der von

Manchen erhoffte Anker für die Aufhebung des in der vorangegangenen Legislaturperiode überarbeiteten Mindestlohninstrumentariums. Im Gegenteil sollte sich später der Gesetzgeber des MiLoG ua auf die durch die Evaluation zu den Beschäftigungseffekten von Branchenmindestlöhnen gewonnenen Erfahrungen stützen (vgl. BT-Drs. 18/1558 S. 33).

Obwohl die Koalitionspartner im Koalitionsvertrag bekräftigt hatten, dass sie einen einheitlichen gesetzlichen Mindestlohn ablehnen, verstummte die Diskussion nicht. Der DGB und seine Mitgliedsgewerkschaften traten vehement für die Einführung eines Mindestlohns von brutto 8,50 Euro je Stunde ein. Auch der 68. Deutsche Juristentag sprach sich 2010 für einen flächendeckenden allgemeinen Mindestlohn aus. Der Mindestlohn sollte – so der Deutsche Juristentag – als Mindestanforderung ein angemessenes Entgelt für Vollzeitarbeit und Ernährung der Familie gewährleisten und eine Höhe haben, die die Inanspruchnahme von sozialrechtlichen Transferleistungen auch im Alter entbehrlich macht. 23

Die anhaltende gesellschaftliche und politische Diskussion über das Thema Mindestlohn führte zum einen dazu, dass die Bundesregierung vom AEntG intensiver Gebrauch machte, als es vom Koalitionsvertrag intendiert war. Bis auf die Briefdienstleistungsbranche wurden in der 17. Legislaturperiode für sämtliche der in den Katalog des § 4 Abs. 1 AEntG aF aufgenommenen Branchen Mindestlohn-Verordnungen erlassen. Zudem wurde durch das Erste AÜG-Änderungsgesetz vom 28.4.2011 (BGBl. I S. 642) in § 3a AÜG eine Rechtsverordnungsermächtigung aufgenommen, die es der Bundesregierung erlaubte, eine tarifgestützte Lohnuntergrenze für die Arbeitnehmerüberlassung zu erlassen. Auf der Grundlage von § 3a AÜG setzte die schwarz-gelb geführte Bundesregierung mit Wirkung zum 1.1.2012 durch Rechtsverordnung erstmalig eine Lohnuntergrenze für die Arbeitnehmerüberlassung fest. Insbesondere auf Seiten der FDP und der BDA erschienen Branchenmindestlöhne inzwischen als das geringere Übel, welches man hinzunehmen bereit war, wenn dadurch die Einführung eines allgemeinen Mindestlohns verhindert werden konnte. Zum anderen mehrten sich bei CDU/CSU die Stimmen, die trotz der Ablehnung eines allgemeinen Mindestlohns im Koalitionsvertrag auch vor dem Hintergrund der näher rückenden Bundestagswahl nicht an einer kategorischen Ablehnung jedweder allgemeinen Lohnuntergrenze festhalten wollten. Diesen Spagat versuchte man schließlich mit einem von der damaligen Bundesarbeitsministerin von der Leyen vorgelegten und von der CDU/CSU-Bundestagsfraktion beschlossenen Lohnuntergrenzenmodell zu vollziehen. 24

2. Mindestlohn- und Lohnuntergrenzenmodelle

Mit dem im April 2012 von der Bundestagsfraktion vorlegten Eckpunktepapier reagierten CDU/CSU auf die fortwährenden Diskussionen um die Einführung eines allgemeinen gesetzlichen Mindestlohns, während ihr Koalitionspartner FDP nunmehr den Weg branchenbezogener Mindestlöhne weitergehen, ggf. sogar ausbauen wollte. Die Bundestagsfraktionen von SPD (BT-Drs. 17/4665 (neu) und BÜNDNIS 90/DIE GRÜNEN (BT-Drs. 17/4435 (neu)) hatten bereits 2011 Gesetzentwürfe zur Einführung eines allgemeinen Mindestlohns vorgelegt. Im selben Jahr hatte sich auch die Fraktion DIE LINKE für die Einführung eines allgemeinen Mindestlohns ausgesprochen (BT-Drs. 17/8026; BT-Drs. 17/8148). Im Herbst 2012 hatte der von einer Großen Koalition von CDU und SPD regierte Freistaat Thüringen einen Mindestlohnvorschlag in den Bundesrat eingebracht (BR-Drs. 542/12). Der Bundesrat hatte die Beratung über den Thüringer Entwurf zurückgestellt und stattdessen im März 2013 einen Mindestlohnentwurf der rot-grün regierten Länder beschlossen (BR-Drs. 136/13 (Beschluss)). Mit Unterschieden in den Details entsprach er weitgehend dem Konzept des Entwurfs der SPD-Bundestagsfraktion. 25

Das Lohnuntergrenzenmodell der Union unternahm im Grunde den Versuch, den allgemeinen Mindestlohn mit dem Branchenmindestlohnmodell zu verheiraten. Von Opposition und Gewerkschaften wurde das Lohnuntergrenzenmodell als „Mindestlohn 26 light" kritisiert. Im Gegensatz dazu war das der rot-grünen Bundesratsinitiative zu Grunde liegende Mindestlohnmodell dadurch gekennzeichnet, dass es einen für alle Branchen einheitlichen und bundesweit flächendeckenden Mindestlohn schaffen wollte. Thüringens Vorschlag konnte als Kompromissversuch zwischen diesen Modellen verstanden werden.

27   Gemeinsam ist rot-grünem Mindestlohnmodell und dem Lohnuntergrenzenmodell der Union gewesen, dass die **Bestimmung der Höhe des Mindestlohns** in die Verantwortung einer **Kommission** gestellt werden sollte. Der Beschluss der Kommission sollte Rechtsverbindlichkeit durch Rechtsverordnung erlangen. Im Übrigen bestanden deutliche Unterschiede (ausf. Riechert/Stomps NJW 2013, 1050):

28   Das **rot-grüne Mindestlohnmodell** stellte in den Mittelpunkt die Existenzsicherungsfunktion des Mindestlohns. Zwar sollte über die Anpassung des Mindestlohns eine nach britischem Vorbild drittelparitätisch aus Vertretern der Arbeitgeberverbände, der Gewerkschaften sowie der Wissenschaft besetzte Kommission entscheiden. Der Kommission sollte jedoch schon durch Gesetz eine Mindesthöhe von 8,50 Euro pro Stunde vorgegeben werden. Zudem wurde der Spielraum der Kommission weiter eingehegt, indem von den vorgegeben Prüfungskriterien (angemessene Arbeitsbedingungen, faire und funktionierende Wettbewerbsbedingungen, Auswirkungen auf die Beschäftigung) die Sicherung des Existenzminimums hervorgehoben wurde. Da Rot-Grün für einen allgemeinen und flächendeckenden Mindestlohn eintrat, war der Kommission eine Differenzierung – insbesondere nach Branchen oder Regionen – nicht gestattet. Der Beschluss der Kommission wurde vom rot-grünen Mindestlohnmodell letztlich nur als ein unverbindlicher Vorschlag behandelt. Das BMAS sollte die Möglichkeit erhalten, mit Zustimmung der Bundesregierung und des Bundesrats eine abweichende Mindestlohnhöhe festzusetzen. Ein wesentliches Kennzeichen des allgemeinen Mindestlohns war seine Tariffestigkeit; auch durch Tarifvertrag sollten keine unter dem Mindestlohn liegenden Entgelte vereinbart werden dürfen. Der Mindestlohn sollte als Mindestentgeltsatz international zwingend, also auch für aus dem Ausland entsandte Arbeitnehmer, wirken. Über das Instrument des AEntG sollten in allen Branchen über dem allgemeinen Mindestlohn liegende Branchenmindestlöhne festgesetzt werden können; das MiArbG sollte aufgehoben werden.

29   Das **Lohnuntergrenzenmodell der Union** prägte die Vorstellung einer tarifvertragsähnlichen Festsetzung. Die Höhe des Mindestlohns sollte möglichst politikfern bestimmt werden. Dementsprechend sollte sich die Kommission ausschließlich durch Vertreter der Tarifpartner, also der Einzelgewerkschaften und Arbeitgeberverbände, zusammensetzen. Für die Prüfung der Kommission sollte ein Rahmen vorgegeben werden (angemessener Mindestschutz der Arbeitnehmer, faire und funktionierende Wettbewerbsbedingungen, Erhalt der Beschäftigung), wobei ihre Gestaltungsfreiheit nicht durch eine Bindung an das Kriterium der Existenzsicherung eingeengt werden sollte. Zum anderen sollte der Kommission aufgegeben werden, sich an den bundesweit für allgemeinverbindlich erklärten tariflich vereinbarten Lohnuntergrenzen zu orientieren. Hintergrund hierfür war ein politischer: Der Arbeitnehmerflügel der CDU hatte gefordert, die allgemeine Lohnuntergrenze an der Lohnuntergrenze für die Arbeitnehmerüberlassung festzumachen, während sich Bundeskanzlerin Merkel dagegen ausgesprochen hatte und die Festsetzung einer Kommission der Tarifpartner überlassen wollte. Für eine Orientierung an der Lohnuntergrenze für die Arbeitnehmerüberlassung wurde seinerzeit angeführt, dass sie für Leiharbeitnehmer in sämtlichen Einsatzbranchen gelte und idS einen branchenübergreifenden Charakter habe (P. Hanau FS Kempen S. 235). Der Brückenschlag zum Branchenmindestlohnmodell wurde insbesondere bei der Kommissionsaufgabe erkennbar: Die Kommission sollte berechtigt sein, Differenzierungen nach Regionen, Branchen und Arbeitnehmergruppen vorzunehmen. Sie war damit befugt, auch abgestufte Lohnuntergrenzen zu bestimmen. Eine möglichst politikferne Bestimmung der Lohnuntergrenze bedeutete zudem, dass der Verordnungsgeber – im Unterschied zum rot-grünen Mindestlohnmodell – nicht berechtigt sein sollte, den Kommissionsbeschluss inhaltlich abzuwandeln. Dem

Verordnungsgeber sollte nur eine 1:1-Übernahme des Kommissionsbeschlusses gestattet sein. Der vielleicht wichtigste Unterschied zum rot-grünen Mindestlohnmodell lag in der Tarifoffenheit der allgemeinen Lohnuntergrenze. Der Gefahr sog. Gefälligkeitstarifverträge sollte begegnet werden, indem das gerichtliche Verfahren zur Überprüfung der Tariffähigkeit nach § 97 ArbGG vereinfacht und effektiver gestaltet werden sollte. Aus der fehlenden Tariffestigkeit der allgemeinen Lohnuntergrenze folgte, dass sie nicht auf aus dem Ausland entsandte Arbeitnehmer hätte Anwendung finden können (so die BReg bei der Neufassung des AEntG, vgl. BT-Drs. 16/10486, S. 10, 13; ebs. Preis/Greiner ZfA 2009, 825, 851 f.; siehe ausf. noch Rn. 153 ff.). Einer aufkommenden Entsendeproblematik hätte daher nur über Branchenmindestlöhne nach dem AEntG und MiArbG begegnet werden können.

IV. Mindestlohngesetz in der 18. Legislaturperiode

1. Zentrales Thema des Bundestagswahlkampfes 2013

Vor der Bundestagswahl des Jahres 2013 war die Auseinandersetzung um die Einführung eines allgemeinen Mindestlohns womöglich das zentrale Wahlkampfthema. Ins Zentrum ihres Wahlkampfes wurde das Thema insbesondere von der SPD gestellt, die in ihrem Regierungsprogramm „Das WIR entscheidet" für die Einführung eines gesetzlichen, flächendeckenden Mindestlohns in Höhe von brutto 8,50 Euro je Stunde eintrat, der jährlich von einer Kommission angepasst werden sollte. Zudem sollte das AEntG auf alle Branchen erweitert werden. Diese Vorstellungen wurden von BÜNDNIS 90/DIE GRÜNEN weitestgehend geteilt. An die Spitze der Bewegung hatte sich DIE LINKE gestellt, die einen Mindestlohn von brutto 10 Euro pro Stunde forderte, der bis zum Ende der Wahlperiode auf wenigstens brutto 12 Euro pro Stunde erhöht werden sollte. 30

CDU/CSU sprachen sich in ihrem Regierungsprogramm „Gemeinsam erfolgreich für Deutschland" für einen „tariflichen Mindestlohn" aus, dessen erforderliche „Politikferne" betont wurde. Der „tarifliche Mindestlohn" sollte durch eine Kommission der Tarifpartner für Bereiche festgesetzt werden, in denen es keine Tarifverträge gibt. Dabei sollte die Kommission die Möglichkeit zu Differenzierungen nach Regionen und Branchen erhalten. Das skizzierte Konzept ließ Interpretationsspielraum: Unter dem „tariflichen Mindestlohn" konnte ebenso ein tarifoffener allgemeiner Mindestlohn iSd Lohnuntergrenzenmodells wie auch eine – evtl. gebündelte – Festsetzung von Branchenmindestlöhnen für weitgehend tariflose Branchen verstanden werden. Letzteres wies in Richtung FDP, die in ihrem Bürgerprogramm einen allgemeinen Mindestlohn ablehnte, aber „für Branchen, in denen ein repräsentativer Tarifvertrag nicht besteht", die Absicht bekundete, „das subsidiäre Verfahren nach dem Mindestarbeitsbedingungengesetz praktikabler [zu] gestalten." Dafür sollte der Hauptausschuss gestärkt und politischer Einflussnahme entzogen werden. Die noch recht junge Liebe der Liberalen zu Branchenmindestlöhnen ging so weit, dass über das AEntG für alle Branchen mit repräsentativen Tarifverträgen die Festsetzung eines Branchenmindestlohns ermöglicht werden sollte. Wer genau las, fand allerdings auch die Pointe: Der Erlass einer Mindestlohn-Verordnung nach dem AEntG sollte von der Zustimmung des Tarifausschusses abhängig gemacht werden. 31

2. Koalitionsvertrag zwischen CDU/CSU und SPD

In den Koalitionsverhandlungen mit CDU/CSU wurde die Einführung eines allgemeinen Mindestlohns von den Sozialdemokraten von vornherein zur Mindestbedingung für eine Regierungsbeteiligung der SPD gemacht. Der Basis, von deren Zustimmung zum Koalitionsvertrag der SPD-Parteivorsitzende Gabriel eine Regierungsbeteiligung abhängig gemacht hatte, wäre ein erneutes Eintreten als Juniorpartner in eine Große Koalition anderenfalls wohl kaum vermittelbar gewesen. 32

Einführung   A. Entwicklung der Mindestlohngesetzgebung

33   Der Koalitionsvertrag zwischen CDU, CSU und SPD „Deutschlands Zukunft gestalten" vom 18.12.2013 trägt jedenfalls im Bereich der Arbeitsmarkt- und Sozialpolitik eine sozialdemokratische Handschrift. Vereinbart wurde eine Ausweitung des AEntG auf alle Branchen ebenso wie eine Reform der Allgemeinverbindlicherklärung, die vor allem die Streichung des starren 50 %-Quorums beinhaltet. Insbesondere wurde aber die Einführung eines allgemeinen Mindestlohns verbredet. Der Koalitionsvertrag beinhaltet zum allgemeinen Mindestlohn ungewöhnlich detaillierte Festlegungen, was die Bedeutung des Themas für die SPD unterstreicht. Unter der Überschrift „Allgemeine gesetzliche Mindestlohnregelung" heißt es auf Seite 48 f. des Koalitionsvertrages:

> „Gute Arbeit muss sich einerseits lohnen und existenzsichernd sein. Anderseits müssen Produktivität und Lohnhöhe korrespondieren, damit sozialversicherungspflichtige Beschäftigung erhalten bleibt. Diese Balance stellen traditionell die Sozialpartner über ausgehandelte Tarifverträge her.
>
> Sinkende Tarifbindung hat jedoch zunehmend zu weißen Flecken in der Tariflandschaft geführt. Durch die Einführung eines allgemein verbindlichen Mindestlohns soll ein angemessener Mindestschutz für Arbeitnehmerinnen und Arbeitnehmer sichergestellt werden.
>
> Zum 1. Januar 2015 wird ein flächendeckender gesetzlicher Mindestlohn von 8,50 Euro brutto je Zeitstunde für das ganze Bundesgebiet gesetzlich eingeführt. Von dieser Regelung unberührt bleiben nur Mindestlöhne nach dem AEntG.
> - Tarifliche Abweichungen sind unter den folgenden Bedingungen möglich:
> - Abweichungen für maximal zwei Jahre bis 31. Dezember 2016 durch Tarifverträge repräsentativer Tarifpartner auf Branchenebene.
> - Ab 1. Januar 2017 gilt das bundesweite gesetzliche Mindestlohnniveau uneingeschränkt.
> - Zum Zeitpunkt des Abschlusses der Koalitionsverhandlungen geltende Tarifverträge, in denen spätestens bis zum 31. Dezember 2016 das dann geltende Mindestlohnniveau erreicht wird, gelten fort.
> - Für Tarifverträge, bei denen bis 31. Dezember 2016 das Mindestlohnniveau nicht erreicht wird, gilt ab 1. Januar 2017 das bundesweite gesetzliche Mindestlohnniveau.
> - Um fortgeltende oder befristete neu abgeschlossene Tarifverträge, in denen das geltende Mindestlohniveau bis spätestens zum 1. Januar 2017 erreicht wird, europarechtlich abzusichern, muss die Aufnahme in das Arbeitnehmerentsendegesetz (AEntG) bis zum Abschluss der Laufzeit erfolgen.
>
> Die Höhe des allgemein verbindlichen Mindestlohns wird in regelmäßigen Abständen – erstmals zum 10. Juni 2017 mit Wirkung zum 1. Januar 2018 – von einer Kommission der Tarifpartner überprüft, gegebenenfalls angepasst und anschließend über eine Rechtsverordnung staatlich erstreckt und damit allgemein verbindlich.
>
> Die Mitglieder der Kommission werden von den Spitzenorganisationen der Arbeitgeber und Arbeitnehmer benannt (Größe: 3 zu 3 plus Vorsitz). Wissenschaftlicher Sachverstand (ohne Stimmrecht) wird auf Vorschlag der Spitzenorganisationen der Arbeitgeber und Arbeitnehmer (1 plus 1) hinzugezogen.
>
> Der Vorsitz ist alternierend, die genaue Regelung wird hierzu im Gesetz getroffen.
>
> Wir werden das Gesetz im Dialog mit Arbeitgebern und Arbeitnehmern aller Branchen, in denen der Mindestlohn wirksam wird, erarbeiten und mögliche Probleme, z. B. bei der Saisonarbeit, bei der Umsetzung berücksichtigen.
>
> Im Übrigen ist klar, dass für ehrenamtliche Tätigkeiten, die im Rahmen der Minijobregelung vergütet werden, die Mindestlohnregelung nicht einschlägig ist, weil sie in aller Regel nicht den Charakter abhängiger und weisungsgebundener Beschäftigung haben."

34   Der SPD gelang es in den Koalitionsverhandlungen damit, weitgehend ihr „Mindestlohnmodell" gegen das „Lohnuntergrenzenmodell" der Union durchzusetzen.

35   Als **Kompromiss** zwischen beiden Modellen stellt sich die Abrede zur **Bestimmung der Mindestlohnhöhe** dar. Während nach dem Lohnuntergrenzenmodell von CDU/CSU der Mindestlohn möglichst politikfern festgesetzt werden sollte, sollte nach dem Mindestlohnmodell der SPD dem Staat in stärkerem Maße die Verantwortung für die Mindestlohnhöhe zugewiesen werden. Der Koalitionsvertrag sieht vor, dass die Einstiegshöhe des Mindestlohns von brutto 8,50 Euro je Zeitstunde durch den Gesetzgeber selbst festgelegt wird. Sodann soll die Verantwortung in die Hände einer Kommission der Tarifpartner gelegt werden, deren Anpassungsbeschluss durch Rechtsverordnung umsetzungsbedürftig ist. Im Unterschied zum Mindestlohnmodell der SPD ist von der Festsetzung einer vom Kommissionsvorschlag abweichenden Mindestlohnhöhe im Koalitionsvertrag nicht die Rede.

Die **Konzeption der Kommission** folgt im Großen und Ganzen den Vorstellungen von CDU/CSU. Während die SPD eine an das britische Vorbild der Low-Pay-Commission angelehnte drittelparitätische Besetzung aus Arbeitgebern, Arbeitnehmern und Wissenschaft bevorzugt hatte, hatten sich CDU/CSU für eine paritätisch besetzte Kommission der Tarifpartner ausgesprochen. Der Koalitionsvertrag sieht vor, dass wissenschaftlicher Sachverstand hinzugezogen wird, den Wissenschaftlern jedoch in der Kommission kein Stimmrecht zukommt. 36

In den **zentralen Fragen** der Ausgestaltung des Mindestlohns trägt der Koalitionsvertrag allerdings die **Handschrift der SPD**. Der Mindestlohn soll **flächendeckend und bundesweit** gelten. Damit sind sowohl branchenspezifische als auch regionale Differenzierungen ausgeschlossen. Zudem soll der Mindestlohn tariffest sein, was sich daraus ergibt, dass tarifliche Abweichungen nur während einer Übergangszeit und nur unter bestimmten Bedingungen bis zum 31.12.2016 zulässig sein sollen. Ganz eindeutig waren die getroffenen Vereinbarungen an diesen Punkten jedoch nicht, so dass ein gewisser Auslegungsspielraum verblieb. 37

Eine **Hintertür für Branchendifferenzierungen** öffnete der Koalitionsvertrag, indem er festhielt, dass das Mindestlohngesetz im Dialog mit Arbeitgebern und Arbeitnehmern aller Branchen, in denen der Mindestlohn wirksam wird, erarbeitet und mögliche Probleme, zB bei der Saisonarbeit, bei der Umsetzung berücksichtigt werden sollten. 38

Für den unbefangenen Leser des Koalitionsvertrags **nicht eindeutig** waren zudem die Vereinbarungen, welche die Koalitionspartner zum **Verhältnis des Mindestlohns zu Tarifentgelten** getroffen hatten. Zum einen konnte die Vereinbarung, dass von dieser Regelung nur Mindestlöhne nach dem AEntG unberührt bleiben, so verstanden werden, dass Mindestlöhne nach dem AEntG dauerhaft dem Mindestlohn vorgehen und insofern Branchendifferenzierungen möglich bleiben. Die nachfolgenden Aufzählungszeichen wären dann als darüber hinausgehende echte Tariföffnungsklausel während der Übergangsphase zu lesen gewesen. Zum Zeitpunkt des Abschlusses der Koalitionsverhandlungen geltenden Tarifverträgen hätte man danach generell – also sowohl den Firmen- als auch den Flächentarifverträgen – Vorrang einräumen wollen (Punkte 3 und 4). Neu abgeschlossene Tarifverträge wären hingegen nur vorgegangen, wenn sie von repräsentativen Tarifpartnern auf Branchenebene abgeschlossen worden sind (Punkte 1 und 2). Diese Branchentarifverträge hätten schließlich nach dem AEntG erstreckt werden sollen, um in diesen Branchen die Entsendefestigkeit des Mindestlohns zu sichern (Punkt 5). Nach anderer Lesart des Koalitionsvertrags war die Verabredung, dass nur Mindestlöhne nach dem AEntG unberührt bleiben, als verklammernder Obersatz zu den folgenden fünf Aufzählungszeichen zu lesen. Nach diesem Verständnis konnte vom Mindestlohn nur durch Branchenmindestlöhne nach dem AEntG abgewichen werden und dies auch nur während der Übergangsphase bis zum 31.12.2016. Letztere Lesart konnte sich auf eine Verabredung der Verhandlungsführer von CDU/CSU und SPD, der scheidenden Arbeitsministerin von der Leyen und der ihr nachfolgenden Arbeitsministerin Nahles stützen, die keinen Niederschlag im Text des Koalitionsvertrags gefunden hatte. Sie wurde schließlich von der Koalition für ihr weiteres Handeln als politisch verbindlich angesehen. 39

3. Tarifautonomiestärkungsgesetz vom 11.8.2014

40 Die Umsetzung der im Koalitionsvertrag verabredeten Einführung des allgemeinen Mindestlohns wurde von der neu gebildeten Bundesregierung zu Beginn der 18. Legislaturperiode zügig in Angriff genommen. Bereits im März 2014 legte das BMAS den Entwurf eines Tarifautonomiestärkungsgesetzes vor. Der **Referentenentwurf** (RefE) hatte drei wesentliche Bestandteile: Art. 1 enthielt das Mindestlohngesetz (MiLoG). Art. 5 sah eine Reform der Allgemeinverbindlicherklärung nach dem TVG vor, die insbesondere an die Stelle des starren 50 %-Quorums in § 5 Abs. 1 Nr. 1 TVG aF ein konkretisiertes öffentliches Interesse setzte. In Art. 6 wurde die Ausweitung des AEntG auf alle Branchen geregelt; im Gegenzug wurde in Art. 14 das MiArbG aufgehoben.

41 Der **MiLoG-E** sah die Einführung eines allgemeinen Mindestlohns von brutto 8,50 Euro je Zeitstunde zum 1.1.2015 vor.

- Die Anpassung des Mindestlohns sollte auf Vorschlag einer **Kommission der Tarifpartner** durch Rechtsverordnung des BMAS erfolgen. Errichtet werden sollte die Kommission durch das BMAS. Erstmalig hatte die Kommission zum 1.1.2018 über eine Anpassung des Mindestlohns beschließen. Danach war vorgesehen, dass die Kommission jährlich über eine Anpassung entscheidet. Wissenschaftler sollten der Kommission als beratende Mitglieder angehören.
- Unter den **Anwendungsbereich** des MiLoG-E fielen nicht nur Arbeitnehmer, sondern im Grundsatz auch Praktikanten. Ausgenommen wurden lediglich Pflichtpraktika, bis zu vier Wochen dauernde Orientierungspraktika sowie Praktika im Rahmen einer beruflichen Weiterbildung nach § 81 SGB III oder einer Einstiegsqualifizierung nach § 54a SGB III. Ausgenommen waren Arbeitnehmer unter 18 Jahren ohne abgeschlossene Berufsausbildung. Langzeitarbeitslose hatten für die ersten sechs Monate ihrer Beschäftigung keinen Anspruch auf den Mindestlohn, sofern sie Eingliederungszuschüsse erhalten.
- Der RefE beinhaltete eine **Fälligkeitsregelung**. Danach sollte der Mindestlohn zum vertraglich vereinbarten Fälligkeitszeitpunkt, spätestens aber am letzten Bankarbeitstag des Monats zu zahlen sein. Davon abweichend sollten über die vertragliche Arbeitszeit hinaus geleistete und auf einem schriftlich vereinbarten Arbeitszeitkonto eingestellte Arbeitsstunden spätestens zwölf Kalendermonate nach ihrer monatlichen Erfassung ausgezahlt werden müssen. Die auf das Arbeitszeitkonto eingestellten Arbeitsstunden durften monatlich jeweils 50 % der vertraglich vereinbarten Arbeitszeit nicht übersteigen.
- Der **Mindestlohnanspruch** war **unabdingbar**, ein Verzicht nur durch gerichtlichen Vergleich möglich. Der Mindestlohn war damit auch **tariffest**.
- Der Entwurf beinhaltete keine Branchendifferenzierungen oder -ausnahmen. Lediglich nach dem AEntG erstreckte Branchenmindestlohntarifverträge sollten in einer Übergangszeit bis zum 31.12.2016 hinter dem allgemeinen Mindestlohn zurückbleiben können. Nach dem AEntG kann nur ein bundesweiter Mindestlohntarifvertrag erstreckt werden, der von repräsentativen Tarifvertragsparteien abgeschlossen worden ist.
- Für die **Kontrolle und Durchsetzung** des Mindestlohns orientierte sich der RefE an den Vorschriften des AEntG. Übernommen wurde aus § 14 AEntG die sog. Haftung des Auftraggebers. Die Kontrolle des Mindestlohns wurde den Zollbehörden übertragen, deren Befugnisse den in § 15 AEntG für die Kontrolle der Branchenmindestlöhne geregelten Befugnissen entsprachen. Vorgesehen waren entsprechend §§ 18, 19 AEntG auch Melde- und Dokumentationspflichten der Arbeitgeber, wobei die Dokumentationspflichten auf geringfügig Beschäftigte sowie in Wirtschaftsbereichen nach § 2a SchwarzArbG eingesetzte Arbeitnehmer begrenzt wurden. Verstöße gegen die Pflichten des MiLoG konnten angelehnt an die Ordnungswidrigkeitentatbestände des § 23

IV. Mindestlohngesetz in der 18. Legislaturperiode

AEntG durch Bußgeld geahndet werden. Ebenfalls übernommen wurden vom RefE die in § 21 AEntG enthaltenen Vorschriften zum Ausschluss von der Vergabe öffentlicher Aufträge.

Begleitend zur Erstellung des RefE wurde vom BMAS in Umsetzung der Vorgaben des Koalitionsvertrags eine als **Branchendialog** bezeichnete Reihe von Gesprächen mit Vertretern besonders mindestlohnbetroffener Branchen geführt. Während die Branchenvertreter zumeist Ausnahmen oder Differenzierungen einforderten, warb das BMAS vor allem für den Abschluss von nach dem AEntG erstreckungsfähigen Branchenmindestlohntarifverträgen. 42

Auch in der **Ressortabstimmung** waren die **Anpassungsprobleme bestimmter Branchen** Gegenstand der Diskussion. Für die SPD waren über die im RefE vorgesehene Übergangsregelung hinausgehende branchenspezifische Regelungen im Grunde nicht verhandelbar. Unionsgeführte Ressorts waren im Hinblick auf die vor allem in der Landwirtschaft und im Bereich der Zeitungszustellung weit verbreiteten Stücklohnmodelle bestrebt, die Bindung des Mindestlohns an die geleisteten Arbeitsstunden zu lockern. Mit ihren Forderungen konnten sie sich jedoch nicht durchsetzen. Im Ergebnis verständigten sich die Ressorts darauf, im Entwurf weder branchenspezifische Regelungen aufzunehmen noch Abweichung vom Mindeststundenlohn zuzulassen, wenn ein durchschnittlicher Arbeitnehmer auf der Grundlage der Stücklohnvereinbarung den Mindestlohn erreichen kann (sog. „fair piece rate"). Lediglich in der Entwurfsbegründung wurde klargestellt, dass die Vereinbarung von Stücklöhnen und Akkordlöhnen auch nach Einführung des Mindestlohns zulässig bleibt, „wenn gewährleistet ist, dass der Mindestlohn für die geleisteten Arbeitsstunden erreicht wird" (BT-Drs. 18/1558 S. 34). Inhaltliche Änderungen am Mindeststundenlohnkonzept waren damit nicht verbunden. Erledigt hatte sich das Thema damit allerdings nicht. Bundesarbeitsministerin Nahles musste zusagen, in Fortsetzung des Branchendialoges weiterhin Branchen mit besonderen Anpassungsproblemen – insbesondere die durch Saisonarbeit geprägten Bereiche der Landwirtschaft und des Hotel- und Gaststättengewerbes – bei der Einführung des gesetzlichen Mindestlohnes fachlich zu unterstützen. Für den Bereich der Zeitungszustellung wurde verabredet, dass es neben beratender Hilfe beim Abschluss eines nach dem AEntG erstreckungsfähigen Branchenmindestlohntarifvertrags darüber hinaus um die Sicherung einer bundesweiten Versorgung mit Presseerzeugnissen gehe. 43

Im Übrigen erfuhr der RefE **in der Ressortabstimmung weitere Änderungen**, die allerdings nicht den Kernbereich des Regelungskonzepts betrafen: 44

- Zugeständnisse mussten beim **Anwendungsbereich** des Mindestlohngesetzes gemacht werden. Der RefE hatte bereits neben Pflichtpraktika auch freiwillige Orientierungspraktika bis zu einer Dauer von vier Wochen vom Mindestlohn ausgenommen. Orientierungspraktika sollten nunmehr bis zu einer Dauer von sechs Wochen vom Mindestlohn ausgenommen sein; gleiches sollte auch für freiwillige ausbildungsbegleitende Praktika gelten. Die Ausnahme für Langzeitarbeitslose hatte der RefE noch auf die Beschäftigung von Langzeitarbeitslosen begrenzt, denen Eingliederungszuschüsse gewährt werden. Diese Beschränkung wurde gestrichen. Im Gegenzug wurde in § 22 Abs. 4 eine Evaluationsklausel aufgenommen, wonach die Ausnahmeregelung für Langzeitarbeitslose im Hinblick auf ihre Beschäftigungswirkung zum 1.1.2017 zu überprüfen ist.
- Ein Kompromiss wurde bei der **sog. Auftraggeberhaftung** erzielt. Hatte der RefE noch entsprechend § 14 AEntG eine verschuldensunabhängige Haftung des Auftraggebers vorgesehen, sollte die Einstandspflicht nunmehr auf grobe Fahrlässigkeit und Vorsatz beschränkt werden. Dabei sollte den Auftraggeber jedoch die Darlegungs- und Beweislast dafür treffen, dass er bei Auswahl und Kontrolle der Nachunternehmer nicht grob sorgfaltswidrig oder vorsätzlich gehandelt hat.
- Im Hinblick auf die gesamtwirtschaftliche Bedeutung der Mindestlohnfestsetzung sollte – anders als im RefE vorgesehen – nicht das BMAS, sondern die **Bundesregierung für**

Einführung   A. Entwicklung der Mindestlohngesetzgebung

den Erlass der Anpassungsverordnung zuständig sein. Ebenso wurde vereinbart, dass die Berufung der Mitglieder nicht durch das BMAS, sondern durch die Bundesregierung erfolgt. Die praktischen Auswirkungen dieser Änderungen sind gering. Nach § 62 Abs. 3 Nr. 2 der Gemeinsamen Geschäftsordnung der Bundesministerien (GGO) hätten die Anpassungsverordnungen ebenso wie die Berufungen der Mitglieder der Mindestlohnkommission wegen ihrer allgemein-politischen Bedeutung ohnehin vom Bundeskabinett beschlossen werden müssen.
- In den Entwurf wurde ein neuer § 20 aufgenommen, in dem klargestellt wurde, dass die **international zwingende Wirkung des Mindestlohns auf im Inland beschäftigte Arbeitnehmer beschränkt** ist. In der Ressortabstimmung war die Sorge geäußert worden, dass anderenfalls der Mindestlohn eventuell auch für nach ausländischem Arbeitsvertragsstatut beschäftigte Ortskräfte in deutschen Botschaften sowie Arbeitnehmer im Bereich der Seefahrt verpflichtend sein könnte.
- Es wurde in § 23 eine **Evaluationsklausel** aufgenommen, wonach das MiLoG im Jahr 2020 zu evaluieren ist.

45   Am 2.4.2014 verabschiedete das **Bundeskabinett** den Entwurf eines Tarifautonomiestärkungsgesetzes (RegE) (BT-Drs. 18/1558).

46   Der **Bundesrat** begrüßte in seiner **Stellungnahme** vom 23.5.2014 den RegE (BT-Drs. 18/1558 S. 61 ff.). Im Übrigen beinhaltete die Stellungnahme im Schwerpunkt lediglich Klarstellungs- und Prüfbitten. In ihrer **Gegenäußerung** empfahl die **Bundesregierung**, einen Teil der vom Bundesrat erbetenen Klarstellungen vorzunehmen (BT-Drs. 18/1558 S. 67 ff.):
- In § 3 S. 2 sollte auf Anregung des Bundesrats klargestellt werden, dass der Arbeitnehmer **durch gerichtlichen Vergleich nur auf bereits entstandene**, nicht aber auf künftige **Mindestlohnansprüche verzichten kann**. Mit der Anpassung wurde die Regelung des § 4 Abs. 4 S. 1 TVG nachvollzogen, wonach in einem von den Tarifvertragsparteien gebilligten Vergleich ebenfalls nur auf „entstandene tarifliche Rechte" verzichtet werden kann.
- In § 17 Abs. 1 S. 2 empfahl die Bundesregierung die Klarstellung, dass **Entleiher zur Aufzeichnung der Arbeitszeiten** auch nur dann verpflichtet sind, wenn der Leiharbeitnehmer geringfügig beschäftigt oder in einem der in § 2a SchwarzArbG genannten Wirtschaftsbereiche eingesetzt wird.
- Für die in § 22 Abs. 1 S. 3 Nr. 1 geregelte Mindestlohnausnahme für Pflichtpraktika sollten die Begriffe „Schulordnung" und „Studienordnung" durch umfassend zu verstehende Begriffe ersetzt werden, um insbesondere auch Praktika zur Erlangung eines schulischen Abschlusses, Praktika im Rahmen von dualen Studiengängen und in Prüfungsordnungen geregelte Praktika zu erfassen.

47   Darüber hinaus sah die Bundesregierung **keinen Klarstellungsbedarf**. Unter anderem riet die Bundesregierung von folgenden Änderungen ab:
- Als nicht erforderlich erachtete die Bundesregierung eine Klarstellung im Gesetzestext, welche **Lohnbestandteile auf den Mindestlohn anrechenbar** sind. Die Frage der Berechnung von Mindestlöhnen sei bereits durch die Rechtsprechung des EuGH und des BAG hinreichend vorgezeichnet.
- Die vom Bundesrat angeregte **Angleichung der Auftraggeberhaftung** an die Haftungsregelung des § 14 AEntG wurde von der Bundesregierung angesichts des in der Ressortabstimmung verabredeten Lösung abgelehnt.

48   In der Koalition wurde im weiteren parlamentarischen Verfahren insbesondere zu den Themen Zeitungszustellung und Saisonarbeit um einen Kompromiss gerungen.

49   Der **Bundesverband Deutscher Zeitungsverleger** hatte **Rechtsgutachten von di Fabio und Degenhart** vorgelegt, welche zu dem Ergebnis kamen, dass die Einführung des Mindestlohns einen Eingriff in die von Art. 5 Abs. 1 S. 2 GG geschützte Pressefreiheit von hohem Gewicht darstelle, da die Trägerzustellung einen zentralen Marktfaktor für gedruckte Presseerzeugnisse darstelle. Vor allem im ländlichen Raum wäre die Zustellung nicht mehr wirtschaftlich realisierbar. Der hohen Eingriffsintensität stünde nur eine vergleichsweise geringe sozial- und arbeitsmarktpolitische Rechtfertigung gegenüber. Das mit dem Mindestlohn verfolgte Ziel der Existenzsicherung der Arbeitnehmer greife im Bereich der Zustellung von Presseprodukten ins Leere, da diese typischerweise als Nebenerwerb verrichtet werde. Dem stand ein von **ver.di** in Auftrag gegebenes **Rechtsgutachten von Pieroth/Barczak** gegenüber, die eine Verletzung der Pressefreiheit verneinten, weil mit dem Arbeitnehmerschutz ein legitimes Ziel verfolgt werde, welches den mittelbar durch den Mindestlohn erfolgenden Eingriff in die Pressefreiheit rechtfertigen könne.

Zunächst wurde von der Koalition ins Auge gefasst, dass für geringfügig beschäftigte Zeitungs- und Anzeigenblattzusteller für eine Übergangszeit von fünf Jahren lediglich die für Beschäftigungsverhältnisse im Privathaushalt geltenden geringeren pauschalen Sozialversicherungsbeiträge (Rentenversicherung 5 % statt 15 %; Krankenversicherung 5 % statt 13 %) abgeführt werden müssen. Die damit verbundene faktische Subvention der Zeitungs- und Anzeigenblattverlage wurde insbesondere von der CDU/CSU-Fraktion abgelehnt. Schließlich wurde der SPD das Zugeständnis abgerungen, für die Zeitungszusteller eine Sonderregelung im MiLoG vorzusehen. Die Beschlussempfehlung des Bundestagsausschusses für Arbeit und Soziales sieht daher im neu ins MiLoG aufgenommenen § 24 Abs. 2 vor, dass das Entgeltniveau der Zeitungszusteller während der Übergangsphase nicht über einen Branchenmindestlohntarifvertrag, sondern gesetzlich an den Mindestlohn herangeführt wird. Ab dem 1.1.2015 beträgt der Mindestlohn für Zeitungszusteller 75 % des allgemeinen Mindestlohns, 85 % ab dem 1.1.2016 und sodann ab dem 1.1.2017 je Zeitstunde brutto 8,50 Euro. Der Gesetzgeber ließ sich damit offenbar von den verfassungsrechtlichen Argumenten überzeugen. Schließlich hatte auch Thüsing in der Sachverständigenanhörung vor dem Bundestagsausschuss für Arbeit und Soziales befunden, dass Anpassungsregeln erforderlich seien, da die plurale Presse ein wichtiges Element in der pluralen Demokratie sei. Etwas nüchterner betrachtete in der Anhörung *Preis* die Dinge, der nicht ausschließen wollte, dass für die Übergangsregelung nicht nur zwingende verfassungsrechtliche Argumente sprachen, sondern sie auch Ergebnis eines intensiven Lobbyismus gewesen sein könnte (Ausschuss Protokoll-Nr. 18/16 S. 260).

Spezifische Regelungen für **Saisonarbeitskräfte** wurden während des parlamentarischen Verfahrens insbesondere seitens der Land- und Forstwirtschaft sowie des Gartenbaus eingefordert. Dabei ging es zum einen darum, die Fortführung von Stücklohnzahlungen sowie die Anrechenbarkeit von Sachleistungen auf den Mindestlohn zu ermöglichen. Zum anderen wurde gefordert, dass die vom Gesamtverband der Deutschen land- und forstwirtschaftlichen Arbeitgeberverbände e. V. (GLFA) und der IG BAU vereinbarte sog. Bundesempfehlung, die auch Saisonarbeitskräfte erfasst und durch Tarifverträge der regionalen Arbeitgeberverbände umgesetzt werden sollte, Vorrang vor dem allgemeinen Mindestlohn eingeräumt wird. Die Bundesempfehlung sieht einen Mindestlohn von brutto 8,50 Euro je Zeitstunde erst zum 1.12.2017 vor. Im Hinblick auf die Abweichung vom Mindestlohn durch Tarifvertrag mussten sich die Land- und Forstwirtschaft sowie der Gartenbau auf den Abschluss eines bundesweiten Tarifvertrags verweisen lassen. Dafür kam die Koalition den Belangen der Land- und Forstwirtschaft sowie des Gartenbaus entgegen, indem sie auf vier Jahre befristet die Zeitgrenzen für die sozialversicherungsfreie geringfügige Beschäftigung in § 8 Abs. 1 Nr. 2 SGB IV zeitlich ausweitete. Zudem wiesen die Regierungsfraktionen während der Beratungen des Ausschusses für Arbeit und Soziales darauf hin, dass „das BMAS, das BMEL sowie das BMF für den Fall der Saisonarbeit entsprechend § 107 GewO und der Sozialversicherungsentgeltverordnung festlegen würden, dass und inwieweit vom Arbeitgeber gewährte Kost und Logis auf den gesetzlichen Mindestlohn angerechnet werden könnten" (BT-Drs. 18/2010 (neu) S. 16). Wie sich diese politische Willenserklärung rechtlich umsetzen lassen soll, verbleibt dabei im Dunkeln (s. noch § 1 Rn. 86; vgl. auch Brors NZA 2014, 938, 939; Lakies AuR 2014, 360, 362).

52 Darüber hinaus sah die **Beschlussempfehlung** (BT-Drs. 18/2010 (neu) S. 4 ff.) des Ausschusses für Arbeit und Soziales weitere **Änderungen am RegE** vor:

- Es wurde klargestellt, dass die Vorgaben des § 2 Abs. 2 für die **Führung von Arbeitszeitkonten** nicht gelten, wenn bereits durch das verstetigte Arbeitseinkommen für sämtliche geleisteten Arbeitsstunden einschließlich der Überstunden der Mindestlohn bewirkt wird. Hintergrund waren die insbesondere seitens der Metall- und der Chemieindustrie geäußerten Befürchtungen, dass die Beschränkungen des § 2 Abs. 2 auch tarifvertragliche Regelungen in „Hochlohnbranchen" betreffen könnten.
- Auf Anregung des Bundesrats wurde klargestellt, dass der **Verzicht** auf den Mindestlohn **durch gerichtlichen Vergleich nur für bereits entstandene Mindestlohnansprüche** zulässig ist.
- Änderungen wurden bei der **Anpassung des Mindestlohns** durch die Mindestlohnkommission vorgeschlagen. Die erstmalige Anpassung des Mindestlohns wurde auf den 1.1.2017 vorgezogen. Danach sollte die Kommission jedoch nicht mehr jährlich, sondern in einem zweijährlichen Zyklus entscheiden. Die Anpassung ging auf einen gemeinsamen Vorschlag von BDA und DGB zurück.
- Zudem wurden die **Aufgaben der Mindestlohnkommission** erweitert: Sie hatte nunmehr nicht nur über die Anpassung des Mindestlohns zu befinden, sondern die Auswirkungen des Mindestlohns fortlaufend zu evaluieren und den Evaluationsbericht der Bundesregierung gemeinsam mit ihrem Anpassungsbeschluss zur Verfügung zu stellen. Insbesondere der CDU/CSU-Fraktion kam es darauf an, dass die Mindestlohnkommission künftig für die Höhe der Mindestlohnanpassung mit Verantwortung übernimmt und nicht lediglich einem Lohnentwicklungsindex folgt (vgl. BT-Drs. 18/2010 (neu) S. 21). Daher wurde es der Kommission aufgegeben, sich in einem Evaluationsbericht mit den Auswirkungen ihrer Beschlüsse intensiv auseinanderzusetzen. Schließlich wurden die Betroffenen, welche die Mindestlohnkommission anhören *kann*, in einem „Insbesondere-Katalog" konkretisiert.
- Die **Übergangsregelung** wurde verlängert und dabei zugleich gestuft: Weiterhin durften Branchenmindestlöhne nach dem AEntG und die Lohnuntergrenze nach § 3a AÜG bis zum 31.12.2016 hinter dem allgemeinen Mindestlohn zurückbleiben. Darüber hinaus dürfen diesen Branchenmindestlöhne bis zum 31.12.2017 unter dem dann ggf. erhöhten Mindestlohn liegen, wenn sie mindestens brutto 8,50 Euro je Zeitstunde betragen. Mit der Änderung sollte der vorgezogenen Anpassung des Mindestlohns zum 1.1.2017 Rechnung getragen werden. Die für die Übergangszeit gefundenen tariflichen Gesamtkompromisse waren nämlich davon ausgegangen, dass zum 1.1.2017 ein Mindeststundenlohn von brutto 8,50 Euro je Zeitstunde, nicht aber bereits ein ggf. höherer Mindestlohn erreicht werden müsse.
- Neben den vom Bundesrat angeregten Klarstellungen bei der Definition von Pflichtpraktika wurden weitere Änderungen an der **Praktikantenregelung** empfohlen. Es sollten Orientierungspraktika und ausbildungsbegleitende Praktika nicht nur bis zu einer Dauer von sechs Wochen, sondern bis zu einer Dauer von drei Monaten vereinbart werden können, ohne zum Mindestlohn vergütet werden zu müssen. Die Ausweitungen der Ausnahmetatbestände wurde von der CDU/CSU eingefordert, die sich damit entsprechende Forderungen aus dem Bereich der Wirtschaft zueigen machte. Im Gegenzug für die Ausweitungen der Ausnahmetatbestände trug nunmehr der Arbeitgeber die Darlegungs- und Beweislast, dass das Praktikumsverhältnis unter einen der Ausnahmetatbestände fällt. Klargestellt wurde schließlich mit Blick auf Integrations- und Förderprogramme der Sozialpartner, dass Berufsausbildungsvorbereitungen kein Praktikumsverhältnis iSd § 26 BBiG darstellen und deshalb nicht zum Mindestlohn zu vergüten sind. Außerdem wurde aus Gründen der Rechtsklarheit eine Legaldefinition

IV. Mindestlohngesetz in der 18. Legislaturperiode   **Einführung**

des Praktikums vorgesehen, die sich an Erwägungsgrund 27 der Empfehlung des Rates der Europäischen Union zu einem Qualitätsrahmen für Praktika orientiert. Ins Nachweisgesetz wurde aufgenommen, dass die wesentlichen Vertragsbedingungen eines unter das MiLoG fallenden Praktikumsverhältnisses schriftlich niederzulegen waren (§ 2 Abs. 1a NachwG).
- Weitere Änderungen erfolgten bei der Ausnahmeregelung für **Langzeitarbeitslose**. Zum einen wurde der Begriff des Langzeitarbeitslosen geschärft und dem statistischen Messkonzept der Bundesagentur für Arbeit angeglichen. Zum anderen wurde die Evaluation der Ausnahmeregelung vom 1.1.2017 auf den 1.6.2016 vorgezogen.
- Dem Dritten Weg wurde Rechnung getragen, indem den **öffentlich-rechtlichen Religionsgesellschaften** sowie ihren **Wohlfahrtsverbänden** ein **Stellungnahmerecht** zum Entwurf der Anpassungsverordnung eingeräumt wurde. Aus Gleichbehandlungsgründen erhielten auch die weltlichen Wohlfahrtsverbände ein Stellungnahmerecht.
- Die **Auftraggeberhaftung** wurde – wie es bereits der RefE vorgesehen hatte – wieder an die Regelung des § 14 AEntG angeglichen. Der Ausschuss zog die verschuldensunabhängige Haftung der missglückten Formulierung der Beweislastumkehr in § 13 RegE vor.
- Änderungen erfolgten bei den in § 17 geregelten **Dokumentationspflichten** des Arbeitgebers. Neben der vom Bundesrat angeregten Klarstellung hinsichtlich der Dokumentationspflichten von Entleihern wurde zudem das Verordnungsinstrumentarium erweitert. Neu aufgenommen ins Gesetz wurde eine Verordnungsermächtigung, auf deren Grundlage das BMF im Einvernehmen mit dem BMAS die Dokumentationspflichten für bestimmte Bereiche vereinfachen oder abwandeln kann (§ 17 Abs. 4). Im Hinblick auf die Ermächtigung des BMAS die Dokumentationspflichten auf bestimmte Bereiche erweitern oder für bestimmte Bereiche einschränken zu können, wurde klargestellt, dass diese Erweiterungen und Einschränkungen auch nur bestimmte Arbeitnehmergruppen betreffen können.
- Der **Ausschluss von der Vergabe öffentlicher Aufträge** wurde – im Unterschied zu § 21 AEntG – auf Fälle beschränkt, in denen das Ordnungswidrigkeitenverfahren abgeschlossen ist. Nach dem RegE genügte für einen Vergabeausschluss noch, dass angesichts der Beweislage kein vernünftiger Zweifel an einer Verfehlung besteht.

Mit den genannten Änderungen empfahl der **Ausschuss für Arbeit und Soziales** in 53 seiner Beratung vom **2.7.2014** den Gesetzentwurf mit den Stimmen der Fraktionen CDU/CSU, SPD und BÜNDNIS 90/DIE GRÜNEN bei Stimmenthaltung der Fraktion DIE LINKE dem Deutschen Bundestag die Annahme des Entwurfs in der vom Ausschuss geänderten Fassung (BT-Drs. 18/2010 (neu)).

Am **3.7.2014** verabschiedete der **Deutschen Bundestag in 2./3. Lesung** das MiLoG als 54 Bestandteil des Tarifautonomiestärkungsgesetzes (BR-Drs. 288/14). Am **11.7.2014** beschloss der **Bundesrat** seine Zustimmung zum gemäß Art. 87 Abs. 3 S. 2 GG zustimmungsbedürftigen Gesetz (BR-Drs. 288/14 (B)). Nachdem das Tarifautonomiestärkungsgesetz am 11.8.2014 vom Bundespräsidenten ausgefertigt worden war, wurde es am **15.8.2014 im BGBl. verkündet** und trat am 16.8.2014 in Kraft (BGBl. I S. 1348). Mit dem MiLoG traten in Art. 5 die Reform der Allgemeinverbindlicherklärung sowie in Art. 6 die Ausweitung des AEntG auf alle Branchen in Kraft, die im parlamentarischen Verfahren keine substantiellen Änderungen erfahren hatten.

B. Funktion des Mindestlohns nach dem MiLoG

Der allgemeine Mindestlohn hat im Kern drei Funktionen: Arbeitnehmerschutz, Ver- 55 hinderung eines Lohnunterbietungswettbewerbs sowie Schutz der finanziellen Stabilität der sozialen Sicherungssysteme. Alle drei Funktionen lassen sich letztlich auf ein Arbeitsvertrags- und Tarifvertragsversagen im Niedriglohnsektor zurückführen.

I. Schutz des Arbeitnehmers

56 Der Mindestlohn dient dem Schutz des Arbeitnehmers, indem er die **strukturelle Unterlegenheit des Arbeitnehmers** bei der Verhandlung von Arbeitsentgelten **teilweise ausgleicht**. Ziel ist nicht die Herbeiführung eines umfassenden angemessenen Ausgleichs zwischen Arbeitgeber und Arbeitnehmer, sondern die Verhinderung „jedenfalls unangemessener" Arbeitsentgelte, die in Art. 2 Abs. 1 und Art. 20 Abs. 1 GG zum Ausdruck kommenden „elementaren Gerechtigkeitsanforderungen" nicht gerecht werden. Der Mindestlohn **ergänzt** als absolute Lohnuntergrenze die **relative Lohnuntergrenze des § 138 BGB**.

1. Diskussion um Bedarfs- und Austauschgerechtigkeit

57 In der Diskussion um den Mindestlohn ist zu seiner Legitimation immer wieder der Aspekt der Existenzsicherung angeführt worden. Die Würde des Arbeitnehmers bzw. der Arbeit verlange, dass der Arbeitnehmer aus seinem Arbeitseinkommen zumindest seine Existenz bestreiten könne. In den von der SPD in der 17. Legislaturperiode vorgelegten Gesetzentwürfen wird die Existenzsicherung des Arbeitnehmers in den Mittelpunkt gerückt (s. schon Rn. 28). Auch der DGB führte stets die Existenzsicherung als vorderste Aufgabe eines Mindestlohns an.

58 Im Schrifttum ist ebenfalls als Kernfunktion des Mindestlohns die Existenzsicherung des Arbeitnehmers angesehen worden. Dabei unterscheiden sich die Perspektiven derjenigen, die sich für einen Bezug des Mindestlohns zur Existenzsicherung aussprechen. Den Mindestlohnbefürwortern geht es im Wesentlichen darum, eine verfassungsrechtliche Handlungspflicht des Gesetzgebers zur Gewährleistung eines existenzsichernden Arbeitsentgelts zu konstruieren (vgl. Däubler/Lakies TVG Anhang 1 zu § 5 TVG Rn. 106; ders. AuR 2013, 69; Engels JZ 2008, 490, 497, 498; Nassibi, Schutz vor Lohndumping in Deutschland S. 43 f.; auch Bieback RdA 2000, 207, 207 f., der aber zugleich auf die Funktion des Ausgleichs des Verhandlungsungleichgewichts hinweist). Teilweise sieht man den Gesetzgeber aus Art. 1 Abs. 1 GG iVm Art. 20 Abs. 1 GG unmittelbar zur „menschenwürdegerechten Gestaltung auch der Privatrechtsbeziehungen" gehalten (Engels JZ 2008, 490, 497). Andere begründen den existenzsichernden Mindestlohn über die Figur der grundrechtlichen Schutzpflicht des Staates (Lakies AuR 2013, 69; Nassibi, Schutz vor Lohndumping in Deutschland S. 43 f.). Andere Teile des Schrifttums, die der Einführung eines allgemeinen Mindestlohns eher ablehnend gegenüber stehen, beurteilen die Einführung eines Mindestlohns aus Sicht der durch Art. 9 Abs. 3 GG garantierten Tarifautonomie. Der Eingriff in die Tarifautonomie, der mit der Einführung eines tariffesten Mindestlohns verbunden sei, könne danach nur gerechtfertigt werden, wenn die Belange des Arbeitnehmerschutzes bei nicht existenzsichernden Arbeitsentgelten durch die von Art. 1 Abs. 1 GG gewährleistete Menschenwürdegarantie verstärkt würden (Löwisch RdA 2009, 215, 218; Moll RdA 2010, 321, 328; Sittard Tarifnormerstreckung (2010) S. 452 f.; ders. NZA 2010, 1160, 1162; Sodan/Zimmermann NJW 2009, 2001, 2003; dies. ZfA 2008, 526, 548 ff.; Willemsen/Sagan NZA 2008, 1216, 1221).

59 Nach aA kann der Mindestlohn nicht mit der Existenzsicherung des Arbeitnehmers legitimiert werden (Bayreuther NJW 2007, 2022, 2025; Giesen FS Kempen S. 216, 220; H. Hanau ZfA 2012, 269, 277; Lobinger GS Brugger S. 355, 359 ff.; C. Picker RdA 2014, 25, 28; Rieble/Picker ZfA 2014, 153, 159; Wank FS Buchner S. 898, 899). Die Existenzsicherung obliege dem Staat, nicht aber dem Arbeitgeber. Der Arbeitgeber schulde eine Gegenleistung für die empfangene Arbeitsleistung, nicht aber die Alimentierung des Arbeitnehmers (Bayreuther NJW 2007, 2022, 2025; Rieble/Picker ZfA 2014, 153, 159; Wank FS Buchner S. 898, 899). Über die Lehre von den grundrechtlichen Schutzpflichten könne ein auf Existenzsicherung gerichteter Mindestlohn nicht begründet werden, weil es bei der Gewährung eines nicht existenzsichernden Arbeitsentgelts an einem Übergriff des Arbeitgebers auf die Freiheitssphäre des Arbeitnehmers fehle (Lobinger GS Brugger S. 355, 361 ff.). Die Funktion des Mindestlohns könne daher nur im Ausgleich des zwischen Arbeitgeber und Arbeitnehmer bei der Aushandlung der Arbeitsentgelte bestehenden strukturellen Verhandlungsungleichgewichts liegen (Bieback RdA 2000, 207, 209; Giesen FS Kempen S. 216, 217; Picker RdA 2014, 25, 30; Rieble in: Mindestlohn als politische und rechtliche Herausforderung S. 17, 20; Rieble/C. Picker ZfA 2014, 153, 159; wohl auch Kocher NZA 2007, 600, 601). Der Mindestlohn diene der Korrektur des Marktversagens auf dem Arbeitsmarkt. Insbesondere im Niedriglohnbereich könne die Vereinbarung des Arbeitsentgelts faktisch eine einseitige Fremdbestimmung des Arbeitnehmers darstellen.

2. Ausgleich gestörter Vertragsparität

Mit dem Mindestlohn nach dem MiLoG verfolgt der Gesetzgeber – wie auch bei anderen Arbeitnehmerschutzvorschriften – **in erster Linie das Ziel, die gestörte Vertragsparität** zwischen Arbeitgeber und Arbeitnehmer **auszugleichen**. Bei der Festsetzung der Einstiegshöhe des Mindestlohns dient es dem Gesetzgeber als **Indiz** für ein **jedenfalls unangemessenes Arbeitsentgelt**, dass ein **in Vollzeit beschäftigter Arbeitnehmer** von seinem Arbeitsentgelt **nicht seine eigene Existenz bestreiten kann**. Die Einstiegshöhe des Mindestlohns von brutto 8,50 Euro je Zeitstunde orientiert sich daher an der Pfändungsfreigrenze nach § 850c ZPO (vgl. BT-Drs. 18/1558 S. 28).

a) **Unvereinbarkeit von Existenzsicherungsfunktion und Kommissionsmodell.** Eine Existenzsicherungsfunktion des Mindestlohns wäre kaum mit dem vom Gesetzgeber für die Anpassung des Mindestlohns gewählten Kommissionsmodell (§§ 4 ff.) vereinbar. Die Anpassung des Mindestlohns müsste nicht einer paritätisch besetzten Kommission der Tarifpartner überantwortet werden (vgl. § 1 Abs. 2 S. 2), wenn deren Aufgabe schlussendlich alleine in der Ermittlung der zur Existenzsicherung des Arbeitnehmers notwendigen Mindestlohnhöhe läge. Ein Bewertungsspielraum verbliebe zwar noch insoweit, als sich die Kommission auf einen für die Existenzsicherung maßgeblichen Bezugspunkt (zu möglichen Bezugspunkten s. Riechert/Stomps RdA 2012, 81, 86 f.) sowie die für eine Vollzeitbeschäftigung zugrunde zu legende Arbeitszeit verständigen müsste. Für die Ermittlung eines Existenzsicherungslohns besitzen die in die Kommission berufenen Vertreter von Arbeitgeberverbänden und Gewerkschaften aber weder eine besondere Sachkenntnis noch wäre sie Ausfluss ihrer durch Art. 9 Abs. 3 GG gewährleisteten Tarifautonomie (vgl. auch Reichhold NJW 2014, 2534, 2535). Es wäre dann vielmehr Aufgabe des Gesetzgebers, den aus seiner Sicht zur Existenzsicherung notwendigen Betrag zu ermitteln und dabei entsprechende Pauschalierungen und Aufschläge für durch die Arbeit entstehende Sonderkosten vorzunehmen. Ein solches Verständnis von dem an die Mindestlohnkommission gerichteten gesetzgeberischen Auftrag vertrüge sich nicht mit dem der Kommission für ihre Anpassungsentscheidung vorgegebenen Prüfrahmen. Nach § 9 Abs. 2 S. 1 prüft die Kommission im Rahmen einer Gesamtabwägung, welche Höhe des Mindestlohns geeignet ist, zu einem angemessenen Mindestschutz der Arbeitnehmer beizutragen, faire und funktionierende Wettbewerbsbedingungen zu ermöglichen sowie Beschäftigung nicht zu gefährden. Im Rahmen des Kriteriums „faire und funktionierende Wettbewerbsbedingungen" soll die Kommission nach den Vorstellungen des RegE auch die konjunkturelle Lage und die Produktivität berücksichtigen (BT-Drs. 18/1558 S. 38). Im Rahmen der Prüfung der Kriterien bildet gemäß § 9 Abs. 2 S. 2 die Entwicklung der Tariflöhne einen wichtigen Richtwert für die Anpassung des Mindestlohns. Eine Orientierung an der Tariflohnentwicklung ist aber nicht geeignet, die Höhe des Mindestlohns an das Existenzminimum zu binden. Tariflöhne sind auf einen angemessenen Ausgleich zwischen den Interessen der Arbeitgeber und Arbeitnehmer im Geltungsbereich eines Tarifvertrages gerichtet.

62   b) **Verhinderung „jedenfalls unangemessener" Arbeitsentgelte.** Auch iÜ macht die Begründung des RegE deutlich, dass es dem MiLoG um die Verhinderung unangemessen niedriger Löhne geht (s. nur BT-Drs. 18/1558 S. 1, 27 f., 34). Mit **dem Begriff der Angemessenheit** wird die Frage nach der **Äquivalenz von Leistung und Gegenleistung**, somit nach der **Austausch- und nicht** nach der **Bedarfsgerechtigkeit** der Vergütungsvereinbarung gestellt (vgl. Sodan/Zimmermann NJW 2009, 2001, 2003). Dass der Mindestlohn als ein Instrument des Ausgleichs gestörter Vertragsparität zu verstehen ist, lässt sich zudem daran ablesen, dass der Gesetzgeber die Einführung des Mindestlohns nicht mit der nach Art. 1 Abs. 1 GG gewährleisteten Menschenwürde, sondern mit Art. 2 Abs. 1 und Art. 20 Abs. 1 GG begründet (BT-Drs. 18/1558 S. 28). In Art. 2 Abs. 1 GG ist grundrechtlich die Privatautonomie als „Selbstbestimmung des Einzelnen im Rechtsleben" verortet (BVerfG Beschl. v. 12.11.1958 – 2 BvL 4/56, BVerfGE 8, 274, 328; für Arbeitsverträge BVerfG Beschl. v. 19.5.1992 – 1 BvR 126/85, NJW 1992, 2409, 2410; hingegen stellt BVerfG Beschl. v. 7.2.1990 – 1 BvR 26/84, NZA 1990, 389, 390 auf Art. 12 GG ab). Durch die Verknüpfung von Art. 2 Abs. 1 GG mit dem Sozialstaatsprinzip des Art. 20 Abs. 1 GG macht der Gesetzgeber deutlich, dass es ihm bei der Einführung des Mindestlohns um den **Schutz einer auch materiell verstandenen Arbeitsvertragsfreiheit** geht. Nach dem BVerfG verwirklichen gesetzliche Vorschriften, die einem strukturellen Ungleichgewicht entgegenwirken, die objektiven Grundentscheidungen des Grundrechtsabschnitts und damit zugleich das grundgesetzliche Sozialstaatsprinzip (BVerfG Beschl. v. 7.2.1990 – 1 BvR 26/84, NZA 1990, 389, 390).

63   Indem der Mindestlohn dem Ausgleich gestörter Vertragsparität dient, hat er **im Kern dieselbe Funktion wie Tarifentgelte**. Im Unterschied zum Tarifvertrag zielt der Mindestlohn **aber nicht auf einem umfassenden angemessenen Ausgleich** zwischen den Interessen der Arbeitnehmer und Arbeitgeber, sondern strebt nur eine Teilkompensation iSe angemessenen Mindestschutzes an (vgl. § 9 Abs. 2 S. 1). Er **definiert ein unterstes Maß an Austauschgerechtigkeit** (vgl. C. Picker RdA 2014, 25, 30) und verhindert Arbeitsentgelte, die „jedenfalls unangemessen" sind (BT-Drs. 18/1558 S. 28).

64   In seiner Funktion ist der Mindestlohn mit dem Lohnwuchertatbestand des § 138 Abs. 2 BGB verwandt (Rieble in: Mindestlohn als politische und rechtliche Herausforderung S. 17, 20). Auch bei der Sittenwidrigkeit des Arbeitsentgelts wird die Frage nach Äquivalenz von Leistung und Gegenleistung und nicht nach der Bedarfsgerechtigkeit der Vergütungsvereinbarung gestellt (Rieble/Picker ZfA 2014, 153, 157; Riechert/Stomps RdA 2012, 81, 90; für ein bedarfsorientiertes Mindestentgelt über § 138 BGB hingegen ArbG Brem. Urt. v. 30.8.2000 – 5 Ca 5152/10 ua, NZA-RR 2001, 27, 29 ff.; Nassibi, Schutz vor Lohndumping in Deutschland S. 72 ff.). Beide Instrumente zielen nicht auf eine umfassende Kompensation des zwischen Arbeitgeber und Arbeitnehmer bestehenden Verhandlungsungleichgewichts. So wie der Mindestlohn nur „jedenfalls unangemessene" Arbeitsentgelte verhindert, genügt für die Sittenwidrigkeit des Arbeitsentgelts nicht seine „bloße" Unangemessenheit, sondern ist eine deutliche Unterschreitung der Angemessenheitsgrenze in Form eines auffälligen Missverhältnisses von Leistung und Gegenleistung erforderlich. Sowohl der Mindestlohn als auch die Lohnwucherschwelle des § 138 Abs. 2 BGB schaffen daher nicht positiv Austauschgerechtigkeit, sondern beanstanden nur negativ den Ausbeutungslohn (vgl. Rieble in: Mindestlohn als politische und rechtliche Herausforderung S. 17, 20). Dieser Zusammenhang ist auch dem Gesetzgeber bewusst gewesen. Nach der Begründung des RegE soll die Beschäftigung von Arbeitnehmern zu Arbeitsentgelten verhindert werden, „die jedenfalls unangemessen sind und den in Art. 2 Abs. 1 und Art. 20 Abs. 1 GG zum Ausdruck kommenden elementaren Gerechtigkeitsanforderungen nicht genügen" (BT-Drs. 18/1558, S. 28). Mit dieser Formulierung bezieht sich der Gesetzgeber auf die Lohnwucherrechtsprechung des BAG (vgl. BAG Urt. v.

24.3.2004 – 5 AZR 303/03, NZA 2004, 971). Mit der Einführung des Mindestlohns wird also letztlich der **durch die Lohnwucherrechtsprechung gezogenen relativen Grenze eine absolute Lohnuntergrenze an die Seite gestellt** (ebs. Bauer/Klebe NZA 2014, 13; Bayreuther NZA 2014, 865, 866; Däubler NJW 2014, 1924, 1927; Rieble/Picker ZfA 2014, 153, 155; **aA** Diringer AuA 2014, 151, ders. NZA Editorial 2/2014).

c) **Unvereinbarkeit einer Ausnahme vom Mindestlohn mit der mangelnden Relativierbarkeit des Würdeschutzes.** Mit einer Existenzsicherungsfunktion des Mindestlohns ließe sich insbesondere eine Ausnahme vom Mindestlohn, wie sie § 22 Abs. 4 für die ersten sechs Monate der Beschäftigung von ehemals Langzeitarbeitslosen vorsieht, kaum vereinbaren. Wäre die Funktion des Mindestlohns die menschenwürdige Gestaltung der Arbeitsbeziehungen durch die gesetzliche Gewährleistung existenzsichernder Arbeitsentgelte, könnte dieses Ziel nur schwierig relativiert werden (Riechert/Stomps NJW 2013, 1050, 1054). Der Staat ist aus der ihn nach Art. 1 Abs. 1 S. 2 GG treffenden Schutzpflicht gehalten, den Bürger vor Beeinträchtigungen der Menschenwürde durch Dritte zu schützen (vgl. BVerfG Beschl. v. 19.12.1951 – 1 BvR 220/51, NJW 1952, 297, 298). Diese Verpflichtung gilt absolut, so dass eine Rechtfertigung von Beeinträchtigungen der Menschenwürde ausgeschlossen ist (vgl. BVerfG Beschl. v. 10.10.1995 – 1 BvR 1476/91, NJW 1995, 3303, 3304).

d) **Kein Widerspruch zwischen Tariffestigkeit des Mindestlohns und Ausgleich gestörter Vertragsparität.** Der Ausgleich gestörter Vertragsparität als vorrangige Funktion des Mindestlohns steht nicht im Widerspruch zur Tariffestigkeit des Mindestlohns (vgl. §§ 1 Abs. 1, 3 S. 1). Tarifautonomie ist darauf angelegt, „die strukturelle Unterlegenheit der einzelnen Arbeitnehmer beim Abschluss von Arbeitsverträgen durch kollektives Handeln auszugleichen und damit ein annähernd gleichgewichtiges Aushandeln der Löhne und Arbeitsbedingungen zu ermöglichen" (etwa BVerfG Beschl. v. 26.6.1991 – 1 BvR 779/85, BVerfGE 84, 212). Aus dem Verhandlungsgleichgewicht von Arbeitnehmer- und Arbeitgeberseite auf kollektiver Ebene wird überwiegend auf eine sog. Richtigkeitsgewähr des Tarifvertrages geschlossen (vgl. nur BAG Beschl. v. 28.3.2006 – 1 ABR 58/04, NZA 2006, 1112, 1116). Allerdings ist die Richtigkeitsgewähr des Tarifvertrags **nicht** als eine **absolute Richtigkeitsgarantie, sondern** als eine **Richtigkeits- bzw. Angemessenheitsvermutung** zu verstehen (BAG Urt. v. 10.12.2008 – 4 AZR 801/07, NZA-RR 2010, 7; iE ebs. D. Ulber, Tarifdispositives Gesetzesrecht S. 463 ff. mwN; zum Stand der Diskussion s. auch Wiedemann/Thüsing TVG § 1 Rn. 252 mwN). Die Richtigkeits- bzw. Angemessenheitsvermutung des Tarifvertrags hält der Gesetzgeber **im Niedriglohnsektor für teilweise widerlegt**. Die Tarifvertragsparteien seien aus eigener Kraft nicht mehr durchgehend in der Lage, einer zunehmenden Verbreitung von unangemessen niedrigen Löhnen entgegenzuwirken (BT-Drs. 18/1558 S. 27 f.). Nach Auffassung des Gesetzgebers wird mit dem Mindestlohn also nicht nur einem Vertragsversagen, sondern auch einem teilweisen Tarifversagen begegnet.

e) **Plausibilität der Existenzsicherung als Maßstab für die Einstiegshöhe.** Es steht nicht im Widerspruch zur vom Mindestlohn angestrebten Korrektur eines Arbeitsvertrags- und Tarifvertragsversagens im Niedriglohnsektor, dass der Gesetzgeber bei der Festsetzung der Einstiegshöhe des Mindestlohns an die Pfändungsfreigrenze nach § 850c Abs. 1 S. 1 ZPO anknüpft. Nach der Begründung des RegE wird es auf der Grundlage eines Mindestlohns von brutto 8,50 Euro je Zeitstunde einem alleinstehenden Vollzeitbeschäftigten bei durchschnittlicher Wochenarbeitszeit ermöglicht, ein Monatseinkommen oberhalb der Pfändungsfreigrenze gemäß § 850c Abs. 1 S. 1 ZPO und damit ein existenzsicherndes Arbeitsentgelt zu erzielen (BT-Drs. 18/1558 S. 28).

Die **nicht existenzsichernde Entlohnung** dient dem Gesetzgeber vor allem als ein gewichtiges Indiz für ein Arbeitsvertrags- und Tarifversagen (vgl. BT-Drs. 18/1558 S. 27 f.; s. auch Lobinger GS Brugger S. 355, 379, der eine nicht existenzsichernde Ent-

Einführung B. Funktion des Mindestlohns nach dem MiLoG

lohnung allerdings als Indiz für eine würdeverletzende Entlohnung sieht). Denkt man sich die staatlichen Sozialleistungen einmal weg, müsste es in der Tat befremden, wenn der Arbeitnehmer aus „freien Stücken" den Einsatz seiner vollen Arbeitskraft für ein Arbeitsentgelt zusagen würde, von dem er nicht existieren kann. Vor diesem Hintergrund ist es plausibel, dass die Vereinbarung eines nicht existenzsichernden Arbeitsentgelts nicht in jedem Einzelfall, aber typischerweise auf ein Vertrags- und Tarifversagen hindeutet.

69   Der Bezug auf die Existenzsicherung des Arbeitnehmers bietet sich zudem mit Blick auf die **sozialrechtlichen Rahmenbedingungen** an. Mit dem Gesetz zu Reformen am Arbeitsmarkt v. 24.12.2003 (BGBl. I S. 3002) und dem Vierten Gesetzen für moderne Dienstleistungen am Arbeitsmarkt v. 24.12.2003 (BGBl. I S. 2954) sind die **Bezugsdauer von Arbeitslosengeld erheblich verkürzt** sowie für Arbeitssuchende und Arbeitslose die **Anforderungen an die Zumutbarkeit der Beschäftigung abgesenkt** worden (vgl. § 10 SGB II bzw. § 140 SGB III). Dadurch hat der Staat zulasten von Arbeitssuchenden und Arbeitnehmern auf die ohnehin bestehende Imparität im Niedriglohnsektor eingewirkt (ebs. Giesen FS Kempen S. 216, 220; C. Picker RdA 2014, 25, 27, 30; Waltermann NZA-Beil. 2009, 110, 118). Der Arbeitgeber kann davon ausgehen, dass der Arbeitslose seinen gegen den Staat gerichteten Existenzsicherungsanspruch auch dann aufs Spiel setzt, wenn er eine niedrig entlohnte – insbesondere eine nicht existenzsichernde – Beschäftigung nicht annimmt. Die damit herbeigeführte Verschlechterung der Verhandlungssituation des Arbeitnehmers im Niedriglohnsektor wird durch die Einführung des Mindestlohns (teilweise) kompensiert. Die staatliche Existenzsicherungspflicht ist dann nur insoweit unter Vorbehalt gestellt, als der Arbeitsuchende eine wenigstens zum Mindestlohn vergütete Beschäftigung annehmen muss, die ihm ihrerseits die eigene Existenz sichern würde.

II. Einschränkung eines Lohnunterbietungswettbewerbs

70   Der Mindestlohn dient der Einschränkung eines Lohnunterbietungswettbewerbs zwischen den Unternehmen (BT-Drs. 18/1558 S. 2, 28; vgl. auch C. Picker RdA 2014, 25, 30). Dem Mindestlohn kommt neben seiner vorrangigen Arbeitnehmerschutzfunktion auch eine **sekundäre Wettbewerbsschutzfunktion** zu.

1. Lohnunterbietungswettbewerb als Folge von Tarifversagen

71   Einem auf Ausgleich gestörter Vertragsparität abzielenden Mindestlohn liegt die Vorstellung zugrunde, dass der Arbeitgeber in der Lage ist, die Löhne des Arbeitnehmers wegen seiner strukturellen Überlegenheit zu drücken. Auf diesem Wege kann der Arbeitgeber einen größeren Anteil des Erwirtschafteten als Gewinn verbuchen.

72   Oftmals stellt sich die konkrete Verhandlungssituation, in der sich Arbeitgeber und Arbeitnehmer befinden, aber differenzierter dar, als es die Vorstellung von der strukturellen Imparität suggeriert. Der **einzelne Arbeitgeber unterliegt** seinerseits **wirtschaftlichen Sachzwängen**. Entlohnt er seine Arbeitnehmer höher als seine Wettbewerber, läuft er Gefahr seine Produkte und Dienstleistungen nicht mehr zu wettbewerbsfähigen Preisen auf den Dienstleistungs- und Gütermärkten anbieten zu können und von seinen niedriger entlohnenden Konkurrenten vom Markt verdrängt zu werden. Dieser Lohnunterbietungswettbewerb ist **mit dem Begriff „Schmutzkonkurrenz"** (vgl. zu § 5 TVG etwa BVerwG Urt. v. 3.11.1988 – 7 C 115/86, NZA 1989, 364, 367; BAG v. 12.10.1988 – 4 AZR 244/88, ZTR 1989, 108, 109) angesichts des mit ihm verbundenen Unwerturteils **nicht treffend beschrieben** (krit. zum Begriff „Schmutzkonkurrenz" bei § 5 TVG Reuter FS Birk S. 717, 718; Sittard, Tarifnormerstreckung, S. 100). Im Niedriglohnsektor, in dem die niedrige Entlohnung per definitionem marktüblich ist, verschafft sich der Arbeitgeber durch die niedrige Entlohnung seiner Arbeitnehmer weniger einen zu missbilligenden Wettbewerbsvorsprung vor seinen Konkurrenten, als er vielmehr selbst wirtschaftlichen

Sachzwängen unterliegt. Im Hinblick auf den grenzüberschreitenden Wettbewerb ist zudem zu sehen, dass die Dienstleistungsfreiheit des Art. 56 AEUV gerade auch umfasst, dass im Ausland ansässige Unternehmen aus den unterschiedlichen Lohnniveaus der Mitgliedstaaten Wettbewerbsvorteile ziehen (EuGH Urt. v. 18.9.2014 – C-549/13, NZA 2014, 1129). Der Lohnunterbietungswettbewerb ist vielmehr Ergebnis eines spezifisches Markt-, insbesondere Tarifversagens (C. Picker RdA 2014, 25, 30). Zum einen ist das Tarifversagen – jedenfalls nach Ansicht des Gesetzgebers – darauf zurückzuführen, dass die Durchsetzungsfähigkeit der kollektiven Interessenvertretungen infolge der zunehmenden **Fragmentierung der Arbeitsbeziehungen** va im Bereich einfacher Tätigkeit gelitten hat (BT-Drs. 18/1558 S. 27 f.). Zum anderen **fehlt** es den **Tarifvertragsparteien an** hinreichenden **Möglichkeiten, die Arbeitsbedingungen bei grenzüberschreitender Beschäftigung zu kartellieren** und somit aus eigener Kraft die Dienstleistungsfreiheit sozial zu flankieren. Mit Einführung eines auch für entsandte Arbeitnehmer geltenden Mindestlohns werden die Arbeitsentgelte gesetzlich teilkartelliert und der Lohnunterbietungswettbewerb insoweit eingeschränkt.

2. Spezifische Wettbewerbsfunktion des Mindestlohns

Die Einschränkung des Lohnunterbietungswettbewerbs soll in erster Linie dem Arbeitnehmerschutz dienen. Der Mindestlohn soll dazu beitragen, dass der Wettbewerb zwischen den Unternehmen nicht zulasten der Arbeitnehmer durch die Vereinbarung immer niedriger Löhne geht (BT-Drs. 18/1558 S. 2, 28). Daneben hat der Mindestlohn eine – wenn auch dem Arbeitnehmerschutz **nachgeordnete** und auf ihn bezogene – **Wettbewerbsfunktion**. 73

Für die Kartellierung von Arbeitsentgelten durch Allgemeinverbindlicherklärung eines Tarifvertrags nach § 5 TVG ist umstritten, inwieweit ihr spezifische Wettbewerbsfunktion beigemessen werden kann (abl. BAG Urt. v. 12.10.1988 – 4 AZR 244/88, ZTR 1989, 108, 109; BGH Urt. v. 3.12.1992 – I ZR 276/90, BGHZ 120, 320; Löwisch/Rieble TVG § 5 Rn. 14 ff.; **aA** BVerwG v. 3.11.1988 – 7 C 115/86, NZA 1989, 364; Däubler/Lakies TVG § 5 Rn. 6 ff.; Wiedemann/Wank TVG § 5 Rn. 5; Wiedemann RdA 1987, 265; Zachert NZA 2003, 132). Gegen eine Wettbewerbsfunktion allgemeinverbindlicher Tarifentgelte wird angeführt, dass durch die Allgemeinverbindlicherklärung nicht das Marktverhalten der Arbeitgeber im Interesse aller Marktteilnehmer geregelt werden kann. Zum einen erfasse die Allgemeinverbindlicherklärung nicht aus dem Ausland entsandte Arbeitnehmer. Zum anderen könne die Allgemeinverbindlicherklärung durch einen Tarifvertrag verdrängt werden, an den sich der Arbeitgeber autonom gebunden hat. 74

Der Mindestlohn ist im Unterschied zu allgemeinverbindlichen Tarifverträgen nach § 5 TVG gemäß § 3 S. 1 tariffest und gemäß § 20 als **Eingriffsnorm auf sämtliche im Inland beschäftigten Arbeitnehmer anzuwenden**. Er ist deshalb **geeignet**, das **Wettbewerbsverhalten der Arbeitgeber zu lenken**. Das MiLoG misst dem Mindestlohn – wie § 9 Abs. 2 S. 1 zeigt – auch eine sekundäre Wettbewerbsfunktion bei. Die Mindestlohnkommission prüft gemäß § 9 Abs. 2 S. 1 im Rahmen ihrer Gesamtabwägung, ob die Höhe des Mindestlohns geeignet ist, zu fairen und funktionierenden Wettbewerbsbedingungen beizutragen. Dabei soll ein „Verdrängungswettbewerb über Lohnkosten, dem insbesondere kleinere und mittlere Unternehmen nicht standhalten können," entgegengewirkt werden (BT-Drs. 18/1558 S. 38). Der Kommission ist damit ausdrücklich vorgegeben, auch wettbewerbliche Gesichtspunkte in die Prüfung einfließen zu lassen (dies sieht BAG Urt. v. 24.1.1979 – 4 AZR 377/77, AP TVG § 5 Nr. 16 bei der Allgemeinverbindlicherklärung nach § 5 TVG gerade als unzulässig an). Die Formel „faire und funktionierende Wettbewerbsbedingungen" findet sich ebenfalls im Zielkatalog des § 1 AEntG (sowie § 24a AEntG). Für die branchenspezifischen Mindestlöhne nach dem AEntG wird im Schrifttum unter Hinweis auf ihre international zwingende und tariffeste Ausgestaltung eine 75

Wettbewerbsfunktion angenommen (KAEW/Koberski AEntG § 1 Rn. 19; Löwisch/Rieble TVG § 4 Rn. 111, § 5 Rn. 20; Sittard, Tarifnormerstreckung, S. 312 ff.).

76 Eine die **Arbeitnehmerschutzfunktion flankierende sekundäre Wettbewerbsfunktion** des Mindestlohns ist auch **mit unionsrechtlichen Vorgaben vereinbar.** Der EuGH hat in der Rs. Wolff & Müller festgestellt, dass der nationale Gesetzgeber mit einem Mindestlohn auch das Ziel verfolgen darf, einen unlauteren Wettbewerb seitens der Unternehmen zu verhindern, die ihren Arbeitnehmern einen Lohn zahlen, der unterhalb des Mindestlohns liegt (EuGH Urt. v. 12.10.2004 – C-60/03, NZA 2004, 1211, 1213). Zwischen den Zielen des Arbeitnehmerschutzes und des Schutzes eines fairen Wettbewerbs bestünde kein Widerspruch; sie könnten vielmehr nebeneinander verfolgt werden. Dies zeige auch ErwGr 5 der Entsende-RL, wonach Voraussetzung für die Förderung des länderübergreifenden Dienstleistungsverkehrs „ein fairer Wettbewerb sowie Maßnahmen, die die Wahrung der Rechte der Arbeitnehmer garantieren" seien. Der EuGH hat sein Verständnis des Zusammenspiels von Arbeitnehmerschutz- und Wettbewerbsfunktion jüngst in der Rs. Bundesdruckerei verdeutlicht (EuGH Urt. v. 18.9.2014 – C-549/13, NZA 2014, 1129). Danach kann eine nationale Maßnahme, die zur Gewährleistung eines angemessenen Lohns dient, durch das Ziel des Arbeitnehmerschutzes gerechtfertigt sein, „um sowohl ‚Sozialdumping' als auch eine Benachteiligung konkurrierender Unternehmen zu vermeiden, die ihren Arbeitnehmern ein angemessenes Entgelt zahlen." Der EuGH erkennt die Wettbewerbsfunktion von Mindestarbeitsbedingungen an, ordnet sie aber im Rahmen seiner Rechtfertigungsprüfung zugleich dem Ziel des Arbeitnehmerschutzes als zwingenden Grund des Allgemeininteresses zu.

77 Die sekundäre **Wettbewerbsfunktion** von Mindestarbeitsbedingungen besteht nach dem Verständnis des EuGH somit **nicht isoliert,** sondern ist ihrerseits auf den Schutz der Arbeitnehmer gerichtet. Das klingt vertraut. Für die Allgemeinverbindlicherklärung nach § 5 TVG nimmt das BAG an, dass die durch Erzwingung gleicher Lohnkosten eintretenden Wettbewerbsbeschränkungen nur mittelbare Folge des angestrebten Arbeitnehmerschutzes ist (BAG v. 12.10.1988 – 4 AZR 244/88, ZTR 1989, 108, 109). Im Hinblick auf die Wettbewerbsrelevanz dürfen damit die Unterschiede zwischen Mindestlohn und allgemeinverbindlichen Tarifentgelten nicht überstrapaziert werden. Erkennbar wird hinsichtlich der Wettbewerbsfunktion weniger ein Paradigmenwechsel als eine Nuancierung. Auch beim Mindestlohn handelt es sich im Kern um eine arbeitsrechtliche Schutzvorschrift. Wettbewerbliche Gesichtspunkte können zu seiner Rechtfertigung nur einfließen, soweit ein Bezug zum primär angestrebten Schutz der Arbeitnehmer vor unangemessenen Löhnen hergestellt werden kann.

III. Schutz der staatlichen Sozialsysteme

78 Der Mindestlohn soll einen Beitrag zum Schutz der sozialen Sicherungssysteme leisten (BT-Drs. 18/1558 S. 2, 28).

79 Der Staat ist berechtigt die **steuerfinanzierten Aufwendungen der Grundsicherung gegen zweckwidrige Mitnahmeeffekte zu schützen** (C. Picker RdA 2014, 25, 29; Rieble in: Mindestlohn als politische und rechtliche Herausforderung S. 17, 21; Waltermann NZA-Beil. 2009, 110, 117 f.). Nicht existenzsichernde Arbeitsentgelte werden durch die staatlichen Leistungen der Grundsicherung für Arbeitssuchende „aufgestockt". Dies kann zu Mitnahmeeffekten dergestalt führen, dass von den Arbeitgebern aufstockende Sozialleistungen als Lohnsubventionierung zweckentfremdet werden. Ebenso kann nicht ausgeschlossen werden, dass sich Arbeitnehmer mit Blick auf staatliche Transferleistungen mit einem geringen Lohn „zufriedengeben". Auch wenn Mitnahmeeffekte zu beobachten sind, könnten sie allein einen gesetzlichen Mindestlohn wohl nicht legitimieren (Lobinger GS Brugger S. 355, 366 f.; C. Picker RdA 2014, 25, 29). Die Begründung des RegE setzt daher auch weniger bei der Zweckentfremdung der Grundsicherung durch die Arbeitsvertragsparteien, sondern mehr bei den **negativen Folgen eines ungebremsten Lohnunterbietungswettbewerbs** für die sozialen Sicherungssysteme an: „Das Fehlen eines Mindestlohns kann ein Anreiz sein, einen Lohnunterbietungswettbewerb zwischen den Unternehmen auch zu Lasten der sozialen Sicherungssysteme zu führen, weil nicht existenzsichernde Arbeitsentgelte durch staatliche Leistungen der Grundsicherung für Arbeitssuchende ‚aufgestockt' werden können. Neben den Kosten für die Grundsicherung entstehen dadurch Einnahmeausfälle für die Sozialversicherung und negative Folgen bei der Alterssicherung der Arbeitnehmerinnen und Arbeitnehmer" (BT-Drs. 18/1558 S. 28). Dem durch Vertrags- und Tarifversagen verursachten Lohnunterbietungswettbewerb wirkt der Staat also auch deshalb durch Einführung des Mindestlohns entgegen, um die finanzielle Stabilität der sozialen Sicherungssysteme zu schützen.

IV. Stützung der Tarifautonomie

Ziel des Tarifautonomiestärkungsgesetzes ist es – wie schon sein Titel vermuten lässt – die **Tarifautonomie zu stärken und angemessene Arbeitsbedingungen sicherzustellen** (BT-Drs. 18/1558 S. 26). In der Gesetzesbegründung wird nicht konkret dem Mindestlohn eine die Tarifautonomie stärkende Funktion zugeschrieben, sondern dies va auf die Erweiterung der Möglichkeiten zur Allgemeinverbindlicherklärung von Tarifverträgen nach § 5 TVG bezogen. Der Mindestlohn soll unangemessen niedrige Löhne verhindern, weil insbesondere im Bereich einfacher Tätigkeiten die Tarifvertragsparteien hierzu oftmals nicht mehr in der Lage sind (BT-Drs. 18/1558 S. 26). Dennoch darf davon ausgegangen werden, dass der Gesetzgeber von einer eher stabilisierenden Wirkung des Mindestlohns auf Tarifverträge ausgeht. Anderenfalls wäre von ihm das Artikelgesetz, dessen zentraler Bestandteil das MiLoG ist, nicht als Tarifautonomiestärkungsgesetz bezeichnet worden. 80

Dies entspricht der derzeitigen Sichtweise der **Gewerkschaften**: Ihrer Auffassung nach **stärkt der Mindestlohn die Tarifautonomie, weil** er ein **stabiles Fundament schafft**, auf dem sich das Tarifsystem entfalten kann (vgl. etwa PM des DGB-Vorsitzenden Hoffmann v. 3.7.2014, abrufbar unter www.dgb.de). Diese Ansicht findet auch in Teilen des Schrifttums Zustimmung (Preis/Ulber, Verfassungsmäßigkeit des Mindestlohns, S. 33). Der Mindestlohn begrenze den Lohnkostenvorteil, den ein Arbeitgeber erzielt, wenn er sich der Tarifbindung entzieht. Zugleich könnten nicht tarifgebundene Außenseiter bestehende Tarifvertragssysteme weniger unter Druck setzen. 81

Anders wird dies **von der Arbeitgeberseite eingeschätzt**: Der Mindestlohn könne mitnichten zur Stärkung der Tarifautonomie beitragen (vgl. etwa Wolf BB 21/2014 S. I; Jöris ZRP 2014, 124). Auch im **Schrifttum** wird der Mindestlohn **überwiegend nicht als ein Instrument zur Stabilisierung der Tarifautonomie** angesehen (so Lembke NZA 2014, 471, 472 f.; Lobinger JZ 2014, 810, 812 f.; Reichold NJW 2014, 2534, 2534 f.; Seiwerth NZA 2014, 708, 709; Waltermann NZA 2014, 874, 876 f.). Im Gegenteil: Staatliche Interventionen im Bereich der Entgeltregulierung hätten eher destabilisierende Wirkung auf die Tarifautonomie. Arbeitnehmer sähen – insbesondere im Niedriglohnbereich – keine Notwendigkeit mehr für eine Mitgliedschaft in Gewerkschaften, da sie bereits durch den Mindestlohn geschützt würden (Lobinger JZ 2014, 810, 811; Rieble/Klebeck ZIP 2006, 829, 831; Seiwerth NZA 2014, 708, 709; Thüsing ZfA 2008, 590, 610 f.; vorsichtiger Bepler, Stärkung der Tarifautonomie, S. 105; ders. FS Richardi, S. 189, 199). Arbeitgeber könnten von einer Mitgliedschaft im Arbeitgeberverband absehen und die Arbeitnehmer auf den Mindestlohn als hinreichende Teilhabe am Erwirtschafteten verweisen. Befürchtet wird in der Zusammenschau mit der Ausweitung des AEntG auf alle Branchen und der Erleichterung der Allgemeinverbindlicherklärung ein Systemwechsel zu einer überwiegend staatlich gestützten Tarifpolitik (Lobinger JZ 2014, 810, 811; Reichold NJW 2014, 2534, 2534 f.). 82

C. Vereinbarkeit des Mindestlohns mit dem Grundgesetz

83   Die Einführung eines tariffesten Mindestlohns ist mit dem Grundgesetz vereinbar.

I. Tariffester gesetzlicher Mindestlohn

1. Tarifautonomie, Art. 9 Abs. 3 GG

84   Die Einführung eines tariffesten allgemeinen Mindestlohns verletzt nicht die von Art. 9 Abs. 3 GG geschützte Tarifautonomie (ebs. Barczak RdA 2014, 290, 296; Bayreuther NJW 2007, 2022, 2025; Peter, Gesetzlicher Mindestlohn, S. 259 f.; Preis/Ulber, Verfassungsmäßigkeit des Mindestlohns, S. 89; Schubert/Jerchel/Düwell MiLoG Rn. 57 ff.; Vielmeier, Tarifzensur, S. 194 ff.; aA Bietmann, Mindestlohn, S. 257 f.; Fischer ZRP 2007, 20; Sittard, Tarifnormerstreckung, S. 470 f.; ders. NZA 2010, 1160, 1162; Zeisig/Weigert NZA 2015, 15).

85   a) **Eingriff in den Schutzbereich der Tarifautonomie.** Art. 9 Abs. 3 GG schützt die **Tarifautonomie**, wobei sich der Staat in diesem Betätigungsfeld grundsätzlich einer Einflussnahme enthält und die erforderlichen Regelungen der Arbeits- und Wirtschaftsbedingungen zum großen Teil den Koalitionen überlässt, die sie autonom durch Vereinbarungen treffen (BVerfG Beschl. v. 29.12.2004 – 1 BvR 2582/03, NZA 2005, 153, 153 f.; BVerfG Beschl. v. 11.7.2006 – 1 BvL 4/00, NJW 2007, 51, 53). Zu den der Regelungsbefugnis der Koalitionen überlassenen Materien gehören insbesondere das Arbeitsentgelt und die anderen materiellen Arbeitsbedingungen.

86   Wenngleich bislang nicht ausdrücklich entschieden, dürften nach der Dogmatik des BVerfG **tariffeste Arbeitnehmerschutzvorschriften** einen **Eingriff in die Tarifautonomie** darstellen (offengelassen für tarifoffenes Arbeitnehmerschutzrecht von BVerfG Beschl. v. 29.12.2004 – 1 BvR 2582/03, NZA 2005, 153, 154; Analyse der Rechtsprechung des BVerfG bei D. Ulber, Tarifdispositives Gesetzesrecht, S. 73 ff.). Von der Eingriffsqualität eines tariffesten Mindestlohns geht auch das Schrifttum überwiegend aus (Fischer ZRP 2007, 20, 20 f.; Klebeck NZA 2008, 446; Moll, RdA 2010, 321, 325; Sittard, Tarifnormerstreckung, S. 444 f.; ders. NZA 2009, 346, 350 f.; ders. NZA 2010, 1160, 1160 f.; Sodan/Zimmermann ZfA 2008, 526, 539 ff.; dies. NJW 2009, 2001, 2003; Thüsing ZfA 2008, 590, 601; Willemsen/Sagan NZA 2008, 1216, 1221; aA Engels JZ 2008, 490, 493; D. Ulber, Tarifdispositives Gesetzesrecht, S. 286 ff.).

87   b) **Kollidierende Verfassungsgüter.** Die Koalitionsfreiheit ist zwar vorbehaltlos gewährleistet. Ein **Eingriff in die Tarifautonomie** kann aber unter Zugrundlegung der Rechtsprechung des BVerfG **gerechtfertigt** werden, wenn das tariffeste Arbeitnehmerschutzrecht den **Schutz der Grundrechte Dritter** oder anderer **mit Verfassungsrang ausgestatteter Belange** bezweckt **und verhältnismäßig** ist (BVerfG Beschl. v. 24.4.1996 – 1 BvR 712/86, NZA 1996, 1157, 1158). Den **Koalitionen** ist zwar ein **Normsetzungsrecht**, aber kein **Normsetzungsmonopol** übertragen. Der Gesetzgeber bleibt – wie Art. 74 Abs. 1 Nr. 12 GG zeigt – befugt, das Arbeitsrecht zu regeln.

88   aa) **Schutz der Arbeitsvertragsfreiheit der Arbeitnehmer.** Die Einführung des Mindestlohns bezweckt in erster Linie den **Schutz der Arbeitnehmer** vor „jedenfalls unangemessenen" Arbeitsentgelten.

89   Der Mindestlohn dient damit dem Schutz der Arbeitsvertragsfreiheit des Arbeitnehmers und somit dem Schutz der Grundrechte Dritter. Unter Berücksichtigung des Sozialstaatsprinzips des Art. 20 Abs. 1 GG ist die von der Verfassung gewährleistete Vertragsfreiheit nicht als bloß formale Abschlussfreiheit zu begreifen; vielmehr liegt der Rechtsprechung des BVerfG ein materielles Freiheitsverständnis zugrunde. Danach folgt aus der grund-

rechtlichen Gewährleistung der Privatautonomie (Art. 2 Abs. 1 GG) und dem Sozialstaatsprinzip (Art. 20 Abs. 1 GG), dass der Gesetzgeber auf typische Fälle der strukturellen Unterlegenheit eines Vertragsteils reagieren muss. Reagiert der Gesetzgeber nicht auf ein Problem gestörter Vertragsparität, so liege darin „ein Verstoß gegen die grundrechtliche Gewährleistung der Privatautonomie" (BVerfG Beschl. v. 19.10.1993 – 1 BvR 567/89 ua, NJW 1994, 36, 39).

Der Gesetzgeber verortet seine zugunsten der Arbeitnehmer bestehende staatliche Schutzpflicht in Art. 2 Abs. 1 GG iVm Art. 20 Abs. 1 GG (BT-Drs. 18/1558 S. 28). Auch das BVerfG hat die Arbeitsvertragsfreiheit in der Vergangenheit bereits auf Art. 2 Abs. 1 GG gestützt (BVerfG Beschl. v. 19.5.1992 – 1 BvR 126/85, NJW 1992, 2409, 2410). Überwiegend hat es jedoch die Berufsfreiheit des Art. 12 Abs. 1 GG als lex specialis herangezogen (BVerfG Beschl. v. 7.2.1990 – 1 BvR 26/84, NZA 1990, 389; BVerfG Beschl. v. 27.1.1998 – 1 BvL 15/87, NZA 1998, 470, 471). 90

Unabhängig von der konkreten Verortung der Arbeitsvertragsfreiheit im Grundrechtskatalog kann festgehalten werden, dass der Gesetzgeber arbeitnehmerschützende Normen zum Ausgleich des zwischen Arbeitnehmer und Arbeitgeber bestehenden strukturellen Verhandlungsungleichgewichts erlassen und sich dabei auf den Schutz einer auch materiell verstandenen Arbeitsvertragsfreiheit des Arbeitnehmers berufen darf. Durch zwingendes Arbeitnehmerschutzrecht schafft der Gesetzgeber nach dem BVerfG erst den Rahmen, in dem die mehrheitlich abhängig Beschäftigten ihre aus Art. 12 Abs. 1 GG folgenden Grundrechte unter angemessenen Bedingungen verwirklichen können (BVerfG Beschl. v. 29.12.2004 – 1 BvR 2582/03, NZA 2005, 153, 154). 91

bb) Bekämpfung von Massenarbeitslosigkeit. Die Bekämpfung von Massenarbeitslosigkeit, die nach dem BVerfG ein Ziel von Verfassungsrang ist (BVerfG Beschl. v. 27.4.1999 – 1 BvR 2203/93 ua, NJW 1999, 3033, 3034; BVerfG Beschl. v. 3.4.2001 – 1 BvL 32/97, NZA 2001, 777, 779; BVerfG Beschl. v. 29.12.2004 – 1 BvR 2582/03, NZA 2005, 153, 154), stellt **kein vom Gesetzgeber mit dem Mindestlohn verfolgtes Ziel** dar. Der Gesetzgeber geht davon aus, dass mit der Einführung keine signifikanten Beschäftigungseffekte verbunden sind (BT-Drs. 18/1558 S. 28). Soweit teilweise angeführt wird, dass der Mindestlohn geeignet ist, den Lohnkostenwettbewerb aus dem Ausland zu begrenzen und Arbeitslosigkeit zu bekämpfen (so Preis/Ulber, Verfassungsmäßigkeit des Mindestlohns, S. 76, 82), ist der Schutz deutscher Arbeitsplätze vor ausländischer Konkurrenz jedenfalls unionsrechtlich kritisch zu beurteilen. Die Beschränkung der Dienstleistungsfreiheit kann nach dem EuGH nicht durch Ziele wirtschaftlicher Art wie den Schutz der inländischen Unternehmen gerechtfertigt werden (vgl. EuGH Urt. v. 24.1.2002 – C-164/99, NZA 2002, 207, 208; EuGH Urt. v. 25.10.2001 – C-49/98, NZA 2001, 1377, 1379). 92

cc) Sicherung der Stabilität der sozialen Sicherungssysteme. Mit der Einführung des Mindestlohns bezweckt der Gesetzgeber auch den Schutz der sozialen Sicherungssysteme (BT-Drs. 18/1558 S. 28; vgl. Rn. 78 f.). 93

Nicht abschließend geklärt ist, inwieweit die **finanzielle Stabilität der sozialen Sicherungssysteme** vom BVerfG als Belang mit Verfassungsrang betrachtet wird. Das BVerfG hat mehrfach festgestellt, dass die finanzielle Stabilität des Systems der sozialen Sicherung ein Gemeinwohlbelang von hoher Bedeutung ist (etwa BVerfG Beschl. v. 14.5.1985 – 1 BvR 449/82 ua, NJW 1986, 772; BVerfG Beschl. v. 12.6.1990 – 1 BvR 355/86, NJW 1990, 2306, 2308). In dem Ziel, einen hohen Beschäftigungsstand zu fördern und damit zur finanziellen Stabilität der Sozialversicherung beizutragen, hat das BVerfG einen verfassungsrechtlich legitimierten Gemeinwohlbelang gesehen, sich dabei aber auch darauf gestützt, dass die Bekämpfung der Massenarbeitslosigkeit ein Ziel von Verfassungsrang ist (BVerfG Beschl. v. 3.4.2001 – 1 BvL 32/97, NZA 2001, 777, 779; BVerfG Beschl. v. 11.7.2006 – 1 BvL 4/00, NJW 2007, 51, 55). Im Schrifttum ist die Ansicht verbreitet, dass das BVerfG die finanzielle Stabilität der sozialen Sicherungssysteme als eigenständi- 94 gen Belang von Verfassungsrang einordnet (C. Picker RdA 2014, 25, 29; Preis/Ulber, Verfassungsmäßigkeit des Mindestlohns, S. 67 ff.).

95 Für die verfassungsrechtliche Rechtfertigung des MiLoG kann dies dahinstehen. Die Sicherung der finanziellen Stabilität der sozialen Sicherungssysteme ist im Rahmen des Regelungskonzepts des Gesetzgebers mit dem unzweifelhaft verfassungsrechtlich verankerten Ziel des Arbeitnehmerschutzes verschränkt. Es verleiht ihm insofern jedenfalls im Rahmen der Verhältnismäßigkeitsprüfung zusätzliches Gewicht.

96 **dd) Sicherung der Funktionsfähigkeit der Tarifautonomie.** Ein Belang von Verfassungsrang stellt auch die **Sicherung der Funktionsfähigkeit der Tarifautonomie** dar (BVerfG Beschl. v. 1.12.2010 – 1 BvR 2593/09, NZA 2011, 60, 61). Im Zusammenhang mit der Einführung eines allgemeinen gesetzlichen Mindestlohns wurde im Schrifttum vereinzelt vertreten, dass das MiLoG (auch) die Funktionsfähigkeit der Tarifautonomie sichert, indem der Mindestlohn den Lohnkostenwettbewerb zwischen tarif- und nicht tarifgebundenen Arbeitgebern begrenzt (vgl. Preis/Ulber, Verfassungsmäßigkeit des Mindestlohns, S. 60; **aA** allerdings Lembke NZA 2014, 471, 472 f.; Lobinger JZ 2014, 810, 812 f.; Reichold NJW 2014, 2534, 2534 f.; Seiwerth NZA 2014, 708, 709; Waltermann NZA 2014, 874, 876 f.).

97 Mit der Frage der Wirkung des MiLoG auf die Funktionsfähigkeit der Tarifautonomie ist letztlich der Gesichtspunkt angesprochen, welcher rechtliche Rahmen erforderlich ist, um den Tarifvertragsparteien zu ermöglichen, im Verhandlungswege ausgewogene, den beiderseitigen Interessen möglichst angemessene Arbeits- und Wirtschaftsbedingungen festzulegen (vgl. BAG Urt. v. 4.6.2008 – 4 AZR 419/07, NZA 2008, 1366, 1369). Hiervon unabhängig kann das MiLoG aber nicht als ein Instrument zur Sicherung der Funktionsfähigkeit der Tarifautonomie, also als Rahmenregelung zur Ermöglichung tarifvertraglicher Regelung der Arbeits- und Wirtschaftsbedingungen, begriffen werden. Eine Tarifautonomie, deren Funktionsfähigkeit erst durch staatliche Mindestlöhne herbeigeführt bzw. gesichert wird, könnte kaum noch als grundsätzlich staatsfreie, autonome Regelung der Arbeits- und Wirtschaftsbedingungen begriffen werden.

98 Soweit dem MiLoG tatsächliche eine die Tarifautonomie stabilisierende Wirkung beizumessen ist, kann dieser Aspekt bei der Prüfung der Verhältnismäßigkeit des Eingriffs in Art. 9 Abs. 3 GG Berücksichtigung finden.

99 **c) Verhältnismäßigkeit.** Der Eingriff in die Tarifautonomie ist zur Erreichung der mit dem Mindestlohn verfolgten Zwecke verhältnismäßig.

100 **aa) Geeignetheit.** Der Mindestlohn ist **geeignet**, die vom Gesetzgeber verfolgten Zwecke zu fördern. Der Mindestlohn verbessert den Schutz der Arbeitnehmer im Niedriglohnsektor, indem durch ihn eine unterste Entgeltgrenze für im Grundsatz sämtliche Arbeitsverhältnisse eingezogen wird. Indem das MiLoG eine unterste Entgeltgrenze einzieht, begrenzt der gesetzliche Mindestlohn einen Lohnunterbietungswettbewerb zulasten der sozialen Sicherungssysteme. Er unterbindet zudem gemeinschaftsschädliche „Mitnahmeeffekte".

101 Die Geeignetheit des Mindestlohns zum Schutz der Arbeitnehmer stünde nur dann infrage, wenn die Einführung des Mindestlohns zum **Wegfall der Beschäftigung** führen würde, die bislang niedriger entlohnt worden ist. In diesem Fall würden zugleich die sozialen Sicherungssysteme nicht stabilisiert, sondern durch die steigende Arbeitslosigkeit belastet. Dabei wäre der Mindestlohn aus verfassungsrechtlicher Sicht nicht bereits dann als ungeeignet anzusehen, wenn mit ihm negative Beschäftigungswirkungen verbunden werden. Vielmehr müsste bislang unter dem Mindestlohn liegende Beschäftigung in weiten Teilen wegfallen.

102 **(1) Beschäftigungseffekte aus Sicht der Ökonomie.** Unter Ökonomen sind **die Beschäftigungseffekte eines allgemeinen Mindestlohns umstritten**. Die Bandbreite reicht von der

Annahme negativer Beschäftigungswirkung bis hin zur Annahme positiver Beschäftigungswirkungen.

Die ökonomische Theorie gibt zu den Beschäftigungswirkungen von Mindestlöhnen kein klares Bild (vgl. die Übersicht bei Thüsing/v. Hoff FA 2008, 322). Das **neoklassische Wettbewerbsmodell** geht von homogener Arbeit und vollkommenen Wettbewerb auf dem Arbeitsmarkt aus, so dass sich die Vergütung allein nach Angebot und Nachfrage bestimmt. Nach neoklassischen Vorstellungen muss ein Mindestlohn oberhalb des markträumenden Gleichgewichtslohns die Nachfrage nach Arbeit mindern und somit zu Beschäftigungsabbau führen. Liegt der Mindestlohn unterhalb des Gleichgewichtslohns, ist er hingegen nicht geeignet, die Löhne der Arbeitnehmer anzuheben. **103**

Auf der anderen Seite wird von der **Monopsontheorie** angenommen, dass die Arbeitgeber über mehr Marktmacht als die Arbeitnehmer verfügen. Arbeitgeber seien danach in der Lage, einen Lohn unterhalb des Grenzprodukts am Markt durchzusetzen. Da dies in Teilen auch dazu führt, dass Arbeitnehmer ihre Arbeit nicht anbieten, kann ein Mindestlohn sogar zu positiven Beschäftigungseffekten führen. **104**

Einigkeit besteht in der ökonomischen Theorie insoweit, dass für die Beschäftigungswirkungen **iE die Höhe des Mindestlohns entscheidend** ist. Die Frage der Beschäftigungswirkungen muss deshalb vorrangig Sache empirischer Untersuchung konkreter Mindestlöhne sein. Empirische Studien geben ein uneinheitliches Bild (Brenke/Müller DIW Wochenbericht 39/2013, S. 3, 11). Die Ergebnisse früherer empirischer Studien kamen iSd neoklassischen Arbeitsmarktmodells zu tendenziell negativen Beschäftigungseffekten (vgl. den Überblick bei Brown in: Ashenfelter/Card, Handbook of Labor Economics, S. 2101). Hingegen stellten jüngere Studien keine negativen Beschäftigungseffekte fest (vgl. etwa Card/Krueger, Myth and Measurement: The New Economics of the Minimum Wage; Neumark/Wascher, Minimum Wages). Rückschlüsse auf die Beschäftigungswirkungen eines allgemeinen Mindestlohns in Deutschland sind aus diesen Studien schon angesichts der unterschiedlichen Strukturen der Arbeitsmärkte nur sehr eingeschränkt möglich. **105**

Für die nach dem AEntG erlassenen **branchenspezifischen Mindestlöhne** hat die **Evaluation** tendenziell positiven Auswirkungen auf die Lohnentwicklung der Arbeitnehmer und keine signifikanten negativen Beschäftigungswirkungen zutage befördert (abrufbar unter www.bmas.de). Auf die zu den Beschäftigungseffekten von Branchenmindestlöhnen gemachten Erfahrungen weist auch der Gesetzgeber hin (BT-Drs. 18/1558 S. 28). Diese Ergebnisse können sicherlich nur mit Vorsicht auf den allgemeinen Mindestlohn übertragen werden. Dennoch geben sie Anlass zu Zweifeln an dem von den Neoklassikern aufgestellten Dogma der mit Mindestlöhnen verbundenen negativen Beschäftigungseffekte. **106**

(2) **Vertretbarkeit der gesetzgeberischen Annahmen.** Die **Annahme des Gesetzgebers**, der Mindestlohn ziehe **keine signifikanten Beschäftigungseffekte** nach sich (BT-Drs. 18/1558 S. 28), ist **aus verfassungsrechtlicher Sicht nicht zu beanstanden**. Ein Mittel ist bereits dann im verfassungsrechtlichen Sinne geeignet, wenn mit seiner Hilfe der gewünschte Erfolg gefördert werden kann, wobei die **Möglichkeit der Zweckerreichung genügt** (vgl. BVerfG Beschl. v. 29.12.2004 – 1 BvR 2582/03 ua, NZA 2005, 153, 154 mwN). Dabei kommt dem Gesetzgeber **auf dem Gebiet der Arbeitsmarkt-, Sozial- und Wirtschaftsordnung** ein **besonders weitgehender Einschätzungs- und Prognosevorrang** zu. Unter Zugrundelegung dieses Prüfungsmaßstabs begegnet die Annahme neutraler Beschäftigungseffekte aus verfassungsrechtlicher Sicht keinen Bedenken, da sie jedenfalls vertretbar ist. Erst recht wäre die Annahme vertretbar, dass mit der Einführung des Mindestlohns Beschäftigung, die bislang unterhalb des Mindestlohns entlohnt worden ist, jedenfalls nicht in weiten Teilen verloren geht. **107**

Zwar wird die vom Gesetzgeber gewählte Einstiegshöhe des Mindestlohns teilweise als zu hoch angesehen (so Brenke/Müller DIW Wochenbericht 39/2013, S. 3, 16; Sachverständigenrat, Jahresgutachten 2014/15, S. 110 f., 286 ff.). Andere weisen hingegen darauf **108** hin, dass sich die Höhe des Mindestlohns im Verhältnis zum Medianlohn im europäischen Vergleich im Mittelfeld liegt und deshalb im Hinblick auf negative Beschäftigungswirkungen unproblematisch sein dürfte (so das Minderheitsvotum von Bofinger, Sachverständigenrat, Jahresgutachten 2014/15, S. 44 f.).

109 bb) **Erforderlichkeit.** Die Einführung eines allgemeinen Mindestlohns stellt sich auch als **erforderlich** dar. Die **Beschäftigung zu niedrigen Löhnen** hat in Deutschland in den vergangenen Jahren **stark zugenommen** (BT-Drs. 18/1558 S. 27). Arbeiteten im Jahr 2001 nach Angaben des Statistischen Bundesamtes noch 17,4 Prozent der Beschäftigten unterhalb der Niedriglohnschwelle von 2/3 des Medianbruttolohns, waren es im Jahr 2010 bereits 21,7 Prozent der Beschäftigten.

110 (1) „**Kollektive Selbsthilfe**" durch Abschluss von Tarifverträgen. Der Einführung des Mindestlohns steht nicht entgegen, dass den Arbeitnehmern **mit der Koalitionsfreiheit des Art. 9 Abs. 3 GG** bereits ein hinreichendes Instrument „kollektiver Selbsthilfe" zur Verfügung steht, welches ihnen ermöglicht, auf Augenhöhe mit der Arbeitgeberseite zu verhandeln und dadurch angemessene Arbeitsbedingungen sicherzustellen (ebs. Löwisch/Rieble TVG Grundlagen Rn. 31; C. Picker RdA 2014, 25, 28; aA Lobinger GS Brugger, S. 355, 385). In der Zeit zwischen 1998 und 2012 ist die Tarifbindung in Deutschland nach Erhebung des IAB von 74 Prozent auf 58 Prozent gesunken. Dies ist nach Auffassung des Gesetzgebers im Schwerpunkt nicht auf mangelndes Eigenengagement der Arbeitnehmerschaft oder eine nicht interessengerechte gewerkschaftliche Organisations- und Tarifpolitik zurückzuführen, sondern auf strukturelle Gründe. Die Arbeitsbeziehungen hätten sich – etwa durch die Auflösung traditioneller Branchengrenzen und die zunehmende internationale Mobilität von Arbeitskräften – in der modernen Industrie- und Dienstleistungsgesellschaft zunehmend fragmentiert (BT-Drs. 18/1558 S. 1, 6, 28). Dies habe den Tarifvertragsparteien die ihnen durch Art. 9 Abs. 3 GG überantwortete Ordnung des Arbeitslebens strukturell erschwert.

111 (2) **Tarifoffener Mindestlohn als milderes Mittel.** Die Einführung eines tarifoffenen Mindestlohns, von dem durch oder aufgrund eines Tarifvertrags zuungunsten des Arbeitnehmers abgewichen werden kann, stellt kein gleich geeignetes Mittel dar, um die Ziele des Gesetzgebers zu verwirklichen.

112 (a) **Strukturelles Funktionsdefizit der Tarifautonomie.** Die Tariffestigkeit des Mindestlohns hält der Gesetzgeber für erforderlich, weil angesichts der Fragmentierung der Arbeitsbeziehungen ein **strukturelles Funktionsdefizit der Tarifautonomie im Niedriglohnsektor** besteht. Dies führt **nicht nur** dazu, dass weite Bereiche des Arbeitslebens als „weiße Flecken" nicht mehr tarifvertraglich geregelt sind. Der Gesetzgeber geht darüber hinaus davon aus, dass die Durchsetzungsfähigkeit der kollektiven Interessenvertretungen insbesondere im Bereich der einfachen Dienstleistungen beeinträchtigt ist. Auch die **tarifvertraglichen Vereinbarungen selbst gewährleisten** in diesen Bereichen **nicht einen Schutz des Arbeitnehmers vor unangemessen niedrigen Löhnen**. Das strukturelle Funktionsdefizit der Tarifautonomie sieht der Gesetzgeber im Bereich der einfachen Dienstleistungen dadurch indiziert, dass hier regelmäßig ein niedriger Organisationsgrad der Tarifvertragsparteien besteht und die Tarifverträge nicht einmal existenzsichernde Löhne vorsehen (BT-Drs 18/1558 S. 27 f.).

113 Dabei ist der **Gesetzgeber berechtigt, in weitem Rahmen typisierende Regelungen vorzunehmen** und dabei von dem Gesamtbild auszugehen, das sich aus den vorliegenden Erfahrungen ergibt (etwa BVerfG Beschl. v. 30.5.1990 – 1 BvL 2/83, NZA 1990, 721, 722 f.). Es kommt daher nicht darauf an, dass jede einzelne tarifvertragliche Regelung, die ein Arbeitsentgelt unterhalb des Mindestlohns vorsieht, Ergebnis eines auf einem Lohnunterbietungswettbewerb beruhenden Funktionsdefizits der Tarifautonomie ist (aA offenbar Lobinger JZ 2014, 810, 814; Sittard NZA 2010, 1160, 1161). Entscheidend ist, dass Tariflöhne unterhalb des Mindestlohns typischerweise auch Ausdruck eines Funktionsdefizits der Tarifautonomie infolge mangelnder gewerkschaftlicher Organisationsmacht und Lohnunterbietungswettbewerbs sind. Der Gesetzgeber geht davon aus, dass im Niedriglohnsektor angesichts des geringen Organisationsgrads der Tarifvertragsparteien, aber auch angesichts des intensiven (internationalen) Wettbewerbs im Bereich der einfachen Dienstleistungen, typischerweise ein Funktionsdefizit der Tarifautonomie besteht. Diese Annahme ist plausibel und damit schon wegen des weiten Einschätzungs- und Prognosespielraums des Gesetzgebers auf dem Gebiet der Arbeitsmarkt-, Sozial- und Wirtschaftsordnung einer verfassungsrechtlichen Beurteilung zugrunde zu legen.

Aus diesem Grund ist der Gesetzgeber **nicht zum Schutz der Tarifautonomie gehalten**, 114 den Mindestlohn **nach Branchen und/oder Regionen differenziert** auszugestalten (hierzu noch Rn. 139 ff.).

(b) **Gefälligkeitstarifverträge.** Ein tarifoffener Mindestlohn birgt die Gefahr des Ab- 115 schlusses von Unterschreitungstarifverträgen, die von nicht durchsetzungsfähigen oder sogar dem Arbeitgeber ieS gefälligen Gewerkschaften abgeschlossen worden sind (sog Gefälligkeitstarifverträge).

Dem kann nur in einem begrenzten Maße durch die gerichtliche Kontrolle der Tarif- 116 fähigkeit einer Gewerkschaft begegnet werden (**aA** Thüsing ZfA 2008, 590, 613 f.). Dem Gesetzgeber sind die in der Arbeitnehmerüberlassung gemachten Erfahrungen ein warnendes Beispiel gewesen: Bis zur Feststellung der fehlenden Tariffähigkeit der Tarifgemeinschaft Christlicher Gewerkschaften für Zeitarbeit und Personal-Service-Agenturen (CGZP) durch das BAG (vgl. BAG Beschl. v. 14.12.2010 – 1 ABR 19/10, NZA 2011, 289) verstrichen – auch wegen der Komplexität entsprechender Verfahren – mehrere Jahre. Zwar sind die gerichtlichen Verfahren zur Überprüfung der Tariffähigkeit und Tarifzuständigkeit durch Art. 2 des Tarifautonomiestärkungsgesetzes v. 11.8.2014 (BGBl. I S. 1348) durch eine Verkürzung des Instanzenweges beschleunigt worden; Eingangsinstanz sind nunmehr nach § 97 Abs. 2 ArbGG die Landesarbeitsgerichte. Die **gerichtliche Überprüfung der Tariffähigkeit** einer Gewerkschaft kann aber weiterhin **erhebliche Zeit in Anspruch nehmen**. Die bis dahin bestehende Rechtsunsicherheit muss der Gesetzgeber insbesondere im Hinblick auf den mit dem Mindestlohn bezweckten Mindestschutz nicht hinnehmen.

Die Überprüfung der Tariffähigkeit kann zudem nicht sicherstellen, dass eine Gewerk- 117 schaft auch in dem Bereich, für den sie den Tarifvertrag abgeschlossen hat, eine hinreichende Durchsetzungsmacht besitzt. Für die Tariffähigkeit einer Gewerkschaft genügt es nach der Rspr. des BAG, dass sie in einem zumindest nicht unbedeutenden Teil sozial mächtig ist; eine **partielle, auf bestimmte Regionen, Berufskreise oder Branchen beschränkte Tariffähigkeit gibt es nicht** (BAG Beschl. v. 28.3.2006 – 1 ABR 58/04, NZA 2006, 1112, 1118).

Von Teilen des Schrifttums wird deshalb vorgeschlagen, die Nutzung einer Tariföff- 118 nungsklausel an die **Repräsentativität der Gewerkschaft für die konkrete Branche** zu binden (konkret für den Mindestlohn C. Picker RdA 2014, 25, 34; allg. Buschmann FS Richardi S. 93, 113; Dieterich GS Zachert S. 532, 542; D. Ulber RdA 2011, 353, 362). Das Repräsentativitätserfordernis stellt iE eine Variante der partiellen Tariffähigkeit dar (Riechert NZA 2013, 303, 305), die das BAG angesichts der damit einhergehenden Rechtsunsicherheit ablehnt. Der Gesetzgeber ist vor diesem Hintergrund nicht gehalten, eine an die Repräsentativität der Gewerkschaft gebundene Tariföffnungsklausel vorzusehen.

(c) **Geltung für entsandte Arbeitnehmer.** Bereits den Gesetzgeber des im Jahr 2009 119 reformierten AEntG hat nicht zuletzt der durch das Unionsrecht gesetzte Rahmen dazu bewogen, die branchenspezifischen Mindestlöhne nach dem AEntG tariffest auszugestalten (BT-Drs. 16/10486 S. 10, 13).

Es wäre **nicht mit dem Unionsrecht vereinbar**, einem **tarifoffenen Mindestlohn** – wie es 120 von § 20 angeordnet wird – auch **entsandte Arbeitnehmer** zu unterwerfen (ausf.

Rn. 153 ff.). Der tarifoffene Mindestlohn gilt nicht für sämtliche Arbeitsverhältnisse und ist damit nicht mehr Ausdruck eines zwingenden Grundes des Allgemeininteresses, so dass die Beschränkung der Dienstleistungsfreiheit nicht gerechtfertigt werden könnte. Er dürfte daher entsandte Arbeitnehmer nicht erfassen. Ein nicht entsendefester Mindestlohn wäre aber nicht mehr geeignet, einem Lohnunterbietungswettbewerb durch aus dem Ausland entsandte Arbeitnehmer zu begrenzen. Die mit dem Mindestlohn verfolgten Ziele würden mithin nicht mehr gleichermaßen erreicht werden können.

121 Selbst wenn man dieser Ansicht nicht folgen wollte, so müsste zumindest eine **Diskriminierung ausländischer Arbeitgeber** vermieden werden: Aus der Entscheidung des EuGH in der Rs. **Laval** (EuGH Urt. v. 18.12.2007 – C-341/05, NZA 2008, 159) dürfte sich ergeben, dass zumindest **gleichwertige ausländische Kollektivvereinbarungen** zugelassen werden müssten (ausf. Rn. 156 ff.). Dabei könnte zum Gegenstand der Gleichwertigkeitsprüfung wohl nicht die Vergleichbarkeit des inhaltlichen Schutzniveaus, sondern nur die institutionelle Vergleichbarkeit der Kollektivvereinbarungen gemacht werden (ebs. Zwanziger RdA Beilage 5/2009 S. 10, 21; iE wohl auch Bayreuther NJW 2009, 2006, 2010). Für die Beeinträchtigung der sozialpolitischen Zielsetzung des Mindestlohns ist es aber völlig unerheblich, ob die einen Niedrigstlohn regelnde ausländische Kollektivvereinbarung dem deutschen Tarifvertrag institutionell vergleichbar ist. Ein rumänischer Niedrigstlohn bleibt auch dann ein Niedrigstlohn, wenn er in einer normativ wirkenden Kollektivvereinbarung von einer sozial mächtigen Gewerkschaft vereinbart worden ist. Da hilft es auch nicht, dass im Gegenzug ein britischer Tarifvertrag mit deutlich höherem Lohnniveau nicht anerkannt werden müsste, weil er keine normative Bindung entfaltet. Selbst wenn man eine eingeschränkte inhaltliche Überprüfung der ausländischen Kollektivvereinbarung – etwa an einem noch näher zu definierenden „Hungerlohnmaßstab" (so Thüsing ZfA 2009, 590, 627 ff.) – für zulässig erachtete, würde dies den Lohnunterbietungswettbewerb aus dem Ausland nur unzureichend unterbinden und damit das gesetzgeberische Schutzkonzept infrage stellen (vgl. auch Bayreuther NJW 2009, 2006, 2010).

122 (d) **Kontrolle.** Ein tarifoffener Mindestlohn würde **die Wirksamkeit der Kontrollen durch die Zollbehörden beeinträchtigen** und wäre auch deshalb nicht gleich geeignet, die Ziele des Gesetzgebers zu erreichen.

123 Die **Kontrolle durch die Zollbehörden** hat sich nach Einschätzung des Gesetzgebers bei den branchenspezifischen Mindestlöhnen nach dem AEntG bewährt und wurde deshalb auf den allgemeinen Mindestlohn übertragen. Die Bußgeldbewährung der Mindestlohnverpflichtungen und Kontrolle dieser Pflichten durch die Zollbehörden ist ein **wesentlicher Bestandteil des Regelungskonzeptes des Gesetzgebers**.

124 **Infolge einer Tariföffnungsklausel würden** im Rahmen der Kontrolle **anspruchsvolle tarifrechtliche Prüfungen erforderlich**, die von den Zollbehörden vor Ort nicht zu leisten wären. Zunächst wäre bei der Mindestlohnprüfung durch die Zollbehörden zu klären, ob das Arbeitsverhältnis unter den Geltungsbereich des Tarifvertrags fällt. Weiterhin wäre zu prüfen, ob sich der Tarifvertrag bereits in der Nachwirkung befindet. Je nach Ausgestaltung der Tariföffnungsklausel wäre von den Zollbehörden zu bewerten, ob der Tarifvertrag arbeitsvertraglich wirksam in Bezug genommen ist. Dabei wäre auch zu klären, in welchem Umfang ein nicht originär tarifgebundener Arbeitgeber das Tarifwerk arbeitsvertraglich in Bezug nehmen müsste, um sich auf die tarifliche Abweichungsmöglichkeit berufen zu können. Würde die Abweichungsmöglichkeit auf tarifgebundene Arbeitgeber beschränkt, wäre dies nicht nur im Hinblick auf die negative Koalitionsfreiheit der Außenseiter rechtfertigungsbedürftig; es müsste von den Zollbehörden auch die Mitgliedschaft des Arbeitgebers im tarifschließenden Arbeitgeberverband ermittelt werden. Würde in der Tariföffnungsklausel die Repräsentativität der Tarifvertragsparteien zur Voraussetzung einer tariflichen Abweichung erhoben, wäre auch diese von den Zollbehörden zu beurteilen. Dabei wäre völlig unklar, woher die Zollbehörden Daten-

und Zahlenmaterial zur Bedeutung der tarifschließenden Verbände bzw. ihres Tarifvertrags erhalten sollten. Hielte man es für unionsrechtlich zulässig, den tarifoffenen Mindestlohn auf entsandte Arbeitnehmer anzuwenden, müssten die Zollbehörden ggf. die Gleichwertigkeit ausländischer Kollektivvereinbarungen prüfen. Schließlich wäre zu klären, ob und inwieweit die Zollbehörden die Einhaltung der im Abweichungstarifvertrag geregelten Arbeitsbedingungen kontrollieren müssten. Die Kontrolle der Gewährung tarifvertraglich vereinbarter Arbeitsbedingungen setzt die Kenntnis und juristische Bewertung des Inhalts sämtlicher Abweichungstarifverträge voraus. Würde angesichts dieser Schwierigkeiten von einer Kontrolle der tariflichen Arbeitsbedingungen abgesehen, fände demzufolge bei tarifgebundenen Arbeitgebern bzw. solchen Arbeitgebern, die einen Abweichungstarifvertrag arbeitsvertraglich in Bezug genommen haben, keine Kontrolle des Mindestlohns statt.

Die damit einhergehenden Unsicherheiten könnten im Hinblick auf den für das Ordnungswidrigkeitenrecht geltenden Bestimmtheitsgrundsatz (dazu § 21 Rn. 4 ff.) evtl. noch hinnehmbar sein. Die vorzunehmenden Prüfungen wären **von den Mitarbeitern der Zollbehörden** aber **ersichtlich nicht zu leisten**. Würde alternativ bei Arbeitgebern, die einen Tarifvertrag anwenden, von einer Kontrolle abgesehen, würde dies erhebliche Kontroll- und Schutzlücken reißen. In beiden Fällen würde die Effektivität des Durchsetzungs- und Kontrollregimes des MiLoG erheblich beeinträchtigt. Dies ist auch unionsrechtlich relevant, da nach Art. 20 S. 2 RL 2014/67/EU die Sanktionen für Mindestlohnverstöße wirksam, verhältnismäßig und abschreckend sein müssen. 125

cc) **Angemessenheit.** Die mit der Einführung eines allgemeinen Mindestlohns verbundene Einschränkung tarifvertraglicher Regelungsmöglichkeiten ist **verhältnismäßig ieS**. Zwar betrifft sie die Tarifautonomie in ihrem klassischen Wirkungsfeld und beschränkt auch die bereits ausgeübte Tarifautonomie. Allerdings wirkt der Mindestlohn für die Tarifvertragsparteien nicht übermäßig belastend, weil der Mindestlohn sich auf die Festsetzung eines untersten Maßes an Austauschgerechtigkeit beschränkt. Dabei ist die Annahme des Gesetzgebers vertretbar, dass der Mindestlohn für die Tarifbindung tendenziell stabilisierende Wirkung entfalten wird, sie jedenfalls nicht ersetzen wird. 126

(1) **Mindestlohn betrifft „Kernbereich".** Bei staatlichen Entgeltfestsetzungen ist die Tarifautonomie in ihrem **klassischen Wirkungsfeld** betroffen (BVerfG Beschl. v. 29.12.2004 – 1 BvR 2582/03 ua, NZA 2005, 153, 154; BVerfG Beschl. v. 3.4.2001 – 1 BvL 32/97, NZA 2001, 777, 779). Zusätzliches Gewicht erhält der Eingriff dadurch, dass keine Bestandsschutzregelung für Tarifverträge vorgesehen ist, die bei Erlass des Gesetzes bzw. zu einem anderen Stichtag bestehen. Das MiLoG begrenzt damit nicht lediglich den Gestaltungsspielraum künftiger Tarifabschlüsse, sondern verdrängt auch bereits abgeschlossene Tarifverträge. Diese **Beschränkung** bereits von den Koalitionen **ausgeübter Tarifautonomie** hat besonderes Gewicht (BVerfG Beschl. v. 24.4.1996 – 1 BvR 712/86, NZA 1996, 1157, 1158), auch weil durch sie der von den Tarifvertragsparteien gefundene Kompromiss nachträglich verändert wird (vgl. Sodan/Zimmermann NJW 2009, 2001, 2003; Thüsing ZfA 2008, 590, 611 f.; Willemsen/Sagan NZA 2008, 1216, 1219). 127

(2) **Mindestlohn gewährleistet nur minimalgerechte Löhne.** Je gewichtiger der Schutz, den Art. 9 Abs. 3 GG verleiht, desto schwerwiegender müssen die Gründe sein, die einen Eingriff rechtfertigen (BVerfG Beschl. v. 24.4.1996 – 1 BvR 712/86, NZA 1996, 1157, 1158). 128

Im klassischen Wirkungsfeld der Tarifvertragsparteien muss sich der Gesetzgeber deshalb auf die Festsetzung eines untersten Maßes an Austauschgerechtigkeit beschränken. Wie hoch ein minimalgerechter Mindestlohn sein darf, ist verfassungsrechtlich nicht vorgezeichnet. Weitgehend Einigkeit besteht darüber, dass jedenfalls einem existenzsichernden Mindestlohn verdrängende Wirkung beigemessen werden darf (so Bayreuther NJW 2007, 2022, 2025; ders. NJW 2009, 2006, 2009; Moll RdA 2010, 321, 328; 129

Sodan/Zimmermann NJW 2009, 2001, 2003; dies. ZfA 2008, 526, 548 ff.; Willemsen/Sagan NZA 2008, 1216, 1220; enger Fischer ZRP 2007, 20, 22). Die Einstiegshöhe des Mindestlohns von brutto 8,50 Euro je Zeitstunde knüpft an die Pfändungsfreigrenze als auf die Situation der Arbeitnehmer zugeschnittenes pauschaliertes Existenzminimum an (BT-Drs. 18/1558 S. 28). Ein minimalgerechter Lohn kann aber auch über ein existenzsicherndes Arbeitsentgelt hinausgehen (vgl. auch Bayreuther NJW 2009, 2006, 200).

130 Unschädlich ist, dass die Mindestlohnkommission bei der Anpassung des Mindestlohns nach § 9 Abs. 2 nicht strikt an das Kriterium der Existenzsicherung gebunden ist; die Einbindung einer Kommission der Tarifpartner in die Mindestlohnanpassung wäre bei einer strikten Bindung an das Kriterium der Existenzsicherung auch sinnwidrig (s. dazu Rn. 61). Entscheidend ist, dass auch der angepasste Mindestlohn im Unterschied zum Tarifvertrag nicht darauf abzielen darf, einen umfassenden Schutz der Arbeitnehmer sicherzustellen, sondern auf einen „angemessenen *Mindest*schutz" gerichtet ist (vgl. § 9 Abs. 2). Dies haben die Mindestlohnkommission und die Bundesregierung als Verordnungsgeberin im Blick zu behalten.

131 **(3) Stabilisierende Wirkung auf Tarifverträge im Niedriglohnbereich.** Das Gewicht der Beeinträchtigung der Tarifautonomie relativiert sich zudem dadurch, dass durch den Mindestlohn zwar das klassische Wirkungsfeld der Tarifvertragsparteien betroffen ist, **vom Gesetzgeber** dem Mindestlohn aber eine **eher stabilisierende Auswirkung auf die Bindungskraft von Tarifverträgen beigemessen** werden darf. Zwar wird teilweise ein „**crowding out**" tarifvertraglicher Regulierung durch staatliche Entgeltregulierung befürchtet. Arbeitnehmer sähen – insbesondere im Niedriglohnbereich – keine Notwendigkeit mehr für eine Mitgliedschaft in Gewerkschaften, da sie bereits durch den Mindestlohn geschützt würden (Rieble/Klebeck ZIP 2006, 829, 831; Thüsing ZfA 2008, 590, 610 f.). Arbeitgeber könnten von einer Mitgliedschaft im Arbeitgeberverband absehen und die Arbeitnehmer auf den Mindestlohn als hinreichende Teilhabe am Erwirtschafteten verweisen. Auf der anderen Seite wird aber der gegenteilige Effekt eines durch den Mindestlohn ausgelösten „**crowding in**" prognostiziert (vgl. Preis/Ulber, Verfassungsmäßigkeit des Mindestlohns, S. 62, 132). Der Mindestlohn verstärkt nach diesen Vorstellungen tarifvertragliche Regulierung, indem er für sie ein gegen Außenseiterwettbewerb geschütztes Fundament bildet, auf dem die Tariflöhne aufsetzen können. Auch der Gesetzgeber geht – wie Bezeichnung und Konzeption des Tarifautonomiestärkungsgesetzes zeigen – davon aus, dass der Mindestlohn für die Tarifvertragsparteien stabilisierende Wirkung entfalten wird. Diese Annahme ist angesichts des weiten Prognosevorrangs des Gesetzgebers im Hinblick auf die Wirkweise der von ihm im Arbeits- und Wirtschaftsrecht geschaffenen Regelungen nicht zu beanstanden.

2. Berufsfreiheit, Art. 12 Abs. 1 GG

132 Der Mindestlohn ist mit der von Art. 12 Abs. 1 GG geschützten Berufsausübungsfreiheit der Arbeitgeber vereinbar.

133 **a) Eingriff.** Mit der Einführung eines gesetzlichen Mindestlohns wird in die von Art. 12 Abs. 1 GG geschützte Berufsausübungsfreiheit der Arbeitgeber eingegriffen (Sittard NZA 2010, 1160, 1161; vgl. auch Thüsing ZfA 2008, 590, 614 ff.). Art. 12 Abs. 1 GG schützt auch die **wirtschaftliche Betätigungsfreiheit** der Arbeitgeber. Zur wirtschaftlichen Betätigungsfreiheit gehört das Recht, **Verträge nach eigenem Willen zu gestalten**. In diese Freiheit greift der Mindestlohn ein, indem er für Vergütungsabreden eine unterste Grenze vorgibt und das Arbeitsentgelt insofern der privatautonomen Gestaltung entzieht.

134 **b) Praktische Konkordanz.** Der Eingriff in die Berufsausübungsfreiheit wird **durch den vom Mindestlohn angestrebten Schutz der Arbeitnehmer gerechtfertigt**, die sich beim Abschluss von Arbeitsverträgen typischerweise in einer Situation struktureller Unterle-

genheit befinden. Hinzu kommt, dass der Mindestlohn dem Schutz der sozialen Sicherungssysteme als Gemeingut von hoher Bedeutung dient.

Da beide Arbeitsvertragsparteien unter dem Schutz des Art. 12 Abs. 1 GG stehen, sind die **kollidierenden Grundrechtspositionen** in ihrer Wechselwirkung zu erfassen und so zu begrenzen, dass sie für alle Beteiligten **möglichst weitgehend wirksam werden** (BVerfG Beschl. v. 27.1.1998 – 1 BvL 15/87, NJW 1998, 1475, 1476; BVerfG Beschl. v. 29.12.2004 – 1 BvR 2582/03 ua, NZA 2005, 153, 155). Dem durch Art. 12 Abs. 1 GG geschützten Interesse des Arbeitnehmers an zumutbaren Arbeitsbedingungen steht das – ebenfalls durch Art. 12 Abs. 1 GG geschützte – Interesse des Arbeitgebers gegenüber, die Arbeitsbedingungen der bei ihm beschäftigten Arbeitnehmer möglichst kostengünstig gestalten zu können. **135**

c) **Gesetzgeberischer Gestaltungsspielraum.** Beim Ausgleich der widerstreitenden Grundrechtspositionen in praktischer Konkordanz ist dem **Gesetzgeber** ein **weiter Gestaltungsfreiraum** eingeräumt (BVerfG Beschl. v. 27.1.1998 – 1 BvL 15/87, NJW 1998, 1475, 1476; BVerfG Beschl. v. 29.12.2004 – 1 BvR 2582/03 ua, NZA 2005, 153, 155). Die Einschätzung der für die Konfliktlage maßgeblichen ökonomischen und sozialen Rahmenbedingungen liegt in seiner politischen Verantwortung, ebenso die Vorausschau auf die künftige Entwicklung und die Wirkungen seiner Regelung. Dasselbe gilt für die Bewertung der Interessenlage, dh die Gewichtung der einander entgegenstehenden Belange und die Bestimmung ihrer Schutzbedürftigkeit. Eine Verletzung grundrechtlicher Schutzpflichten kann nach dem BVerfG nur angenommen werden, wenn eine Grundrechtsposition den Interessen des anderen Vertragspartners in einer Weise untergeordnet wird, dass in Anbetracht der Bedeutung und Tragweite des betroffenen Grundrechts von einem angemessenen Ausgleich nicht mehr gesprochen werden kann. **136**

d) **Gewährleistung minimalgerechter Löhne.** Bei Zugrundelegung des Prüfungsmaßstabs des BVerfG ist eine Verletzung der Berufsausübungsfreiheit des Arbeitgebers durch den Mindestlohn zu verneinen. Auf der einen Seite wird mit dem Mindestlohn **nur ein unterstes Maß an Austauschgerechtigkeit** gewährleistet. Es werden Arbeitsvergütungen unterbunden, die elementaren Gerechtigkeitsanforderungen nicht entsprechen. Der Mindestlohn ergänzt insofern als absolute Untergrenze die relative Untergrenze der zu § 138 BGB ergangenen Lohnwucherrechtsprechung des BAG. Auf der anderen Seite wird die Beeinträchtigung der Arbeitsvertragsfreiheit des Arbeitgebers dadurch relativiert, dass der Mindestlohn auch von den Wettbewerbern zu zahlen ist. Der Mindestlohn unterbindet somit einen Lohnunterbietungswettbewerb zwischen den Unternehmen. **137**

e) **Kein Gebot für Ausnahme in Unternehmenskrisen.** Ein Ausgleich im Wege praktischer Konkordanz erfordert nicht, dass Unternehmen in einer wirtschaftlichen Krise vom Mindestlohn ausgenommen werden (so der Vorschlag von Thüsing Ausschuss-Drs. 18 (11)148, S. 58 f.). Soweit einzelne Unternehmen am Markt bislang nur durch die Zahlung nicht existenzsichernder Löhne bestehen konnten, begründet dies nicht die Unangemessenheit des Mindestlohns. Nach dem BVerfG zieht es nicht die Unangemessenheit einer gesetzlichen Vergütungsregelung nach sich, wenn sie im Einzelfall tatsächlich zur Existenzgefährdung einzelner Betriebe führen sollte (BVerfG Beschl. v. 31.10.1984 – 1 BvR 35/82 ua, NJW 1985, 1385, 1388). Zudem ist die politische Grundentscheidung des Gesetzgebers nicht zu beanstanden, dass der **Wettbewerb zwischen den Unternehmen nicht zu Lasten der Arbeitnehmer durch die Vereinbarung immer niedrigerer Löhne**, sondern um die besseren Produkte und Dienstleistungen stattfinden soll (BT-Drs. 18/1558 S. 2, 28, 38). Ausnahmen für weniger ertragsstarke Unternehmen würden dieses **Regelungskonzept konterkarieren** und ertragsstärkere Unternehmen benachteiligen, die ihren Arbeitnehmern angemessene Löhne zahlen. **138**

139 **f) Kein Differenzierungsgebot.** Der Gesetzgeber ist berechtigt, einen einheitlichen Mindestlohn für sämtliche Branchen und Regionen festzulegen (ebs. Preis/Ulber, Verfassungsmäßigkeit des Mindestlohns, S. 103 ff.).

140 Im Schrifttum wird vertreten, der Gesetzgeber sei von Verfassungs wegen zur Differenzierung der Mindestlohnhöhe gehalten (so Bepler FS Richardi, S. 189, 200; Sittard NZA 2010, 1160, 1162; ähnl. C. Picker RdA 2014, 25, 35). Nicht jeder Niedriglohn sei Ausdruck eines Ungleichgewichts; in bestimmten Branchen oder Regionen könne ein Niedriglohn auf die fehlende Leistungsfähigkeit des Arbeitgebers zurückzuführen sein. In diesem Fall könne der Mindestlohn einzelne Arbeitgeber in der wirtschaftlichen Existenz bedrohen.

141 Der Verfassung kann nicht unmittelbar entnommen werden, wann Ungleichgewichtslagen so schwer wiegen, dass die Vertragsfreiheit durch zwingendes Gesetzesrecht begrenzt oder ergänzt werden muss (BVerfG Beschl. v. 7.2.1990 – 1 BvR 26/84, NZA 1990, 389, 390). Nach dem BVerfG ist der **Gesetzgeber** bei der Schaffung von gesetzlichen Mindestvergütungsregelungen **berechtigt, eine generalisierende Betrachtung** hinsichtlich einer bestehenden Ungleichgewichtslage **vorzunehmen** (BVerfG Beschl. v. 23.10.2013 – 1 BvR 1842/11, NJW 2014, 46, 49; BVerfG Beschl. v. 7.2.1990 – 1 BvR 26/84, NZA 1990, 389, 390).

142 Mit Blick auf das MiLoG ist nicht ersichtlich, dass die Belange der Arbeitgeber bestimmter Branchen dem Arbeitnehmerschutz in einer Weise untergeordnet wurden, dass in Anbetracht der Bedeutung und Tragweite des betroffenen Grundrechts von einem angemessenen Ausgleich nicht mehr gesprochen werden kann. Da der Gesetzgeber von keinen signifikanten Beschäftigungseffekten ausgeht, sind die Unternehmen demzufolge auch im Bereich einfacher Dienstleistungen seiner vertretbaren Auffassung nach idR in der Lage, den Mindestlohn am Markt zu erwirtschaften. Dabei ist es legitim, dass der Gesetzgeber **unrentable Geschäftsmodelle nicht durch die Subvention mit staatlichen Sozialleistungen fördern bzw. erhalten** möchte. Dass solche Branchen vom Mindestlohn härter getroffen werden als andere Branchen, ist daher nicht unangemessen (Preis/Ulber, Verfassungsmäßigkeit des Mindestlohns, S. 104). Den Belangen der Arbeitgeber weniger ertragsstarker Branchen und Regionen hat der Gesetzgeber durch die **Übergangsregelung des § 24** Rechnung getragen. Die Übergangsregelung erlaubt es den sachnahen Tarifvertragsparteien, die **Entgeltbedingungen in einer Branche gestuft an den allgemeinen Mindestlohn heranzuführen**, wenn der Mindestlohn von den Unternehmen der Branche nicht erwirtschaftet werden kann.

II. Ausnahmen und Absenkungen

143 Den Maßstab für die verfassungsrechtliche Zulässigkeit der im MiLoG enthaltenen Ausnahmen bildet Art. 3 Abs. 1 GG. Das Gebot des **Art. 3 Abs. 1 GG**, alle Menschen vor dem Gesetz gleich zu behandeln, ist verletzt, wenn eine Gruppe von Normadressaten im Vergleich zu anderen Normadressaten anders behandelt wird, obwohl zwischen beiden Gruppen keine Unterschiede von solcher Art und solchem Gewicht bestehen, dass sie die **ungleiche Behandlung rechtfertigen** könnten (BVerfG Beschl. v. 29.12.2004 – 1 BvR 2582/03 ua, NZA 2005, 153, 155).

1. Ausnahmen vom Mindestlohn nach § 22 Abs. 2 und Abs. 4

144 Die Ausnahmen vom Mindestlohn nach § 22 Abs. 2 und Abs. 4 bedürften sachlicher Rechtfertigung. Im Schrifttum wird davon ausgegangen, dass der Prüfung ein **Willkürmaßstab** zugrunde zu legen ist, da die Ausnahmen an Merkmale anknüpfen, die nicht unmittelbar personenbezogen sind (Barczak RdA 2014, 290, 298; Grzeszick ZRP 2014, 66, 67). Hinter den ausgenommenen Gruppen stünden jeweils sachbezogene Merkmale

wie die Absicherung durch anderweitige Einkommens- und Unterhaltsleistungen bzw. die Förderung sozialversicherungspflichtiger Beschäftigung.

a) Unter 18-jährige ohne Berufsausbildung. Nach § 22 Abs. 2 sind Personen **unter 18 Jahren ohne abgeschlossene Berufsausbildung** vom Mindestlohn ausgenommen. Zur sachlichen Rechtfertigung der Altersgrenze führt der Gesetzgeber an, dass anderenfalls Fehlanreize gesetzt würden, für eine zum Mindestlohn vergütete Beschäftigung auf eine Berufsausbildung zu verzichten (BT-Drs. 18/1558 S. 42 f.). Die Ausnahme soll damit **der nachhaltigen Integration in den Arbeitsmarkt** dienen. Zwar verfolgt der Gesetzgeber mit seinem bildungs- bzw. arbeitsmarktpolitischen Anliegen ein legitimes Regelungsziel, welches grundsätzlich einen sachlichen Rechtfertigungsgrund bilden kann. Verfassungsrechtlich problematisch erscheint jedoch va die überschießende Tendenz der Ausnahmeregelung, die nach ihrem Wortlaut auch die Nebentätigkeiten insbesondere von Auszubildenden und Studierenden umfasst (hierzu § 22 Rn. 97 ff.). 145

b) Langzeitarbeitslose Arbeitnehmer. Zuvor **langzeitarbeitslose Arbeitnehmer** haben nach § 22 Abs. 4 in den ersten sechs Monaten ihrer Beschäftigung keinen Anspruch auf den Mindestlohn. Als sachlichen Grund führt der Gesetzgeber an, dass für Langzeitarbeitslose der Wiedereinstieg in das Arbeitsleben oftmals mit nicht unerheblichen Schwierigkeiten verbunden sei (BT-Drs. 18/1558 S. 42). Die Regelung will damit die **Integration** von Langzeitarbeitslosen **in den Arbeitsmarkt fördern**. Dem Gesetzgeber steht mit der Bekämpfung der Arbeitslosigkeit ein sachlicher Grund von Verfassungsrang zur Seite, der die Ungleichbehandlung rechtfertigt (hierzu § 22 Rn. 132 ff.). 146

2. Zeitungszusteller

§ 24 Abs. 2 legt einen **abgesenkten Mindestlohn für Zeitungszusteller während der Übergangszeit** bis zum 31.12.2017 fest. Der Gesetzgeber will damit dem Umstand Rechnung tragen, dass die Zustellung seiner Auffassung nach notwendige Bedingung für das Funktionieren der durch Art. 5 Abs. 1 S. 2 GG geschützten freien Presse ist (BT-Drs. 18/2010 (neu) S. 25). Mangels tarifvertraglicher Strukturen sei zudem der den übrigen Branchen eröffnete Weg einer Abweichung vom Mindestlohn durch bundesweiten nach dem AEntG erstreckten Mindestlohntarifvertrag nicht gangbar. Es erscheint jedoch fraglich, inwieweit die Pressefreiheit einen sachlichen Grund für die „Quasi-Subventionierung" der Zustellung von Zeitungen auf Kosten der mit dem Zustellvorgang befassten Arbeitnehmer bilden kann (hierzu § 24 Rn. 52 ff.). 147

D. Vereinbarkeit des Mindestlohns mit Unionsrecht

I. Mindestlöhne und Unionsrecht

Die Anwendung des Mindestlohns auf aus dem Ausland entsandte Arbeitnehmer führt zu einer **Beschränkung des freien Dienstleistungsverkehrs**, da sie geeignet ist, die Tätigkeiten von im Ausland ansässigen Dienstleistenden in Deutschland zumindest weniger attraktiv zu machen. 148

Die Beschränkung des freien Dienstleitungsverkehrs ist jedoch **durch das** vom Gesetzgeber verfolgte **Ziel des Arbeitnehmerschutzes gerechtfertigt**. Beschränkungen des freien Dienstleistungsverkehrs sind gerechtfertigt, wenn sie auf zwingenden Gründen des Allgemeininteresses beruhen, soweit dieses Interesse nicht bereits durch Vorschriften geschützt wird, denen der Dienstleistende in dem Mitgliedstaat unterliegt, in dem er ansässig ist, und sofern sie geeignet sind, die Verwirklichung des mit ihnen verfolgten Ziels zu gewährleisten, ohne über das hinauszugehen, was zur Erreichung dieses Ziels erforderlich ist (EuGH Urt. v. 24.1.2002 – Rs. C-164/99, NZA 2002, 207, 208 mwN). Zu den vom 149

EuGH anerkannten zwingenden Gründen des Allgemeininteresses gehört der Schutz der Arbeitnehmer.

150 Der EuGH hat schon früh anerkannt, dass es einem Mitgliedstaat nicht verwehrt ist, Mindestlöhne auch mit Wirkung für aus dem Ausland entsandte Arbeitnehmer festzusetzen (EuGH Urt. v. 3.2.1982 – 62/81 ua, NJW 1982, 1935, 1936). Dabei ist maßgeblich, ob mit der Regelung den betroffenen Arbeitnehmern bei objektiver Betrachtung ein tatsächlicher Vorteil verschafft wird, der deutlich zu ihrem sozialen Schutz beiträgt (EuGH Urt. v. 24.1.2002 – C-164/99, NZA 2002, 207, 208). Mit dem **Mindestlohn** wird den **entsandten Arbeitnehmern** ein **tatsächlicher Vorteil** verschafft. Außer Betracht hat dabei zu bleiben, dass ausländische Unternehmen insoweit ihren Lohnkostenvorteil beim Wettbewerb um inländische Aufträge verlieren.

151 Sekundärrechtlich ergibt sich die Zulässigkeit der Bindung entsandter Arbeitnehmer an den Mindestlohn aus Art. 3 Abs. 1 Spiegelstrich 1 Buchst. c (Entsende-)RL 96/71/EG. Mit Erlass der RL 96/71/EG sind ua Mindestlohnsätze zu international zwingend wirkenden Eingriffsnormen iSv Art. 9 VO (EG) Nr. 593/2008 erklärt worden. Die Definition einer Eingriffsnorm in Art. 9 Abs. 1 VO (EG) Nr. 593/2008 geht ihrerseits auf die zu den unionsrechtlichen Grundfreiheiten ergangene Rspr. des EuGH zurück (PWW/Lingemann/Remien ROM-I-VO Art. 9 Rn. 2; vg. etwa EuGH Urt. v. 23.11.1999 – C-369/96, NZA 2000, 85 [Arblade]).

152 Soweit im Schrifttum teilweise die Ansicht vertreten wird, dass es gegen Art. 3 Abs. 1 RL 96/71/EG verstößt, einen allgemeinen Mindestlohn **ergänzend zu einem System branchenbezogener Mindestlöhne** einzuführen (so Sittard NZA 2010, 1160, 1162), trägt dieser Einwand nicht. Schon die Prämisse dieser Ansicht, ein allgemeiner Mindestlohn dürfe nicht von branchenspezifischen Mindestlöhnen flankiert werden, weil dadurch mehrere Mindestlöhne für ein und denselben Sachverhalt gälten, ist unzutreffend. Nach § 1 Abs. 3 findet der allgemeine Mindestlohn keine Anwendung, wenn das Arbeitsverhältnis unter einen Branchenmindestlohn fällt, soweit dessen Höhe den allgemeinen Mindestlohn nicht unterschreitet. Zudem macht es unionsrechtlich keinen Unterschied, ob ein allgemeiner Mindestlohn Branchendifferenzierungen vorsieht oder ob ein einheitlicher allgemeiner Mindestlohn neben ein System branchenspezifischer Mindestlöhne gestellt wird.

II. Unionsrecht und Tariffestigkeit des Mindestlohns

153 Die Tariffestigkeit des Mindestlohns dürfte bereits unionsrechtlich vorgegeben sein, wenn er – wie es § 20 vorsieht – auch auf entsandte Arbeitnehmer Anwendung finden soll. Jedenfalls hätte bei einer tarifoffenen Ausgestaltung des Mindestlohns auch (gleichwertigen) ausländischen Kollektivvereinbarungen die Möglichkeit zur Abweichung eingeräumt werden müssen.

1. Geltung für sämtliche Arbeitsverhältnisse

154 Der **EuGH** hat in den **Rs. Rüffert** und **Bundesdruckerei** Mindestentgeltregelungen auf ihre Vereinbarkeit mit dem Unionsrecht überprüft, die in den Vergabegesetzen der Länder enthalten gewesen sind (EuGH Urt. v. 3.4.2008 – C-346/06, NZA 2008, 537; EuGH Urt. v. 18.9.2014 – C-549/13, NZA 2014, 1129). Dabei hat der EuGH jeweils festgestellt, dass die von den Landesvergabegesetzen vorgeschriebenen Mindestentgelte nicht als Mindestlohnsatz iSv Art. 3 Abs. 1 Unterabs. 1 Buchst. c RL 96/71/EG angesehen werden können, soweit sie nur auf die Vergabe öffentlicher Aufträge, nicht aber für die Vergabe privater Aufträge verbindlich sind.

155 Die vom EuGH getroffenen Aussagen sind auch **für die Ausgestaltung des allgemeinen Mindestlohns von Relevanz**. Hinter ihnen steht die primärrechtliche Wertung des EuGH,

dass die durch Mindestarbeitsbedingungen erfolgende **Beschränkung der Dienstleistungsfreiheit** nur dann **durch den Arbeitnehmerschutz als zwingenden Grund des Allgemeininteresses** gerechtfertigt werden kann, wenn diese Mindestarbeitsbedingungen auf sämtliche Arbeitsverhältnisse Anwendung finden. Anderenfalls ist die Mindestarbeitsbedingung nicht zum Arbeitnehmerschutz generell erforderlich. Ein Mindestlohn, der durch Tarifvertrag unterboten werden kann, würde nicht für sämtliche Arbeitsverhältnisse gelten und wäre damit nicht generell zum Zwecke des Arbeitnehmerschutzes erforderlich. Es wäre daher nicht mit dem Unionsrecht vereinbar, einem tarifoffenen Mindestlohn – wie es von § 20 angeordnet wird – auch entsandte Arbeitnehmer zu unterwerfen (aA Moll RdA 2010, 321, 334; Thüsing ZfA 2009, 590, 619 ff.).

2. Vermeidung einer Diskriminierung ausländischer Arbeitgeber

Selbst wenn man dieser Ansicht nicht folgen wollte, so müsste zumindest eine **Diskriminierung ausländischer Arbeitgeber** vermieden werden. 156

Der **EuGH** hat in der Rs. **Portugaia** entschieden, dass es gegen die Dienstleistungsfreiheit verstößt, wenn ein inländischer Arbeitgeber den in einem für allgemeinverbindlich erklärten Tarifvertrag festgesetzten Mindestlohn durch den Abschluss eines Firmentarifvertrags unterschreiten kann, während dies einem Arbeitgeber, der in einem anderen Mitgliedstaat ansässig ist, nicht möglich ist (EuGH Urt. v. 24.1.2002 – Rs. C-164/99, NZA 2002, 207, 209). Im Nachgang der Entscheidung ist umstritten gewesen, wie diesen Vorgaben des EuGH Rechnung getragen werden kann. Teile des Schrifttums wiesen darauf hin, dass der EuGH seiner Entscheidung die – in der Sache unzutreffende – Rechtsansicht des Ausgangsgerichts zugrunde gelegt habe, nach der es ausländischen Arbeitgebern von vorneherein nicht möglich sei, am deutschen Tarifsystem zu partizipieren. Nach deutschem Entsende- und Tarifvertragsrecht bestünden für ausländische Arbeitgeber durchaus hinreichende tarifliche Abweichungsmöglichkeiten. Der ausländische Arbeitgeber könne sowohl Mitglied eines deutschen Arbeitgeberverbands werden als auch mit einer deutschen Gewerkschaft einen Firmentarifvertrag abschließen (Moll RdA 2010, 321, 333; Willemsen/Sagan, NZA 2008, 1216, 1218). Jedenfalls seit der Entscheidung des EuGH in der Rs. **Laval** (EuGH Urt. v. 18.12.2007 – C-341/05, NZA 2008, 159) dürfte jedoch geklärt sein, dass eine Diskriminierung ausländischer Arbeitgeber sich nur vermeiden lässt, wenn eine Abweichung durch **gleichwertige ausländische Kollektivvereinbarungen** zugelassen wird (Maier NZA 2009, 351, 353; Sittard, Tarifnormerstreckung, S. 379 ff.; Thüsing ZfA 2009, 590, 619 ff.; Zwanziger RdA Beilage 5/2009, S. 10, 16, 21; aA Moll RdA 2010, 321, 334). Gegenstand der Gleichwertigkeitsprüfung soll dabei die **institutionelle Vergleichbarkeit** der Kollektivvereinbarungen sein (Zwanziger RdA Beilage 5/2009, S. 10, 21; iE wohl auch Bayreuther NJW 2009, 2006, 2010). Nach aA soll zusätzlich eine eingeschränkte inhaltliche Überprüfung am „Hungerlohnmaßstab" statthaft sein (Thüsing ZfA 2009, 590, 627 ff.). 157

Es sind Zweifel daran angebracht, ob und inwieweit bei einem tarifoffenen Mindestlohn die Anerkennung ausländischer Kollektivvereinbarungen von ihrer institutionellen Vergleichbarkeit abhängig gemacht werden kann. Im Ergebnis hätte etwa ein britischer Arbeitgeber im Unterschied zum deutschen Arbeitgeber nicht die Möglichkeit, von einem tarifoffenen Mindestlohn abzuweichen, da die britischen Kollektivvereinbarungen keine dem deutschen Recht vergleichbare Bindungswirkung entfalten. Es erscheint nicht begründbar, inwiefern dadurch die Dienstleistungsfreiheit von ausländischen Arbeitgebern gewahrt wird, deren Kollektivvertragssystem mit dem deutschen Tarifvertragssystem nicht institutionell vergleichbar ist. Dies gilt erst recht, wenn man sich vor Augen hält, dass die nicht gleichwertige Kollektivvereinbarung ggf. deutlich bessere Arbeitsbedingungen vorsieht als institutionell gleichwertige Kollektivvereinbarung etwa aus den MOE-Staaten. Einer Überprüfung der ausländischen Kollektivvereinbarungen auf ihre institutionelle Gleichwertigkeit wären damit zumindest sehr engen Grenzen gesetzt (ähnl. Bay- 158 reuther NJW 2009, 2006, 2010). Hiergegen kann auch nicht die deutsche Verwaltungspraxis angeführt werden, wonach beim tarifdispositiven Gleichstellungsgrundsatz der § 3 Abs. 1 Nr. 3, § 9 Nr. 2 AÜG eine Abweichung nur durch gleichwertige ausländische Kollektivvereinbarungen zugelassen wird (so aber Thüsing ZfA 2009, 590, 623). Insofern sind nämlich die Bestimmungen der (Leiharbeits-)RL 2008/104/EG zu beachten. Nach Art. 5 Abs. 3 RL 2008/104/EG können die Mitgliedstaaten den Tarifvertragsparteien gestatten, *„nach Maßgabe der von den Mitgliedstaaten festgelegten Bedingungen* Tarifverträge aufrechtzuerhalten oder zu schließen, die *unter Achtung des Gesamtschutzes* von Leiharbeitnehmern" vom Gleichstellungsgrundsatz abweichende Regelungen vorsehen.

E. Vereinbarkeit mit Art. 4 Abs. 1 ESC

159   Der Mindestlohn genügt den Anforderungen des Art. 4 Abs. 1 Nr. 1 ESC. Nach Art. 4 Abs. 1 Nr. 1 ESC verpflichten sich die Vertragsparteien, das Recht der Arbeitnehmer auf ein Arbeitsentgelt anzuerkennen, welches ausreicht, um ihnen und ihren Familien einen angemessenen Lebensstandard zu sichern.

I. Nettodurchschnittslohngrenze

160   Das Recht auf einen angemessenen Lebensstandard ist durch den Europäischen Ausschuss für Soziale Rechte (**ESC-Ausschuss**) konkretisiert worden. Nach einer Interpretationsstellungnahme des ESC-Ausschusses ist mit der Gewährleistung eines angemessenen Lebensstandards das Recht der Arbeitnehmer auf einen existenzsichernden Lohn gemeint, wobei der Begriff der Existenzsicherung weit zu verstehen ist und sich nicht nur auf die Bedürfnisse Ernährung, Kleidung und Unterkunft bezieht, sondern auch die notwendigen Mittel für eine Teilnahme am kulturellen und sozialen Leben sowie Bildungsaktivitäten mit umfasst (vgl. Lörcher AuR 2011, 113 mwN).

161   Der Gesetzgeber ist aus Art. 4 Abs. 1 Nr. 1 ESC nicht verpflichtet, die vom ESC-Ausschuss gewählte Anknüpfung an den Nettodurchschnittslohn bei der Bestimmung der Mindestlohnhöhe zu übernehmen. Zwar dürfte die ESC als „Schwesterkonvention" der EMRK bei der Gestaltung nationaler Vorschriften zu berücksichtigen sein (so Körner NZA 2011, 425, 430; aA Rieble/Picker ZfA 2014, 153, 160, da formal unverbindlich und inhaltlich zu wenig konkret). Jedoch kann davon ausgegangen werden, dass die Heranziehung eines nationalen Maßstabs für die Existenzsicherung jedenfalls dann mit Art. 4 Abs. 1 Nr. 1 ESC vereinbar ist, wenn dieser dem Verständnis des ESC-Ausschusses von Existenzsicherung entspricht (Riechert/Stomps RdA 2012, 81, 86). Dies ist bei der Pfändungsfreigrenze nach § 850c Abs. 1 S. 1 ZPO der Fall, da die Pfändungsfreigrenze ein soziokulturelles Existenzminimum sichert, dabei die durch Arbeit entstehenden Sonderkosten berücksichtigt und einen moderaten Selbstbehalt sichert.

162   Im Übrigen kann ein in Vollzeit beschäftigter Arbeitnehmer mit einem **Mindestlohn von brutto 8,50 Euro** je Zeitstunde derzeit ein Einkommen erzielen, dass **oberhalb** der vom ESC-Ausschuss gesetzten **Grenzen von 60 bzw. 50 Prozent des Nettodurchschnittslohns** liegt.

II. Existenzsicherung der Familie

163   Art. 4 Abs. 1 Nr. 1 ESC fordert nach seinem Wortlaut ein Entgelt, welches nicht nur den Lebensunterhalt des Arbeitnehmers selbst, sondern auch der Familie sicherstellt. Hingegen nimmt sich die **Einstiegshöhe des Mindestlohns nicht die Existenzsicherung der**

II. Existenzsicherung der Familie

Familie zum Maßstab, sondern stellt darauf ab, was zur Sicherung der Existenz eines Alleinstehenden erforderlich ist (BT-Drs. 18/1558 S. 28).

Ein einheitlicher allgemeiner Mindestlohn kann nicht nach den familiären Verhältnissen des Arbeitnehmers differenzieren (ebs. Sittard NZA 2010, 1160, 1161). Theoretisch denkbar wäre daher allenfalls die Ausrichtung der Mindestlohnhöhe am zur Existenzsicherung einer Familie durchschnittlicher Größe erforderlichen Arbeitseinkommen. Jedoch würde ein die **Existenz einer durchschnittlichen Familie sicherstellender Mindestlohn durchgreifenden verfassungsrechtlichen Bedenken** begegnen. Der Mindestlohn hätte weniger die Regelung eines untersten Maßes an Austauschgerechtigkeit, sondern **die Bestimmung eines Durchschnittslohns** zum Gegenstand. Damit würden in etlichen Branchen die Regelungsmöglichkeiten der Tarifvertragsparteien ausgehöhlt. Schon deshalb war der Gesetzgeber auch bei völkerrechtsfreundlicher Auslegung des Grundgesetzes nicht aus Art. 4 Abs. 1 Nr. 1 ESC gehalten, sich bei der Bestimmung der Einstiegshöhe des Mindestlohns an dem Bedarf einer Familie zu orientieren. 164

Hinzu tritt, dass der **ESC-Ausschuss** die **Vorgaben des Art. 4 Abs. 1 Nr. 1 ESC** letztlich selbst „pragmatisch" versteht. Die vom ESC-Ausschuss aufgestellte Grenze von 60 Prozent des Nettodurchschnittslohns gilt allgemein für die Mindestvergütung der Arbeitnehmer und nimmt **keine Differenzierung nach den konkreten Lebensverhältnissen** vor. Zudem erscheint es zumindest zweifelhaft, dass der ESC-Ausschuss mit der Grenze von 60 Prozent des Nettodurchschnittslohns einen angemessenen Lebensunterhalt für eine Durchschnittsfamilie gewährleistet sieht. Die vom ESC-Ausschuss aufgestellte Grenze dürfte nämlich in der Regel deutlich hinter dem für die Existenzsicherung einer durchschnittlichen Familie erforderlichen Betrag zurückbleiben. 165

Gesetz zur Regelung eines allgemeinen Mindestlohns (Mindestlohngesetz – MiLoG)

Vom 11. August 2014
(BGBl. I S. 1348)
FNA 802-5

Abschnitt 1. Festsetzung des allgemeinen Mindestlohns

Unterabschnitt 1. Inhalt des allgemeinen Mindestlohns

§ 1 Mindestlohn

(1) Jede Arbeitnehmerin und jeder Arbeitnehmer hat Anspruch auf Zahlung eines Arbeitsentgelts mindestens in Höhe des Mindestlohns durch den Arbeitgeber.

(2) Die Höhe des Mindestlohns beträgt ab dem 1. Januar 2015 brutto 8,50 Euro je Zeitstunde. Die Höhe des Mindestlohns kann auf Vorschlag einer ständigen Kommission der Tarifpartner (Mindestlohnkommission) durch Rechtsverordnung der Bundesregierung geändert werden.

(3) Die Regelungen des Arbeitnehmer-Entsendegesetzes, des Arbeitnehmerüberlassungsgesetzes und der auf ihrer Grundlage erlassenen Rechtsverordnungen gehen den Regelungen dieses Gesetzes vor, soweit die Höhe der auf ihrer Grundlage festgesetzten Branchenmindestlöhne die Höhe des Mindestlohns nicht unterschreitet. Der Vorrang nach Satz 1 gilt entsprechend für einen auf der Grundlage von § 5 des Tarifvertragsgesetzes für allgemeinverbindlich erklärten Tarifvertrag im Sinne von § 4 Absatz 1 Nummer 1 sowie §§ 5 und 6 Absatz 2 des Arbeitnehmer-Entsendegesetzes.

Übersicht

	Rn.
A. Zivilrechtliche Anspruchsgrundlage	1
I. Mindestlohnanspruch als gesetzlicher Anspruch	2
II. Mindestlohnanspruch bei Beschäftigung im Ausland	6
B. Inhalt und Umfang des Mindestlohnanspruchs	11
I. Mindestlohnanspruch als Geldsummenanspruch	11
1. Höhe des Mindestlohns	12
a) Mindestlohn als existenzsicherndes Arbeitsentgelt	13
b) Bezugspunkt für die Ermittlung der Existenzsicherung	15
aa) Pfändungsfreigrenze	16
bb) Grundsicherung nach dem SGB II	19
cc) Steuerliches Existenzminimum	21
c) Existenzsicherung eines Alleinstehenden	22
d) Durchschnitts- und Medianlohnanknüpfung	24
2. Anpassung durch Mindestlohnkommission	26
II. Mindestlohnanspruch für die Zeitstunde	27
1. Tatsächlich geleistete Arbeitsstunde	27
a) Überstundenvergütung	28
b) Kein Mindestlohn für Zeiten der Nichtarbeit	32
aa) Mindestlohnanspruch und Entgeltfortzahlung	35
bb) Mindestlohnanspruch und Urlaub	41
cc) Mindestlohnanspruch und Annahmeverzug	47
2. Vergütungspflichtige Arbeitsstunde	53

a) Arbeitszeitbegriffe	54
b) Vergütungsrechtlicher Arbeitszeitbegriff	56
c) Beginn und Ende der Arbeitszeit, Arbeitsunterbrechungen	60
d) Formen minderer Beanspruchung	63
aa) Arbeitsbereitschaft	64
bb) Bereitschaftsdienst	66
cc) Rufbereitschaft	72
e) Dienstreisen	74
f) Wegezeit	76
g) Umkleide-, Rüstzeiten, innerbetriebliche Wegezeiten	78
C. Erfüllung des Mindestlohnanspruchs	79
I. Sachleistungen	80
1. Keine Ersetzungsbefugnis	81
2. Keine Anwendbarkeit von § 107 Abs. 2 GewO	82
3. Aufrechnung mit Zahlungsanspruch für Sachleistung	85
4. Einzelfälle	86
a) Kost und Logis in der Saisonarbeit	86
b) Sachleistungen im weiteren Sinne	87
II. Mindestlohnwirksamkeit von Entgeltzahlungen des Arbeitgebers	92
1. Allgemeine Grundlagen	94
a) Grundlinien der Rechtsprechung des EuGH und des BAG	94
aa) Äquivalenzprinzip	95
bb) Zeitversetzte Zahlungen	98
b) Kriterien für die Anrechenbarkeit	100
aa) Anwendbarkeit des Kriteriums der Funktionsäquivalenz	101
(1) Unionsrecht	102
(2) Systematik: Anspruchskonkurrenz und Funktionsäquivalenz	103
bb) Funktionsäquivalenz und zeitversetzte Zahlungen	106
cc) Funktionale Äquivalenz und Normalleistung	114
dd) Normalleistung und allgemeiner Mindestlohn	118
2. Einzelfälle	119
a) Zulagen und Zuschläge	119
b) Sonderzahlungen	128
aa) Zwecke der Sonderzahlung	129
(1) Sonderzahlungen mit Entgeltcharakter und sog. Gratifikationen	130
(2) Sonderzahlungen mit Mischcharakter	133
bb) Einzelne Sonderzahlungen	135
cc) Zahlung unwiderruflich zum Fälligkeitszeitpunkt	140
(1) Verspätete Bewirkung des Mindestlohns durch Sonderzahlung	142
(2) Widerruflichkeit von Sonderzahlungen	145
c) Aufwandsentschädigungen	148
d) Vermögenswirksame Leistung	152
e) Betriebliche Altersvorsorge	154
f) Trinkgelder	158
3. Erfüllung bei Teilzahlungen	160
III. Variable Vergütungssysteme	165
1. Abweichende Bezugspunkte des variablen Vergütungssystems	166
a) Stück- und Akkordlöhne	168
b) Provisionen	170
2. Anrechenbarkeit von leistungsbezogenen Entgeltbestandteilen	172
D. Verhältnis zu Branchenmindestlöhnen, § 1 Abs. 3	175
I. Vorrang gleichhöher Branchenmindestlöhnen	176
II. Verhältnis zu § 24 Abs. 1	178
III. Anwendungsvorrang	180
1. Sachlicher Anwendungsvorrang	180
2. Persönlicher Anwendungsvorrang	182
IV. Bestehende Branchenmindestlöhne	185

A. Zivilrechtliche Anspruchsgrundlage

1 § 1 Abs. 1 beinhaltet die zivilrechtliche Anspruchsgrundlage des Arbeitnehmers für die Zahlung eines Arbeitsentgelts mindestens in Höhe des Mindestlohns.

A. Zivilrechtliche Anspruchsgrundlage § 1

I. Mindestlohnanspruch als gesetzlicher Anspruch

Der sich aus § 1 Abs. 1 ergebende Mindestlohnanspruch stellt einen **gesetzlichen Anspruch** dar, der **neben den (tarif-)vertraglichen Entgeltansprüch tritt** (ebs. Bayreuther NZA 2014, 865, 865 f.; Sagan/Witschen jM 2014, 372, 373 f.; D. Ulber RdA 2014, 176). 2

Der gesetzliche Mindestlohnanspruch ist **nicht subsidiär zu (tarif-)vertraglichen Entgeltabreden**, die den Mindestlohn übersteigen (so aber Lakies AuR 2014, 343, 345; Spielberger/Schilling NZA 2014, 414, 416). Er gilt also auch für Arbeitsverhältnisse, für die (tarif-)vertraglich ein über dem Mindestlohn liegendes Arbeitsentgelt vereinbart ist. Dies ergibt sich bereits aus dem eindeutigen Wortlaut des § 1 Abs. 1, wonach *jeder* Arbeitnehmer einen Anspruch auf Zahlung eines Arbeitsentgelts in Höhe des Mindestlohns hat. In systematischer Hinsicht spricht gegen eine Subsidiarität des gesetzlichen Mindestlohns, dass nach der im deutschen Privatrecht herrschenden „Lehre von der freien Anspruchskonkurrenz" die in Anspruchskonkurrenz stehenden Ansprüche grundsätzlich unabhängig vom jeweils anderen Anspruch nach der jeweils maßgebenden Rechtsgrundlage zu beurteilen sind (MüKoBGB/Bachmann BGB § 241 Rn. 40). Auch § 2 Abs. 2 S. 1 zeigt, dass der gesetzliche Mindestlohnanspruch neben den vertraglichen Arbeitsentgeltanspruch tritt, wenn Letzterer über dem gesetzlichen Mindestlohn liegt (ebs. Sagan/Witschen jM 2014, 372, 374). Nach § 2 Abs. 2 S. 1 gelten die dortigen Vorgaben für die Führung von Arbeitszeitkonten nicht, wenn der Mindestlohnanspruch für sämtliche geleisteten Arbeitsstunden einschließlich der Überstunden bereits durch Zahlung des verstetigten Arbeitsentgelts bewirkt ist. Diese Regelung ergibt nur Sinn, wenn auch bei einem den Mindestlohn übersteigenden verstetigten Arbeitsentgelt der gesetzliche Mindestlohnanspruch fortbesteht. Von vornherein nicht erklären kann die Subsidiaritätsansicht das Verhältnis des gesetzlichen Mindestlohns zu variablen Vergütungssystemen, insbesondere Stück- und Akkordlöhnen (hierzu Rn. 166 ff. und § 3 Rn. 10 f.). Hat die (tarif-)vertragliche Entgeltabrede keinen zeitlichen Bezugspunkt, ist nicht ermittelbar, ob der gesetzliche Mindestlohn unterschritten wird. Schließlich sprechen teleologische Gesichtspunkte gegen eine Subsidiarität des gesetzlichen Mindestlohnanspruchs. Schon bei einer geringfügigen Überschreitung des gesetzlichen Mindestlohns liefen die Schutzvorschriften des MiLoG ins Leere. Für Arbeitgeber wäre es ein Leichtes, das gesetzliche Schutzregime zu umgehen. Bereits die Vereinbarung eines Arbeitsentgelts von 8,51 Euro pro Arbeitsstunde führte dazu, dass eine Kontrolle des Mindestlohns durch die Zollbehörden nicht mehr stattfände. Eine Nichtzahlung des Mindestlohns bliebe sanktionslos, § 21 Abs. 1 Nr. 9 käme nicht zur Anwendung. Ebenfalls käme § 3 nicht zur Anwendung, so dass Verfallsfristen ebenso zulässig wären wie der Verzicht des Arbeitnehmers auf den „Mindestlohn". Der Arbeitnehmer eines Subunternehmers hätte nicht mehr nach § 13 die Möglichkeit, den Mindestlohn beim Auftraggeber geltend zu machen. 3

Das MiLoG kann nicht als bloßes **Verbotsgesetz iSv § 134 BGB** begriffen werden (vgl. auch Lembke NZA 2015, 70, 73; so aber Däubler NJW 2014, 1924, 1927; Nebel/Kloster BB 2014, 2933). § 1 Abs. 1 formuliert eine Anspruchsgrundlage. Auch aus § 3 S. 1, der die Unwirksamkeit von den Mindestlohn unterschreitenden oder seine Geltendmachung beschränkenden oder ausschließenden Vereinbarungen anordnet, ergibt sich nichts anderes. § 3 regelt in der Sache – wie bereits die amtliche Überschrift verdeutlicht – die Unabdingbarkeit des gesetzlichen Mindestlohns (hierzu ausf. § 3 Rn. 1 ff.). 4

§ 1 Abs. 1 kann nicht lediglich als **vertraglicher, aber gesetzlich modifizierter, Anspruch** begriffen werden. § 2 Abs. 2 S. 1 geht davon aus, dass dem vertraglichen Entgeltanspruch durch den Mindestlohn ein weiterer, gesetzlicher Anspruch zur Seite gestellt wird. Widersprüchlichkeiten entstünden zudem bei der Anwendung von § 3 S. 1. Nach § 3 S. 1 wird der Mindestlohn nicht von Ausschlussfristen erfasst (s. § 3 Rn. 14 ff.). 5

Ausschlussfristen können einen Anspruch nur ganzheitlich erfassen. Nicht denkbar ist hingegen, dass der durch den Mindestlohn modifizierte vertragliche Entgeltanspruch teilweise, nämlich bis zur Höhe des gesetzlichen Mindestlohns, nicht verfallen und teilweise, nämlich für den darüber hinausgehenden Betrag, verfallen kann. Schließlich versteht auch das **Unionsrecht** den Mindestlohnanspruch als einen **gesetzlichen Anspruch** und nicht lediglich als einen modifizierten vertraglichen Anspruch, da sich die untrennbar mit dem Entgeltanspruch verbundenen Modalitäten – wie etwa Abtretung, Erfüllung und Verjährung – nicht nach dem Recht des Herkunftsstaates, sondern nach dem Recht des Aufnahmestaates richten (vgl. auch Schlussanträge des Generalanwalts Wahl v. 18.9.2014 – C-396/13).

II. Mindestlohnanspruch bei Beschäftigung im Ausland

6   Der Mindestlohnanspruch nach § 1 Abs. 1 besteht nur insoweit, als für das Arbeitsverhältnis gemäß Art. 8 VO (EG) Nr. 593/2008 deutsches Arbeitsvertragsstatut gilt. Für diese Arbeitsverhältnisse stellt der Mindestlohnanspruch nach § 1 Abs. 1 einseitig **national zwingendes Recht** dar, weil der Mindestlohn gemäß § 3 S. 1 nicht durch (tarif-)vertragliche Vereinbarung unterschritten werden darf. § 1 Abs. 1 ist hingegen keine international zwingend wirkende Eingriffsnorm iSv Art. 9 Abs. 1 VO (EG) Nr. 593/2008. Aus dem Ausland entsandte Arbeitnehmer können die Zahlung des Mindestlohns nicht unmittelbar aus § 1 Abs. 1 beanspruchen (zur Mindestlohnverpflichtung aus § 20 vgl. § 20 Rn. 1 ff.).

7   Als Eingriffsnorm wäre der Anwendungsbereich des § 1 Abs. 1 zu weit geraten. Eingriffsnormen können nur zur Anwendung gelangen, soweit ein hinreichender Inlandsbezug feststellbar ist (vgl. BAG Urt. v. 12.12.2001 – 5 AZR 255/00, NZA 2002, 734, 738; Schlachter NZA 2000, 57, 61). Der Mindestlohnanspruch des § 1 Abs. 1 ist nach seinem Wortlaut nicht auf bestimmte Sachverhalte mit Inlandsbezug beschränkt; der Anspruch nach **§ 1 Abs. 1** ist insbesondere **nicht auf die Beschäftigung im Inland begrenzt**. Im Unterschied zu anderen Normen, die ungeachtet des fehlenden Inlandsbezugs als international zwingend interpretiert werden (vgl. etwa [zu § 3 EFZG] BAG Urt. v. 18.4.2012 – 10 AZR 200/11, NZA 2012, 1152), hat der Gesetzgeber den Inlandsbezug in § 1 Abs. 1 auch nicht (stillschweigend) vorausgesetzt. Dies zeigt eine Zusammenschau der Mindestlohnverpflichtungen aus § 1 Abs. 1 und § 20. Die Funktion einer international zwingend wirkenden Eingriffsnorm wird vom Gesetzgeber § 20 zugewiesen, der auf die Beschäftigung „im Inland" begrenzt wird und explizit „Arbeitgeber mit Sitz im In- und Ausland" zur Zahlung des Mindestlohns verpflichtet. Hingegen kann der Gesetzgeber beim Mindestlohnanspruch des § 1 Abs. 1 von einer entsprechenden Begrenzung absehen, weil es sich bei ihm um lediglich national zwingendes Recht handelt.

8   Auch aus unionsrechtlicher Sicht könnte der Gesetzgeber nicht vorsehen, dass der Mindestlohn auch dann für eine Beschäftigung im Ausland gilt, wenn der Vertrag nicht dem deutschen Recht unterfällt. Eine solche Regelung würde eine Beschränkung des freien Dienstleistungsverkehrs gemäß Art. 56 AEUV darstellen, die nicht durch das Ziel des Arbeitnehmerschutzes gerechtfertigt werden könnte. Der EuGH hat in der Rs. Bundesdruckerei eine nicht gerechtfertigte Beschränkung des freien Dienstleistungsverkehrs angenommen, wenn sich ein Unternehmen nach Maßgabe eines Landesvergabegesetzes gegenüber einem öffentlichen Auftraggeber verpflichten muss, dass auch ein im Ausland ansässiger Nachunternehmer seinen Arbeitnehmern den vergabespezifischen Mindestlohn gewährt (vgl. EuGH Urt. v. 18.9.2014 – C-549/13, NZA 2014, 1129 [Bundesdruckerei]).

9   Einen Anspruch auf Zahlung des gesetzlichen Mindestlohns haben gemäß § 1 Abs. 1 **im Ausland beschäftigte Arbeitnehmer**, wenn auf ihr Arbeitsverhältnis deutsches (Arbeits-)Recht Anwendung findet (**aA** offenbar Löwisch NZA 2014, 948). Der Mindestlohn kann somit von Arbeitnehmern beansprucht werden, die von Deutschland ins Ausland

entsandt werden. Hiervon ist va auszugehen, wenn der Arbeitnehmer gewöhnlich seine Arbeitsleistung in Deutschland verrichtet. Bei einer lediglich vorübergehenden Entsendung ins Ausland findet auf das Arbeitsverhältnis gemäß Art. 8 Abs. 2 S. 2 VO (EG) Nr. 593/2008 weiterhin deutsches (Arbeits-)Recht Anwendung. Welche Zwecke der Arbeitgeber mit der Entsendung ins Ausland verfolgt, ist für die Anwendung des MiLoG unerheblich. Es wäre auch im Hinblick auf den Gleichheitssatz des Art. 3 Abs. 1 GG rechtfertigungsbedürftig, wenn ein regelmäßig in Deutschland beschäftigter Arbeitnehmer, der von einem (inländischen) Arbeitgeber vorübergehend ins Ausland entsandt wird, keinen Anspruch auf Zahlung des Mindestlohns hätte (ebs. Löwisch NZA 2014, 948). Für den entsandten Arbeitnehmer günstigere ausländische Mindestlohnregelungen gehen wiederum als Eingriffsnormen dieses Staates dem Mindestlohn nach dem MiLoG vor (vgl. auch Art. 3 Abs. 7 S. 1 (Entsende-)RL 96/71/EG). Liegt also der Mindestlohn im Aufnahmestaat über dem deutschen Mindestlohn, hat der ins Ausland entsandte Arbeitnehmer einen Anspruch auf Zahlung des im Aufnahmestaat geltenden Mindestlohns.

Erfolgt die **Beschäftigung des Arbeitnehmers gewöhnlich im Ausland** und haben die Parteien auch nicht in zulässiger Weise deutsches Arbeitsvertragsrecht gewählt, greift der Mindestlohnanspruch des § 1 Abs. 1 grundsätzlich nicht (vgl. Art. 8 Abs. 2 VO (EG) Nr. 593/2008). Nur wenn das Arbeitsverhältnis bei Berücksichtigung sämtlicher das Arbeitsverhältnis kennzeichnender Umstände eine engere Verbindung zu Deutschland aufweist, kann nach Art. 8 Abs. 4 VO (EG) Nr. 593/2008 deutsches (Arbeits-)Recht und damit der Mindestlohnanspruch des § 1 Abs. 1 Anwendung finden. Relevante Umstände in diesem Sinne sind das Land, in dem der Arbeitnehmer seine Steuern und Abgaben auf die Einkünfte aus seiner Tätigkeit entrichtet, und das Land, in dem er der Sozialversicherung angeschlossen ist (zur Bestimmung des anwendbaren Rechts vgl. zuletzt etwa EuGH Urt. v. 12.9.2013 – C-64/12, NZA 2013, 1163 [Schlecker]; Knöfel EuZA 2014, 375). Unterfällt das Arbeitsverhältnis bei einer dauerhaften Beschäftigung im Ausland nicht gemäß Art. 8 Abs. 4 VO (EG) Nr. 593/2008 dem deutschen Arbeitsvertragsstatut, ist der Arbeitgeber auch nicht nach § 20 zur Zahlung des Mindestlohns verpflichtet; die international zwingende Wirkung des Mindestlohns ist auf die Beschäftigung im Inland begrenzt.

B. Inhalt und Umfang des Mindestlohnanspruchs

I. Mindestlohnanspruch als Geldsummenanspruch

Der Arbeitgeber ist gemäß § 1 Abs. 1 und Abs. 2 zur Zahlung einer Geldsumme verpflichtet. Es handelt sich um eine **Geldsummenschuld**, da die Geldschuld durch § 1 Abs. 2 S. 1 bzw. § 1 Abs. 2 S. 2 iVm einer Mindestlohnverordnung nach § 11 Abs. 1 ziffernmäßig bestimmt ist (vgl. MüKoBGB/Grundmann BGB § 245 Rn. 86).

1. Höhe des Mindestlohns

Der Gesetzgeber hat in § 1 Abs. 2 S. 1 die Höhe des Mindestlohns bei Einführung selbst bestimmt. Der Mindestlohn beträgt **ab dem 1.1.2015 brutto 8,50 Euro je Zeitstunde**.

a) **Mindestlohn als existenzsicherndes Arbeitsentgelt.** Der 19. DGB-Bundeskongress hatte im Mai 2010 eine Initiative von ver.di und NGG aufgegriffen und sich für die Einführung eines allgemeinen Mindestlohns von brutto 8,50 Euro je Stunde ausgesprochen. Die Höhe des geforderten Mindestlohns wurde von den Gewerkschaften va damit begründet, dass ein Arbeitnehmer in der Lage sein muss, aus seinem Arbeitseinkommen seine Existenz zu bestreiten. Die Initiative der Gewerkschaften war von SPD und BÜND-

NIS 90/DIE GRÜNEN in Gesetzesentwürfen und in ihren Wahlprogrammen für die Bundestagswahl 2013 aufgegriffen worden. Im Koalitionsvertrag zwischen CDU, CSU und SPD „Deutschlands Zukunft gestalten" für die 18. Legislaturperiode wurde schließlich die Einführung eines flächendeckenden gesetzlichen Mindestlohns von brutto 8,50 Euro je Zeitstunde für das ganze Bundesgebiet zum 1.1.2015 vereinbart.

14   Diese politische Vorgabe setzt § 1 Abs. 2 S. 1 um. Der Regierungsentwurf begründet die Höhe des Mindestlohns von zunächst brutto 8,50 Euro je Zeitstunde damit, dass es einem alleinstehenden vollzeitbeschäftigten Arbeitnehmer ermöglicht werde, bei durchschnittlicher Wochenarbeitszeit ein existenzsicherndes Arbeitsentgelt zu erzielen (BT-Drs. 18/1558 S. 28). Der Mindestlohn ist auf die Korrektur eines Arbeitsvertrags- und Tarifvertragsversagens im Niedriglohnsektor gerichtet, dient also dem Schutz einer auch materiell verstandenen Arbeitsvertragsfreiheit des Arbeitnehmers. Die nicht existenzsichernde Entlohnung dient dem Gesetzgeber va als gewichtiges Indiz für ein Arbeitsvertrags- und Tarifversagen (zur Funktion des Mindestlohns s. ausf. Einf. Rn. 55 ff.).

15   **b) Bezugspunkt für die Ermittlung der Existenzsicherung.** Der Mindestlohn von brutto 8,50 Euro je Zeitstunde soll es einem alleinstehenden Vollzeitbeschäftigten ermöglichen, ein Monatseinkommen oberhalb der Pfändungsfreigrenze gemäß § 850c Abs. 1 S. 1 ZPO zu erzielen (vgl. BT-Drs. 18/1558 S. 28). Die vom Gesetzgeber zur Legitimation der Einstiegshöhe herangezogene Orientierung an der Pfändungsfreigrenze ist anderen in der Vergangenheit zur Ermittlung der Existenzsicherung diskutierten Bezugspunkten vorzuziehen.

16   **aa) Pfändungsfreigrenze.** Die Pfändungsfreigrenze nach § 850c Abs. 1 S. 1 ZPO hat einen existenzsichernden Charakter (BT-Drs. 14/6812 S. 8). Die Pfändungsfreigrenze wurde zunächst – angelehnt an das BSHG (jetzt SGB XII) – anhand des sozialhilferechtlichen Existenzminimums festgelegt. Mittlerweile ist sie durch die erfolgte Anbindung an die Entwicklung des steuerlichen Existenzminimums dynamisiert. Die Orientierung an der Pfändungsfreigrenze hat den Vorteil, dass sie ein auf die Situation der Arbeitnehmer zugeschnittenes pauschaliertes Existenzminimum abbildet.

17   Berücksichtigt werden von der Pfändungsfreigrenze auch Sonderkosten, die dem Arbeitnehmer im Unterschied zum Arbeitssuchenden typischerweise durch die Erwerbstätigkeit entstehen. Zudem sichert sie dem Arbeitnehmer auch einen moderaten Selbstbehalt. Für einen Aufschlag auf den zur bloßen Existenzsicherung notwendigen Betrag spricht, dass dadurch die Wertung des § 11b Abs. 3 SGB II berücksichtigt wird, wonach einem Erwerbstätigen von seinem Einkommen mehr übrig bleiben muss, als ihm ohne Arbeit aus der Grundsicherung für Arbeitssuchende nach dem SGB II zustünde. Damit wird für den Arbeitnehmer zugleich ein Anreiz gesetzt, einer Erwerbstätigkeit nachzugehen (BT-Drs. 14/6812 S. 9; aus Art. 1 Abs. 1 GG wollen einen Aufschlag auf das Niveau der bloßen Existenzsicherung herleiten, Peter, Gesetzlicher Mindestlohn, S. 267; Haberzettl, Kodifizierung eines Mindestlohns, S. 151; ähnl. Bieback/Kocher, in: Bieback/Dietrich/Hanau/Kocher/Schäfer, Tarifgestützte Mindestlöhne, S. 43 ff.).

18   Die Pfändungsfreigrenze bestimmt einen Nettobetrag. Nach § 850c Abs. 1 S. 1 ZPO iVm der Pfändungsfreigrenzenbekanntmachung v. 26.3.2013 (BGBl. I S. 710) beträgt der unpfändbare Betrag des Arbeitseinkommens ab dem 1.7.2013 (und bis zum 31.6.2015) monatlich 1.045,04 Euro. Da der Mindestlohn einen Bruttobetrag darstellt, sind die auf das Bruttoeinkommen anfallenden staatlichen Abgaben pauschaliert zu berücksichtigen. Legt man eine typische Steuer- und Sozialversicherungslast eines Alleinstehenden zugrunde, ist dieser bei einer durchschnittlichen Arbeitszeit eines Vollzeitbeschäftigten in der Lage, bei einem Stundenlohn von brutto 8,50 Euro ein monatliches Nettoeinkommen oberhalb der Pfändungsfreigrenze zu erzielen.

19   **bb) Grundsicherung nach dem SGB II.** Als Orientierungsmaßstab wären für den Gesetzgeber grundsätzlich auch die Leistungen der Grundsicherung für Arbeitssuchende

B. Inhalt und Umfang des Mindestlohnanspruchs § 1

nach dem SGB II in Betracht gekommen. Nach § 1 Abs. 1 SGB II soll die Grundsicherung dem Leistungsberechtigten ermöglichen, ein Leben zu führen, das der Würde des Menschen entspricht. Sie gewährleistet eine Teilhabe am sozialen und kulturellen Leben in der Gemeinschaft in vertretbarem Umfang (vgl. § 20 Abs. 1 S. 2 SGB II).

Allerdings wären bei einer Orientierung an der Grundsicherung nach dem SGB II – im Unterschied zur Pfändungsfreigrenze nach § 850c Abs. 1 S. 1 ZPO – für die Ermittlung des existenzsichernden Mindestlohns weitere Pauschalierungen des Gesetzgebers im Hinblick auf die notwendigen Kosten für Unterkunft und Heizung sowie die durch die Erwerbstätigkeit entstehenden Sonderkosten erforderlich gewesen. Denn das durch das SGB II definierte Existenzminimum ist Schwankungen unterworfen, weil die Leistungen für Unterkunft und Heizung nach § 22 Abs. 1 S. 1 SGB II nur im Rahmen der tatsächlichen Aufwendungen und nur übernommen werden, soweit sie angemessen sind, wofür es wiederum auf die örtlichen Vergleichsmieten ankommt. 20

cc) **Steuerliches Existenzminimum.** Als Orientierungsmaßstab hätte der Gesetzgeber im Prinzip auch den Grundfreibetrag nach § 32a Abs. 1 S. 2 Nr. 1 EStG heranziehen können. Nach der Rspr. des BVerfG hat der Staat das Steuerrecht so auszugestalten, dass dem Bürger von seinem Erworbenen so viel verbleibt, wie er zur Bestreitung seines Lebensunterhalts bedarf (BVerfG Beschl. v. 25.9.1992 – 2 BvL 5/91 ua, NJW 1992, 3153). Dabei ist Maßgröße für ein einkommensteuerliches Existenzminimum das sozialrechtlich definierte Existenzminimum. Bei der Bemessung des steuerlichen Existenzminimums hat der Gesetzgeber so zu pauschalieren, dass es in möglichst allen Fällen den existenznotwendigen Bedarf abdeckt. Mit dem Grundfreibetrag steht daher ein – im Unterschied zur Grundsicherung nach dem SGB II – pauschaliertes Existenzminimum zur Verfügung. Allerdings berücksichtigt auch der Grundfreibetrag – anders als die Pfändungsfreigrenze nach § 850c Abs. 1 S. 1 ZPO – nicht die Sonderkosten, die dem Arbeitnehmer durch die Arbeit entstehen. 21

c) **Existenzsicherung eines Alleinstehenden.** Während sich der Gesetzgeber für die Bestimmung der Höhe des Mindestlohns zum 1.1.2015 an der Existenzsicherung eines Alleinstehenden orientiert hat, wird teilweise für die Bestimmung der Mindestlohnhöhe eine Anknüpfung an den Lebensunterhalt der Familie als erforderlich angesehen. Etwa fordert Art. 4 Abs. 1 Nr. 1 ESC nach seinem Wortlaut ein Entgelt, welches nicht nur den Lebensunterhalt des Arbeitnehmers selbst, sondern auch der Familie sicherstellt. Der 68. Deutsche Juristentag hatte sich für einen allgemeinen Mindestlohn ausgesprochen, der jedenfalls die Versorgung der Familie gewährleisten sollte. 22

Eine strikte Verknüpfung der Mindestlohnhöhe mit der Existenzsicherung der Familie ist nicht mit einem allgemeinen einheitlichen Mindestlohn vereinbar, da der Mindestlohn nicht nach den konkreten Familienverhältnissen differenziert. Denkbar wäre daher allenfalls, dass sich die Mindestlohnhöhe am Bedarf einer durchschnittlichen – etwa einer vierköpfigen – Familie orientiert. Es ist aber nicht Aufgabe staatlicher Mindestlohnfestsetzung, sondern Aufgabe des Sozialrechts, den Lebensunterhalt der Familie zu sichern (ebs. Sittard NZA 2010, 1160, 1161). Die Orientierung am Bedarf der Familie wäre auch nicht mit der Funktion des Mindestlohns nach dem MiLoG vereinbar. Der gesetzliche Mindestlohn zielt auf den Ausgleich gestörter Vertragsparität, indem er einen angemessenen Mindestschutz der Arbeitnehmer sicherstellt (s. Einf. Rn. 60 ff.). Das mit dem Mindestlohn bestimmte Minimum an Austauschgerechtigkeit kann aber nicht je nach den individuellen Lebensverhältnissen unterschiedlich sein. 23

d) **Durchschnitts- und Medianlohnanknüpfung.** Als Bezugspunkt für den allgemeinen Mindestlohn werden auch prozentuale Anknüpfungen an den Durchschnitts- bzw. Medianlohn vorgeschlagen. Unter Durchschnittslohn ist das arithmetische Mittel aller Löhne zu verstehen. Davon zu unterscheiden ist der Medianlohn als mittlerer Lohn, bei dem die Hälfte aller Beschäftigten mehr und die andere Hälfte weniger verdient. Durchschnitts- 24 und Medianlohn bringen den relativen Wert des gesetzlichen Mindestlohns in der jeweiligen nationalen Volkswirtschaft zum Ausdruck (sog. Kaitz-Index). Dementsprechend spielen sie insbesondere im europäischen und internationalen Kontext eine Rolle. Etwa soll gemäß Art. 4 Abs. 1 Nr. 1 ESC ein Arbeitsentgelt unangemessen sein, wenn es unter 60 % des nationalen Nettodurchschnittslohns liegt (ausf. Einf. Rn. 160 ff.). In der Debatte um eine europäische Koordinierung der Mindestlohnpolitik wird eine Anknüpfung an die von der OECD definierte Niedriglohnschwelle vorgeschlagen (vgl. Schulten WSI-Mindestlohnbericht 2014, S. 132, 134 f.). Die **OECD** definiert einen **Niedriglohn** als ein Arbeitsentgelt, das **weniger als 2/3 des Bruttomedianlohns** beträgt.

25 Aus rechtspolitischer Sicht spricht gegen eine strikt an den Median- oder Durchschnittslohn anknüpfende Betrachtung, dass diese zur Nivellierung der Arbeitsleistungen tendiert (ebs. Franke, Lohnwucher, S. 112 mwN). Der Gesetzentwurf zum MiLoG stellt dementsprechend zwar zur Begründung der Einführung eines allgemeinen Mindestlohns insbesondere auf den Anstieg der Niedriglohnbeschäftigung in Deutschland ab und legt dabei die Definition der OECD zugrunde (vgl. BT-Drs. 18/1558 S. 27). Allerdings orientiert sich der Gesetzgeber bei der Festsetzung der Einstiegshöhe des Mindestlohns auf brutto 8,50 Euro je Zeitstunde nicht an der Niedriglohnschwelle. Nach Berechnungen des DIW anhand der Daten des Sozio-oekonomischen Panels betrug im Jahr 2011 der Bruttomedianstundenlohn in Deutschland bereits brutto 14,24 Euro je Stunde, so dass die Niedriglohnschwelle bei einem Stundenlohn von brutto 9,49 Euro verlief (Brenke/Müller DIW-Wochenbericht 39/2013, S. 5). Der allgemeine Mindestlohn liegt damit unterhalb der Niedriglohnschwelle. Dies ist im europäischen Vergleich nicht ungewöhnlich: In allen EU-Staaten, in denen im Jahr 2012 ein Mindestlohn existierte, lag dieser nach Berechnungen des WSI unterhalb der Niedriglohnschwelle von 2/3 des Bruttomedianlohns (vgl. Schulten WSI- Mindestlohnbericht 2014, S. 132, 134 ff.).

2. Anpassung durch Mindestlohnkommission

26 Die Anpassung des Mindestlohns erfolgt gemäß § 1 Abs. 2 S. 2 **auf Vorschlag einer Kommission der Tarifpartner** (Mindestlohnkommission) durch Rechtsverordnung der Bundesregierung. Die Mindestlohnkommission hat nach § 9 Abs. 1 **erstmalig mit Wirkung zum 1.1.2017 und danach alle zwei Jahre** über die Anpassung des Mindestlohns zu beschließen. **Rechtsverbindlich** wird der Beschluss der Mindestlohnkommission **durch Rechtsverordnung der Bundesregierung** nach § 11 Abs. 1. Die Bundesregierung kann die von der Mindestlohnkommission vorgeschlagene Anpassung nur unverändert in die Mindestlohnverordnung übernehmen oder insgesamt ablehnen (§ 11 Rn. 16 ff.).

II. Mindestlohnanspruch für die Zeitstunde

1. Tatsächlich geleistete Arbeitsstunde

27 Anspruch auf den Mindestlohn hat der Arbeitnehmer nach § 1 Abs. 1, § 20 für jede geleistete Arbeitsstunde (ebs. Bepler/Hanau Ausschuss-Drs. 18(11)148 S. 142, 143 f.; diff. ErfK/Franzen MiLoG § 1 Rn. 18). Damit entspricht der gesetzliche Mindestlohn konzeptionell den Branchenmindestlöhnen nach dem AEntG, die ebenfalls nur für tatsächlich geleistete Arbeit zu gewähren sind (allgM KAEW/Asshoff AEntG § 5 Rn. 17; Thüsing/Bayreuther AEntG § 8 Rn. 6).

28 a) **Überstundenvergütung.** Der Arbeitnehmer hat nach § 1 Abs. 1, § 20 einen Anspruch darauf, dass auch geleistete Überstunden zum Mindestlohn vergütet werden, da es sich bei einer Überstunde um eine tatsächlich geleistete Arbeitsstunde handelt. Eine Überstunde idS liegt auch dann vor, wenn vorgeschriebene Pausen nicht gewährt werden (vgl. BAG Urt. v. 27.2.1992 – 6 AZR 478/90, AP AZO Kr § 3 Nr. 5). Demgegenüber ist nicht

B. Inhalt und Umfang des Mindestlohnanspruchs § 1

jede Anwesenheit oder Tätigkeit des Arbeitnehmers im Betrieb mit dem Mindestlohn zu vergüten. Maßgeblich ist, ob der Arbeitnehmer eine (von ihm geschuldete) Arbeitsleistung erbracht hat. Eine Überstunde verlangt daher, dass eine zumindest **konkludente Vereinbarung über die Mehrleistung** getroffen ist. Die Mehrleistung ist vereinbart, wenn die Überstunden vom Arbeitgeber angeordnet, gebilligt, geduldet oder jedenfalls zur Erledigung der geschuldeten Arbeit notwendig sind (vgl. BAG Urt. v. 10.4.2013 – 5 AZR 122/12, NZA 2013, 1100).

Einer darüber hinausgehenden – auch konkludenten – **Vereinbarung einer Vergütung für die Überstunde bedarf es nicht.** Ebenso wenig kommt es darauf an, ob eine Vergütungspflicht nach den Grundsätzen des § 612 Abs. 1 BGB besteht, weil die Dienstleistung den Umständen nach nur gegen eine Vergütung zu erwarten ist (vgl. dazu BAG Urt. v. 22.2.2012 – 5 AZR 765/10, NZA 2012, 861). Auch wenn für das Arbeitsverhältnis also eine arbeitszeitunabhängige Vergütung vereinbart ist oder Dienste höherer Art geschuldet sind, kann der Arbeitnehmer für sämtliche geleisteten Arbeitsstunden ein Arbeitsentgelt in Höhe des Mindestlohns beanspruchen. **29**

Ist vereinbart, dass mit dem Grundlohn bereits eine bestimmte Zahl von Überstunden in einem bestimmten Bemessungszeitraum abgegolten ist (sog. **Abgeltungsklausel**), kann dies ggf. den vertraglichen Entgeltanspruch (s. dazu BAG Urt. v. 28.9.2005 – 5 AZR 52/05, NZA 2006, 149), wegen § 3 S. 1 aber nicht den gesetzlichen Mindestlohnanspruch wirksam beschränken. Gleiches gilt für eine sog. Pauschalvergütung, bei der arbeitsvertraglich die Zahlung einer Pauschale für erwartete Überstunden festgelegt wird (hierzu auch § 3 Rn. 8 f.). **30**

Für die **Erfüllung** des Mindestlohnanspruchs genügt es, wenn die **geleisteten Arbeitsstunden iE mit dem Mindestlohn** vergütet sind (vgl. auch BAG Urt. v. 8.10.2008 – 5 AZR 8/08, NZA 2009, 98, 101; ebs. Bayreuther NZA 2014, 865, 867; Sittard NZA 2014, 951). **31**

Beispiel: Ein Arbeitnehmer hat bei einer vertraglich geschuldeten Arbeitszeit von 173 Stunden monatlich einen Vergütungsanspruch von brutto 4.000 Euro. Nach dem Arbeitsvertrag sind mit dem Monatsgehalt pauschal bis zu zehn Überstunden abgegolten. Im Mai leistet der Arbeitnehmer 183 Stunden. Der Arbeitnehmer hat nach § 1 Abs. 1 für die im Monat Mai geleisteten zehn Überstunden keinen Anspruch auf weitere 85 Euro. Der gesetzliche Mindestlohnanspruch ist bereits durch das verstetigte Arbeitseinkommen erfüllt.

b) Kein Mindestlohn für Zeiten der Nichtarbeit. Das MiLoG gilt nicht für Zeiten der Entgelt(fort-)zahlung bei Arbeitsverhinderung bzw. berechtigter Abwesenheit des Arbeitnehmers. **32**

Für diese Zeiträume der Nichtarbeit ergibt sich der Vergütungsanspruch nicht aus § 1 Abs. 1, § 20, weil der Mindestlohn nur für jede tatsächlich geleistete Arbeitsstunde anfällt. Die Begrenzung des Mindestlohnanspruchs auf tatsächlich geleistete Arbeitsstunden wird va aus § 2 Abs. 2 S. 1 deutlich. Nach § 2 Abs. 2 S. 1 sind die mindestlohnrechtlichen Vorgaben zur Führung von Arbeitszeitkonten nur einschlägig, „soweit der Anspruch auf den Mindestlohn für die geleisteten Arbeitsstunden … nicht bereits durch das verstetigte Arbeitsentgelt erfüllt ist". Auch § 1 Abs. 2 S. 1, der als Bezugspunkt die Zeitstunde vorgibt, spricht dafür, dass der Mindestlohn allein für erbrachte Arbeitszeit zu zahlen ist. Schließlich spricht auch die Begründung zu § 1 Abs. 2 davon, dass die Vereinbarung von Stück- und Akkordlöhnen zulässig bleibt, „wenn gewährleistet ist, dass der Mindestlohn für die geleisteten Arbeitsstunden erreicht wird" (BT-Drs. 18/1558 S. 34). **33**

Für Zeiten der Nichtarbeit finden damit auch § 13 sowie die §§ 14 ff., die der Durchsetzung des gesetzlichen Mindestlohnanspruchs dienen, keine Anwendung. Die Nichtzahlung des „Mindestlohns" für Zeiten der Nichtarbeit stellt daher keine Ordnungswidrigkeit nach § 21 Abs. 1 Nr. 9 dar, die mit einem Bußgeld geahndet werden kann. Ebenso muss der Auftraggeber nicht nach § 13 dafür einstehen, wenn ein Nachunternehmer die **34** infolge Arbeitsverhinderung bzw. berechtigter Abwesenheit des Arbeitnehmers ausgefallenen Arbeitsstunden nicht zum Mindestlohn vergütet (vgl. BAG Urt. v. 12.1.2005 – 5 AZR 617/01, NZA 2005, 627).

35 aa) **Mindestlohnanspruch und Entgeltfortzahlung.** Der Vergütungsanspruch des Arbeitnehmers ergibt sich für **Feiertage** nicht aus § 1 Abs. 1, sondern aus § 2 Abs. 1 EFZG. Für die infolge eines Feiertags ausgefallene Arbeitszeit ist dem Arbeitnehmer nach § 2 Abs. 1 EFZG das Arbeitsentgelt zu zahlen, das er ohne den Arbeitsausfall erhalten hätte (sog. Entgeltausfallprinzip, vgl. BAG Urt. v. 19.4.1989 – 5 AZR 248/88, NZA 1989, 715, 716). Im Ergebnis hat der Arbeitnehmer damit einen Anspruch, dass die infolge des Feiertages ausgefallenen Arbeitsstunden zum Mindestlohn vergütet werden.

36 Für **Krankheit**stage bleibt der Vergütungsanspruch des Arbeitnehmers nach § 3 EFZG unter den dort genannten Voraussetzungen und Einschränkungen aufrechterhalten. Nach § 4 Abs. 1 EFZG ist dem Arbeitnehmer das ihm bei der für ihn maßgebenden regelmäßigen Arbeitszeit zustehende Arbeitsentgelt fortzuzahlen. Dem Arbeitnehmer hätte für die regelmäßige Arbeitszeit mindestens eine Arbeitsvergütung in Höhe des Mindestlohns zugestanden, so dass der Lohnfortzahlung den gesetzlichen Mindestlohnanspruch der Höhe nicht unterschreiten kann.

37 Da es sich beim Entgeltfortzahlungsanspruch nach dem BAG um den arbeitsvertraglich geschuldeten Entgeltanspruch handelt (BAG Urt. v. 11.9.2003 – 6 AZR 374/02, NZA 2004, 738), richtet sich seine **Fälligkeit** nach der vertraglich vereinbarten Fälligkeit des arbeitsvertraglichen Entgeltanspruchs, mangels Vereinbarung nach § 614 BGB.

38 Entgeltfortzahlung für Feiertage und im Krankheitsfall können auch **Praktikanten** beanspruchen. § 1 Abs. 2 EFZG regelt ausdrücklich, dass die zur Berufsausbildung Beschäftigte Arbeitnehmer iSd EFZG sind. Ihnen gleichzustellen sind wegen § 26 BBiG die Praktikanten (vgl. ErfK/Reinhard EFZG § 1 Rn. 3).

39 Keinen Anspruch auf den „Mindestlohn" an Feiertagen haben nach Deutschland **entsandte Arbeitnehmer**, für die ein ausländisches Arbeitsvertragsstatut gilt, denn § 2 EFZG zählt nicht zu den Eingriffsnormen des Art. 9 VO (EG) Nr. 593/2008, da ein öffentliches Interesse zwar an der Feiertagsruhe, nicht aber an deren Entgeltlichkeit besteht (BAG Urt. v. 18.4.2012 – 10 AZR 200/11, NZA 2012, 1152). Gleiches dürfte bei entsandten Arbeitnehmern, die nicht deutschem Sozialversicherungsrecht unterliegen, für die infolge Krankheit ausgefallene Arbeitszeit gelten. Zwar hat der 5. Senat des BAG entschieden, dass es sich bei § 3 EFZG um eine Eingriffsnorm handeln kann, weil die Entgeltfortzahlungspflicht des Arbeitgebers ganz wesentlich der Entlastung der gesetzlichen Krankenkassen und damit mittelbar aller Beitragszahler diene (BAG Urt. v. 12.12.2001 – 5 AZR 255/00, NZA 2002, 734, 738). Der 10. Senat des BAG hat inzwischen aber einschränkend erkannt, dass § 3 EFZG nur gegenüber Arbeitnehmern als Eingriffsnorm einzuordnen ist, die deutschem Sozialversicherungsrecht unterliegen (BAG Urt. v. 18.4.2012 – 10 AZR 200/11, NZA 2012, 1152, 1153). Für Arbeitnehmer, die ausländischem Sozialversicherungsrecht unterfallen, würde § 3 EFZG allein zu einer Entlastung der ausländischen Sozialversicherung führen. Damit fehlt es aber an dem eingriffsrechtlich erforderlichen Bezug zum gesamtgesellschaftlichen öffentlichen Interesse in Deutschland.

40 Der Entgeltfortzahlungsanspruch ist **gemäß § 12 EFZG unabdingbar.** Durch Tarifvertrag kann nach § 4 Abs. 4 EFZG lediglich eine abweichende Bemessungsgrundlage geregelt werden. Hingegen soll § 12 EFZG einem nachträglichen Verzicht auf den bereits entstandenen und fälligen Entgeltfortzahlungsanspruch nicht entgegenstehen (BAG Urt. v. 25.5.2005 – 5 AZR 572/04, NZA 2005, 1111). Dabei sollen die Arbeitsvertragsparteien auch die Möglichkeit haben, künftige Ansprüche nach dem EFZG fällig zu stellen und sodann über die nunmehr bestehenden Ansprüche zu verfügen (ErfK/Reinhard EFZG § 12 Rn. 5 mwN). Keine Abweichungen iSd § 12 EFZG sind tarifvertragliche Ausschlussfristen (BAG Urt. v. 16.1.2001 – 5 AZR 430/00, NZA 2002, 746; BAG Urt. v. 25.5.2005

– 5 AZR 572/04, NZA 2005, 1111), so dass der Entgeltfortzahlungsanspruch im Unterschied zum gesetzlichen Mindestlohnanspruch auch verfallen kann.

bb) Mindestlohnanspruch und Urlaub. Die dogmatische Einordnung des Urlaubsentgelts ist nicht abschließend geklärt. Das BAG versteht den Urlaubsanspruch als einen durch das BUrlG begründeten Anspruch des Arbeitnehmers gegen den Arbeitgeber, ihn von den durch den Arbeitsvertrag entstehenden Arbeitspflichten freizustellen (Freistellungsanspruch), ohne dass zugleich die aus dem Arbeitsvertrag folgende Pflicht zur Zahlung des Arbeitsentgelts berührt wird (BAG Urt. v. 20.9.2011 – 9 AZR 416/10, NZA 2012, 326, 327 f.). Hingegen geht der EuGH davon aus, dass es sich um einen aus Freistellung und Vergütung zusammengesetzten (gesetzlichen) Einheitsanspruch handelt (EuGH Urt. v. 26.6.2001 – C-173/99, NZA 2001, 827). Vorliegend genügt die Feststellung, dass **der Anspruch** auf bezahlten Erholungsurlaub damit jedenfalls **nicht aus § 1 Abs. 1, § 20**, sondern aus § 1 BUrlG bzw. § 1 BUrlG iVm der arbeitsvertraglichen Vergütungsabrede folgt. Die Nichtzahlung des Urlaubsentgelts ist daher nicht nach § 21 Abs. 1 Nr. 9 bußgeldbewehrt. Das MiLoG verfolgt nicht den Zweck, das Erholungsbedürfnis des Arbeitnehmers durch den Mindestlohn abzusichern (aA ErfK/Franzen MiLoG § 1 Rn. 19 f.).

Die **Bemessung des Urlaubsentgelts** richtet sich gemäß § 11 Abs. 1 S. 1 BUrlG nach dem durchschnittlichen Arbeitsverdienst, das der Arbeitnehmer in den letzten 13 Wochen vor dem Beginn des Urlaubs erhalten hat (Referenzprinzip), wobei der Referenzzeitraum durch Tarifvertrag verändert werden kann. Die Höhe des Urlaubsentgelts ist damit mindestens auf der Basis des Mindestlohns zu berechnen. Dies gilt auch, sofern der Referenzzeitraum vollständig oder teilweise vor Einführung des Mindestlohns am 1.1.2015 liegt. Bei Anhebungen des Arbeitsentgelts, die durch die Einführung des Mindestlohns erfolgt sind, handelt es um Verdiensterhöhungen nicht nur vorübergehender Art iSv § 11 Abs. 1 S. 2 BUrlG, so dass für die Bemessung des Urlaubsentgelts von dem erhöhten Verdienst auszugehen ist. Entsprechendes gilt, wenn der Mindestlohn durch Rechtsverordnung nach § 11 Abs. 1 erhöht wird.

Das Urlaubsentgelt wird nicht zeitgleich mit dem Mindestlohnanspruch fällig, sondern ist gemäß § 11 Abs. 2 BUrlG grundsätzlich vor Antritt des Urlaubs zu zahlen. Eine zum Nachteil des Arbeitnehmers abweichende arbeitsvertragliche Vereinbarung zur **Fälligkeit** des Anspruchs auf Urlaubsentgelt ist nach § 13 Abs. 1 S. 3 BUrlG unwirksam. Statthaft ist jedoch eine Abweichung durch Tarifvertrag.

Praktikanten iSd § 26 BBiG haben einen Anspruch auf bezahlten Erholungsurlaub gemäß § 2 S. 1 BUrlG iVm § 19 BBiG (s. nur Krimphove BB 2014, 564, 565; Schade NZA 2012, 654, 657).

Entsandten Arbeitnehmern steht aus dem BUrlG kein Anspruch auf Urlaubsentgelt zu. § 1 BUrlG ist nicht international zwingend ausgestaltet. Ein überwiegender Gemeinwohlbezug ist nicht feststellbar. Das BUrlG dient vorrangig dem Erholungsbedürfnis des Arbeitnehmers und somit individuellen Zwecken. Die Einhaltung der urlaubsrechtlichen Normen wird nicht durch Kontrollbehörden überwacht; Verstöße gegen das BUrlG sind nicht sanktionsbewehrt.

Der Anspruch auf Urlaubsentgelt ist als solcher – und zwar auch durch Tarifvertrag – **nicht abdingbar**; ein (Teil-)Verzicht des Arbeitnehmers ist im bestehenden Arbeitsverhältnis – auch nach Begründung des Anspruchs – nicht statthaft; dies gilt ebenso für einen Erlassvertrag, ein negatives Schuldanerkenntnis oder einen Vergleich (BAG Urt. v. 20.1.1998 – 9 AZR 812/96, NZA 1998, 816). Möglich ist hingegen ein Verzicht – etwa im Rahmen eines Vergleichs – auf den mit Beendigung des Arbeitsverhältnisses gemäß § 7 Abs. 4 BUrlG entstandenen Abgeltungsanspruch (BAG Urt. v. 14.5.2013 – 9 AZR 844/11, NZA 2013, 1098). Erst recht muss daher im Unterschied zum gesetzlichen Mindestlohnanspruch nach Beendigung des Arbeitsverhältnisses ein Verzicht des Arbeitnehmers auf den Anspruch auf Urlaubsentgelt zulässig sein. Der Anspruch auf das

Urlaubsentgelt unterliegt – anders als der gesetzliche Mindestlohnanspruch (vgl. § 3 Rn. 14 ff.) – (tarif-)vertraglichen Ausschlussfristen (BAG Urt. v. 22.1.2002 – 9 AZR 601/00, NZA 2002, 1041, 1046 ff.). Schließlich kommt auch eine Verwirkung des Anspruchs in Betracht (ErfK/Gallner BUrlG § 11 Rn. 34; für „rückständige streitige Ansprüche auf weiteres Urlaubsentgelt" BAG Urt. v. 5.2.1970 – 5 AZR 223/69, AP BurlG § 11 Nr. 7).

47 cc) **Mindestlohnanspruch und Annahmeverzug.** Während des Annahmeverzugs folgt der Vergütungsanspruch nicht aus § 1 Abs. 1, § 20, sondern aus **§ 615 S. 1 BGB iVm der vertraglichen Vergütungsvereinbarung.** § 615 S. 1 BGB beinhaltet keine eigene Anspruchsgrundlage, sondern hält den vertraglichen Vergütungsanspruch aufrecht (BAG Urt. v. 15.9.2011 – 8 AZR 846/09, NZA 2012, 377, 380 f.; aA Staudinger/Richardi BGB § 615 Rn. 8). Die Nichtzahlung des Annahmeverzugslohns unterfällt daher nicht den Vorschriften des MiLoG, insbesondere nicht dessen Kontroll- und Sanktionsregime. Die Nichtzahlung des Annahmeverzugslohns ist damit auch nicht nach § 21 Abs. 1 Nr. 9 bußgeldbewehrt. Ob der Arbeitnehmer einen Ursachenbeitrag für den Arbeitsausfall geleistet hat, ist für die Anwendbarkeit des MiLoG unerheblich (**aA** ErfK/Franzen MiLoG § 1 Rn. 19 f.).

48 Der Annahmeverzugslohn ist indes mindestens **auf der Basis des Mindestlohns zu bemessen.** Der Arbeitnehmer ist nach § 615 S. 1 so zu vergüten, als ob er gearbeitet hätte (Groeger NZA 2000, 793, 793 f.). Hätte der Arbeitnehmer gearbeitet, hätte ihm mindestens ein Anspruch auf eine Arbeitsvergütung in Höhe des Mindestlohns zugestanden.

49 Da es sich beim Annahmeverzugslohn um den aufrechterhaltenen vertraglichen Entgeltanspruch handelt, ist er ebenfalls zum vertraglich vereinbarten **Fälligkeits**termin zu zahlen; fehlt es an einer Vereinbarung, richtet sich die Fälligkeit nach § 614 BGB.

50 Auch Auszubildende können nach § 19 BBiG iVm § 615 S. 1 BGB Anspruch auf Verzugslohn haben (BAG Urt. v. 15.3.2000 – 5 AZR 622/98, NZA 2001, 214, 216). Gleiches gilt nach § 26 BBiG für **Praktikanten,** die ein freiwilliges Praktikum leisten.

51 § 615 S. 1 BGB wirkt nicht international zwingend und gilt mithin nicht für **entsandte Arbeitnehmer** (vgl. BAG v. 12.1.2005 – 5 AZR 617/01, NZA 2005, 627, 633 f.). Entsandte Arbeitnehmer haben damit keinen Anspruch, auch bei Annahmeverzug des Arbeitgebers ein Arbeitsentgelt mindestens in Höhe des Mindestlohns zu erhalten.

52 **§ 615 BGB ist abdingbar** (BAG Urt. v. 10.1.2007 – 5 AZR 84/06, NZA 2007, 384, 386; ebs. ErfK/Preis BGB § 615 Rn. 8; MüKoBGB/Henssler BGB § 615 Rn. 10; diff. MüArbR/Boewer § 69 Rn. 6 ff.). Anders als der gesetzliche Mindestlohnanspruch kann damit (tarif-)vertraglich ausgeschlossen werden, dass Arbeitnehmer während des Annahmeverzugs des Arbeitgebers ein Arbeitsentgelt (mindestens in Höhe des Mindestlohns) erhalten. § 615 wird aber nur wirksam abbedungen, wenn die Vereinbarung eindeutig und klar ist (vgl. BAG Urt. v. 22.4.2009 – 5 AZR 310/08, NZA 2009, 913, 915). Mit der Klausel „Lohn wird nur für geleistete Arbeit bezahlt" wird idR nur der Entgeltanspruch gemäß § 616 BGB ausgeschlossen (so BAG Urt. v. 9.3.1983 – 4 AZR 301/80, AP BGB § 615 Betriebsrisiko Nr. 31). Der vertragliche Ausschluss von § 615 BGB ist jedoch unwirksam, wenn der Arbeitgeber – va formularvertraglich – das Arbeitsentgeltrisiko vollständig auf den Arbeitnehmer verlagert (vgl. ErfK/Preis BGB § 615 Rn. 8). Da es sich beim Anspruch auf Annahmeverzugslohn um den aufrechterhaltenen vertraglichen Vergütungsanspruch handelt, sind (tarif-)vertragliche Verfalls- und Ausschlussfristen anwendbar. Ebenso ist ein nachträglicher Verzicht – auch im Wege des Erlassvertrags, des negativen Schuldanerkenntnisses oder des Vergleichs – statthaft. Der Anspruch kann ebenfalls nach § 242 BGB verwirkt werden.

2. Vergütungspflichtige Arbeitsstunde

53 Weder das MiLoG noch die Gesetzgebungsmaterialien geben einen Hinweis darauf, wann nach dem Gesetz Arbeitszeit vorliegt, die mit dem Mindestlohn zu vergüten ist. Insofern ist auf die allgemeinen Grundsätze zugrückzugreifen (**aA** Nebel/Kloster BB 2014,

2933 [die aus Gründen der Einheit der Rechtsordnung auf den Arbeitszeitbegriff des ArbZG abstellen wollen]).

a) **Arbeitszeitbegriffe.** Das Arbeitsrecht selbst kennt **keinen allgemeinen Arbeitszeitbegriff.** Während das Arbeitsrecht den Begriff der Arbeitszeit teilweise voraussetzt und auf eine gesetzliche Definition verzichtet (zB in § 87 Abs. 1 Nr. 2 BetrVG), wird der Begriff der Arbeitszeit an anderer Stelle spezialgesetzlich definiert. So gilt **arbeitsschutzrechtlich** nach § 2 Abs. 1 S. 1 ArbZG als Arbeitszeit die Zeit vom Beginn bis zum Ende der Arbeit ohne die Ruhepausen; Arbeitszeiten bei mehreren Arbeitgebern sind dabei – arbeitsschutzrechtlich – zusammenzurechnen. Demgegenüber beschreibt der **betriebsverfassungsrechtliche Arbeitszeitbegriff** des § 87 Abs. 1 Nr. 2 BetrVG die Zeit, während der der Arbeitnehmer die von ihm in einem bestimmten zeitlichen Umfang vertraglich geschuldete Arbeitsleistung tatsächlich erbringen soll (vgl. BAG Beschl. v. 10.11.2009 – 1 ABR 54/08, NZA-RR 2010, 301, 302), unabhängig davon, wann die Arbeitsleistung tatsächlich erbracht wird. Sowohl der arbeitsschutz- als auch der betriebsverfassungsrechtliche Arbeitszeitbegriff sind mit dem Begriff der **vergütungspflichtigen Arbeitszeit** – der dem MiLoG zugrunde zu legen ist – nicht deckungsgleich (vgl. BAG Beschl. v. 10.11.2009 – 1 ABR 54/08, NZA-RR 2010, 301, 302). Das bedeutet, dass die Qualifikation einer bestimmten Zeitspanne „als Arbeitszeit" nicht zwingend zu einer Vergütungspflicht führt, während umgekehrt die Herausnahme bestimmter Zeiten aus „der Arbeitszeit" nicht die Vergütungspflicht ausschließen muss (vgl. BAG Urt. v. 19.9.2012 – 5 AZR 678/11, NZA-RR 2013, 63, 64).

Nicht maßgeblich für die Frage, ob ein Anspruch auf Mindestlohn besteht, ist schließlich auch Art. 2 RL 93/104/EG. Die RL 93/104/EG regelt allein „Mindestvorschriften für Sicherheit und Gesundheitsschutz bei der Arbeitszeitgestaltung". Sie betrifft nicht die Frage der Vergütungspflichtigkeit von Arbeitszeit (vgl. auch BAG Urt. v. 11.1.0.2000 – 5 AZR 122/99, NZA 2001, 458, 459).

b) **Vergütungsrechtlicher Arbeitszeitbegriff.** Der Begriff der vergütungspflichtigen Arbeitszeit lässt sich in **zwei Komponenten** aufgliedern, die **kumulativ** vorliegen müssen, damit ein Anspruch auf den Mindestlohn besteht. Es müssen die Merkmale Arbeitszeit und Vergütungspflicht erfüllt sein, um zu einem Anspruch auf den Mindestlohn zu gelangen.

„**Arbeit**" ist jede Tätigkeit, die als solche der Befriedigung eines Bedürfnisses des Arbeitgebers dient (vgl. BAG Urt. v. 19.9.2012 – 5 AZR 678/11, NZA-RR 2013, 63, 64). Dient die Tätigkeit einem eigenen Bedürfnis des Arbeitnehmers, ist sie folglich auch nicht mit dem Mindestlohn zu vergüten (zB dem Ruhebedürfnis des Arbeitnehmers dienende Pausenzeiten).

Die **Vergütungspflicht** des Arbeitgebers knüpft wiederum nach § 611 Abs. 1 BGB an die „Leistung der versprochenen Dienste" an. Dazu zählt nicht nur die eigentliche Tätigkeit, sondern jede vom Arbeitgeber im Synallagma verlangte sonstige Tätigkeit oder Maßnahme, die mit der eigentlichen Tätigkeit oder der Art und Weise ihrer Erbringung unmittelbar zusammenhängt (vgl. BAG Urt. v. 19.9.2012 – 5 AZR 678/11, NZA-RR 2013, 63, 64). Dabei ist es letztlich unbeachtlich, ob der Arbeitgeber die Grenzen billigen Ermessens bei der Ausübung des Direktionsrechts (§ 106 Abs. 1 GewO) überschreitet, solange der Arbeitnehmer der Weisung Folge leistet (zur vorläufigen Verbindlichkeit einer unbilligen Weisung vgl. BAG Urt. v. 22.2.2012 – 5 AZR 249/11, NZA 2012, 858). Zeiten, in denen keine Arbeitsleistung erbracht wird oder die Hauptleistungspflichten suspendiert sind, sind insofern nicht nach dem MiLoG vergütungspflichtig (zB Zeiten krankheits- und urlaubedingter Abwesenheit).

Der Arbeitnehmer darf seine Leistungspflicht schließlich nicht willkürlich selbst bestimmen, er muss vielmehr unter angemessener Ausschöpfung seiner persönlichen Leistungsfähigkeit arbeiten (modifiziert subjektiver Maßstab). Nur die Zeitspanne, die dazu für den einzelnen Arbeitnehmer unter Ausschöpfung einer persönlichen Leistungsfähigkeit erforderlich ist, zählt vergütungsrechtlich zur Arbeitszeit (vgl. BAG Urt. v. 19.9.2012 – 5 AZR 678/11, NZA-RR 2013, 63, 64). Das MiLoG schneidet dem Arbeitgeber insofern nicht den Einwand ab, der Arbeitnehmer sei seiner Arbeitspflicht nicht nachgekommen (zur Arbeitsvergütung und Schadenersatz bei Minderleistung vgl. BAG Beschl. v. 18.7.2007 – 5 AZN 610/07, AP BGB § 611 Minderleistung Nr. 1).

60 **c) Beginn und Ende der Arbeitszeit, Arbeitsunterbrechungen.** Mindestlohnrechtlich beginnt die Arbeitszeit zu dem Zeitpunkt, zu dem der Arbeitnehmer die Arbeit tatsächlich aufnimmt. Mindestlohnrechtlich endet die Arbeitszeit zu dem Zeitpunkt, zu dem der Arbeitnehmer die Arbeit einstellt. Arbeitszeit iSd MiLoG ist damit diejenige Zeitspanne, innerhalb der der Arbeitnehmer tatsächlich für den Arbeitgeber arbeitet.

61 Zeiten, in denen der Arbeitnehmer die geschuldete Arbeitsleistung vertragsgemäß anbietet, der Arbeitgeber also in der Lage ist, die Arbeitskraft des Arbeitnehmers zu verwerten, sind demgegenüber nicht nach dem MiLoG vergütungspflichtig. Etwaige Vergütungsansprüche aus § 615 BGB, die unter dem Gesichtspunkt des Annahmeverzugs bestehen, sind vom gesetzlichen Mindestlohnanspruch zu unterscheiden und werden auch nicht vom MiLoG geschützt. § 615 BGB wirkt nicht international zwingend (vgl. LAG RhPf. Urt. v. 2.3.2011 – 8 Sa 162/09, BeckRS 2011, 74580) und ist iÜ abdingbar (vgl. BAG Urt. v. 5.9.2002 – 8 AZR 702/01, NZA 2003, 973, 975) (hierzu bereits Rn 47 ff.).

62 **Kurze unproduktive Phasen** oder **Arbeitsunterbrechungen von geringer Dauer** lassen die Vergütungspflicht nach dem MiLoG demgegenüber nicht entfallen. Bis zu welcher Zeitdauer eine Arbeitsunterbrechung als geringfügig zu werten ist, ist individuell für das jeweilige Tätigkeitsbild zu bestimmen (zB zehn Minuten für Rettungssanitäter, vgl. hierzu BAG Urt. v. 12.2.1986 – 7 AZR 358/84, AP BAT § 15 Nr. 7). Unproblematisch sind Zeitspannen von bis zu drei Minuten, die als bloße „Verschnaufpausen" die Arbeitszeit vergütungsrechtlich nicht unterbrechen (vgl. BAG Urt. v. 14.4.1966 – 2 AZR 216/64, AP AZO § 13 Nr. 3). Arbeitsunterbrechungen von 15-minütiger Dauer werden demgegenüber regelmäßig beachtlich sein und zu einer auch mindestlohnrelevanten Unterbrechung der Arbeitszeit führen. Denn nach § 4 S. 2 ArbZG können Arbeitsunterbrechungen von 15-minütiger Dauer bereits als Ruhepause gelten.

63 **d) Formen minderer Beanspruchung.** Insbesondere bei Formen minderer Beanspruchung des Arbeitnehmers wirft das Gesetz die Frage auf, ob ein Anspruch auf den Mindestlohn besteht (vgl. Däubler NJW 2014, 1924, 1926; VKA Ausschuss-Drs. 18(11) 148 S. 164, 165; vgl. auch § 2 Abs. 3 2. PflegeArbbV, BAnz AT 28.11.2014 V1). Zu den typischen Formen minderer Beanspruchung zählen va Zeiten der **Arbeitsbereitschaft**, des **Bereitschaftsdienstes** und der **Rufbereitschaft**. Charakteristisch ist, dass der Arbeitnehmer in dieser Zeit zwar bestimmten Beschränkungen, zB hinsichtlich des Aufenthaltsortes unterliegt, aber iÜ über seine Zeit disponieren kann. Diese Arbeitszeitformen stehen zur sog. **Vollarbeit** in einem **Stufenverhältnis** (ErfK/Wank ArbZG § 2 Rn. 20). Vollarbeit setzt – soweit keine abweichende Vereinbarung besteht – regelmäßig voraus, dass der Arbeitnehmer die vertraglich geschuldete Arbeitsleistung wie geschuldet erbringt (vgl. Schliemann ArbZG § 2 Rn. 13).

64 **aa) Arbeitsbereitschaft.** Arbeitsbereitschaft wird ganz überwiegend als „Zeit der wachen Aufmerksamkeit im Zustand der Entspannung" definiert, in der der Arbeitnehmer am Arbeitsplatz anwesend sein muss, um **sofort und ohne gesonderte Anweisungen in Vollarbeit zu wechseln** (vgl. BAG Urt. v. 11.7.2006 – 9 ARZ 519/05, NZA 2007, 155, 158; BVerwG Urt. v. 19.1.1988 – 1 C 11/85, NZA 1988, 881, 882; Neumann/Biebl ArbZG § 7 Rn. 11 mwN). Die Arbeitsbereitschaft geht also nicht nur mit einer Aufenthaltsbeschränkung, sondern auch mit der Verpflichtung einher, bei Bedarf sofort tätig zu werden. Charakteristisch für Arbeitsbereitschaft ist, dass die Art der vom Arbeitnehmer geschuldeten Arbeit von vornherein einen Wechsel zwischen voller und geringerer

B. Inhalt und Umfang des Mindestlohnanspruchs § 1

Beanspruchung beinhaltet. Arbeitsbereitschaft ist also **gegenüber der Vollarbeit ein „Minus"** (vgl. Baeck/Deutsch ArbZG § 2 Rn. 42; MüArbR/Anzinger § 298 Rn. 37). Als Zeit der Arbeitsbereitschaft sind bspw. Wartezeiten von Rettungssanitätern zwischen den einzelnen Einsätzen anerkannt (hierzu BAG Urt. v. 12.2.1986 – 7 AZR 358/84, AP BAT § 15 Nr. 7).

Zeiten der Arbeitsbereitschaft sind unstreitig vergütungspflichtige Arbeitszeit (vgl. BAG Urt. v. 12.3.2008 – 4 AZR 616/06, NJOZ 2008, 4189, 4195). Dabei geht das BAG allerdings davon aus, dass für Zeiten der Arbeitsbereitschaft nicht zwingend die volle (tarif-)vertragliche Vergütung zu zahlen ist. Das Arbeitsentgelt für diese Zeit kann vielmehr angesichts der geringeren Beanspruchung unterhalb des Entgelts für Vollarbeit liegen. An dieser Sichtweise wird künftig nicht undifferenziert festgehalten werden können: Soweit es sich bei Arbeitsbereitschaft um dem Grund nach **vergütungspflichtige Arbeitszeit** handelt, in der sich der Arbeitnehmer nach der Art der geschuldeten Tätigkeit regulär bereit hält (Rettungssanitäter zwischen zwei Einsätzen) besteht auch ein **Anspruch auf den gesetzlichen Mindestlohn** (zur sog. Dienstleistungstheorie vgl. Baeck/Deutsch ArbZG § 2 Rn. 34 f. mwN). Der allgemeine Mindestlohn bildet ab dem 1.1.2015 eine unterste Grenze, die – von der Übergangsregelung des § 24 Abs. 1 – abgesehen, nicht unterschritten werden darf (vgl. auch § 3 S. 1). Auch für Zeiten der Arbeitsbereitschaft entsteht insofern ein Anspruch auf den gesetzlichen Mindestlohn (so auch Lakies AuR 2014, 360, 362). 65

bb) Bereitschaftsdienst. Zeiten des Bereitschafsdienstes, konkret: Bereitschaftsruhe- oder Bereithaltezeiten, sind nach hier vertretener Auffassung **nicht zum Mindestlohn zu vergüten**. Nach der Kontrollpraxis der Zollbehörden (Stand Februar 2015) werden Zeiten des Bereitschaftsdienstes hingegen als mindestlohnpflichtige Arbeitszeit eingeordnet. 66

Als Bereitschaftsdienst wird die Zeitspanne bezeichnet, während der sich der Arbeitnehmer, ohne dass er unmittelbar am Arbeitsplatz anwesend sein müsste, außerhalb der regelmäßigen Arbeitszeit an einem vom Arbeitgeber bestimmten Ort, innerhalb oder außerhalb des Betriebs aufzuhalten hat, um im Bedarfsfall seine **Arbeitstätigkeit zeitnah aufnehmen** zu können (vgl. BAG Urt. v. 24.9.2008 – 10 AZR 669/07, NZA 2009, 45; BVerwG Urt. v. 19.1.1988 – 1 C 11/85, NZA 1988, 881, 882; Schliemann ArbZG § 2 Rn. 21). 67

Das **BAG** hat zur **Verordnung** über zwingende Arbeitsbedingungen in der **Pflegebranche** (PflegeArbbV) entschieden, dass auch der Bereitschaftsdienst mindestlohnpflichtig ist (BAG Urt. v. 19.11.2014 – 5 AZR 1101/12, Entscheidungsgründe noch nicht veröffentlicht bei Drucklegung). Nach der Pressemitteilung Nr. 63/14 begründet das BAG die Entscheidung vorläufig damit, dass § 2 PflegeArbbV das Mindestentgelt „je Stunde" festlegt und damit an die vergütungspflichtige Arbeitszeit anknüpft. Hierzu zähle auch der Bereitschaftsdienst (anders in § 2 Abs. 3 der 2. PlegeArbbV v. 27.11.2014, BAnz AT 28.11.2014). Obwohl § 1 Abs. 2 S. 1 ebenfalls davon spricht, dass der Mindestlohnanspruch „je Zeitstunde" entsteht, ist diese **Rechtsprechung nicht** auf den allgemeinen Mindestlohn **übertragbar**. Der allgemeine Mindestlohn fällt für die *Arbeits*leistung des Arbeitnehmers an. Zeiten des Bereitschaftsdiensts, konkret: Bereitschaftsruhe- oder Bereithaltezeiten, sind zwar nach der Rechtsprechung des BAG auch mit einer Vergütung zu belegen. Dabei soll grundsätzlich auch der gesamte Bereitschaftsdienst als solcher und nicht nur die darin enthaltene Vollarbeit zu vergüten sein. **Bezugspunkt** für die Bemessung der **Vergütung** von **Bereitschaftsruhezeiten** ist insofern aber nicht die vertraglich geschuldete Arbeitsleistung, sondern der **Verlust an Freizeit** (vgl. BAG Urt. v. 12.3.2008 – 4 AZR 616/06, NJOZ 2008, 4189, 4196). Gesondert **zu vergüten** ist also nicht die eigentliche Arbeitsleitung des Arbeitnehmers, sondern das „Bereithalten" als eine **andere, zusätzliche Leistung des Arbeitnehmers**. Während die Arbeitsbereitschaft gegenüber der Vollarbeit ein „Minus" ist, stellt der Bereitschaftsdienst im Verhältnis zur Vollarbeit eine andere Leistung dar, dh ein „Aliud" (vgl. Baeck/Deutsch ArbZG § 2 Rn. 42; MüArbR/Anzinger § 298 Rn. 37). 68

69 Indem sich der Arbeitnehmer bereithält, erbringt er zwar eine Leistung, aber nicht die geschuldete Arbeitsleitung und damit auch keine Arbeit iSd MiLoG (vgl. auch Stommel/Valder, jurisPR-TranspR 5/2014 Anm. 4; zur sog. Dienstleistungstheorie vgl. Baeck/Deutsch ArbZG § 2 Rn. 34 f. mwN). Es besteht nur für diejenigen Zeitanteile ein gesetzlicher Anspruch auf den Mindestlohn, in denen die vertragliche Arbeitsleistung des Arbeitnehmers tatsächlich abgerufen wird (aA Lakies AuR 2014, 360, 362; Nebel/Kloster BB 2014, 2933; Schubert/Jerchel/Düwell MiLoG Rn. 96). Etwas anderes gilt nur in den Fällen, in denen die Arbeitsvertragsparteien gerade die Leistung von Bereitschaftsdienst „als Hauptleistung" vereinbaren (vgl. Baeck/Deutsch ArbZG § 2 Rn. 31). Wird nur „Bereitschaftsdienst" geschuldet, liegt iE mit dem Mindestlohn zu vergütende Arbeitsbereitschaft vor.

70 Freilich bedeutet dies nicht, dass die Leistung von Bereitschaftsdienst vergütungsfrei zu bleiben hat. Soweit eine (tarif-)vertragliche Vereinbarung fehlt, bestimmt sich die Vergütung für Bereitschaftsdienst nach **§ 612 Abs. 1 BGB**.

71 Für Zeiten des Bereitschaftsdienstes gilt damit: Bereithaltezeiten sind nicht nach dem MiLoG zu vergüten. Nimmt der Arbeitnehmer im Bedarfsfall die Arbeit auf, liegt nach dem MiLoG zu vergütende Arbeitszeit vor. Dies ist auch im Rahmen von (Kollektiv-)Vereinbarungen zu beachten, die keine gesonderte Vergütung für Bereitschaftsdienste vorsehen, sondern sie im Rahmen einer Gesamtvergütung berücksichtigen.

72 cc) **Rufbereitschaft.** Die Rufbereitschaft ist letztlich eine **Unterfall des Bereitschaftsdienstes**. Rufbereitschaft liegt vor, wenn sich der Arbeitnehmer auf Anordnung des Arbeitgebers außerhalb der regelmäßigen Arbeitszeit an einer dem Arbeitgeber anzuzeigenden Stelle aufzuhalten hat, um auf Abruf die **Arbeit alsbald aufzunehmen** (vgl. BAG Urt. v. 19.12.1991 – 6 AZR 592/89, NZA 1992, 560; BVerwG Urt. v. 19.1.1988 – 1 C 11/85, NZA 1988, 881, 882; Baeck/Lösler NZA 2005, 247, 249). Ruf- und Bereitschaftsdienst unterscheiden sich zum einen durch die unterschiedliche Bestimmung des Aufenthaltsorts. Bei der Rufbereitschaft bestimmt der Arbeitnehmer, beim Bereitschaftsdienst der Arbeitgeber den Aufenthaltsort, auch wenn der Arbeitnehmer in der Wahl seines Aufenthaltsortes nicht völlig frei ist. Zum anderen unterscheiden sich Rufbereitschaft und Bereitschaftsdienst darüber hinaus hinsichtlich der Bemessung der Wegezeiten zwischen Aufenthalts- und Arbeitsort. Zwischen dem Abruf und der Arbeitsaufnahme darf bei Rufbereitschaft nur eine solche Zeitspanne liegen, die den Einsatz nicht gefährdet und im Bedarfsfall die Arbeitsaufnahme gewährleistet (zur Zulässigkeit einer Zeitvorgabe von 45 Minuten vgl. BAG Urt. v. 22.1.2004 – 6 AZR 543/02, BeckRS 2004, 30800702). Ist eine kürzere Zeitspanne vorgegeben, kann die Zeit als Bereitschaftsdienst oder gar Arbeitsbereitschaft zu qualifizieren sein.

73 Die Rufbereitschaft ist keine Arbeitszeit im arbeitsschutzrechtlichen Sinn, sondern **arbeitsfreie Zeit** (vgl. Schliemann ArbZG § 2 Rn. 30). Hinsichtlich der mindestlohnrechtlichen Behandlung von Rufbereitschaft gelten die für den Bereitschaftsdienst dargestellten Grundsätze entsprechend. Auch im Falle der Rufbereitschaft erbringt der Arbeitnehmer nicht die primär geschuldete, sondern eine andere zusätzliche Leistung (so BAG Urt. v. 24.10.2000 – 9 AZR 634/99, NZA 2001, 449), die nicht mit dem Mindestlohn zu vergüten ist (so auch Lakies AuR 2014, 360, 362; Nebel/Kloster BB 2014, 2933). Rufbereitschaft wird auch von den Zollbehörden – im Unterschied zum Bereitschaftsdienst – nicht als mindestlohnpflichtige Arbeitszeit angesehen.

74 e) **Dienstreisen.** Die auf Weisung des Arbeitgebers **während der üblichen Arbeitszeit** aufgewendete Reisezeit stellt vergütungspflichtige Arbeitszeit dar, die mit dem Mindestlohn zu vergüten ist. Durch die Weisung des Arbeitgebers, eine im betrieblichen Interesse liegende Reise zu unternehmen, konkretisiert der Arbeitgeber die Arbeitspflicht des Arbeitnehmers, so dass eine Vollarbeit vorliegt (vgl. BAG Urt. v. 8.12.1960 – 5 AZR 304/58, AP AZO § 2 Nr. 6; MüArbR/Anzinger § 298 Rn. 16).

Für **außerhalb der üblichen Arbeitszeit** aufgewandte Reisezeit besteht demgegenüber 75 nur dann ein Anspruch auf den gesetzlichen Mindestlohn, wenn während der Reise eine Arbeitsleistung erbracht wird (zB die Beantwortung dienstlicher E-Mails, die Vorbereitung eines Termins) (vgl. BAG Urt. v. 11.7.2006 – 9 AZR 519/05, NZA 2007, 155). Erbringt der Arbeitnehmer während der Reisezeit keine Arbeitsleistung, ist die Reisezeit grundsätzlich nicht nach dem MiLoG zu vergüten. Reisezeiten, die dem Arbeitnehmer lediglich ein **Freizeitopfer** abverlangen, sind keine vergütungsrechtliche Arbeitszeit iSd MiLoG, sondern ggf. nach § 612 BGB vergütungspflichtig (vgl. auch Baeck/Deutsch ArbZG § 2 Rn. 75 mwN). Einen Rechtssatz, dass Reisezeiten stets oder regelmäßig zu vergüten seien, gibt es nicht (MüArbR/Anzinger § 298 Rn. 16).

f) **Wegezeit.** Die Zeit, die der Arbeitnehmer zur Arbeitsstelle und zurück aufwendet 76 (sog. Wegezeit), ist **keine vergütungspflichtige Arbeitszeit** im mindestlohnrechtlichen Sinn. Die Wegezeit zählt zur **privaten Lebensführung** des Arbeitnehmers (MüArbR/Anzinger § 298 Rn. 13). Sie dient dem alleinigen Interesse des Arbeitnehmers, den Arbeitsort zur Erfüllung der arbeitsvertraglich geschuldeten Dienste zu erreichen.

Begibt sich der Arbeitgeber auf Weisung des Arbeitgebers von seiner Wohnung direkt zu 77 einem außerhalb des Betriebs gelegenen Arbeits-/Einsatzort, ist allerdings die Wegezeit als Arbeitszeit mit dem Mindestlohn zu vergüten, die über die Wegezeit von der Wohnung zum Betrieb hinausgeht (vgl. BAG Urt. v. 8.12.1960 – 5 AZR 304/58, AP AZO § 2 Nr. 6).

g) **Umkleide-, Rüstzeiten, innerbetriebliche Wegezeiten.** Zur vergütungspflichtigen Ar- 78 beitszeit gehört auch der zeitliche Umfang, der für das **Umkleiden** zur Arbeit und das **Auf-/Abrüsten** von Arbeitsmitteln benötigt wird, wenn der Arbeitgeber das Tragen einer bestimmten Kleidung vorschreibt und das Umkleiden im Betrieb erfolgen muss (vgl. BAG Urt. v. 19.9.2012 – 5 AZR 678/11, NZA-RR 2013, 63). Beginnt und endet die Arbeit mit dem Umkleiden, zählen auch die innerbetrieblichen Wege zur Arbeitszeit, die dadurch veranlasst sind, dass der Arbeitgeber das Umkleiden nicht am Arbeitsplatz ermöglicht, sondern dafür eine vom Arbeitsplatz getrennte Umkleidestelle einrichtet, die der Arbeitnehmer zwingend benutzen muss. Auf die Frage, ob die vorgeschriebene Kleidung besonders auffällig gestaltet ist, kommt es vergütungsrechtlich nicht an (anders für den betriebsverfassungsrechtlichen Arbeitszeitbegriff, vgl. hierzu BAG Beschl. v. 12.11.2013 – 1 ABR 59/12, NZA 2014, 557; für den arbeitsschutzrechtlichen Arbeitszeitbegriff vgl. BAG Urt. v. 11.10.2000 – 5 AZR 122/99, NZA 2001, 458, 459).

C. Erfüllung des Mindestlohnanspruchs

Die Erfüllung eines Mindestlohnanspruchs tritt gemäß § 362 Abs. 1 BGB ein, wenn der 79 Schuldner die geschuldete Leistung bewirkt. Inhalt und Umfang der geschuldeten Leistung ergeben sich aus der gesetzlichen Regelung, die die zu erfüllende Schuld festlegt (MüKoBGB/Fetzer BGB § 362 Rn. 3). Nach § 1 Abs. 1 und Abs. 2 schuldet der Arbeitgeber eine Geldsumme (s. Rn. 11). Unter den Geldbegriff fällt nicht nur Bargeld als Geld im institutionellen Sinn, sondern darüber hinaus auch Buchgeld als Geld im konkret-funktionellen Sinn (MüKoBGB/Grundmann BGB § 245 Rn. 11). Der gesetzliche Mindestlohnanspruch kann vom Arbeitgeber daher mit **Bar- und/oder** mit **Buchgeld** erfüllt werden.

I. Sachleistungen

Der Arbeitgeber kann den Mindestlohnanspruch nicht mit Sachleistungen erfüllen, da 80 er damit **nicht** die von ihm **geschuldete Zahlung einer Geldsumme** bewirkt (ebs. Lakies AuR 2014, 360, 362).

1. Keine Ersetzungsbefugnis

81 Arbeitgeber und Arbeitnehmer können eine **Sachleistungspflicht nicht anstelle** der von § 1 Abs. 1 und Abs. 2 vorgegebenen **Geldleistungspflicht** des Arbeitgebers vereinbaren. Dies ergibt sich bereits aus § 3 S. 1, wonach eine Vereinbarung, die den gesetzlichen Mindestlohnanspruch beschränkt oder ausschließt, insoweit unwirksam ist. Die Eigenschaft des Mindestlohnanspruchs als Geldsummenleistung nimmt am zwingenden Charakter des Mindestlohns teil. Ebenso ist es der Disposition der Arbeitsvertragsparteien entzogen, die Hingabe von Sachleistungen **an Erfüllung statt gemäß § 364 Abs. 1 BGB** zu vereinbaren. Die in § 3 S. 1 normierte Unabdingbarkeit des gesetzlichen Mindestlohnanspruchs würde leerlaufen, wenn sie sich nicht auch auf Vereinbarungen über die Erfüllung bezöge.

2. Keine Anwendbarkeit von § 107 Abs. 2 GewO

82 Etwas anderes folgt auch nicht aus § 107 Abs. 2 GewO (aA Berndt DStR 2014, 1878, 1881; ErfK/Franzen MiLoG § 1 Rn. 6). § 107 Abs. 1 GewO hält den Grundsatz fest, dass das Arbeitsentgelt in Euro zu berechnen und auszuzahlen ist. Nach § 107 Abs. 2 S. 1 GewO können Arbeitgeber und Arbeitnehmer Sachbezüge als Teil des Einkommens vereinbaren, wenn dies dem Interesse des Arbeitnehmers oder der Eigenart des Arbeitsverhältnisses entspricht.

83 Der Anwendungsbereich des § 107 GewO betrifft **nur vertragliche Vergütungsansprüche**, verschafft den Arbeitsvertragsparteien also nicht die Befugnis, über den Inhalt des gesetzlichen Mindestlohns zu disponieren. Dies wird systematisch auch daran deutlich, dass § 107 GewO in den Titel „Allgemeine arbeitsrechtliche Grundsätze" integriert ist. Die Normen dieses Titels betreffen va den schuldrechtlichen Gehalt des Arbeitsverhältnisses (va § 105 GewO Freie Gestaltung des Arbeitsvertrages, § 106 GewO Weisungsrecht des Arbeitgebers) (vgl. auch BT-Drs. 14/8796 S. 16, 14/9254 S. 7: „Grundprinzipien des Arbeitsvertragsrechts").

84 Davon unabhängig finden Vereinbarungen nach § 107 Abs. 2 S. 1 GewO ihre Grenze im Mindestentgeltschutz nach § 107 Abs. 2 S. 5 GewO. Nach **§ 107 Abs. 2 S. 5 GewO** ist dem Arbeitnehmer der nach §§ 850 ff. ZPO **unpfändbare Teil des Arbeitseinkommens** in Geld auszuzahlen (vgl. hierzu [unter Hinweis auf den „missglückten" Wortlaut von § 107 Abs. 2 S. 5 GewO] ErfK/Preis GewO § 107 Rn. 7 mwN). Nachdem der gesetzliche Mindestlohn der Höhe nach so konzipiert ist, dass er einen alleinstehenden Arbeitnehmer bei vollzeitiger Beschäftigung ein knapp oberhalb der Pfändungsfreigrenze des § 850c Abs. 1 S. 1 ZPO liegendes Arbeitsentgelt sichert (vgl. BT-Drs. 18/1558 S. 28), dürften Vereinbarungen nach § 107 Abs. 2 S. 1 GewO in mindestlohnrelevanten Arbeitsverhältnissen auch ohne Hinzuziehung von § 3 S. 1 bereits nach § 107 Abs. 2 S. 5 GewO überwiegend unwirksam sein (vgl. auch Berndt DStR 2014, 1878, 1881: „Wert der vereinbarten Sachbezüge darf also 10,47 € nicht übersteigen"; ErfK/Franzen MiLoG § 1 Rn. 6; Lakies AuR 2014, 360, 362). Ein Anwendungsbereich verbliebe allenfalls in Bereichen mit saisonal schwankenden Arbeitsvolumen, die zu erheblicher Mehrarbeit führen.

3. Aufrechnung mit Zahlungsanspruch für Sachleistung

85 Im Grundsatz möglich ist, dass der Mindestlohnanspruch teilweise infolge einer **Aufrechnung mit den für die Sachleistungen veranschlagten Kosten** gemäß § 389 BGB erlischt. Allerdings steht der Aufrechnung von Zahlungsansprüchen für gewährte Sachleistungen gegen den Mindestlohnanspruch in der Regel entgegen, dass nach § 394 S. 1 BGB die Aufrechnung gegen eine unpfändbare Forderung nicht zulässig ist. Die Höhe des

C. Erfüllung des Mindestlohnanspruchs § 1

Mindestlohns orientiert sich bei seiner Einführung an der Pfändungsfreigrenze der ZPO, so dass der Mindestlohnanspruch in aller Regel unpfändbar ist.

4. Einzelfälle

a) Kost und Logis in der Saisonarbeit. Die Koalitionsfraktionen weisen im Bericht des Ausschusses für Arbeit und Soziales zum Gesetzentwurf der Bundesregierung darauf hin, dass „für den Fall der Saisonarbeit entsprechend § 107 GewO und der Sozialversicherungsentgeltverordnung fest[zu]legen, dass und inwieweit vom Arbeitgeber gewährte Kost und Logis auf den gesetzlichen Mindestlohn angerechnet werden könnten" (vgl. BT-Drs. 18/2010 (neu) S. 16). Dennoch kann auch im Bereich der **Saisonarbeit** der Arbeitgeber nicht mit Sachleistungen für **Kost und Logis** den Mindestlohnanspruch des Arbeitnehmers erfüllen. Selbst wenn es dem Gesetzgeber mit Blick auf die Besonderheiten der Saisonarbeit nicht aus gleichheitsrechtlichen Gründen verbaut gewesen wäre, für Saisonarbeitnehmer bestimmte Anrechnungen von Sachleistungen zuzulassen, hätte es sich bei einer solchen Ausnahmeregelung um eine wesentliche Frage gehandelt, die Niederschlag im Gesetzestext hätte finden müssen und vom Gesetzgeber zu begründen gewesen wäre. Dabei hätte nicht zuletzt auch der Begriff der Saisonarbeit bzw. des Saisonarbeitnehmers, der bislang – jedenfalls im Arbeitsrecht – kein feststehender Rechtsbegriff ist, definiert werden müssen. Die politische Absichtserklärung der Koalitionsfraktionen ist daher rechtlich nicht umsetzbar, so dass auch für Saisonarbeitnehmer eine Anrechenbarkeit von Kost und Logis nicht zulässig ist (so auch Brors NZA 2014, 938, 939 f. unter Hinweis auf Art. 3 Abs. 7 RL 96/71/EG und Art. 20 Abs. 2 Buchst. a (Saisonarbeiter-)RL 2014/36/EU; Lakies AuR 2014, 360, 362) (zur **Kontrollpraxis** des Zolls vgl. § 21 Rn. 33). 86

b) Sachleistungen im weiteren Sinne. Die Überlassung eines **Kfz zur auch privaten Nutzung** stellt einen Naturalbezug dar (vgl. ErfK/Preis BGB § 611 Rn. 522), mit dem der Mindestlohnanspruch nicht erfüllt werden kann. 87

Mit **Personalrabatten** kann der Mindestlohn nicht bewirkt werden, da sie zwar eine Form des Arbeitsentgelts (vgl. ErfK/Preis BGB § 611 Rn. 519), aber keine Geldleistung darstellen. 88

Vom Arbeitgeber gewährte **Aktienoptionen** sind zwar nach hM Bestandteil der arbeitsvertraglichen Vergütungsregelung und damit arbeitsrechtlich als Arbeitsentgelt zu qualifizieren (BAG Urt. v. 28.5.2008 – 10 AZR 351/07, NZA 2008, 1066, 1071, 1074). Eine unmittelbare Geldleistung stellen Aktienoptionen demgegenüber nicht dar. Aktienoptionen sind auch nicht als Buchgeld zu qualifizieren, weil sie nur das Recht begründen, Aktien zu vergünstigten Konditionen zu erwerben. 89

Stellt der Arbeitgeber dem Arbeitnehmer **kostenlose Kinderbetreuungsmöglichkeiten** (zB firmeneigene Kita) zur Verfügung, kann diese Leistung nicht mit dem Geldwert auf den Mindestlohnanspruch angerechnet werden (zu sog. Sozialzulagen s. aber Rn. 127). 90

Nicht auf den Mindestlohn anrechenbare Sachleistungen sind ferner sonstige **Waren, Tankgutscheine oder Monatstickets für den ÖPNV**. 91

II. Mindestlohnwirksamkeit von Entgeltzahlungen des Arbeitgebers

Das **MiLoG** regelt nicht ausdrücklich, welche **Entgeltzahlungen** des Arbeitgebers auf die Verpflichtung zur Zahlung des Mindestlohns **angerechnet werden können**. Der Bundesrat hat in seiner Stellungnahme zum Gesetzentwurf um Klarstellung gebeten, welche Lohnbestandteile auf den Mindeststundenlohn anzurechnen sind (BT-Drs. 18/1558 S. 61 f.). Die Bundesregierung hat in ihrer Gegenäußerung die Auffassung vertreten, dass die Frage der Berechnung von Mindestlöhnen bereits durch die Rechtsprechung des EuGH und des BAG zu tarifgestützten Mindestlöhnen geklärt sei. Diese Rechtsprechung 92 sei auf den allgemeinen gesetzlichen Mindestlohn zu übertragen. In der Sachverständigenanhörung vor dem Ausschuss für Arbeit und Soziales ist es von verschiedener Seite für sinnvoll erachtet worden, ausdrücklich im Normtext zu regeln, welche Lohnbestandteile auf den Mindestlohn angerechnet werden können (vgl. BDA Ausschuss-Drs. 18(11)148 S. 10; Düwell Ausschuss-Drs. 188(11)148 S. 73; Preis Ausschuss-Drs. 18(11)148 S. 80). Die Koalitionsfraktionen haben dies nicht für erforderlich gehalten und sich die Argumentation der Bundesregierung zu eigen gemacht, wonach die Frage der Anrechenbarkeit bereits durch die Rechtsprechung hinreichend geklärt sei (BT-Drs. 18/2010 (neu) S. 15).

93 Nachfolgend werden die **Grundlinien** der Rechtsprechung von **EuGH** und **BAG** dargestellt. Sodann wird erörtert, inwieweit diese Rechtsprechung auf den allgemeinen Mindestlohn zu übertragen ist und was dies für die Anrechenbarkeit von Arbeitgeberleistungen auf den Mindestlohn konkret bedeutet.

1. Allgemeine Grundlagen

94 a) **Grundlinien der Rechtsprechung des EuGH und des BAG.** Die (Entsende-)RL 96/71/EG regelt nicht ausdrücklich, welche Leistungen des Arbeitgebers auf den Mindestlohn angerechnet werden können. In Art. 3 Abs. 7 RL 96/71/EG ist lediglich geregelt, dass Entsendezulagen nicht als Bestandteil des Mindestlohns anzusehen sind, soweit sie „als Erstattung für infolge der Entsendung tatsächlich entstandene Kosten wie z. B. Reise-, Unterbringungs- und Verpflegungskosten gezahlt werden". Die RL 96/71/EG gibt selbst keinen Anhaltspunkt für eine inhaltliche Definition des Mindestlohns. Vielmehr ist im Recht des betreffenden Mitgliedsstaates festzulegen, aus welchen Bestandteilen sich der Mindestlohn zusammensetzt (BAG Urt. v. 16.4.2014 – 4 AZR 802/11, NZA 2014, 1277).

95 aa) **Äquivalenzprinzip.** Der EuGH hat in der Rs. **Kommission/Deutschland** festgestellt, dass es mit Art. 3 RL 96/71/EG unvereinbar ist, wenn Zulagen oder Zuschläge nicht als Bestandteile des Mindestlohns anerkannt werden, die das **Verhältnis von Leistung und Gegenleistung nicht verändern** (EuGH Urt. v. 14.4.2005 – C-341/02, NZA 2005, 573, 575). Hingegen könnten Zahlungen, die der Arbeitnehmer für ein Mehr an Arbeit oder Arbeitsstunden unter besonderen Bedingungen erhält, nach der RL 96/71/EG nicht als Bestandteil des Mindestlohn qualifiziert werden.

96 Das **BAG** hat für die Anrechenbarkeit von Leistungen des Arbeitgebers auf vom Arbeitgeber tarifvertraglich geschuldete Leistungen wiederholt darauf abgestellt, ob die jeweiligen Leistungen funktional gleichwertig sind (vgl. bereits BAG Urt. v. 27.1.2004 – 1 AZR 148/03, NZA 2004, 667; BAG Urt. v. 30.3.2004 – 1 AZR 85/03, NZA 2004, 1183; zuletzt etwa BAG Urt. v. 16.4.2014 – 4 AZR 802/11, NZA 2014, 1277, 1280). Die **Formel der funktionalen Gleichwertigkeit** (auch funktionale Äquivalenz) hat das BAG ebenso auf die Anrechenbarkeit von Arbeitgeberleistungen auf einen tarifgestützten Mindestlohn nach dem AEntG übertragen. Die Leistung des Arbeitgebers soll danach auf den Mindestlohn anrechenbar sein, wenn sie ihrem Zweck nach diejenige Arbeitsleistung des Arbeitnehmers entgelten soll, die mit dem tarifgestützten Mindestlohn zu vergüten ist (BAG Urt. v. 18.4.2012 – 4 AZR 139/10, NZA 2013, 392, 395). **Gegenüberzustellen** ist damit der **Zweck des Mindestlohns** und der **Zweck** der jeweiligen **(tarif-)vertraglichen Leistung.**

97 In der Rs. **Isbir** hat der **EuGH** auf ein Vorabentscheidungsersuchen des BAG die Unionsrechtskonformität des **Äquivalenzprinzips bestätigt** und sich dabei auf die Ausführungen in der Rs. Kommission/Deutschland berufen. Art. 3 Abs. 1 Unterabs. 1 Buchst. c RL96/71/EG stehe der Einbeziehung von Vergütungsbestandteilen in den Mindestlohn nicht entgegen, wenn das **Verhältnis zwischen der Leistung und Gegenleistung nicht verändert** werde (EuGH Urt. v. 7.11.2013 – C-522/12, NZA 2013, 1359, 1361).

C. Erfüllung des Mindestlohnanspruchs § 1

bb) Zeitversetzte Zahlungen. Nicht abschließend geklärt ist in der Rechtsprechung des EuGH, inwieweit es für die Anrechenbarkeit zeitversetzter Zahlungen auf ihre funktionale Gleichwertigkeit ankommt bzw. diese als funktional gleichwertig angesehen werden können. 98

In der Rs. **Kommission/Deutschland** gibt der EuGH die verfahrensgegenständliche Abrede zwischen der Kommission und der Bundesregierung, nach der ein 13./14. Monatsgehalt auf den Mindestlohn anrechenbar ist, wenn es **regelmäßig, anteilig, tatsächlich und unwiderruflich gezahlt wird und zum vorgesehenen Fälligkeitsdatum zur Verfügung steht**, lediglich wieder (EuGH Urt. v. 14.4.2005 – C-341/02, NZA 2005, 573, 574 f.). Den Inhalt der Abrede macht sich der EuGH dabei inhaltlich nicht zu eigen. In der nachfolgenden Rs. **Isbir** hat der EuGH entschieden, dass die **Anrechenbarkeit einer pauschalen Zahlung** des Arbeitgebers auf den Mindestlohn aus unionsrechtlicher Sicht **nicht zwangsläufig ausgeschlossen** ist, wenn sie „außerhalb des Zeitraums erfolgt, für den sie die Leistung der betreffenden Arbeitnehmer entgelten sollte" (EuGH Urt. v. 7.11.2013 – C-522/12, NZA 2013, 1359, 1361). Die zeitversetzte Zahlung wirke sich nicht auf die Einstufung der Zahlung aus, sofern sie als Gegenleistung für die Arbeit zu qualifizieren sei. Für den EuGH scheint das maßgebliche Kriterium für die Anrechenbarkeit einer Arbeitgeberleistung also das Äquivalenzprinzip zu sein. Dennoch bringt die Entscheidung wegen des ihr zugrunde liegenden Sachverhalts keine endgültige Klarheit im Hinblick auf den für eine Anrechenbarkeit einer Arbeitgeberleistung maßgeblichen Auszahlungspunkt. Streitgegenstand des Ausgangsverfahrens waren zwei Pauschalzahlungen des Arbeitgebers, mit denen nach dem Auslaufen eines Tarifvertrags die Anwendung einer neuen Lohntabelle antizipiert werden sollte, so dass dem Arbeitnehmer das Entgelt im Fälligkeitszeitpunkt bereits zur Verfügung stand. Dementsprechend gehen die **Interpretationen der Entscheidung des EuGH in der Rs. Isbir im Schrifttum auseinander** (dazu noch Rn. 106 ff.). 99

b) Kriterien für die Anrechenbarkeit. Der Gesetzestext des MiLoG verhält sich nicht zur Frage, ob die Mindestlohnwirksamkeit einer Arbeitgeberleistung voraussetzt, dass sie zum einen mit der Zahlung des Mindestlohns funktional gleichwertig ist und zum anderen regelmäßig, anteilig, tatsächlich und unwiderruflich gezahlt und dem Arbeitnehmer zum gesetzlichen Fälligkeitstermin zur Verfügung steht. 100

aa) Anwendbarkeit des Kriteriums der Funktionsäquivalenz. Das Kriterium der funktionalen Gleichwertigkeit ist auch für die Anrechenbarkeit einer Arbeitgeberleistung auf den allgemeinen Mindestlohn maßgeblich. 101

(1) Unionsrecht. Die Erkenntnisse des EuGH in den Rs. Kommission/Deutschland und Isbir, die Entsendesachverhalte betrafen, beanspruchen auch für den allgemeinen Mindestlohn Geltung. Zwar ist es nicht vorrangige Aufgabe des MiLoG, einen grenzüberschreitenden Lohnunterbietungswettbewerb zu begrenzen, der durch die Entsendung von Arbeitnehmern aus Ländern mit deutlich niedrigerem Lohnniveau entstehen kann. Vielmehr stellt der Mindestlohn eine Reaktion auf die abnehmende Tarifbindung und der damit einhergehenden Ausweitung des Niedriglohnsektors im Inland dar (BT-Drs 18/1558 S. 27 f.). Das MiLoG nimmt also zuerst Inlandssachverhalte in den Blick. Dies ändert aber nichts daran, dass es sich beim **allgemeinen Mindestlohn** – ebenso wie bei tarifgestützten Branchenmindestlöhnen nach dem AEntG – um einen **entsenderechtlichen Mindestentgeltsatz** handelt, der auf nach Deutschland entsandte Arbeitnehmer zwingend Anwendung findet (§ 20). Die Vorgaben des EuGH zur Auslegung der RL 96/71/EG sind daher zu beachten. Die Vorgaben sind auch für Inlandssachverhalte maßgeblich, weil eine einheitliche Auslegung zwischen grenzüberschreitenden Sachverhalten und Inlandssachverhalten auch entsenderechtlich geboten ist (vgl. BAG Urt. v. 18.4.2012 – 4 AZR 168/10 (A), NZA 2013, 386, 389). Anderenfalls könnte es insbesondere zu Benachteiligungen der inländischen Arbeitgeber bzw. zu Wettbewerbsverzerrungen kommen (vgl. EuGH 102

Urt. v. 20.5.2010 – C-352/08, EuZW 2010, 591). Von einer Übertragung der Grundsätze auf den allgemeinen Mindestlohn ist schließlich auch der Gesetzgeber ausgegangen (vgl. BT-Drs. 18/2010 (neu) S. 15).

103 (2) **Systematik: Anspruchskonkurrenz und Funktionsäquivalenz.** Das Kriterium der Funktionsäquivalenz ergibt sich bei gesamtsystematischer Auslegung auch aus der Dogmatik des zivilrechtlichen Anspruchssystems. Mit der Funktionsäquivalenz von gesetzlichem Mindestlohnanspruch und arbeits- oder tarifvertraglichem Vergütungsanspruch wird letztlich nichts anderes ausgedrückt, als dass es sich bei ihnen um in echter Anspruchskonkurrenz stehende Ansprüche handelt.

104 Der gesetzliche Mindestlohnanspruch tritt neben den arbeits- bzw. tarifvertraglichen Vergütungsanspruch (hierzu Rn. 2 ff.). Gesetzlicher und vertraglicher Vergütungsanspruch stehen in **echter Anspruchskonkurrenz**, soweit ein und derselbe Lebenssachverhalt mehrere Ansprüche auslöst, die auf dieselbe Leistung gerichtet sind (vgl. MüKoBGB/Bachmann BGB § 241 Rn. 39). Gesetzlicher und vertraglicher Vergütungsanspruch sind auf dieselbe Leistung, nämlich jeweils auf Zahlung von Geld gerichtet. Durch ein und denselben Lebenssachverhalt werden beide Ansprüche ausgelöst, wenn sie jeweils infolge derselben Arbeitsleistung entstehen. Nach dem BAG ist eine Zahlung des Arbeitnehmers funktionell gleichwertig, wenn sie ihrem Zweck nach die gleiche Arbeitsleistung wie der Mindestlohn entgelten soll.

105 Die **Rechtsfolgen** von Anspruchskonkurrenz und Funktionsäquivalenz sind ebenfalls **identisch**. Soweit gesetzlicher und vertraglicher Vergütungsanspruch in echter Anspruchskonkurrenz stehen, erlischt mit der Erfüllung des einen Anspruchs auch der andere Anspruch (vgl. MüKoBGB/Bachmann BGB § 241 Rn. 39). Einer ausdrücklichen oder konkludenten Tilgungsbestimmung des Arbeitgebers, auf beide Ansprüche leisten zu wollen, bedarf es in Fällen echter Anspruchskonkurrenz nicht, da § 366 BGB unterschiedliche Schuldverhältnisse voraussetzt. Die gesetzliche Tilgungsregelung des § 366 BGB ist damit **auf das Verhältnis des gesetzlichen Mindestlohnanspruchs zum vertraglichen Vergütungsanspruch nicht anwendbar.** Für das Verhältnis des gesetzlichen Mindesturlaubsanspruchs zum (tarif-)vertraglich vereinbarten Urlaubsanspruch hat dies das BAG bereits entschieden. Das BAG nimmt zwischen den beiden (Urlaubs-)Ansprüchen Anspruchskonkurrenz mit der Folge an, dass beide Ansprüche auch ohne ausdrückliche oder konkludente Tilgungsbestimmung durch eine Leistung erfüllt werden (BAG Urt. v. 7.8.2012 – 9 AZR 760/10, NZA 2013, 104). Ebenso führt die Funktionsäquivalenz einer auf (Tarif-)Vertrag fußenden Arbeitgeberleistung mit dem gesetzlichen Mindestlohnanspruch zur Anrechenbarkeit auf den Mindestlohn und somit dazu, dass beide Ansprüche nach § 362 Abs. 1 BGB erlöschen, ohne dass es einer Tilgungsbestimmung des Arbeitgebers bedarf, auf beide Ansprüche leisten zu wollen (vgl. BAG Urt. v. 18.4.2012 – 4 AZR 139/10, NZA 2013, 392, 394 f.).

106 bb) **Funktionsäquivalenz und zeitversetzte Zahlungen.** Die Rechtsprechung des EuGH zu tarifgestützten Mindestlöhnen ist im Hinblick auf die Anrechenbarkeit zeitversetzter Zahlungen (sog. **Vergütung mit lediglich aufgeschobener Fälligkeit**) schon deshalb für den allgemeinen Mindestlohn zu berücksichtigen, weil der gesetzliche Mindestlohn als Mindestentgeltsatz iSd § 2 Nr. 1 AEntG konzipiert ist.

107 Bislang ist **nicht abschließend geklärt**, welche Bedeutung in der Rechtsprechung des EuGH der Zeitpunkt der Arbeitgeberleistung für ihre Mindestlohnwirksamkeit hat. Nach eA ist die Entscheidung des EuGH in der Rs. Isbir so zu verstehen, dass **pauschale Zahlungen** nur dann **anrechenbar** sind, **wenn** sie im Voraus auf den Lohn gezahlt werden und dem Arbeitnehmer mithin **im Fälligkeitszeitpunkt zur Verfügung stehen** (Bayreuther NZA 2014, 865, 868; ders. EuZA 2014, 189, 198; Brors NZA 2014, 938, 939; D. Ulber RdA 2014, 176, 180). Dies entspricht in der Sache der Sichtweise der Koalitionsfraktionen wie sie im Beratungsverlauf des Ausschusses für Arbeit und Soziales Ausdruck gefunden hat. Danach sei durch die Rechtsprechung des EuGH geklärt, dass „Leistungen

C. Erfüllung des Mindestlohnanspruchs § 1

wie Weihnachtsgeld oder ein zusätzliches Urlaubsgeld nur dann als Bestandteil des Mindestlohns gewertet werden könnten, wenn die Arbeitnehmerin oder der Arbeitnehmer den auf die Entsendezeit entfallenden anteiligen Betrag jeweils zu dem für den Mindestlohn maßgeblichen Fälligkeitsdatum tatsächlich und unwiderruflich ausbezahlt erhalte" (BT-Drs 18/2010 (neu) S. 15). Nach aA ist aus Sicht des Unionsrechts **nur das Kriterium der funktionalen Äquivalenz für die Anrechenbarkeit** einer Arbeitgeberleistung **maßgeblich** (Sittard EuZW 2014, 104).

Es ist zunächst in den Blick zu nehmen, welche **Perspektive** das **Unionsrecht** bei der Frage der Mindestlohnwirksamkeit von Arbeitgeberleistungen einnimmt. Der Mindestlohn stellt eine Beschränkung des freien Dienstleistungsverkehrs dar, die durch den Arbeitnehmerschutz als zwingenden Grund des Allgemeininteresses zu rechtfertigen ist. Die RL 96/71/EG, die nach ihrem ersten Erwägungsgrund der Umsetzung der Dienstleistungsfreiheit und nach ihrem 14. Erwägungsgrund dem Arbeitnehmerschutz dient, soll diese primärrechtliche Spannungslage sekundärrechtlich zu einem Ausgleich in praktischer Konkordanz führen. 108

Vor diesem Hintergrund ist zunächst zu fragen, welche Arbeitgeberleistungen auf den Mindestlohn **angerechnet werden** *müssen*, damit der Mindestlohn keine unverhältnismäßige Einschränkung der Dienstleistungsfreiheit darstellt. Diese Frage war ua Gegenstand der Rs. Kommission/Deutschland. Die Bundesregierung hat sich mit der Europäischen Kommission darauf verständigt, dass ein 13./14. Monatsgehalt anzurechnen ist, wenn es regelmäßig, anteilig, tatsächlich und unwiderruflich gezahlt und dem Arbeitnehmer **zum gesetzlich vorgesehenen Fälligkeitsdatum zur Verfügung gestellt** wird. Unter diesen Voraussetzungen hielt der EuGH eine Anrechenbarkeit eines 13./14. Monatsgehalts für geeignet, Zweifel an der Vereinbarkeit der deutschen Verwaltungs- und Kontrollpraxis mit der RL 96/71/EG zu beseitigen. 109

Dies bedeutet aber nicht, dass damit die Erfüllungswirkung von zeitversetzten Zahlungen des Arbeitgebers vom Unionsrecht ausgeschlossen wird. Hierfür ist zu fragen, welche Arbeitgeberleistungen auf den Mindestlohn **angerechnet werden** *dürfen*. Zur Beantwortung dieser Frage ist maßgeblich, dass die Einschränkung der Dienstleistungsfreiheit durch den Arbeitnehmerschutz gerechtfertigt wird. Dies verlangt, dass die Anrechenbarkeit einer Arbeitgeberleistung nicht die tatsächliche Wirksamkeit des mit dem Mindestlohn verfolgten Arbeitnehmerschutzes gefährdet. Der Eingriff in den freien Dienstleistungsverkehr kann nämlich nur dann durch den Arbeitnehmerschutz als zwingenden Grund des Allgemeininteresses gerechtfertigt werden, wenn der Mindestlohn zu einem effektiven Arbeitnehmerschutz *geeignet* ist. 110

Mit der Geeignetheit ist zum einen der Aspekt einer **effektiven Kontrolle und Durchsetzung** des Mindestlohns angesprochen. Da die materielle Regelung ohne wirksame tatsächliche Durchsetzung nicht hinreichend zum sozialen Schutz der Arbeitnehmer geeignet ist, dürften effektive Verfahrensmodalitäten Voraussetzung für die Rechtfertigung der Beschränkung des freien Dienstleistungsverkehrs sein. Nach Art. 20 S. 2 RL 2014/67/EU müssen die Sanktionen wirksam, verhältnismäßig und abschreckend sein. Die effektive Kontrolle und Durchsetzung des Mindestlohns verlangt zunächst einmal nur, dass das nationale Recht den Arbeitgeber verpflichtet, den Mindestlohn zu einem bestimmten – mehr oder minder zeitnahen – Fälligkeitstermin zu zahlen. Anderenfalls wären die Kontrolle und damit die effektive Durchsetzung des Mindestlohns nicht gewährleistet. Davon zu trennen ist die Frage, ob eine zeitversetzte Zahlung zur nachträglichen Erfüllung des Mindestlohnanspruchs des Arbeitnehmers nach § 362 Abs. 1 BGB führen kann. Die Erfüllungswirkung einer zeitversetzten Zahlung des Arbeitgebers beeinträchtigt die effektive Kontrolle des Mindestlohns durch die Zollbehörden nicht (so aber wohl D. Ulber RdA 2014, 176, 180). Die nachträgliche Erfüllung des Mindestlohnanspruchs beseitigt nicht die Pflichtverletzung des Arbeitgebers. Der Arbeitgeber begeht wegen nicht rechtzeitiger Zahlung des Mindestlohns eine Ordnungswidrigkeit gemäß § 21 Abs. 1 Nr. 9, die mit einem Bußgeld geahndet werden kann. 111

112 Zum anderen könnte die Anrechenbarkeit einer zeitversetzten Arbeitgeberleistung die Geeignetheit des Mindestlohns zum Arbeitnehmerschutz infrage stellen, weil dem Arbeitnehmer der **Mindestlohn** für einen – ggf. längeren Zeitraum – **nicht zur Verfügung steht** (so D. Ulber RdA 2014, 176, 180). Dies sei insbesondere mit Blick auf die Ausgestaltung der Zinssätze von Dispositionskrediten von Girokonten bei einem der Existenzsicherung dienenden allgemeinen Mindestlohn nicht hinnehmbar. Unabhängig davon, dass der Mindestlohn keine reine Existenzsicherungsfunktion hat (s. Einf. Rn. 56 ff.), ändert aber die Erfüllungswirkung einer zeitversetzten Zahlung nichts daran, dass der Arbeitgeber zivilrechtlich zur Zahlung des Mindestlohns zum Fälligkeitstermin verpflichtet bleibt. Diesen Primäranspruch kann der Arbeitnehmer gerichtlich durchsetzen (zur Durchsetzung eines Lohnanspruchs mittels einstweiliger (Leistung-)Verfügung vgl. ErfK/Koch ArbGG § 62 Rn. 6 mwN). Leistet der Arbeitgeber nicht rechtzeitig, gerät er in Verzug und muss dem Arbeitnehmer nach § 286 BGB den Verzugsschaden ersetzen. Hierzu zählen auch die auf Dispositionskredite angefallenen Zinsbeträge.

113 **Zusammenfassend gilt**: Das Unionsrecht gibt dem nationalen Gesetzgeber vor, dass der Arbeitgeber verpflichtet werden muss, den Mindestlohn zu einem – mehr oder minder zeitnahen – Fälligkeitstermin zu zahlen. Kommt der Arbeitgeber dieser Verpflichtung nicht nach, ist dies wirksam, verhältnismäßig und abschreckend zu sanktionieren. Daraus folgt aber nicht, dass eine zeitversetzte Zahlung zivilrechtlich keine Erfüllungswirkung haben kann. Mit anderen Worten: Das Unionsrecht gibt nicht vor, dass der Arbeitgeber bei zeitversetzten Zahlungen zur „Doppelzahlung" zu verpflichten ist. Auch die Anrechenbarkeit einer zeitversetzten Zahlung setzt daher aus unionsrechtlicher Sicht lediglich voraus, dass sie mit dem Mindestlohn funktional gleichwertig ist.

114 cc) **Funktionale Äquivalenz und Normalleistung.** Mit der Übertragung des Gedankens der Funktionsäquivalenz ist für die Mindestlohnwirksamkeit von Arbeitgeberleistungen zwar ein Rahmen vorgegeben. Im Ergebnis ist damit aber noch nicht geklärt, welche Arbeitgeberleistungen auf den Mindestlohn angerechnet werden können. Nach der Formel der funktionalen Äquivalenz ist die vom Arbeitgeber erbrachte Leistung auf den Mindestlohn anrechenbar, wenn sie ihren Zweck nach diejenige **Arbeitsleistung** des Arbeitnehmers entgelten soll, **die mit dem Mindestlohn zu vergüten ist**. Gegenüberzustellen sind damit der Zweck des Mindestlohns und der Zweck der (tarif-)vertraglichen Entgeltzahlung. Auf der Grundlage der Formel der funktionalen Äquivalenz kann die Anrechenbarkeit einer Entgeltzahlung des Arbeitgebers daher nur bestimmt werden, wenn Klarheit über den Zweck des Mindestlohns besteht. Nach dem EuGH liefert die RL 96/71/EG selbst keinen Anhaltspunkt für die inhaltliche Definition des Mindestlohns (EuGH Urt. v. 7.11.2013 – C-522/12, NZA 2013, 1359, 1361). Aus welchen Bestandteilen sich der Mindestlohn zusammensetzt, ist deshalb grundsätzlich durch das nationale Recht zu bestimmen.

115 In **Teilen des Schrifttums** wird mit Verweis auf die vermeintliche Existenzsicherungsfunktion des allgemeinen Mindestlohns die Auffassung vertreten, dass **sämtliche Zahlungen des Arbeitgebers auf den Mindestlohn angerechnet** werden könnten, **mit denen die Arbeitsleistung** des Arbeitnehmers **vergütet wird** (Bayreuther NZA 2014, 865, 868 f.; Bepler/Hanau Ausschuss-Drs. 18(11)148, S. 143; Schweibert/Leßmann DB 2014, 1866, 1869; Sittard NZA 2014, 951, 952). Eine Differenzierung zwischen mindestlohnrelevanten Zahlungen für die Normalleistung und Zahlungen für „Zusatzleistungen" – wie sie bei den tarifgestützten Mindestlöhnen nach dem AEntG erfolgt – findet nach dieser Ansicht nicht statt. Entscheidend wäre danach nur, dass der Arbeitnehmer „unter dem Strich" für seine Arbeitsleistung eine Vergütung in Höhe des Mindestlohns erhält.

116 Nach **aA** können Entgeltzahlungen des Arbeitgebers, die der **Entlohnung von besonderen** – über die Normalleistung hinausgehenden – **Leistungen** dienen, **nicht auf den Mindestlohn angerechnet werden**, da sie nicht funktional äquivalent sind (Berndt DStR 2014, 1878, 1880; Brors NZA 2014, 938, 940 f.; Däubler NJW 2014, 1924, 1926; ErfK/

Franzen MiLoG § 1 Rn. 14; Jöris/v. Steinau-Steinrück BB 2014, 2101, 2103; D. Ulber RdA 2014, 176, 177). Dieser Auffassung ist zuzustimmen. Der Mindestlohn hat keine rein existenzsichernde Funktion, ohne dabei das Verhältnis von Leistung und Gegenleistung zu bewerten (ebs. Brors NZA 2014, 938, 940; ausf. zur Funktion des Mindestlohns Einf. Rn. 55 ff.). Der allgemeine Mindestlohn definiert ein unterstes Maß an Austauschgerechtigkeit und verhindert Arbeitsentgelte, die „jedenfalls unangemessen" sind. Dabei muss der Arbeitnehmer keine besondere Leistung erbringen, um einen Anspruch auf den Mindestlohn zu haben. Würden auch Entgeltzahlungen für besondere Leistungen des Arbeitnehmers auf den Mindestlohn angerechnet, würde der Arbeitnehmer allein für seine Normalleistung letztlich ein Arbeitsentgelt unterhalb des Mindestlohns erhalten (Jöris/v. Steinau-Steinrück BB 2014, 2101, 2103). Leistung und Gegenleistung stünden in einem vom Mindestlohn missbilligten Missverhältnis.

Auch eine **historische Auslegung** des MiLoG zeigt, dass Entgeltzahlungen für besondere 117 Leistungen des Arbeitnehmers nicht auf den Mindestlohn angerechnet werden können. Dies ergibt sich aus den Gesetzgebungsmaterialien. Die Bundesregierung ist in ihrer Gegenäußerung zur Stellungnahme des Bundesrats zum Gesetzentwurf davon ausgegangen, dass durch die Rechtsprechung des EuGH und BAG bereits hinreichend klar ist, dass als Bestandteil des Mindestlohns solche Zahlungen nicht anerkannt werden können, die der Arbeitnehmer als Ausgleich für zusätzliche Leistungen erhält (BT-Drs. 18/1558 S. 67). Die Koalitionsfraktionen haben sich im Beratungsverlauf des Ausschusses für Arbeit und Soziales die Sichtweise der Bundesregierung explizit zu eigen gemacht und ihrer Beschlussempfehlung für das Plenum zugrunde gelegt (BT-Drs. 18/2010 (neu) S. 15; **aA** wohl Bayreuther NZA 2014, 865, 869). Über die Rechtsauffassung des Gesetzgebers, wonach die Frage der Anrechenbarkeit bereits durch die Rechtsprechung geklärt sei, mag man geteilter Ansicht sein. Gleichwohl kann nicht außer Acht gelassen werden, dass es der Wille des Gesetzgebers ist, nur eine Anrechenbarkeit von Entgeltzahlungen für die Normalleistung zuzulassen.

dd) **Normalleistung und allgemeiner Mindestlohn.** Im Unterschied zu den tarifgestützten Branchenmindestlöhnen nach dem AEntG, bei denen der – ggf. auszulegende – Mindestlohntarifvertrag vorgibt, was als mindestlohnrelevante Normalleistung des Arbeitnehmers anzusehen ist, kann ein allgemeiner Mindestlohn dies naturgemäß nicht definieren (vgl. Bayreuther NZA 2014, 865, 868 f.). Dies bedeutet jedoch nicht, dass eine Differenzierung zwischen Normalleistung und Mehrleistung nicht möglich ist, wenn die Mindestlohnregelung – wie der allgemeine Mindestlohn – selbst die Normalleistung nicht definiert (Brors NZA 2014, 938; 940 f.; D. Ulber RdA 2014, 176, 177). Zu ermitteln ist in diesem Fall, welche Arbeitgeberleistungen im Arbeitsverhältnis die Normalleistung und welche Arbeitgeberleistungen ein Mehr an Arbeitsleistung bzw. eine Arbeit unter besonderen, erschwerten Bedingungen vergüten. Dies **richtet sich** jewiels **nach der zugrunde liegenden (tarif-)vertraglichen Vereinbarung** (dazu noch Rn. 120 ff.) (vgl. auch BAG Urt. v. 16.4.2014 – 4 AZR 802/11, NZA 2014, 1277, 1280). 118

2. Einzelfälle

a) **Zulagen und Zuschläge.** Mit der Zahlung einer Zulage oder eines Zuschlages kann 119 der gesetzliche Mindestlohnanspruch nicht erfüllt werden, wenn die Zulage oder der Zuschlag eine Gegenleistung für **Mehr an Arbeitsleistung bzw. für eine Arbeit unter besonderen, erschwerten Bedingungen** darstellt.

Der Leistungszweck lässt sich **nicht pauschal für die Zulage einer bestimmten Art** 120 feststellen (D. Ulber RdA 2014, 176, 177). Es ist jeweils durch Auslegung der zugrunde liegenden (tarif-)vertraglichen Regelung festzustellen, ob mit der Zulage die Normalleistung oder eine besondere Leistung des Arbeitnehmers vergütet werden soll. Der Zweck der Zulage ist durch Auslegung der zugrundeliegenden Vereinbarung zu bestimmen.

121 Hat die Leistung ihren Rechtsgrund in einer arbeitsvertraglichen Vereinbarung, hat die Auslegung nach **§§ 133, 157 BGB** vom objektiven Empfängerhorizont nach Treu und Glauben unter Berücksichtigung der Verkehrssitte zu erfolgen. Die Ermittlung des Zwecks der Zulage hat damit unter Rücksichtnahme auf die im konkreten Einzelfall aus der Sicht eines objektiven Dritten bestehenden schutzwürdigen Interessen von Arbeitgeber und Arbeitnehmer zu erfolgen (vgl. Bamberger/Wendtland BGB § 157 Rn. 11). Zu berücksichtigen ist, ob die konkret zugesagte Zulage bzw. gleichartige Zulagen nach der **Verkehrssitte** üblicherweise als Gegenleistung für die **Normalleistung** oder für eine Zusatzleistung angesehen werden (vgl. BAG Urt. v. 16.4.2014 – 4 AZR 802/11, NZA 2014, 1277, 1280). Für die Ermittlung der Verkehrssitte ist insbesondere von Bedeutung, welcher Zweck der Zulage in einschlägigen Tarifverträgen beigemessen wird. Die Anrechenbarkeit einer Zulage kann der Arbeitgeber deshalb nicht dadurch ohne weiteres herbeiführen, dass er die Zulage durch entsprechende Leistungsbeschreibung im Arbeitsvertrag als Gegenleistung für die Normalleistung deklariert (**aA** Bayreuther NZA 2014, 865, 869). Bleibt der Zweck einer Zulage unklar, ist iZw davon auszugehen, dass mit ihr nicht die Normalleistung vergütet wird (vgl. D. Ulber RdA 2014, 176, 181). Hierfür spricht zum einen die von der Normalvergütung getrennte Regelung. Zum anderen gehen Unklarheiten nach § 305c Abs. 2 BGB zulasten des Verwenders, dh des Arbeitgebers, sofern die Zulage – wie üblicherweise der Fall – in einer vom Arbeitgeber vorformulierten Vertragsbedingung zugesagt worden ist.

122 Hat die Leistung ihren Rechtsgrund in einem Tarifvertrag, hat die Auslegung nach den für die Auslegung von Gesetzen geltenden Grundsätzen zu erfolgen (st. Rspr., zuletzt etwa BAG Urt. v. 12.12.2013 – 8 AZR 942/12, NZA-RR 2014, 431, 432 f.). Ausgehend vom Wortlaut ist der maßgebliche Sinn der Erklärung zu erforschen, ohne am Buchstaben zu haften (§ 133 BGB).

123 Nicht der Vergütung der bloßen Normalleistung dienen grundsätzlich Zulagen, mit denen die Arbeit zu besonderen (Tages-)Zeiten vergütet werden soll. Nicht anrechenbar sind daher **Nachtarbeits- sowie Sonn- und Feiertagszuschläge**. Für Nachtzulagen widerspräche eine Anrechenbarkeit zudem der Wertung des § 6 Abs. 5 ArbZG, wonach der Arbeitgeber für die Nachtarbeit dem Arbeitnehmer einen angemessenen Zuschlag auf das ihm hierfür zustehende *Bruttoarbeitsentgelt* zu gewähren hat (D. Ulber RdA 2014, 176, 181; vgl. auch BAG Urt. 16.4.2014 – 4 AZR 802/11, NZA 2014, 1277). Ebenfalls sind **Nachtschicht- und (Wechsel-)Schichtzulagen** nicht auf den Mindestlohn anrechenbar, da sie einen Ausgleich für erschwerte Arbeitsbedingungen darstellen (vgl. BAG Urt. v. 16.4.2014 – 4 AZR 802/11, NZA 2014, 1277, 1280).

124 Zulagen für Tätigkeiten, die der Arbeitnehmer unter besonders unangenehmen, beschwerlichen, körperlich oder psychisch belastenden oder gefährlichen Umständen erbringt (sog. **Erschwerniszulagen**), sind grundsätzlich nicht auf den Mindestlohn anrechenbar. Zu ihnen zählen zB Schmutzzulagen, Hitze- oder Kältezulagen, Lärmzulagen, Gefahrenzulagen und Zulagen für die weite Entfernung zum Arbeitsplatz (s. aber zur sog. Auslösung Rn. 150). Etwas anderes kann ausnahmsweise dann gelten, wenn die Zulage für eine Arbeit gezahlt wird, die typischerweise eine der genannten besonderen Erschwernisse aufweist (ErfK/Franzen MiLoG § 1 Rn. 14; ähnl. Nebel/Kloster BB 2014, 2933, 2936; Thüsing/Bayreuther AEntG § 8 Rn. 11). Es ist letztlich eine Frage der Auslegung der zugrundeliegenden Vereinbarung, ob die getrennte Ausweisung der Zulage nur deklaratorischen Charakter hat, etwa um die Bewertung der Arbeitsleistung im Lohngefüge des Betriebs darzustellen, oder ob sie der Vergütung einer Mehrleistung dient (D. Ulber RdA 2014, 176, 182; zur Auslegung s. Rn. 121 f.).

125 Nicht anrechenbar auf den Mindestlohn sind **Überstundenzuschläge** (ähnl. D. Ulber RdA 2014, 176, 181; **aA** Bayreuther EuZA 2014, 189, 196 f.). Überstunden werden von einem Arbeitnehmer geleistet, wenn er über die in seinem Beschäftigungsverhältnis geltende Arbeitszeit hinaus arbeitet (BAG Urt. v. 8.11.1989 – 5 AZR 642/88, NZA 1990, 309, 310). Zweck des Überstundenzuschlages ist per definitionem der Ausgleich eines im

C. Erfüllung des Mindestlohnanspruchs   § 1

Vergleich zur vertraglichen Normalarbeitszeit „Mehr an Arbeit". Dabei kommt es nicht darauf an, ob der Zuschlag für eine Überstunde gezahlt wird, mit der das Zeitmaß des vollzeitbeschäftigten Arbeitnehmers mit durchschnittlicher Wochenarbeitszeit überschritten wird (aA ErfK/Franzen MiLoG § 1 Rn. 13). Die (Tarif-)Vertragsparteien sind grundsätzlich in der Zweckbestimmung von Überstundenzuschlägen frei. Sie können daher die Mehrarbeit von Teilzeitbeschäftigten von der Gewährung des Überstundenzuschlags ausnehmen, da in diesem Fall keine besondere (Arbeits-)Belastung abverlangt, sondern lediglich ein Freizeitopfer erbracht wird (vgl. BAG Urt. v. 20.6.1995 – 3 AZR 684/93, NZA 1996, 600, 603). Dies ändert nichts daran, dass es sich bei der Leistung von Überstunden durch Teilzeitbeschäftigte mindestlohnrechtlich um ein über das vertraglich Vereinbarte hinausgehendes Freizeitopfer handelt. Ist dieses Sonderopfer nach der arbeits- oder tarifvertraglichen Vereinbarung mit einem Überstundenzuschlag belegt, ist dieser Zuschlag als ein Ausgleich für ein „Mehr an Arbeit" nicht auf den Mindestlohn anrechenbar. Der Überstundenzuschlag ist von der normalen Grundvergütung der Überstunde zu unterscheiden, die auf den Mindestlohn angerechnet werden kann.

Nicht anrechenbar sind **Akkord- und Qualitätsprämien,** da sie der Arbeitnehmer für eine über die geschuldete Normalleistung hinausgehende Leistung erhält (ebs. ErfK/Franzen MiLoG § 1 Rn. 14). Bei Akkordprämien erhält der Arbeitnehmer eine Zulage dafür, dass er ein mehr an Arbeit pro Zeiteinheit erbringt. Die **Qualitätsprämie** wird dafür gezahlt, dass der Arbeitnehmer eine besondere Arbeitsqualität erbringt.   **126**

Bei sog. **Sozialzulagen** handelt es sich um Zulagen, die an die besondere soziale Situation des Arbeitnehmers anknüpfen (ErfK/Preis BGB § 611 Rn. 484). Zu ihnen zählen zB Verheirateten-, Kinder-, Alters- und Ortszulagen, aber auch die Erstattung von Kita- oder Hort-Gebühren. Sozialzulagen sind Gegenleistung für die erbrachte Arbeitsleistung und setzen keine besondere Leistung des Arbeitnehmers voraus. Sie sind daher idR auf den Mindestlohn anrechenbar. Von den Kinderzuschlägen ist das Kindergeld zu unterscheiden, welches eine (arbeitgeberfremde) öffentlich-rechtliche Leistung darstellt und demnach nicht auf den Mindestlohn angerechnet werden kann.   **127**

b) Sonderzahlungen. Unter den Begriff der Sonderzahlungen (auch Sondervergütungen, Sonderzuwendungen) sind alle Leistungen des Arbeitgebers zu fassen, die nicht regelmäßig mit dem Arbeitsentgelt ausgezahlt, sondern aus bestimmten Anlässen oder zu bestimmten Terminen gewährt werden (ErfK/Preis BGB § 611 Rn. 527). In der Praxis gibt es einen **bunten Strauß von Sonderzahlungen,** deren Kategorisierung uneinheitlich ist. Bekannt sind va Sonderzahlungen, die als 13./14. Monatsgehalt, Weihnachtsgeld, jährliche Sonderzuwendung, Jubiläumszahlung, Gewinn-, Ergebnis- oder Umsatzbeteiligung, Tantieme, Treueprämie oder Anwesenheitsprämie bezeichnet werden. Dabei werden nicht selten dieselben Bezeichnungen für Sonderzahlungen verwendet, die unterschiedlichen Charakter haben (B. Gaul BB 1994, 494). Umgekehrt werden für gleichartige Sonderzahlungen unterschiedliche Bezeichnungen gewählt.   **128**

aa) Zwecke der Sonderzahlung. Für die Anrechenbarkeit einer Sonderzahlung auf den Mindestlohn ist in erster Linie nicht ihre Bezeichnung, sondern ihre **Zwecksetzung maßgeblich.** Die Gewährung einer Sonderzahlung kann nur dann zur Erfüllung des gesetzlichen Mindestlohnanspruchs nach § 362 Abs. 1 BGB führen, wenn von ihr derselbe Zweck wie vom gesetzlichen Mindestlohn – die Vergütung der Normalarbeitsleistung – verfolgt wird (Funktionsäquivalenz).   **129**

(1) Sonderzahlungen mit Entgeltcharakter und sog. Gratifikationen. Sonderzahlungen mit Entgeltcharakter sind daher auf den Mindestlohn anrechenbar, wenn sie die Zuwendung eines zusätzlichen Entgelts als weitere Gegenleistung für die erbrachte normale Arbeitsleistung bezwecken. Wird mit der Sonderzahlung hingegen eine besondere über die Normalleistung hinausgehende Leistung des Arbeitnehmers honoriert, kommt eine Anrechenbarkeit der Zahlung auf den Mindestlohnanspruch nicht in Betracht. Mangels   **130**

79

Funktionsäquivalenz kann mit der Zahlung einer die **Betriebszugehörigkeit bzw. -treue honorierenden Sonderzahlung (sog. Gratifikation)** der Mindestlohnanspruch nicht erfüllt werden (ebs. Däubler NJW 2014, 1924, 1927; aA ErfK/Franzen MiLoG § 1 Rn. 15).

131 Der **Zweck** der Sonderzahlung ist **mittels Auslegung der zugrundeliegenden Vereinbarung** festzustellen. Maßgeblich für den Zweck der Sonderzahlung ist dabei eine typologische Gesamtschau ihrer Voraussetzungen sowie ihrer Ausschluss- und Kürzungstatbestände (BAG Urt. v. 25.4.1991 – 6 AZR 532/89, NZA 1991, 763, 764; ausf B. Gaul BB 1994, 494, 497 ff.). Wird die Sonderzahlung ohne Nennung weiterer Anspruchsvoraussetzungen gezahlt, dann ist iZw davon auszugehen, dass mit ihr lediglich eine zusätzliche Vergütung für die geleistete Arbeit bezweckt wird (BAG, Urt. v. 18.1.2012 – 10 AZR 667/10, NZA 2012, 620, 621 f.). Will der Arbeitgeber andere Zwecke verfolgen, muss sich dies deutlich aus der zugrundeliegenden Vereinbarung ergeben. Der Gratifikationscharakter der Sonderzahlung lässt sich typischerweise daran ablesen, dass der Anspruch von einer bestimmten Warte- bzw. Vorschaltzeit abhängig ist. Zukünftige Betriebstreue wird bezweckt, wenn der Arbeitnehmer die Sonderzahlung nur erhält, wenn er zu einem bestimmten Stichtag noch in einem (ggf. ungekündigten) Arbeitsverhältnis mit dem Arbeitgeber steht. Eine arbeitsvertragliche Zweckkombination ist idR nicht zulässig; die Sonderzahlung ist in diesem Fall nach den Prinzipien einer Vergütung für die erbrachte Arbeitsleistung zu beurteilen (s. noch Rn. 133).

132 Ein – wenn auch nicht vorrangiges – **Indiz für den Zweck** der Sonderzahlung kann ihre **Bezeichnung** darstellen (B. Gaul BB 1994, 494, 497; zurückhaltender BAG Urt. v. 28.3.2007 – 10 AZR 261/06, NZA 2007, 687, 688; BAG Urt. v. 25.4.1991 – 6 AZR 532/89, NZA 1991, 763, 764: „allenfalls ein zusätzliches Indiz").

133 (2) **Sonderzahlungen mit Mischcharakter.** Bei einer sog. Sonderzahlung mit Mischcharakter ist **zu differenzieren, ob sie arbeitsvertraglich oder tarifvertraglich** vereinbart worden ist. Von einer Sonderzahlung mit Mischcharakter spricht man, wenn die Sonderzahlung neben der Honorierung der Arbeitsleistung auch Gratifikationscharakter hat. Die bisherige Rechtsprechung hat es dem Arbeitgeber grundsätzlich nicht versagt, im Arbeitsvertrag vereinbarte Sonderzahlungen mit Rückerstattungsklauseln oder Bestands- bzw. Stichtagsklauseln zu versehen, solange die Zahlungen nicht ausschließlich Gegenleistung für die erbrachte Arbeitsleistung waren, sondern auch Gratifikationscharakter hatten (BAG Urt. v. 28.3.2007 – 10 AZR 261/06, NZA 2007, 687, 688). Dem Arbeitgeber war es danach gestattet, mit seiner Sonderzahlung vergangenheits- und zukunftsbezogene Elemente miteinander zu verknüpfen und sowohl die bisherige geleistete Arbeit als auch die erwiesene Betriebstreue und die künftige Betriebstreue zu honorieren. Das BAG hat diese Rechtsprechung aufgegeben und sieht Stichtagsklauseln im Rahmen einer Sonderzahlung mit Mischcharakter nunmehr als einen Widerspruch zum Grundgedanken des § 611 BGB an, weil sie darauf gerichtet sind, dem Arbeitnehmer bereits erarbeiteten Lohn wieder zu entziehen (BAG Urt. v. 18.1.2012 – 10 AZR 612/10, NZA 2012, 561, 562). Das BAG verlangt eine klare Trennung der mit der Sonderzahlung verfolgten Zwecke (BAG, Urt. v. 13.11.2013 – 10 AZR 848/12, NZA 2014, 368, 370). Kombiniert der Arbeitgeber dennoch beide Zwecke, richtet sich die Sonderzahlung nach den Prinzipien einer Vergütung für die erbrachte Arbeitsleistung (ErfK/Preis BGB § 611 Rn. 534c). Eine **arbeitsvertraglich geregelte Sonderzahlung mit Mischcharakter** ist daher auf der Grundlage der neuen Rechtsprechung **als Gegenleistung für die erbrachte Arbeitsleistung anzusehen.** Sie ist damit auf den Mindestlohn **anrechenbar, soweit** sie vom Arbeitgeber für die Normalarbeitsleistung und **nicht für besondere Leistungen gewährt** wird.

134 Demgegenüber können **Tarifverträge** weiterhin **Sonderzahlungen mit Mischcharakter** vorsehen und diese vom Bestand des Arbeitsverhältnisses an einem bestimmten Stichtag im Bezugszeitraum abhängig machen (BAG, Urt. v. 13.11.2013 – 10 AZR 848/12, NZA 2014, 368, 371). Im Unterschied zu den Betriebspartnern und den Arbeitsvertragsparteien verfügen die Tarifvertragsparteien über einen weitergehenden Gestaltungsspiel-

C. Erfüllung des Mindestlohnanspruchs § 1

raum. Eine arbeitsvertragliche Inbezugnahme der tarifvertraglichen Regelung unterliegt nicht der Inhaltskontrolle nach §§ 307 ff. BGB. Für die rechtliche Einordnung einer solchen Sonderzahlung mit Mischcharakter bietet es sich an, auf die bisherige Rechtsprechung zurückzugreifen. Danach wird eine Sonderzahlung mit Mischcharakter dem Entgelt ieS nicht zugerechnet, da sie nicht ausschließlich die Entlohnung erbrachter Arbeitsleistung zum Gegenstand hat und damit nicht in das im vertraglichen Synallagma stehende Vergütungsgefüge eingebaut ist (BAG Urt. v. 24.10.1990 – 6 AZR 156/89, NZA 1991, 318, 319). Die tarifvertraglich weiterhin zulässige Sonderzahlung mit Mischcharakter vergütet damit im Unterschied zum Mindestlohn – jedenfalls nicht nur – die Normalleistung des Arbeitnehmers und kann daher nicht auf den Mindestlohn angerechnet werden.

bb) Einzelne Sonderzahlungen. Wird eine Sonderzahlung als **13./14. Monatseinkommen** bezeichnet, spricht dies für die Zuwendung eines weiteren – auf den Mindestlohn anrechenbaren – Entgelts für die Normalarbeitsleistung (BAG Urt. v. 24.10.1990 – 6 AZR 156/89, NZA 1991, 318, 319). Die Bezeichnung einer Sonderzahlung als **Weihnachtsgeld** deutet auf ihren Gratifikationscharakter hin (BAG Urt. v. 13.6.1991 – 6 AZR 421/89, EzA § 611 BGB Gratifikation, Prämie Nr. 86, str.). Die als Weihnachtsgeld bezeichnete Leistung ist daher iZw nicht auf den Mindestlohn anrechenbar. **135**

Sonderzahlungen, die als **Gewinn- (auch Tantieme), Ergebnis- oder Umsatzbeteiligung** bezeichnet werden, dienen idR als weitere Gegenleistung für die Normalarbeitsleistung (B. Gaul BB 1994, 494, 497). Sie bezwecken, dass sich der Arbeitnehmer in stärkerem Maße mit dem Unternehmenserfolg identifiziert und zu ihm beiträgt, ohne dass aber ein konkreter Zusammenhang mit der Arbeitsleistung des Arbeitnehmers besteht. Eine besondere Leistung des Arbeitnehmers wird mithin nicht vorausgesetzt, so dass eine Anrechnung auf den Mindestlohn zulässig ist. **136**

Prämienzahlungen haben zwar ebenfalls Entgeltcharakter, honorieren aber idR besondere Leistungen des Arbeitnehmers und sind deshalb nicht auf den Mindestlohn anrechenbar. Nicht anrechenbar sind daher grundsätzlich Sonderzahlungen, die als **Leistungsprämie** deklariert werden. **Treueprämien**, die zumindest auch die Betriebszugehörigkeit honorieren, sind schon angesichts ihres Gratifikationscharakters nicht auf den Mindestlohn anrechenbar. Demgegenüber sind **Anwesenheitsprämien** auf den Mindestlohn anrechenbar, weil die Anwesenheit zur „Normalleistung" des Arbeitnehmers zählt. Dass der Arbeitgeber mit der Anwesenheitsprämie auch bezweckt, die Anwesenheit des Arbeitnehmers am Arbeitsplatz zu honorieren und leichtfertigen Krankmeldungen vorzubeugen, ist mindestlohnrechtlich ohne Belang. **137**

Bei Sonderzahlungen des Arbeitgebers aus Anlass eines Jubiläums (sog **Jubiläumszahlungen**) ist zu differenzieren: Die Zuwendung anlässlich eines Dienstjubiläums bezweckt idR die Honorierung der Betriebstreue (BAG v. 24.5.2000 – 10 AZR 402/99, NZA 2001, 45) und ist deshalb nicht auf den Mindestlohn anrechenbar. Hingegen können Zuwendungen anlässlich des Betriebs- oder Unternehmensjubiläums idR auf den Mindestlohn angerechnet werden, da sie eine weitere Gegenleistung für die erbrachte Normalarbeitsleistung darstellen. **138**

Auch bei einer als **Urlaubsgeld** bezeichneten Sonderzahlung des Arbeitgebers ist für die Anrechenbarkeit auf den Mindestlohn der mit der Leistung verfolgte Zweck maßgeblich. Dient das Urlaubsgeld dazu, erhöhte Urlaubsaufwendungen zumindest teilweise abzudecken, ist es keine weitere Gegenleistung für die erbrachte normale Arbeitsleistung, sondern auf die Wiederherstellung und den Erhalt der Arbeitsfähigkeit des Arbeitnehmers gerichtet. In diesem Fall ist das Urlaubsgeld nicht auf den Mindestlohn anrechenbar (vgl. Lakies AuR 2014, 360, 361; D. Ulber RdA 2014, 176, 181). Allein die Bezeichnung einer Leistung als Urlaubsgeld rechtfertigt es indes nicht, einen zwingenden Sachzusammenhang der Sonderzahlung zum Erholungsurlaub anzunehmen, denn den Vertragsparteien steht es frei, die Bezeichnung auch für nichturlaubsakzessorische Son- **139** derzahlungen zu verwenden (vgl. BAG Urt. v. 12.10.2010 – 9 AZR 522/09, NZA 2011, 695, 697). Es ist anhand der Leistungsvoraussetzungen zu beurteilen, ob das Urlaubsgeld von den Regelungen zum Urlaub abhängig ist oder bloß eine saisonale Sonderleistung darstellt.

140 **cc) Zahlung unwiderruflich zum Fälligkeitszeitpunkt.** Die Bundesregierung hat in der Gegenäußerung zur Stellungnahme des Bundesrats erklärt, dass Sonderzahlungen nur auf den Mindestlohn angerechnet werden können, soweit sie zu dem für den Mindestlohn maßgeblichen Fälligkeitsdatum tatsächlich und unwiderruflich ausbezahlt werden (BT-Drs. 18/1558 S. 67). Die Ansicht der Bundesregierung haben im Ausschuss für Arbeit und Soziales die Mehrheitsfraktionen ihrer Beschlussempfehlung zugrundegelegt (BT-Drs. 18/2010 (neu), S. 15).

141 Die Stellungnahme der Bundesregierung betraf indes die Frage der Anrechenbarkeit von Sonderzahlungen aus der Kontrollperspektive und benennt die Voraussetzungen für eine pflichtgemäße rechtzeitige Bewirkung des Mindestlohns mittels Gewährung von Sonderzahlungen. Zahlt der Arbeitgeber den Mindestlohn nicht zum Fälligkeitsdatum tatsächlich und unwiderruflich, verletzt er seine Mindestlohnverpflichtung nach § 20 und begeht eine bußgeldbewehrte Ordnungswidrigkeit nach § 21 Abs. 1 Nr. 9. Davon zu trennen ist die Frage der verspäteten, insofern zwar pflichtwidrigen, aber zivilrechtlich wirksamen Erfüllung des Mindestlohns durch zeitversetzte Sonderzahlungen.

142 **(1) Verspätete Bewirkung des Mindestlohns durch Sonderzahlung.** Sonderzahlungen werden idR nicht „laufend" mit dem (monatlichen) Arbeitsentgelt, sondern „einmalig" zu bestimmten Anlässen gezahlt. Sie haben deshalb regelmäßig den Charakter einer Einmalzahlung. Teilweise werden Sonderzahlungen aber auch – wie etwa im öffentlichen Dienst – anteilig gemeinsam mit der monatlichen Arbeitsvergütung ausgezahlt.

143 Der Arbeitgeber kann den **Mindestlohnanspruch auch mit** einer **Einmalzahlung nach § 362 Abs. 1 BGB erfüllen,** sofern diese ein zusätzliches Entgelt als weitere Gegenleistung für die erbrachte normale Arbeitsleistung darstellt. Dagegen spricht nicht, dass die Einmalzahlung (teilweise) erst nach dem in § 2 Abs. 1 für den Mindestlohnanspruch vorgesehenen Fälligkeitstermin erfolgt. Denn die **Nichterfüllung ist von der pflichtwidrigen verspäteten Erfüllung des Mindestlohnanspruchs strikt zu trennen** (s. ausf. bereits Rn. 106 ff.). Die verspätete Erfüllung des Mindestlohnanspruchs führt allerdings dazu, dass der Arbeitgeber eine bußgeldbewehrte Ordnungswidrigkeit gemäß § 21 Abs. 1 Nr. 9 begeht und zivilrechtlich nach § 286 BGB zum Ersatz des Verzugsschadens verpflichtet ist. In der Praxis ist der Arbeitgeber daher künftig gezwungen, eine Sonderzahlung nicht mehr als Einmalzahlung, sondern anteilig gemeinsam mit der monatlichen Grundvergütung auszuzahlen, wenn er den Mindestlohnanspruch des Arbeitnehmers auch mittels der Sonderzahlung pflichtgemäß erfüllen möchte.

144 Die Gewährung einer Einmalzahlung kann nach § 362 Abs. 1 BGB zur Erfüllung des gesetzlichen Mindestlohnanspruchs nur in der Höhe führen, in der sie **anteilig dem jeweiligen Monat zugeordnet** werden kann. Nur insoweit besteht Anspruchskonkurrenz zwischen dem vertraglichen Anspruch auf die Einmalzahlung und dem gesetzlichen Mindestlohnanspruch.

> **Beispiel:** Der Arbeitnehmer erhält bei einem Arbeitssoll von 180 Stunden ein monatliches Arbeitsentgelt von brutto 1.500 Euro sowie ein zusätzliches, im Dezember zur Auszahlung kommendes 13. Monatsentgelt. Im Dezember arbeitet der Arbeitnehmer insgesamt 200 Stunden. Nach § 1 Abs. 1 und Abs. 2 iVm § 2 besteht für den Monat Dezember ein gesetzlicher Mindestlohnanspruch in Höhe von 1.700 Euro. Der Arbeitgeber ist – trotz des gezahlten 13. Monatsgehalts – seiner Mindestlohnverpflichtung für den Monat Dezember nicht nachgekommen, da er in Erfüllung des gesetzlichen Mindestlohnanspruchs nur 1.625 Euro geleistet hat. Das im Dezember gezahlte 13. Monatsgehalt kann nur zu 1/12 auf den Mindestlohnanspruch für den Monat Dezember angerechnet werden, dh in Höhe von 125 Euro (zu Teilleistungen vgl. Rn. 160 ff.).

C. Erfüllung des Mindestlohnanspruchs § 1

(2) Widerruflichkeit von Sonderzahlungen. Nicht anrechenbar ist idR eine Sonderzahlung, die unter **Rückzahlungsvorbehalt** steht (Bayreuther NZA 2014, 865, 868; aA Sittard NZA 2014, 951, 952). Mit einer solchen Sondervergütung – dies zeigt der Widerrufsvorbehalt – wird typischerweise **ausschließlich die Betriebstreue und nicht die Normalarbeitsleistung** honoriert (vgl. ErfK/Preis BGB § 611 Rn. 547, s. bereits Rn. 130 ff.). Eine Sonderzahlung mit Entgeltcharakter kann nur ausnahmsweise an einen (künftigen) Stichtag gebunden werden, wenn etwa darauf abgestellt wird, dass bis zu einem bestimmten Zeitpunkt ein genauer definierter Unternehmenserfolg eintritt (BAG Urt. v. 13.11.2013 – 10 AZR 848/12, NZA 2014, 368, 371). 145

Wird eine Sonderzahlung mit Entgeltcharakter wirksam unter Vorbehalt gestellt, kann dies nach allgemeinen zivilrechtlichen Grundsätzen (zunächst) nicht zur Erfüllung des Mindestlohnanspruchs führen. Bei einer Geldschuld wird der geschuldete Leistungserfolg nämlich nur dann nach § 362 Abs. 1 BGB bewirkt, wenn der Gläubiger den Geldbetrag **zur freien Verfügung übereignet oder überwiesen erhält und ihn behalten darf** (BGH Beschl. v. 23.1.1996 – XI ZR 75/95, NJW 1996, 1207). Auch hier ist allerdings zwischen der pflichtwidrigen verspäteten Erfüllung und der Nichterfüllung des Mindestlohnanspruchs zu unterscheiden. Erfolgt die Sonderzahlung nicht unwiderruflich, tritt solange keine Erfüllung ein, bis der Arbeitnehmer die Leistung endgültig behalten darf. Entfällt der Vorbehalt und kann der Arbeitnehmer die Sonderzahlung endgültig behalten, so kann diese auch zur Erfüllung des gesetzlichen Mindestlohnanspruchs führen. 146

Sonderzahlungen können vom Arbeitgeber unter Beachtung der §§ 134, 138, 307 ff. BGB unter **Widerrufsvorbehalt** gestellt werden (dazu ErfK/Preis BGB § 310 Rn. 51 ff., 57 ff.). Beim Widerrufsvorbehalt wird eine Leistung zunächst unbefristet zugesagt, jedoch kann der Arbeitgeber durch Ausübung des Widerrufsrechts die künftige Weitergewährung der Leistung beenden. Ein solcher Widerrufsvorbehalt hindert nicht die Anrechenbarkeit einer gewährten Sonderzahlung, da nicht die gegenwärtige Leistung, sondern nur die künftige Weitergewährung unter Vorbehalt steht. 147

c) **Aufwandsentschädigungen.** Aufwandsentschädigungen sind Zahlungen des Arbeitgebers, mit denen der Arbeitgeber dem Arbeitnehmer Kosten erstattet, die aufgrund der Arbeitsleistung erstanden sind (vgl. auch § 670 BGB). Derartige Aufwandsentschädigungen stellen **keine Gegenleistung für die Arbeitsleistung** des Arbeitnehmers dar und können deshalb nicht auf den Mindestlohn angerechnet werden (Bayreuther NZA 2014, 865, 869; ErfK/Franzen MiLoG § 1 Rn. 17; D. Ulber RdA 2014, 176, 182). Für die Erstattung von Aufwendungen, die infolge einer Entsendung tatsächlich entstehen – wie zB Reise-, Unterbringungs- und Verpflegungskosten –, ist bereits unionsrechtlich durch Art. 3 Abs. 7 S. 2 RL 96/71/EG vorgegeben, dass diese nicht auf den Mindestlohn angerechnet werden können. 148

Zahlungen des Arbeitgebers für infolge einer Dienstreise konkret entstandene **Fahrt-, Unterkunfts- und Verpflegungsleistungen** können mithin nicht auf den Mindestlohn angerechnet werden. Gleiches gilt für die Erstattung von **Fortbildungskosten**. 149

Nicht anrechenbar auf den Mindestlohn sind damit **auch pauschalierte Aufwandsentschädigungen**. Dies gilt zB für die sog **Auslösung**. Mit der Auslösung ist ein arbeits- oder tarifvertraglich vereinbarter pauschalierter Aufwendungsersatz gemeint, der Fahrt-, Übernachtungs- und Verpflegungskosten abdecken soll (ErfK/Preis BGB § 611 Rn. 517). Der Anspruch auf Auslösung tritt an die Stelle des Anspruchs aus § 670 BGB auf Ersatz der einzelnen tatsächlich angefallenen Aufwendungen. Nicht anrechenbar ist auch der **pauschale Ersatz des Verpflegungsmehraufwands**. Mit Verpflegungsmehraufwand werden die zusätzlichen Kosten bezeichnet, die eine Person zu tragen hat, weil sie sich aus beruflichen Gründen außerhalb der eigenen Wohnung und außerhalb der regelmäßigen Arbeitsstätte aufhält und sich daher nicht so günstig wie zu Hause verpflegen kann. 150

Beim sog **Wegegeld** ist zu differenzieren: Dient das Wegegeld dem Ersatz entstandener Fahrtkosten, ist es als Aufwendungsersatz nicht anrechenbar. Hat das Wegegeld Entgelt- 151 charakter, weil mit ihm die für die Zurücklegung des Weges erforderliche Zeit vergütet werden soll, ist wiederum zu prüfen, ob das Wegegeld als Gegenleistung für die Normalleistung dient oder einen besonderen Fahrtaufwand des Arbeitnehmers abgelten soll. Nur im ersten Fall kann das Wegegeld für die Erfüllung des Mindestlohnanspruchs berücksichtigt werden (vgl. BT-Drs. 18/2010 (neu) S. 15).

152 d) **Vermögenswirksame Leistung.** Vermögenswirksame Leistungen sind Geldleistungen, die der Arbeitgeber für den Arbeitnehmer oder dessen Angehörige in einer der in § 2 Abs. 1 5. VermBG genannten Anlageformen anlegt (Blümich/Treiber 5. VermBG § 2 Rn. 30). Dies sind etwa Anlagen in Sparguthaben, Wertpapierbesitz, Beteiligung an Unternehmen, besondere Kapital-Lebensversicherung sowie Haus- und Grundbesitz.

153 Zwar sind vermögenswirksame Leistungen nach § 2 Abs. 6 5. VermBG Bestandteil der Arbeitsvergütung. Allerdings können sie **mangels funktionaler Gleichwertigkeit nicht auf den Mindestlohn angerechnet** werden, da sie der Vermögensbildung dienen (EuGH v. 7.11.2013 – C-522/12, NZA 2013, 1359, 1361; ebs. Bayreuther NZA 2014, 865, 868; Däubler NJW 2014, 1924, 1927; Schubert/Jerchel/Düwell MiLoG Rn. 140). Vermögenswirksame Leistungen dienen wesentlich anderen Zwecken als der unmittelbaren Gegenleistung für die vom Arbeitnehmer geleistete Arbeit. Sie sind nach der Konzeption des nationalen Gesetzgebers zur langfristigen Vermögensbildung in Arbeitnehmerhand vorgesehen und verfolgen gerade im Hinblick auf die staatliche Förderung konkrete sozialpolitische Zwecke. Trotz regelmäßiger monatlicher Zahlung sind sie nicht dazu bestimmt, unmittelbar dem Bestreiten des Lebensunterhalts des Arbeitnehmers zu dienen. Sie stehen ihm grundsätzlich nicht zur freien Verfügung, sondern sind zwingend langfristig anzulegen (BAG Urt. v. 16.4.20214 – 4 AZR 802/11, NZA 2014, 1277, 1182).

154 e) **Betriebliche Altersvorsorge.** Vom Arbeitgeber geleistete Beiträge zur betrieblichen Altersversorgung sind grundsätzlich nicht auf den Mindestlohn anrechenbar.

155 Eine Ausnahme gilt für **Entgeltumwandlungen nach § 1a Abs. 1 S. 1 BetrAVG.** Bei der Entgeltumwandlung handelt es sich im wirtschaftlichen Ergebnis um eine arbeitnehmerfinanzierte betriebliche Altersversorgung (ErfK/Steinmeyer BetrAVG § 1a Rn. 1). Da der Arbeitnehmer nach § 1a Abs. 1 S. 1 BetrAVG gegen den Arbeitgeber einen Anspruch auf Entgeltumwandlung hat, könnte der Arbeitgeber ansonsten durch die Ausübung des Umwandlungsanspruchs ggf. gezwungen werden, aus wirtschaftlicher Sicht die betriebliche Altersversorgung finanzieren zu müssen.

Beispiel: Der Arbeitnehmer hat einen vertraglichen Vergütungsanspruch von brutto 8,50 Euro je Arbeitsstunde. Er verlangt nach § 1a Abs. 1 S. 1 BetrAVG, dass 4 % der jeweiligen Beitragsbemessungsgrenze in der allgemeinen Rentenversicherung durch Entgeltumwandlung für seine betriebliche Altersversorgung verwendet werden, was Stand 2014 238,– Euro monatlich ausmacht (vgl. ErfK/Steinmeyer BetrAVG § 1a Rn. 5). Könnte der Arbeitgeber die Beitragszahlungen an die betriebliche Altersversorgung nicht auf den Mindestlohn anrechnen, würde er iE durch Ausübung des Entgeltumwandlungsanspruchs gezwungen, die Vergütung des Arbeitnehmers um bis zu 238,– Euro monatlich zu erhöhen.

156 Die Anrechenbarkeit von Beiträgen zur betrieblichen Altersversorgung, die aufgrund einer Entgeltumwandlung geleistet werden, entspricht dem ausdrücklichen Willen des Gesetzgebers. Nach der Begründung des Regierungsentwurfs sollen Entgeltumwandlungen nach dem Betriebsrentengesetz durch das MiLoG unberührt bleiben (BT-Drs. 18/ 1558 S. 35). Vereinbarungen iSd § 1a Abs. 1 S. 2 BetrAVG sind hiernach nicht als Vereinbarungen anzusehen, die zu einer Unterschreitung oder Beschränkung des Mindestlohnanspruchs führen (hierzu § 3 Rn. 21 ff.). Vereinbarungen über eine Entgeltumwandlung stellen nach den Vorstellungen des Gesetzgebers keine Schmälerung des Mindestlohns dar. Folgerichtig sind Entgeltbestandteile des Arbeitnehmers, die der Arbeitgeber vereinbarungsgemäß in eine betriebliche Altersversorgung einbringt, auf den Mindestlohn anzurechnen (ebs. ErfK/Franzen MiLoG § 1 Rn. 17).

C. Erfüllung des Mindestlohnanspruchs § 1

Eine über die Größen des § 1a Abs. 1 BetrVG hinausgehende Entgeltumwandlung ist zwar arbeitsrechtlich und betriebsrentenrechtlich ohne weiteres möglich (ErfK/Steinmeyer BetrAVG § 1a Rn. 5), aber nicht auf den Mindestlohn anrechenbar. Gleiches gilt für Betriebsrentenleistungen, die der Arbeitgeber anlässlich der Entgeltumwandlung zuschießt. **157**

f) **Trinkgelder.** Trinkgeld ist nach § 107 Abs. 3 S. 2 GewO ein Geldbetrag, den ein Dritter dem Arbeitnehmer ohne rechtliche Verpflichtung zusätzlich zu einer dem Arbeitgeber geschuldeten Leistung zahlt. Trinkgelder können damit **nicht auf den Mindestlohn angerechnet werden, da sie keine Leistung des Arbeitgebers darstellen** und nicht Teil der Arbeitsvergütung sind (ebs. Lakies AuR 2014, 360, 361; D. Ulber RdA 2014, 176, 182). Von Teilen des Schrifttums wird zudem zur Begründung die Wertung des § 107 Abs. 3 S. 1 GewO angeführt, wonach die Zahlung eines regelmäßigen Arbeitsentgelts nicht für die Fälle ausgeschlossen werden kann, in denen der Arbeitnehmer für seine Tätigkeit von Dritten ein Trinkgeld erhält (so Berndt DStR 2014, 1878, 1881; Däubler NJW 2014, 1924, 1926; Lakies AuR 2014, 360, 361). **158**

Trinkgelder sind zu unterscheiden von sog. **Bedienungsgeldern, die auf den Mindestlohn angerechnet werden können.** Bedienungsgeld wird vom Kunden für eine Bedienungsleistung erhoben (hierzu ErfK/Preis BGB § 611 Rn. 507 ff.). Zu unterscheiden sind das Serviersystem und das Tronc-System. Bei dem oft auf Volksfesten anzutreffenden Serviersystem er- und behält der Arbeitnehmer unmittelbar das von ihm erhobene Bedienungsgeld. Beim va im Bereich der Spielbanken anzutreffenden Tronc-System wird das insgesamt vom Kunden erhobene Bedienungsgeld in eine gemeinsame Kasse gegeben und nach einem bestimmten Schlüssel auf die einzelnen Arbeitnehmer verteilt. Lässt der Kunde dem Bedienungspersonal neben dem Bedienungsgeld einen zusätzlichen Betrag zukommen, stellt dieses wiederum ein Trinkgeld dar, dass dem Arbeitnehmer unmittelbar zusteht (ErfK/Preis BGB § 611 Rn. 511 ff. mwN) und nicht auf den Mindestlohn angerechnet werden kann. **159**

3. Erfüllung bei Teilzahlungen

Ist mangels Funktionsäquivalenz bzw. Anspruchskonkurrenz eine vertraglich geschuldete Leistung des Arbeitgebers nicht auf dem Mindestlohn anrechenbar, kann dies dazu führen, dass die Zahlung des Arbeitgebers nicht hinreicht, um sowohl den gesetzlichen Mindestlohnanspruch als auch die vertraglich geschuldete Vergütung vollständig zu erfüllen. **160**

Beispiel: Der Arbeitnehmer hat einen vertraglichen Vergütungsanspruch von brutto 1.450 Euro monatlich sowie einen Anspruch auf eine nicht auf den Mindestlohn anrechenbare Erschwerniszulage von brutto 150 Euro. Für im Monat Januar 2015 geleistete 180 Arbeitsstunden zahlt der Arbeitgeber brutto 1.600 Euro. Soweit der Arbeitgeber mit der Zahlung auf den vertraglichen Vergütungsanspruch leistet, ist der gesetzliche Mindestlohnanspruch nur teilweise – nämlich in Höhe von 1.450 Euro – erfüllt. Soweit der Arbeitgeber mit der Zahlung hingegen auf den gesetzlichen Mindestlohnanspruch leistet, wäre nur dieser erfüllt. Der Arbeitnehmer könnte aus dem Arbeitsvertrag den in Höhe von 80 Euro noch nicht erfüllten Anspruch auf die Erschwerniszulage geltend machen.

Auf welchen Anspruch der Arbeitgeber leistet, bestimmt sich nach der vom Arbeitgeber bei der Leistung getroffenen Tilgungsbestimmung (§ 366 Abs. 1 BGB). Eine solche Tilgungsbestimmung kann auch vorweggenommen im Arbeitsvertrag gesetzt werden. Eine Vertragsklausel, nach der der Arbeitgeber zuerst auf den gesetzlichen Mindestlohn leistet, begegnet auch unter Berücksichtigung der §§ 305 ff. BGB keinen durchgreifenden Bedenken (so auch Sagan/Witschen jM 2014, 372, 376). Bestimmt der Arbeitgeber nicht ausdrücklich, auf welchen Anspruch er leistet, ist die Tilgungsbestimmung anhand der Umstände des Einzelfalls, insbesondere der Interessenlage, durch Auslegung zu ermitteln (MüKoBGB/Fetzer BGB § 366 Rn. 10 mwN). **161**

162 Hat der Arbeitgeber – auch konkludent – nicht bestimmt, ob er auf den gesetzlichen Mindestlohnanspruch oder den vertraglichen Vergütungsanspruch leistet, ergibt sich aus § 366 Abs. 2 BGB, welche Forderung der Arbeitgeber zuerst erfüllt hat. § 366 Abs. 2 BGB sieht eine **vierfach abgestufte gesetzliche Tilgungsreihenfolge** vor: Trifft der Arbeitgeber keine Bestimmung, so wird zunächst die fällige Schuld, unter mehreren fälligen Schulden diejenige, welche dem Arbeitnehmer geringere Sicherheit bietet, unter mehreren gleich sicheren die dem Arbeitgeber lästigere, unter mehreren gleich lästigen die ältere Schuld und bei gleichem Alter jede Schuld verhältnismäßig getilgt.

163 **Nach der von § 366 Abs. 2 BGB vorgegebenen gesetzlichen Tilgungsreihenfolge** würde der Arbeitgeber **in aller Regel zuerst auf den vertraglichen Vergütungsanspruch** leisten. Die Fälligkeit des gesetzlichen Mindestlohnanspruchs ist wegen § 2 Abs. 1 S. 1 Nr. 1, S. 2 weitgehend an die Fälligkeit des vertraglichen Vergütungsanspruchs angeglichen. Lediglich bei einer besonders späten vertraglich vereinbarten Fälligkeit, die noch hinter dem letzten Bankarbeitstag des auf die Arbeitsleitung folgenden Monats liegt, würde in Ausnahmefällen sogar der gesetzliche Mindestlohnanspruch nach § 2 Abs. 1 S. 1 Nr. 1 einmal vor dem vertraglichen Vergütungsanspruch fällig und könnte daher nach der gesetzlichen Tilgungsreihenfolge zuerst getilgt werden. In aller Regel wäre aber nach der gesetzlichen Tilgungsreihenfolge des § 366 Abs. 2 BGB entscheidend, dass der vertragliche Vergütungsanspruch dem Arbeitnehmer die geringere Sicherheit bietet. Beim Arbeitnehmer eines Nachunternehmers folgt dies schon daraus, dass dem Arbeitnehmer gemäß § 13 iVm § 14 AEntG für den gesetzlichen Mindestlohnanspruch mit dem Auftraggeber ein zusätzlicher Schuldner zur Verfügung gestellt wird. Im Übrigen bietet der vertragliche Vergütungsanspruch oftmals die geringere Sicherheit, weil bei ihm – im Unterschied zum gesetzlichen Mindestlohnanspruch (vgl. § 3 S. 1) – der Ablauf einer Ausschlussfrist drohen kann (vgl. BGH Urt. v. 21.11.1975 – IV ZR 112/74, VersR 1976, 136, 137 f.). Der gesetzliche Mindestlohnanspruch wäre zwar als die lästigere Forderung anzusehen, weil ihre Nichterfüllung als Ordnungswidrigkeit nach § 21 Abs. 1 Nr. 9 mit einem Bußgeld bewehrt ist. Die Lästigkeit einer Schuld ist danach zu beurteilen, welche nachteiligen Rechtsfolgen bei Nichterfüllung der Schuld eintreten (MüKoBGB/Fetzer BGB § 366 Rn. 14). Jedoch käme es auf Lästigkeit der Forderungen zumeist nicht mehr an, weil nach der gesetzlichen Tilgungsreihenfolge vorrangig aus Arbeitnehmersicht auf das Kriterium der „geringeren Sicherheit" abzustellen wäre.

164 Die **gesetzliche Tilgungsreihenfolge widerspricht** aber **offensichtlich dem hypothetischen Parteiwillen**. Es wird von der hM anerkannt, dass es auf die gesetzliche Tilgungsreihenfolge des § 366 Abs. 2 BGB nicht ankommt, wenn sie dem hypothetischen Parteiwillen offensichtlich widerspricht (BGH Urt. v. 14.11.2000 – XI ZR 248/99, NJW 2001, 815, 818; MüKoBGB/Fetzer BGB § 366 Rn. 12 mwN). Dem Arbeitgeber droht bei Nichtzahlung des Mindestlohns nach § 21 Abs. 1 Nr. 9 ein Bußgeld bis zu 500.000 Euro; zudem soll er bei einem schwerwiegenden Verstoß gemäß § 19 Abs. 1 von der Vergabe öffentlicher Aufträge ausgeschlossen werden. Im Hinblick auf diese erheblichen Nachteile würde es offensichtlich dem hypothetischen Parteiwillen widersprechen, wenn eine Vergütungszahlung des Arbeitgebers zuerst auf den vertraglichen Anspruch angerechnet würde (so auch Sagan/Witschen jM 2014, 372, 377). Der Arbeitgeber zahlt daher – außer bei abweichender ausdrücklicher oder konkludenter Tilgungsbestimmung iSd § 366 Abs. 1 BGB – zunächst auf den gesetzlichen Mindestlohnanspruch und sodann erst auf einen weitergehenden (tarif-)vertraglichen Vergütungsanspruch.

III. Variable Vergütungssysteme

165 Auch eine Entlohnung des Arbeitnehmers auf der Grundlage eines variablen Vergütungssystems muss sich an die Vorgaben des MiLoG halten. Hier sind zwei Fragen zu trennen: Erstens stellt sich die Frage, inwieweit auch bei der Vereinbarung eines varia-

C. Erfüllung des Mindestlohnanspruchs § 1

blen Vergütungssystems der Mindestlohn zwingend – auch bei (individuell) unterdurchschnittlicher Leistung – für die geleisteten Arbeitsstunden zum gesetzlichen Fälligkeitstermin zu zahlen ist (Rn. 166 ff.). Zweitens ist nach der Mindestlohnwirksamkeit der variablen Entgeltzahlung, also ihrer Anrechenbarkeit auf den Mindestlohn, zu fragen (Rn. 172 ff.).

1. Abweichende Bezugspunkte des variablen Vergütungssystems

Der gesetzliche Mindestlohnanspruch ist ein Zeitlohnanspruch, der dem Arbeitnehmer für jede geleistete Arbeitsstunde zusteht. Variable Vergütungssysteme beruhen demgegenüber auf abweichenden leistungs-, erfolgs- oder umsatzabhängigen Kennzahlen. 166

Es ist zwischen dem vertraglichen Vergütungsanspruch und dem gesetzlichen Mindestlohnanspruch zu unterscheiden (s. Rn. 2 ff.). Der gesetzliche Mindestlohnanspruch ist als auf die Einheit Zeit bezogener Bruttolohnanspruch konzipiert. An der in § 3 S. 1 angeordneten Unabdingbarkeit des Mindestlohns nimmt auch der Bezugspunkt der Arbeitsstunde teil. Die auf die Einheit Zeit bezogene Konzeption des Mindestlohns ist daher durch eine Vergütungsabrede, die einen abweichenden Bezugspunkt wählt, weder abdingbar noch modifizierbar. Der Arbeitgeber muss deshalb in variablen Vergütungssystemen sicherstellen, dass der Mindestlohn für jede geleistete Arbeitsstunde zum gesetzlichen Fälligkeitstermin erreicht wird. Dies gilt sowohl für leistungsbezogene als auch für umsatz- und erfolgsabhängige Vergütungen (vgl. Berndt DStR 2014, 1878, 1880). 167

a) **Stück- und Akkordlöhne.** Bei vereinbarten Stück- oder Akkordlöhnen soll es nach eA für die Erfüllung des Mindestlohnanspruchs genügen, wenn der Stück- oder Akkordlohn so bemessen ist, dass auf seiner Grundlange bei „Normalleistung" des Arbeitnehmers je Arbeitsstunde ein Lohn in Höhe des Mindestlohns *erreicht werden kann* (so ErfK/Franzen MiLoG § 1 Rn. 9). Für den Leistungsmaßstab einer „Normalleistung" käme es nach den allgemeinen Grundsätzen auf das **individuelle Leistungsvermögen** des Arbeitnehmers an. 168

Diese Ansicht findet im MiLoG keine Stütze. Der **gesetzliche Mindestlohnanspruch ist** gemäß § 3 S. 1 **insgesamt – also auch im Hinblick auf seinen Charakter als Stundenlohn – unabdingbar**, so dass er durch Stücklohn- oder Akkordlohnabreden weder abbedungen noch modifiziert werden kann. Für die Erfüllung des Mindestlohnanspruchs kommt es auch bei Vereinbarung eines Stück- oder Akkordlohns deshalb ausschließlich darauf an, dass die im jeweiligen Monat geleisteten Arbeitsstunden zum in § 2 geregelten Fälligkeitstermin zum Mindestlohn vergütet worden sind (hierzu § 3 Rn. 11). Dies ist in der Begründung des Regierungsentwurfs klargestellt worden: Danach kann der Arbeitgeber den Arbeitnehmer nur dann auf der Grundlage einer Stücklohn- oder Akkordlohnvereinbarung vergüten, „wenn gewährleistet ist, dass der Mindestlohn für die geleisteten Arbeitsstunden erreicht wird" (BT-Drs. 18/1558 S. 34). Nicht hinreichend ist damit, dass auf Basis der Stück- bzw. Akkordlohnvereinbarung der Arbeitnehmer bei Normalleistung eine Arbeitsvergütung in Höhe des Mindestlohns erreichen kann. Eine „fair piece rate" – wie sie der Mindestlohn im Vereinigten Königreich für bestimmte Sachverhalte zulässt – **kennt das MiLoG nicht.** Der Mindestlohn muss iE **für die geleisteten Arbeitsstunden im jeweiligen Monat** erreicht werden (vgl. BAG Urt. v. 8.10.2008 – 5 AZR 8/08, NZA 2009, 98, 101). 169

b) **Provisionen.** Für die Erfüllung des gesetzlichen Mindestlohnanspruchs ist maßgeblich, dass die im jeweiligen Monat geleisteten Arbeitsstunden zum in § 2 geregelten Fälligkeitstermin mit dem Mindestlohn vergütet worden sind (ebs. Bayreuther NZA 2014, 865, 868; Sittard NZA 2014, 951, 952). Der **Abrechnungszeitraum** für den gesetzlichen Mindestlohnanspruch **kann nicht gemäß § 87c Abs. 1 S. 1 Hs. 2 HGB auf drei Monate erstreckt werden**, denn diese Regelung betrifft nur die vertragliche Vergütungsabrede, nicht aber den gesetzlichen Mindestlohnanspruch (aA ErfK/Franzen MiLoG § 1 Rn. 10). Der Fälligkeitstermin des § 2 Abs. 1 S. 1 Nr. 2 (letzter Bankarbeitstag 170 des auf die Arbeitsleistung folgenden Monats) kann nicht durch eine abweichende Vereinbarung abbedungen werden.

171 Der Arbeitgeber kann sich in der Praxis damit behelfen, dass er eine „Mindestprovision" zahlt und mit dem Arbeitnehmer vereinbart, diese garantierten Zahlungen mit den für spätere Zeiträume anfallenden Provisionserträgen zu verrechnen (Bayreuther NZA 2014, 865, 868) (zu den Gestaltungsmöglichkeiten des Arbeitgebers auch § 3 Rn. 54 ff.).

2. Anrechenbarkeit von leistungsbezogenen Entgeltbestandteilen

172 Erhält der Arbeitnehmer ein **rein leistungsbezogenes Entgelt**, so ist dieses auf den Mindestlohn **voll anrechenbar**. Grundsätzlich nicht auf den Mindestlohn anrechenbar sind deshalb zB Akkord- und Qualitätsprämien, weil mit ihnen idR eine besondere Arbeitsleistung vergütet wird (s. Rn. 126).

173 **Provisionen** sind auf den gesetzlichen Mindestlohn **anrechenbar**, wenn sie als **erfolgsabhängige** Vergütung ausgestaltet sind. Nur wenn die Provision ausnahmsweise eine **leistungsabhängige** Vergütung bezweckt, scheidet eine Anrechnung aus.

174 Mit einer Provision wird der Arbeitnehmer prozentual am Wert von Geschäften beteiligt (Erfolgskomponente), an deren Abschluss er einen ursächlichen Beitrag geleistet hat (ErfK/Preis BGB § 611 Rn. 493). Indem der Arbeitnehmer zum Abschluss des provisionsauslösenden Geschäfts beiträgt, leistet er typischerweise die vertraglich geschuldete Normalleistung (so insbesondere bei **Vertriebsmitarbeitern im Außendienst**). Auch eine überdurchschnittliche Zahl provisionspflichtiger Geschäftsabschlüsse – mit der Folge eines hohen Provisionsanteils an der Gesamtvergütung – lässt für sich genommen nicht auf eine Mehrleistung des Arbeitnehmers schließen. Die vermehrten Geschäftsabschlüsse können ebenso Ausdruck einer allgemein erhöhten Nachfrage sein (zB zum Jahresende auf dem Versicherungsmarkt).

D. Verhältnis zu Branchenmindestlöhnen, § 1 Abs. 3

175 § 1 Abs. 3 regelt das Verhältnis des allgemeinen Mindestlohns zu sog. Branchenmindestlöhnen.

I. Vorrang gleichhöher Branchenmindestlöhne

176 Nach § 1 Abs. 3 S. 1 gehen die Regelungen des AEntG, des AÜG und der auf ihrer Grundlage erlassenen Rechtsverordnungen den Regelungen des MiLoG vor, soweit die Höhe der auf ihrer Grundlage festgesetzten Branchenmindestlöhne die Höhe des allgemeinen gesetzlichen Mindestlohns nicht unterschreitet. Der Vorrang nach § 1 Abs. 3 S. 1 gilt nach § 1 Abs. 3 S. 2 entsprechend für einen auf der Grundlage von § 5 TVG für allgemeinverbindlich erklärten Tarifvertrag iSv § 4 Abs. 1 Nr. 1 AEntG sowie § 5, § 5 Abs. 2 AEntG, soweit die Höhe des gesetzlichen Mindestlohns nicht unterschritten wird. Ausreichend ist also, dass der Branchenmindestlohn der Höhe nach mit dem gesetzlichen Mindestlohn übereinstimmt.

177 § 1 Abs. 3 stellt zum einen sicher, dass im Anwendungsbereich des MiLoG in jedem Arbeitsverhältnis ein Mindestlohnregime zur Anwendung kommt. Zum anderen stellt § 1 Abs. 3 sicher, dass nicht mehrere Mindestlohnregime dasselbe Arbeitsverhältnis erfassen; eine **Doppelbelastung** des Arbeitgebers wird **vermieden**. Die vereinzelt im Schrifttum geäußerte Befürchtung, ein Nebeneinander von allgemeinem und speziellem Mindestlohn berge unionsrechtliche Risiken (so Sittard NZA 2010, 1160, 1162) ist damit unbegründet. Das Unionsrecht steht differenzierenden Mindestlohnkonzepten nicht entgegen.

II. Verhältnis zu § 24 Abs. 1

Die Vorrangregelung in § 1 Abs. 3 ist von der Übergangsregelung nach § 24 Abs. 1 abzugrenzen. 178

Nach § 24 Abs. 1 gehen bis zum 31.12.2017 auf der Grundlage des AEntG festgesetzte 179
Mindestlöhne sowie die auf der Grundlage des § 3a AÜG festgesetzte Lohnuntergrenze für die Arbeitnehmerüberlassung dem allgemeinen Mindestlohn auch dann vor, wenn sie unterhalb des Mindestlohns liegen, soweit sie ab dem 1.1.2017 mindestens ein Entgelt von brutto 8,50 Euro je Zeitstunde vorsehen. Damit wird den für die Branche repräsentativen Tarifpartnern die Möglichkeit eingeräumt, für ihre Branche übergangsweise eine abweichende Mindestlohnhöhe zu bestimmen und so der spezifischen Ertragskraft der Unternehmen in ihrer Branche Rechnung zu tragen (vgl. BT-Drs. 18/1558 S. 43). Während § 24 Abs. 1 also während einer dreijährigen Übergangszeit ein Unterschreiten des allgemeinen gesetzlichen Mindestlohns erlaubt, regelt § 1 Abs. 3 das allgemeine Verhältnis des Mindestlohns nach dem MiLoG zu Branchenmindestlöhnen. Der allgemeine Mindestlohn bildet daher ab dem 1.1.2018 eine allgemeine unterste Lohngrenze, die auch durch nach dem AEntG und dem AÜG festgesetzte Branchenmindestlöhne nicht unterschritten werden darf.

III. Anwendungsvorrang

1. Sachlicher Anwendungsvorrang

Soweit die Höhe der auf Grundlage des AEntG und des AÜG festgesetzten Mindest- 180
löhne die Höhe des allgemeinen gesetzlichen Mindestlohns nicht unterschreitet, gehen die für die Branchenmindestlöhne geltenden Regelungen den Regelungen des allgemeinen Mindestlohns insgesamt vor.

Der **Vorrang** zugunsten der Branchenlösung ist **umfassend** (ähnlich Sagan/Witschen jM 181
2014, 372, 378). Der Vorrang gilt insbesondere für die branchenspezifischen Regelungen zur Fälligkeit des Branchenmindestlohns, zur Führung mindestlohnrelevanter Arbeitszeitkonten und zu Ausschlussfristen, die von den Regelungen des MiLoG abweichen. Zudem finden die Dokumentation und die Kontrolle der Einhaltung des Branchenmindestlohns ausschließlich nach den Vorschriften des AEntG bzw. des AÜG statt.

	Übersicht zu Melde- und Aufzeichnungspflichten		
	AEntG	**AÜG**	**MiLoG**
Meldepflicht	§ 18 AEntG: Keine Meldepflicht für inländische Arbeitgeber. Arbeitgeber mit Sitz im Ausland, die Arbeitnehmer in Deutschland in einer AEntG-Branche beschäftigen, müssen vor Beginn jeder Werk- oder Dienstleistung eine Anmeldung bei der zuständigen Zollbehörde vorlegen; die Anmeldung muss	§ 17b AÜG: Keine Meldepflicht für inländische Verleiher. Verleiher mit Sitz im Ausland, müssen vor Beginn jeder Überlassung ins Inland eine Anmeldung bei der zuständigen Zollbehörde vorlegen; die Anmeldung muss schriftlich sein, in deutscher Sprache verfasst sein, die für die Prüfung wesentlichen	§ 16 MiLoG: Keine Meldepflicht für inländische Arbeitgeber. Arbeitgeber mit Sitz im Ausland, die Arbeitnehmer in Deutschland in einem der in § 2a SchwarzArbG genannten Wirtschaftsbereiche oder Wirtschaftszweige beschäftigen, müssen vor Beginn jeder Werk- oder Dienstleistung eine Anmeldung bei der zuständigen Zollbehörde

§ 1 Mindestlohn

	Übersicht zu Melde- und Aufzeichnungspflichten		
	AEntG	**AÜG**	**MiLoG**
	schriftlich sein, in deutscher Sprache verfasst sein, die für die Prüfung wesentlichen Angaben enthalten; diese sind in § 18 Abs. 1 S. 2 Nr. 1 bis Nr. 7 AEntG aufgezählt.	Angaben enthalten; diese sind in § 17b Abs. 1 S. 1 Nr. 1 bis Nr. 7 AÜG aufgezählt.	vorlegen; die Anmeldung muss schriftlich sein, in deutscher Sprache verfasst sein, die für die Prüfung wesentlichen Angaben enthalten; diese sind in § 16 Abs. 1 S. 2 Nr. 1 bis Nr. 6 MiLoG aufgezählt.
	Änderungen bezüglich der Angaben sind unverzüglich zu melden. Der Anmeldung ist eine Versicherung beizufügen, dass der Arbeitgeber seine Verpflichtungen nach § 8 AEntG einhält. Entsprechende Verpflichtungen gelten für Entleiher, denen ein Verleiher mit Sitz im Ausland Leiharbeitnehmer überlässt.	Änderungen bezüglich der Angaben sind unverzüglich zu melden. Der Anmeldung ist eine Versicherung beizufügen, dass der Verleiher seine Verpflichtungen nach § 10 Abs. 5 AÜG einhält.	Änderungen bezüglich der Angaben sind unverzüglich zu melden. Der Anmeldung ist eine Versicherung beizufügen, dass der Arbeitgeber seine Verpflichtungen nach § 20 MiLoG einhält. Entsprechende Verpflichtungen gelten für Entleiher, denen ein Verleiher mit Sitz im Ausland Leiharbeitnehmer überlässt.
Aufzeichnung Arbeitszeit	§ 19 Abs. 1 AEntG: Arbeitgeber, die Arbeitnehmer in einer AEntG-Branche beschäftigen, müssen Beginn, Ende und Dauer der täglichen Arbeitszeit dieser Arbeitnehmer spätestens bis zum Ablauf des siebten auf den Tag der Arbeitsleistung folgenden Kalendertages aufzeichnen und die Aufzeichnungen mindestens zwei Jahre aufbewahren. Die Verpflichtungen gelten entsprechend für Entleiher.	§ 17c Abs. 1 AÜG: Entleiher sind verpflichtet, Beginn, Ende und Dauer der täglichen Arbeitszeit des Leiharbeitnehmers spätestens bis zum Ablauf des siebten auf den Tag der Arbeitsleistung folgenden Kalendertages aufzuzeichnen und diese Aufzeichnungen mindestens zwei Jahre aufzubewahren.	§ 17 Abs. 1 MiLoG: Arbeitgeber, die Arbeitnehmer nach § 8 Abs. 1 SGB IV (geringfügige Beschäftigung) oder in einem der in § 2a SchwarzArbG genannten Wirtschaftsbereiche oder Wirtschaftszweige beschäftigen, müssen Beginn, Ende und Dauer der täglichen Arbeitszeit dieser Arbeitnehmer spätestens bis zum Ablauf des siebten auf den Tag der Arbeitsleistung folgenden Kalendertages aufzeichnen und die Aufzeichnungen mindestens zwei Jahre beginnend ab dem für die Aufzeichnung maßgeblichen Zeitpunkt aufbewahren.

D. Verhältnis zu Branchenmindestlöhnen, § 1 Abs. 3

Übersicht zu Melde- und Aufzeichnungspflichten			
	AEntG	**AÜG**	**MiLoG**
			Die Verpflichtungen gelten entsprechend für Entleiher.
Erstellen, Bereithalten von Dokumenten	§ 19 Abs. 2 AEntG: Arbeitgeber muss die für die Kontrolle der Einhaltung seiner Pflichten nach dem AEntG erforderlichen Unterlagen im Inland für die gesamte Dauer der tatsächlichen Beschäftigung von Arbeitnehmern in Deutschland, mindestens für die Dauer der gesamten Werk- oder Dienstleistung, insgesamt jedoch nicht länger als zwei Jahre, in deutscher Sprache bereitzuhalten. Auf Verlangen der Prüfbehörde sind die Unterlagen auch am Ort der Beschäftigung bereitzuhalten.	§ 17c Abs. 2 AÜG: Verleiher muss die für die Kontrolle der Einhaltung seiner Pflichten nach dem AÜG erforderlichen Unterlagen im Inland für die gesamte Dauer der tatsächlichen Beschäftigung des Leiharbeitnehmers in Deutschland, insgesamt jedoch nicht länger als zwei Jahre, in deutscher Sprache bereitzuhalten. Auf Verlangen der Prüfbehörde sind die Unterlagen auch am Ort der Beschäftigung bereitzuhalten.	§ 17 Abs. 2 MiLoG: Arbeitgeber, die Arbeitnehmer nach § 8 Abs. 1 SGB IV (geringfügige Beschäftigung) oder in einem der in § 2a SchwarzArbG genannten Wirtschaftsbereiche oder Wirtschaftszweige beschäftigen, müssen die für die Kontrolle der Einhaltung ihrer Pflichten nach § 20 iVm § 2 MiLoG erforderlichen Unterlagen im Inland für die gesamte Dauer der tatsächlichen Beschäftigung von Arbeitnehmern in Deutschland, mindestens für die Dauer der gesamten Werk- oder Dienstleistung, insgesamt jedoch nicht länger als zwei Jahre, in deutscher Sprache bereitzuhalten. Auf Verlangen der Prüfbehörde sind die Unterlagen auch am Ort der Beschäftigung bereitzuhalten.

2. Persönlicher Anwendungsvorrang

In persönlicher Hinsicht setzt der Anwendungsvorrang des § 1 Abs. 3 voraus, dass der Arbeitnehmer vom persönlichen Anwendungsbereich des jeweiligen Branchenmindestlohns erfasst wird. **Keine den gesetzlichen Mindestlohn nach § 1 Abs. 3 verdrängende Branchenregelung** liegt demgegenüber in einer bloßen **Negativregelung** der Tarifvertragsparteien vor (vgl. zB § 1 Nr. 3 TV Mindestlohn v. 14.2.2013, Anlage zu § 1 AusbDienstLArbbV, BAnz AT 28.6.2013 V1: „Dieser Tarifvertrag gilt persönlich für alle Arbeitnehmer /innen im pädagogischen Bereich mit Ausnahme von Praktikanten/innen.").

Für Arbeitnehmer, die vom persönlichen Anwendungsbereich des Branchenmindestlohns nicht erfasst werden, wird der allgemeine Mindestlohn durch den Branchenmindestlohn nicht verdrängt. Sie haben weiterhin Anspruch auf den Mindestlohn und den Entgeltschutz nach dem MiLoG (vgl. va § 3). So haben beispielsweise Arbeitnehmer im nicht-pädagogischen Bereich der Aus- und Weiterbildung nach dem SGB II und SGB III Anspruch auf den gesetzlichen Mindestlohn.

184 Da das AEntG nur die Schaffung und Durchsetzung angemessener Mindestarbeitsbedingungen für Arbeitnehmer erlaubt (vgl. § 2 AEntG), sind **Praktikanten branchenübergreifend nach dem MiLoG zu behandeln.**

IV. Bestehende Branchenmindestlöhne

185 Nach § 1 Abs. 3 gehen nur die Regelungen des AEntG, des AÜG und der auf ihrer Grundlage erlassenen Rechtsverordnungen den Regelungen des MiLoG vor.

186 Neben der auf Grundlage des § 3a AÜG bestehenden Lohnuntergrenze im Bereich der Arbeitnehmerüberlassung bestehen (Stand Februar 2015) nach dem AEntG im Bereich der Abfallwirtschaft, des Bauhauptgewerbes, der Bergbau-Spezialgesellschaften, der beruflichen Aus- und Weiterbildung, des Dachdeckerhandwerks, der Fleischindustrie, des Gebäudereinigerhandwerks, des Gerüstbauerhandwerks, der Land- und Forstwirtschaft nebst Gartenbau, dem Maler- und Lackiererhandwerk, der Pflegbranche, dem Steinmetz- und Bildhauerhandwerk, dem Wäschereidienstleistungen im Objektkundengeschäft, dem Friseurhandwerk und der Textil- und Bekleidungsindustrie Branchenmindestlöhne. Eine aktuelle **Übersicht** über die vorrangig nach § 1 Abs. 3 zu beachtenden Branchenmindestlöhne stellt das BMAS im Internet zur Verfügung (www.bmas.de).

187 Nachdem das AEntG durch Art. 6 des Gesetzes zur Stärkung der Tarifautonomie v. 11.8.2014 (BGBl. I S. 1348) nunmehr für alle Branchen geöffnet wurde (§ 4 Abs. 2, § 7a AEntG) (BT-Drs. 18/1558 S. 51), besteht nunmehr **potentiell in allen Branchen** die Möglichkeit, branchenspezifisch verbindliche Mindestentgelte zu etablieren.

188 Nach § 1 Abs. 1 S. 2 gilt der Branchenvorrang des § 1 Abs. 3 S. 1 entsprechend für einen auf der Grundlage von § 5 TVG für allgemeinverbindlich erklärten Tarifvertrag iSv § 4 Abs. 1 Nr. 1 AEntG, dh im Bereich des Bauhauptgewerbe oder Baunebengewerbes iSd Baubetriebe-VO v. 28.10.1980 idF v. 26.4.2006 (BGBl. I S. 1085). In anderen Branchen besteht die Möglichkeit des Erlasses einer entsenderechtlichen Allgemeinverbindlicherklärung nicht mehr. Die Möglichkeit der entsenderechtlichen Allgemeinverbinderklärung wurde zur besseren Abgrenzung der unterschiedlichen gesetzlichen Regelungen und ihrer zentralen Erstreckungsmechanismen mit dem Gesetz zur Stärkung der Tarifautonomie v. 11.8.2014 (BGBl. I S. 1348) auf einen Einsatz in der Baubranche beschränkt. Mit dem Fortbestand der entsenderechtlichen Allgemeinverbindlicherklärung wollte der Gesetzgeber den dortigen Branchenbesonderheiten Rechnung tragen (ua Tradition der Allgemeinverbindlicherklärung im Bereich der Sozialkassen der Bauwirtschaft) (vgl. BT-Drs. 18/1558 S. 50).

189 Auch im Übrigen gilt der Anwendungsvorrang des § 1 Abs. 3 **nicht für allgemeinverbindliche Entgelttarifverträge** nach § 5 TVG.

§ 2 Fälligkeit des Mindestlohns

(1) Der Arbeitgeber ist verpflichtet, der Arbeitnehmerin oder dem Arbeitnehmer den Mindestlohn
1. zum Zeitpunkt der vereinbarten Fälligkeit,
2. spätestens am letzten Bankarbeitstag (Frankfurt am Main) des Monats, der auf den Monat folgt, in dem die Arbeitsleistung erbracht wurde,

zu zahlen. Für den Fall, dass keine Vereinbarung über die Fälligkeit getroffen worden ist, bleibt § 614 des Bürgerlichen Gesetzbuchs unberührt.

(2) Abweichend von Absatz 1 Satz 1 sind bei Arbeitnehmerinnen und Arbeitnehmern die über die vertraglich vereinbarte Arbeitszeit hinausgehenden und auf einem schriftlich

A. Überblick

§ 2

vereinbarten Arbeitszeitkonto eingestellten Arbeitsstunden spätestens innerhalb von zwölf Kalendermonaten nach ihrer monatlichen Erfassung durch bezahlte Freizeitgewährung oder Zahlung des Mindestlohns auszugleichen, soweit der Anspruch auf den Mindestlohn für die geleisteten Arbeitsstunden nach § 1 Absatz 1 nicht bereits durch Zahlung des verstetigten Arbeitsentgelts erfüllt ist. Im Falle der Beendigung des Arbeitsverhältnisses hat der Arbeitgeber nicht ausgeglichene Arbeitsstunden spätestens in dem auf die Beendigung des Arbeitsverhältnisses folgenden Kalendermonat auszugleichen. Die auf das Arbeitszeitkonto eingestellten Arbeitsstunden dürfen monatlich jeweils 50 Prozent der vertraglich vereinbarten Arbeitszeit nicht übersteigen.

(3) Die Absätze 1 und 2 gelten nicht für Wertguthabenvereinbarungen im Sinne des Vierten Buches Sozialgesetzbuch. Satz 1 gilt entsprechend für eine im Hinblick auf den Schutz der Arbeitnehmerinnen und Arbeitnehmer vergleichbare ausländische Regelung.

Übersicht

	Rn.
A. Überblick	1
B. Fälligkeit des gesetzlichen Mindestlohns	2
I. Schuld- und bußgeldrechtliche Dimension	3
II. Vertragliche und gesetzliche Fälligkeit	4
1. § 2 Abs. 1 als lex specialis	5
2. Verhältnis zu branchenspezifischen Fälligkeitsregelungen	6
III. Erfasste Ansprüche	8
IV. Umgang mit abweichenden Vergütungsmodellen	12
1. Umgang mit Stücklohnmodellen	13
2. Umgang mit verstetigten Arbeitsentgelten	15
C. Arbeitszeitkonten	20
I. Ausnahmecharakter	21
II. Erfasste Konten	22
1. Arbeitszeitbegriffe	23
2. Entgeltkonten	24
3. Überstunden- und Gleitzeitkonten, Vertrauensarbeitszeit	25
III. Zahlung eines verstetigten Arbeitsentgelts	26
IV. Schriftliche Vereinbarung	30
1. Gesetzliche Schriftform	31
2. Reichweite des Schriftformgebots	34
3. Rechtsfolge bei Formverstoß	35
V. Führung des Arbeitszeitkontos	36
1. Arbeitszeitausgleich	37
a) Ausgleichszeitraum	38
b) Art des Zeitausgleichs	42
c) Altsalden	43
2. 50-Prozent-Grenze	44
VI. Nicht mindestlohnrelevante Arbeitszeitkonten	48
D. In- und ausländische Wertguthabenvereinbarungen	49
I. Wertguthabenvereinbarungen	50
1. Wertguthabenvereinbarungen iSv § 7b SGB IV	51
2. Abgrenzungsfragen	53
3. Sonstige Voraussetzungen	55
4. Führung von Wertguthaben	56
II. Vergleichbare ausländische Regelungen	57
1. Hintergrund	58
2. Vergleichbares Schutzniveau	59

A. Überblick

§ 2 regelt die Fälligkeit des gesetzlichen Mindestlohnanspruchs. Während sich § 2 **1** Abs. 1 zur Fälligkeit des Mindestlohns verhält, stellt § 2 Abs. 2 eine auf § 2 Abs. 1 bezogene Ausnahmevorschrift für Arbeitszeitkonten dar. § 2 Abs. 3 stellt wiederum eine von § 2 Abs. 1 und Abs. 2 abweichende Sonderregelung für Wertguthabenvereinbarungen iSd SGB IV (sog. Langzeitkonten) dar.

B. Fälligkeit des gesetzlichen Mindestlohns

2   § 2 Abs. 1 regelt die Fälligkeit des gesetzlichen Mindestlohnanspruchs.

I. Schuld- und bußgeldrechtliche Dimension

3   Die Fälligkeitsregelung des § 2 Abs. 1 S. 1 hat **zwei Dimensionen**: Zum einen wird die Fälligkeit des gesetzlichen Mindestlohns mit bestehenden vertraglichen Fälligkeitsabreden **synchronisiert** (§ 2 Abs. 1 S. 1 Nr. 1). Zum anderen wird bußgeldrechtlich der Zeitpunkt vorgegeben, zu dem der Mindestlohn spätestens zu zahlen ist. Nach § 20 ist der Arbeitgeber verpflichtet, den gesetzlichen Mindestlohn spätestens zu dem in § 2 Abs. 1 S. 1 Nr. 2 genannten Zeitpunkt zu zahlen; eine spätere Zahlung des Mindestlohns stellt eine nach § 21 Abs. 1 Nr. 9 bußgeldbewehrte Ordnungswidrigkeit dar. Die (tarif-)vertraglich **vereinbarte Fälligkeit**, die sich auch aus einer Betriebsvereinbarung (§ 87 Abs. 1 Nr. 4 BetrVG) ergeben kann, ist also – ebenso wie die Regelung des § 614 BGB – **nur arbeitsrechtlich von Bedeutung, nicht jedoch für die Kontrolle** der Zahlung des allgemeinen Mindestlohns **durch den Zoll**.

II. Vertragliche und gesetzliche Fälligkeit

4   Nach § 2 Abs. 1 S. 1 Nr. 1 und Nr. 2 wird der gesetzliche Mindestlohnanspruch zusammen mit dem vertraglichen Vergütungsanspruch (Zeitpunkt der vereinbarten Fälligkeit), spätestens aber am letzten Bankarbeitstag dh Montag bis Freitag mit Ausnahme gesetzlicher Feiertage nach dem HFeiertagsG – Referenzort Frankfurt am Main – des auf die Arbeitsleistung folgenden Kalendermonats zur Zahlung fällig (gesetzliche Fälligkeit). Soweit die Parteien des Arbeitsvertrags keine Regelung über die Fälligkeit getroffen haben und die Vergütung nach Zeitabschnitten bemessen ist, ist die Vergütung nach § 2 Abs. 2 S. 2 iVm § 614 S. 2 BGB nach Ablauf der einzelnen Zeitabschnitte zu entrichten; ansonsten ist sie im Anschluss an die Arbeitsleistung zu entrichten (§ 2 Abs. 2 S. 2 iVm § 614 S. 1 BGB).

1. § 2 Abs. 1 als lex specialis

5   Soweit Praktikanten iSv § 26 BBiG nach Maßgabe von § 22 Abs. 1 S. 2 als Arbeitnehmer iSd MiLoG gelten und Anspruch auf den Mindestlohn haben, ist § 2 Abs. 1 S. 1 bezogen auf den gesetzlichen Mindestlohnanspruch lex specialis zu § 18 Abs. 2 BBiG. § 26 BBiG iVm § 18 Abs. 2 BBiG regelt allein die Fälligkeit einer nach § 26 BBiG iVm § 17 BBiG geschuldeten Praktikumsvergütung (so auch Sagan/Witschen jM 2014, 372, 378). Gleiches gilt für die besondere Fälligkeitsregelung für die Vergütung von Handlungsgehilfen iSd § 59 S. 1 HGB; § 2 Abs. 1 ist auch insofern lex specialis zu § 64 HGB.

2. Verhältnis zu branchenspezifischen Fälligkeitsregelungen

6   Das Verhältnis zu den sog. Branchenmindestlöhnen nach dem AEntG und AÜG regelt das MiLoG in § 1 Abs. 3 (hierzu § 1 Rn. 180). Hiernach treten die Bestimmungen des MiLoG – auch bezogen auf branchenspezifische Regelungen zur Fälligkeit und Arbeitszeitkonten – hinter die jeweils einschlägige branchenspezifische Regelung zurück (vgl. BT-Drs. 18/1558 S. 34).

B. Fälligkeit des gesetzlichen Mindestlohns § 2

Branchenspezifische Fälligkeiten auf Grundlage von §§ 7, 7a, 11 AEntG, § 3a AÜG		7
Branche	Fälligkeit	
Abfallwirtschaft einschließlich Straßenreinigung und Winterdienst	Der Anspruch auf den Mindestlohn wird spätestens am letzten Werktag des Monats fällig, der auf den Monat folgt, für den der Mindestlohn zu zahlen ist (§ 2 Nr. 2 TV Mindestlohn, Anlage zu § 1 der 6. AbfallArbbV).	
Arbeitnehmerüberlassung	Der Anspruch auf das Mindeststundenentgelt wird spätestens am 15. Bankarbeitstag (Referenzort Frankfurt am Main) des Monats fällig, der auf den Monat folgt, für den das Mindestentgelt zu zahlen ist (§ 2 Abs. 4 Zweite Verordnung über eine Lohnuntergrenzen in der Arbeitnehmerüberlassung).	
Aus- und Weiterbildungsdienstleistungen nach dem SGB II oder III	Der Anspruch auf das Mindeststundenentgelt wird spätestens am 15. des Monats fällig, der auf den Monat folgt, für den das Mindestentgelt zu zahlen ist (§ 3 Nr. 2 der 2. AusbDienstLArbbV).	
Bauhauptgewerbe	Der Anspruch auf Mindestlohn wird spätestens am 15. des Monats fällig, der auf den Monat folgt, für den er zu zahlen ist (§ 2 Abs. 4 TV Mindestlohn, Anlage 1 zu § 1 der 9. BauArbbV).	
Bergbauspezialarbeiten auf Steinkohlebergwerken	Der Anspruch auf den Mindestlohn wird spätestens am 15. des Monats fällig, der auf den Monat folgt, für den er zu zahlen ist (§ 2 Nr. 4 TV Mindestbedingungen, Anlage zu § 1 der 3. BergbauArbbV).	
Dachdeckerhandwerk	Der Anspruch auf den Mindestlohn für die im Kalendermonat geleisteten Stunden wird spätestens am 15. des Monats fällig, der auf den Monat folgt, für den er zu zahlen ist (§ 2 Nr. 3 TV Mindestlohn, Anlage zu § 1 der 7. DachdArbbV).	
Friseurhandwerk	Keine branchenspezifische Regelung	
Gebäudereinigung	Der Anspruch auf den Mindestlohn wird spätestens zum 15. des Monats fällig, der dem Monat folgt, für den der Mindestlohn zu zahlen ist (§ 2 Nr. 4 TV Mindestlohn der 5. GebäudeArbbV).	
Gerüstbauerhandwerk	Der Anspruch auf den Mindestlohn für die im Kalendermonat geleisteten Stunden wird spätestens zum 15. des Monats fällig, der dem Monat folgt, für der der Mindestlohn zu zahlen ist (§ 2 Nr. 2 TV Mindestlohn, Anlage zu § 1 der 2. GerüstbArbbV).	
Land- und Forstwirtschaft sowie Gartenbau	Der Anspruch auf Mindestentgelt wird spätestens zum letzten Bankarbeitstag (Frankfurt am Main) des Kalendermonats fällig, der dem Kalendermonat folgt, für den das Mindestentgelt zu zahlen ist (§ 2 Abs. 2 S. 1 TV Mindestentgelt, Anlage 1 zu § 1 LandwirtArbbV).	

Maler- und Lackiererhandwerk	Der Anspruch auf den Mindestlohn wird spätestens zum 15. des Monats fällig, der dem Monat folgt, für den der Mindestlohn zu zahlen ist (§ 4 Nr. 1 TV Mindestlohn, Anlage zu § 1 der 8. MalerArbbV).
Pflegebranche	Das Mindestentgelt wird für die vertraglich vereinbarte Arbeitszeit zum 15. des Monats fällig, der auf den Monat folgt, für den das Mindestentgelt zu zahlen ist (§ 3 Abs. 1 der 2. PflegeArbbV).
Schlachten und Fleischverarbeitung	Der Anspruch auf den Mindestlohn wird spätestens zum 15. des Monats fällig, der dem Monat folgt, für den der Mindestlohn zu zahlen ist (§ 2 Nr. 3 TV Mindestbedingungen, Anlage zu § 1 FleischArbbV).
Steinmetz- und Steinbildhauerhandwerk	Der Anspruch auf den Mindestlohn wird spätestens zum 15. des Monats fällig, der dem Monat folgt, für den der Mindestlohn zu zahlen ist (§ 4 Nr. 1 TV Mindestlohn, Anlage zu § 1 SteinmetzArbbV).
Textil- und Bekleidungsindustrie	Der Abrechnungszeitraum für den Mindestlohn ist jeweils der Kalendermonat. Der Anspruch auf den Mindestlohn wird spätestens am 15. des Folgemonats fällig (§ 3 TV Mindestentgelte, Anlage zu § 1 TextilArbbV).
Wäschereidienstleistungen im Objektkundengeschäft	Der Abrechnungszeitraum für den Mindestlohn ist jeweils der Kalendermonat. Der Anspruch auf Mindestlohn wird spätestens am 15. des Folgemonats fällig (§ 3 Nr. 2 TV Mindestlohn, Anlage zu § 1 der 2. WäschereidienstleistungenArbbV).

III. Erfasste Ansprüche

8 § 2 Abs. 1 bestimmt ausschließlich die **Fälligkeit des gesetzlichen Mindestlohnanspruchs** aus § 1 Abs. 1, § 20.

9 Durch die in § 2 Abs. 1 S. 1 Nr. 2 normierte Fälligkeit wird der Arbeitgeber – will er einen zusätzlichen Lohnlauf vermeiden – faktisch veranlasst, die Vergütung insgesamt spätestens am letzten Bankarbeitstag des auf die Arbeitsleistung folgenden Kalendermonats zu zahlen. Fälle, in denen der vertragliche Fälligkeitszeitpunkt später liegt, dürften jedoch die Ausnahme bilden, so dass der bisherige Lohnlauf wird beibehalten werden können.

10 Zum Fälligkeitszeitpunkt des § 2 Abs. 1 sind nicht nur die iSe vertraglich vereinbarten Regelarbeitszeit vereinbarten Arbeitsstunden, sondern **sämtliche tatsächlich geleisteten Arbeitsstunden**, dh auch vergütungspflichtige Mehr- oder Überarbeit, zum Mindestlohnsatz auszuzahlen (vgl. BT-Drs. 18/1558 S. 34). Die Fälligkeitsregelung wirkt – bezogen auf den Mindestlohnanspruch – in jedem Arbeitsverhältnis (zutreffend Bayreuther NZA 2014, 865, 866; Sagan/Witschen jM 2014, 372, 374; Sittard NZA 2014, 951, 952 f.).

11 Die teilweise anzutreffende Ansicht, dass § 2 Abs. 1 nur für Arbeitsverhältnisse gilt, bei denen nicht bereits eine Vergütung oberhalb des gesetzlichen Mindestlohns vereinbart ist (idS Spielberger/Schilling NZA 2014, 414, 416), ist rechtsirrig und findet im MiLoG keine Stütze. Das MiLoG findet grds. auf alle Arbeitsverhältnisse Anwendung, die im Inland vollzogen werden (vgl. auch Sittard NZA 2014, 951, 952). Eine Beschränkung des Anwendungsbereichs auf Arbeitsverhältnisse, in denen sich vertraglicher und gesetzlicher

Vergütungsanspruch decken, würde es gestatten, sich bereits durch die Vereinbarung einer Arbeitsvergütung von knapp oberhalb des Mindestlohns (zB brutto 8,51 Euro je Zeitstunde) der Anwendung des Gesetzes, insbesondere also auch der Kontrolle durch die Zollbehörden, zu entziehen. Dass § 2 Abs. 1 in jedem Arbeitsverhältnis gilt, folgt auch im Umkehrschluss aus § 2 Abs. 2 S. 1 aE. Nach § 2 Abs. 2 S. 1 aE gelten die Vorgaben zur Führung von Arbeitszeitkonten nicht, soweit der gesetzliche Mindestlohnanspruch bereits durch die Zahlung des vertraglichen Arbeitsentgelts erfüllt ist. Diese Regelung wäre inhaltsleer, wenn das MiLoG nur für Arbeitsverhältnisse gelten würde, in denen der vertragliche Entgeltanspruch dem gesetzlichen Mindestlohnanspruch entspricht.

IV. Umgang mit abweichenden Vergütungsmodellen

Der Mindestlohnanspruch ist nach § 1 Abs. 1 als auf die Einheit Zeitstunde bezogener Entgeltanspruch konzipiert. Hiermit können vertragliche Vergütungsabreden konfligieren, die an einen anderen Bezugspunkt anknüpfen (**Monatsentgelt, Stücklohn**). Für die Lösung dieser Konfliktklagen ist einerseits das Zusammenwirken von § 1 Abs. 1 und § 2 Abs. 1, dh von Anspruch und Fälligkeit und anderseits die **Anspruchskonkurrenz von gesetzlichen Mindestlohn- und vertraglichen Vergütungsanspruch** von zentraler Bedeutung. 12

1. Umgang mit Stücklohnmodellen

Vor allem in Fällen, in denen **vertragliche Stücklohnmodelle** (zB im Bereich Zeitungszustellung) auf den Mindestlohn treffen, wird kritisiert, dass sich das Gesetz nicht dazu verhält, wie sich der gesetzliche (Zeit-)Mindestlohn zum vertraglichen (Stück-)Lohn verhält (zB Sittard NZA 2014, 951: „Dass eine reine Stundenlohnberechnung an der Praxis vorbeigeht, wurde bewusst in Kauf genommen"). Die Lösung des „Problems" liegt in der Anspruchskonkurrenz von vertraglichem und gesetzlichem Anspruch sowie in § 20 (hierzu § 1 Rn. 2 ff.). Nach § 20 ist jeder Arbeitgeber verpflichtet, seinen im Inland beschäftigten Arbeitnehmern den Mindestlohn spätestens zu dem in **§ 2 Abs. 1 S. 1 Nr. 2** bestimmten Fälligkeitstermin zu zahlen. Daraus folgt, dass jede **in der Abrechnungsperiode geleistete Arbeitsstunde** in Höhe des gesetzlichen Mindestlohns zu vergüten ist. Dies bedeutet aber nicht, dass der Arbeitnehmer iSe Meistbegünstigung oder Rosinentheorie beliebig zwischen den Systemen springen kann. Macht ein Arbeitnehmer künftig einen Vergütungsanspruch geltend, wird zunächst zu prüfen sein, ob er den gesetzlichen Mindestlohnanspruch oder den vertraglichen Vergütungsanspruch verfolgt. Die Ansprüche setzten zu ihrer **Schlüssigkeit** einen differenzierten Sachvortrag voraus. Stützt der Arbeitnehmer sein Begehren auf das MiLoG ist – ungeachtet einer bestehenden Stücklohnvereinbarung – zu prüfen, ob den im Bezugszeitraum des § 2 Abs. 1 S. 1 Nr. 2 geleisteten Arbeitsstunden eine nach dem MiLoG äquivalente Vergütungsleistung des Arbeitgebers gegenübersteht. Stützt der Arbeitnehmer sein Begehren auf die vertraglichen Vergütungsabrede, bestimmt die vertraglich vereinbarte Vergütungsabrede das Prüfprogramm (vgl. auch Lakies ArbR 2014, 343, 345). 13

Beispiel: Der Arbeitgeber sagt eine Vergütung von brutto 0,50 Euro je Stück zu. Während der Arbeitnehmer in den ersten vier Arbeitsstunden noch stündlich 20 Stück fertigt, fertigt er in den folgenden vier Arbeitsstunden nur noch 15 Stück. Aus dem Arbeitsvertrag ergibt sich demnach Vergütungsanspruch von brutto 70,00 Euro (140 Stück à brutto 0,50 Euro); aus § 1 Abs. 1 ergibt sich demgegenüber ein gesetzlicher Mindestlohnanspruch von brutto 68,00 Euro (8 Stunden à brutto 8,50 Euro). Leistet der Arbeitgeber den vertraglich geschuldeten Stücklohn erfüllt er zugleich den arbeitszeitbezogenen Mindestlohnanspruch nach dem MiLoG.

Es reicht also nicht aus, dass auf Basis der Stück- bzw. Akkordlohnvereinbarung der Arbeitnehmer bei Normalleistung eine Arbeitsvergütung in Höhe des Mindestlohns errei- 14 chen *kann*. Der Mindestlohn muss vielmehr **für die geleisteten Arbeitsstunden im jeweiligen Monat** erreicht werden (vgl. BAG Urt. v. 8.10.2008 – 5 AZR 8/08, NZA 2009, 98, 101). Der gesetzliche Mindestlohn muss daher in dem durch § 2 Abs. 1 S. 1 Nr. 2 begrenzten Abrechnungszeitraum insgesamt erreicht werden, ungeachtet dessen, welche Berechnungsmethode für den vertraglichen Vergütungsanspruch maßgeblich ist.

2. Umgang mit verstetigten Arbeitsentgelten

15 Auch verstetigte Arbeitsentgelte können in Konflikt mit dem Normtext des § 2 Abs. 1 geraten. Bei einem verstetigten Arbeitsentgelt wird typischerweise die im Lauf eines Monats vom Arbeitnehmer erbrachte Arbeitsleistung unabhängig von der im betreffenden Monat gegebenen Zahl von Arbeits-, Werk- oder Kalendertagen in gleichbleibender Höhe vergütet. Beide Vertragsparteien gehen also nicht davon aus, dass der jeweilige Tageswert der Arbeitsleistung von Monat zu Monat schwankt (vgl. BAG Urt. v. 16.5.2012 – 5 AZR 251/11, NZA 2012, 971, 972 f.). An sich zwingt das MiLoG in § 2 Abs. 1 zu einer konkret arbeitszeitbezogenen Betrachtung; jede geleistete Arbeitsstunde ist grundsätzlich zum gesetzlichen Fälligkeitstermin des § 2 Abs. 1 zu vergüten.

> **Beispiel:** Bezogen auf eine Fünf-Tage-Woche und eine werktägliche Arbeitszeit von acht Arbeitsstunden ergibt sich bei 23 Arbeitstagen im Juli 2015 ein gesetzlicher Mindestlohnanspruch von brutto 1.564,00 Euro. Bei 21 Arbeitstagen im August 2015 ergibt sich ein gesetzlicher Mindestlohnanspruch von lediglich brutto 1.428,00 Euro. Bei 22 Arbeitstagen im September 2015 ergibt sich ein gesetzlicher Mindestlohnanspruch von brutto 1.496,00 Euro. Ein Arbeitgeber der auf Basis von durchschnittlich 21,67 Arbeitstagen im Monat (Wochenfaktor ~ 4,3$\overline{3}$) ein gleichbleibendes Arbeitsentgelt von monatlich brutto 1.473,56 Euro zahlt, erfüllt damit nur im August 2015 den gesetzlichen Mindestlohnanspruch des Arbeitnehmers.
>
> Bezogen auf eine Fünf-Tage-Woche und eine werktägliche Arbeitszeit von acht Arbeitsstunden ergibt sich bei 21 Arbeitstagen im Januar 2015 ein gesetzlicher Mindestlohnanspruch von brutto 1.428,00 Euro. Bei 20 Arbeitstagen im Februar 2015 ergibt sich ein gesetzlicher Mindestlohnanspruch von lediglich brutto 1.360,00 Euro. Bei 22 Arbeitstagen im März 2015 ergibt sich ein gesetzlicher Mindestlohnanspruch von brutto 1.496,00 Euro. Im erstem Quartal 2015 besteht also ein gesetzlicher Mindestlohnanspruch von insgesamt brutto 4.284,00 Euro. Ein Arbeitgeber, der auf Basis von durchschnittlich 21,67 Arbeitstagen im Monat (Wochenfaktor ~ 4,3$\overline{3}$) ein gleichbleibendes Arbeitsentgelt von monatlich brutto 1.473,56 Euro zahlt, erfüllt damit im März 2015 den gesetzlichen Mindestlohnanspruch des Arbeitnehmers nicht, auch wenn er für das erste Quartal 2015 insgesamt eine Vergütung von brutto 4.420,68 Euro leistet.

16 § 2 Abs. 1 S. 1 Nr. 2 lässt es insofern nach seinem **Wortlaut nicht** zu, dass der gesetzliche Mindestlohnanspruch nur bei **quartalsweiser oder kalenderjährlicher Betrachtung** erreicht wird (aA wohl ErfK/Franzen MiLoG § 1 Rn. 8 unter Hinweis auf OLG Karlsruhe Beschl. v. 5.2.2002 – 2 Ss 162/00, NStZ-RR 2002, 277). Vertragliche Entgeltmodelle, bei denen der Arbeitnehmer unabhängig von der Anzahl der Arbeitstage im Bezugszeitraum ein gleichbleibendes Arbeitsentgelt erzielt, das rechnerisch nur im Quartal oder Kalenderjahr dem Mindestlohn entspricht, können daher an sich mindestlohnrechtlich nur unter den Voraussetzungen des § 2 Abs. 2 vollzogen werden.

17 § 2 Abs. 2 regelt eine von § 2 Abs. 1 abweichende Fälligkeit für die Vergütung von Mehrarbeit, die vereinbarungsgemäß auf ein Arbeitszeitkonto eingestellt wird. Bei **kalendarisch schwankender Arbeit** handelt es sich jedoch nicht um Mehrarbeit, weil der Arbeitnehmer gleichbleibend seine Sollarbeitszeit leistet. Damit regelt § 2 Abs. 2 diesen Fall nicht unmittelbar. Allerdings liegt **§ 2 Abs. 2 die Wertung** zugrunde, dass Abreden über verstetigte Arbeitsentgelte – auch im mindestlohnrelevanten Bereich – weiter durchgeführt werden können. Müssten kalendarisch bedingte Arbeitszeitschwankungen im Abrechnungsmonat nachvollzogen werden, könnten verstetigte Entgeltabreden – entgegen der in § 2 Abs. 2 zum Ausdruck kommenden Intention des Gesetzgebers – im mindestlohnrelevanten Bereich nicht aufrecht erhalten werden. Die Fälligkeitsregelung

des § 2 Abs. 1 ist daher teleologisch zu reduzieren: Ein Arbeitgeber genügt seiner Pflicht zur rechtzeitigen Zahlung des Mindestlohns, wenn von ihm – entsprechend § 2 Abs. 2 – im zwölfmonatigen Bezugsraum der Mindestlohnanspruch durch das verstetigte Arbeitsentgelt bewirkt wird.

Das Gesetz gibt nicht vor, **wie** bei einer vereinbarten Wochenarbeitszeit das monatlich **18** **verstetigte Arbeitsentgelt zu errechnen ist.** Aus der Praxis sind verschiedene Berechnungsmethoden bekannt, die sich allesamt nur im Hundertstelbereich unterscheiden (§ 24 Abs. 3 S. 3 TVöD: Faktor 4,34; § 1 Abs. 2 TV Mindestlohn Gebäudereiniger: Faktor 4,35; BAG Urt. v. 14.3.2007 – 5 AZR 791/05, NZA 2007, 981, 982: Faktor 4,3$\overline{3}$). Unter Berücksichtigung des Schutzzwecks des MiLoG ist insofern **jede Berechnungsmethode** anzuerkennen, **die die Grenze von 4,3$\overline{3}$ Wochen / Monat wahrt.**

Scheidet der Arbeitnehmer aus dem Arbeitsverhältnis aus, kann konkret ausstehendes **19** Arbeitsentgelt ggf. entsprechend § 2 Abs. 2 S. 3 nachzuzahlen sein.

Beispiel: Ein Arbeitnehmer wird zum 1.7.2015 eingestellt. Im schriftlichen Arbeitsvertrag ist eine Fünf-Tage-Woche bei einer werktäglichen Arbeitszeit von acht Arbeitsstunden und einem gleichbleibenden Arbeitsentgelt von monatlich brutto 1.473,56 Euro vereinbart. Das Arbeitsverhältnis endet am 31.8.2015. Bei 23 Arbeitstagen im Juli 2015 und 21 Arbeitstagen im August 2015 ergibt sich ein gesetzlicher Mindestlohnanspruch von brutto 2.992,00 Euro. Anlässlich der Beendigung des Arbeitsverhältnis hat der Arbeitgeber – zu den monatlich verstetigen Arbeitsentgelt von je brutto 1.473,56 Euro – weitere 44,88 Euro an den Arbeitnehmer zu zahlen.

C. Arbeitszeitkonten

Die Vorschrift zu Arbeitszeitkonten des § 2 Abs. 2 stellt eine **Ausnahmeregelung zum** **20** **gesetzlichen Fälligkeitstermin** nach § 2 Abs. 1 dar. Die Bedeutung der Regelung dürfte nicht zu unterschätzen sein. Der Anteil der Betriebe, in denen Arbeitszeitkonten geführt werden, liegt nach den Zahlen des IAB bei mehr als einem Viertel (IAB Ausschuss-Drs. 18 (11)148 S. 22, 27). Andererseits wirkt § 2 Abs. 2 nur im Bereich mindestlohnrelevanter Arbeitszeitkonten. Soweit der Anspruch auf den Mindestlohn bereits durch die Zahlung des verstetigten Arbeitsentgelts erfüllt ist, macht auch § 2 Abs. 2 keine weiteren Vorgaben für die Führung bestehender Arbeitszeitkonten (vgl. BT-Drs. 18/2010 (neu) S. 22, vgl. hierzu Rn. 48).

I. Ausnahmecharakter

§ 2 Abs. 2 regelt abweichend von der in § 2 Abs. 1 geregelten Fälligkeit des Mindest- **21** lohns, dass bei verstetigten Arbeitseinkommen die Arbeitsstunden, die über die vertraglich vereinbarte Arbeitszeit hinaus geleistet worden sind, auf ein Arbeitszeitkonto eingestellt werden können. In diesem Fall muss eine geleistete Arbeitsstunde nicht zum in § 2 Abs. 1 geregelten gesetzlichen Fälligkeitstermin mit dem Mindestlohn vergütet werden, sondern kann später abgegolten werden. Dabei gibt die Ausnahmeregelung des § 2 Abs. 2 Rahmenbedingungen zur Führung mindestlohnrelevanter Arbeitszeitkonten vor, um den Missbrauch von Arbeitszeitkonten zur Umgehung des Mindestlohns vorzubeugen.

II. Erfasste Konten

§ 2 Abs. 2 regelt ausschließlich die Führung von **vergütungsrechtlichen Arbeitszeit-** **22** **konten.** Nur in der Vereinbarung eines vergütungsrechtlichen Arbeitszeitkontos mit verstetigter Lohnzahlung liegt eine wechselseitige Vorschussvereinbarung. Insofern setzt insbesondere die Belastung eines Arbeitszeitkontos mit Minusstunden voraus, dass der Arbeitgeber diese Stunden im Rahmen einer verstetigten Vergütung entlohnt hat und der Arbeitnehmer zur Nachleistung verpflichtet ist, weil er die in Minusstunden ausgedrückte Arbeitszeit vorschussweise vergütet erhalten hat (vgl. BAG Urt. v. 23.1.2011 – 5 AZR 819/09, NZA 2011, 640, 641).

1. Arbeitszeitbegriffe

23 § 2 Abs. 2 macht keine allgemeinen Vorgaben für die Führung sonstiger Arbeitszeitkonten (vgl. BT-Drs. 18/2010 (neu) S. 22). Sonstige Arbeitszeitkonten oder Arbeitszeitdokumentationen, die auf gesetzlicher (zB nach § 21a Abs. 7 ArbZG) oder kollektivrechtlicher Grundlage für andere als Entgeltzwecke geführt oder erstellt werden, sind weder geeignet, die Fälligkeit des gesetzlichen Mindestlohns zu durchbrechen, noch in ihrer Führung durch § 2 Abs. 2 betroffen. Insofern sind der **vergütungs-**, der **betriebsverfassungs-** und der **arbeitsschutzrechtliche Arbeitszeitbegriff** zu unterscheiden (vgl. auch BT-Drs. 18/1558 S. 35). Auch wenn Arbeitszeitkonten nach der Rspr. des BAG *typischerweise* festhalten, in welchem zeitlichen Umfang der Arbeitnehmer seine Hauptleistungspflicht erbracht hat oder aufgrund eines Entgeltfortzahlungstatbestands nicht erbringen musste (vgl. BAG Urt. v. 21.3.2012 – 5 AZR 676/11, NZA 2012, 870, 872), dienen Arbeitszeitkonten nicht stets dazu, einen Vergütungsanspruch verbindlich zu bestimmen (zur Führung eines reinen Gleitzeitkontos vgl. BAG Beschl. v. 10.12.2013 – 1 ABR 40/12, NZA 2014, 675, 676 f.). Ein Arbeitszeitkonto muss daher nicht stets einen Vergütungsanspruch verbindlich bestimmen, es kann beispielsweise auch für die Höhe eines Anspruchs auf Freizeitausgleich oder die Höhe eines Vorschusses maßgebend sein (so im Fall von BAG Urt. v. 21.3.2012 – 5 AZR 676/11, NZA 2012, 870, 872). Ob ein Arbeitszeitkonto dazu dient, den Vergütungsanspruch verbindlich zu bestimmen, beurteilt sich nach der dem Arbeitszeitkonto zugrunde liegenden Abrede, ist also durch Auslegung zu ermitteln (§§ 133, 157 BGB). Die Abrede, geleistete Überstunden durch Freizeit auszugleichen, genügt hierzu regelmäßig nicht (so BAG Urt. v. 21.3.2012 – 6 AZR 560/10, ZTR 2012, 411).

2. Entgeltkonten

24 Ein Arbeitszeitkonto iSv § 2 Abs. 2 muss demnach den Umfang der vom Arbeitnehmer geleisteten Arbeit wiedergeben und **in anderer Form den Vergütungsanspruch des Arbeitnehmers ausdrücken**. Es muss also **Vorleistungen** der einen oder der anderen Seite ausweisen. Ein über den regelmäßigen Abrechnungszeitraum hinaus beibehaltenes Zeitguthaben bedeutet eine Vorleistung des Arbeitnehmers über § 614 S. 2 BGB hinaus. Ein negatives Guthaben bedeutet bei gleichbleibender, nach der regelmäßigen Arbeitszeit des Arbeitnehmers bemessener Vergütung eine Vorleistung des Arbeitgebers. Bei einem negativen Zeitguthaben des Arbeitnehmers handelt es sich der Sache nach um einen Lohn- oder Gehaltsvorschuss des Arbeitgebers (BAG Urt. v. 13.12.2000 – 5 AZR 334/99, NZA 2002, 390, 392).

3. Überstunden- und Gleitzeitkonten, Vertrauensarbeitszeit

25 Ob das Arbeitszeitkonto den Arbeitsvertragsparteien *darüber hinaus* als Überstunden- oder Gleitzeitkonto dient, ist mindestlohnrechtlich ohne Belang (zu den Begrifflichkeiten vgl. HWK/Gäntgen ArbZG § 7 Rn. 24 f.). Selbst bei vereinbarter Vertrauensarbeitszeit ist die Anwendung von § 2 Abs. 2 nicht ausgeschlossen. Bei vereinbarter Vertrauensarbeitszeit verzichten Arbeitgeber und Arbeitnehmer allein auf die Festlegung von Beginn und Ende der täglichen Arbeitszeit (iSv § 87 Abs. 1 Nr. 2 BetrVG), so dass der Arbeitnehmer das vertraglich geschuldete Arbeitszeitvolumen eigenverantwortlich und selbständig erfüllt. Eine vereinbarte Vertrauensarbeitszeit entbindet den Arbeitgeber aber nicht

davon, seinen Betrieb so zu organisieren, dass gesetzliche Vorschriften über die zulässige Arbeitszeit oder die Arbeitszeitdokumentation beachtet werden (so BAG Beschl. v. 6.5.2003 – 1 ABR 13/02, NZA 2003, 1348, 1352), noch entbindet sie den Arbeitnehmer, ein vertraglich geschuldetes Arbeitsvolumen tatsächlich zu leisten (BAG Urt. v. 15.5.2013 – 10 AZR 325/12, AP BGB § 611 Arbeitszeit Nr. 42).

III. Zahlung eines verstetigten Arbeitsentgelts

§ 2 Abs. 2 setzt ferner voraus, dass der Arbeitgeber ein verstetigtes Arbeitsentgelt zahlt. 26

Das Arbeitsentgelt ist verstetigt, wenn es ungeachtet der Anzahl der auf den jeweiligen 27 Bezugszeitraum entfallenden Arbeitstage und unabhängig von der Zahl der im Bezugszeitraum geleisteten Arbeitsstunden, in **gleichbleibender Höhe** durch den Arbeitgeber gezahlt wird. Mit dem verstetigten Arbeitsentgelt wird **verhindert, dass Arbeitszeitschwankungen zu einem schwankenden Arbeitsentgelt führen**. Die Entwicklung des Zeitguthabens auf dem Konto tritt an die Stelle der ansonsten eventuell eintretenden Einkommensschwankung (vgl. auch Schaub/Vogelsang ArbR-Hdb § 160 Rn. 138). Die Zahlung eines verstetigten Arbeitsentgelts dient also dazu, dem Arbeitnehmer gleichmäßige Einkünfte zu sichern (vgl. BAG Urt. v. 13.2.2002 – 5 AZR 470/00, NZA 2002, 683, 687).

Das MiLoG macht keine unmittelbare Vorgaben zum **Bezugszeitraum**, für den das 28 **verstetigte Arbeitsentgelt** zu zahlen ist (zB Woche, Monat, Quartal), so dass nicht zwingend ein monatlich verstetigtes Entgelt zu zahlen ist (so der Vorschlag des DGB, Ausschuss-Drs. 18(11)148 S. 32, 34). Eine äußere Grenze wird aber durch die Fälligkeit des § 2 Abs. 1 gesetzt. Spätestens zum Fälligkeitszeitpunkt nach § 2 Abs. 1 ist das verstetigte Arbeitsentgelt zu zahlen, so dass sich im Ergebnis die Zahlung eines monatlich verstetigten Arbeitsentgelts in der Praxis durchsetzen dürfte (zur gesetzlichen Fälligkeit der Beiträge zur gesetzlichen Sozialversicherung vgl. § 23 SGB IV). Von Rechts wegen zulässig ist es aber auch, das verstetigte Arbeitsentgelt für kürzere Bezugszeiträume zu vereinbaren und zu zahlen.

Der Arbeitgeber kann das Arbeitszeitkonto ferner nur nutzen, wenn das verstetigte 29 Einkommen so bemessen ist, dass die Sollarbeitszeit zum Mindestlohn vergütet wird (zur Berechnung vgl. Rn. 18).

IV. Schriftliche Vereinbarung

Die Abrede zur Führung eines mindestlohnrelevanten Arbeitszeitkontos muss nach § 2 30 Abs. 2 S. 1 auf einer schriftlichen Vereinbarung beruhen. Neben der damit verbundenen **Dokumentationsfunktion** wird mit dem Erfordernis der Schriftlichkeit eine **effektive Kontrolle** des Mindestlohns sichergestellt.

1. Gesetzliche Schriftform

Die Vereinbarung über das Arbeitszeitkonto, die Teil des Arbeitsvertrags sein kann, 31 muss nach § 126 Abs. 1 BGB grundsätzlich eigenhändig durch Namensunterschrift unterzeichnet werden, wobei es genügt, wenn jede Partei die für die andere Partei bestimmte Urkunde unterzeichnet, § 126 Abs. 2 aE BGB. Mangels anderweitiger Regelung kann die Schriftform auch durch die elektronische Form ersetzt werden, § 126 Abs. 3 BGB, § 126a BGB. Hierfür bedarf es einer qualifizierten elektronischen Signatur nach dem SigG.

Die Vereinbarung über das Arbeitszeitkonto kann **individual-** oder **kollektivrechtlicher** 32 **Natur** sein. Da Arbeitszeitkonten eine anerkannte Besonderheit des Arbeitsrechts iSv § 310 Abs. 4 S. 2 BGB sind, bestehen auch keine durchgreifenden Bedenken dagegen, wenn die Vereinbarung des Arbeitszeitkontos formularvertraglich erfolgt (vgl. auch MüKo-BGB/Müller-Glöge BGB § 611 Rn. 1056).

33 Eine schriftliche Vereinbarung iSv § 2 Abs. 2 S. 1 liegt auch dann vor, wenn das Arbeitszeitkonto in einer **Betriebs- oder Dienstvereinbarung** oder in einem normativ oder infolge **schriftlicher Inbezugnahme** geltenden Tarifvertrag geregelt ist (vgl. BT-Drs. 18/1558 S. 34 f.). Die im Verhältnis der Parteien des Arbeitsvertrags erforderliche Schriftform wird im Fall der Dienst- oder Betriebsvereinbarung insofern durch das entsprechende kollektivrechtliche Schriftformerfordernis (§ 73 Abs. 1 BPersVG, § 77 Abs. 2 S. 1 BetrVG) ersetzt. Ebenfalls hinreichend ist, wenn die Arbeitszeitkontenregelung auf einem Einigungsstellenspruch beruht, der nach § 76 Abs. 3 S. 4 BetrVG schriftlich zu fassen ist und normativ wirkt. In Fällen der Bezugnahme auf einen Tarifvertrag, der nach § 1 Abs. 2 TVG ebenfalls der Schriftform bedarf, muss demgegenüber auch die Bezugnahme schriftlich erfolgen.

2. Reichweite des Schriftformgebots

34 Das Schriftformgebot erfasst ausschließlich die Vereinbarung zur Führung eines Arbeitszeitkontos, dh das „Ob" eines Arbeitszeitkontos. Die Frage, „wie" das Arbeitszeitkonto zu führen ist, nimmt an dem Schriftformerfordernis nicht teil (aA [für Wertguthabenvereinbarungen nach § 7b SGB IV] jurisPK-SGB IV/Wißing § 7b Rn. 25). Die Modalitäten zur Führung des Arbeitszeitkontos können daher durch die Parteien des Arbeitsvertrags formlos angepasst werden. Soweit § 2 Abs. 2 S. 1 seinerseits inhaltliche Vorgaben zur Führung des Arbeitszeitkontos macht, bedarf es auch insofern keiner bestätigenden Einigung der Parteien.

3. Rechtsfolge bei Formverstoß

35 Das Schriftformerfordernis ist zwingend, so dass eine nicht der gesetzlichen Form entsprechende Vereinbarung nach § 126 Abs. 1 BGB unwirksam ist und dazu führt, dass der Arbeitnehmer eine Auszahlung von bestehenden Zeitguthaben in Höhe des gesetzlichen Mindestlohnanspruchs nach Maßgabe von § 2 Abs. 1 verlangen kann (vgl. [für Wertguthabenvereinbarungen nach § 7b SGB IV] Knospe NZS 2009, 600, 601).

V. Führung des Arbeitszeitkontos

36 Arbeitnehmer und Arbeitgeber sind in der Führung des Arbeitszeitkontos nicht frei. Vielmehr werden ihnen durch **§ 2 Abs. 2 Rahmenbedingungen zur Führung mindestlohnrelevanter Arbeitszeitkonten** vorgegeben. Die Vorgaben dienen dazu, dem Missbrauch von Arbeitszeitkonten zur Umgehung des Mindestlohns vorzubeugen (vgl. BT-Drs. 18/2010 (neu) S. 22).

1. Arbeitszeitausgleich

37 Der Arbeitgeber ist nach § 2 Abs. 2 S. 1 gesetzlich verpflichtet, auf dem Arbeitszeitkonto erfasste Arbeitsstunden spätestens innerhalb von zwölf Kalendermonaten nach ihrer Erfassung durch bezahlte Freizeitgewährung oder durch Zahlung des Mindestlohns auszugleichen.

38 a) **Ausgleichszeitraum.** Das Arbeitszeitkonto ist also nicht einmal im Kalenderjahr auf „null" zu stellen, sondern jede gebuchte Stunde darf nicht länger als zwölf Monate auf dem Arbeitszeitkonto „geparkt" werden. Einschränkungen für bestehende Arbeitszeitkonten dürften damit nicht verbunden sein (vgl. auch Bayreuther NZA 2014, 865, 870; aA HDE Ausschuss-Drs. 18(11)148 S. 125, 128; krit. auch VKA Ausschuss-Drs. 18(11)

148 S. 164, 166). Der Arbeitgeber kann das Arbeitszeitkonto monatlich nach dem Prinzip **"First In – First Out"** führen.

Beispiel: Ein Arbeitnehmer schuldet bei einer Fünf-Tage-Woche eine wöchentliche Sollarbeitszeit von 40 Stunden, was einem Tagessoll von acht Arbeitsstunden entspricht. Im Januar und März leistet der Arbeitnehmer über das Arbeitssoll hinaus je acht Mehrarbeitsstunden, die auf dem Arbeitszeitkonto als Plusstunden verbucht werden. Im Februar und April baut er je vier Plusstunden ab, indem er je einen halben Tag Freizeitausgleich in Anspruch nimmt. Der Freizeitausgleich im Februar und April führt dazu, dass die Plusstunden aus dem Januar ausgeglichen sind, auch wenn das Arbeitszeitkonto Ende April dieselbe Anzahl an Plusstunden wie Ende Januar aufweist.

Gemäß § 2 Abs. 2 sind Überstunden *nach* ihrer Erfassung binnen zwölf Monaten auszugleichen. Dem steht aber nicht entgegen, dass Minusstunden, die vor Erfassung der Überstunden angefallen sind, mit diesen Überstunden verrechnet werden dürfen. Auszugleichen sind nämlich nur Mehrarbeitsstunden, die zu einem positiven Arbeitssaldo führen. Ist das Arbeitszeitkonto im „Minus", sind danach durch den Arbeitnehmer geleistete Mehrarbeitsstunden, mit denen er das Arbeitssaldo vermindert, keine ausgleichspflichtige Mehrarbeit iSv § 2 Abs. 2. Das Gesetz will sicherstellen, dass der Arbeitnehmer nur in bestimmten Grenzen in Vorleistung tritt. Ist das Arbeitszeitkonto im „Minus", ist dieser Zweck nicht einschlägig.

Beispiel: Bei Arbeitgeber A fällt in den Monaten Januar und Februar 2015 saisonal bedingt wenig Arbeit an. Bis Ende Februar sammelt Arbeitnehmer B deshalb 50 Minusstunden auf seinem Arbeitszeitkonto. Im Juni und Juli gleicht er sein Arbeitszeitkonto durch 50 Überstunden wieder aus. Diese Überstunden sind nicht binnen 12 Monaten auszugleichen. Sie sind bereits infolge des zuvor negativen Arbeitszeitsaldos ausgeglichen.

Voraussetzung der Verrechnung mit bereits vorhandenen Arbeitszeitsalden ist, dass es sich bei der auf dem Arbeitszeitkonto eingestellten Minusstunde um eine solche handelt, die mit dem Mindestlohn zu vergüten war. **Nicht** verrechnet werden können daher Minusstunden, die bei einem Arbeitgeber **im Ausland angefallen** sind, bevor der entsandte Arbeitnehmer in Deutschland Überstunden geleistet hat. Die Minusstunde war nach § 20 nicht mit dem Mindestlohn zu vergüten. Gleiches gilt für **Minusstunden, die vor dem 1.1.2015 angefallen sind.** Auch für sie bestand keine Mindestlohnpflicht.

Wird das Arbeitsverhältnis beendet, hat der Arbeitgeber nach § 2 Abs. 2 S. 2 die auf dem Arbeitszeitkonto eingestellten Arbeitsstunden am Ende des auf die Beendigung des Arbeitsverhältnisses folgenden Kalendermonats auszugleichen.

b) **Art des Zeitausgleichs.** Nach § 2 Abs. 2 S. 2 kann das Arbeitszeitkonto durch bezahlte Freizeitgewährung oder Entgeltzahlung ausgeglichen werden. Das Gesetz folgt insofern der Konzeption, dass der Auf- und Abbau eines Arbeitszeitkontos jeweils eigenen Regeln unterliegen kann. Ein allgemeiner Grundsatz, ein Arbeitszeitkonto sei spiegelbildlich zu seinem Aufbau abzubauen, besteht nicht (vgl. BAG Urt. v. 17.3.2010 – 5 AZR 296/09, NZA 2011, 367). Ein Ausgleich kann insofern auch dadurch erfolgen, dass der Arbeitgeber – vereinbarungsgemäß – Arbeitszeitguthaben in ein Wertguthaben nach § 2 Abs. 3 einbringt (vgl. Hanau/Veit NJW 2009, 182, 183; BT-Drs. 16/10289 S. 15).

c) **Altsalden.** Problematisch ist, wie ab dem 1.1.2015 mit Arbeitsstunden umzugehen ist, die bis zum 31.12.2014 geleistet und auf ein bestehendes Arbeitszeitkonto gebucht wurden, deren wirtschaftlicher Wert aber unterhalb des Mindestlohns liegt.

Beispiel: Der Arbeitnehmer ist seit dem 1.1.2014 zu einem Entgelt von brutto 7,50 Euro je Zeitstunde beschäftigt. Zum 1.1.2015 weist das Arbeitszeitkonto 40 Plusstunden auf.

Nachdem das MiLoG für diesen Sachverhalt **keine Übergangsregelung** bereithält, ließe sich der Standpunkt vertreten, dass das Arbeitszeitguthaben durch den gesetzlichen Mindestlohn insoweit wirtschaftlich aufgewertet wird. Insofern gelangt auch das BAG durch Auslegung dazu, dass Tariflohnerhöhungen bestehende Arbeitszeitguthaben erfassen und wirtschaftlich aufwerten (so BAG Urt. v. 23.2.2011 – 5 AZR 108/10, AP TVG § 1 Tarifverträge: Bau Nr. 331). Diese, den Ansparwert des Zeitguthabens ignorierende Sicht, ist mit der **Konzeption des MiLoG** als in Konkurrenz zu vertraglichen Ansprüchen tretender **gesetzlicher Mindestlohnanspruch** indes nicht vereinbar. Nach § 1 Abs. 1, Abs. 2 besteht ausschließlich für die ab dem 1.1.2015 geleisteten Arbeitsstunden ein Anspruch auf den gesetzlichen Mindestlohn von brutto 8,50 Euro je Zeitstunde. Allein die aufgeschobene Fälligkeit von vor dem 1.1.2015 geleiteter Arbeit führt nicht dazu, dass (tarif-)vertragliche Vergütungsansprüche ex post vom Schutz des gesetzlichen Mindestlohns erfasst werden. Dies gilt unabhängig davon, in welcher Weise ein zum 1.1.2015 bestehendes Zeitguthaben abgebaut wird. Gleicht also der Arbeitgeber im obigen Beispielsfall im Januar 2015 das Arbeitszeitkonto durch entsprechende Freizeitgewährung aus, besteht auch insofern kein Anspruch auf den Mindestlohn, sondern nur auf die vertragliche Vergütung. Dasselbe gilt für **Altersteilzeitguthaben**, die vor dem 1.1.2015 erworben wurden.

2. 50-Prozent-Grenze

44   Auf das Arbeitszeitkonto dürfen nach § 2 Abs. 2 S. 3 monatlich jeweils nicht mehr als 50 Prozent der vertraglich vereinbarten Arbeitszeit eingestellt werden. Wird die Grenze überschritten, sind die darüber hinaus geleisteten Arbeitsstunden nach Maßgabe von § 2 Abs. 1 zu vergüten. Sind beispielsweise 80 Arbeitsstunden als Monatssoll vereinbart, dürfen pro Monat höchstens 40 Plusstunden auf das Arbeitszeitkonto gebucht werden (unzutreffend insofern Bayreuther NZA 2014, 865, 870).

45   Mit der Regelung soll verhindert werden, dass Arbeitgeber Arbeitszeitkontenregelungen durch die Vereinbarung **kleinvolumiger Teilzeitarbeitsverhältnisse missbrauchen**, um die tatsächlich geleistete Arbeit nicht zeitnah vergüten zu müssen (zu sog. **Null-Stunden-Verträgen / zero-hour-contracts** vgl. Forst NZA 2014, 998; beck-blog NZA 10/2014 S. XI; Theurer FAZ v. 7.5.2014). Demgegenüber sehen Bepler/Hanau die Gefahr, dass die Regelung gerade im Niedriglohnbereich dazu einlade, keine Vollzeitarbeitsverhältnisse mehr zu begründen, um sich, wegen der durch das ArbZG gesetzten Grenzen, ein höheres Flexibilisierungsvolumen zu sichern (Bepler/Hanau Ausschuss-Drs. 18(11)148 S. 142, 143).

46   Das verhältnismäßig großzügige Mehrarbeitsvolumen, dass nach § 2 Abs. 2 S. 3 auf das Arbeitszeitkonto eingestellt werden darf (krit. Düwell Ausschuss-Drs. 18(11)148 S. 73, 73 f. [25 Prozent]; DGB Ausschuss-Drs. 18(11)148 S. 32, 34 [30 Prozent]), erschien dem Gesetzgeber vor dem Hintergrund branchenspezifischer und saisonaler Arbeitsschwankungen angezeigt. Im Übrigen haben sich Arbeitszeitkontenregelungen va in Krisenzeiten als wichtiges Steuerungsinstrument bewährt. Vor diesem Hintergrund dürften sich auch die teilweise bereits artikulierte Befürchtung (vgl. DAV Ausschuss-Drs. 18 (11)148 S. 93, 96) bzw. Hoffnung (vgl. Spielberger/Schilling NZA 2014, 414, 416) nicht erfüllen, dass die 50-Prozent-Grenze des § 2 Abs. 2 S. 3 dem BAG als Vorlage dient, seine bisherige AGB-Rechtsprechung zum zulässigen Volumen von Abrufarbeit von maximal 25 Prozent nach oben anzupassen (hierzu BAG Urt. v. 7.12.2005 – 5 AZR 535/04, NZA 2006, 423). Ebenfalls ist mit der Regelung in § 2 Abs. 2 S. 3 **keine Aussage** dazu verbunden, **wie viel Überarbeit der Arbeitgeber zulässigerweise abrufen oder vereinbaren darf** (insoweit unzutreffend Spielberger/Schilling NJW 2014, 2897, 2900). Mindestlohnrechtlich ist entscheidend, dass die Arbeit tatsächlich angefallen ist. Ob sie vertrags- oder arbeitsschutzrechtlich angeordnet werden durfte, ist mindestlohnrechtlich unerheblich.

47   Für die Verbuchung von **Minusstunden** gilt die 50-Prozent-Grenze des § 2 Abs. 2 S. 3 demgegenüber nicht. Nach dem Wortlaut der Norm werden ausschließlich über die vertraglich vereinbarte Arbeitszeit *hinausgehende* Arbeitsstunden, dh Plusstunden erfasst. Auch der Regelungszweck des § 2 Abs. 2 S. 3 wird bei der Verbuchung von Minus-

stunden nicht berührt. Soweit der Arbeitgeber durch die Zahlung des verstetigten Arbeitsentgelts in Vorleistung tritt, ist der hinter § 2 Abs. 2 S. 3 stehende Gedanke des Entgeltschutzes nicht einschlägig. Mindestlohnrechtlich bestehen insofern keine Bedenken, wenn der Arbeitnehmer ein bestehendes Zeitguthaben durch eine mehrwöchige Freistellung abbaut.

VI. Nicht mindestlohnrelevante Arbeitszeitkonten

Wie der Gesetzgeber im Verlauf des parlamentarischen Verfahrens klargestellt hat, sind die Vorgaben des § 2 Abs. 2 nicht einschlägig, soweit der gesetzliche Anspruch auf den Mindestlohn bereits durch die Zahlung des verstetigten vertraglichen Arbeitsentgelts erfüllt ist (vgl. BT-Drs. 18/2010 (neu) S. 22). Die Führung eines Arbeitszeitkontos unterfällt mithin nicht den Vorgaben des MiLoG, wenn bereits durch das **verstetigte Arbeitsentgelt** für sämtliche geleisteten Arbeitsstunden einschließlich der Überstunden im Bezugszeitraum des § 2 Abs. 1 der nach § 1 Abs. 1 gesetzlich geschuldete **Mindestlohn bewirkt** ist (krit. hierzu Reinhard/Kettering ArbRB 2014, 302, 303). 48

Beispiel: Das monatliche Arbeitssoll beträgt 100 Arbeitsstunden. Der Arbeitgeber zahlt ein verstetigtes Arbeitsentgelt von brutto 1.700 Euro. Im Januar 2015 leistet der Arbeitnehmer projektbezogen 80 Mehrarbeitsstunden, die als Plusstunden einem mündlich vereinbarten Arbeitszeitkonto gutgeschrieben werden und vereinbarungsgemäß erst im Sommer 2016 abgebaut werden sollen. Da der Arbeitgeber durch die Zahlung des verstetigten Arbeitsentgelts von brutto 1.700 Euro für den Januar 2015 den Mindestlohnanspruch für die geleisteten Arbeitsstunden (80 Arbeitsstunden à brutto 8,50 Euro = 1.530 Euro) bereits erfüllt hat, tangiert § 2 Abs. 2 die Parteien weder bei der Errichtung, noch in der Führung des Arbeitszeitkontos.

D. In- und ausländische Wertguthabenvereinbarungen

Nach § 2 Abs. 3 gelten die Vorgaben von § 2 Abs. 1, Abs. 2 nicht für Wertguthabenvereinbarungen iSd SGB IV bzw. ausländische Regelungen, die ein im Hinblick auf den Schutz der Arbeitnehmer vergleichbares Schutzniveau gewährleisten. Die Auszahlung von Arbeitsentgelt, das in Wertguthaben eingebracht wird, ist nach der gesetzgeberischen Wertung bereits durch die Regelungen im SGB IV hinreichend gesichert (vgl. BT-Drs. 18/1558 S. 35). 49

I. Wertguthabenvereinbarungen

§ 2 Abs. 3 S. 1 bestimmt, dass Wertguthabenvereinbarungen nach § 7b SGB IV (auch **Langzeitkonten** genannt) nicht dem mindestlohnrechtlichen Bestimmungen zur Fälligkeit und Führung von Arbeitszeitkonten unterliegen. 50

1. Wertguthabenvereinbarungen iSv § 7b SGB IV

Nach § 7b SGB IV liegt eine Wertguthabenvereinbarung vor, wenn (i) der Aufbau des Wertguthabens auf Grund einer schriftlichen Vereinbarung erfolgt, (ii) diese Vereinbarung nicht das Ziel der flexiblen Gestaltung der werktäglichen oder wöchentlichen Arbeitszeit oder den Ausgleich betrieblicher Produktions- und Arbeitszeitzyklen verfolgt, (iii) Arbeitsentgelt in das Wertguthaben eingebracht wird, um es für Zeiten der Freistellung von der Arbeitsleistung oder der Verringerung der vertraglich vereinbarten Arbeitszeit zu entnehmen, (iv) das aus dem Wertguthaben fällige Arbeitsentgelt mit einer vor oder nach der Freistellung von der Arbeitsleistung oder der Verringerung der ver- 51 traglich vereinbarten Arbeitszeit erbrachten Arbeitsleistung erzielt wird und (v) das fällige Arbeitsentgelt insgesamt 450 Euro monatlich übersteigt, es sei denn, die Beschäftigung wurde vor der Freistellung als geringfügige Beschäftigung ausgeübt. Fehlt eine dieser **zwingenden Voraussetzungen**, liegt keine Wertguthabenvereinbarung iSd SGB IV (vgl. jurisPK-SGB IV/Wißing § 7b Rn. 46) und damit auch keine Wertguthabenvereinbarung iSd § 2 Abs. 3 vor.

52 Wertguthabenvereinbarungen in diesem Sinne sind insbesondere auch **Altersteilzeitvereinbarungen** iSd ATZG (vgl. BT-Drs. 18/1558 S. 35; BT-Drs. 16/10289 S. 15; jurisPK-SGB IV/Wißing § 7b Rn. 17), die als sog. **Blockmodell** gestaltet sind. Typisches Kennzeichen für das Blockmodell ist der Wechsel zwischen Arbeits- und Freistellungsphase: Der Arbeitnehmer arbeitet trotz Verringerung der bisherigen Arbeitszeit während der ersten Hälfte der Altersteilzeit weiter in vollem Umfang. Dafür wird er im Gegenzug während der zweiten Hälfte der Altersteilzeit von weiterer Arbeitsleistung freigestellt. Er erhält ein verstetigtes Entgelt, das sich aus dem Entgelt für die Teilzeittätigkeit und Aufstockungsleistungen zusammensetzt (vgl. hierzu BAG Urt. v. 14.10.2003 – 9 AZR 146/03, NZA 2004, 860).

2. Abgrenzungsfragen

53 Entscheidend für die Frage, ob eine Wertguthabenvereinbarung nach § 7b SGB IV vorliegt ist, dass die Vereinbarung von vornherein das Ziel der (längerfristigen) vollständigen oder teilweisen Freistellung von der Arbeitsleistung gegen Zahlung von Arbeitsentgelt hat (vgl. KSW/Roßbach § 23b SGB IV Rn. 4).

54 Die Abgrenzung von Wertguthabenvereinbarungen nach § 7b und sonstigen Arbeitszeitkonten kann sich im Einzelfall schwierig darstellen, weil sie subjektiv nach den mit der Vereinbarung verfolgten Zweck zu erfolgen hat (vgl. auch Hanau/Veit NJW 2009, 182, 183). Von Gesetzes wegen besteht nach § 7c Abs. 1 Nr. 1 SGB IV ein Anspruch darauf, dass das Wertguthaben für gesetzlich geregelte vollständige oder teilweise Freistellungen von der Arbeitsleistung oder gesetzlich geregelte Verringerungen der Arbeitszeit, insbesondere für Pflegezeiten nach § 3 PflegeZG, Betreuungszeiten nach § 15 BEEG und die Arbeitszeitreduzierung nach § 8 TzBfG eingesetzt wird (vgl. aber § 7c Abs. 2 SGB IV). Nach § 7c Abs. 1 Nr. 2 SGB IV kann das Wertguthaben darüber hinaus für vertraglich vereinbarte vollständige oder teilweise Freistellungen von der Arbeitsleistung oder vertraglich vereinbarte Verringerungen der Arbeitszeit, insbesondere für Vorruhestands-, Aus- und Weiterbildungszeiten in Anspruch genommen werden. Die in § 7c Abs. 1 SGB IV genannten Verwendungszwecke für den Einsatz von Wertguthaben haben daher keinen abschließenden Charakter (vgl. BT-Drs. 16/10289 S. 15; Hanau/Veit NJW 2009, 182, 183; Knospe NZS 2009, 600, 602). Rein praktisch wird sich der Zweck des Kontos als Lang- oder Kurzzeitkonto anhand der **tatsächlichen Handhabung** feststellen lassen. Während eine Wertguthabenvereinbarung auf einen mittel- bis langfristigen Aufbau von Wertguthaben ausgerichtet ist, also keine Entnahme stattfindet, weisen sonstige Arbeitszeitkonten regelmäßige Negativbuchungen auf.

3. Sonstige Voraussetzungen

55 Eigenständige, über den Tatbestand des § 7b SGB IV hinausgehende Voraussetzungen für die Errichtung und Führung mindestlohnrelevanter Wertguthaben statuiert das MiLoG – trotz entsprechender Kritik im Gesetzgebungsverfahren (vgl. DGB Ausschuss-Drs. 18(11)148 S. 32, 35) – nicht. Mindestlohnrechtlich unbeachtlich ist es insbesondere, ob der Arbeitgeber der Pflicht zur Insolvenzsicherung von Wertguthaben aus § 7e SGB IV genügt. Die Insolvenzsicherung ist nicht konditional für das wirksame Zustandekommen einer Wertguthabenvereinbarung, vielmehr folgt die Insolvenzsicherungspflicht erst aus der wirksamen Wertguthabenvereinbarung. Für Verstöße gegen die Pflicht zur Insolvenz-

4. Führung von Wertguthaben

Nach § 7d Abs. 1 S. 1 SGB IV sind Wertguthaben seit dem 1.1.2009 als **Arbeitsentgelt-** 56
guthaben zu führen. Wertguthaben, die vor dem 1.1.2009 als Zeitguthaben errichtet wurden, dürfen nach der Übergangsregelung des § 116 Abs. 1 SGB IV weiter als Zeitguthaben geführt werden; dies gilt auch für seitdem vereinbarte Wertguthabenvereinbarungen auf Grundlage früherer Vereinbarungen. Arbeitszeitguthaben, die in das Wertguthaben eingebracht werden sollen, sind nach § 7d Abs. 1 S. 2 SGB IV in Arbeitsentgelt umzurechnen.

II. Vergleichbare ausländische Regelungen

In § 2 Abs. 3 S. 2 stellt der Gesetzgeber auch nach Maßgabe ausländischer Regelungen 57
errichtete Wertguthaben mit Wertguthabenvereinbarungen nach dem SGB IV gleich, soweit die ausländische Vereinbarung bzw. das ausländische Recht dem Arbeitnehmer ein vergleichbares Schutzniveau bietet.

1. Hintergrund

Die Regelung zur Anerkennung ausländischer Wertguthabenvereinbarungen ist vor 58
dem Hintergrund der Entscheidung des **EuGH** in der Rs. **Portugaia** (vgl. EuGH Urt. v. 24.1.2002 – C-164/99, NZA 2002, 207) zu sehen. In der Rs. Portugaia hat der EuGH erkannt, dass es eine nicht gerechtfertigte Beschränkung der unionrechtlichen Dienstleistungsfreiheit darstellt, wenn ein inländischer Arbeitgeber den in einem für allgemeinverbindlich erklärten Tarifvertrag festgesetzten Mindestlohn durch den Abschluss eines Firmentarifvertrags unterschreiten kann, während dies einem Arbeitgeber, der in einem anderen Mitgliedstaat ansässig ist, nicht möglich ist. Ob die Rechtsprechung des EuGH in der Rs. Portugaia die Anerkennung von ausländischen Wertguthabenvereinbarungen tatsächliche gebietet, kann letztlich dahinstehen, nachdem sich der Gesetzgeber für eine Anerkennung entschieden hat (nach Bayreuther EuZA 2014, 189, 199 soll die Anerkennung ausländische Arbeitszeitkonten weder geboten, noch sinnvoll, sein). Es kann jedenfalls nicht von vornherein ausgeschlossen werden, dass es ausländischen Arbeitgebern nach den für sie im Herkunftsstaat geltenden Rechtsnormen nicht oder nur mit unverhältnismäßigem Kostenaufwand möglich ist, ein System ausländischer Wertguthabenvereinbarungen an das inländische Wertguthabenmodell des SGB IV anzupassen.

2. Vergleichbares Schutzniveau

Zu der Frage, welche Voraussetzungen vorliegen müssen, damit von einem vergleich- 59
baren Schutzniveau auszugehen ist, verhalten sich weder das MiLoG noch das Gesetzgebungsmaterial. Erforderlich dürfte es jedenfalls sein, dass das nach Maßgabe ausländischen Rechts errichtete Wertguthaben **gegen** einen möglichen **Zahlungsausfall** des Arbeitgebers **abzusichern** ist (vgl. hierzu § 7e SGB IV). Im Übrigen müssen auch ausländische Wertguthabenvereinbarungen mit einer **Werterhaltungsgarantie** entsprechend § 7d Abs. 3 S. 1 SGB IV versehen sein, die die Gewähr bietet, dass zum Zeitpunkt der Inanspruchnahme des Wertguthabens dessen Rückfluss mindestens in Höhe der angelegten Beträge erfolgt. Eine Zinspflicht, wie sie für deutsche Wertguthaben teilweise als erforderlich angesehen wird (so MüKo-BGB/Müller-Glöge BGB § 611 Rn. 1056), kann mangels gesetzlicher Vorgaben demgegenüber nicht verlangt werden. Dies gilt erst Recht für die Forderung nach einem etwaigen Garantiezins.

§ 3 Unabdingbarkeit des Mindestlohns

Vereinbarungen, die den Anspruch auf Mindestlohn unterschreiten oder seine Geltendmachung beschränken oder ausschließen, sind insoweit unwirksam. Die Arbeitnehmerin oder der Arbeitnehmer kann auf den entstandenen Anspruch nach § 1 Absatz 1 nur durch gerichtlichen Vergleich verzichten; im Übrigen ist ein Verzicht ausgeschlossen. Die Verwirkung des Anspruchs ist ausgeschlossen.

Übersicht

	Rn.
A. Vorbemerkungen	1
B. Regelungsgehalt	2
I. Unwirksame Vereinbarungen	3
1. Entgeltabreden	4
2. Überstundenabgeltung	8
3. Stück-/Akkordlohnabreden	10
4. Sachleistungen	12
5. Ausschlussfristen	14
6. Stundungsabreden	19
7. Verjährungsabreden	20
8. Vereinbarungen nach § 1a Abs. 1 S. 2 BetrAVG	21
a) Entgeltumwandlung als gesetzlicher Anspruch	22
b) Wertung des § 17 Abs. 5 BetrAVG	23
II. Verzicht	26
1. Verzichtsbegriff	27
a) Rechtsgeschäftliche Erklärungen	28
b) Prozessrechtliche Erklärungen	29
aa) Klagerücknahme	30
bb) Anerkenntnis, Verzicht	31
cc) Säumnis	34
2. Verzicht durch Vergleich	35
a) Gerichtlicher Vergleich	36
aa) Rechtsnatur	37
bb) Zustandekommen	38
cc) Teleologische Reduktion	39
(1) Tatsachenvergleich	39
(2) „Anwalts"-Vergleich	40
b) Verzichtbare Ansprüche	43
aa) Anspruchsentstehung	44
bb) Sonstige Ansprüche	46
III. Verwirkung	47
1. Verwirkung als Unterfall unzulässiger Rechtsausübung	48
2. Sonstige Fälle unzulässiger Rechtsausübung	50
IV. Verjährung	52
C. Anpassung vertraglicher Vergütungsabreden	54
I. Änderungsvereinbarungen	55
II. Einseitige Änderungen	56
1. Rechtsverzicht des Arbeitgebers	57
2. Störung der Geschäftsgrundlage	58
3. Änderungskündigung	59

A. Vorbemerkungen

1 Mit § 3 will der Gesetzgeber – angelehnt an § 9 AEntG, § 4 Abs. 4 TVG (vgl. BT-Drs. 18/1558 S. 68) und dem nunmehr durch Art. 14 Tarifautonomiestärkungsgesetz v. 11.8.2014 (BGBl. I S. 1348) aufgehobenen § 8 Abs. 3 MiArbG – die **Effektivität des Mindestlohns sicherstellen**, indem der gesetzliche Mindestlohnanspruch besonders geschützt wird. **Reflex** der Regelung ist, dass § 3 die **Kontrolle** des Mindestlohns durch die nach § 14 zuständigen Zollbehörden **vereinfacht** (Düwell Ausschuss-Drs. 18(11)148

S. 73, 74 sieht darin den Zweck der Regelung), weil dem Arbeitgeber beispielsweise der Einwand abgeschnitten ist, der Arbeitnehmer hätte auf den Mindestlohn wirksam verzichtet. Unter rechtsförmlichen Gesichtspunkten ist § 3 indes missverständlich gefasst: Während die Norm **in der Sache** die **Unabdingbarkeit** des gesetzlichen Mindestlohns regelt – so auch die amtliche Überschrift –, verleitet die Formulierung in § 3 S. 1 zu der Annahme, dass es sich bei dem MiLoG um ein Verbotsgesetz iSd § 134 BGB handelt (so Däubler NJW 2014, 1924, 1927; Siebert/Klagges ArbR 2014, 577, 579 zur Unterscheidung vgl. Ulrici JuS 2005, 1073 ff.).

B. Regelungsgehalt

Außer in den Übergangsfällen des § 24 Abs. 1 kann von der Verpflichtung zur Zahlung des Mindestlohns nach § 1 nicht zum Nachteil des Arbeitnehmers abgewichen werden. Vereinbarungen, die den Anspruch auf Mindestlohn unterschreiten oder seine Geltendmachung beschränken oder ausschließen, sind nach § 3 S. 1 insoweit unwirksam. Nach § 3 S. 2 kann der Arbeitnehmer nur auf bereits entstandene Mindestlohnansprüche und dies nur in Form eines gerichtlichen Vergleichs verzichten. Die Verwirkung des Mindestlohnanspruchs ist nach § 3 S. 3 ausgeschlossen. 2

I. Unwirksame Vereinbarungen

Bei dem gesetzlichen Mindestlohnanspruch nach § 1 handelt es sich um zwingendes, nicht disponibles Recht (**Unabdingbarkeit**). Dies stellt § 3 S. 1 klar und bestimmt, dass Vereinbarungen, die den gesetzlichen Anspruch auf Mindestlohn unterschreiten oder seine Geltendmachung beschränken oder ausschließen, insoweit unwirksam sind. Vereinbarungen iSd § 3 S. 1 sind nicht nur individual-vertragliche Vereinbarungen, sondern auch Vereinbarungen kollektivrechtlicher Natur (Betriebsvereinbarungen, Tarifverträge) (vgl. auch Löwisch NZA 2014, 948). 3

1. Entgeltabreden

§ 3 S. 1 erfasst Entgeltabreden, soweit mit ihnen der gesetzliche Mindestlohnanspruch iSe Unterschreitung gestaltet werden soll. Solche Abreden sind nach § 3 S. 1 insoweit unwirksam. Die Unwirksamkeit bezieht sich nur auf solche Entgeltabreden, die **den gesetzlichen – unabdingbaren – Mindestlohnanspruch erfassen sollen**, was durch **Auslegung** (§§ 133, 157 BGB) der jeweiligen Entgeltabrede **festzustellen** ist (zu Auswirkungen auf Gesamtvergütungssysteme vgl. Reinhard/Kettering ArbRB 2014, 302, 304 f.). § 3 S. 1 **schränkt** also das **rechtliche Können** der Vertragsparteien in Bezug auf den gesetzlichen Mindestlohnanspruch ein. 4

Einem Verständnis von § 3 S. 1, das unreflektiert zur Unwirksamkeit vertraglicher Entgeltabreden führt, steht auch der Sinn und Zweck der Norm entgegen. § 3 S. 1 will nicht unterhalb des gesetzlichen Mindestlohns liegende Entgeltabreden sanktionieren, sondern nimmt den Schutz des gesetzlichen Mindestlohnanspruchs in den Blick. Ansonsten müsste auch jede vertragliche Stücklohnabrede nach § 3 S. 1 der Unwirksamkeit anheimfallen, was gesetzgeberisch nicht beabsichtigt war (vgl. BT-Drs. 18/1558 S. 34: Die Vereinbarung von Stücklöhnen ... bleibt auch nach Einführung des Mindestlohns zulässig..."). Eine **weitergehende Wirkung wäre** aus mindestlohnrechtlicher Sicht jedenfalls **überschießend**. Anhaltspunkte dafür, dass eine solche überschießende Wirkung durch den Gesetzgeber intendiert war, geben die Gesetzgebungsmaterialen nicht her. Vielmehr spricht der Gesetzgeber selbst davon, dass der „Mindestlohn" nicht durch missbräuchliche Konstruktionen umgangen werden soll (vgl. BT-Drs. 18/1558 S. 35). 5

Schließlich darf nicht verkannt werden, dass der Arbeitnehmer – dessen Schutz § 3 in den Blick nimmt – oftmals ein Interesse am Fortbestand vertraglich getroffener Vereinbarungen haben kann (bspw. in Fällen, in denen der vertragliche Entgeltanspruch besonders – möglicherweise gar akzessorisch – besichert ist, z. B. beim Vorliegen eines vertraglichen Schuldbeitritt oder einer Patronatserklärung). § 612 Abs. 2 BGB findet keine Anwendung (iE ebenso Grau/Sittard ArbRB 2014, 336, 337; Lembke NZA 2015, 70, 77).

6   Die Unwirksamkeit der vertraglichen Vergütungsabrede folgt auch nicht mittelbar aus der Übergangsvorschrift des § 24 Abs. 1 (**aA** Reinhard/Kettering ArbRB 2014, 302, 304). § 24 Abs. 1 beschreibt allein eine zeitlich befristete Vorrangregelung für den Mindestlohn unterschreitende Branchenmindestlöhne.

7   Mit Blick auf Arbeitsverträge, die zu einem vor dem Inkrafttreten des MiLoG liegenden Zeitpunkt in Vollzug gesetzt wurden, ist diese Auslegung zwingend. Sie muss aber auch perspektivisch gelten, wenn das vertraglich vereinbarte Entgelt den gesetzlichen Mindestlohn erst infolge einer Anpassung des gesetzlichen Mindestlohns nach §§ 9, 11 unterschreitet. Dies macht folgende Konstellation deutlich: Eine vertragliche Entgeltabrede könnte durch den gesetzlichen Mindestlohn zunächst „überholt" werden und damit der Unwirksamkeit nach § 3 S. 1 anheimfallen. Sodann könnte der gesetzliche Mindestlohn bei der darauffolgenden Mindestlohnanpassung nach unten auf ein Niveau unterhalb der vormaligen Entgeltabrede korrigiert werden. In diesem Fall würde die Unwirksamkeit der Vergütungsabrede nach § 3 S. 1 iE zu einer Schlechterstellung des Arbeitnehmers führen.

Beispiel: Vertraglicher Stundenlohn von zunächst brutto 8,80 Euro je Zeitstunde → zum 1.1.2017 Anpassung des gesetzlichen Mindestlohns auf brutto 8,90 Euro je Zeitstunde → zum 1.1.2019 Anpassung des gesetzlichen Mindestlohns auf brutto 8,70 Euro je Zeitstunde.

2. Überstundenabgeltung

8   Abreden, durch die eine bestimmte Anzahl von Mehrarbeitsstunden mit dem Bruttomonatsentgelt pauschal abgegolten werden, können nach § 3 S. 1 insoweit unwirksam sein.

9   Die Rspr. des BAG, nach der es keinen allgemeinen Rechtsgrundsatz gibt, dass jede Mehrarbeitszeit über die vereinbarte Arbeitszeit hinaus zu vergüten ist (so BAG Urt. v. 17.8.2011 – 5 AZR 406/10, NZA 2011, 1335; BAG Urt. v. 22.2.2012 – 5 AZR 765/10, NZA 2012, 861), bedarf insofern künftig einer differenzierten Betrachtung. **Bezogen auf das vertraglich vereinbarte Entgelt ist die Pauschalierungsabrede weiterhin nach den allgemeinen Grundsätzen** (§§ 138, 305 ff. BGB, hierzu ausf. ErfK/Preis BGB §§ 305–310 Rn. 92 mwN) auf ihre Wirksamkeit hin **zu prüfen**. Bezogen auf den gesetzlichen Mindestlohnanspruch ist jede geleistete Arbeitsstunde mit dem Mindestlohn zu vergüten. Es ist zu prüfen, ob auch die Mehrarbeitsstunden bereits durch die Zahlung des vereinbarten Arbeitsentgelts iH des Mindestlohns (mit-)vergütet sind (hierzu § 1 Rn. 31), was bei höheren Einkommen regelmäßig der Fall sein dürfte (wohl auch Sittard NZA 2014, 951: „Durchschnittsbetrachtung"; **aA** Nebel/Kloster BB 2014, 2933, 2934).

Beispiel: Ein Arbeitnehmer hat bei einer vertraglich geschuldeten Arbeitszeit von 173 Stunden monatlich einen Vergütungsanspruch von brutto 4.000 Euro. Nach dem Arbeitsvertrag sind mit dem Monatsgehalt pauschal bis zu zehn Überstunden abgegolten. Im Mai leistet der Arbeitnehmer 183 Stunden. Der Arbeitnehmer nach § 1 Abs. 1 für die im Monat Mai geleisteten zehn Überstunden keinen Anspruch auf weitere 85 Euro. Der gesetzliche Mindestlohnanspruch ist bereits durch das verstetigte Arbeitseinkommen erfüllt.

3. Stück-/Akkordlohnabreden

Stücklohn- und Akkordlohnvereinbarungen sind **keine Vereinbarungen**, die zu einer Unterschreitung oder Beschränkung des Mindestlohnanspruchs iSd § 3 S. 1 führen (zum Verbreitungsgrad von Stück- oder Akkordlöhnen im Niedriglohnbereich vgl. Brenke/Wagner, Gesetzliche Mindestlöhne: mit der Einführung kommen die Tücken der Umsetzung, Wirtschaftsdienst 2013, S. 754 f.). Dies folgt schon daraus, dass allein anhand des geschuldeten Stücklohns, dh ohne zeitlichen Bezugspunkt, gar nicht ermittelbar ist, ob der Mindestlohn unterschritten wird oder nicht. 10

Ist eine Vergütung auf Stück- oder Akkordlohnbasis vereinbart worden, ist zwischen dem gesetzlichen Anspruch auf den Mindestlohn aus § 1 Abs. 1 und dem vertraglichen Vergütungsanspruch zu unterscheiden. Der **gesetzliche Mindestlohnanspruch** ist ein **Zeitlohnanspruch**, der dem Arbeitnehmer für jede geleistete Arbeitsstunde zusteht. Der **vertragliche Vergütungsanspruch auf Stücklohnbasis tritt neben diesen** gesetzlichen Anspruch. Da der Mindestlohnanspruch gemäß § 3 S. 1 insgesamt – also auch im Hinblick auf seinen Charakter als Stundenlohn – unabdingbar ist, kann er durch die Stücklohn- oder Akkordlohnabrede weder abbedungen noch modifiziert werden. Vielmehr stehen gesetzlicher Mindestlohn- und vertraglicher Vergütungsanspruch in Anspruchskonkurrenz. Für die **Erfüllung** des Mindestlohnanspruchs kommt es auch bei Vereinbarung eines Stück- oder Akkordlohns ausschließlich darauf an, dass die im jeweiligen Monat geleisteten Arbeitsstunden zum in § 2 Abs. 1 geregelten Fälligkeitstermin mit dem Mindestlohn vergütet worden sind. Der Arbeitgeber kann also – wie die Gesetzesbegründung zu § 1 Abs. 2 klarstellt (BT-Drs. 18/1558 S. 34) – den Arbeitnehmer nur dann auf der Grundlage einer Stücklohn- oder Akkordlohnvereinbarung vergüten, wenn gewährleistet ist, dass der Mindestlohn für die geleisteten Arbeitsstunden erreicht wird. Nicht hinreichend ist damit insbesondere, dass auf Basis der Stücklohnvereinbarung ein durchschnittlicher Arbeitnehmer bei Normalleistung eine Arbeitsvergütung in Höhe des Mindestlohns erreichen kann. Das MiLoG geht insofern **nicht** von einer **verobjektivierten Normalleistung** aus. Eine „fair piece rate" – wie sie der Mindestlohn im Vereinigten Königreich für bestimmte Sachverhalte zulässt (vgl. hierzu www.gov.uk) – kennt das MiLoG nicht. 11

4. Sachleistungen

Eine Vereinbarung, die die Geltendmachung des gesetzlichen Mindestlohnanspruchs iSd § 3 S. 1 beschränkt oder ausschließt, liegt in einer **Vereinbarung, mit der Sachleistungen (wie Kost und Logis) in Erfüllung des gesetzlichen Mindestlohnanspruchs geleistet werden (sollen)** (ebenso Brors NZA 2014, 938, 939 f.; [zu § 4 Abs. 1 TVG] ErfK/Franzen TVG § 4 Rn. 44; Löwisch/Rieble TVG § 4 Rn. 616; [für Branchenmindestlöhne] KAEW/Asshoff AEntG § 5 Rn. 14; Thüsing/Bayreuther AEntG § 8 Rn. 13). 12

Etwas anderes folgt auch nicht aus § 107 Abs. 2 GewO. Der Anwendungsbereich von **§ 107 GewO betrifft nur vertragliche Vergütungsansprüche**, verschafft den Arbeitsvertragsparteien also nicht die Befugnis, über den Inhalt des gesetzlichen Mindestlohns zu disponieren (hierzu § 1 Rn. 80 ff.; zur Kontrollpraxis des Zolls vgl. § 21 Rn. 33). Im Übrigen wären Vereinbarungen nach § 107 Abs. 2 S. 1 GewO in mindestlohnrelevanten Arbeitsverhältnissen auch ohne Hinzuziehung von § 3 S. 1 bereits nach § 107 Abs. 2 S. 5 GewO überwiegend unwirksam (vgl. auch ErfK/Franzen MiLoG § 1 Rn. 6). 13

5. Ausschlussfristen

Eine Vereinbarung, die die Geltendmachung des gesetzlichen Anspruchs auf Mindestlohn beschränkt oder ausschließt, kann in einer individual- oder kollektivrechtlich vereinbarten Ausschlussfrist – auch Verfallklausel genannt – liegen (ausf. Preis/Ulber, Ausschlussfristen und MiLoG, S. 21 ff.; aA wohl Hilgenstock Rn. 171). Unter einer Aus- 14 schlussfrist ist eine Bestimmung zu verstehen, die zum Erlöschen von Ansprüchen führt, die nicht innerhalb einer bestimmten Frist geltend gemacht werden (vgl. KZD/Bantle Arbeitsrecht § 12 Rn. 1 mwN). Ausschlussfristen können sich, ungeachtet ihrer Rechtsnatur als kollektiv- oder individual-rechtliche Regelung und ungeachtet ihrer Ausgestaltung, nach § 3 S. 1 nicht auf den gesetzlichen Mindestlohnanspruch erstrecken.

15 Soweit infolge der Unabdingbarkeit nach § 3 S. 1 auch tarifvertragliche Ausschlussfristen teilweise „leer laufen", ist dies verfassungsrechtlich nicht zu beanstanden (zweifelnd insofern Bepler/Hanau Ausschuss-Drs. 18(11)148 S. 142). Soweit die Einführung eines tariffesten Mindestlohns insgesamt verfassungsrechtlich zulässig ist (hierzu Einf. Rn. 83 ff.), gilt dies gleichermaßen auch für die Ausgestaltung in § 3 S. 1 (vgl. auch Preis/Ulber Ausschlussfristen und MiLoG, S. 57 ff., die es allerdings für gleichheitswidrig halten, dass Personen iSv § 22 Abs. 2 keinen äquivalenten Entgeltschutz erfahren, vgl. S. 42 f., 76).

16 Mit Blick auf in Anspruchskonkurrenz stehende (tarif-)vertragliche Vergütungsansprüche wirft § 3 S. 1 die Frage auf, ob vereinbarte Ausschlussfristen als **teilbar** anzusehen sind (so Bayreuther NZA 2014, 865, 870; BRAK NZA 13/2014, S. VIII; **aA** Nebel/Kloster BB 2014, 2933, 2936 f.). Die Frage lässt sich darauf zuspitzen, ob vertraglich in allgemeinen Geschäftsbedingungen vorformulierte Ausschlussklauseln den gesetzlichen Mindestlohnspruch aus Transparenzgründen (§ 307 Abs. 1 S. 2 BGB) explizit ausklammern müssen, um iÜ Bestand haben zu können (Sagan NZA 16/2014 S. I; ausf. Preis/Ulber, Ausschlussfristen und MiLoG, S. 47 ff.).

17 Zwar dürfte zweifelhaft sein, ob die Rspr. des BAG auf diese Frage übertragbar ist, die Ausschlussklauseln in allgemeinen Geschäftsbedingungen auch dann für wirksam hält, wenn unabdingbare Ansprüche aus Vorsatzhaftung nach §§ 202, 267 Abs. 3 BGB nicht explizit ausgenommen sind (hierzu BAG Urt. v. 20.6.2013 – 8 AZR 280/12, NZA 2013, 1265; andererseits aber BAG Urt. v. 20.5.2008 – 9 AZR 382/07, NZA 2008, 1233). Inhaltlich stützt sich die Rspr. des BAG nämlich darauf, dass Vertragsklauseln, die nur in außergewöhnlichen, von den Vertragspartnern bei Vertragsabschluss nicht für regelungsbedürftig gehaltenen Fällen gegen das Gesetz verstoßen, wirksam sind (BAG Urt. v. 20.6.2013 – 8 AZR 280/12, NZA 2013, 1265, 1266 unter Hinweis aus BGH Urt. v. 23.11.2005 – VIII ZR 154/04, NJW 2006, 1056, 1056 f.). Diese Wertung des BAG dürfte auf den gesetzlichen Mindestlohnanspruch nicht übertragbar sein, weil Ausschlussklauseln ihren primären Anwendungsbereich typischerweise bei streitigen Entgeltfragen haben (so auch BAG Urt. v. 20.6.2013 – 8 AZR 280/12, NZA 2013, 1265, 1267: „Bei der Vereinbarung einer Ausschlussfrist denken die Parteien eines Arbeitsvertrags vor allem an laufende Entgeltansprüche...").

18 Für die Teilbarkeit einer (tarif-)vertraglichen Ausschlussklausel dürfte iE aber sprechen, dass § 3 S. 1 nur eine **partielle Unwirksamkeit** („insoweit") anordnet (s. auch; Sagan/Witschen jM 2014, 372, 376 [§ 3 S. 1 als lex specialis zu § 306 Abs. 2 BGB]), eine geltungserhaltende Reduktion in der Norm selbst angeordnet ist (vgl. [zu § 74a Abs. 1 HGB] auch BAG Urt. v. 21.4.2010 – 10 AZR 288/09, NZA 2010, 1175, 1177).

Beispiel: Ein Tarifvertrag sieht einen Tariflohn von 10 Euro je Stunde und eine Ausschlussfrist von sechs Monaten vor. Der gesetzliche Mindestlohnanspruch von 8,50 Euro je Stunde wird von der tarifvertraglichen Ausschlussfrist nicht erfasst. In Höhe von 1,50 Euro je Stunde kann der Lohnanspruch nach der Ausschlussfrist verfallen.

6. Stundungsabreden

19 Eine Vereinbarung, die die Geltendmachung des gesetzlichen Mindestlohnanspruchs beschränkt, wird regelmäßig auch in einer Stundungsvereinbarung liegen, mit der die Fälligkeit über den gesetzlichen Fälligkeitstermin des § 2 Abs. 1 S. 1 Nr. 2 (letzter Bankarbeitstag des auf die Arbeitsleitung folgenden Monats) hinausgeschoben wird (zu Fäl-

ligkeitsregelungen als Gegenstand des entsenderechtlichen Mindestentgelts vgl. BAG Beschl. v. 22.7.2014 – 1 ABR 96/12, BeckRS 2014, 72359 sowie § 5 S. 2 AEntG). Nach § 20 ist der Arbeitgeber verpflichtet, den gesetzlichen Mindestlohn spätestens zu dem in § 2 Abs. 1 S. 1 Nr. 2 genannten Zeitpunkt zu zahlen. Insofern wird auch die **rechtzeitige Zahlung** des Mindestlohns gesetzlich besonders **geschützt**. Nur die Kombination aus dem Mindestlohnanspruch und der gesetzlichen Fälligkeit stellt die Wirksamkeit des MiLoG sicher. Stundungsvereinbarungen sind daher nach § 3 S. 1 in Bezug auf den gesetzlichen Mindestlohnanspruch unwirksam.

7. Verjährungsabreden

Eine Vereinbarung iSd § 3 S. 1, die die Geltendmachung des gesetzlichen Mindestlohnanspruchs beschränkt, liegt auch vor, wenn Arbeitgeber und Arbeitnehmer in den Grenzen des § 202 Abs. 1 BGB (keine Verjährungsbeschränkung für Vorsatzhaftung) eine gegenüber der gesetzlichen Verjährungsfrist verkürzte Verjährungsabrede treffen (so auch die hM zu § 4 Abs. 1 S. 1 TVG, vgl. stellvertretend Kempen/Zachert/Brecht-Heitzmann TVG § 4 Rn. 604 mwN; wohl auch BAG Urt. v. 21.4.2010 – 10 AZR 308/09, AP TVG § 1 Tarifverträge: Metallindustrie Nr. 212). Auch wenn erst die Erhebung der Einrede der Verjährung nach § 214 BGB die Durchsetzbarkeit des Anspruchs dauerhaft hemmt, beschränkt bereits die Verkürzung der Verjährungsfrist und der Umstand, dass die Forderung zu einem früheren als dem gesetzlich vorgesehen Zeitpunkt einredebehaftet ist, den gesetzlichen Mindestlohnanspruch in seiner Geltendmachung (zur Mangelhaftigkeit einer einredebehafteten Forderung vgl. HK-BGB/Ingo Saenger § 453 Rn. 5 unter Hinweis auf BGH Urt. v. 11.7.1963 – VII ZR 17/62, NJW 1963, 1971). 20

8. Vereinbarungen nach § 1a Abs. 1 S. 2 BetrAVG

Wie die Begründung des Regierungsentwurfs ausdrücklich klarstellt, berührt § 3 S. 1 eine nach dem BetrAVG vereinbarte Entgeltumwandlung nicht (BT-Drs. 18/1558 S. 35). 21

a) **Entgeltumwandlung als gesetzlicher Anspruch.** Vereinbarungen nach § 1a Abs. 1 S. 2 BetrAVG sind **keine Vereinbarungen iSd § 3 S. 1**, die zu einer Unterschreitung oder Beschränkung des Mindestlohnanspruchs führen. Die Entgeltumwandlung ist nach dem BetrAVG als **gesetzlicher Anspruch** des Arbeitnehmers konzipiert (ErfK/Steinmeyer BetrAVG § 1a Rn. 2). Nach § 1a Abs. 1 S. 1 BetrAVG kann jeder Arbeitnehmer (zum betriebsrentenrechtlichen Arbeitnehmerbegriff vgl. § 17 Abs. 1 BetrAVG) dem Grunde nach „vom Arbeitgeber verlangen", dass von künftigem Entgelt bis zu 4 vH der jeweiligen Beitragsmessungsgrenze in der gesetzlichen Rentenversicherung für den Aufbau einer betrieblichen Altersversorgung verwendet wird. Mit der Entscheidung für die Entgeltumwandlung modifiziert der Arbeitnehmer den Inhalt seines Entgeltanspruchs gegen den Arbeitgeber; er richtet sich hinsichtlich der umzuwandelnden Entgeltteile nicht mehr auf Auszahlung, sondern auf Verwendung für Zwecke der Altersvorsorge. Macht der Arbeitnehmer den Anspruch auf Entgeltumwandlung gegenüber dem Arbeitgeber geltend, ist **allein** die **Durchführung** des Anspruchs nach § 1a Abs. 1 S. 2 BetrAVG **durch Vereinbarung** zu regeln. Diese Vereinbarung ist keine Vereinbarung, die zu einer Unterschreitung oder Beschränkung des Mindestlohnanspruchs iSd § 3 führt, sondern dient allein der Umsetzung des Anspruchs auf Entgeltumwandlung nach § 1a Abs. 1 S. 1 BetrAVG (vgl. BRO/Rolfs § 1a Rn. 3). Dieses Verständnis entspricht iÜ auch dem **Zweck von § 1a BetrAVG**. Mit dem Anspruch auf Entgeltumwandlung soll die **private Altersversorgung** gestärkt werden (vgl. BT-Drs. 14/4595 S. 2; BT-Drs. 14/5068 S. 9). Die Notwendigkeit privater Altersvorsorge tritt gerade bei Mindestlohnbeziehern in den Vordergrund, die in besonderer Weise von Altersarmut bedroht sind. Zugleich wird mit der „betriebsrentenoffenen" Ausgestaltung des MiLoG die arbeitnehmerseitige Dispositionsbefugnis über das erzielte Einkommen gewahrt. Durch eine „entgeltumwandlungsfeste" Ausgestaltung 22 des Mindestlohns wären Mindestlohnempfänger nicht gehindert, privat für das Alter vorzusorgen. Sie wären allein von den steuer- und sozialversicherungsrechtlichen Privilegierungen der aus dem (Brutto-)Entgelt finanzierten Entgeltumwandlung (§ 3 Nr. 63 EStG, § 14 Abs. 1 S. 2 SGB IV) abgeschnitten, dh bei ganzheitlicher Betrachtung wirtschaftlich schlechter gestellt.

23 **b) Wertung des § 17 Abs. 5 BetrAVG.** Eine Entgeltumwandlung kann aber im Einzelfall ausscheiden, wenn durch die Entgeltumwandlung nicht nur der gesetzliche Mindestlohnanspruch, sondern zugleich ein (tarif-)vertraglicher Vergütungsanspruch betroffen wird.

24 Nach § 17 Abs. 5 BetrAVG stehen Entgeltansprüche, soweit sie auf Tarifvertrag beruhen, nur insoweit für eine Entgeltumwandlung zur Verfügung, soweit dies durch den Tarifvertrag vorgesehen oder zugelassen ist (krit. hierzu Ott ZfV 2012, 723). Der Gesetzeszweck von § 17 Abs. 5 BetrAVG liegt im Schutz der Tarifautonomie (Art. 9 Abs. 3 GG). Nach der Gesetzesbegründung zu § 17 Abs. 5 BetrAVG (vgl. BT-Drs. 14/5150 S. 43) ist die Regelung eine „Klarstellung des geltenden Rechts bezüglich der Zuständigkeit der Tarifvertragsparteien in Fragen des Entgelts der Arbeitnehmer". Der **Tarifvorrang** soll gelten, „soweit es sich um die Modifizierung dieser Entgeltansprüche zu Gunsten des Erwerbs von Anwartschaften auf betriebliche Altersversorgung handelt".

25 Auch nach Einführung des allgemeinen Mindestlohns gilt § 17 Abs. 5 BetrAVG, so dass tarifliche Entgeltansprüche nur bei einer „Gestattung" durch die Tarifvertragsparteien für eine Entgeltumwandlung zur Verfügung stehen. Andernfalls scheidet eine Entgeltumwandlung aus.

II. Verzicht

26 Nach § 3 S. 2 ist ein Verzicht des Arbeitnehmers auf den Mindestlohnanspruch grundsätzlich unzulässig.

1. Verzichtsbegriff

27 Ebenso wie im Bereich der Branchenmindestlöhne nach dem AEntG ist der Begriff des Verzichts aus teleologischen Gründen umfassend zu verstehen (vgl. hierzu Thüsing/Thüsing AEntG § 9 Rn. 2).

28 **a) Rechtsgeschäftliche Erklärungen.** Erfasst werden nicht nur einseitige Verzichtserklärungen des Arbeitnehmers, sondern auch rechtsgeschäftsähnliche Handlungen oder zweiseitige Rechtsgeschäfte, die in der Sache auf einen vollständigen oder teilweisen Anspruchsverlust gerichtet sind (zu § 4 Abs. 4 S. 1 TVG vgl. BAG Urt. v. 29.5.1991 – 7 AZR 79/90, NZA 1991, 942, 943). Dementsprechend erfasst § 3 S. 2 den **Erlassvertrag** nach § 397 Abs. 1 BGB, das negative **Schuldanerkenntnis** nach § 397 Abs. 2 BGB und die **Ausgleichsquittung**. Der Verzichtsbegriff des § 3 S. 2 umfasst gleichermaßen jedes Handeln, das den Verlust der Durchsetzbarkeit des Mindestlohnanspruchs bewirkt (zum einseitigen **Klageverzicht** vgl. BAG Urt. v. 18.11.1999 – 2 AZR 147/99, NZA 2000, 605; zur **Vereinbarung der Nichtklagbarkeit** vgl. ErfK/Franzen TVG § 4 Rn. 44; Thüsing/Thüsing AEntG § 9 Rn. 2).

29 **b) Prozessrechtliche Erklärungen.** Im Zusammenhang mit dem Verzichtsverbot aus § 4 Abs. 1 S. 1 TVG herrscht Streit, inwiefern der Arbeitnehmer durch prozessuale Erklärungen auf tarifliche Rechte verzichten kann. Die ganz überwiegende Ansicht geht insofern davon aus, dass das Verzichtsverbot auch dann gilt, wenn der Verzicht in prozessuale Form gekleidet ist (vgl. stellvertretend Däubler/Zwanziger TVG § 4 Rn. 1065). Diese Frage ist auch in Bezug auf den gesetzlichen Mindestlohnanspruch zu beantworten.

B. Regelungsgehalt § 3

aa) **Klagerücknahme.** Einigkeit besteht jedenfalls insoweit, dass der Arbeitnehmer in 30 jedem Fall wirksam eine Klagerücknahme erklären kann, weil mit der Klagerücknahme für den Arbeitnehmer **kein endgültiger Rechtsverlust** verbunden ist. Folge der Klagerücknahme ist allein, dass der Rechtsstreit nach § 269 Abs. 3 S. 1 ZPO als nicht anhängig geworden anzusehen ist. Ein – materielles – **Klagerücknahmeversprechen** verbunden mit der Erklärung, keine neue Klage zu erheben, kommt demgegenüber einem Verzicht gleich, was zur Unwirksamkeit der Erklärung führt (zu § 4 Abs. 4 S. 1 TVG vgl. BAG Urt. v. 19.11.1996 – 3 AZR 461/95, NZA 1997, 1117, 1117 f.; zur Vereinbarung einer Nichtklagbarkeit vgl. JKOS/Jacobs § 7 Rn. 126).

bb) **Anerkenntnis, Verzicht.** Demgegenüber findet § 3 S. 2 auf sonstige Prozesshandlungen, die materiell-rechtlich einen Anspruchsverlust zur Folge haben können, ebenfalls Anwendung. Der Arbeitnehmer kann daher nicht prozessrechtlich wirksam auf den geltend gemachten Mindestlohnanspruch verzichten oder die gegen ihn erhobene negative Feststellungsklage des Arbeitgebers, keinen Mindestlohn zu schulden, anerkennen (vgl. Thüsing/Thüsing AEntG § 9 Rn. 2 mwN). Auch insofern entzieht § 3 S. 2 den Anspruch auf den gesetzlichen Mindestlohn der Disposition des Arbeitnehmers. Das Gericht darf **in Bezug auf den gesetzlichen Mindestlohnanspruch** daher **weder** ein **Verzichtsurteil** nach § 306 ZPO **noch** ein **Anerkenntnisurteil** nach § 307 ZPO verkünden (vgl. ErfK/Franzen TVG § 4 Rn. 45; aA Löwisch/Rieble TVG § 4 Rn. 620; MüArbR/Rieble/Klumpp § 184 Rn. 14). 31

Zwar ist die Wirksamkeit eines prozessualen Anerkenntnisses bzw. eines prozessualen Verzichts von materiell-rechtlichen Gültigkeitsvoraussetzungen unabhängig. Voraussetzung für den Erlass eines Anerkenntnis- wie auch Verzichtsurteils ist aber, dass die Partei über den Streitgegenstand disponieren kann (Musielak ZPO/Musielak § 307 Rn. 12). Die Dispositionsbefugnis über den Mindestlohnanspruch ist dem Arbeitnehmer durch § 3 S. 2 indes umfassend genommen (anders als in der von Löwisch/Rieble TVG § 4 Rn. 620 und MüArbR/Rieble/Klumpp § 184 Rn. 14 zit. Ents. BGH Teilurt. v. 1.7.1955 – V ZR 56/50, BeckRS 1955, 31199756, in der es an einer Genehmigung fehlte). 32

Hat das Gericht gleichwohl ein den Mindestlohnanspruch abschneidendes Verzichtsoder Anerkenntnisurteil verkündet, kann ein solches Urteil allein mit dem im Einzelfall jeweils statthaften **Rechtsmittel** angegriffen werden (so für tarifliche Rechte auch ErfK/Franzen TVG § 4 Rn. 45). Ist das Urteil in **Rechtskraft** erwachsen, schließt dies die erneute Geltendmachung aus (so für tarifliche Rechte Löwisch/Rieble TVG § 4 Rn. 620). 33

cc) **Säumnis.** Keinen Verzicht iSd § 3 S. 2 leistet, wer im Termin säumig ist. In Säumnissituationen kann also, ungeachtet von § 3 S. 2, gegen den Arbeitnehmer ein echtes Versäumnisurteil verkündet werden. Anders als bei einem prozessualen Anerkenntnis oder Verzicht liegt dem Urteil in diesen Fälle nicht eine Erklärung des Arbeitnehmers zugrunde, sondern ein **tatsächlicher Umstand** (die **Säumnis** im Termin), den das Gericht zu berücksichtigen hat. § 3 soll und kann den Arbeitnehmer insoweit nicht vor der eigenen Untätigkeit schützen. So wird auch das Verzichtsverbot des § 4 Abs. 4 S. 1 TVG nicht dadurch betroffen, dass der Arbeitnehmer im Prozess um tarifliche Ansprüche rechtserhebliche Tatsachen unstreitig stellt (hierzu BAG Urt. v. 5.11.1997 – 4 AZR 682/95, NZA 1998, 434). 34

2. Verzicht durch Vergleich

Das gesetzliche Verzichtsverbot greift nur insofern nicht, als der Verzicht im Rahmen eines gerichtlichen Vergleichs erfolgt und sich auf bereits entstandene Ansprüche nach dem MiLoG bezieht. 35

36 **a) Gerichtlicher Vergleich.** Nur ein gerichtlicher Vergleich bietet aus Sicht des Gesetzgebers einen ausreichenden Schutz des Arbeitnehmers vor einem ungerechtfertigten Verlust des Mindestlohnanspruchs (vgl. BT-Drs. 18/1558 S. 35).

37 **aa) Rechtsnatur.** Der Prozessvergleich hat nach allgemeiner Ansicht eine **Doppelnatur**. Der Prozessvergleich ist einerseits Prozesshandlung, deren Wirksamkeit sich nach den Grundsätzen des Verfahrensrechts bestimmt; andererseits ist er privates Rechtsgeschäft, für das die Regeln des materiellen Rechts gelten (BAG Beschl. v. 31.5.2012 – 3 AZB 29/12, NZA 2012, 1117, 1118 mwN; MüArbR/Jacobs § 343 Rn. 75). Materiell-rechtlich handelt es sich nach § 779 Abs. 1 BGB um einen Vertrag, durch den der Streit oder die Ungewissheit der Parteien über ein Rechtsverhältnis im Wege gegenseitigen Nachgebens beseitigt wird. Der Prozessvergleich ist Vollstreckungstitel iSd ZPO. Nach § 794 Abs. 1 Nr. 1 ZPO findet aus Vergleichen, die zwischen den Parteien oder zwischen einer Partei und einem Dritten zur Beilegung des Rechtsstreits seinem ganzen Umfang nach oder in Betreff eines Teiles des Streitgegenstandes vor einem deutschen Gericht abgeschlossen sind, die Zwangsvollstreckung statt.

38 **bb) Zustandekommen.** Ein Prozessvergleich kann geschlossen werden, indem die Parteien des Rechtsstreits ihre Einigung nach § 160 Abs. 3 Nr. 1, Abs. 5 ZPO im Sitzungsprotokoll oder einer dazugehörigen Anlage gerichtlich beurkunden lassen. Zu seiner prozessrechtlichen Wirksamkeit muss das Protokoll den Beteiligten nach § 162 Abs. 1 S. 1 ZPO anschließend vorgelesen, abgespielt bzw. vorgelegt und genehmigt werden, was nach § 162 Abs. 1 S. 2 wiederum zwingend zu protokollieren ist. Schließlich muss das Protokoll nach § 163 Abs. 1 ZPO durch den Vorsitzenden und den Urkundsbeamten der Geschäftsstelle unterschrieben werden. Nach § 278 Abs. 6 S. 1 ZPO kann ein gerichtlicher Vergleich auch dadurch geschlossen werden, dass die Parteien dem Gericht einen schriftlichen Vergleichsvorschlag unterbreiten oder einen schriftlichen Vergleichsvorschlag des Gerichts durch Schriftsatz gegenüber dem Gericht annehmen. Das Gericht stellt das Zustandekommen und den Inhalt eines so geschlossenen Vergleichs per Beschluss nach § 278 Abs. 6 S. 2 ZPO fest.

39 **cc) Teleologische Reduktion. (1) Tatsachenvergleich.** Aus dem **Telos** von **§ 3 S. 2** folgt, dass sich das mindestlohnrechtliche Verzichtsverbot **ausschließlich** auf den **Rechtsverzicht** bezieht. Auf – gerichtliche und außergerichtliche – Tatsachenvergleiche ist § 3 S. 2 nicht anwendbar (Nebel/Kloster BB 2014, 2933, 2937; [zu § 4 Abs. 4 S. 1 TVG] vgl. BAG Urt. v. 12.2.2014 – 4 AZR 317/12, NZA 2014, 613). Um einen Tatsachenvergleich handelt es sich, wenn eine bestehende Unsicherheit über die tatsächlichen Voraussetzungen eines Anspruchs durch gegenseitiges Nachgeben ausgeräumt werden soll. Bezieht sich ein Nachgeben etwa auf die Zahl der Überstunden oder der hergestellten Stücke, so ist der Vergleich trotz der Möglichkeit, dass dadurch ein mindestlohnrelevanter Verzicht geleistet wird, wirksam. Das Bedürfnis nach einer gütlichen Einigung geht in solchen Fällen dem Schutzbedürfnis des Arbeitnehmers vor (vgl. zu § 4 Abs. 4 S. 1 TVG vgl. BAG Urt. v. 5.11.1997 – 4 AZR 682/95, NZA 1998, 434, 436). § 3 kann und will den Arbeitnehmer zwar in gewisser Hinsicht vor den Folgen des eigenen Handelns schützen, nimmt ihm aber nicht jegliche Dispositionsbefugnis hinsichtlich seiner Ansprüche auf den Mindestlohn. Der Arbeitnehmer hat es auch sonst in der Hand, von einer Rechtsverfolgung abzusehen. Deshalb ist es berechtigt, § 3 S. 2 nicht auf Tatsachenvergleiche anzuwenden, um Prozesse zu beenden oder ganz zu vermeiden (so auch Reinhard/Kettering ArbRB 2014, 302, 304).

40 **(2) „Anwalts"-Vergleich.** Eine teleologische Reduktion der Norm, die einen sog. „Anwalts"-Vergleich nach § 278 Abs. 6 S. 1 Alt. 1, S. 2 ZPO ausschließt, ist mindestlohnrechtlich nicht geboten (zu einer entsprechenden teleologischen Reduktion von § 14 Abs. 1 S. 2 Nr. 8 TzBfG vgl. BAG Urt. v. 15.2.2012 – 7 AZR 734/10, NZA 2012, 919; aA LAG Nds. Urt. v. 5.11.2013 – 1 Sa 489/13, LAGE TzBfG § 14 Nr. 79). Auch der

B. Regelungsgehalt § 3

nach § 278 Abs. 6 S. 1 Alt. 1, S. 2 ZPO zustande gekommene gerichtliche Vergleich **ist ein gerichtlicher Vergleich iSv § 3 S. 2** (aA Lakies AuR 2014, 360, 363).

Der **Wortlaut** von § 3 S. 2 ist insofern abstrakt gefasst und enthält keinerlei Einschränkungen mit Blick auf das Zustandekommen des gerichtlichen Vergleichs. Bei der Fassung von § 3 S. 2 mussten dem Gesetzgeber nicht nur die Möglichkeiten des schriftlichen Vergleichsabschlusses – wie sie § 278 Abs. 6 ZPO seit dem 1.9.2004 bietet (1. JuMoG, BGBl. I S. 2198) – bekannt sein, sondern auch die diesbezüglich einschränkende Auslegung des Begriffs „gerichtlicher Vergleich" im befristungsrechtlichen Kontext (BAG Urt. v. 15.2.2012 – 7 AZR 734/10, NZA 2012, 919). Im Übrigen hatte der DGB im parlamentarischen Verfahren für eine einschränkende Formulierung des § 3 S. 2 geworben (vgl. DGB Ausschuss-Drs. 18(11)148 S. 32, 35). Der Gesetzgeber ist der Anregung nicht gefolgt, obwohl § 3 S. 2 im parlamentarischen Verfahren im Vergleich zum Gesetzentwurf der Bundesregierung ergänzt wurde. 41

Bei einem „Anwalts"-Vergleich nach § 278 Abs. 6 S. 1 Alt. 1, S. 2 ZPO handelt es sich auch **nicht** um einen **Vergleich „2. Klasse"**. Das Gericht ist insofern gehalten vor Feststellung eines jeden Vergleichsschlusses nicht nur zu prüfen, ob der von den Parteien unterbreitete Vergleichsvorschlag gegen gesetzliche Verbote oder gegen die guten Sitten verstößt (BT-Drs. 15/3482 S. 17). Es hat darüber hinaus zu kontrollieren, ob die Schutzinteressen des Arbeitnehmers im Vergleich ausreichend berücksichtigt worden sind (vgl. BGH Beschl. v. 3.8.2011 – XII ZB 153/10, NJW 2011, 3451, 3452; LAG Nds. Urt. v. 5.11.2013 – 1 Sa 489/13, LAGE TzBfG § 14 Nr. 79; HK-ZPO/Saenger § 278 Rn. 23; Knauer/Wolf NJW 2004, 2857, 2859; **aA** Musielak ZPO/Foerste § 278 ZPO Rn. 18). Schließlich sprechen auch Gründe der Praktikabilität für die hier vertretene Auffassung. Die Grenzziehung, wann eine ausreichende Mitwirkung des Gerichts anzunehmen ist (etwa, wenn das Gericht sich den schriftlichen Vergleichsvorschlag – ggf. auf Bitten der Parteien – zu eigen macht und nach § 278 Abs. 6 S. 1 Alt. 2 ZPO zur Annahme „vorschlägt"), erweist sich in der Praxis schwierig und führt zu unnötiger Rechtsunsicherheit. 42

b) Verzichtbare Ansprüche. Ein Verzicht durch gerichtlichen Vergleich kann allein im Zeitpunkt des Vergleichsschlusses bereits entstandene Ansprüche wirksam regeln. Insofern vollzieht § 3 S. 2 die Regelung in § 4 Abs. 4 S. 1 TVG nach, wonach in einem von den Tarifvertragsparteien gebilligten Vergleich nur auf „entstandene tarifliche Rechte" verzichtet werden kann (vgl. BT-Drs. 18/1558 S. 68; BT-Drs. 18/2010 (neu) S. 22). 43

aa) Anspruchsentstehung. Erfasst werden nur Ansprüche, die ihren Rechtsgrund in den gesetzlichen Bestimmungen des MiLoG haben und zum Zeitpunkt, zu dem der Vergleich wirksam wird, bereits entstanden sind. Dies wird oftmals der **Zeitpunkt** der gerichtlichen **Protokollierung** oder **Beschlussfassung** sein. Der insoweit maßgebliche Zeitpunkt kann aber auch später liegen, etwa wenn eine oder beide Parteien des Rechtsstreits sich den **Widerruf des Vergleichs binnen einer vereinbarten Frist** vorbehalten haben. Der in einem gerichtlichen Vergleich vorbehaltene Widerruf stellt – dies ist durch Auslegung nach §§ 133, 157 BGB zu ermitteln – regelmäßig eine aufschiebende Bedingung (§ 158 Abs. 1 BGB) für die Wirksamkeit des Vergleichs dar (vgl. hierzu BGH Urt. v. 27.10.1983 – IX ZR 68/83; NJW 1984, 312; BAG Beschl. v. 5.11.2003 – 10 AZB 38/03, NZA 2004, 117, 119). Es entspricht typischerweise der Interessenlage beider Parteien, dass aus einem unter Widerrufsvorbehalt abgeschlossenen Vergleich bindende Rechtswirkungen erst entstehen, sobald feststeht, dass die Regelung Bestand haben wird. 44

Ein Anspruch ist entstanden, sobald die rechtserzeugenden Umstände vorliegen, der Anspruch also erstmals geltend gemacht und notfalls im Wege der Klage durchgesetzt werden kann (MüKoBGB/Grothe BGB § 199 Rn. 4 mwN). Der Anspruch muss also nach Maßgabe von § 2 Abs. 1 S. 1 Nr. 1, S. 2 fällig sein. Vertragliche Fälligkeitsabreden sind vorrangig zu beachten. 45

46 **bb) Sonstige Ansprüche.** § 3 S. 2 regelt den Verzicht auf den „nach § 1 Abs. 1" entstandenen Anspruch. Von § 3 S. 2 wird demnach nur der gesetzliche Mindestlohnanspruch erfasst (aA ErfK/Franzen MiLoG § 1 Rn. 19). Dies ist va in Bestandsschutzstreitigkeiten von besonderer praktischer Bedeutung. Annahmeverzugsansprüche sind oftmals Gegenstand einer Gesamteinigung der Parteien. Sie beruhen aber auf einer anderen rechtlichen Grundlage und werden daher vom Verzichtsverbot des § 3 S. 2 nicht erfasst. Kein Verstoß gegen § 3 S. 2 stellt es demnach dar, wenn die Parteien durch gerichtlichen Vergleich Entgeltansprüche während Freistellungsphasen oder Zeiten des Annahmeverzugs regeln (vgl. auch Bepler/Hanau Ausschuss-Drs. 18(11)148 S. 142, 143 f.; für den entsenderechtlichen Mindestlohnbegriff vgl. auch BAG Urt. v. 12.1.2005 – 5 AZR 279/01, NZA 2005, 656; KAEW/Asshoff AEntG § 5 Rn. 17).

III. Verwirkung

47 § 3 S. 3 bestimmt, dass der gesetzliche Mindestlohnanspruch nicht der Verwirkung unterliegt.

1. Verwirkung als Unterfall unzulässiger Rechtsausübung

48 Die Verwirkung ist ein Unterfall unzulässiger Rechtsausübung iSd § 242 BGB. Das Institut der Verwirkung soll dem Bedürfnis nach Rechtsklarheit dienen. Die Verwirkung hat nicht den Zweck, Schuldner, denen gegenüber Gläubiger ihre Rechte längere Zeit nicht geltend gemacht haben, von ihrer Pflicht zur Leistung vorzeitig zu befreien, sondern den Schuldner vor illoyal verspäteter Rechtsausübung schützen. Deshalb kann allein der Zeitablauf die Verwirkung eines Rechts nicht rechtfertigen (**Zeitmoment**). Es müssen vielmehr besondere Umstände sowohl im Verhalten des Berechtigten als auch des Verpflichteten hinzutreten (**Umstandsmoment**), die es rechtfertigen, die späte Geltendmachung des Rechts als mit Treu und Glauben unvereinbar und für den Verpflichteten als unzumutbar anzusehen (vgl. BAG Urt. v. 25.9.2013 – 5 AZR 936/12, AP BGB § 397 Nr. 7; Schaub/Koch ArbR A–Z Verwirkung). § 3 S. 3 verhindert insofern auf Seiten des Arbeitgebers das Entstehen schutzwürdigen Vertrauens in die Nichtinanspruchnahme. Nach § 3 S. 3 muss mithin das Bedürfnis nach Rechtsklarheit hinter dem Schutzzweck des gesetzlichen Mindestlohns zurücktreten.

49 Soweit § 3 S. 3 die (materiell-rechtliche) Verwirkung des Anspruchs auf Mindestlohn ausschließt, muss dies erst Recht für die sog. **Prozessverwirkung** gelten (zur Prozessverwirkung vgl. BAG Urt. v. 20.4.2011 – 4 AZR 368/09, NZA-RR 2011, 609, 611; aA [zu § 4 Abs. 4 S. 2 TVG] Löwisch/Rieble TVG § 4 Rn. 640).

2. Sonstige Fälle unzulässiger Rechtsausübung

50 Sonstige Sachverhalte, die als Verstoß gegen die Grundsätze von Treu und Glauben zu qualifizieren sind, erfasst § 3 S. 3 demgegenüber nicht. Eine extensive Anwendung auf sämtliche Fälle des § 242 BGB lässt der auf den Tatbestand der Verwirkung reduzierte Wortlaut des § 3 S. 3 nicht zu. § 242 BGB ist daher – von Verwirkungskonstellationen abgesehen – auch auf die Geltendmachung des gesetzlichen Mindestlohnanspruchs anzuwenden. Diese Auslegung von § 3 S. 3 entspricht der Rspr. des BAG zu § 4 Abs. 1 S. 2 TVG, nach der der Einwand der allgemeinen Arglist sowie der unzulässigen Rechtsausübung aufgrund eines „**venire contra factum proprium**" von § 4 Abs. 4 S. 2 TVG nicht erfasst wird (vgl. BAG Urt. v. 9.8.1990 – 2 AZR 579/89, AP BGB § 615 Nr. 46; ebenso die hM, vgl. stellvertretend JKOS/Jacobs § 7 Rn. 132 mwN; aA Däubler/Zwanziger § 4 Rn. 1075; Kempen/Zachert/Brecht-Heitzmann § 4 Rn. 597; zu § 9 AEntG vgl. Thüsing/Thüsing AEntG § 9 Rn. 8).

Letztlich dürfte der Streit allerdings eher akademischer Natur sein. Fälle, in denen sich **51** die Verfolgung des Mindestlohnanspruchs durch den Arbeitnehmer unter dem rechtlichen Gesichtspunkt von Treu und Glauben als unzulässig darstellen könnte, sind nur schwer vorstellbar. Allenfalls denkbar wäre, dass ein Arbeitnehmer im Rahmen der Einstellung wahrheitswidrig versichert, langzeitarbeitslos iSd § 22 Abs. 4 iVm § 18 Abs. 1 SGB III zu sein, um – nachdem er innerhalb der ersten sechs Monate unterhalb des Mindestlohns vergütet wurde – die entsprechende Lohndifferenz zu fordern (vgl. auch BAG Urt. v. 26.1.1983 – 4 AZR 179/80, AP BetrAVG § 1 Treuebruch Nr. 6).

IV. Verjährung

Der Anspruch auf den gesetzlichen Mindestlohn unterliegt nach § 194 BGB der Ver- **52** jährung. Es gilt die regelmäßige **dreijährige Verjährungsfrist** des § 195 BGB. Mangels anderweitiger Bestimmungen beginnt die Verjährungsfrist mit dem Schluss des Jahres, in dem der Anspruch entstanden ist (§ 199 Abs. 1 Nr. 1 BGB). Soweit im Bereich des MiArbG vereinzelt angenommen wurde, das Kräfteungleichgewicht im Arbeitsverhältnis erfordere, dass die Verjährung erst mit dem Ende des Arbeitsverhältnisses anlaufe (so KAEW/Koberski MiArbG § 8 Rn. 8), findet diese Ansicht weder im MiLoG selbst, noch in den Gesetzgebungsmaterialien eine Stütze. Nach § 199 Abs. 1 Nr. 2 BGB muss der Gläubiger (Arbeitnehmer) von den den Anspruch begründenden Umständen und der Person des Schuldners (Arbeitgeber) Kenntnis erlangt oder ohne grobe Fahrlässigkeit erlangen haben müssen. Dies kann bei der Durchsetzung des gesetzlichen Mindestlohns etwa im „**verdeckten**" bzw. „**unerkannten**" Arbeitsverhältnis oder im Zusammenhang mit der **Haftung des Auftraggebers nach § 13** eine Rolle spielen. Auch in diesen Fällen verjährt der Anspruch auf den gesetzlichen Mindestlohn aber spätestens zehn Jahre nach seiner Entstehung, § 199 Abs. 4 BGB.

Auch in **Entsendesachverhalten** ist die **Verjährung nach deutschem Recht** zu bestimmen **53** (so auch Berndt DStR 2014, 1878, 1883). Zwar ist § 195 BGB selbst keine Eingriffsnorm iSv Art. 9 VO (EG) Nr. 593/2008; Verjährungsregeln werden nach Art. 12 Abs. 1 Buchst. d VO (EG) Nr. 593/2008 insofern als vertraglich qualifiziert und folgen grundsätzlich dem Vertragsstatut. Mindestlohnrechtlich wird das Vertragsstatut indes durch die gebotene Sonderanknüpfung zugunsten des deutschen Verjährungsrecht überlagert (für Branchenmindestlöhne vgl. KAEW/Winkler AEntG § 14 Rn. 45 mwN; vgl. auch Schlussanträge des Generalanwalts Wahl v. 18.9.2014 – C-396/13, Rn. 57).

C. Anpassung vertraglicher Vergütungsabreden

Auch wenn der gesetzliche Mindestlohn nach § 3 unabdingbar ist, kann sich für Arbeit- **54** geber die Frage stellen, ob und durch welche Gestaltungsmittel vertragliche Vergütungsstrukturen an die Bedingungen des MiLoG angepasst werden können.

I. Änderungsvereinbarungen

Im Umfang, in dem Arbeitgeber und Arbeitnehmer über die vertragliche Vergütung **55** disponieren können, steht es ihnen frei, sich per Änderungsvereinbarung (§ 311 Abs. 1 BGB) über eine Anpassung der vertraglichen Vergütung(-struktur) zu verständigen. Eine Bestandsschutzgarantie oder eine Veränderungssperre – wie beispielsweise in § 613a Abs. 1 S. 2 BGB – sieht das MiLoG nicht vor. Eine Änderungsvereinbarung wird sich beispielsweise anbieten, wenn der sozialversicherungsrechtliche Status als geringfügig Beschäftigter erhalten bleiben soll, die Geringfügigkeitsgrenze von 450 Euro (§ 8 Abs. 1

Nr. 2 SGB IV) aber aufgrund des vertraglich vereinbarten Arbeitsvolumens künftig überschritten wird.

II. Einseitige Änderungen

56 Soweit eine Vertragsanpassung nicht im Einvernehmen erzielbar ist, wirft dies die Frage auf, welche Mittel verfügbar sind, um die arbeitsvertragliche Vergütungsstruktur ggf. einseitig an die geänderte Rechtslage anzupassen.

1. Rechtsverzicht des Arbeitgebers

57 Dem Arbeitgeber wird es zunächst möglich sein, auf die vertragliche Vergütung in der Weise einseitig einzuwirken, als er sich im Arbeitsvertrag bestimmte Rechte vorbehalten oder Bedingungen für eine Leistungsgewährung gesetzt hat. So wird der Arbeitgeber bspw. ohne Mitwirkung des Arbeitnehmers von einem **Widerrufsvorbehalt** oder einer **Stichtagsklausel**, an der die Anrechenbarkeit einer Sondervergütung scheitert (hierzu § 1 Rn. 145), Abstand nehmen können. Ebenso ist es möglich, dass der Arbeitgeber eine insgesamt im Ermessen liegende Bonuszahlung künftig in Teilen als monatliche Garantieleistung gewährt (ähnlich Spielberger/Schilling NJW 2014, 2897, 2899), um so die Rechtzeitigkeit der Mindestlohnzahlung sicher zu stellen (hierzu § 1 Rn. 142). Ebenso kann der Arbeitgeber eine – vertraglich noch nicht fällige – Zahlung nach § 271 Abs. 2 BGB grundsätzlich vorzeitig bewirken. Ein schutzwürdiges Interesse des Arbeitnehmers an einer späteren Leistung besteht vertragsrechtlich nicht.

2. Störung der Geschäftsgrundlage

58 Die Möglichkeit, den Arbeitnehmer wegen der durch das MiLoG geänderten rechtlichen Rahmenbedingungen aus dem Gesichtspunkt der gestörten Geschäftsgrundlage (Äquivalenzstörung) nach § 313 Abs. 1 BGB in Anspruch zu nehmen, besteht demgegenüber nicht. Das allgemeine zivilrechtliche Institut der gestörten Geschäftsgrundlage stellt keinen selbständigen Änderungsgrund im Arbeitsverhältnis dar (vgl. BAG Urt. v. 8.10.2009 – 2 AZR 235/08, NZA 2010, 465, 467; KR/Rost/Kreft § 2 KSchG Rn. 54k). Das (Änderungs-)**Kündigungsrecht** ist im Arbeitsverhältnis gegenüber einer Vertragsanpassung nach § 313 Abs. 1 BGB **lex specialis**. Das bedeutet nicht, dass Tatbestände, die für eine Störung der Geschäftsgrundlage herangezogen werden könnten, in kündigungsrechtlicher Hinsicht außer Betracht bleiben müssten. Derartige Sachverhalte sind aber kündigungsrechtlich zu würdigen.

3. Änderungskündigung

59 Um auf die bestehende Vergütungsstruktur einzuwirken dürfte der Ausspruch einer Änderungskündigung unproblematisch sein, soweit die (Änderungs-)Kündigung nicht der sozialen Rechtfertigung nach §§ 2, 1 Abs. 2 KSchG bedarf, weil der betriebliche und/oder persönliche Geltungsbereich des allgemeinen Kündigungsschutzes nach § 1 Abs. 1 KSchG, § 23 KSchG nicht eröffnet ist.

60 Im Übrigen wäre eine die vertragliche Vergütungsstruktur tangierende Änderungskündigung nach den allgemeinen Grundsätzen sozial rechtfertigungsbedürftig, wobei die Einführung eines allgemeinen gesetzlichen Mindestlohns als solches keinen betrieblichen (Änderungs-)Kündigungsgrund bilden kann. Dieser kann allein in einer – ggf. durch die Einführung des MiLoG veranlassten – unternehmerischen Entscheidung des Arbeitgebers liegen (vgl. auch APS/Künzl § 2 Rn. 264).

C. Anpassung vertraglicher Vergütungsabreden § 3

Dabei ist fraglich, welche **Anforderungen** an die soziale Rechtfertigung des Änderungs- 61
angebots zu stellen sind. Die **Rechtsprechung des BAG zur Änderungskündigung bei einer Entgeltsenkung ist nicht einschlägig.** Danach ist eine Änderungskündigung nur dann begründet, wenn bei Aufrechterhaltung der bisherigen Personalkostenstruktur weitere, betrieblich nicht mehr auffangbare Verluste entstünden, die absehbar zu einer Reduzierung der Belegschaft oder sogar zu einer Schließung des Betriebs führen, und ein Sanierungsplan alle milderen Mittel ausschöpft und die von den Arbeitnehmern zu tragenden Lasten gleichmäßig verteilt (vgl. BAG Urt. v. 20.6.2013 – 2 AZR 396/12, NZA 2013, 1411). Der Arbeitgeber, der die vertragliche Vergütungsstruktur mit Blick auf den gesetzlichen Mindestlohnanspruch per Änderungskündigung zu synchronisieren sucht, will nicht das vertragliche Entgelt senken, sondern umgestalten. Naheliegend scheint daher, die Rspr. des **BAG zur Kündigung von Nebenabreden** anzuwenden (so auch Schweibert/Leßmann DB 2014, 1866, 1870).

Änderungskündigungen zur Anpassung vertraglicher Nebenabreden an geänderte Um- 62
stände sind am **Grundsatz der Verhältnismäßigkeit** zu messen, unterliegen aber nicht den gleichen strengen Maßstäben wie Änderungskündigungen zur Entgeltabsenkung. Ein dringendes betriebliches Änderungserfordernis kommt in Betracht, wenn Arbeitgeber und Arbeitnehmer Nebenleistungen vereinbart haben, deren Gewährung an Umstände anknüpft, die nicht notwendig während der gesamten Dauer des Arbeitsverhältnisses vorliegen (für einen Mietzuschuss vgl. BAG Urt. v. 28.4.1982 – 7 AZR 1139/79, NJW 1982, 2687; für die Zusage eines Bustransfers vgl. BAG Urt. v. 27.3.2003 – 2 AZR 74/02, NZA 2003, 1029; zur Ablösung einer pauschalierten Überstundenabgeltung vgl. BAG Urt. v. 23.11.2000 – 2 AZR 547/99, NZA 2001, 492). Das Risiko unvorhersehbarer Rechtsänderungen gehört insofern nicht zu den normalen wirtschaftlichen Risiken, die jedermann selbst zu tragen hat (vgl. BeckOK BGB/Lorenz BGB § 313 Rn. 56). Ein Arbeitgeber, der sich in solchen Fällen auf eine wesentliche Änderung der maßgebenden äußeren Verhältnisse beruft, stützt sich auf Umstände, die außerhalb des Arbeitsrechts unter dem Gesichtspunkt der gestörten Geschäftsgrundlage zu prüfen sind. Derartige Umstände können das Beharren auf der vereinbarten Leistung als unbillig und unberechtigt erscheinen lassen und geeignet sein, eine Änderungskündigung sozial zu rechtfertigen (vgl. BAG Urt. v. 20.6.2013 – 2 AZR 396/12, NZA 2013, 1411). Dennoch wird eine Änderungskündigung **nur in wenigen Einzelfällen**, in denen bedingt durch die Konkurrenz von gesetzlichem Mindestlohn und vertraglichem Vergütungsanspruch eine **deutliche Äquivalenzstörung** festzustellen ist, sozial gerechtfertigt sein. So soll beispielsweise die Erhöhung von Sozialversicherungsleistungen als allgemeiner Kostenfaktor keine Vertragsanpassung rechtfertigen (vgl. BGH Urt. v. 2.11.1961 – II ZR 126/59, NJW 1962, 250). Auch hat die Rspr. bereits erkannt, dass Änderungen der ärztlichen Gebührenordnung nur ausnahmeweise eine Vertragsanpassung rechtfertigen können (vgl. hierzu BAG Urt. v. 25.7.1990 – 5 AZR 394/89, NJW 1991, 1562, 1563). Nur in Einzelfällen wird also die Änderung einer bei Vertragsschluss vorherrschenden Rechtslage eine Anpassung der vertraglichen Vergütung gebieten können (zum Liquidationsrecht eines Chefarztes vgl. BAG Urt. v. 9.1.980 – 5 AZR 71/78, NJW 1980, 1912, 1914 f.). Dies gilt umso mehr, als der gesetzliche **Mindestlohn** gerade den **Entgeltschutz** des Arbeitnehmers in den Blick nimmt. Insofern dürfte auch eine (Änderungs-)Kündigung regelmäßig nicht sozial gerechtfertigt sein, die in die vertraglich geschuldete Arbeitszeit eingreift, um eine sozialversicherungsrechtlich privilegierte geringfügige Beschäftigung zu erhalten.

Unterabschnitt 2. Mindestlohnkommission

§ 4 Aufgabe und Zusammensetzung

(1) Die Bundesregierung errichtet eine ständige Mindestlohnkommission, die über die Anpassung der Höhe des Mindestlohns befindet.

(2) Die Mindestlohnkommission wird alle fünf Jahre neu berufen. Sie besteht aus einer oder einem Vorsitzenden, sechs weiteren stimmberechtigten ständigen Mitgliedern und zwei Mitgliedern aus Kreisen der Wissenschaft ohne Stimmrecht (beratende Mitglieder).

Übersicht

	Rn.
A. Vorbemerkungen	1
B. Errichtung	2
C. Zusammensetzung	6

A. Vorbemerkungen

1   Nach § 4 Abs. 1 errichtet die Bundesregierung eine Mindestlohnkommission, die nach § 9 Abs. 1 über die Anpassung der Höhe des Mindestlohns befindet. Die Mindestlohnkommission wird von einer Geschäftsstelle unterstützt (§ 12 Abs. 1), die bei der BAuA als selbständige Organisationeinheit eingerichtet wird (§ 12 Abs. 2). Die durch die Tätigkeit der Mindestlohnkommission und der Geschäftsstelle anfallenden Kosten trägt der Bund (§ 12 Abs. 4).

B. Errichtung

2   Aufgrund ihrer für die Anpassung des Mindestlohns zentralen Bedeutung wird die Mindestlohnkommission als ständiges Gremium eingerichtet. Die Mindestlohnkommission wird damit nicht nur von Amts wegen oder auf Antrag einberufen.

3   Die Mindestlohnkommission ist staatliches Hilfsorgan: Die Beschlüsse der Mindestlohnkommission nach § 9 Abs. 1 bedürfen einerseits der Umsetzung durch Rechtsverordnung der Bundesregierung nach § 11. Andererseits kann die Bundesregierung nicht ohne Beschluss der Mindestlohnkommission nach § 9 Abs. 1 eine Rechtsverordnung nach § 11 erlassen. Die Mindestlohnkommission ist aufgrund ihrer Selbständigkeit einerseits, der fehlenden Außenwirkung ihrer Ergebnisse andererseits als staatliches Hilfsorgan eigener Art zu begreifen, die besonderen Sachverstand mobilisiert und in einem eigenständigen Verfahren und mit einem rechtlich abgesicherten eigenen Entscheidungsspielraum Bewertungen und Vorschläge erarbeitet, die gegenüber Dritten erst durch einen weiteren staatlichen Akt umgesetzt werden.

4   Die Einrichtung der Mindestlohnkommission erfolgt durch **nicht außenwirksamen Organisationsakt** der Bundesregierung. Das BMAS hat als innerhalb der Bundesregierung verantwortliche Ressort am 21.10.2014 das Verfahren zur Errichtung der Mindestlohnkommission eingeleitet und die vorschlagsberechtigten Spitzenorganisationen der Arbeitgeber und Arbeitnehmer durch Bekanntmachung im Bundesanzeiger zur Abgabe von Besetzungsvorschlägen innerhalb einer Ausschlussfrist von vier Wochen aufgefordert (vgl. BAnz AT 23.10.2014 B2).

5   Die Mindestlohnkommission wird von einer Geschäftsstelle unterstützt (§ 12 Abs. 1), die bei der BAuA als selbständige Organisationeinheit eingerichtet wird (§ 12 Abs. 2).

C. Zusammensetzung § 5

Die durch die Tätigkeit der Mindestlohnkommission und der Geschäftsstelle anfallenden Kosten trägt der Bund (§ 12 Abs. 4).

C. Zusammensetzung

§ 4 Abs. 2 legt die Zusammensetzung der Mindestlohnkommission und ihre Amtszeit fest. 6

§ 4 Abs. 2 S. 1 bestimmt, dass die Mindestlohnkommission jeweils für fünf Jahre eingesetzt wird. Die fünfjährige Periode soll eine hohes Maß an Kontinuität in der Kommissionarbeit schaffen (BT-Drs. 18/1558 S. 35). 7

Nach § 4 Abs. 2 S. 2 besteht die Mindestlohnkommission aus insgesamt neun Mitgliedern; sieben davon stimmberechtigt. Neben dem Vorsitzenden der Mindestlohnkommission (§ 6) werden nach Maßgabe von § 5 je drei Arbeitgeber- und Arbeitnehmervertreter als stimmberechtigte Mitglieder berufen. Schließlich werden nach Maßgabe von § 7 aus Kreisen der Wissenschaft zwei beratende Mitglieder ohne Stimmrecht bestellt. 8

Anders als das Konzept der Haupt- und Fachausschüsse des MiArbG sieht das MiLoG keine Stellvertreterregelung vor (vgl. hierzu DAV Ausschuss-Drs. 18(11)148 S. 93, 96). Damit wird die besondere Bedeutung der Kommissionsmitglieder unterstrichen. 9

Die Mitglieder der Mindestlohnkommission sind von der Bundesregierung am 17.12.2014 berufen worden. Die Bundesregierung hat als **Vorsitzenden** der Mindestlohnkommission auf gemeinsamen Vorschlag von BDA und DGB den Ersten Bürgermeister der Hansestadt Hamburg a. D., Henning Voscherau, berufen. 10

Als stimmberechtigte ständige Mitglieder wurden für die Arbeitgeberseite auf Vorschlag der BDA in die Mindestlohnkommission berufen: 11

- Reinhard Göhner (Hauptgeschäftsführer der BDA),
- Valerie Holsboer (Hauptgeschäftsführerin der Arbeitgebervereinigung Nahrung und Genuss und des Bundesverbands der Systemgastronomie) sowie
- Karl-Sebastian Schulte (Geschäftsführer des ZDH).

Als stimmberechtigte ständige Mitglieder wurden für die Arbeitnehmerseite auf Vorschlag des DGB berufen: 12

- Robert Feiger (Vorsitzender der IG BCE),
- Stefan Körzell (Mitglied der IG Metall, Bundesvorstand des DGB) sowie
- Michaela Rosenberger (Vorsitzende der NGG).

Als beratende Mitglieder wurden aus Kreisen der Wissenschaft auf Vorschlag des DGB die stellvertretende geschäftsführende Direktorin des IAQ, Claudia Weinkopf, sowie auf Vorschlag der BDA der Präsident des ZEW, Clemens Fuest, berufen. 13

§ 5 Stimmberechtigte Mitglieder

(1) Die Bundesregierung beruft je drei stimmberechtigte Mitglieder auf Vorschlag der Spitzenorganisationen der Arbeitgeber und der Arbeitnehmer aus Kreisen der Vereinigungen von Arbeitgebern und Gewerkschaften. Die Spitzenorganisationen der Arbeitgeber und Arbeitnehmer sollen jeweils mindestens eine Frau und einen Mann als stimmberechtigte Mitglieder vorschlagen. Werden auf Arbeitgeber- oder auf Arbeitnehmerseite von den Spitzenorganisationen mehr als drei Personen vorgeschlagen, erfolgt die Auswahl zwischen den Vorschlägen im Verhältnis zur Bedeutung der jeweiligen Spitzenorganisationen für die Vertretung der Arbeitgeber- oder Arbeitnehmerinteressen im Arbeitsleben des Bundesgebietes. Übt eine Seite ihr Vorschlagsrecht nicht aus, werden die Mitglieder dieser Seite durch die Bundesregierung aus Kreisen der Vereinigungen von Arbeitgebern oder Gewerkschaften berufen.

(2) Scheidet ein Mitglied aus, wird nach Maßgabe des Absatzes 1 Satz 1 und 4 ein neues Mitglied berufen.

Übersicht

	Rn.
A. Überblick	1
B. Voraussetzungen der Berufung	2
I. Vorschlag einer Spitzenorganisation	2
1. Begriff der Spitzenorganisation	3
2. Auswahlentscheidung, § 5 Abs. 1 S. 3	10
3. Kein Vorschlag einer Spitzenorganisation, § 5 Abs. 1 S. 4	15
II. Aus Kreisen der Arbeitgeberverbände und Gewerkschaften	18
III. Keine gesetzlichen Qualifikationsanforderungen	22
IV. Geschlechterausgewogene Vorschläge	24
C. Neuberufung bei Ausscheiden eines Mitglieds	27
D. Rechtsfolgen einer rechtswidrigen Berufung	32
E. Rechtsschutz	35

A. Überblick

1 § 5 normiert die Berufung der stimmberechtigten Mitglieder der Mindestlohnkommission. Die Berufung erfolgt durch die Bundesregierung auf Vorschlag der Spitzenorganisationen der Arbeitgeber und Arbeitnehmer aus Kreisen der Vereinigungen von Arbeitgebern und Gewerkschaften. Macht eine Seite von ihrem Vorschlagsrecht keinen Gebrauch, beruft die Bundesregierung für diese Seite die Mitglieder aus Kreisen der Vereinigungen von Arbeitgebern oder Gewerkschaften.

B. Voraussetzungen der Berufung

I. Vorschlag einer Spitzenorganisation

2 Nach § 5 Abs. 1 S. 1 werden die Mitglieder der Mindestlohnkommission auf Vorschlag der Spitzenorganisationen der Arbeitgeber und Arbeitnehmer berufen.

1. Begriff der Spitzenorganisation

3 Da das MiLoG den Begriff der Spitzenorganisation nicht definiert, ist er eigenständig nach dem Telos des Gesetzes bzw. der Beteiligungsvorschrift zu bestimmen (vgl. auch Löwisch/Rieble TVG § 12 Rn. 3; Wiedemann/Oetker TVG § 12 Rn. 3).

4 Angesichts des Sinn und Zwecks der Einbindung der Koalitionen in die Mindestlohnkommission ist als Spitzenorganisation nicht jeder Zusammenschluss von Arbeitgeberverbänden und Gewerkschaften (vgl. § 2 Abs. 2 TVG), sondern entsprechend § 12 S. 1 TVG eine **wesentliche Bedeutung** des Zusammenschlusses **für die Vertretung der Arbeitnehmer- oder der Arbeitgeberinteressen im Arbeitsleben des Bundesgebiets** zu verlangen. § 12 S. 1 TVG macht die wesentliche Bedeutung einer Spitzenorganisation zur Voraussetzung ihrer Mitwirkung im Tarifausschuss, der über die Allgemeinverbindlicherklärung von Tarifverträgen nach § 5 TVG befindet. Die Vorschrift regelt mithin eine Mitwirkungsbefugnis der Spitzenorganisationen in einem staatlich errichteten Gremium. Auch das Vorschlagsrecht des § 5 Abs. 1 S. 1 betrifft **nicht die tarifautonome Regelung der Arbeitsbedingungen durch die Spitzenorganisationen, sondern** ihre **Einbindung in ein staatlich errichtetes Gremium**. Über die Mitwirkung der Akteure des Tarifsystems bei der Anpassung des Mindestlohns will sich der Gesetzgeber den Sachverstand und die besondere Sachnähe der Koalitionen bei der Regelung von Arbeitsbedingungen zunutze zu machen. Dabei wird das Konzept einer Kommission der Tarifpartner auch vom Gedanken der Gegenmachtbildung getragen, welche die antagonistischen Interessen von Arbeit-

B. Voraussetzungen der Berufung §5

geber- und Arbeitnehmerseite ausgleichen soll. Dies setzt voraus, dass die Interessen der Arbeitnehmer- und der Arbeitgeberseite möglichst umfassend von den vorschlagsberechtigten Verbänden abgebildet werden können. Auch die Auswahlvorschrift des § 5 Abs. 1 S. 3, nach der die Auswahl zwischen mehreren Vorschlägen im Verhältnis zur Bedeutung der jeweiligen Spitzenorganisationen stattfindet, verdeutlich, dass die Mitwirkung der Verbände vor allem durch ihre Repräsentativität legitimiert wird.

Ob ein Verband wesentliche Bedeutung hat ist anhand einer **Gesamtschau von Mit-** 5 **gliederstärke, wirtschaftlicher Stellung sowie Anzahl und Bedeutung der Tarifabschlüsse festzustellen** (vgl. Löwisch/Rieble TVG § 12 Rn. 7). Dabei dürfen die Anforderungen an den Begriff der Spitzenorganisation iSd MiLoG aber auch nicht überspannt werden. Nicht erforderlich ist daher, dass der Verband eine herausragende bzw. die größte Bedeutung für das Arbeitsleben in der Bundesrepublik Deutschland hat. Die Bewertung des Grades der Bedeutung eines Verbandes ist eine Frage der relativen Repräsentativität, der auf der Auswahlebene Rechnung zu tragen ist. Anderenfalls würde gemäß § 5 Abs. 1 S. 4 unmittelbar der Bundesregierung die Auswahl der Mitglieder für eine Seite anheimfallen, wenn die für diese Seite repräsentativste Spitzenorganisation keine Vorschläge unterbreitet. Dies dürfte nicht im Sinne der vom Gesetzgeber angestrebten Politikferne der Kommission der Tarifpartner sein.

Es reicht nicht aus, dass einem Verband nur **regional eine wesentliche Bedeutung** für 6 das Arbeitsleben zukommt (vgl. Löwisch/Rieble TVG § 12 Rn. 8). Der Mindestlohn, über dessen Anpassung die Mindestlohnkommission beschließt, gilt im gesamten Bundesgebiet. Dabei ist die Mindestlohnkommission nicht berechtigt, bei der Anpassung regionale Differenzierungen vorzunehmen. Dementsprechend muss die Repräsentativität der vorschlagsberechtigten Spitzenorganisationen auch für das Bundesgebiet und nicht bloß für bestimmte Regionen vorhanden sein. Auf der anderen Seite ist für die Annahme einer wesentlichen Bedeutung im Bundesgebiet auch nicht erforderlich, dass der Verband in jeder einzelnen Regionen repräsentativ für das Arbeitsleben ist (vgl. [zu § 12 TVG] OVG Saarland Urt. v. 3.3.1997 – 8 R 30/94, BeckRS 1997, 16739).

Für die Eigenschaft einer Spitzenorganisation iSd §§ 4 ff. hinreichend, aber auch not- 7 wendig ist, dass die **prägenden Mitgliedsverbände** des Zusammenschlusses **tariffähig** sind. Nur auf der Grundlage von Vorschlägen solcher Zusammenschlüsse von Arbeitgeber- und Arbeitnehmerorganisationen ist gewährleistet, dass durch die berufenen Verbandsvertreter der Sachverstand und die besondere Sachnähe der Koalitionen für die Regelung von Arbeitsbedingungen in die Anpassung des Mindestlohns einfließen. Unschädlich ist es, wenn einzelne Mitgliedsverbände nicht tarifzuständig oder tariffähig sind. Dem steht die Entscheidung des BAG zur fehlenden Tariffähigkeit der CGZP (BAG Beschl. v. 14.12.2010 – 1 ABR 19/10, NZA 2011, 289) nicht entgegen, da es vorliegend nicht um die Frage geht, ob die Spitzenorganisation zum Abschluss wirksamer Tarifverträge befugt ist. Bundesweit wesentliche Bedeutung für die Regelung von Arbeitsbedingungen kann einem Zusammenschluss von Arbeitnehmer- oder Arbeitgeberorganisationen auch zukommen, wenn seine prägenden Mitgliedsverbände tarifzuständig und tariffähig sind. Ebenso ist es nicht erforderlich, dass die Spitzenorganisation selbst tariffähig ist (vgl. Löwisch/Rieble TVG § 12 Rn. 5).

Angesichts des branchenübergreifenden Charakters des Mindestlohns dürfte eine **ent-** 8 **sprechende Anwendung des § 12 S. 2 TVG nicht angezeigt** sein. Etwas anderes könnte mit Blick auf die staatliche Neutralitätspflicht gegenüber den autonomen Organisationsentscheidungen erwogen werden, wenn eine Gewerkschaft oder ein Arbeitgeberverband, der nicht Mitglied einer Spitzenorganisation ist, bundesweit herausragende Bedeutung für die Gestaltung der Arbeitsbedingungen in Wirtschaftsbereichen – insbesondere im Niedriglohnsektor – hätte, die vom Mindestlohn besonders betroffen sind. Seitdem die DAG in ver.di aufgegangen ist, dürfte es derzeit für die Regelung des § 12 S. 2 TVG aber keinen Anwendungsfall geben (vgl. Kempen/Zachert/Stein TVG § 12 Rn. 2).

9   Der Bundesregierung kommt bei der Entscheidung darüber, ob einem Zusammenschluss von Arbeitgeberverbänden oder von Gewerkschaften wesentliche Bedeutung für das Arbeitsleben im Bundesgebiet zukommt, ein **erheblicher Beurteilungsspielraum** zu (vgl. zu [§ 12 TVG] OVG Saarland Urt. v. 3.3.1997 – 8 R 30/94, BeckRS 1997, 16739).

2. Auswahlentscheidung, § 5 Abs. 1 S. 3

10 Eine Auswahl zwischen den Vorschlägen verschiedenen Spitzenorganisationen ist notwendig, wenn von ihnen auf Arbeitgeber- oder Arbeitnehmerseite mehr als drei Personen als Mitglieder für die Mindestlohnkommission vorgeschlagen werden. Die Auswahl zwischen den Vorschlägen verschiedenen Spitzenorganisationen auf Arbeitnehmer- oder Arbeitgeberseite regelt § 5 Abs. 1 S. 3. Danach erfolgt die Auswahl zwischen den Vorschlägen im Verhältnis zur Bedeutung der jeweiligen Spitzenorganisationen für die Vertretung der Arbeitgeber- oder Arbeitnehmerinteressen im Arbeitsleben des Bundesgebietes. § 5 Abs. 1 S. 3 greift die Formulierung des § 12 S. 1 TVG auf, stellt dabei allerdings eine relative Betrachtung an. Die Bundesregierung hat damit die Auswahl nach dem Gesichtspunkt einer **proportionalen Repräsentation der Interessen** vorzunehmen.

11 Die Auswahl unter den Vorschlägen der Spitzenorganisationen nach dem Gesichtspunkt einer proportionalen Repräsentation der Interessen ist mit Art. 9 Abs. 3 GG vereinbar. Den Koalitionen erwächst aus Art. 9 Abs. 3 GG kein Recht auf Mitwirkung an staatlicher Gesetzgebung (Löwisch/Rieble TVG § 12 Rn. 2). Bindet der Gesetzgeber allerdings in von ihm geregelte Rechtsetzungsverfahren Koalitionen des Arbeitslebens ein, so hat deren Einbeziehung mit Blick auf die sich **aus Art. 9 Abs. 3 GG ergebende staatliche Neutralitätspflicht diskriminierungsfrei** zu erfolgen (Löwisch/Rieble TVG § 12 Rn. 2). Eine auf der proportionalen Repräsentation der Interessen abstellende Auswahlentscheidung ist sachlich gerechtfertigt. Zwar kann sie dazu führen, dass bestimmte Minderheitsinteressen nicht in der Mindestlohnkommission abgebildet werden. Andererseits ist zu sehen, dass eine überproportionale Berücksichtigung von Minderheitsorganisationen das in der Mindestlohnkommission vorhandene Interessenspektrum verzerren würde. Der Staat ist berechtigt, die Anzahl der Mitglieder eines staatlich errichteten Gremiums zu begrenzen, um dessen Arbeitsfähigkeit sicherzustellen (vgl. KAEW/Winkler § 2 MiArbG Rn. 12). Dabei kommt dem Gesetzgeber im Hinblick auf die für die Sicherung der Arbeitsfähigkeit der Mindestlohnkommission erforderliche Größe ein weiter Beurteilungsspielraum zu. Die Interessen von Minderheitsorganisationen fließen insofern ein, als dass ihnen nach § 11 Abs. 2 ein Stellungnahmerecht zukommt.

12 In die relative Betrachtung der Repräsentativität kann die Bundesregierung Kriterien wie die Mitgliederstärke der Mitgliedsverbände, ihre wirtschaftliche Stellung sowie die Anzahl und Bedeutung der Tarifabschlüsse einstellen. Bei weitem **wichtigstes Kriterium** ist die **Mitgliederzahl** der Verbände, denn nach den Vorstellungen des Gesetzgebers können von der Bundesregierung der Auswahlentscheidung etwa die bekannten Verfahren demokratischer Repräsentation wie d'Hondt, Hare-Niemeyer oder Sainte Laguë zugrunde gelegt werden (BT-Drs. 18/1558 S. 36). Eine Auswahl auf der Grundlage von Verfahren demokratischer Repräsentation kann sinnvollerweise nur bei einem Vergleich der Mitgliederstärke der Verbände stattfinden.

13 Die Betrachtung muss sich jeweils auf die in den Spitzenorganisationen zusammengefassten Mitgliedsverbände beziehen. Auf Arbeitnehmerseite bedeutet dies, dass vorrangig auf die Organisationsstärke der Mitgliedsgewerkschaften abzustellen ist. Zu berücksichtigen sind alle **Mitglieder der Gewerkschaften**, die vom Mindestlohn betroffen sein können. Dies sind neben Arbeitnehmern auch Arbeitsuchende. Ebenfalls können Rentner als vom Mindestlohn potentiell Betroffene berücksichtigt werden, weil sie zunehmend auf dem Arbeitsmarkt Nebenbeschäftigungen nachgehen, die nicht selten im Niedriglohnsektor stattfinden. Nicht mitgezählt werden müssen hingegen die von den Gewerkschaften organisierten Beamten. Sie stehen gegenüber ihrem Dienstherrn in einem besonderen

B. Voraussetzungen der Berufung § 5

öffentlichen Dienst- und Treueverhältnis, welches ihnen einen angemessenen Lebensunterhalt sichert (Alimentationsprinzip) und für das der Mindestlohn keine Anwendung findet. Auf Arbeitgeberseite ist die Bedeutung der von Mitgliedsverbänden organisierten Arbeitgeber zu gewichten. Eine Gewichtung kann entsprechend § 7 Abs. 2 S. 2 Nr. 1 AEntG nach der **Zahl der von den organisierten Arbeitgebern beschäftigten Arbeitnehmer** erfolgen.

Auch bei der im Rahmen der Auswahlentscheidung nach § 5 Abs. 1 S. 3 anzustellenden Betrachtung der relativen Repräsentativität der Spitzenorganisationen kommt der Bundesregierung ein **erheblicher Beurteilungsspielraum** zu. Die Bundesregierung ist berechtigt, **neben quantitativen auch qualitative Kriterien** wie etwa die wirtschaftliche Stellung oder die Bedeutung der Tarifabschlüsse der Mitgliedsverbände in ihre Prüfung einzustellen. Diese Wertungsentscheidung ist nur eingeschränkt gerichtlich kontrollierbar. Rechtswidrig ist die Entscheidung der Bundesregierung daher erst, wenn sie in die von ihr anzustellende Gesamtschau sachfremde Kriterien einstellt, der vorrangig zu beachtende quantitative Aspekt der Organisationsstärke der Mitgliedsverbände in die Entscheidungsfindung nicht eingeflossen ist bzw. ihm offensichtlich ein nicht hinreichendes Gewicht beigemessen worden ist oder das gewonnene Ergebnis aus sonstigen Gründen als willkürlich angesehen werden muss. 14

3. Kein Vorschlag einer Spitzenorganisation, § 5 Abs. 1 S. 4

§ 5 Abs. 1 S. 4 regelt die Besetzung der Mindestlohnkommission für den Fall, dass auf Arbeitgeber- oder Arbeitnehmerseite das Vorschlagsrecht von den jeweiligen Spitzenorganisationen nicht wahrgenommen wird. In diesem Fall benennt die Bundesregierung für die Seite, die keinen Vorschlag unterbreitet hat, geeignete Personen aus Kreisen der Vereinigungen der Arbeitgeber oder der Gewerkschaften. **Sinn und Zweck** der Vorschrift ist es, das **Zustandekommen der Mindestlohnkommission** auch dann **sicherzustellen**, wenn sich die Spitzenorganisationen einer Mitwirkung entziehen (BT-Drs. 18/1558 S. 36). 15

Kein Vorschlag einer Spitzenorganisation liegt vor, wenn auf einer Seite nur von einem Zusammenschluss von Gewerkschaften oder Arbeitgeberverbänden ein Vorschlag unterbreitet worden ist, der **keine wesentliche Bedeutung** für die Vertretung der Arbeitgeber- oder Arbeitnehmerinteressen im Bundesgebiet hat. Gleiches gilt, wenn die **prägenden Mitgliedsverbände** des Zusammenschlusses **nicht tariffähig** sind (s. Rn. 7). 16

Ein Fall der Nichtausübung des Vorschlagsrechts liegt auch dann vor, wenn hiervon **nicht rechtzeitig** Gebrauch gemacht wird. Die Festsetzung einer Frist für das Einreichen von Vorschlägen ist aus Gründen der Rechtssicherheit erforderlich. Das MiLoG macht selbst hierzu keine Vorgaben. Es entspricht bei der Besetzung von Mindestlohnkommissionen der Verwaltungspraxis des Bundesministeriums für Arbeit und Soziales, dass die vorschlagsberechtigten Stellen durch Bekanntmachung im Bundesanzeiger zur Abgabe von Vorschlägen innerhalb einer bestimmten Frist aufgefordert werden. 17

II. Aus Kreisen der Arbeitgeberverbände und Gewerkschaften

Die Berufung der Mitglieder der Mindestlohnkommission erfolgt nach § 5 Abs. 1 S. 1, S. 4 aus Kreisen der Vereinigungen von Arbeitgebern und Gewerkschaften. Bei der Mindestlohnkommission handelt es sich um eine Kommission der Tarifpartner (§ 1 Abs. 2 S. 2). Ihre Mitglieder sollen daher aus Kreisen der Koalitionen berufen werden, die in Deutschland das Tarifgeschäft betreiben (BT-Drs. 18/1558 S. 36). Dies sind die Vereinigungen der Arbeitgeber und die Gewerkschaften. 18

Zweifelhaft ist, ob auch **aus Kreisen der Spitzenorganisation** selbst eine Berufung erfolgen kann. Einerseits ist zu sehen, dass es sich bei Spitzenorganisationen nach § 2 19

Abs. 2 TVG um *Zusammenschlüsse* von Gewerkschaften und von Vereinigungen von Arbeitgebern handelt. Zudem werden Tarifverträge in Deutschland idR nicht von Spitzenorganisationen geschlossen; insbesondere zählen BDA und DGB den Abschluss von Tarifverträgen nicht zu ihren satzungsgemäßen Aufgaben. Andererseits sind Spitzenorganisationen nach § 2 Abs. 2 und Abs. 3 TVG tarifrechtlich grundsätzlich berechtigt, an der tarifautonomen Regelung der Arbeitsbedingungen teilzunehmen. Nach § 2 Abs. 3 TVG können Spitzenorganisationen im Namen der ihnen angeschlossenen Verbände Tarifverträge abschließen, wenn sie eine entsprechende Vollmacht haben. Dafür ist nicht erforderlich, dass die Spitzenorganisation selbst tarifzuständig oder tariffähig ist (Löwisch/Rieble TVG § 2 Rn. 284). Es erscheint daher zulässig, dass ein Vertreter der Spitzenorganisation „im Namen" ihrer Mitgliedsverbände in der Mindestlohnkommission vertreten ist. Dies dürfte nach der ratio legis auch insofern gerechtfertigt sein, als dass die Mindestlohnkommission über eine branchenübergreifende und bundesweite Lohnfestsetzung zu entscheiden hat, die Einzelgewerkschaften und Arbeitgeberverbände aber für bestimmte Branchen das Tarifgeschäft betreiben, die Arbeitgeberverbände darüber hinaus zumeist regional aufgestellt sind.

20 Den **Spitzenorganisationen** kommt als vorschlagsberechtigte Stelle vor allem eine **koordinierende Funktion** zwischen ihren Mitgliedsverbänden zu. Die Spitzenorganisationen sollen die Vorschläge ihrer Mitgliedsverbände bündeln und untereinander abstimmen. Das von einer Spitzenorganisation vorgeschlagene Mitglied ist aber nicht nur dann aus Kreisen einer Vereinigung von Arbeitgebern oder Gewerkschaft, wenn sich die Spitzenorganisation förmlich mit dem Mitgliedsverband ins Benehmen gesetzt hat. Das Vorschlagsrecht der Spitzenorganisation hätte anderenfalls wiederum an einen entsprechenden Vorschlag des Mitgliedsverbandes gebunden werden müssen. Ein „bedingtes" Vorschlagsrecht kannte etwa § 6 Abs. 1 S. 1 MiArbG für die Berufung von Mitgliedern in den für einen Wirtschaftszweig gebildeten Fachausschuss: Danach hatte die Bundesregierung auf Vorschlag des Bundesministeriums für Arbeit und Soziales als Beisitzer geeignete Personen auf Grund von Vorschlägen der Gewerkschaften und Vereinigungen von Arbeitgebern zu berufen. § 5 Abs. 1 S. 1, S. 4 verlangt hingegen lediglich, dass die Mitglieder aus Kreisen, nicht aber auf Grund von Vorschlägen der Vereinigungen von Arbeitgebern und Gewerkschaften berufen werden.

21 Aus Kreisen der Vereinigungen von Arbeitgebern und Gewerkschaften sind die Vorstandsmitglieder, Funktionäre und sonstigen Angestellten der jeweiligen Vereinigung. Ebenfalls aus ihren Kreisen stammen bei ihnen organisierte Arbeitgeber bzw. Arbeitnehmer.

III. Keine gesetzlichen Qualifikationsanforderungen

22 Für die Mitglieder des sog. Hauptausschusses verlangte § 2 Abs. 2 S. 3 MiArbG, dass sie in der Lage sein müssen, umfassend die sozialen und ökonomischen Auswirkungen von Mindestarbeitsentgelten einzuschätzen. Das MiLoG sieht für die Mitglieder der Mindestlohnkommission gänzlich von einer Qualifikationsanforderung ab. Es ist damit den Spitzenorganisationen der Arbeitgeber und Arbeitnehmer überantwortet, die Eignung einer von ihnen vorgeschlagenen Person zu beurteilen.

23 Dieser Unterschied erklärt sich daraus, dass der Hauptausschuss im Vergleich zur als Kommission der Tarifpartner konzipierten Mindestlohnkommission in stärkerem Maße als Expertengremium gedacht war. Dies wurde auch daran deutlich, dass drei der sieben Mitglieder des Hauptausschusses nicht auf Vorschlag der Spitzenorganisationen zu berufen waren. Auch der Hauptausschuss war jedoch nicht reines Experten-, sondern zum Teil auch Interessensvertretergremium. Entsprechend gering sind die sich aus dem Verzicht des MiLoG auf gesetzliche Qualifikationsanforderungen für die Berufung ergebenden Unterschiede. Schon für das MiArbG kam die Ablehnung des von einer Spitzen-

B. Voraussetzungen der Berufung   § 5

organisation vorgeschlagenen Mitglieds mangels hinreichender Qualifikation nämlich nur im Ausnahmefall bei evidenter Ungeeignetheit in Betracht (vgl. Thüsing/Joussen MiArbG § 2 Rn. 8: „wohlklingender Programmsatz").

IV. Geschlechterausgewogene Vorschläge

§ 5 Abs. 1 S. 2 sieht vor, dass die Spitzenorganisationen der Arbeitgeber und Arbeitnehmer jeweils mindestens eine Frau und einen Mann als stimmberechtigte Mitglieder vorschlagen *sollen*. Die Vorschrift zielt auf eine geschlechterausgewogene Besetzung der Mindestlohnkommission ab. Sie wurde in der Ressortabstimmung auf Wunsch des Bundesministeriums für Familie, Senioren, Frauen und Jugend aufgenommen. **24**

Im Ergebnis formuliert § 5 Abs. 1 S. 2 einen **gesetzgeberischen Appell** an die Spitzenorganisationen, dessen Nichtbeachtung weitestgehend ohne rechtliche Konsequenzen bleibt. Zwar ist mit der „Soll-Anordnung" grundsätzlich verbunden, dass die Spitzenorganisation jeweils mindestens eine Frau und einen Mann vorschlagen muss, wenn sie dies kann. Allerdings hat die Spitzenorganisation darüber zu befinden, ob es ihr möglich ist, jeweils eine aus ihrer Sicht geeignete Frau und einen aus ihrer Sicht geeigneten Mann vorzuschlagen. Die Einschätzung der Spitzenorganisationen ist von der Bundesregierung mit Blick auf das gesetzgeberische Regelungskonzept grundsätzlich zu respektieren. Der Staat strebt an, sich mit dem Kommissionsmodell die Sachnähe und den Sachverstand repräsentativer Sozialpartner bei der Anpassung des Mindestlohns zunutze zu machen, um ua auf diesem Wege auch eine höhere Akzeptanz der staatlichen Regelungen in den betroffenen Kreisen zu erreichen. Vor diesem Hintergrund kann grundsätzlich nicht der Vorschlag einer weniger repräsentativen Spitzenorganisation nur deshalb Berücksichtigung finden, weil die Vorschläge der repräsentativeren Spitzenorganisation nicht geschlechterausgewogen iSd § 5 Abs. 1 S. 2 sind. Allenfalls wenn die in der Auswahlsituation nach § 5 Abs. 1 S. 3 anzustellende Prüfung der relativen Repräsentativität zu keinem eindeutigen Ergebnis führt, kann die Bundesregierung in ihre Auswahlentscheidung den Gesichtspunkt der Geschlechterausgewogenheit einfließen lassen. **25**

§ 5 Abs. 1 S. 2 **deckt sich** im Ergebnis **überwiegend mit den Vorgaben der §§ 3, 4 BGremBG**. Nach § 1 BGremBG haben der Bund und andere am Besetzungsverfahren von Gremien Beteiligte auf eine gleichberechtigte Teilhabe von Frau und Männern in diesen Gremien hinzuwirken. Ein solches Gremium ist gemäß § 2 Abs. 1 BGremBG auch die Mindestlohnkommission. Gemäß § 4 Abs. 1 BGremBG iVm § 3 Abs. 2 Nr. 1 BGremBG haben die Spitzenorganisationen als vorschlagsberechtigte Stellen grundsätzlich für jeden auf sie entfallenden Sitz jeweils eine Frau und einen Mann zu benennen oder vorzuschlagen (Doppelbenennung). Eine **Doppelbenennung** kann nach § 4 Abs. 2 Nr. 1 Hs. 1 BGremBG unterbleiben, soweit einer vorschlagsberechtigten Stelle mehrere Sitze in einem Gremium zustehen und sie gleich viele Frauen und Männer benennt oder vorschlägt. § 5 Abs. 1 S. 2 modifiziert diese Vorgabe zur Doppelbenennung insoweit, als dass die Spitzenorganisation, die mehrere Plätze in der Mindestlohnkommission beansprucht, nicht nur von einer Doppelbenennung absehen kann, sondern anstelle der Doppelbenennung jeweils eine Frau und einen Mann vorschlagen soll. Für den dritten Platz in der Mindestlohnkommission bleibt es dann wieder bei der Vorgabe des § 4 Abs. 2. Nr. 1 Hs. 2 BGremBG, wonach bei einer ungeraden Anzahl von Sitzen für einen Sitz die Pflicht zur Doppelbenennung besteht. Eine Spitzenorganisation, die auf einer Seite sämtliche drei Plätze beansprucht, soll daher nach § 5 Abs. 1 S. 2 iVm §§ 3, 4 BGremBG eine Frau und einen Mann sowie für den dritten Platz jeweils eine Frau und einen Mann vorschlagen. Nach § 4 Abs. 2 Nr. 2 BGremBG kann für den dritten Platz eine Doppelbenennung unterbleiben, wenn diese der Spitzenorganisation **aus rechtlichen oder tatsächlichen Gründen nicht möglich oder aus sachlichen, nicht auf das Geschlecht bezogenen Gründen unzumutbar** ist. Die Spitzenorganisation hat in diesem Fall der Bundesregierung **26** die Gründe hierfür schriftlich darzulegen. Die Einschätzung der Spitzenorganisationen, das ihr eine Doppelbenennung nicht möglich oder unzumutbar ist, ist von der Bundesregierung zu respektieren (s. Rn. 25).

C. Neuberufung bei Ausscheiden eines Mitglieds

27 § 5 Abs. 2 regelt für den Fall des Ausscheidens eines Mitglieds der Mindestlohnkommission die Berufung eines Nachfolgers. Die Nachberufung richtet sich **nach den** in § 5 Abs. 1 S. 1 und S. 4 festgelegten **Regeln zur Erstberufung**.

28 Die Gründe für ein vorzeitiges Ausscheiden aus der Mindestlohnkommission können persönlicher Natur sein (zB Krankheit). Das Ausscheiden aus der Kommission setzt regelmäßig einen Verwaltungsakt voraus („**actus-contrarius**"). Eine auf Amtsniederlegung eines Kommissionsmitglieds gerichtete Erklärung wird daher regelmäßig als Antrag auf Entbindung von den Amtspflichten auszulegen und zu bescheiden sein. Dabei folgt die Zuständigkeit für die Entbindung eines Kommissionsmitglieds als Annex der Berufungskompetenz. Zuständig ist die Bundesregierung (vgl. § 5 Abs. 1, § 6 Abs. 1 und Abs. 2, § 7 Abs. 1). Mitglieder der Kommission können auch infolge einer Abberufung aus der Mindestlohnkommission ausscheiden (zu möglichen Abberufungsgründen vgl. § 8 Rn. 8).

29 § 5 Abs. 2 verweist nicht auf die Auswahlregelung des § 5 Abs. 1 S. 3, da **konkurrierende Spitzenorganisationen nicht berechtigt** sein sollen, einen **Nachfolger** für ein aus der Kommission ausscheidendes Mitglied **vorzuschlagen**, das von einer anderen Spitzenorganisation benannt worden war. Der Nachfolger wird auf Vorschlag der Spitzenorganisation berufen, deren Mitglied ausgeschieden ist (BT-Drs. 18/1558 S. 36). Unterbleibt ein Vorschlag der Spitzenorganisation, deren Mitglied aus der Kommission ausgeschieden ist, bestimmt die Bundesregierung gemäß § 5 Abs. 2 iVm Abs. 1 S. 4 den Nachfolger.

30 Auf § 5 Abs. 1 S. 2 wird für die Berufung eines Nachfolgers nicht Bezug genommen, da die Regelung den Fall betrifft, dass eine Spitzenorganisation für sich mehrere Kommissionsplätze in Anspruch nimmt. Die Vorschrift passt daher nicht für die Nachberufung eines ausscheidenden Mitglieds. Für die Nachberufung gelten aber die Vorgaben der **§§ 3, 4 BGremBG**.

31 Der **Nachfolger tritt in die Stellung des ausscheidenden Mitglieds** ein. Die Dauer die Mitgliedschaft ist von der Amtszeit der Mindestlohnkommission abhängig. Nach § 4 Abs. 2 S. 1 wird *die Mindestlohnkommission* alle fünf Jahre neu berufen. Hingegen sprach § 2 Abs. 3 S. 1 MiArbG für den Hauptausschuss noch davon, dass *die Mitglieder* für die Dauer von drei Jahren berufen werden. Der Nachfolger wird deshalb **nicht erneut für fünf Jahre, sondern für den Rest der verbleibenden Amtszeit** der Mindestlohnkommission **bestellt**.

D. Rechtsfolgen einer rechtswidrigen Berufung

32 Bei der Berufungsentscheidung der Bundesregierung handelt es sich um einen **Verwaltungsakt** (vgl. zur Abberufung aus einem Heimarbeitsausschuss BAG Urt. v. 19.1.1988 – 3 AZR 321/87, NZA 1988, 463; zur Berufung in einen Fachausschuss Thüsing/Pelzner MiArbG § 6 Rn. 10). Die Berufung stellt eine Regelung mit Außenwirkung und keine rein interne Vorbereitungshandlung innerhalb des Verordnungsverfahrens dar. Eine Regelung mit Außenwirkung ist die Berufungsentscheidung sowohl gegenüber den vorschlagenden Spitzenorganisationen als auch gegenüber den Vorgeschlagenen. Mit der Berufung in die Mindestlohnkommission erhalten die Vorgeschlagenen die Möglichkeit, an der Anpassung des Mindestlohns und somit an staatlicher

E. Rechtsschutz   § 5

Normsetzung maßgeblich mitzuwirken. Für die Mitglieder ist die Tätigkeit gemäß § 8 Abs. 2 als Ehrenamt ausgestaltet, mit dessen Übertragung für sie Rechte und Pflichten einhergehen. Zwar ist es der vorschlagenden Spitzenorganisation wegen der Weisungsunabhängigkeit der Mitglieder nach § 8 Abs. 1 nicht unmittelbar möglich, dem von ihr vorgeschlagenen Mitglied Weisungen für sein Abstimmungsverhalten zu erteilen. Dennoch ist das vorgeschlagene Mitglied nach dem mit der Einrichtung einer Mindestlohnkommission vom Gesetzgeber verfolgten Regelungskonzept als Repräsentant der Verbände zu begreifen. Die Berücksichtigung eines Vorschlags erweitert daher auch den Rechtskreis der Spitzenorganisation, die über ihren Repräsentanten in der Mindestlohnkommission an der Anpassung des Mindestlohns mitwirkt. Spiegelbildlich wird mit der Ablehnung eines Vorschlags der vorschlagenden Spitzenorganisation und dem Vorgeschlagenen eine entsprechende Mitwirkung an staatlicher Normsetzung verweigert.

Da es sich bei der Berufungsentscheidung um einen Verwaltungsakt handelt, ist gemäß § 43 Abs. 2 VwVfG auch eine **rechtswidrige Berufung wirksam** bis sie durch die Bundesregierung selbst oder ein Gericht wirksam aufgehoben worden ist. Die rechtswidrige Berufung ist nur dann nach § 43 Abs. 3 VwVfG, § 44 Abs. 1 VwVfG unwirksam, wenn sie an einem besonders schwerwiegenden Fehler leidet und dies bei verständiger Würdigung aller in Betracht kommenden Umstände offensichtlich ist. Die Nichtigkeit eines Verwaltungsaktes ist daher nur dann anzunehmen, wenn die an eine ordnungsmäßige Verwaltung zu stellenden Anforderungen in so erheblichem Maße verletzt werden, dass von niemandem erwartet werden kann, den Verwaltungsakt als verbindlich anzuerkennen (BVerwG Beschl. v. 11.5.2000 – 11 B 26/00, NVwZ 2000, 1039, 1040). 33

Die ordnungsgemäße Besetzung der Mindestlohnkommission ist ein Element der formellen Rechtmäßigkeit der Anpassungsverordnung. Die **Mitwirkung** eines rechtswidrig in die Mindestlohnkommission berufenen Mitglieds bleibt allerdings **verfahrensfehlerfrei, solange die Berufung wirksam ist**. Dementsprechend ist die Anpassungsverordnung nach § 11 Abs. 1, die auf einem Beschluss der Mindestlohnkommission aufbaut, der unter Mitwirkung dieses Mitglieds zustande gekommen ist, formal rechtmäßig und somit wirksam. 34

E. Rechtsschutz

Für eine Spitzenorganisation, die sich zu Unrecht bei der Berufung der Mindestlohnkommission übergangen sieht, ist gemäß § 40 Abs. 1 VwGO der **Verwaltungsrechtsweg eröffnet**. Im Hinblick auf die statthafte Klageart ist nach dem jeweiligen Klageziel der Spitzenorganisation zu differenzieren. 35

In aller Regel liegt die Konstellation einer sog. **Mitbewerberklage** (auch verdrängende Konkurrentenklage) vor, bei der die Zahl der von den verschiedenen Spitzenorganisationen beanspruchten Plätze die in der Mindestlohnkommission für eine Seite zur Verfügung stehenden drei Plätze übersteigt. Die nicht berücksichtigte Spitzenorganisation kann ihr Ziel, die Berufung eines von ihr vorgeschlagenen Mitglieds, nur verwirklichen, wenn zugleich die Berufung des von einer konkurrierenden Spitzenorganisation vorgeschlagenen Mitglieds aufgehoben wird. Dieses Ziel kann die Spitzenorganisation mit einer Kombination von Anfechtungsklage gemäß § 42 Abs. 1 Alt. 1 VwGO und Verpflichtungsklage gemäß § 42 Abs. 1 Alt. 2 VwGO erreichen (vgl. zur Mitbewerberklage BVerwG Urt. v. 23.8.1994 – 1 C 19/91, NVwZ 1995, 478). In der Praxis wird in diesem Fall eine von der Spitzenorganisation erhobene Verpflichtungsklage so auszulegen sein, dass sie konkludent auch eine Anfechtungsklage enthält (vgl. BeckOK VwGO/Schmidt-Kötters VwGO § 42 Rn. 98). Vor Erhebung der Mitbewerberklage hat die Spitzenorganisation gemäß § 68 Abs. 1 und Abs. 2 VwGO zunächst erfolglos das Widerspruchsverfahren zu durchlaufen. 36

37 Die Konstellation der Mitbewerberklage ist auch gegeben, wenn die Bundesregierung den Vorschlag einer Spitzenorganisation mangels wesentlicher Bedeutung der Organisation nicht berücksichtigt und stattdessen selbst gemäß § 5 Abs. 1 S. 4 ein Mitglied oder mehrere Mitglieder in die Mindestlohnkommission beruft. Hier ist ebenfalls eine Kombination von Anfechtungs- und Verpflichtungsklage vonnöten, da die nicht berücksichtigte Spitzenorganisation die Berufung eines von ihr vorgeschlagenen Mitglieds nur erreichen kann, wenn zugleich die nicht auf Vorschlag einer Spitzenorganisation erfolgte Berufung eines Mitglieds aufgehoben wird.

38 Nur Verpflichtungsklage ist von den Spitzenorganisation zu erheben, wenn auf Arbeitgeber- oder Arbeitnehmerseite die zur Verfügung stehenden Plätze noch nicht durch Berufungen ausgeschöpft worden sind. Dies ist etwa denkbar, wenn die Bundesregierung den Vorschlag der Spitzenorganisation ablehnt, ohne selbst bereits die Vertreter einer Seite gemäß § 5 Abs. 1 S. 4 in die Mindestlohnkommission zu berufen.

39 **Vorläufigen Rechtsschutz** erhält die Spitzenorganisation nur durch eine Kombination eines Antrags auf einstweilige Anordnung nach § 123 VwGO und der Erhebung einer Anfechtungsklage, die nach § 80 Abs. 1 VwGO aufschiebende Wirkung hat (vgl. OVG Hmb. Beschl. v. 21.2.2011 – 3 Bs 131/10, NVwZ-RR 2011, 815; VGH München Beschl. v. 12.7.2010 – 4 CE 10.1535, BeckRS 2011, 45192; OVG Lüneburg Beschl. v. 17.11.2009 – 7 ME 116/09, GewArch 2010, 245). Nach in der Rechtsprechung nahezu einhellig vertretener Auffassung bedingt die aufschiebende Wirkung lediglich die Vollziehungshemmung des angefochtenen Verwaltungsakts (Nachweise bei BeckOK VwGO/Gersdorf VwGO § 80 Rn. 25). Bei der Berufung von Mitgliedern in die Mindestlohnkommission handelt es sich um einen rechtsgestaltenden Verwaltungsakt, der keiner Vollziehung ieS zugänglich ist. Der Begriff der Vollziehung ist allerdings weit iSe an alle Beteiligten gerichteten Verwirklichungs- und Ausnutzungsverbotes zu verstehen (BeckOK VwGO/Gersdorf VwGO § 80 Rn. 26 mwN). Die Mindestlohnkommission darf also nicht tätig werden, solange gemäß § 80 Abs. 1 S. 1 VwGO die Vollziehung der Berufung eines Mitglieds gehemmt ist. Die Bundesregierung kann die aufschiebende Wirkung ausschließen, indem sie die sofortige Vollziehung der Berufungsentscheidung gemäß § 80 Abs. 2 S. 1 Nr. 4 VwGO anordnet. In diesem Fall kann die übergangene Spitzenorganisation gemäß § 80 Abs. 5 S. 1 VwGO beantragen, die aufschiebende Wirkung wiederherzustellen.

§ 6 Vorsitz

(1) Die Bundesregierung beruft die Vorsitzende oder den Vorsitzenden auf gemeinsamen Vorschlag der Spitzenorganisationen der Arbeitgeber und der Arbeitnehmer.

(2) Wird von den Spitzenorganisationen kein gemeinsamer Vorschlag unterbreitet, beruft die Bundesregierung jeweils eine Vorsitzende oder einen Vorsitzenden auf Vorschlag der Spitzenorganisationen der Arbeitgeber und der Arbeitnehmer. Der Vorsitz wechselt zwischen den Vorsitzenden nach jeder Beschlussfassung nach § 9. Über den erstmaligen Vorsitz entscheidet das Los. § 5 Absatz 1 Satz 3 und 4 gilt entsprechend.

(3) Scheidet die Vorsitzende oder der Vorsitzende aus, wird nach Maßgabe der Absätze 1 und 2 eine neue Vorsitzende oder ein neuer Vorsitzender berufen.

Übersicht

	Rn.
A. Überblick	1
B. Aufgaben	2
C. Verfahren der Berufung	3
I. Berufung nach § 6 Abs. 1	4
II. Berufung nach § 6 Abs. 2	7

C. Verfahren der Berufung	§ 6

1. Berufung von zwei Vorsitzenden	8
2. Alternierender Vorsitz	9
a) Mittlerfunktion	10
b) Losentscheid über erstmaligen Vorsitz	12
c) Wechsel des Vorsitzes	13
d) Rechtsstellung des weiteren Vorsitzenden	15
D. Qualifikationsanforderungen	16
E. Neuberufung bei Ausscheiden	17

A. Überblick

§ 6 regelt die Berufung des Vorsitzenden der Mindestlohnkommission. Die Berufung 1
des Vorsitzenden erfolgt durch die Bundesregierung auf gemeinsamen Vorschlag der
Spitzenorganisationen der Arbeitgeber und Arbeitnehmer. In diesem Fall wird der Vorsitz
der Mindestlohnkommission von einem Vorsitzenden allein wahrgenommen. Wird von
den Spitzenorganisationen kein gemeinsamer Vorschlag unterbreitet, beruft die Bundesregierung jeweils einen Vorsitzenden auf Vorschlag der Spitzenorganisationen der Arbeitgeber und der Arbeitnehmer, insgesamt also zwei Personen. In diesem Fall wechselt der
Vorsitz zwischen den Vorsitzenden nach jeder Beschlussfassung gemäß § 9 Abs. 1.

B. Aufgaben

Der Vorsitzende ist für die Arbeit der Mindestlohnkommission von zentraler Bedeu- 2
tung. Er hat die **Sitzungen** der Kommission **einzuberufen** und zu **leiten**. Der Vorsitzende
vertritt die Mindestlohnkommission **nach außen**. Er hat die Begründung der Beschlüsse
der Mindestlohnkommission nach § 9 Abs. 3 zu zeichnen. In der Mindestlohnkommission soll der Vorsitzende die **Rolle eines Mittlers** wahrnehmen (BT-Drs. 18/1558 S. 36;
vgl. auch § 10 Abs. 2 S. 2 und 3). Gelingt es nicht, die Mehrheit der stimmberechtigten
Mitglieder nach § 5 Abs. 1 hinter einem Vorschlag zu versammeln, gibt die Stimme des
Vorsitzenden bei Beschlussfassungen nach § 9 Abs. 1 den Ausschlag (vgl. § 10 Abs. 2
S. 4). Nach § 8 Abs. 3 S. 2 setzt der Vorsitzende die Entschädigung und die erstattungsfähigen Fahrtkosten der Mitglieder der Mindestlohnkommission fest.

C. Verfahren der Berufung

Nach § 6 beruft die Bundesregierung den Vorsitzenden der Mindestlohnkommission. 3

I. Berufung nach § 6 Abs. 1

Nach § 6 Abs. 1 beruft die Bundesregierung den Vorsitzenden der Mindestlohnkom- 4
mission auf **gemeinsamen Vorschlag** der Spitzenorganisationen der Arbeitgeber und der
Arbeitnehmer (zum Begriff der Spitzenorganisation vgl. § 5 Rn. 3).

Ein gemeinsamer Vorschlag der Spitzenorganisationen der Arbeitgeber und Arbeitneh- 5
mer iSd § 6 Abs. 1 liegt nur dann vor, wenn der Vorschlag sowohl auf Arbeitgeber- als
auch Arbeitnehmerseite **von derjenigen Spitzenorganisation** unterbreitet wird, **die die
(Mehrheit der) Mitglieder der Mindestlohnkommission nach § 5 Abs. 1 stellt**. Dieses
Ergebnis gebietet eine **teleologische Auslegung** der Norm: Der Vorsitzende der Mindestlohnkommission soll nach der Vorstellung des Gesetzgebers die Aufgabe eines Mittlers
haben (BT-Drs. 18/1558 S. 36, vgl. auch § 10 Abs. 2 S. 3). Daher steht das Vorschlagsrecht den Spitzenorganisationen der Arbeitgeber und Arbeitnehmer gemeinsam zu. Damit

will der Gesetzgeber sicherstellen, dass der Vorsitzende bei Arbeitgebern und Arbeitnehmern gleichermaßen **Akzeptanz** besitzt. Diese Gewähr bietet nur ein Vorsitzender, der von denjenigen Spitzenorganisationen gemeinsam vorgeschlagen wird, die insgesamt bzw. mehrheitlich die Mitglieder der Kommission nach § 5 Abs. 1 stellen. Können sich also diejenigen Spitzenorganisationen, die die (Mehrheit der) Mitglieder nach § 5 Abs. 1 stellen, nicht auf einen gemeinsamen Vorsitzenden einigen, führen Vorschläge sonstiger Spitzenorganisationen, die in der Mindestlohnkommission nicht oder nicht überwiegend vertreten sind, nicht zu einer Berufung nach § 6 Abs. 1.

Beispiel: Auf Vorschlag der jeweils repräsentativsten Spitzenorganisation der Arbeitgeber und Arbeitnehmer werden je drei stimmberechtigte Mitglieder nach § 5 Abs. 1 in die Mindestlohnkommission berufen. Auf einen gemeinsamen Vorschlag für einen Vorsitzenden können sich diese Spitzenorganisationen nicht verständigen. In diesem Fall hat die Berufung des Vorsitzenden auch dann nach § 6 Abs. 2 zu erfolgen, wenn andere, weniger repräsentativere Spitzenorganisationen der Arbeitgeber und Arbeitnehmer einen Vorsitzenden gemeinsam vorschlagen.

6   Nicht zwingend erforderlich für einen gemeinsamen Vorschlag nach § 6 Abs. 1 ist demgegenüber, dass es sich bei den Spitzenorganisationen der Arbeitgeber und Arbeitnehmer, die gemeinsam einen Vorsitzenden vorschlagen, jeweils um die repräsentativste Spitzenorganisation handelt. Soweit sich also ein Spitzenverband an der Besetzung der Mindestlohnkommission nicht durch Vorschläge nach § 5 Abs. 1 beteiligt, bleiben die Vorschläge dieser Spitzenorganisation auch im Rahmen von § 6 Abs. 1 unberücksichtigt.

Beispiel: Die repräsentativste Spitzenorganisation der Arbeitgeber schlägt keine stimmberechtigten Mitglieder der Mindestlohnkommission nach § 5 Abs. 1 vor. Vorschläge werden nur von der zweitrepräsentativsten Spitzenorganisation der Arbeitgeber und der repräsentativsten Spitzenorganisation der Arbeitnehmer eingereicht. Soweit diese Spitzenorganisationen auch einen gemeinsamen Vorsitzenden vorschlagen, ist dieser nach § 6 Abs. 1 zu berufen. Ein abweichender Vorschlag der repräsentativsten Spitzenorganisation der Arbeitnehmer bliebe demgegenüber unberücksichtigt.

II. Berufung nach § 6 Abs. 2

7   Wird von den Spitzenorganisationen kein gemeinsamer Vorschlag nach § 6 Abs. 1 unterbreitet, ist der Vorsitz der Mindestlohnkommission nach § 6 Abs. 2 zu besetzen.

1. Berufung von zwei Vorsitzenden

8   Liegt kein gemeinsamer Vorschlag der Spitzenorganisationen nach § 6 Abs. 1 vor, beruft die Bundesregierung nach § 6 Abs. 2 S. 1 jeweils einen Vorsitzenden auf Vorschlag der Spitzenorganisationen der Arbeitgeber und Arbeitnehmer, insgesamt also **zwei Personen**. In diesem Fall ordnet § 6 Abs. 2 S. 4 die entsprechende Anwendung von § 5 Abs. 1 S. 3 und S. 4 an (zur Auswahlentscheidung vgl. § 5 Rn. 10): Werden auf Arbeitgeber- oder auf Arbeitnehmerseite von mehreren Spitzenorganisationen Vorschläge zur Besetzung des Vorsitzes in der Mindestlohnkommission unterbreitet, erfolgt die Auswahl zwischen den Vorschlägen entsprechend § 5 Abs. 1 S. 3 im Verhältnis zur Bedeutung der jeweiligen Spitzenorganisationen für die Vertretung der Arbeitgeber- oder Arbeitnehmerinteressen im Arbeitsleben des Bundesgebietes. Wird von den Spitzenorganisationen der Arbeitnehmer und/oder Arbeitgeber kein Vorsitzender vorgeschlagen, beruft die Bundesregierung die Vorsitzenden entsprechend § 5 Abs. 1 S. 4 aus Kreisen der Vereinigungen von Arbeitgebern und/oder Gewerkschaften. Ein Fall der Nichtausübung des Vorschlagsrechts liegt auch dann vor, wenn hiervon nicht rechtzeitig Gebrauch gemacht wird.

2. Alternierender Vorsitz

Die nach § 6 Abs. 2 S. 1 berufenen Vorsitzenden üben den Vorsitz nach § 6 Abs. 2 S. 2 abwechselnd aus. Nach jeder Beschlussfassung im Sinne des § 9 Abs. 1 wechselt das Recht, den Vorsitz zu führen zwischen den Vorsitzenden, dh alle zwei Jahre (vgl. § 9 Abs. 1 S. 2). 9

a) Mittlerfunktion. Nach der gesetzlichen Konzeption sollen auch die nach § 6 Abs. 2 berufenen Vorsitzenden als Mittler fungieren. Das Gesetz unterscheidet nicht danach, ob der Vorsitz nach Maßgabe von § 6 Abs. 1 oder 2 ausgeübt wird. 10

Der Gesetzgeber hat ungeachtet der vom Bundesrat im Gesetzgebungsverfahren erhobenen Prüfbitte an der Technik des alternierenden Vorsitzes festgehalten. Der Bundesrat hatte befürchtet, dass der vorgesehene alternierende Vorsitz die Gefahr einer interessensgeleiteten Entscheidung der Mindestlohnkommission berge (vgl. BR-Stellungnahme BT-Drs. 18/1558 S. 61, 62). In ihrer Gegenäußerung hatte die Bundesregierung betont, dass der alternierende Vorsitz die Arbeitsfähigkeit der Kommission sicherstellen solle, soweit sich die Spitzenorganisationen nicht auf einen gemeinsamen Vorschlag für einen Vorsitzenden verständigen können (vgl. BReg. Gegenäußerung BT-Drs. 18/1558 S. 67, 68). Auch iÜ dürfte die Befürchtung einer rein interessengeleiteten Wahrnehmung des Vorsitzes unbegründet sein: Der vorgesehene Wechsel im Vorsitz nach jeder Beschlussfassung gemäß § 9 Abs. 1 dürfte vielmehr zu einer neutralen Ausübung des Vorsitzes anhalten (vgl. auch ErfK/Franzen MiLoG § 8 Rn. 3). 11

b) Losentscheid über erstmaligen Vorsitz. Erfolgt die Berufung nach § 6 Abs. 2 S. 1 entscheidet nach § 6 Abs. 2 S. 3 das Los darüber, wer erstmalig den Vorsitz führt. Der Losentscheid war auch bereits Gegenstand früherer Überlegungen zur Lösung von Besetzungsfragen im Zusammenhang mit der Konzeption eines allgemeinen Mindestlohns (vgl. hierzu Riechert/Stomps NJW 2013, 1050, 1051) und ist bei der Besetzung von Gremien ein anerkanntes Auswahlmittel zur Auflösung einer „Pattsituation" (vgl. zB § 13 Abs. 2 S. 2 SchwBVWO; vgl. auch BAG Beschl. 15.1.1992 – 7 ABR 24/91, NZA 1992, 1091, 1093 f.). 12

c) Wechsel des Vorsitzes. Der Vorsitz wechselt nach jeder Beschlussfassung gemäß § 9 Abs. 1, ungeachtet dessen, ob die Kommission eine Anpassung des Mindestlohns nach oben empfiehlt. Soweit die Bundesregierung allerdings aus formalen oder materiellen Gesichtspunkten davon absieht, den Beschluss der Mindestlohnkommission per Rechtsverordnungserlass nach § 11 Abs. 1 S. 1 umzusetzen, wechselt auch der Vorsitz nicht. Dies gebietet der Grundsatz der Unabhängigkeit (vgl. § 8 Abs. 1) und Politikferne der Kommission. Andernfalls könnte die Bundesregierung die Arbeit der Kommission im Ergebnis steuern. 13

Die Neuberufung der Mindestlohnkommission nach Ablauf der fünfjährigen Amtszeit (§ 4 Abs. 2) berührt den turnusmäßigen Wechsel des Vorsitzes nicht (BT-Drs. 18/1558 S. 36). 14

d) Rechtsstellung des weiteren Vorsitzenden. Soweit der nach § 6 Abs. 2 S. 1 berufene Vorsitzende den Vorsitz nicht führt, ruhen die mit dem Vorsitz verbundenen Rechte und Pflichten. 15

D. Qualifikationsanforderungen

Das Gesetz stellt keine Qualifikationsanforderungen an die Person des Vorsitzenden (vgl. auch § 5 Rn. 22). Es ist damit den Spitzenorganisationen der Arbeitgeber und Arbeitnehmer überantwortet, die Eignung eines von ihnen vorgeschlagenen Vorsitzenden zu beurteilen. 16

E. Neuberufung bei Ausscheiden

17 Im Fall des Ausscheidens des Vorsitzenden findet nach § 6 Abs. 3 S. 4 für die Bestimmung eines Nachfolgers § 5 Abs. 2 entsprechende Anwendung (hierzu § 5 Rn. 27, zu möglichen Abberufungsgründen vgl. § 8 Rn. 8). In diesem Fall wird ein Nachfolger **für den Rest der verbleibenden Amtszeit der Mindestlohnkommission** bestellt (vgl. hierzu § 5 Rn. 31). Das nachfolgende beratende Mitglied tritt in die Stellung des ausgeschiedenen Amtsvorgängers, auch hinsichtlich der Berufungsdauer, ein. Die Nachberufung richtet sich nach – je nachdem, wie der ausscheidende Vorsitzende bestellt wurde – den in § 6 Abs. 1 und Abs. 2 festgelegten Berufungsregeln.

§ 7 Beratende Mitglieder

(1) Die Bundesregierung beruft auf Vorschlag der Spitzenorganisationen der Arbeitgeber und Arbeitnehmer zusätzlich je ein beratendes Mitglied aus Kreisen der Wissenschaft. Die Bundesregierung soll darauf hinwirken, dass die Spitzenorganisationen der Arbeitgeber und Arbeitnehmer eine Frau und einen Mann als beratendes Mitglied vorschlagen. Das beratende Mitglied soll in keinem Beschäftigungsverhältnis stehen zu
1. einer Spitzenorganisation der Arbeitgeber oder Arbeitnehmer,
2. einer Vereinigung der Arbeitgeber oder einer Gewerkschaft oder
3. einer Einrichtung, die von den in der Nummer 1 oder Nummer 2 genannten Vereinigungen getragen wird.

§ 5 Absatz 1 Satz 3 und 4 und Absatz 2 gilt entsprechend.

(2) Die beratenden Mitglieder unterstützen die Mindestlohnkommission insbesondere bei der Prüfung nach § 9 Absatz 2 durch die Einbringung wissenschaftlichen Sachverstands. Sie haben das Recht, an den Beratungen der Mindestlohnkommission teilzunehmen.

Übersicht

	Rn.
A. Überblick	1
B. Verfahren der Berufung	2
C. Voraussetzungen der Berufung	3
I. Wissenschaftskreise	4
II. Persönliche Unabhängigkeit	6
1. Weisungsfreiheit	7
2. Erfasste Weisungsgeber	11
III. Geschlechterausgewogenheit	14
D. Rechte und Pflichten	16
E. Neuberufung bei Ausscheiden	19
F. Rechtsfolgen rechtswidriger Berufung, Rechtsschutz	20

A. Überblick

1 § 7 normiert die Berufung und Aufgaben der beratenden Mitglieder der Mindestlohnkommission. Die Berufung der beratenden Mitglieder erfolgt durch die Bundesregierung auf Vorschlag der Spitzenorganisationen der Arbeitgeber und Arbeitnehmer aus Kreisen der Wissenschaft. Der Gesetzgeber hat sich in § 7 dafür entschieden, der **Wissenschaft** in der Mindestlohnkommission eine lediglich beratende Funktion zuzuweisen. Damit wird sichergestellt, dass die Wissenschaft in der Mindestlohnkommission nicht für Zwecke der Mehrheitsfindung instrumentalisiert wird, sondern neutral ihren Sachverstand in die

Kommission einbringen kann. Die **Unabhängigkeit** der beratenden Mitglieder wird ferner dadurch gewährleistet, dass die beratenden Mitglieder in keinem Beschäftigungsverhältnis zu Spitzenorganisationen oder Vereinigungen der Arbeitgeber oder Arbeitnehmer stehen sollen.

B. Verfahren der Berufung

Nach § 7 Abs. 1 S. 1 beruft die Bundesregierung zwei beratende Mitglieder aus Kreisen der Wissenschaft in die Mindestlohnkommission. Das Vorschlagsrecht steht den Spitzenorganisationen der Arbeitgeber und Arbeitnehmer zu (zum Begriff der Spitzenorganisation vgl. § 5 Rn. 3). Für die Berufung der beratenden Mitglieder ordnet § 7 Abs. 1 S. 4 die entsprechende Anwendung von § 5 Abs. 1 Satz 3 und 4 an. Werden auf Arbeitgeber- oder auf Arbeitnehmerseite von den Spitzenorganisationen mehr als ein beratendes Mitglied vorgeschlagen, erfolgt die Auswahl zwischen den Vorschlägen im Verhältnis zur Bedeutung der jeweiligen Spitzenorganisationen für die Vertretung der Arbeitgeber- oder Arbeitnehmerinteressen im Arbeitsleben des Bundesgebietes (zur Auswahlentscheidung vgl. § 5 Rn. 10). Übt eine Seite ihr Vorschlagsrecht nicht aus, wird das beratende Mitglied dieser Seite durch die Bundesregierung berufen.

C. Voraussetzungen der Berufung

Das Gesetz verhält sich nur rudimentär zu den Voraussetzungen, die an beratende Mitglieder der Mindestlohnkommission zu stellen sind.

I. Wissenschaftskreise

Die beratenden Mitglieder müssen nach § 7 Abs. 1 S. 1 den „Kreisen der Wissenschaft" entstammen. Wegen der Vielschichtigkeit und Vielfältigkeit der Formen wissenschaftlichen Arbeitens ist der **Begriff weit zu verstehen**. Im verfassungsrechtlichen Kontext (Art. 5 Abs. 3 S. 1 GG) wird der Begriff der Wissenschaft als gemeinsamer Oberbegriff von Forschung und Lehre verstanden. Teil der Wissenschaft ist jede Tätigkeit, die nach Inhalt und Form als ernsthafter planmäßiger Versuch zur Ermittlung der Wahrheit anzusehen ist (vgl. BVerfG Urt. v. 29.5.19773 – 1 BvR 424//71 ua, NJW 1973, 1176, 1176 f.). Im mindestlohnrechtlichen Kontext stammen aus Kreisen der Wissenschaft sämtliche Personen, die im Zeitpunkt der Berufung oder zuvor, an einer staatlichen oder privaten Hochschule, einer Bildungs- oder Forschungseinrichtung oder in sonstiger Weise wissenschaftlich tätig sind oder waren. Hinreichend aber auch erforderlich ist, dass ein wissenschaftlicher Hintergrund erkennbar ist.

Das MiLoG macht keine Vorgaben, welcher **Fachrichtung** die beratenden Mitglieder der Mindestlohnkommission angehören oder entstammen müssen. Ihr Kreis ist daher nicht auf Personen mit einem volks- oder wirtschaftswissenschaftlichen Hintergrund beschränkt. Soweit allerdings **evident** ist, dass die als beratendes Mitglied vorgeschlagene Person nicht in der Lage ist, die sozialen und ökonomischen Auswirkungen des Mindestlohns einzuschätzen, sondern ausschließlich als „verbandspolitisches" Mitglied nominiert wird, kann eine Berufung im Einzelfall ausscheiden.

II. Persönliche Unabhängigkeit

6   Die beratenden Mitglieder der Mindestlohnkommission sollen von den Sozialpartnern möglichst unabhängig sein, auch wenn eine strikte Neutralität von Gesetzes wegen nicht gefordert ist.

1. Weisungsfreiheit

7   Zur Wahrung der Unabhängigkeit sollen die beratenden Mitglieder nach § 7 Abs. 1 S. 3 in keinem Beschäftigungsverhältnis zu Spitzenorganisationen (Nr. 1) oder Vereinigungen der Arbeitgeber oder Arbeitnehmer (Nr. 2) stehen. Darüber hinaus sollen die beratenden Mitglieder auch nicht in einem Beschäftigungsverhältnis zu einer Einrichtungen stehen, die von diesen Vereinigungen getragen wird (Nr. 3).

8   Der Begriff des Beschäftigungsverhältnisses entstammt dem Sozialversicherungsrecht. Nach der Definition in § 7 Abs. 1 S. 1 SGB IV ist **Beschäftigung die nichtselbstständige Arbeit, insbesondere in einem Arbeitsverhältnis.** Anhaltspunkte für eine Beschäftigung idS sind nach § 7 Abs. 1 S. 2 SGB IV eine Tätigkeit nach Weisungen und eine Eingliederung in die Arbeitsorganisation des Weisungsgebers. Der Begriff ist nach seiner normativen Einbindung in § 7 Abs. 1 weit zu verstehen. Auch (Fremd-)Geschäftsführer und geschäftsführende Gesellschafter sowie Vorstandsmitglieder von Vereinen können daher Beschäftigte sein (vgl. auch HKW/Riecken SGB IV §§ 7, 7b Rn. 19 ff.).

9   Die bloße Mitgliedschaft in einer vereinsrechtlich verfassten Gewerkschaft oder einem vereinsrechtlich verfassten Arbeitgeberband ist demgegenüber berufungsunschädlich. Gleiches gilt für Mandate in Aufsichtsgremien, wie (wissenschaftlichen) Beiträten oä.

10 § 7 Abs. 1 S. 3 erfasst schließlich nur aktive Beschäftigungsverhältnisse. Soweit ein bestehendes Beschäftigungsverhältnis ruht oder anlässlich der Nominierung als beratendes Mitglied ruhend gestellt wird, ist § 7 Abs. 1 S. 3 – jedenfalls bei normativer Betrachtung – nicht einschlägig.

2. Erfasste Weisungsgeber

11 Das Beschäftigungsverhältnis soll nach § 7 Abs. 1 S. 3 Nr. 1 und Nr. 2 nicht zu Spitzenorganisationen und Vereinigungen der Arbeitgeber oder Arbeitnehmer stehen. Erfasst werden Gewerkschaften, Arbeitgeberverbände und ihre Spitzenorganisationen. Eine Berufung soll auch dann nicht erfolgen, wenn das von einer Spitzenorganisation der Arbeitnehmer nominierte Mitglied in einem Beschäftigungsverhältnis zu einer anderen Spitzenorganisation der Arbeitnehmer steht.

12 Darüber hinaus sollen die beratenden Mitglieder nach § 7 Abs. 1 S. 3 Nr. 3 auch nicht in einem Beschäftigungsverhältnis zu einer Einrichtung stehen, die von Vereinigungen iSd § 7 Abs. 1 S. 3 Nr. 1 und Nr. 2 getragen wird. Der Begriff der **Einrichtungen** iSd § 7 Abs. 1 S. 3 Nr. 3 ist **weit zu verstehen**. Unabhängig von der Rechtsform und unabhängig von ihrer Bezeichnung können Einrichtungen idS auch Institute, Zentren, Anstalten, Thinktanks („Denkfabriken") oä sein, die im Auftrag oder eigeninitiativ Forschungsprojekte oder Forschungsprogramme mit eigenen Sach- und Personalmitteln durchführen.

13 Ein „Getragen-sein" iSd § 7 Abs. 1 S. 3 Nr. 3 liegt vor, wenn eine Spitzenorganisation der Arbeitnehmer oder Arbeitgeber, eine oder mehrere Gewerkschaften oder Arbeitgeber (-verbände) in **rechtlicher oder tatsächlicher Hinsicht einen beherrschenden Einfluss** ausüben oder ausüben können. Ein beherrschender Einfluss kann auch darin liegen, dass die Einrichtung ausschließlich im Auftrag eines Auftraggebers aus dem Arbeitnehmer- oder Arbeitgeberlager tätig und damit de facto wirtschaftlich abhängig ist.

III. Geschlechterausgewogenheit

Nach § 7 Abs. 1 S. 2 soll die Bundesregierung darauf hinwirken, dass die Spitzenorganisationen der Arbeitgeber und Arbeitnehmer eine Frau und einen Mann als beratendes Mitglied vorschlagen. Die Vorschrift zielt auf eine geschlechterausgewogene Besetzung der Mindestlohnkommission ab. Sie wurde in der Ressortabstimmung auf Wunsch des BMFSJF aufgenommen. **14**

Im Ergebnis formuliert § 7 Abs. 1 S. 2 einen gesetzgeberischen Appell (vgl. auch § 5 Rn. 25) (zur berechtigten Kritik an Gremienbesetzungsregeln vgl. v. Schwanenflug KommJur 2009, 121, 125). Adressat der Vorschrift sind nicht unmittelbar die vorschlagsberechtigten Spitzenorganisationen; die Vorschrift spricht die Bundesregierung an. Zum anderen wird von der Bundesregierung kein „Erfolg" iSe geschlechteraufgewogenen Zusammensetzung der Mindestlohnkommission geschuldet. Die Bundesregierung „soll" lediglich auf geschlechtsausgewogene Vorschläge der Spitzenorganisationen „hinwirken". Dieser Aufgabe dürfte durch einen entsprechenden Hinweis anlässlich der Bekanntmachung über das Vorschlagsrecht im Bundesanzeiger genügt sein (vgl. BAnz AT 23.10.2014 B2). **15**

D. Rechte und Pflichten

Nach § 7 Abs. 2 S. 1 unterstützen die beratenden Mitglieder die Mindestlohnkommission. Die Unterstützung soll insbesondere bei der Prüfung erfolgen, welche Höhe des Mindestlohns geeignet ist, zu einem angemessenen Mindestschutz der Arbeitnehmer beizutragen, faire und funktionierende Wettbewerbsbedingungen zu ermöglichen sowie Beschäftigung nicht zu gefährden (§ 9 Abs. 2). Bei der Entscheidung über die Anpassung des Mindestlohns hat die Mindestlohnkommission nach § 9 Abs. 2 eine Gesamtabwägung vorzunehmen. Neben dem Sachverstand der tariflichen Akteure soll gemäß § 7 Abs. 2 S. 1 auch wissenschaftlicher Sachverstand in die Entscheidungen einfließen können. Hierzu haben die beratenden Mitglieder nach § 7 Abs. 2 S. 2 das Recht, an den Beratungen der Mindestlohnkommission teilzunehmen. **16**

Soweit § 7 Abs. 2 S. 1 die Unterstützung der Mindestlohnkommission bei der Prüfung nach § 9 Abs. 2 vorsieht, ist diese **Aufgabenzuweisung nicht abschließend**. Dies wird an der Formulierung „insbesondere" deutlich. Durch die exemplarische Benennung der Unterstützung bei der Prüfung nach § 9 Abs. 2 betont der Gesetzgeber vielmehr das Konzept der Beschlussfassung durch eine Kommission der Tarifpartner unter Beiziehung wissenschaftlichen Sachverstands. Dieser Kern an Aufgabenzuweisung darf den beratenden Mitgliedern daher auch nicht durch Beschluss der Mindestlohnkommission oder eine entsprechende Ausgestaltung der Geschäftsordnung (§ 10 Abs. 4 S. 2, hierzu § 10 Rn. 25) entzogen werden. **17**

Über die Prüfung nach § 9 Abs. 2 hinaus können die beratenden Mitglieder der Mindestlohnkommission die Mindestlohnkommission bei anderen Aufgaben durch ihren wissenschaftlichen Sachverstand unterstützen, etwa bei der laufenden Evaluierung der Auswirkungen des Mindestlohns nach § 9 Abs. 4. **18**

E. Neuberufung bei Ausscheiden

Im Fall des Ausscheidens eines beratenden Mitglieds findet nach § 7 Abs. 1 S. 4 für die Bestimmung eines Nachfolgers § 5 Abs. 2 entsprechende Anwendung (hierzu § 5 Rn. 27, zu möglichen Abberufungsgründen vgl. § 8 Rn. 8). In diesem Fall wird ein Nachfolger für den Rest der verbleibenden Amtszeit der Mindestlohnkommission bestellt (vgl. hierzu § 5 **19**

Rn. 31). Das nachfolgende beratende Mitglied tritt in die Stellung des ausgeschiedenen Amtsvorgängers, auch hinsichtlich der Berufungsdauer, ein. Die Nachberufung richtet sich nach den in § 7 Abs. 1 festgelegten Regeln zur Erstberufung.

F. Rechtsfolgen rechtwidriger Berufung, Rechtsschutz

20 Zu den Rechtsfolgen einer rechtswidrigen Berufung und Fragen des Rechtsschutzes vgl. § 5 Rn. 32 ff.

§ 8 Rechtsstellung der Mitglieder

(1) Die Mitglieder der Mindestlohnkommission unterliegen bei der Wahrnehmung ihrer Tätigkeit keinen Weisungen.

(2) Die Tätigkeit der Mitglieder der Mindestlohnkommission ist ehrenamtlich.

(3) Die Mitglieder der Mindestlohnkommission erhalten eine angemessene Entschädigung für den ihnen bei der Wahrnehmung ihrer Tätigkeit erwachsenden Verdienstausfall und Aufwand sowie Ersatz der Fahrtkosten entsprechend den für ehrenamtliche Richterinnen und Richter der Arbeitsgerichte geltenden Vorschriften. Die Entschädigung und die erstattungsfähigen Fahrtkosten setzt im Einzelfall die oder der Vorsitzende der Mindestlohnkommission fest.

Übersicht

	Rn.
A. Normzweck	1
B. Regelungsgehalt	2
I. Weisungsfreiheit	3
1. Umfang der Weisungsfreiheit	4
2. Schutz vor Abberufung	6
a) Abberufung aus wichtigem Grund	7
b) Abberufungsgründe	8
II. Ehrenamt	10
III. Entschädigungsanspruch	12
1. Umfang des Entschädigungsanspruchs	13
2. Festsetzung	15
3. Kostentragung	16

A. Normzweck

1 § 8 normiert die Rechtsstellung der Mitglieder der Mindestlohnkommission. Die Norm dient dem **Schutz der Kommissionsmitglieder vor Einflussnahme**. Die Mitglieder der Kommission sollen ihr Amt frei von fachlichen und wirtschaftlichen Einflüssen ausüben können.

B. Regelungsgehalt

2 Nach § 8 Abs. 1 unterliegen die Mitglieder der Mindestlohnkommission, die nach § 8 Abs. 2 ehrenamtlich tätig sind, bei der Wahrnehmung ihres Amtes keinen Weisungen. Sie haben nach § 8 Abs. 3 S. 1 Anspruch auf eine angemessene Entschädigung entsprechend den für ehrenamtliche Richter der Arbeitsgerichte geltenden Vorschriften.

B. Regelungsgehalt § 8

I. Weisungsfreiheit

Nach § 8 Abs. 1 unterliegen die Mitglieder der Mindestlohnkommission bei der Wahrnehmung ihrer Tätigkeit keinen Weisungen. 3

1. Umfang der Weisungsfreiheit

Die Weisungsfreiheit bezieht sich **sowohl** auf das Verhältnis der Kommissionsmitglieder **zur Bundesregierung**, die die Mitglieder der Mindestlohnkommission nach § 5 Abs. 1 S. 1 beruft, **als auch gegenüber** dem **Spitzenverband**, auf dessen Vorschlag das Mitglied berufen wurde. Das Prinzip der Weisungsfreiheit gilt selbstverständlich auch, wenn eine Spitzenorganisation keinen, nicht rechtzeitig oder keine ausreichende Anzahl an Kommissionsmitgliedern vorschlägt, so dass die Bundesregierung nach § 5 Abs. 1 S. 4 unmittelbar eine geeignete Person aus Kreisen der Vereinigungen der Arbeitgeber oder der Gewerkschaften benennt. 4

Zwar dürften sich die Mitglieder der Kommission in der Regel an die Vorgaben der sie nominierenden Verbände gebunden fühlen. Etwaige Weisungen sind aber weder im Innen- noch im Außenverhältnis rechtserheblich. Damit schützt § 8 Abs. 1 S. 1 neben dem Kommissionsmitglied mittelbar auch das öffentliche Interesse an der Funktionsfähigkeit der Mindestlohnkommission und den Bestand der in der Kommission gefassten Beschlüsse. Ein Beschluss der Kommission kann daher nicht mit dem Argument angegriffen werden, einzelne Kommissionsmitglieder hätten weisungswidrig oder nicht im Interesse „ihres Lagers" gestimmt (zur Vertraulichkeit der Beratungen vgl. § 10 Abs. 4 S. 1). Die Weisungsfreiheit soll damit auch dazu dienen, dass sich das Kommissionsmitglied nicht infolge verbandspolitischer Strategien und Interessen vernünftigen Kompromissen innerhalb der Mindestlohnkommission verschließt. 5

2. Schutz vor Abberufung

Das MiLoG selbst enthält keine Regelung, die die Mitglieder der Kommission unmittelbar vor einer Abberufung durch die Bundesregierung schützen (vgl. bspw. [für Datenschutzbeauftragte] § 4f Abs. 3 S. 4 BDSG, [für Betriebsärzte und Fachkräfte für Arbeitssicherheit] § 9 Abs. 3 ASiG). 6

a) **Abberufung aus wichtigem Grund.** Der mit der Weisungsfreiheit nach § 8 Abs. 1 intendierte Schutz bedingt es aber, dass die Mitglieder der Mindestlohnkommission **nur aus wichtigem Grund** aus dem Amt entfernt werden können. Die Kommissionsmitglieder sollen dem Amt im Interesse der Öffentlichkeit ohne Furcht vor einer Abberufung nachgehen können. Könnten sie jederzeit und ohne konkreten Anlass abberufen werden, wäre die in § 8 Abs. 1 normierte Weisungsfreiheit letztlich entwertet. Nach § 4 Abs. 2 werden die Mitglieder für die Dauer von fünf Jahren berufen, so dass nach dem Rechtsgedanken des § 314 Abs. 3 BGB eine grundlose Abberufung ausscheidet. 7

b) **Abberufungsgründe.** Als wichtige Gründe für eine vorzeitige Abberufung kommen zunächst solche Umstände in Betracht, die mit der Funktion und Tätigkeit des Kommissionsmitglieds zusammenhängen und eine weitere Ausübung seiner Tätigkeit ausschließen oder unzumutbar erscheinen lassen. Aus dem Spektrum der **verhaltensbedingten Gründe** wären beispielsweise an fortgesetzte Verstöße gegen die Pflicht zur ordnungsgemäßen Amtsführung, wie beispielsweise zur Teilnahme an den Sitzungen der Kommission, eine beharrliche Verweigerung der Kommissionsarbeit oder Verstöße gegen den Grundsatz der Vertraulichkeit (§ 10 Abs. 4 S. 1) zu denken. In **personenbezogener Hinsicht** sind Sachverhalte denkbar, in denen die Berufungsvoraussetzungen nachträglich entfallen, so beispielsweise wenn ein von Seiten des Arbeitnehmerlagers nominiertes Kommissionsmit- 8 glied in das Arbeitgeberlager überwechselt. Die Fortführung seines Amtes ist in diesem Fall mit dem Grundsatz der paritätischen Besetzung der Mindestlohnkommission nicht vereinbar (vgl. [für die Entbindung ehrenamtlicher Richter, § 21 Abs. 5 ArbGG] BAG Beschl. v. 19.8.2004 – 1 AS 6/03, AP ArbGG 1979 § 21 Nr. 5).

9 Besonders problematisch dürfte sein, inwiefern eine vorzeitige Abberufung eines Kommissionsmitglieds **auf Betreiben** der **Spitzenorganisation** durchsetzbar ist, die das Mitglied vorgeschlagen hat. Eine entsprechende Abberufung scheint auf den ersten Blick gesehen in einen unauflöslichen Konflikt mit dem Grundsatz der Weisungsfreiheit zu geraten. Zugleich darf aber nicht verkannt werden, dass die Kommissionsmitglieder von den Spitzenverbänden als Interessenvertreter für die Mindestlohnkommission vorgeschlagen und auch als Interessenvertreter berufen sind. Sie leisten im Interesse des jeweiligen Spitzenverbandes einen **Dienst höherer Art**, der im Verhältnis zu der vorschlagenden Spitzenorganisation ein **Mindestmaß an Vertrauen** erfordert. Dass das Verhältnis der Kommissionsmitglieder zu den jeweils verschlagenen Spitzenorganisationen in weiten Teilen personalisiert ist, zeigt sich letztlich auch daran, dass das Gesetz weder eine Vertretung noch eine Vertreterbestellung vorsieht (anders bspw. § 4 Abs. 2 S. 2 HAG, § 12 Abs. 2 AEntG, § 2 Abs. 2 S. 2 MiArbG). Verliert das Kommissionsmitglied das Vertrauen der vorschlagenden Spitzenorganisation, entfällt gewissermaßen auch die Grundlage für den Bestellungsakt. Wessen Sphäre der Vertrauensverlust im Einzelnen zuzurechnen ist, muss dabei unberücksichtigt bleiben. Das Vertrauen als Grundlage der Nominierung ist insofern nur sehr eingeschränkt wägbar; ein Vertrauensverlust nur eingeschränkt objektivierbar. Nicht ausreichend für eine Abberufung aufgrund einer gestörten Vertrauensbasis sind hingegen allgemeine Befindsamkeiten der Beteiligten oder die behauptete Störung rational nicht begründbarer Empfindungen.

II. Ehrenamt

10 Nach § 8 Abs. 2 handelt es sich bei der Tätigkeit der Kommissionsmitglieder um ein Ehrenamt. Das Ehrenamtsprinzip **wahrt die innere und äußere Unabhängigkeit** des Kommissionsmitglieds. Es stärkt maßgeblich das **Vertrauen der Öffentlichkeit** darauf, dass die Wahrnehmung der Aufgaben der Mindestlohnkommission nicht durch die Gewährung oder den Entzug materieller Vorteile für die Kommissionsmitglieder beeinflussbar ist.

11 Die Mitglieder der Mindestlohnkommission erhalten infolge des Ehrenamtsprinzips keine Vergütung, sondern eine Aufwandentschädigung nach § 8 Abs. 3. Die Ehrenamtlichkeit beinhaltet damit auch den ersatzlosen Einsatz von Freizeit. Die ehrenamtliche Ausgestaltung bedeutete zugleich, dass die Mitglieder der Mindestlohnkommission **wegen ihres Amtes von Dritten weder benachteiligt noch begünstigt** werden dürfen.

III. Entschädigungsanspruch

12 § 8 Abs. 3 S. 1 regelt, dass die Mitglieder der Mindestlohnkommission eine angemessene Entschädigung entsprechend den für die ehrenamtliche Richter der Arbeitsgerichte geltenden Vorschriften erhalten.

1. Umfang des Entschädigungsanspruchs

13 Der Entschädigungsanspruch der Mitglieder der Mindestlohnkommission umfasst entsprechend § 15 Abs. 1 Nr. 1, 2 und Nr. 6 JVEG den **Ersatz der Fahrtkosten** sowie den ihnen bei der Wahrnehmung ihrer Tätigkeit erwachsenden **Aufwand** und **Verdienstausfall** (BT-Drs. 18/1558 S. 37). Damit beläuft sich der Entschädigungsanspruch im Wesentlichen auf die Abgeltung der notwendigen Fahrtkosten nach § 5 JVEG (Kilometergeld

B. Regelungsgehalt § 9

0,30 Euro je Kilometer nebst Parkentgelten bzw. Kostenersatz für Bahnfahrten in der ersten Wagenklasse nebst Platzreservierung) sowie ein Tagegeld nach § 6 Abs. 1 JVEG. Das Tagegeld beträgt für eine Abwesenheit ab acht Stunden 6,00 Euro, für eine Abwesenheit ab 14 Stunden 12,00 Euro und für eine Abwesenheit von 24 Stunden 24,00 Euro. Hinzu kommt nach § 18 S. 1 JVEG eine Entschädigung für Verdienstausfälle, die höchstens 24,00 Euro je Stunde beträgt.

Weiterer Entschädigungsleistungen wie den Erstsatz sonstiger Aufwendungen (§ 7 JVEG), Entschädigung für Zeitversäumnis (§ 16 JVEG) und Entschädigung für Nachteile bei der Haushaltsführung (§ 17 JVEG) können nicht beansprucht werden. **14**

2. Festsetzung

Die Entschädigung sowie die erstattungsfähigen Fahrtkosten setzt nach § 8 Abs. 3 S. 2 im Einzelfall der Vorsitzende der Mindestlohnkommission **abschließend** fest. Die Festsetzung durch den Vorsitzenden stellt ein weiteres Element dar, um die Unabhängigkeit der Ausschussmitglieder sicherzustellen (vgl. [zu § 2 Abs. 5 S. 4 MiArbG] BT-Drs. 16/10485 S. 10). Da die Festsetzung durch den Vorsitzenden nach dem Wortlaut des § 8 Abs. 3 S. 2 „abschließend" ist (vgl. die ansonsten wortgleiche Regelung in § 5 Abs. 4 HAG), ist gegen die Festsetzung **kein Rechtsmittel** gegeben. Ob dieses verkürze Verfahren mit der Rechtsweggarantie des Art. 19 Abs. 4 GG vereinbar ist, dürfte eine Frage von akademischer Natur bleiben. **15**

3. Kostentragung

Die nach § 8 Abs. 3 zu leistende Entschädigung hat nach § 12 Abs. 4 der **Bund** zu tragen. **16**

§ 9 Beschluss der Mindestlohnkommission

(1) Die Mindestlohnkommission hat über eine Anpassung der Höhe des Mindestlohns erstmals bis zum 30. Juni 2016 mit Wirkung zum 1. Januar 2017 zu beschließen. Danach hat die Mindestlohnkommission alle zwei Jahre über Anpassungen der Höhe des Mindestlohns zu beschließen.

(2) Die Mindestlohnkommission prüft im Rahmen einer Gesamtabwägung, welche Höhe des Mindestlohns geeignet ist, zu einem angemessenen Mindestschutz der Arbeitnehmerinnen und Arbeitnehmer beizutragen, faire und funktionierende Wettbewerbsbedingungen zu ermöglichen sowie Beschäftigung nicht zu gefährden. Die Mindestlohnkommission orientiert sich bei der Festsetzung des Mindestlohns nachlaufend an der Tarifentwicklung.

(3) Die Mindestlohnkommission hat ihren Beschluss schriftlich zu begründen.

(4) Die Mindestlohnkommission evaluiert laufend die Auswirkungen des Mindestlohns auf den Schutz der Arbeitnehmerinnen und Arbeitnehmer, die Wettbewerbsbedingungen und die Beschäftigung im Bezug auf bestimmte Branchen und Regionen sowie die Produktivität und stellt ihre Erkenntnisse der Bundesregierung in einem Bericht alle zwei Jahre gemeinsam mit ihrem Beschluss zur Verfügung.

Übersicht

	Rn.
A. Überblick	1
B. Periodischer Anpassungsbeschluss	2
I. Inhaltliche Vorgaben	3
II. Zeitliche Vorgaben	6

C. Anpassungskriterien		10
I. Kriterienkatalog		11
1. Mindestschutz der Arbeitnehmer		11a
2. Faire und funktionierende Wettbewerbsbedingungen		14
3. Negative Beschäftigungseffekte		20
II. Tariflohnentwicklung		22
1. Hintergrund		23
2. Rücklaufende Orientierung		25
D. Beschlussbegründung		27
I. Schriftform		28
II. Begründungselemente		31
E. Evaluation		33

A. Überblick

1 § 9 regelt die empfehlende Beschlussfassung der Mindestlohnkommission zur Anpassung des Mindestlohns, die **Grundlage für das nachgelagerte Rechtsverordnungsverfahren** nach § 11 Abs. 1 S. 1 ist. Nach § 9 Abs. 1 hat die Mindestlohnkommission alle zwei Jahre über eine Anpassung der Höhe des Mindestlohns zu beschließen; dies erstmals zum 30.6.2016 mit Wirkung zum 1.1.2017. Dabei hat die Mindestlohnkommission nach § 9 Abs. 2 im Rahmen einer **Gesamtabwägung** zu prüfen, welche Höhe des Mindestlohns geeignet ist, zu einem angemessenen Mindestschutz der Arbeitnehmer beizutragen, faire und funktionierende Wettbewerbsbedingungen zu ermöglichen sowie Beschäftigung nicht zu gefährden. Über die Beschlussfassung nach § 9 Abs. 1 hinaus hat die Mindestlohnkommission nach § 9 Abs. 4 die Aufgabe, die Auswirkungen des Mindestlohns auf den Schutz der Arbeitnehmer, die Wettbewerbsbedingungen und die Beschäftigung in Bezug auf bestimmte Branchen und Regionen sowie die Produktivität **laufend zu evaluieren** und der Bundesregierung über ihre Erkenntnisse alle zwei Jahre zu berichten.

B. Periodischer Anpassungsbeschluss

2 Nach § 9 Abs. 1 S. 1 hat die Mindestlohnkommission **erstmals** bis zum 30.6.2016 über eine mögliche Anpassung der Höhe des Mindestlohns **mit Wirkung zum 1.1.2017** zu beschließen. Danach hat die Mindestlohnkommission nach § 9 Abs. 1 S. 2 **alle zwei Jahre** über Anpassungen der Höhe des Mindestlohns zu beschließen. Beschlüsse der Mindestlohnkommission bedürfen zu ihrer allgemeinen Verbindlichkeit der Umsetzung durch Rechtsverordnung der Bundesregierung nach § 11 Abs. 1 S. 1.

I. Inhaltliche Vorgaben

3 Die Beschlusskompetenz nach § 9 Abs. 1 betrifft **ausschließlich die Höhe des Mindestlohns**.

4 Die Mindestlohnkommission ist **nicht berechtigt, Strukturentscheidungen des MiLoG zu verändern**. Sie darf in ihrem Festsetzungsbeschluss daher keine Differenzierungen nach Branchen, Regionen, Tätigkeiten oder Arbeitnehmergruppen vorsehen. Festzusetzen ist von der Kommission ein stundenbezogener Bruttomindestlohn. Einmalzahlungen oder Nettolohnzuwächse können von ihr daher nicht beschlossen werden. Ebenso kann sie nicht – im Unterschied zu den Tarifvertragsparteien eines nach dem AEntG erstreckten Mindestlohntarifvertrags – Regelungen zur Fälligkeit oder zu Arbeitszeitkonten treffen. Unzulässig wäre es, wenn sie eine Ausschlussfrist für den Mindestlohn bestimmt. Die Kommission kann nicht über die Anrechenbarkeit bestimmter Leistungen der Arbeitgeber entscheiden.

B. Periodischer Anpassungsbeschluss §9

Der Beschluss der Mindestlohnkommission muss **nicht notwendigerweise** darin beste- 5
hen, eine **Anhebung des Mindestlohns** zu empfehlen. Der Beschluss der Mindestlohnkommission kann ebenso darin bestehen, die Höhe des Mindestlohns nicht zu verändern (vgl. BT-Drs. 18/1558 S. 37). In diesem Fall bedarf es keiner Umsetzung des Kommissionsbeschlusses durch Rechtsverordnung der Bundesregierung, weil die bestehende Mindestlohn-Verordnung, die nach dem Vorschlag der Kommission keine Veränderung erfahren soll, nach § 11 Abs. 1 S. 3 bis zur Ersetzung einer Nachfolgeverordnung wirksam bleibt. Es ist weder vom Wortlaut der Norm noch aus teleologischen Gründen ausgeschlossen, dass die Mindestlohnkommission eine Absenkung des Mindestlohns empfiehlt (ebs. Hilgenstock Rn. 240). Die **untere Grenze** dürfte insofern aber durch § 1 Abs. 2 gesetzlich determiniert sein; hiernach ist ein Mindestlohnsockel von **brutto 8,50 Euro** je Zeitstunde ab dem 1.1.2015 gesetzt (vgl. auch ErfK/Franzen MiLoG § 9 Rn. 1).

II. Zeitliche Vorgaben

Für die erstmalige Anpassungsempfehlung der Kommission gibt § 9 Abs. 1 S. 1 vor, 6
dass die Beschlussfassung bis zum 30.6.2016 mit Wirkung zum 1.1.2017 zu erfolgen hat. Durch den vorgegeben Zeitrahmen wird letztlich erreicht, dass die Frage der erstmaligen Anpassung des Mindestlohns nicht Gegenstand politischer Prozesse im Vorfeld der im Herbst 2017 turnusgemäß stattfindenden Wahl zum 19. Deutschen Bundestag wird. Die sechsmonatige Zeitspanne zwischen der Beschlussfassung und der möglichen Mindestlohnanpassung soll der Bundesregierung zur Prüfung des Beschlusses und zur Durchführung des Verordnungsverfahrens nach § 11 dienen (vgl. BT-Drs. 18/1558 S. 37). Gelingt eine **rechtzeitige Beschlussfassung** in der Kommission nicht, **berührt** dies die **Wirksamkeit** des „verspätet" gefassten Beschlusses **nicht** (vgl. auch § 11 Rn. 5).

Der zweijährige Zyklus entspricht nach Auffassung des Gesetzgebers den **üblichen** 7
tariflichen Entgeltanpassungen und trägt dem Umstand Rechnung, dass entsprechende Daten zur Lohnentwicklung nicht jährlich zur Verfügung stehen (BT-Drs. 18/2010 (neu) S. 22). Ob bei einer zweijährigen Anpassung hinreichend sichergestellt ist, dass die Mindestlohnkommission auf besondere wirtschaftliche Entwicklungen flexibel reagieren kann, darf indes bezweifelt werden. Mit einer flexiblen Reaktionsmöglichkeit auf wirtschaftliche Entwicklungen hatte die Bundesregierung noch die jährliche Anpassungsentscheidung im Regierungsentwurf zum MiLoG begründet (vgl. BT-Drs. 18/1558 S. 37).

Unklar ist, inwieweit der **Zeitpunkt, zu dem die Anpassung des Mindestlohns** nach 8
dem Willen der Mindestlohnkommission **wirksam werden soll**, zur Disposition der Mindestlohnkommission steht. Hiergegen könnte sprechen, dass der erste Anpassungsstichtag in § 9 Abs. 1 S. 1 als der 1.1.2017 gesetzt ist und weitere Anpassungsentscheidungen nach § 9 Abs. 1 S. 2 alle zwei Jahre erfolgen. Dies deutet darauf hin, dass Anpassungsentscheidungen zum 1.1.2019, 1.1.2021 usw zu erfolgen haben. Andererseits weist die Begründung zum Regierungsentwurf darauf hin, dass die Kommission auch **einen vom Jahresbeginn abweichenden Anpassungsstichtag** vorschlagen kann. Nach § 11 Abs. 1 S. 2 tritt die Rechtsverordnung zur Anpassung des Mindestlohns am im Beschluss der Mindestlohnkommission bezeichneten Tag, frühestens aber am Tag nach Verkündung in Kraft. Dies setzt voraus, dass die Mindestlohnkommission auch über den Tag der Anpassung des Mindestlohns empfehlend Beschluss zu fassen hat. Für eine entsprechende Kompetenz der Mindestlohnkommission sprechen letztlich auch Gründe der Praktikabilität, weil eine zeitliche Komponente kompromissfördernd wirken dürfte. Die Bestimmung des Anpassungsstichtags darf aber nicht dazu führen, dass von der Kommission die von § 9 Abs. 1 S. 2 vorgegebene Periodizität des Anpassungsbeschlusses nicht beachtet wird. Die Kommission darf daher etwa nicht von einem zweijährigen Anpassungsturnus zu

einem jährlichen Anpassungsturnus wechseln; eine strikte Zwei-Jahres-Frist nach der letzten Anpassungsentscheidung ist aber nicht einzuhalten.

9   Soweit die Kommission über den Anpassungsstichtag Beschluss fassen kann, dürfte es auch zulässig sein, eine **gestufte Anpassungsentscheidung** zu empfehlen, solange die gesetzliche Vorgabe der Beschlussfassung im zweijährigen Rhythmus beachtet wird.

C. Anpassungskriterien

10   § 9 Abs. 2 S. 1 gibt der Mindestlohnkommission Kriterien vor, an denen sie sich bei ihrer Entscheidung zu orientieren hat. Der Kriterienkatalog deckt sich in Teilen mit dem Zielkatalog des § 1 AEntG. Nach § 9 Abs. 2 S. 2 orientiert sich die Mindestlohnkommission nachlaufend an der Tarifentwicklung. Damit hat sich der Gesetzgeber zwar gegen die von den Spitzenverbänden im Gesetzgebungsverfahren artikulierte Forderung gewendet, den Mindestlohn streng zu indexieren (vgl. BT-Drs. 18/2010 (neu) S. 21 sowie die Stellungnahmen von BDA und DGB, Ausschuss-Drs. 18(11)148 S. 6, 9 und S. 32, 35). Dennoch hat das MiLoG im Ergebnis einen unübersehbaren Schritt in Richtung „Indexmodelle" gemacht. Dies ist aus rechtspolitischer Sicht insofern zu bemängeln, als dass im Vorfeld der Mindestlohngesetzgebung spätestens seit der 17. Legislaturperiode weitgehende Einigkeit darüber bestand, dass das britische Modell ein unabhängigen, empirisch arbeitenden Low-Pay-Commission dem französischen Indexmodell vorzuziehen ist.

I. Kriterienkatalog

11   Nach § 9 Abs. 2 S. 1 prüft die Mindestlohnkommission im Rahmen einer Gesamtabwägung, welche Höhe des Mindestlohns geeignet ist, zu einem angemessenen Mindestschutz der Arbeitnehmer beizutragen, faire und funktionierende Wettbewerbsbedingungen zu ermöglichen sowie Beschäftigung nicht zu gefährden. Bei den in § 9 Abs. 1 S. 1 genannten Kriterien handelt es sich jeweils um **unbestimmte Rechtsgriffe**, mit denen für Beschlüsse der Kommission nur ein äußerster Rahmen gesetzt wird, den es durch den Verordnungsgeber zu überprüfen gilt (s. dazu § 11 Rn. 23). Die Kriterien des § 9 Abs. 1 S. 1 können in einem Zielkonflikt stehen: Etwa kann auf der einen Seite für den Arbeitnehmerschutz ein höheres Mindestlohnniveau als dienlich angesehen werden, dies auf der anderen Seite aber Beschäftigung gefährden. Die Mindestlohnkommission hat daher die Aufgabe, die Zielkonflikte zu einem Ausgleich in praktischer Konkordanz zu bringen.

1. Mindestschutz der Arbeitnehmer

11a   Mit dem Kriterium des angemessenen Mindestschutzes der Arbeitnehmer nimmt der Gesetzgeber das **Leitbild des MiLoG** auf (zu den Funktionen des MiLoG vgl. Einf. Rn. 55 ff.). Der Mindestlohn dient dem Schutz der Arbeitnehmer, indem er die strukturelle Unterlegenheit des Arbeitnehmers bei der Verhandlung von Arbeitsentgelten teilweise ausgleicht. Ziel ist nicht die Herbeiführung eines umfassenden angemessenen Ausgleichs zwischen Arbeitgeber und Arbeitnehmer, sondern die Verhinderung „jedenfalls unangemessener" Arbeitsentgelte, die in Art. 2 Abs. 1 und Art. 20 Abs. 1 GG zum Ausdruck kommenden „elementaren Gerechtigkeitsanforderungen" nicht gerecht werden (krit. hierzu ErfK/Franzen MiLoG § 9 Rn. 2).

12   Wenngleich das **Kriterium der Existenzsicherung** nicht im Prüfkatalog des § 9 Abs. 2 enthalten ist, darf der Gesichtspunkt von der Kommission nicht völlig ausgeblendet werden. Zum einen ist es für den Gesetzgeber bei der Bestimmung der Einstiegshöhe des Mindestlohns ein wichtiges Indiz für „ein jedenfalls unangemessenes Arbeitsentgelt" gewesen, dass das Arbeitsentgelt für einen Alleinstehenden trotz vollzeitiger Beschäfti-

C. Anpassungskriterien   § 9

gung nicht zur Existenzsicherung hinreicht. Zum anderen gewährleistet die Orientierung an der Existenzsicherung, dass die staatliche Entgeltfestsetzung nicht zu weit in den Bereich der Tarifvertragsparteien vordringt und tarifautonome Entgeltregulierung substituiert. Umso weiter sich der Mindestlohn vom zur Existenzsicherung Notwendigen entfernt, desto kritischer ist also zu prüfen, ob er noch einem *Mindest*schutz der Arbeitnehmer dient.

Die Kommission kann sich ferner daran orientieren, in welchem Verhältnis die Mindestlohnhöhe zum **Bruttodurchschnitts- bzw. Bruttomedianlohn** steht. Durchschnitts- und Medianlohnbetrachtungen erlauben einen – allerdings mit aller Vorsicht zu ziehenden – Vergleich mit den Mindestlöhnen im (europäischen) Ausland. Anhand von Durchschnitts- und Medianlohnbetrachtungen kann die Kommission zudem überprüfen, dass sich der Mindestlohn nicht von der Gewährleistung eines Mindestschutzes in Richtung Festsetzung eines Durchschnittslohns entfernt. **13**

2. Faire und funktionierende Wettbewerbsbedingungen

Die Höhe des Mindestlohns soll ferner geeignet sein, faire und funktionierende Wettbewerbsbedingungen zu ermöglichen. **14**

Angesprochen wird mit diesem Prüfkriterium das Ziel des Mindestlohns, einen **Auszehrungs- und Verdrängungswettbewerb auf Kosten** der Arbeitnehmer und **Wettbewerber** einzuschränken (vgl. BVerfG Beschl. v. 20.3.2007 – 1 BvR 1047/05, NZA 2007, 609, 611). Die Kommission hat danach in ihre Überlegungen einzubeziehen, inwieweit die konkrete Höhe des Mindestlohns geeignet ist, einem Verdrängungswettbewerb über Lohnkosten, entgegenzuwirken (vgl. BT-Drs. 18/1558 S. 38). Der **Wettbewerb** zwischen den Unternehmen soll **um die besseren Dienstleistungen sowie Produkte** und nicht um die niedrigsten Arbeitsentgelte stattfinden. **15**

Berücksichtigen kann die Kommission in diesem Zusammenhang, inwieweit sich die Mindestlohnhöhe auf die **Wettbewerbsstruktur** auswirkt. Dabei kann es etwa eine Rolle spielen, ob eine Anpassung des Mindestlohns zum Schutz **kleiner und mittelständischer Unternehmen** beiträgt oder sie überfordert (vgl. BT-Drs. 18/1558, S. 38). **16**

Im Rahmen des Kriteriums „faire und funktionierende Wettbewerbsbedingungen" hat die Kommission auch **die konjunkturelle Lage und die Produktivität** zu berücksichtigen (BT-Drs. 18/1558 S. 38). Einem Verdrängungs- und Auszehrungswettbewerb begegnet der Mindestlohn im Prinzip nicht mehr, wenn er angesichts einer zu geringen Produktivität in bestimmten Branchen nicht mehr erwirtschaftet werden kann. Andererseits ist es mit der Konzeption des Mindestlohns auch verbunden, unproduktive Arbeit nicht durch staatliche Sozialleistungen zu subventionieren. Insofern läuft es der Ermöglichung „fairer und funktionierender Wettbewerbsbedingungen" nicht zuwider, wenn mit dem Mindestlohn ein Anreiz zur Verbesserung der Produktivität – zB durch Investitionen in Fortbildungen der Arbeitnehmer, Effektivierungen der betriebswirtschaftlichen Abläufe etc. gesetzt wird. Inwieweit dies für die Unternehmen zumutbar ist, dürfte auch mit Blick auf die konjunkturelle Lage zu beurteilen sein. **17**

Anerkannt ist, dass die Gewährleistung eines fairen und funktionierenden Wettbewerbs durch international zwingende Mindestlöhne gesichert werden kann (vgl. auch ErwGr 5 RL 96/71/EG sowie EuGH Urt. v. 12.10.2004 – C-60/03 [Wolff & Müller], NZA 2004, 1211, 1213). Die Kommission kann daher in ihre Prüfungen einfließen lassen, inwieweit die Anpassung des Mindestlohns zu einem **fairen Wettbewerb zwischen inländischen und ausländischen Unternehmen** beiträgt. **18**

Nach eA soll es iRd des Prüfkriteriums „faire und funktionierende Wettbewerbsbedingungen" von der Kommission in ihre Überlegungen einzubeziehen sein, welche Effekte die Mindestlohnhöhe auf die „**Abwanderung in Schwarzarbeit**" hat (so wohl ErfK/ Franzen MiLoG § 9 Rn. 2). Hiergegen spricht jedoch, dass der Abwanderung in **19**

Schwarzarbeit nicht zulasten der Arbeitnehmer durch eine Absenkung von Schutzstandards zu begegnen ist.

3. Negative Beschäftigungseffekte

20   Ferner soll die Höhe des Mindestlohns Beschäftigung nicht gefährden. Bei diesem Kriterium handelt es sich, wie der Gesetzgeber ausdrücklich betont, um ein im Verhältnis zum Mindestschutz der Arbeitnehmer und zur Gewährleistung fairer und funktionierender Wettbewerbsbedingungen **gleichberechtigtes Kriterium** (vgl. BT-Dr. 18/1558 S. 38). Die Höhe des Mindestlohns soll also nicht so hoch sein, dass sie **aus gesamtwirtschaftlicher Sicht zu Beschäftigungsabbau** oder Arbeitsverlagerungen ins Ausland führt. Die Anpassung der Mindestlohnhöhe gefährdet nicht die Beschäftigung iSv § 9 Abs. 1 S. 1, wenn in ihrer Folge zwar einzelne Unternehmen Mitarbeiter entlassen oder ihre Geschäftstätigkeit einstellen müssen, diese Beschäftigung aber dafür bei Wettbewerbern aufgebaut wird. Allerdings kann dieser Gesichtspunkt in die iRd Prüfkriteriums „faire und funktionierende Wettbewerbsbedingungen" anzustellenden Überlegungen einzubeziehen sein.

21   Anders als noch § 4 Abs. 4 S. 3 Nr. 3 MiArbG und § 1 S. 2 AEntG soll die Mindestlohnkommission nicht nur die Auswirkungen auf die sozialversicherungspflichtige Beschäftigung, sondern auf die **Beschäftigung insgesamt** in den Blick nehmen. Hierzu zählt namentlich auch die Förderung von Ausbildung zur langfristigen Sicherung des Fachkräftepotenzials (vgl. BT-Dr. 18/1558 S. 38). Gewürdigt werden können ferner auch Effekte auf sozialversicherungsfreie Beschäftigungsformen, wie die Tätigkeit von Selbständigen, geringfügige Beschäftigungsformen nach § 8a SGB IV oder die Beschäftigung von Rentnern.

II. Tariflohnentwicklung

22   Nach § 9 Abs. 2 S. 2 orientiert sich die Mindestlohnkommission bei der Festsetzung des Mindestlohns nachlaufend an der Tarifentwicklung.

1. Hintergrund

23   Der Gehalt von § 9 Abs. 2 S. 2 sowie das systematische Verhältnis zum Kriterienkatalog nach § 9 Abs. 2 S. 1 erschließen sich nicht ohne weiteres. Die Regelung war im ersten Diskussionsentwurf zum MiLoG nicht enthalten, sondern wurde **auf Betreiben der Spitzenorganisationen der Arbeitgeber und Arbeitnehmer** ergänzt, deren Bestreben es war, eine möglichst strenge Indexierung des Mindestlohns zu erreichen (vgl. auch Deter AuR 2014, 324, 325 sowie die Stellungnahmen von BDA und DGB, Ausschuss-Drs. 18(11) 148 S. 6, 9 und S. 32, 35), wobei im Arbeitgeber- und Arbeitnehmerlager unterschiedliche Ansichten darüber bestanden, welcher Vergleichslöhne für die Mindestlohnentwicklung prägend sein sollten.

24   Nach Struktur und Wortlaut von § 9 Abs. 2 S. 2 ist die Tariflohnentwicklung nicht Teil des Kriterienkatalogs nach § 9 Abs. 2 S. 1, sondern bindet diesen ab. Nach der Gesetzesbegründung sind die Tariflöhne **im Rahmen der Prüfung der Kriterien des § 9 Abs. 2 S. 1 ein wichtiger Richtwert für die Anpassung des Mindestlohns** (BT-Drs. 18/1558, S. 38). § 9 Abs. 2 S. 2 hat damit die **Funktion**, der Mindestlohnkommission einen **Orientierungsmaßstab** dafür zu geben, wie die von den Prüfungskriterien des § 9 Abs. 2 S. 1 angesprochenen Belange zu einem Ausgleich in praktischer Konkordanz gebracht werden können. Nach den Wertungen des MiLoG kann deshalb eine Mindestlohnanpassung, die der Tariflohnentwicklung folgt, in keinem Fall schlechterdings unvertretbar und unverhältnismäßig sein (vgl. hierzu auch § 11 Rn. 31).

2. Rücklaufende Orientierung

An welcher konkreten Tariflohnentwicklung die Orientierung nach § 9 Abs. 2 S. 2 erfolgen soll, gibt das Gesetz nicht vor. Als Bezugsobjekt liegt es nahe, den „amtlichen" **Tarifindex des Statistischen Bundesamtes** heranzuziehen (abrufbar unter www.destatis.de), der branchenübergreifend die wichtigsten Tarifverträge berücksichtigt und entsprechend ihrer Arbeitnehmerzahl gewichtet. Dieser Index weist in den letzten Jahren eine durchschnittliche Tariflohnsteigerung von ca. zwei Prozent aus. Die Mindestlohnkommission wird aber auch andere Tarifindexe in den Blick nehmen dürfen.

Klar ist demgegenüber, dass die Orientierung rücklaufend erfolgen soll. Damit werden **prognostische Elemente in Teilen ausgeblendet**, was in gewisser Spannung zu den Kriterien des § 9 Abs. 1 S. 1 steht. Eine zeitliche Grenze rücklaufender Betrachtung setzen freilich die bereits im Rahmen vorausgegangener Anpassungsentscheidungen berücksichtigten Tariflohnerhöhungen. Für die erste Anpassungsentscheidung der Kommission ist als Ausgangspunkt der 1.1.2015 durch § 1 Abs. 2 S. 1 gesetzt.

D. Beschlussbegründung

Der Beschluss der Mindestlohnkommission nach § 9 Abs. 1 ist selbst nicht formbedürftig. § 9 Abs. 3 verlangt aber, dass der Beschluss schriftlich begründet wird.

I. Schriftform

Zur Erfüllung des Schriftlichkeitserfordernisses des § 9 Abs. 3 genügt es, wenn die Begründung die Textform des § 126b BGB wahrt. Die strenge Schriftform des § 126 Abs. 1 iSe eigenhändiger Unterschrift des Vorsitzenden der Mindestlohnkommission ist nicht erforderlich.

Eine eigenhändige Unterzeichnung verlangt § 126 BGB nur bei Rechtsgeschäften. Auf rechtsgeschäftsähnliche Erklärungen findet die Bestimmung keine Anwendung (vgl. [zu § 99 Abs. 3 S. 1 BetrVG] BAG Beschl. v. 10.3.2009 – 1 ABR 93/07, NZA 2009, 622, 624 f.). Die Beschlussbegründung nach § 9 Abs. 3 ist keine Willenserklärung, sondern eine rechtsgeschäftsähnliche, auf einen tatsächlichen Erfolg gerichtete Handlung, die die Bundesregierung veranlassen soll, eine Rechtsverordnung nach § 11 zu erlassen. Die **Textform nach § 126b BGB** trägt damit dem Sinn und Zweck des Formerfordernisses nach § 9 Abs. 3 ausreichend Rechnung. Das Erfordernis der Schriftlichkeit soll gewährleisten, dass die Bundesregierung auf sichere Weise Kenntnis von den Gründen erhält, auf die die Kommission ihre Beschlussfassung stützt. Diesem Zweck genügt die Beschlussbegründung auch ohne eigenhändige Namensunterschrift des Vorsitzenden der Mindestlohnkommission, soweit sie die Anforderungen des § 126b Abs. 1 genügt.

Genügt die Begründung diesen Anforderungen nicht, kann sie durch den Vorsitzenden der Mindestlohnkommission nachgebessert werden. Ein **„Formmangel"** ist also „heilbar".

II. Begründungselemente

Das Begründungserfordernis nach § 9 Abs. 3 hat nicht lediglich appellierenden Charakter, sondern ist **obligatorisch** („hat ... zu begründen."). Die Begründung soll eine Auseinandersetzung mit den in § 9 Abs. 2 genannten Kriterien sowie die wesentlichen Entscheidungsgründe beinhalten (vgl. BT-Drs. 18/1558 S. 38). Eine lediglich den **Gesetzestext wiedergebende Begründung genügt** damit **nicht** (vgl. auch KAEW/Winkler MiArbG § 3 Rn. 23; Thüsing/Joussen MiArbG § 3 Rn. 20).

32 Solange der Beschluss der Mindestlohnkommission nicht begründet ist, dürfte es regelmäßig an einer hinreichenden Grundlage für den zügigen Erlass einer Rechtsverordnung nach § 11 Abs. 1 fehlen. Ohne eine Begründung wird die Bundesregierung nur schwerlich prüfen können, ob der Erlass einer Rechtsverordnung nach § 11 erfolgen kann. Ausgeschlossen ist dies allerdings nicht, da die Bundesregierung ohnehin eine eigenständige Prüfung vorzunehmen hat (hierzu § 11 Rn. 23 ff.).

E. Evaluation

33 Nach § 9 Abs. 4 **evaluiert** die Mindestlohnkommission **laufend die Auswirkungen des Mindestlohns** auf den Schutz der Arbeitnehmer, die Wettbewerbsbedingungen und die Beschäftigung in Bezug auf bestimmte Branchen und Regionen sowie die Produktivität und stellt ihre Erkenntnisse der Bundesregierung in einem Bericht alle zwei Jahre gemeinsam mit ihrem Beschluss nach § 9 Abs. 1 zur Verfügung. Die Regelung ist **erst im parlamentarischen Verfahren** in den Gesetzentwurf der Bundesregierung eingebracht worden. Mit § 9 Abs. 4 soll nach dem Willen des Gesetzgebers – über die einmalige Evaluation des Gesetzes im Jahr 2020 (vgl. hierzu § 23 Rn. 1 ff.) – einerseits frühzeitig, andererseits fortlaufend sichergestellt werden, dass die Auswirkungen des Mindestlohns evaluiert werden (BT-Drs. 18/2010 (neu) S. 23). Mit der **insbesondere auf Drängen der Unionsfraktion** aufgenommenen Evaluationsvorschrift sollte va sichergestellt werden, dass sich das deutsche Mindestlohnmodell nicht zu weit von der ursprünglich zum Vorbild genommenen britischen Low-Pay-Commission entfernt. Die Arbeit der Kommission soll sich nicht im Vollzug einer Tarifindexierung erschöpfen. Die Kommission soll als politikferne und sachnahe Einrichtung Gewähr für die soziale und ökonomische Angemessenheit des Mindestlohns bieten. Dabei soll sich die Kommission empirischen Erkenntnissen nicht aus politischen Gründen verschließen (können).

34 Die Evaluation hat durch die Mindestlohnkommission selbst zu erfolgen, die den Sachverstand der beratenden Mitglieder (§ 7) als auch externen Sachverstand nach Maßgabe von § 10 Abs. 3 S. 2 hinzuziehen kann. Adressat des Evaluationsberichts ist die Bundesregierung. Auch wenn der Bericht nach dem Wortlaut des § 9 Abs. 4 gemeinsam mit dem Beschluss nach § 9 Abs. 1 vorliegen soll, wird damit **keine zeitliche Synchronisation** ieS gefordert. Kommt die Kommission ihrem Auftrag aus § 9 Abs. 4 nicht oder nicht rechtzeitig nach, berührt das darin liegende Versäumnis weder die Wirksamkeit des nach § 9 Abs. 1 gefassten Beschlusses noch das nachgelagerte Rechtsverordnungsverfahren nach § 11.

§ 10 Verfahren der Mindestlohnkommission

(1) Die Mindestlohnkommission ist beschlussfähig, wenn mindestens die Hälfte ihrer stimmberechtigten Mitglieder anwesend ist.

(2) Die Beschlüsse der Mindestlohnkommission werden mit einfacher Mehrheit der Stimmen der anwesenden Mitglieder gefasst. Bei der Beschlussfassung hat sich die oder der Vorsitzende zunächst der Stimme zu enthalten. Kommt eine Stimmenmehrheit nicht zustande, macht die oder der Vorsitzende einen Vermittlungsvorschlag. Kommt nach Beratung über den Vermittlungsvorschlag keine Stimmenmehrheit zustande, übt die oder der Vorsitzende ihr oder sein Stimmrecht aus.

(3) Die Mindestlohnkommission kann Spitzenorganisationen der Arbeitgeber und Arbeitnehmer, Vereinigungen von Arbeitgebern und Gewerkschaften, öffentlich-rechtliche Religionsgesellschaften, Wohlfahrtsverbände, Verbände, die wirtschaftliche und soziale Interessen organisieren, sowie sonstige von der Anpassung des Mindestlohns Betroffene

vor Beschlussfassung anhören. Sie kann Informationen und fachliche Einschätzungen von externen Stellen einholen.

(4) Die Sitzungen der Mindestlohnkommission sind nicht öffentlich; der Inhalt ihrer Beratungen ist vertraulich. Die übrigen Verfahrensregelungen trifft die Mindestlohnkommission in einer Geschäftsordnung.

Übersicht

	Rn.
A. Normzweck	1
B. Regelungsgehalt	2
I. Beschlussfähigkeit	3
1. Stimmberechtigte Mitglieder	4
2. Anwesenheit	5
3. Rechtsfolgen	6
II. Beschlussfassung	7
1. Mehrheitsbeschluss der Anwesenden	8
2. Abstimmungsverlauf	10
3. Andere Beschlüsse	13
III. Informationsrechte der Mindestlohnkommission	14
1. Anhörung	15
2. Einholung externer Informationen	16
IV. Nichtöffentlichkeit, Vertraulichkeit	19
1. Nichtöffentlichkeit der Sitzungen	20
2. Vertraulichkeit der Beratungen	22
VI. Geschäftsordnung	25

A. Normzweck

§ 10 regelt als Binnenrecht die wesentlichen Grundsätze für das Verfahren der Mindestlohnkommission. Die Norm betrifft nicht unmittelbar das Verhältnis des Staats und seiner Institutionen zum Bürger. So vermittelt beispielsweise die Möglichkeit der Anhörung nach § 10 Abs. 3 S. 1 kein subjektives Recht auf Anhörung (vgl. BT-Drs. 18/2010 (neu) S. 23; BT-Drs. 18/1558 S. 38), sondern ist als **Kompetenztitel zugunsten der Mindestlohnkommission** zu verstehen. § 10 gestaltet einerseits das Verfahren der Mindestlohnkommission; andererseits wirkt § 10 als Kompetenztitel. 1

B. Regelungsgehalt

Im Zentrum der Norm steht die in § 10 Abs. 1 und Abs. 2 für die Willensbildung als Kollegialorgan besonders bedeutsame Frage der Beschlussfähigkeit und der Beschlussfassung. Nach § 10 Abs. 4 S. 1 sind die Sitzungen der Mindestlohnkommission nicht öffentlich, der Inhalt der Beratungen ist vertraulich. § 10 Abs. 4 S. 2 stellt klar, dass die Mindestlohnkommission sich zu den übrigen Verfahrensfragen eine Geschäftsordnung gibt. § 10 Abs. 3 S. 1 räumt der Mindestlohnkommission das Recht ein, vom Mindestlohn Betroffene sowie deren Interessensvertretungen zu einer Anpassung des Mindestlohns anzuhören. § 10 Abs. 3 S. 2 normiert das Recht der Mindestlohnkommission, Informationen und fachliche Einschätzungen von externen Stellen einzuholen. 2

I. Beschlussfähigkeit

Die Mindestlohnkommission trifft ihre Entscheidungen als Kollegialorgan per Beschluss. Die Mindestlohnkommission kann nur dann wirksam Beschluss fassen, wenn sie beschlussfähig ist. Die Beschlussfähigkeit der Mindestlohnkommission setzt nach § 10 3

Abs. 1 voraus, dass mindestens die Hälfte ihrer stimmberechtigen Mitglieder anwesend ist. Wegen der Tragweite der von der Mindestlohnkommission zu fassenden Beschlüsse dient die Regelung zum einen dem öffentlichen Interesse an einer hinreichend legitimierten Entscheidungsfindung; zum anderen wird die Funktionsfähigkeit der Mindestlohnkommisssion sichergestellt, indem eine „Politik des leeren Stuhls" durch eine Seite ausgeschlossen wird.

1. Stimmberechtigte Mitglieder

4   Wer stimmberechtigtes Mitglied ist, ergibt sich aus § 4 Abs. 2 S. 2. Nach § 4 Abs. 2 S. 2 besteht die Mindestlohnkommission aus einem Vorsitzenden, sechs weiteren stimmberechtigten ständigen Mitgliedern und zwei Mitgliedern aus Kreisen der Wissenschaft ohne Stimmrecht (beratende Mitglieder). Damit setzt sich die Mindestlohnkommission aus insgesamt neun Mitgliedern zusammen; sieben davon stimmberechtigt (vgl. auch BT-Drs. 18/1558 S. 35). Stimmberechtigt sind die nach § 5 Abs. 1 S. 1 auf Vorschlag der Spitzenorganisationen der Arbeitgeber und Arbeitnehmer berufenen Mitglieder sowie der nach § 6 Abs. 1 berufene Vorsitzende der Mindestlohnkommission. Damit ist die Mindestlohnkommission nach § 10 Abs. 1 beschlussfähig, wenn jedenfalls vier stimmberechtigte Mitglieder anwesend sind. Nicht mitzuzählen sind die nach § 7 berufenen beratenden Mitglieder.

2. Anwesenheit

5   Die Beschlussfähigkeit setzt die Anwesenheit der Mitglieder der Mindestlohnkommission voraus. Wesentlich ist die körperliche Anwesenheit bei der Beschlussfassung. Eine lediglich fernmündliche Teilnahme oder Zuschaltung durch ein Videokonferenzsystem ist nicht zulässig. Ebenfalls unzulässig ist eine Beschlussfassung im Umlaufverfahren oder eine Vertretung bzw. Bevollmächtigung. Demgegenüber ist eine aktive Teilnahme an der Beschlussfassung gesetzlich nicht gefordert (anders als zB in § 33 Abs. 2 S. 1 BetrVG, zu dortigen Abgrenzungsschwierigkeiten vgl. Fitting BetrVG § 33 Rn. 13a). Da die Voraussetzungen für die Beschlussfähigkeit im Zeitpunkt der Abstimmung vorliegen müssen, sind vorrübergehende Abwesenheiten während der Sitzungen, Beratungen oder vorbereitender Termine ohne Belang. Dass die Mindestlohnkommission zu Beginn der Sitzung beschlussfähig ist, ist weder gefordert noch ausreichend.

3. Rechtsfolgen

6   Beschlüsse, die von in nicht beschlussfähiger Zahl versammelten Mitgliedern der Mindestlohnkommission gefasst werden, sind wegen eines schwerwiegenden Verfahrensmangels nichtig. Sie können nicht Grundlage für den Erlass einer Rechtsverordnung nach § 11 sein. Der Mangel der Beschlussfassung schlägt insofern auf die Rechtsverordnung durch (vgl. hierzu § 11 Rn. 13).

II. Beschlussfassung

7   § 10 Abs. 2 regelt die Beschlussfassung der Mindestlohnkommission.

1. Mehrheitsbeschluss der Anwesenden

8   Die Beschlüsse der Mindestlohnkommission werden nach § 10 Abs. 2 S. 1 mit **einfacher Mehrheit der Stimmen der anwesenden stimmberechtigten Mitglieder** gefasst. Bei Stimmengleichheit kommt ein Beschluss nicht zustande. Enthaltungen sind zulässig. Nimmt ein anwesendes und stimmberechtigtes Mitglied der Kommission nicht aktiv an

der Beschlussfassung teil, wirkt dies faktisch als Ablehnung des zur Abstimmung gestellten Vorschlags, weil das Gesetz eine positive Mehrheitsentscheidung der anwesenden stimmberechtigten Mitglieder fordert (ebs. ErfK/Franzen MiLoG § 10 Rn. 1; vgl. [zu § 4 Abs. 3 S. 2 HAG] Schmidt/Koberski/Tiemann/Wascher HAG § 4 Rn. 42; [zu § 33 Abs. 1 S. 1 BetrVG] GK-Raab § 33 Rn. 29 mwN; **aA** [zu § 25 WEG] BGH Urt. v. 8.12.1988 – V ZB 3/88, NJW 1989, 1090 sowie Löwisch BB 1996, 1006). Eine Stimmenmehrheit liegt also nur vor, wenn die Zahl der für den zur Entscheidung gestellten Antrag stimmenden Kommissionsmitglieder größer ist als die Zahl der übrigen anwesenden und abstimmungsberechtigten Mitglieder. Es wird gesetzessprachlich die Mehrheit der Anwesenden gefordert, nicht etwa die Mehrheit der „abgegebenen Stimmen" (so bspw. in § 133 Abs. 1 AktG, § 32 Abs. 1 S. 3 BGB, § 47 Abs. 1 GmbHG, § 43 Abs. 2 S. 1 GenG) (vgl. [zu § 9 Abs. 3 BJagdG] auch BVerwG Urt. v. 19.7.1984 – 3 C 29/83, BayVBl 1984, 760).

Keine Enthaltung idS ist die Enthaltung, die das Gesetz in § 10 Abs. 2 S. 2 im ersten 9 Abstimmungsgang vom Vorsitzenden fordert. Sie ist dahingehend zu verstehen, dass sich der Vorsitzende der Mindestlohnkommission zunächst in tatsächlicher Hinsicht gegenüber dem zur Abstimmung stehenden Vorschlag neutral zu verhalten hat, indem er an der Abstimmung nicht teilnimmt. Bei der Beurteilung, ob die Mehrheit der anwesenden stimmberechtigten Mitglieder im ersten Abstimmungsgang für den zur Abstimmung stehenden Vorschlag gestimmt hat, ist der Vorsitzende also nicht mitzuzählen ([zu § 76 Abs. 3 S. 3] Fitting BetrVG § 76 Rn. 82).

2. Abstimmungsverlauf

§ 10 Abs. 2 sieht im Konfliktfall ein **mehrstufiges Abstimmungsverfahren** vor, das 10 inhaltlich dem Verfahren der Heimarbeitsausschüsse (§ 4 Abs. 3 S. 3 HAG) und der Beschlussfassung in betrieblichen Einigungsstellen entspricht (§ 76 Abs. 3 S. 3 BetrVG).

Der Vorsitzende der Mindestlohnkommission soll bei abweichenden Auffassungen 11 zwischen den Mitgliedern vermitteln und hat sich daher nach § 10 Abs. 2 S. 2 bei der ersten Abstimmung zunächst der Stimme zu enthalten. Kommt eine Stimmenmehrheit im ersten Abstimmungsgang nicht zustande, soll der Vorsitzende einen **Vermittlungsvorschlag** unterbreiten. Der Vorsitzende ist dabei nicht an den Vermittlungsvorschlag gebunden, sondern kann nach seinem Ermessen auch Vorschlägen aus der Mitte der Mindestlohnkommission zustimmen (vgl. BT-Drs. 18/1558 S. 38). Nach einer weiteren Beratung haben die Mitglieder über den Vermittlungsvorschlag abzustimmen, der Vorsitzende hat sich wiederum der Stimme zu enthalten. Von einer weiteren Beratung kann in allseitigem Einvernehmen abgesehen werden, wenn sie nicht für erforderlich gehalten wird. Kommt nach Beratung über den Vermittlungsvorschlag keine Stimmenmehrheit zustande, übt der Vorsitzende nach § 10 Abs. 3 S. 3 sein Stimmrecht aus. Das Verfahren ist unter Beteiligung des Vorsitzenden **solange durchzuführen, bis sich eine Mehrheit hinter einem Beschlussvorschlag versammelt**.

Eine Stimmenthaltung des Vorsitzenden bei der zweiten Abstimmung ist nicht zulässig, 12 da seine Stimme im Zweifel den Ausschlag geben soll. Der Vorsitzende hat es aber in der Hand, zunächst weitere Vermittlungsvorschläge zu unterbreiten. Da die Mindestlohnkommission allein über zur Höhe des (künftigen) Mindestlohns eine Empfehlung unterbreiten soll, kann es sich insofern anbieten, zunächst den weitreichendsten Antrag zur Abstimmung zu stellen. Findet dieser keine Mehrheit, wäre der Vorschlag betragsmäßig solang zu reduzieren, bis er eine Mehrheit findet.

3. Andere Beschlüsse

Das gestufte Abstimmungsverfahren ist nur durchzuführen, soweit Beschlüsse iSd § 9 13 Abs. 1 zu fassen sind. Die Regelung gilt nicht für sonstige Fragen, die eine Willensbildung der Mindestlohnkommission voraussetzen, wie beispielsweise die Einholung externer Informationen und fachlicher Einschätzungen nach § 10 Abs. 3 S. 2 oder klärungsbedürftige Verfahrensfragen. Bei ihnen ist der Vorsitzende der Mindestlohnkommission von Anfang an stimmberechtigt.

III. Informationsrechte der Mindestlohnkommission

14   Nach § 10 Abs. 3 kann die Mindestlohnkommission Betroffene anhören sowie Informationen und fachliche Einschätzungen von externen Stellen einholen.

1. Anhörung

15   Nach § 10 Abs. 3 S. 1 kann die Mindestlohnkommission Spitzenorganisationen der Arbeitgeber und Arbeitnehmer, Vereinigungen von Arbeitgebern und Gewerkschaften, öffentlich-rechtliche Religionsgesellschaften, Wohlfahrtsverbände, Verbände, die wirtschaftliche und soziale Interessen organisieren, sowie sonstige von der Anpassung des Mindestlohns Betroffene vor Beschlussfassung anhören. Vom Mindestlohn betroffen können neben Arbeitgebern und Arbeitnehmern etwa auch Arbeitslose sein. **Art und Umfang** der **Anhörung** stehen im **Ermessen** der Mindestlohnkommission („kann"). Ein **subjektives Recht auf Anhörung vermittelt die Regelung nicht** (BT-Drs. 18/2010 (neu) S. 23). § 10 Abs. 3 S. 1 ist sprachlich und systematisch als Kompetenztitel der Mindestlohnkommission konzipiert.

2. Einholung externer Informationen

16   Nach § 10 Abs. 3 S. 2 kann die Mindestlohnkommission Informationen und fachliche Einschätzungen von externen Stellen einholen. Die Behörden des Bundes und der Länder leisten der Mindestlohnkommission Amtshilfe (vgl. auch Art. 35 Abs. 1 GG) (BT-Drs. 18/1558 S. 38).

17   Die **einzuholenden Informationen** müssen zur Erfüllung der der Mindestlohnkommission zugewiesenen Aufgaben **erforderlich sein**. Die einzuholenden Informationen müssen also die durch die Mindestlohnkommission nach § 9 Abs. 4 zu leistende Evaluierung des Mindestlohns oder die Beschlussfassung nach § 9 Abs. 1 betreffen. Zu den Informationen iSd § 10 Abs. 3 S. 2 können beispielsweise Daten zur Beschäftigungssituation und der Entwicklung der Arbeitsentgelte, insbesondere der Tariflöhne zählen (vgl. § 9 Abs. 2 S. 2) (BT-Drs. 18/1558 S. 38).

18   Informationen idS sind nicht nur Auskünfte, sondern auch gutachtliche Stellungnahmen. Auch Gutachten können insofern im Rahmen der nach § 12 Abs. 4 zugewiesenen Haushaltsmittel durch die Mindestlohnkommission eingeholt werden (BT-Drs. 18/1558 S. 38).

IV. Nichtöffentlichkeit, Vertraulichkeit

19   Nach § 10 Abs. 4 S. 1 sind die Sitzungen der Mindestlohnkommission nicht öffentlich; ihre Beratungen sind vertraulich.

1. Nichtöffentlichkeit der Sitzungen

20   Die Sitzungen der Mindestlohnkommission sind nicht öffentlich. Damit soll die Arbeitsweise und Unabhängigkeit der Mindestlohnkommission gesichert werden. Die Mitglieder der Kommission sollen frei von äußeren Einflüssen beraten und entscheiden können; ihre Diskussionen sollen nicht durch die Anwesenheit Dritter beeinflusst werden.

Der Grundsatz der Nichtöffentlichkeit schließt es nicht aus, Dritte, insbesondere Mitarbeiter der Geschäftsstelle, aber auch **Protokollkräfte, Sachverständige, Auskunftspersonen, Dolmetscher** oder einen weiteren Vorsitzenden nach § 6 Abs. 2 S. 1 hinzuzuziehen. Eine Hinzuziehung Dritter dürfte aber nur dann sachgerecht sein kann, wenn die Anwesenheit für die in der Sitzung zu behandelnden Themen von Bedeutung ist. Inwiefern dies der Fall ist, obliegt der Beurteilung der Kommission. Ein allgemeines *Teilnahmerecht* der Spitzenverbände, Vertretern der Bundesregierung oder Ministerien ist mit dem Grundsatz der Nichtöffentlichkeit nicht vereinbar (aA [für Heimarbeitsausschüsse] Schmidt/Koberski/Tiemann/Wascher HAG § 4 Rn. 35).

Ein Verstoß gegen den Grundsatz der Nichtöffentlichkeit berührt die Wirksamkeit 21 eines so gefassten Beschlusses nach § 9 Abs. 1 nicht (vgl. [zu § 30 S. 4 BetrVG] Fitting BetrVG § 33 Rn. 55 mwN).

2. Vertraulichkeit der Beratungen

Die Beratungen der Mindestlohnkommission sind vertraulich. Die Pflicht der Mindest- 22 lohnkommission nach § 9 Abs. 3, ihren Beschluss zu begründen, bleibt davon unberührt. (BT-Drs. 18/1558 S. 38).

Der Begriff der Beratung umfasst den Vorgang des gemeinsamen Überlegens, Bespre- 23 chens bzw. Beratschlagens der Beschlussfassung nach § 9 Abs. 1. Die Beratung dient dabei der Prüfung und Abwägung aller für die Entscheidungsbildung relevanten Umstände mit dem Ziel einer Einigung, zumindest aber mit dem Ziel einer Ergebnisfindung durch Abstimmung bzw. Beschlussfassung. Wesen der Beratung ist es danach, die Möglichkeit der Meinungsäußerung und der Erörterung bestimmter Fragen oder Themen im Rahmen eines Verfahrensvorgangs zum Zwecke der Entscheidungsbildung zu gewährleisten (vgl. OVG Schleswig Urt. v. 15.9.1998 – 4 L 139/98, NVwZ 1990, 670, 672).

Die Vertraulichkeit erfordert es, dass die **Beratungsinhalte geheim zu halten** sind und 24 Dritten gegenüber nicht zur Kenntnis gebracht werden dürfen. Insofern handelt es sich bei § 10 Abs. 4 um eine durch **Rechtsvorschrift geregelte Geheimhaltungsvorschrift iSd § 3 Nr. 4 IFG**. Ein Anspruch auf Zugang zu Informationen aus der Sphäre der Mindestlohnkommission besteht nach dem IFG demnach nicht.

VI. Geschäftsordnung

Nach § 10 Abs. 4 S. 2 hat die Mindestlohnkommission sich zu den übrigen Verfah- 25 rensfragen eine Geschäftsordnung zu geben. Wegen der besonderen Bedeutung für eine ordnungsgemäße Arbeit der Mindestlohnkommission ist die Verabschiedung einer Geschäftsordnung für die Mindestlohnkommission nach § 10 Abs. 4 S. 2 obligatorisch. Die Geschäftsordnung darf keine im Widerspruch zu den Bestimmungen des MiLoG abweichenden Regelungen enthalten. Durch die Geschäftsordnung kann sich die Mindestlohnkommission insbesondere keine neuen Befugnisse einräumen. Eine Kompetenz-Kompetenz gewährt § 10 Abs. 4 S. 2 nicht.

Die erlassene Geschäftsordnung wirkt nach dem **Grundsatz der Diskontinuität** aus- 26 schließlich für die Amtszeit der Mindestlohnkommission nach § 4 Abs. 2. Die nachfolgende Mindestlohnkommission kann die Geschäftsordnung aber durch bestätigenden Beschluss „übernehmen". Ein lediglich stillschweigendes Zueigenmachen der alten Geschäftsordnung durch die neu besetzte Mindestlohnkommission ist nicht möglich.

§ 11 Rechtsverordnung

(1) **Die Bundesregierung kann die von der Mindestlohnkommission vorgeschlagene Anpassung des Mindestlohns durch Rechtsverordnung ohne Zustimmung des Bundes-**

rates für alle Arbeitgeber sowie Arbeitnehmerinnen und Arbeitnehmer verbindlich machen. Die Rechtsverordnung tritt am im Beschluss der Mindestlohnkommission bezeichneten Tag, frühestens aber am Tag nach Verkündung in Kraft. Die Rechtsverordnung gilt, bis sie durch eine neue Rechtsverordnung abgelöst wird.

(2) Vor Erlass der Rechtsverordnung erhalten die Spitzenorganisationen der Arbeitgeber und Arbeitnehmer, die Vereinigungen von Arbeitgebern und Gewerkschaften, die öffentlich-rechtlichen Religionsgesellschaften, die Wohlfahrtsverbände sowie die Verbände, die wirtschaftliche und soziale Interessen organisieren, Gelegenheit zur schriftlichen Stellungnahme. Die Frist zur Stellungnahme beträgt drei Wochen; sie beginnt mit der Bekanntmachung des Verordnungsentwurfs.

Übersicht

	Rn.
A. Übersicht	1
B. Voraussetzungen für den Erlass der Anpassungsverordnung	2
I. Formelle Voraussetzungen des Verordnungserlasses	4
1. Formell ordnungsgemäßer Kommissionsbeschluss	5
2. Schriftliche Begründung des Beschlusses und Evaluationsbericht	6
3. Verordnungsverfahren	7
4. Rechtsfolge von Verfahrensfehlern	11
II. Materielle Voraussetzungen des Verordnungserlasses	15
1. Entschließungsfreiheit und inhaltliche Ausgestaltungsfreiheit	16
a) Keine Umsetzungspflicht der Bundesregierung	17
b) Kein Abänderungsrecht der Bundesregierung	21
2. Prüfungsmaßstab	23
3. Anpassungsverordnung als gerichtlicher Kontrollgegenstand	32
C. Wirkung der Mindestlohn-Verordnung	36
D. Bekanntmachung, In- und Außerkrafttreten	37
E. Rechtsschutz	40
I. Rechtsschutz gegenüber der Mindestlohnkommission	40
II. Rechtsschutz gegenüber dem Verordnungsgeber	43
1. Verfassungsbeschwerde	44
2. Arbeitsgerichtliches Beschlussverfahren	45
3. Verwaltungsgerichtliches Normenkontrollverfahren	47
4. Allgemeine Feststellungsklage	48
III. Fachgerichtliche Inzidentprüfung	51

A. Übersicht

1 § 11 beinhaltet die Ermächtigungsgrundlage für den Erlass der Verordnung, mit der der Anpassungsbeschluss der Mindestlohnkommission (§ 9 Abs. 1) rechtsverbindlich gemacht werden kann. Zuständig für den Verordnungserlass ist die Bundesregierung. Von der Anpassung des Mindestlohns im weiteren Sinne betroffene Verbände und Gruppierungen erhalten Gelegenheit zur schriftlichen Stellungnahme zum Verordnungsentwurf.

B. Voraussetzungen für den Erlass der Anpassungsverordnung

2 Nach § 11 Abs. 1 S. 1 kann die Bundesregierung die von der Mindestlohnkommission vorgeschlagene Anpassung des Mindestlohns durch Rechtsverordnung verbindlich machen. Die Bundesregierung kann die Anpassungsverordnung nur erlassen, wenn die formellen und materiellen Voraussetzungen vorliegen.

3 Der Verordnungsgeber bewegt sich an der Schnittstelle von Rechtsanwendung und Rechtsgestaltung, sein Handeln ist daher typischerweise nicht bloßer Erkenntnis-, son-

dern auch Willensakt (vgl. Schnelle, Fehlerfolgenlehre für Rechtsverordnungen, S. 88). Soweit die Verordnungsermächtigung des § 11 durch volative Elemente des „Wertens, Bewertens und auch Abwägens" (vgl. BVerwG Urt. v. 8.2.1980 – VII C 93.77, NJW 1980, 2766, 2769) gekennzeichnet ist, kommt der Bundesregierung ein **gerichtlich nur eingeschränkt überprüfbares Normsetzungsermessen** zu (zur gerichtlichen Kontrolle vgl. v. Danwitz, Die Gestaltungsfreiheit des Verordnungsgebers, S. 198 ff.). Dieses Normsetzungsermessen des Verordnungsgebers kann am ehesten als eine Kategorie sui generis verstanden werden (Schnelle, Fehlerfolgenlehre für Rechtsverordnungen, S. 90), welches im Unterschied zum herkömmlichen Ermessen von Verwaltungsbehörden nicht auf die Rechtsfolgenseite beschränkt ist, sondern auch Beurteilungsspielräume auf der Tatbestandsseite mit umfassen kann.

I. Formelle Voraussetzungen des Verordnungserlasses

Soweit für den Verordnungserlass formelle Voraussetzungen vorgegeben sind, bewegt sich die Bundesregierung im Bereich der Rechtsanwendung. Für einen Gestaltungsspielraum des Verordnungsgebers ist hier kein Raum (vgl. v. Danwitz, Die Gestaltungsfreiheit des Verordnungsgebers, S. 188). 4

1. Formell ordnungsgemäßer Kommissionsbeschluss

Eine Anpassungsverordnung kann von der Bundesregierung nur erlassen werden, wenn ihr ein formell ordnungsgemäßer Beschluss der Mindestlohnkommission zugrunde liegt (zu Fehlern bei der Besetzung der Kommission s. § 5 Rn. 32). Dies setzt voraus, dass die Mindestlohnkommission bei der Beschlussfassung nach § 9 Abs. 1, beschlussfähig war, also mindestens die Hälfte ihrer stimmberechtigten Mitglieder anwesend waren (vgl. § 10 Abs. 1). Die Mindestlohnkommission muss ihren Beschluss gemäß § 10 Abs. 2 S. 1 mit einfacher Mehrheit der Stimmen der anwesenden Mitglieder gefasst haben. Ist der Beschluss verspätet, dh erst nach dem in § 9 Abs. 1 genannten Zeitpunkt gefasst, berührt dies das Verfahren nach § 11 nicht. 5

2. Schriftliche Begründung des Beschlusses und Evaluationsbericht

Der Kommissionsbeschluss ist gemäß § 9 Abs. 3 schriftlich zu begründen. Die Kommission ist gemäß § 9 Abs. 4 zudem verpflichtet, in einem Evaluationsbericht ihre Erkenntnisse über die Auswirkungen des Mindestlohns der Bundesregierung alle zwei Jahre gemeinsam mit ihrem Beschluss zur Verfügung zu stellen. Zweck des Evaluationsberichts ist es, zu einem frühen Zeitpunkt laufend sicherzustellen, dass die Auswirkungen des Mindestlohns von der Mindestlohnkommission transparent und nachvollziehbar beleuchtet und die Erkenntnisse der Bundesregierung zur Verfügung gestellt werden (BT-Drs. 18/2010 (neu) S. 24). Diese Erkenntnisse soll die Bundesregierung bei ihrer Entscheidung über den Erlass einer Anpassungsverordnung berücksichtigen können. 6

3. Verordnungsverfahren

Die Anpassungsverordnung kann nach § 11 Abs. 1 S. 1 **ohne Zustimmung des Bundesrats** erlassen werden. 7

Nach § 11 Abs. 2 S. 1 erhalten die Spitzenorganisationen der Arbeitgeber und Arbeitnehmer, die Vereinigungen von Arbeitgebern und Gewerkschaften, die öffentlich-rechtlichen Religionsgesellschaften, die Wohlfahrtsverbände sowie die Verbände, die wirtschaftliche und soziale Interessen organisieren, Gelegenheit zur schriftlichen Stellungnahme. Mit dem **Stellungnahmerecht** soll sichergestellt werden, dass Verbände und Gruppierungen beteiligt werden, deren Interessen durch die Anpassung des Mindestlohns 8 berührt werden (BT-Drs. 18/1559 S. 46). Der Regierungsentwurf hatte den öffentlich-rechtlichen Religionsgesellschaften sowie den Wohlfahrtsverbänden noch nicht ausdrücklich ein Stellungnahmerecht eingeräumt. Sie sind erst ist im parlamentarischen Verfahren auf Empfehlung des Ausschusses für Arbeit und Soziales in den Katalog der zur Stellungnahme Berechtigten aufgenommen worden. Mit der Klarstellung sollte dem Umstand Rechnung getragen werden, dass die Anpassung des Mindestlohns auch das verfassungsrechtlich gewährleistete Selbstbestimmungsrecht der Kirchen, ihre Arbeitsbedingungen im Rahmen des sog. Dritten Weges selbst zu regeln, berühren kann (BT-Drs. 18/2010 (neu) S. 23). Insbesondere im Bereich der sozialen Dienstleistungen haben die kirchlichen Wohlfahrtsverbände Caritas und Diakonie eine bedeutende Rolle. Den weltlichen Wohlfahrtsverbänden wurde aus Gründen der Gleichbehandlung ebenfalls ein Recht zur Stellungnahme eingeräumt.

9 Nicht erforderlich ist, dass die Stellungnahme in Schriftform im Sinne des § 126 BGB eingereicht werden; es genügt die **Textform des § 126a BGB**. Ausgeschlossen werden soll lediglich eine mündliche Übermittlung der Stellungnahme.

10 Die Frist für die Stellungnahme beträgt nach § 11 Abs. 2 S. 2 drei Wochen. Fristbeginn ist der Tag der Bekanntmachung des Verordnungsentwurfs. Die Berechnung der Frist richtet sich nach § 31 Abs. 1 VwVfG, § 187 Abs. 1 BGB, § 188 Abs. 2. Alt. 1 BGB.

4. Rechtsfolge von Verfahrensfehlern

11 Nach dem BVerfG soll ein Verfahrensmangel nur zur Nichtigkeit der Verordnung führen, wenn der **Fehler evident** ist bzw. ein **grober Mangel** vorliegt (BVerfG Beschl. v. 11.10.1994 – 1 BvR 337/92, NJW 1995, 1537). Das BVerwG neigt zu einer differenzierenden Betrachtung, nach der nicht jeder (evidente) Verstoß des Verordnungsgebers gegen Verfahrensvorschriften zwingend die Nichtigkeit der Rechtsverordnung zur Folge hat. Dabei setzt das BVerwG einerseits einen evidenten Verfahrensmangel voraus, prüft zum anderen aber auch, ob der Verfahrensverstoß so gewichtig und bedeutsam ist, dass durch seine Nichtbeachtung das Rechtsetzungsverfahren an einem erheblichen Mangel leidet (BVerwG Urt. v. 28.1.2010 – 8 C 19/09, NZA 2010, 718, 725; vgl. auch BVerwG Beschl. v. 25.10.1979 – 2 N 1/78, NJW 1980, 1763; krit. v. Danwitz, Die Gestaltungsfreiheit des Verordnungsgebers, S. 160). Im Rahmen der Schwere des Verstoßes lässt sich der Gesichtspunkt einstellen, inwieweit der Verfahrensfehler evident gewesen ist.

12 In seiner Entscheidung zum Postmindestlohn hat das BVerwG die Bedeutung des Grundrechtsschutzes durch Verfahren als Kompensation für reduzierte formelle und materielle Erlassvoraussetzungen betont (BVerwG Urt. v. 28.1.2010 – 8 C 19/09, NZA 2010, 718, 723). Von wesentlicher Bedeutung seien insbesondere Stellungnahmerechte, die den von der Mindestlohnverordnung Betroffenen eingeräumt würden. Dem Stellungnahmerecht käme auch deshalb eine besondere Bedeutung zu, weil die gerichtliche Kontrolldichte der Entscheidung des Verordnungsgebers im Bereich des Arbeits- und Wirtschaftsrechts nur eingeschränkt möglich sei (s. zum Beurteilungsspielraum der Bundesregierung noch Rn. 25 ff.). Ein Verstoß gegen das Stellungnahmerecht des § 11 Abs. 2 kann daher die Nichtigkeit bzw. Nichtanwendbarkeit der Anpassungsverordnung nach sich ziehen, sofern ein evidenter Verstoß gegen die Vorschrift vorliegt.

13 Ebenfalls von wesentlicher Bedeutung für die Anpassungsverordnung ist das notwendige Zusammenwirken von Mindestlohnkommission und Bundesregierung. Ein zur Nichtigkeit bzw. Nichtanwendbarkeit der Anpassungsverordnung führender Verfahrensverstoß liegt daher jedenfalls dann vor, wenn ein **Kommissionsbeschluss fehlt;** ein solcher Fehler ist stets auch ein evidenter bzw. grober Verstoß. Auch ein nicht ordnungsgemäßer Beschluss der Kommission kann zur Nichtigkeit der Anpassungsverordnung führen, wenn der Verfahrensfehler evident bzw. grob ist. Dies ist etwa der Fall, wenn beim Beschluss **nicht die Hälfte der Mitglieder anwesend** war oder sich **nicht die einfache Mehrheit der Mitglieder der Kommission** für die Anpassung ausgesprochen hat.

Im Falle der **Nichtigkeit** der Anpassungsverordnung ist **nur die letzte Anpassung** des Mindestlohns unwirksam. Es lebt damit wieder die vorhergehende Anpassungsverordnung auf, da sie nicht gemäß § 11 Abs. 1 S. 3 von einer neuen Rechtsverordnung abgelöst worden ist.

II. Materielle Voraussetzungen des Verordnungserlasses

Die Bundesregierung kann die Anpassungsverordnung nur erlassen, wenn sich der Beschluss der Mindestlohnkommission innerhalb des gesetzlich abgesteckten Rahmens bewegt. Nach § 9 Abs. 2 S. 1 hat die Mindestlohnkommission im Rahmen einer Gesamtabwägung zu prüfen, welche Höhe des Mindestlohns geeignet ist, zu einem angemessenen Mindestschutz der Arbeitnehmer beizutragen, faire und funktionierende Wettbewerbsbedingungen zu ermöglichen sowie Beschäftigung nicht zu gefährden. Dabei orientiert sich die Mindestlohnkommission gemäß § 9 Abs. 2 S. 2 nachlaufend an der Tarifentwicklung.

1. Entschließungsfreiheit und inhaltliche Ausgestaltungsfreiheit

Die Gestaltungsfreiheit des Verordnungsgebers setzt sich aus der **Entschließungsfreiheit** und der **inhaltlichen Ausgestaltungsfreiheit** zusammen.

a) **Keine Umsetzungspflicht der Bundesregierung.** Mit der Entschließungsfreiheit ist die grundsätzlich dem Verordnungsgeber zustehende Entscheidung angesprochen, über das „Ob" und das „Wann" eines Verordnungserlasses zu befinden.

Der Bundesregierung hat beim Erlass einer Anpassungsverordnung nach § 11 Abs. 1 S. 1 eine Entschließungsfreiheit im Hinblick auf das „Ob" eines Verordnungserlasses, dh es besteht für sie **keine Pflicht zur Umsetzung des Beschlusses der Mindestlohnkommission**. Die Letztverantwortung für den Erlass einer Mindestlohn-Verordnung nach § 11 Abs. 1 trägt die Bundesregierung als Verordnungsgeberin (vgl. [zum MiArbG] Löwisch RdA 2009, 215, 223; Riechert/Stomps RdA 2012, 81, 83). Dies ergibt sich bereits aus dem Wortlaut der Verordnungsermächtigung, wonach die Bundesregierung die von der Kommission vorgeschlagene Anpassung durch Rechtsverordnung verbindlich machen „kann". Auch die Gesetzesbegründung bekräftigt, dass die Bundesregierung nicht zur Umsetzung des Kommissionsbeschlusses verpflichtet ist (BT-Drs. 18/1558 S. 46). Eine Umsetzungspflicht der Bundesregierung verstieße zudem gegen das Demokratie- und Rechtsstaatsprinzip. Zwar steht die Entschließungsfreiheit des Verordnungsgebers grundsätzlich zur Disposition des Gesetzgebers, so dass der Verordnungsgeber in der Ermächtigungsgrundlage auch zum Erlass einer Verordnung verpflichtet werden kann (BVerwG Urt. v. 4.5.1973 – VII C 27.72, BVerwGE 42, 169, 174; v. Danwitz, Die Gestaltungsfreiheit des Verordnungsgebers, S. 180). Allerdings wäre durch eine gesetzliche Verpflichtung der Bundesregierung zur Umsetzung des Kommissionsbeschlusses die Normsetzungsbefugnis auf eine außerstaatliche Stelle übertragen worden (vgl. BVerfG Urt. v. 14.6.1983 – 2 BvR 488/80, NJW 1984, 1225, 1226). Zwar fände rechtstechnisch im Unterschied zur „Kohledeputat-Entscheidung" des BVerfG keine dynamische Verweisung auf die Regelungen einer außerstaatlichen Stelle statt, da die Verordnung der Bundesregierung noch dazwischenträte. Der Sache nach hätte der Gesetzgeber aber gleichermaßen auf seine Rechtsetzungsbefugnisse verzichtet und diese einer nicht staatlich-demokratisch legitimierten Kommission übertragen. Die Festlegungen der Mindestlohnkommission würden bei einer Umsetzungspflicht der Bundesregierung stets rechtsverbindlich, ohne dass der Inhalt des Beschlusses für den Gesetzgeber bei Erlass des MiLoG bereits festgestanden hätte oder vom Verordnungsgeber geprüft und mit Verordnungserlass in seinen Willen aufgenommen worden wäre.

19 Der Mindestlohnkommission kommt gegenüber der Bundesregierung wegen der staatlichen Letztverantwortung auch kein eigenständiger Gestaltungs- oder Beurteilungsspielraum zu. Bei der Prüfung des Beschlusses der Mindestlohnkommission ist die Bundesregierung nicht auf eine bloße Rechtskontrolle dergestalt beschränkt, dass sie den Beschluss lediglich darauf überprüft, ob er angesichts der Zwecke des MiLoG und der hiernach zu berücksichtigenden Interessen schlechterdings unvertretbar und unverhältnismäßig ist (vgl. [zum MiArbG] Riechert/Stomps RdA 2012, 81, 83). Die Bundesregierung ist vielmehr **berechtigt**, von einem Erlass einer Anpassungsverordnung auch auf Grund einer **abweichenden fachlichen Einschätzung** absehen.

20 Im Hinblick auf das „Wann" der Anpassungsverordnung ist hingegen die Entschließungsfreiheit der Bundesregierung eingeschränkt. Nach § 11 Abs. 2. S. 2 hat die Rechtsverordnung am im Beschluss der Mindestlohnkommission bezeichneten Tag in Kraft zu treten. Die Mindestlohnkommission hat über die Anpassung des Mindestlohns gemäß § 9 Abs. 1 S. 1 erstmals mit Wirkung zum 1.1.2017 und danach gemäß § 9 Abs. 1 S. 2 alle zwei Jahre zu beschließen.

21 b) **Kein Abänderungsrecht der Bundesregierung.** Nach § 11 Abs. 1 S. 1 kann die Bundesregierung die von der Mindestlohnkommission vorgeschlagene Anpassung durch Rechtsverordnung verbindlich machen. Sie kann den Beschluss der Mindestlohnkommission damit **nur inhaltlich unverändert** in die Verordnung übernehmen (BT-Drs. 18/1558 S. 39). Eine inhaltliche Ausgestaltungsfreiheit kommt ihr mithin nicht zu.

22 Die Gesetzentwürfe von SPD (BT-Drs. 17/4665 (neu) und BÜNDNIS 90/DIE GRÜNEN (BT-Drs. 17/4435) aus der 17. Legislaturperiode hatten dem Verordnungsgeber noch eine weitreichende inhaltliche Ausgestaltungsfreiheit belassen und den Kommissionsvorschlag letztlich nur als unverbindlichen Vorschlag behandelt. Das BMAS sollte die Möglichkeit erhalten, mit Zustimmung der Bundesregierung und des Bundesrats eine abweichende Mindestlohnhöhe festzusetzen. Hingegen verortet § 11 Abs. 1 S. 1 die inhaltliche Ausgestaltung allein bei der Mindestlohnkommission, um eine gewisse Politikferne der Mindestlohnanpassung sicherzustellen, va um zu unterbinden, dass die Höhe des Mindestlohns zum Gegenstand von Wahlkämpfen wird. Mit der notwendigen staatlichen Letztverantwortung für die Anpassung des Mindestlohns ist dies vereinbar, weil der Bundesregierung die Möglichkeit verbleibt, eine Anpassung nicht vorzunehmen, wenn sie sich die fachliche Einschätzung der Mindestlohnkommission nicht zu Eigen machen möchte (krit. Lakies AuR 2014, 360, 365).

2. Prüfungsmaßstab

23 Die Prüfung der in § 9 Abs. 2 S. 1 vorgegebenen Kriterien durch die Bundesregierung stellt im Ausgangspunkt einen **Akt der Rechtsanwendung** dar. Bei den Kriterien handelt es sich allerdings jeweils um **unbestimmte Rechtsbegriffe**, die ihrerseits wiederum auf **Wertungen** und **Prognosen** des Verordnungsgebers angewiesen sind und damit einen gestalterischen Spielraum eröffnen. Dabei stehen die Kriterien teilweise im Zielkonflikt und bedürfen einer normativen Abwägung durch Kommission und Verordnungsgeber. Auch die Prüfung der Kriterien des § 9 Abs. 2 S. 1 wird damit durch Elemente des „Wertens, Bewertens und auch Abwägens" (vgl. BVerwG Urt. v. 8.2.1980 – VII C 93.77, NJW 1980, 2766, 2769) geprägt.

24 Im Schrifttum wird für den Gestaltungsspielraum des Verordnungsgebers bei Erlass von branchenspezifischen Mindestlöhnen nach § 7 AEntG, § 11 AEntG und § 3a AÜG die Ansicht vertreten, dass die Grundsätze über das Planungsermessen heranzuziehen seien (Stiebert/Pötters RdA 2013, 101, 104). Danach müsse die Rechtmäßigkeit des Verordnungserlasses anhand der vier Fehlerkategorien Abwägungsausfall, Abwägungsdefizit, Abwägungsfehleinschätzung und Abwägungsdisproportionalität überprüft werden. Eine Konturierung der Gestaltungsfreiheit des Verordnungsgebers anhand der für das

B. Voraussetzungen für den Erlass der Anpassungsverordnung   § 11

Planungsermessen aufgestellten Maßstäbe wird der Unterschiedlichkeit der jeweiligen Abwägungsentscheidungen aber nicht gerecht (BVerwG Urt. v. 13.12.1984 – 7 C 3/83, BVerwGE 70, 318, 328 f.; v. Danwitz, Die Gestaltungsfreiheit des Verordnungsgebers, S. 173 f.). Planungsrechtliche Entscheidungen sind – unbeschadet des Umstands, dass ihnen häufig eine gewisse Abstraktion oder Verallgemeinerung innewohnt – darauf gerichtet, konkret-individuelle Verhältnisse zu ordnen, während die Rechtsverordnung abstrakt-generellen Gehalt hat. Die Gestaltungsfreiheit des Verordnungsgebers muss als **Kategorie sui generis** begriffen werden, deren Art und Umfang für jede Verordnungsermächtigung gesondert zu bestimmen ist. Ob ein Gestaltungs- und Beurteilungsspielraum besteht und wie weit die inhaltliche Gestaltungsfreiheit des Verordnungsgebers unter Berücksichtigung von Art. 80 Abs. 1 S. 2 GG reicht, kann nicht allgemeingültig beschrieben werden, sondern ist insbesondere anhand des geregelten Sachbereichs sowie den Charakteristika des Verordnungsverfahrens (va Ermächtigungsadressat, Mitwirkung anderer Organe) gesondert herauszuarbeiten (v. Danwitz, Die Gestaltungsfreiheit des Verordnungsgebers, S. 177 ff.; Schnelle, Fehlerfolgenlehre für Rechtsverordnungen, S. 91 ff.). Diese sind darauf zu untersuchen, inwieweit sie auf einen Akt der Rechtsanwendung oder auf einen Akt der Rechtsgestaltung hinweisen. Die Bandbreite der gerichtlichen Prüfungsmaßstäbe reicht dabei von der Evidenz-, über die Vertretbarkeitsbis hin zur intensivierten Inhaltskontrolle.

Eine Untersuchung der mindestlohnrechtlichen Verordnungsermächtigung zeigt, dass der Gesetzgeber der Bundesregierung bei der Prüfung des Kommissionsbeschlusses anhand der in § 9 Abs. 2 S. 1 genannten Kriterien einen **weiten Beurteilungs- und Gestaltungsspielraum** eingeräumt hat; für die gerichtliche Kontrolle der Entscheidung ist eine **Evidenzmaßstab** anzulegen. 25

Von einem weiten Gestaltungs- und Beurteilungsspielraum geht zunächst die Begründung des Regierungsentwurfs aus, wonach die Bundesregierung die Verordnung auf den Festsetzungsbeschluss der sachverständigen Mindestlohnkommission stützen kann, wenn ihr die Begründung des Beschlusses im Hinblick auf die in § 9 Abs. 2 genannten Kriterien tragfähig *erscheint* (BT-Drs. 18/1558 S. 39). 26

Zudem spricht für einen weiten Gestaltungs- und Beurteilungsspielraum der von der Anpassungsverordnung geregelte Sachbereich. Die Kriterien des § 9 Abs. 2 S. 1 verlangen vom Verordnungsgeber arbeitsmarkt- und wirtschaftspolitische Wertungen und Abwägungen. Es ist anerkannt, dass auf dem Gebiet der Arbeitsmarkt-, Sozial- und Wirtschaftsordnung Prognoseentscheidungen erforderlich sind (BVerwG Urt. v. 28.1.2010 – 8 C 19/09, NZA 2010, 718, 724; zum besonders weitgehenden Einschätzungs- und Prognosevorrang des Gesetzgebers in diesem Bereich vgl. BVerfG Beschl. v. 3.4.2001 – 1 BvL 32/97, NZA 2001, 777, 779). 27

Für einen weiten Beurteilungsspielraum ist ferner anzuführen, dass die Mindestlohn-Verordnung von der Bundesregierung erlassen wird. In der Regel soll bei von der Bundesregierung erlassenen Verordnungen eine politische Gestaltung stattfinden, die der gerichtlichen Kontrolle tendenziell entzogen ist (BVerfG Beschl. v. 8.6.1977 – 2 BvR 499/74 u. a., BVerfGE 45, 142, 162; Schnelle, Fehlerfolgenlehre für Rechtsverordnungen, S. 91). 28

Ein weiter Beurteilungsspielraum der Bundesregierung ergibt sich zudem aus dem dualen Verordnungsverfahren, welches den Erlass einer Anpassungsverordnung an einen entsprechenden Beschluss der Mindestlohnkommission bindet. Der Beschluss der Mindestlohnkommission stellt keine bloße sachverständige Feststellung der Zustände durch Experten dar. Über die von den Spitzenorganisationen aus den Kreisen der Arbeitgeberverbände und Gewerkschaften vorgeschlagenen Kommissionsmitglieder (vgl. § 5 Abs. 1 S. 1, § 6 Abs. 1) wird der Beschluss vielmehr auch durch die von diesen Verbänden repräsentierten Interessen bestimmt. Das Verfahren zielt auf eine Nutzbarmachung des besonderen Sachverstands und der besonderen Sachnähe der Arbeitgeberverbände und Gewerkschaften ab. Dabei bildet auch der Gedanke der Gegenmachtbildung, die die antagonistischen Interessen von Arbeitgeber- und Arbeitnehmerseite ausgleichen soll, 29 einen Sachgrund für die Einbindung von Arbeitgeberverbänden und Gewerkschaften in die Mindestlohnkommission. Zugleich soll durch die Hinzuziehung repräsentativer Interessenvertreter sowie beratender Mitglieder aus Kreisen der Wissenschaft (vgl. § 7) eine größere Akzeptanz in den betroffenen Kreisen erreicht werden. Diesem gesetzgeberischen Regelungskonzept trägt nur ein weiter Gestaltungs- und Beurteilungsspielraum des Verordnungsgebers Rechnung. Zudem wird der Verordnungsgeber durch die Einbindung der Mindestlohnkommission in seiner Gestaltungsmöglichkeit prozedural gebunden. Der Gedanke der prozeduralen „Zähmung" der Exekutive durch Einbindung von Repräsentanten der betroffenen Verbände ist vom BAG im Zusammenhang mit der Prüfung des öffentlichen Interesses nach § 5 Abs. 1 S. 1 Nr. 2 TVG aF durch das BMAS bereits formuliert worden. Das BAG begründet dort einen weiten Beurteilungsspielraum des Ministeriums damit, dass durch die Einbindung des Tarifausschusses die erforderliche Interessenabwägung hinreichend prozedural abgesichert werde (BAG Urt. v. 28.3.1990 – 4 AZR 536/89, AP TVG § 5 Rn. 25; so auch BVerwG Urt. v. 3.11.1988 – 7 C 115/86, BVerwGE 80, 355, 370). Im Unterschied zum Tarifausschuss wird in die Mindestlohnkommission neben den paritätisch von Arbeitgeber- und Arbeitnehmerseite vorgeschlagenen einfachen Mitgliedern auch ein stimmberechtigter Vorsitzender berufen. Nach § 6 Abs. 1 soll der Vorsitzende auf gemeinsamen Vorschlag der Spitzenorganisationen der Arbeitgeber und Arbeitnehmer berufen werden. Können sich die Spitzenorganisationen nicht auf einen gemeinsamen Vorschlag einigen, beruft die Bundesregierung von der Arbeitgeber- und Arbeitnehmerseite je einen Vorsitzenden, die den Vorsitz alternierend wahrnehmen (vgl. § 6 Abs. 2). Der Vorsitzende kann bei einem Anpassungsbeschluss der Kommission den Ausschlag geben (vgl. § 10 Abs. 2 S. 4). Da die Mindestlohnkommission ihre Beschlüsse mit einfacher Mehrheit trifft, ist es möglich, dass von ihr eine Anpassung des Mindestlohns gegen die Stimmen der Arbeitgeber- oder der Arbeitnehmerseite beschlossen wird. Die „Zähmung" des Verordnungsgebers durch Verfahren ist insoweit gemindert.

30 Nach alledem ist der Erlass einer Anpassungsverordnung durch die Bundesregierung nach § 11 Abs. 1 S. 1 nur einer gerichtlichen Evidenzkontrolle zu unterziehen. Der Beurteilungs- und Gestaltungsspielraum der Bundesregierung ist erst dann als überschritten anzusehen, wenn die getroffene Entscheidung angesichts der Zwecke des MiLoG und der hiernach zu berücksichtigenden Interessen **schlechterdings unvertretbar und unverhältnismäßig** ist (vgl. BVerfG Beschl. v. 8.6.1977 – 2 BvR 499/74, BVerfGE 45, 142; BVerwG Urt. v. 3.11.1988 – 7 C 115/86, BVerwGE 80, 355, 370; BAG Urt. v. 28.3.1990 – 4 AZR 536/89, NZA 1990, 781, 782).

31 Nach § 9 Abs. 2 S. 2 soll sich die Mindestlohnkommission bei der Festsetzung des Mindestlohns nachlaufend an der Tarifentwicklung orientieren. Die Tariflöhne sind im Rahmen der Prüfung der Kriterien des § 9 Abs. 2 S. 1 ein wichtiger Richtwert für die Anpassung des Mindestlohns (BT-Drs. 18/1558 S. 38). § 9 Abs. 2 S. 2 hat damit die Funktion, Mindestlohnkommission und Verordnungsgeber einen Orientierungsmaßstab dafür zu geben, wie die von den Prüfungskriterien des § 9 Abs. 2 S. 1 angesprochenen Belange zu einem Ausgleich in praktischer Konkordanz gebracht werden können. Nach den Wertungen des MiLoG kann deshalb eine Mindestlohnanpassung, die der Tariflohnentwicklung folgt, in keinem Fall schlechterdings unvertretbar und unverhältnismäßig sein.

3. Anpassungsverordnung als gerichtlicher Kontrollgegenstand

32 Prüfungsgegenstand der gerichtlichen Kontrolle ist die Anpassungsverordnung. Es kommt also auf die evidente objektive Unsachlichkeit des Regelungsinhalts der Verordnung an. Eine evidente objektive Unsachlichkeit des Regelungsinhalts scheidet stets aus, wenn die Anpassung des Mindestlohns der Tarifentwicklung folgt (s. bereits Rn. 31).

D. Bekanntmachung, In- und Außerkrafttreten   § 11

Die **Verordnungsbegründung** selbst ist **kein Kontrollgegenstand** (vgl. v. Danwitz, Die 33
Gestaltungsfreiheit des Verordnungsgebers, S. 200). Ein Begründungsdefizit führt daher
für sich genommen nicht zur Ungültigkeit der Verordnung (vgl. BVerwG Urt. v.
13.12.1984 – 7 C 3/83 ua, BVerwGE 70, 318). Der Verordnungsbegründung kommt
nur insofern eine **Indizfunktion** zu, als sich aus ihr sachfremde Erwägungen ergeben
können, die auf eine evidente objektive Unvertretbarkeit und Unverhältnismäßigkeit der
Verordnung hinweisen können. Im Hinblick auf die Verordnungsbegründung gilt es
zudem zu berücksichtigen, dass die Bundesregierung mit der Verordnung lediglich auf
einem Beschluss der Mindestlohnkommission aufsetzt. Dieser Beschluss ist nach § 9
Abs. 3 von der Mindestlohnkommission zu begründen. Umfassende Begründungspflich-
ten würden das Regelungskonzept des Gesetzgebers konterkarieren.

Keinen gerichtlichen **Kontrollgegenstand** stellt der **Abwägungsvorgang** des Verord- 34
nungsgebers dar, weil dies mit dem Wesen und dem Umfang der Gestaltungsfreiheit bei
Erlass einer Verordnung nach § 11 Abs. 1 S. 1 nicht vereinbar wäre (v. Danwitz, Die
Gestaltungsfreiheit des Verordnungsgebers, S. 201 f.). Gleiches gilt für die gegebenenfalls
hinter dem Verordnungserlass stehenden (politischen) Motive.

Grundsätzlich hat die Bundesregierung den für die Entscheidung über den Verord- 35
nungserlass relevanten Sachverhalt zu ermitteln. Allerdings ist zu berücksichtigen, dass
im Bereich der Arbeitsmarkt- und Wirtschaftspolitik wegen der Eigenart des Sachbereichs
eine umfassende und exakte Sachverhaltsaufklärung unmöglich und daher von der Bundesregierung auch nicht verlangt werden kann.

C. Wirkung der Mindestlohn-Verordnung

Die Verpflichtung des Arbeitgebers zur Zahlung des Mindestlohns ergibt sich aus § 1 36
Abs. 1, § 20. Durch die Anpassungsverordnung nach § 11 wird lediglich die Höhe des
Mindestlohns geändert. Die Grundwertung über das Bestehen des Mindestlohns hat
bereits der Gesetzgeber vorgenommen. Hier liegt ein wesentlicher Unterschied zu branchenspezifischen Mindestlöhnen nach dem AEntG. Das AEntG stellt Tarifvertragspartei-
en und Verordnungsgeber einen Rahmen zur Verfügung, innerhalb dessen Branchenmindestlöhne festgesetzt werden können. Mit diesem rechtlichen „Können" ist aber nicht
verbunden, dass in einer bestimmten Branche auch ein Mindestlohn gelten muss. Dementsprechend ergibt sich die Verpflichtung des Arbeitgebers zur Zahlung des jeweiligen
Branchenmindestlohns erst aus der Rechtsverordnung nach §§ 7, 7a, 11 AEntG selbst.
Diese Unterschiede wirken sich auf die Frage des verwaltungsgerichtlichen Rechtsschutzes
gegen eine Anpassungsverordnung nach § 11 aus (hierzu Rn. 50).

D. Bekanntmachung, In- und Außerkrafttreten

Die Anpassungsverordnung ist im Bundesgesetzblatt oder im Bundesanzeiger zu ver- 37
künden (Art. 82 Abs. 1 S. 2 iVm § 1 Abs. 1 RVVerkG). Die Branchenmindestlohnver-
ordnungen nach §§ 7, 11 AEntG sind bislang in aller Regel im Bundesanzeiger veröffentlicht worden.

Das Inkrafttreten der Anpassungsverordnung regelt § 11 Abs. 1 S. 2. Danach tritt die 38
Verordnung grundsätzlich am im Beschluss der Mindestlohnkommission bezeichneten
Tag in Kraft. Verzögert sich die Entscheidungsfindung der Kommission, ist es möglich,
dass in dem Zeitraum, der zwischen dem Zustandekommen des Kommissionsbeschlusses
und dem im Beschluss vorgesehenen Inkrafttretenszeitpunkt liegt, der Abschluss des Verordnungsverfahrens nicht gelingt. Ebenso ist es denkbar, dass es zu Verzögerungen innerhalb des Verordnungsverfahrens – etwa aufgrund langwieriger politischer Abstimmungs-

prozesse – kommt. § 11 Abs. 1 S. 2 sieht deshalb vor, dass die Verordnung frühestens am Tag nach ihrer Verkündung in Kraft tritt.

39 Das Außerkrafttreten der Anpassungsverordnung normiert § 11 Abs. 1 S. 3. Danach gilt die Rechtsverordnung bis eine neue Anpassungsverordnung in Kraft tritt. Die Anpassungsverordnung kann damit im Unterschied zu den tarifgestützten Branchenmindestlohn-Verordnungen nach §§ 7, 7a AEntG nicht befristet werden.

E. Rechtsschutz

I. Rechtsschutz gegenüber der Mindestlohnkommission

40 Maßnahmen und Beschlüsse der Mindestlohnkommission sind einer **isolierten gerichtlichen Prüfung nicht zugänglich**.

41 Das Handeln der Mindestlohnkommission ist **reiner Binnenakt** im Rahmen eines mehrstufigen Rechtssetzungsverfahrens. Unmittelbare Rechtsfolgen gegenüber Dritten, va Arbeitnehmern, die tauglicher Anknüpfungspunkt für eine gerichtliche Prüfung sein könnten, gehen mit dem Beschluss der Mindestlohnkommission nicht einher. Auch wenn der Vorschlag der Mindestlohnkommission zur Anpassung des Mindestlohns durch die Bundesregierung nicht abänderbar ist (vgl. BT-Drs. 15/1558 S. 39), entfaltet der Beschluss der Mindestlohnkommission nach § 9 Abs. 1 **keine Außenwirkung**. Der Beschluss der Mindestlohnkommission, der eine Anpassung des Mindestlohns empfiehlt, bedarf der Umsetzung durch Rechtsverordnung der Bundesregierung. Eine Verpflichtung der Bundesregierung, den Beschluss der Mindestlohnkommission per Rechtsverordnung umzusetzen, besteht nicht.

42 Auch soweit die Mindestlohnkommission ihrem gesetzlichen Auftrag nicht nachkommt, dh untätig bleibt, sind Arbeitnehmer nicht klagebefugt (zu Untätigkeits- oder Normerlassklagen vgl. Sodan NVwZ 2000, 601). Zwar kann es in diesem Fall nicht zu einem nach außen wirkenden Rechtsverordnungsverfahren der Bundesregierung nach § 11 kommen, weil es an einem umsetzungsfähigen Beschluss der Mindestlohnkommission fehlt. § 9 Abs. 1 vermittelt mindestlohnbetroffenen Arbeitnehmer aber **weder ein subjektives Recht auf Beschlussfassung an sich noch auf eine ermessensfehlerfreie Entscheidung der Mindestlohnkommission** (ähnlich ErfK/Franzen TVG § 5 Rn. 28; MüArbR/Rieble/Klumpp § 179 Rn. 108; Riechert/Stomps RdA 2012, 81, 93 f.). Gleiches gilt für ein mit dem Ziel angestrengtes Verfahren, ein aufsichtsrechtliches Einschreiten der Bundesregierung gegenüber der Mindestlohnkommission zu erwirken. Aufsichtsrechte dienen regelmäßig nicht den Interessen des Einzelnen, sondern dem Interesse der Allgemeinheit an einem rechtskonformen Handeln der Exekutive.

II. Rechtsschutz gegenüber dem Verordnungsgeber

43 Der Gesetzgeber hat im Zusammenhang mit der Einführung des allgemeinen Mindestlohns davon abgesehen, Rechtschutzfragen (spezial-)gesetzlich auszugestalten. Rechtsschutzfragen sind daher nach den **allgemeinen verfahrensrechtlichen Grundsätzen** zu beantworten. Dabei ist zunächst vom Grundsatz auszugehen, dass das Rechtssystem auf subjektiven Rechtsschutz ausgerichtet ist (Art. 19 Abs. 4 GG: „in seinen Rechten verletzt"), so dass Popularklagen weitestgehend ausgeschlossen sind.

1. Verfassungsbeschwerde

44 Die Wirksamkeit einer Rechtsverordnung nach § 11 kann durch die Rechtsunterworfenen nicht unmittelbar zum Prüfungsgegenstand des BVerfG gemacht werden. Soweit

E. Rechtsschutz

fachgerichtlicher Rechtsschutz besteht, ist dieser vorrangig in Anspruch zu nehmen. Der **Subsidiaritätsgrundsatz** ist auch bei Normen, die unmittelbare Pflichten der Normunterworfenen begründen, zu beachten. Gegen Mindestlohnverordnungen nach dem AEntG hat das BVerfG einen Arbeitgeberverband auf die vorrangige Inanspruchnahme fachgerichtlichen Rechtsschutzes verwiesen (vgl. BVerwG Beschl. v. 10.6.2009 – 1 BvR 1196/09, BeckRS 2009, 35221). Eine unmittelbare Verfassungsbeschwerde gegen eine Rechtsverordnung nach § 11 scheidet damit aus (vgl. [für Rechtsverordnungen nach § 7 AEntG] Thüsing/Bayreuther § 7 AEntG Rn. 35).

2. Arbeitsgerichtliches Beschlussverfahren

Verordnungen nach § 11 können **nicht** durch die **Gerichte für Arbeitssachen** im Verfahren nach § 2a Abs. 1 Nr. 5 iVm § 99 ArbGG überprüft werden. 45

Soweit der Gesetzgeber durch Art. 2 des Gesetzes zur Stärkung der Tarifautonomie v. 11.8.2014 (BGBl. I S. 1348) in der ausschließlichen Zuständigkeit der Gerichte für Arbeitssachen ein einheitliches Verfahren für Streitigkeiten um die Wirksamkeit „tarifgestützter Mindestlöhne" (Wirksamkeit einer Allgemeinverbindlicherklärungen nach § 5 TVG sowie Rechtsverordnungen nach §§ 7, 7a AEntG und § 3a AÜG) geschaffen hat, betrifft dies weder das Handeln der Mindestlohnkommission noch den Erlass von Rechtsverordnungen nach § 11. Nachdem der Gesetzgeber das gerichtliche Verfahren bewusst nur für einen Teil der verbindlichen Branchenmindestlöhne ausgestaltet hat, kommt eine entsprechende Anwendung der Kompetenztitel des § 2a Abs. 1 ArbGG nicht in Betracht (so auch Löwisch NZA 2014, 948, 950; **aA** Latzel/Seer ZfA 2011, 391, 440; zu den engen Voraussetzungen außergesetzlicher Rechtsbehelfe vgl. BAG Beschl. v. 25.11.2008 – 3 AZB 64/08, NZA 2009, 332). Eine besondere Sachnähe der Gerichte für Arbeitssachen (hierzu BT-Drs. 18/1558 S. 44) besteht mit Blick auf kommissionsgestützte Mindestentgeltverordnungen nicht (**aA** Sittard/Sassen ArbRB 2014, 142, 145). 46

3. Verwaltungsgerichtliches Normenkontrollverfahren

Auch das Verfahren der **abstrakten Normenkontrolle** nach § 47 VwGO ist kein **statthaftes Instrument** zur Überprüfung einer auf Grundlage von § 11 erlassenen Rechtsverordnung. Nach § 47 Abs. 1 Nr. 2 VwGO entscheiden die Oberverwaltungsgerichte – sofern das Landesrecht dies bestimmt – im Rahmen ihrer Gerichtsbarkeit auch über die Gültigkeit von untergesetzlichen Landesnormen. Rechtverordnungen des Bundes können im Verfahren nach § 47 VwGO nicht überprüft werden. 47

4. Allgemeine Feststellungsklage

Teilweise wird es für zulässig erachtet, die Rechtmäßigkeit einer Verordnung nach § 11 zum Gegenstand einer allgemeinen verwaltungsgerichtlichen Feststellungsklage zu erheben (so Löwisch NZA 2014, 948, 950). 48

Nach **§ 43 Abs. 1 VwGO** kann die Feststellung des Bestehens oder Nichtbestehens eines Rechtsverhältnisses oder der Nichtigkeit eines Verwaltungsakts begehrt werden, wenn der Kläger ein berechtigtes Interesse an der baldigen Feststellung hat. Die Ansicht, die § 43 Abs. 1 VwGO auf Rechtsverordnungen nach § 11 anwenden will, stützt sich auf die Rechtsprechung des BVerwG, zur Möglichkeit, die Rechtswirksamkeit einer Mindestlohnverordnung nach dem AEntG im Rahmen einer verwaltungsgerichtlichen Feststellungsklage zur Prüfung zu stellen (vgl. BVerwG Urt. v. 28.1.2010 – 8 C 19/09, NZA 2010, 718, BVerwG Urt. v. 28.1.2010 – 8 C 38/09, NZA 2010, 1137). Das BVerwG sieht in einer Mindestlohnverordnung nach dem AEntG einen konkreten Handlungsbefehl an die betroffenen Unternehmen, der ohne gesondert angreifbaren Vollzugsakt wirksam wird. Den betroffenen Arbeitgebern und Verbänden sei insofern Rechtsschutz 49 zu gewähren. Überträgt man diese Rechtsprechung auf das MiLoG, kann ein Arbeitgeber mittels einer allgemeinen verwaltungsgerichtlichen Feststellungsklage gegen eine Verordnung nach § 11 vorgehen. Für ein feststellungsfähiges konkretes Rechtsverhältnis zwischen dem normunterworfenem Arbeitgeber und der Bundesregierung würde danach bereits die Meinungsverschiedenheit darüber genügen, ob die Bundesregierung befugt war, auf der Grundlage des § 11 tätig zu werden und der Arbeitgeber weiterhin berechtigt ist, eine Vergütung unterhalb des in der Verordnung nach § 11 festgesetzten Mindestlohns zu zahlen.

50   Die Rechtsprechung des BVerwG zur verwaltungsgerichtlichen Überprüfung einer Mindestlohnverordnung nach dem AEntG dürfte indes nicht unbesehen auf die Überprüfung einer Rechtsverordnung nach § 11 zu übertragen sein. Die rechtlichen Rahmenbedingungen nach dem **MiLoG** und dem **AEntG unterscheiden sich substantiell**: Das AEntG selbst enthält keine unmittelbare gesetzliche Verpflichtung zur Zahlung eines Mindestlohns. Die Verpflichtung zur Zahlung des Mindestlohns folgt erst und originär aus der Rechtsverordnung nach §§ 7, 7a AEntG. Nach § 8 Abs. 1 AEntG sind Arbeitgeber nur dann und insoweit zur Zahlung des Branchenmindestlohns verpflichtet, als sie unter den Geltungsbereich der Rechtsverordnung nach §§ 7, 7a AEntG fallen. Die Rechtsverordnung ist für die Pflicht zur Zahlung des Mindestlohns also konstitutiv. Demgegenüber verpflichtet das MiLoG den Arbeitgeber in § 20 Abs. 1 iVm § 1 Abs. 1 selbst und unmittelbar zur Zahlung des gesetzlichen Mindestlohns. Die **Rechtsverordnung nach § 11 schafft** insofern **keine neue Pflichtenlage; sie konkretisiert** den ohnehin bestehenden **Mindestlohnanspruch nur der Höhe nach**.

III. Fachgerichtliche Inzidentprüfung

51   Normunterworfene **haben die Möglichkeit, inzidenter fachgerichtlichen Rechtschutz** zu suchen. Insofern sind eine Vielzahl von Fallgestaltungen denkbar, in denen verschiedene Gerichtsbarkeiten inzidenter über die Wirksamkeit einer Verordnung nach § 11 zu befinden haben. Die **Gerichte für Arbeitssachen** können die Rechtswirksamkeit einer Mindestlohnverordnung nach § 11 im Rahmen einer Lohnzahlungsklage zu prüfen haben. Erforderlich ist allerdings bei der von Amts wegen vorzunehmenden Prüfung, dass eine Partei konkrete Tatsachen vorträgt, die Zweifel an der Rechtmäßigkeit der Rechtsverordnung hervorrufen (Schaub/Treber ArbR-Hdb § 205 Rn. 87 mwN). Die **ordentliche Gerichtsbarkeit** kann beispielsweise im Rahmen eines mindestlohnrechtlichen Ordnungswidrigkeitsverfahrens die Rechtsunwirksamkeit einer Rechtsverordnung nach § 11 zu beurteilen haben. In Beitrags- oder Lohnsteuerangelegenheiten können schließlich auch die **Sozial- und Finanzgerichtsbarkeit** zu einer Überprüfung einer Rechtsverordnung nach § 11 berufen sein.

§ 12 Geschäfts- und Informationsstelle für den Mindestlohn; Kostenträgerschaft

(1) Die Mindestlohnkommission wird bei der Durchführung ihrer Aufgaben von einer Geschäftsstelle unterstützt. Die Geschäftsstelle untersteht insoweit fachlich der oder dem Vorsitzenden der Mindestlohnkommission.

(2) Die Geschäftsstelle wird bei der Bundesanstalt für Arbeitsschutz und Arbeitsmedizin als selbständige Organisationseinheit eingerichtet.

(3) Die Geschäftsstelle informiert und berät als Informationsstelle für den Mindestlohn Arbeitnehmerinnen und Arbeitnehmer sowie Unternehmen zum Thema Mindestlohn.

(4) Die durch die Tätigkeit der Mindestlohnkommission und der Geschäftsstelle anfallenden Kosten trägt der Bund.

Übersicht

	Rn.
A. Normzweck	1
B. Regelungsgehalt	2
I. Geschäftsstelle	3
1. Unterstützungsleistungen	4
2. Anbindung an die BAuA	6
II. Informationsstelle	9
III. Aufsicht	12
IV. Personalausstattung	13
V. Haushalt	16

A. Normzweck

§ 12 schließt den Abschnitt 1 zur „Festsetzung des Mindestlohns" ab, indem es die Einrichtung einer Geschäfts- und Informationsstelle und die Kostenträgerschaft regelt. § 12 stellt sicher, dass die Mindestlohnkommission ihre Aufgaben ordnungsgemäß, unabhängig und „politikfern" erfüllen kann. Zugleich dient die Norm dem Informationsinteresse der aus dem MiLoG berechtigten und verpflichteten Personen. **1**

B. Regelungsgehalt

§ 12 regelt in den Abs. 1 bis Abs. 3 die Einrichtung einer Geschäfts- und Informationsstelle der Mindestlohnkommission sowie in § 12 Abs. 4 die auf die Arbeit der Mindestlohnkommission bezogene Kostenträgerschaft des Bundes. **2**

I. Geschäftsstelle

Die ehrenamtlichen Mitglieder der Mindestlohnkommission (vgl. § 8 Abs. 2) sollen zur ordnungsgemäßen Wahrnehmung ihrer Aufgaben unterstützt werden. Hierfür ist nach § 12 Abs. 1 S. 1 eine Geschäftsstelle der Mindestlohnkommission einzurichten. Die Geschäftsstelle untersteht nach § 12 Abs. 1 S. 2 fachlich dem Vorsitzenden der Mindestlohnkommission. **3**

1. Unterstützungsleistungen

Nach § 12 Abs. 1 S. 1 unterstützt die Geschäftsstelle die Mindestlohnkommission bei der Durchführung ihrer Aufgaben. Dazu gehört neben der Kernaufgabe der Mindestlohnkommission – dem Beschluss über eine Anpassung des Mindestlohns im Rahmen einer Gesamtabwägung – die laufende Evaluierung des Mindestlohns (§ 9 Abs. 4). Die Unterstützung der Mindestlohnkommission durch die Geschäftsstelle kann ferner die **Vor- und Nachbereitung von Sitzungen** und **wissenschaftliche Zuarbeiten** umfassen. Zu Unterstützungsleistungen der Geschäftsstelle gehört auch die **Erledigung der „laufenden Geschäfte"** der Mindestlohnkommission, dh interne, verwaltungsmäßige, organisatorische und gegebenenfalls wiederkehrende Vorgänge der Mindestlohnkommission, also etwa die Erledigung des Schriftverkehrs sowie die Einholung von Auskünften (zum Begriff der „laufenden Geschäfte" vgl. auch BAG Beschl. v. 15.8.2012 – 7 ABR 16/11, NZA 2013, 284, 285; Fitting BetrVG § 27 Rn. 67). **4**

5 Die Aufgabe der Geschäftsstelle liegt allein in der Unterstützung der Arbeit der Mindestlohnkommission. Eigene, dh originäre Aufgaben sind der Geschäftsstelle nach dem MiLoG nicht zur selbständigen Erledigung übertragen. Schon deswegen ist die Mindestlohnkommission nicht gehindert, sämtliche Vorgänge „an sich" zu ziehen.

2. Anbindung an die BAuA

6 Die Geschäftsstelle wird nach § 12 Abs. 2 bei der Bundesanstalt für Arbeitsschutz und Arbeitsmedizin (BAuA) als **selbständige Organisationeinheit** eingerichtet. Die BAuA agiert als Bundeseinrichtung mit Forschungs- und Entwicklungsaufgaben an der Schnittstelle von Wissenschaft und Politik und erbringt Übersetzungsleistungen vom Wissenschaftssystem in Politik, betriebliche Praxis und Gesellschaft und umgekehrt.

7 Zur Einrichtung der Geschäftsstelle bei der BAuA bedarf es einer Verwaltungsvereinbarung. Per Verwaltungsvereinbarung sind außerdem die aus den der Geschäftsstelle übertragenen Aufgaben resultierenden Zuständigkeiten und Verantwortlichkeiten für den Leiter der Geschäftsstelle zu regeln.

8 Die Selbstständigkeit der Geschäftsstelle schließt es nicht aus, dass die Mitarbeiter der Geschäftsstelle zB an Weiterbildungs- und Qualifizierungsmaßnahmen der BAuA oder an Veranstaltungen teilnehmen, in denen es um den Austausch von Wissen geht. Ein inhaltlicher Einfluss der BAuA auf die Arbeitsweise der Kommission ist jedoch mit dem Grundsatz der Selbstständigkeit nicht vereinbar.

II. Informationsstelle

9 Neben der organisatorischen Unterstützung der Mindestlohnkommission regelt § 12 Abs. 3, dass die Geschäftsstelle Ansprechpartner bei Fragen zum Mindestlohn ist. Sie informiert und berät Arbeitnehmer und Arbeitgeber, indem sie beispielweise eine **Telefonhotline** einrichtet oder mindestlohnbezogene Informationsangebote im **Internet** bereithält. Die Hotline ist unter der Telefonnummer 030/60280028 zu erreichen. Angebote werden darüber hinaus vom Zoll vorgehalten, der auf seiner Internetpräsenz mehrsprachig zu Mindestlöhnen und der Kontrollpraxis des **Zolls** informiert (vgl. www.zoll.de).

10 Die Angebote der Informationsstelle sind auch als teilweise Umsetzung von Art. 5 RL 2014/67/EU v. 15.5.2014 (Durchsetzungs- bzw. Enforcement-RL zur (Entsende-)RL 96/71/EG) zu sehen. Art. 5 Abs. 1 RL 2014/67 verpflichtet zur Ergreifung geeigneter Maßnahmen, um zu gewährleisten, dass Informationen über die Arbeits- und Beschäftigungsbedingungen nach der Entsende-RL in klarer, transparenter, umfassender und leicht zugänglicher Art und Weise durch Fernkommunikationsmittel und auf elektronischem Weg verfügbar sind.

11 Über die Information nach „außen" hinaus sollen die von der Informationsstelle gewonnenen Erkenntnisse zu Schwierigkeiten bei der Einhaltung und Prüfung des Mindestlohns nach der Gesetzesbegründung durch das BMAS bei einer eventuellen Anpassung der Dokumentationspflicht nach § 17 Abs. 3 berücksichtigt werden (BT-Drs. 18/1558 S. 39). Ferner soll die Informationsstelle den fachlichen Austausch mit den Behörden der Zollverwaltung und den fachlich zuständigen Bundesministerien pflegen (BT-Drs. 18/1558 S. 39).

III. Aufsicht

12 Im Hinblick auf die Unabhängigkeit der Mindestlohnkommission und ihrer Geschäftsstelle liegt das Weisungsrecht betreffend die fachliche und technische Unterstützung der Mindestlohnkommission nach § 12 Abs. 1 S. 2 bei dem Vorsitzenden der Mindestlohnkommission. Die **Dienst- und Rechtsaufsicht** über die Geschäftsstelle liegt demgegenüber bei der **BAuA**. Das **BMAS** hat wiederum die **Rechtsaufsicht** über die **BAuA**. Die Rechts-

aufsicht des BMAS erstreckt sich darauf, dass Gesetze und sonstiges Recht beachtet werden (BT-Drs. 18/1558 S. 39). Ein inhaltliches Einwirken auf die Arbeit der Mindestlohnkommission oder ihren Geschäftsgang ist damit nicht verbunden.

IV. Personalausstattung

Die Besetzung der Stellen und der Tätigkeitsbereiche der Mitarbeiter der Geschäfts- und Informationsstelle soll im Einvernehmen mit dem Vorsitzenden der Mindestlohnkommission unter Beachtung der maßgeblichen gesetzlichen Bestimmungen erfolgen. Der Vorsitzende soll sich dabei mit den Kommissionsmitgliedern abstimmen (vgl. BT-Drs. 18/1558 S. 39).

Für die Geschäftsstelle waren im Gesetzentwurf der Bundesregierung zunächst insgesamt elf Stellen vorgesehen (BT-Drs. 18/1558 S. 32). Neben dem Leiter waren zwei Mitarbeiter zur wissenschaftlichen Unterstützung der Mindestlohnkommission eingeplant. Für die Aufgaben der Sitzungskoordination, der Haushaltsplanung und Vergabe von Gutachten wurden zwei weitere Stellen vorgesehen. Hinzu kamen sechs weitere Stellen, um die über eine Hotline gewonnenen Erkenntnisse auszuwerten und der Kommission, den Zollbehörden und dem BMAS zur Verfügung stellen zu können.

Der im Gesetzentwurf ausgewiesene Personalbedarf wurde geschätzt, bevor im parlamentarischen Verfahren der Kommission weitere Evaluierungsaufgaben zugewiesen wurden (vgl. BT-Drs. 18/2010 (neu) S. 23).

V. Haushalt

Nach § 12 Abs. 4 hat der Bund die durch die Tätigkeit der Mindestlohnkommission und ihrer Geschäfts- und Informationsstelle anfallenden Kosten zu tragen und die erforderlichen Haushaltsmittel bereit zu stellen. Dazu gehören Aufwandsentschädigungen und Reisekosten für die Mitglieder der Mindestlohnkommission (zum Entschädigungsanspruch der Mitglieder der Mindestlohnkommission vgl. § 8 Abs. 3) sowie die Kosten für die Geschäfts- und Informationsstelle, die im Rahmen der Aufgabenwahrnehmung dort anfallen sowie die Kosten für die Vergabe von Forschungsaufträgen (vgl. BT-Drs. 18/1558 S. 40).

Die Geschäftsstelle soll über einen eigenständigen Finanztitel innerhalb des Haushalts der BAuA verfügen. Der Haushaltstitel soll durch die Geschäftsstelle im Einvernehmen mit dem Vorsitzenden bewirtschaftet werden. Der Haushalt der Geschäftsstelle muss ausreichend bemessen sein. Aus ihm müssen sowohl die Evaluationsaufgaben finanziert werden als auch der extern zu vergebende Teil der Presse- und Öffentlichkeitsarbeit (Broschüren, Internetseite, etc.).

Abschnitt 2. Zivilrechtliche Durchsetzung

§ 13 Haftung des Auftraggebers

§ 14 des Arbeitnehmer-Entsendegesetzes findet entsprechende Anwendung.

Übersicht

	Rn.
A. Überblick	1
B. Regelungszweck und Entstehungsgeschichte	4
C. Vereinbarkeit mit höherrangigem Recht	7
I. Vereinbarkeit mit dem Grundgesetz	8
II. Vereinbarkeit mit Unionsrecht	12
D. Haftungsvoraussetzungen	16
I. Unternehmerbegriff	17
1. Einschränkende Auslegung	18
2. Auslandssachverhalte	23
3. Öffentliche Hand als Auftraggeber	25
II. Beauftragung mit Werk- oder Dienstleistungen	27
III. Haftungsgegenstand	30
1. Mindestlohnansprüche	31
2. Nachunternehmer	37
3. Tätigkeit im Rahmen der beauftragten Werk- oder Dienstleistung	38
4. Nettoentgelt	40
E. Einstandspflicht des Unternehmers	43
I. Grundsätze der Bürgenhaftung	44
II. Haftung in Insolvenzfällen	53
F. Rückgriff des Auftraggebers	55
G. Prozessuales	58
I. Gerichtsstand	58
II. Rechtskraft	61
III. Aussetzung	62
IV. Darlegungslast	63
H. Begrenzung und Ausschluss des Haftungsrisikos	64

A. Überblick

§ 13 normiert durch den Verweis auf § 14 AEntG eine **verschuldensunabhängige** **1** **Haftung** des Auftraggebers für Mindestlohnansprüche der bei Nachunternehmern beschäftigten Arbeitnehmer.

Nach § 13 iVm § 14 S. 1 AEntG haftet ein Unternehmer, der einen Nachunternehmer **2** mit der Erbringung einer Werk- oder Dienstleistung beauftragt, für dessen Verpflichtung zur Zahlung des Mindestlohns ebenso wie für die entsprechenden Verpflichtungen eines vom Nachunternehmer beauftragten Unternehmers wie ein Bürge, der auf die Einrede der Vorausklage verzichtet hat (§ 765, §§ 771 f., § 773 Abs. 1 Nr. 1 BGB). Gleiches gilt, wenn ein vom Nachunternehmer beauftragter Verleiher den Mindestlohn nicht zahlt. Nach § 13 iVm § 14 S. 2 ist die Haftung des Auftraggebers auf das Nettoentgelt begrenzt.

§ 14 AEntG gilt unmittelbar nur für branchenspezifische Mindestlöhne nach dem **3** AEntG. Die Vorschrift hätte daher Ansprüche nach dem MiLoG nicht unmittelbar erfasst. Vergleichbare Haftungstatbestände finden sich für Sozialversicherungsbeiträge im Baugewebe in § 28e Abs. 3a SGB IV und für Fälle illegaler Beschäftigung von Ausländern in § 98a Abs. 3 und Abs. 4 AufenthG.

B. Regelungszweck und Entstehungsgeschichte

4 Die Haftung nach § 13 dient dem **Arbeitnehmerschutz**, indem die tatsächliche Wirksamkeit des Mindestlohns verstärkt wird. Die Haftung soll Auftraggeber veranlassen, im eigenen Interesse darauf zu achten, dass Arbeitnehmer, die bei beauftragten Nachunternehmern bzw. bei von diesen Nachunternehmern beauftragten Verleihern beschäftigt sind, den Mindestlohn erhalten (vgl. BT-Drs. 18/1558 S. 40). Der Haftungstatbestand hat insofern eine – iE wiederum dem Arbeitnehmerschutz dienende – **wettbewerbsrechtliche Dimension**, indem zuverlässige Unternehmer vor unredlicher Konkurrenz geschützt werden.

5 Mit § 13 wird auf zivilrechtlicher Ebene der Ordnungswidrigkeitentatbestand des § 21 Abs. 2 flankiert. Hintergrund hierfür ist, dass – wie die Erfahrungen in der Baubranche gezeigt haben – dem beauftragenden Unternehmer eine Sorgfaltspflichtverletzung bei der Auswahl des Nachunternehmers oftmals schwer nachzuweisen ist. Dies hat den Gesetzgeber dazu veranlasst, im AEntG eine verschuldensunabhängige Haftung des Auftragsgebers zu normieren (zur Entstehungsgeschichte vgl. KAEW/Winkler AEntG § 14 Rn. 1 ff.). Der Regierungsentwurf zum MiLoG sah zunächst noch eine verschuldens-*abhängige*, auf grobe Fahrlässigkeit und Vorsatz beschränkte Haftung des Auftraggebers vor, wobei das Verschulden des Auftraggebers gesetzlich vermutet werden sollte (vgl. BT-Drs. 18/1558 S. 11, 40). Die im Regierungsentwurf vorgesehene Exkulpationsmöglichkeit des Auftraggebers warf – nicht zuletzt auch wegen ihrer missglückten Formulierung – Fragen nach dem Inhalt der den Auftraggeber treffenden Auswahl- und Sorgfaltspflichten auf. Im parlamentarischen Verfahren verständigte man sich daher letztlich darauf, die in § 14 AEntG vorgesehene verschuldensunabhängige Haftungsregelung zu übernehmen (BT-Drs. 18/2010 (neu) S. 23). Im Gegenzug wurde die im Regierungsentwurf vorgesehene Ausweitung der Haftung auf das Bruttoentgelt wieder auf das Nettoentgelt begrenzt.

6 Ungewöhnlich mutet die vom Gesetzgeber in § 13 gewählte Regelungstechnik an. Der Gesetzgeber befürchtete bei Übernahme des nicht eindeutigen Wortlauts des § 14 AEntG in das MiLoG offenbar Auslegungszweifel. Zugleich konnte über eine Neuformulierung der Vorschrift, mit der die Unklarheiten der Formulierung des § 14 AEntG beseitigt würden, kein Konsens erzielt werden. Durch den Verweis auf § 14 AEntG wollte der Gesetzgeber letztlich va auf die zu § 14 AEntG ergangene Rechtsprechung rekurrieren (so ausdrücklich BT-Drs. 18/2010 (neu) S. 23) und auf diesem Wege für die Praxis größere Rechtssicherheit schaffen.

C. Vereinbarkeit mit höherrangigem Recht

7 Durchgreifende Bedenken gegen die verfassungsrechtliche und unionsrechtliche Vereinbarkeit der Haftung des Auftraggebers bestehen nicht.

I. Vereinbarkeit mit dem Grundgesetz

8 Mit der Frage nach der Verfassungsmäßigkeit der Haftung des Auftraggebers wird im Kern die Frage aufgeworfen, inwieweit der Gesetzgeber die Durchsetzung gesetzlicher Normen durch privatrechtlich wirkende Steuerungsinstrumente flankieren darf. Dieses Vorgehen ist dem Arbeitsrecht nicht neu: Dies zeigen etwa § 10 Abs. 1 AÜG, der bei illegaler Arbeitnehmerüberlassung das Zustandekommen eines Arbeitsverhältnisses mit dem Entleiher fingiert, oder die Tariftreueregelungen landesrechtlicher Vergabegesetze (vgl. [zur Verfassungsmäßigkeit des BerlVgV] BVerfG Beschl. v. 11.7.2006 – 1 BvL 4/00, NJW 2007, 51, 52 ff.).

Im Schrifttum war die Verfassungsmäßigkeit der in § 13 in Bezug genommenen Haftung 9 des Auftraggebers nach § 14 AEntG zunächst angezweifelt worden (so Meyer, NZA 1999, 121, 127 f.; v. Danwitz RdA 1999, 322, 326 f.). Nicht nur fehle es dem Auftraggeber an einem hinreichenden Instrumentarium, um gegenüber dem Nachunternehmer auf die Einhaltung der Mindestarbeitsbedingungen einwirken zu können. Auch sei es die Aufgabe des Staates, mittels Kontrollen die Rechtsordnung durchzusetzen. Vor allem aber sei die verschuldensunabhängige Ausgestaltung der Haftung des Auftraggebers unangemessen, weil es an der für eine Gefährdungshaftung verfassungsrechtlich erforderlichen Verantwortungsbeziehung fehle. Der Auftraggeber müsse iE für ein fremdes Verschulden eintreten.

Das **BVerfG hat** diese Einwände zurückgewiesen und die **Vereinbarkeit** der Haftung 10 der Auftraggebers **mit dem Grundgesetz festgestellt** (vgl. BVerfG Beschl. v. 20.3.2007 – 1 BvR 1047/05, NZA 2007, 609, 610 ff.; bereits zuvor BAG Beschl. v. 6.11.2002 – 5 AZR 617/01 (A), NZA 2003, 490, 494; BAG Urt. v. 20.7.2004 – 9 AZR 345/03, NZA 2005, 1375; zust. KAEW/Winkler AEntG § 14 Rn. 11; Kohte jurisPR-ArbR 6/2008 Anm. 2; weiterhin abl. Thüsing/Mohr AEntG § 14 Rn. 8 ff.; Seifert SAE 2007, 386). Den in der Regelung liegenden Eingriff in die durch Art. 12 Abs. 1 GG geschützte unternehmerische Betätigungsfreiheit erachtet das BVerfG durch überragend wichtige Belange des Gemeinwohls als verfassungsrechtlich gerechtfertigt. Mit der Haftung des Auftraggebers will der Gesetzgeber sicherstellen, dass Arbeitnehmer den Mindestlohn auch tatsächlich erhalten. Zugleich soll ein Verdrängungswettbewerb über die Lohnkosten zulasten redlicher Unternehmen unterbunden werden.

Die **Erwägungen** des **BVerfG tragen** zugleich die **Haftung** des Auftragsgebers **nach** 11 **§ 13**. Auch für den allgemeinen Mindestlohn darf der Gesetzgeber schon deshalb annehmen, dass der Haftungstatbestand geeignet ist, die tatsächliche Durchsetzung des Mindestlohns zu fördern, weil der Arbeitnehmer mit dem Auftraggeber einen zusätzlichen Schuldner für seinen Mindestlohnanspruch erhält. Außerdem werden sich Unternehmer angesichts der drohenden Haftung verstärkt veranlasst sehen, redliche Nachunternehmer auszuwählen; jedenfalls aber von Vertragsangeboten Abstand zu nehmen, die mit der Mindestlohnverpflichtung unvereinbar sind. Darüber hinaus hat das BVerfG bereits für die auf die Baubranche begrenzte Haftung (§ 1a AEntG aF) festgestellt, dass die Ausweitung staatlicher Kontrollen kein milderes Mittel darstellt; dies gilt erst Recht für den allgemeinen Mindestlohn. Es ist offenkundig, dass der Staat bei einer flächendeckenden hoheitlichen Kontrolle des allgemeinen Mindestlohns, der für sämtliche Arbeitsverhältnisse im Inland gilt, an die Grenzen seiner Kontroll- und Steuerungsressourcen stoßen muss. Im Übrigen ist die Einschätzung des Gesetzgebers, dass eine verschuldensunabhängige Haftung des Auftraggebers die Ansprüche der Arbeitnehmer effektiver schützt als eine durch eine Exkulpationsmöglichkeit des Auftraggebers eingeschränkte Haftung – wie sie noch der Regierungsentwurf vorsah – nicht zu beanstanden (**aA** Kühn/Reich BB 2014, 2938, 2940). Im Hinblick auf die vermeintliche fehlende Verantwortungsbeziehung zwischen dem Auftraggeber und etwaigen Nachunternehmern, gelten die vom BVerfG bereits erarbeiteten Grundsätze: Mit der Nichtzahlung des Mindestlohns durch den Nachunternehmer verwirklicht sich genau das Risiko, das der Auftraggeber geschaffen hat, indem er sich des Nachunternehmers zur Ausführung der von ihm geschuldeten, aber nicht durch eigene Arbeitnehmer erbrachten Leistung bedient.

II. Vereinbarkeit mit Unionsrecht

Im Unterschied zur verfassungsrechtlichen Prüfung der Haftung des Auftraggebers 12 stellt sich die Frage nach der Vereinbarkeit der Regelung mit dem Unionsrecht nicht aus der Perspektive des für die Mindestlohnverpflichtung haftenden Unternehmers, sondern aus Sicht des in seiner von Art. 56 AEUV geschützten **Dienstleistungsfreiheit** betroffenen (ausländischen) Nachunternehmers. Für den Nachunternehmer mit Sitz im Ausland können sich die Chancen auf Marktzutritt erschweren, soweit inländische Auftraggeber vermehrt inländische Nachunternehmer beauftragen, um ihr Haftungsrisiko zu verringern. Gerade für ausländische Unternehmen können sich va bürokratische und wirtschaftliche Belastungen ergeben, wenn ihnen vom deutschen Auftraggebern besondere Nachweise oder Sicherheiten abverlangt werden (hierzu Rn. 64 ff.). Für eine Rechtfertigung der damit verbundenen Beschränkung der Dienstleistungsfreiheit bedarf es eines zwingenden Grundes des Allgemeininteresses; einen zwingenden Grund des Allgemeininteresses stellt der Arbeitnehmerschutz dar (vgl. EuGH Urt. v. 24.1.2002 – C-164/99, NZA 2002, 207, 208 [Portugaia]).

13   Auf Vorlage des BAG (BAG Beschl. v. 6.11.2002 – 5 AZR 617/01 (A), NZA 2003, 490) hat der **EuGH** in der Rs. **Wolff & Müller** klargestellt, dass eine den Arbeitnehmer schützende Regelung, mit der ein Unternehmer, der einen anderen Unternehmer beauftragt, für die Verpflichtungen dieses Unternehmers oder eines Nachunternehmers zur Zahlung des Mindestentgelts an einen Arbeitnehmer haftet, mit der unionsrechtlich gewährleisteten Dienstleistungsfreiheit grds. vereinbar ist (EuGH Urt. v. 12.10.2004 – C-60/03, NZA 2004, 1211). Ebenso wie der materiell-rechtliche Mindestlohnanspruch selbst können auch Regelungen zur Stärkung der Verfahrensmodalitäten zur Durchsetzung dieses Anspruchs auf den Arbeitnehmerschutz als zwingenden Grund des Allgemeininteresses gestützt werden (EuGH Urt. v. 12.10.2004 – C 60/03, NZA 2009, 1211). Dabei kommt es auf die objektive Wirkung der Maßnahme und nicht auf das (vermeintliche) subjektive Ziel des Gesetzgebers an (vgl. EuGH Urt. v. 24.1.2002 – C-164/99, NZA 2002, 207, 208 [Portugaia]). Für die Verhältnismäßigkeit der Beschränkung der Dienstleistungsfreiheit waren für den EuGH dabei die vom BAG im Vorlagebeschluss angeführten praktischen Schwierigkeiten der Geltendmachung des Anspruchs vor deutschen Gerichten sowie die wirtschaftliche Entwertung des Anspruchs durch verringerte Marktzutrittschancen für den ausländischen Arbeitnehmer nicht maßgeblich. Entscheidend war, dass es bei objektiver Betrachtung für den entsandten Arbeitnehmer einen Vorteil darstellt, durch die Haftung des Auftraggebers einen zusätzlichen Schuldner zu erhalten, der gesamtschuldnerisch mit seinem Arbeitgeber verbunden und im Allgemeinen sogar zahlungsfähiger sei.

14   Diese **Erwägungen** des **EuGH** können auf die in **§ 13 normierte Haftung des Auftraggebers** für die Zahlung des Mindestlohns durch Nachunternehmer **übertragen** werden. Die Regelung ist von ihrer objektiven Wirkung auf den Schutz der Arbeitnehmer gerichtet. Darüber hinaus schützt sie redliche Unternehmer vor unredlicher Konkurrenz.

15   Im Übrigen ist § 13 als Maßnahme zur **Umsetzung von Art. 12 RL 2014/67/EU (Haftung bei Unteraufträgen)** zu verstehen. Nach Art. 12 Abs. 1, Abs. 2 RL 2014/67/EU haben die Mitgliedstaaten Maßgaben zu ergreifen, die gewährleisten, dass Arbeitnehmer in Unterauftragsketten den jeweiligen Auftraggeber in Bezug auf entsenderechtliche Nettomindestlöhne haftbar machen können. Auch insofern begegnet § 13 keinen durchgreifenden unionsrechtlichen Bedenken.

D. Haftungsvoraussetzungen

16   Nach § 13 iVm § 14 S. 1 AEntG ist die Haftung auf Unternehmer beschränkt, die einen anderen Unternehmer mit der Erbringung von Werk- oder Dienstleistungen beauftragen. Der Regelungsgehalt von § 13 ist nicht auf eine bloße „Generalunternehmerhaftung" beschränkt, sondern erfasst potentiell jedes Unternehmen, dass ein anderes Unternehmen mit der Erbringung einer Werk- oder Dienstleistung beauftragt (vgl. Schubert/Jerchel/Düwell MiLoG Rn. 227 f.).

D. Haftungsvoraussetzungen § 13

I. Unternehmerbegriff

Erfasst werden Unternehmer. Den **Ausgangspunkt** für die Definition des Unternehmerbegriffs bildet § 14 Abs. 1 BGB. Danach ist Unternehmer jede natürliche oder juristische Person oder rechtsfähige Personengesellschaft, die bei Abschluss eines Rechtsgeschäfts in Ausübung ihrer gewerblichen oder selbständigen beruflichen Tätigkeit handelt. Damit werden auch Freiberufler, Handwerker, Landwirte und Kleingewerbetreibende vom Anwendungsbereich des § 13 erfasst (ebs. Insam/Hinrichs/Tacou NZA-RR 2014, 569, 570; vgl. auch BAG Urt. v. 28.3.2007 – 10 AZR 76/06, NZA 2007, 613, 614). **Nicht** erfasst werden Personen, die für ihren **privaten Lebensbereich** einen Auftrag über eine Dienst- oder Werkleistung an einen Unternehmer vergeben (vgl. KAEW/Winkler AEntG § 14 Rn. 20; Thüsing/Mohr AEntG § 14 Rn. 16). 17

1. Einschränkende Auslegung

Allerdings wird nicht jeder gewerbliche Auftraggeber durch § 13 verpflichtet. Der haftungsrechtliche Unternehmerbegriff ist gegenüber dem allgemeinen Unternehmerbegriff des § 14 Abs. 1 BGB **einschränkend auszulegen**. Der Gesetzgeber wollte den Haftungstatbestand des § 13 inhaltsgleich mit § 14 S. 1 AEntG fassen. Die gewählte Verweisungstechnik sollte dabei sicherstellen, dass die den Haftungstatbestand des § 14 AEntG (bzw. § 1a AEntG aF) präzisierende Rspr. auch im MiLoG Beachtung findet (vgl. BT-Drs. 18/2010 (neu) S. 23). Nach der Rspr. des BAG ist der der Auftraggeberhaftung zugrunde liegende Unternehmerbegriff teleologisch zu reduzieren. Es haften nur solche Unternehmer, die sich **zur Erfüllung eigener Verpflichtungen eines oder mehrerer Nachunternehmer bedienen** und damit die an sich ihnen obliegende **Pflicht** zur Vergütung der Arbeitnehmer auf die ausführenden Nachunternehmer **verlagern** (vgl. BAG Urt. v. 12.1.2005 – 5 AZR 617/01, NZA 2005, 627, 630; BAG Urt. v. 28.3.2007 – 10 AZR 76/06, NZA 2007, 613; ebs. Franzen SAE 2003, 190, 192; Thüsing/Mohr AEntG § 14 Rn. 16; krit. KAEW/Winkler AEntG § 14 Rn. 18 f.). Keine Haftung besteht daher, wenn lediglich ein **betrieblicher Eigenbedarf** befriedigt wird (ebs. ErfK/Franzen MiLoG § 13 Rn. 2). 18

Beispiel: Nicht erfasst ist damit der Unternehmer, der für eine Betriebsfeier einen Caterer beauftragt. Erfasst ist hingegen der Caterer, der mit der Zubereitung der Speisen einen Restaurantbetrieb beauftragt.

Der auf Sinn und Zweck der Haftung gestützten einschränkenden Auslegung des Unternehmerbegriffs ist auch im Kontext des MiLoG zuzustimmen (ebs. ErfK/Franzen MiLoG § 13 Rn. 2; Insam/Hinrichs/Tacou NZA-RR 2014, 569, 570; Mauthner/Rid AuA 2014, 518, 519). Der im Vergleich zu § 14 Abs. 1 BGB engere Unternehmerbegriff dürfte sich überdies auch aus einer verfassungskonformen Normanwendung ergeben. Der Eingriff in die durch Art. 12 Abs. 1 GG geschützte unternehmerische Betätigungsfreiheit wäre unverhältnismäßig, wenn die Haftung jeden gewerblichen Auftraggeber treffen würde. Es ist **Sache des Unternehmers, welche Leistungen er am Markt anbietet.** Nur wenn der Unternehmer am Markt Leistungen anbietet und eigene Verpflichtungen weitergibt, ist es gerechtfertigt, ihn für die Mindestlohnverpflichtungen von Nachunternehmern haften zu lassen, derer er sich zur Erfüllung seiner Verpflichtungen bedient. Insofern ist als **ungeschriebenes Tatbestandsmerkmal** in den Haftungstatbestand hineinzulesen, dass die eigene Pflicht, die weitergegeben wird, ihrerseits dienst- oder werkvertraglicher Natur ist. Insbesondere kaufrechtliche Vertragsbeziehungen, wie sie in Lieferanten- und Zulieferketten anzutreffen sind, werden nicht erfasst. 19

Beispiel: Automobilhersteller A haftet nicht für Mindestlohnansprüche der Arbeitnehmer des Reifenherstellers B, die A zukauft. Reifenhersteller B haftet nicht für Mindestlohnansprüche der Arbeitnehmer des Kautschukherstellers C usw.

20 Die Haftung des Auftragsgebers greift **unabhängig davon, ob** die an der Erledigung des Auftrags beteiligten Unternehmen **demselben Wirtschaftszweig zugehörig** sind (ebs. Schubert/Jerchel/Düwell MiLoG Rn. 227; **aA** wohl KAEW/Winkler AEntG § 14 Rn. 19). Der Normzweck gebietet es im Gegenteil insbesondere solche Unternehmen, die lediglich virtuell am Markt auftreten und va als Mittler fungieren, in die Haftung einzubeziehen (vgl. auch BSG Urt. v. 27.5.2008 – B 2 U 11/07 R, NZS 2009, 396, 399). Gerade solche Geschäftsmodelle sind oftmals darauf ausgerichtet, Gewinne durch die Vermeidung von Lohnkosten zu erzielen.

Beispiel: Der Gewerbetreibende A „ersteigert" auf einer Internetplattform regelmäßig Speditionsaufträge, ohne selbst einen Speditionsbetrieb zu unterhalten. Die ersteigerten Touren lässt er durch Arbeitnehmer des Spediteurs B fahren. A haftet für die Mindestlohnansprüche der mit den von ihm ersteigerten Touren befassten Arbeitnehmer von B.

21 Auch ist es nicht erforderlich, dass es sich bei der weitergegebenen Pflicht um die jeweils eingegangene Hauptleistungspflicht handelt; die **Weitergabe von Teilleistungen** genügt (**aA** AG München Urt. v. 30.12.2010 – 1112 Jwi 298 Js 35029/10, BeckRS 2011, 23481). Andernfalls wären nicht nur typengemischte Verträge privilegiert. Die Haftung nach § 13 könnte auch durch eine entsprechende Vertragsgestaltung umgangen werden.

Beispiel: Hotelier A lässt die Zimmer durch das Reinigungsunternehmen B reinigen. Bei der Verpflichtung, dem Gast ein sauberes Zimmer zur Verfügung zu stellen, handelt es sich nur um einen Aspekt im Rahmen des umfassenden Beherbergungsvertrags (vgl. auch § 701 BGB). Dies schließt die Haftung des A für Mindestlohnansprüche der Arbeitnehmer von B nicht aus.

22 Nicht erforderlich ist, dass der Verpflichtung, die weitergegeben wird, selbst von einem Unternehmen stammt. Auch derjenige Unternehmer, der sich gegenüber einer **Privatperson** verpflichtet, haftet daher für Mindestlohnansprüche von Nachunternehmern.

Beispiel: Privatier A beauftragt Gärtnerbetrieb B mit der Pflege seines Gartens. Lässt B den Auftrag durch den Gärtnerbetrieb C erledigen, haftet B für Mindestlohnansprüche der den Auftrag ausführenden Arbeitnehmer von C.

2. Auslandsachverhalte

23 Der Anspruch nach § 13 iVm § 14 AEntG kann sich auch gegen einen **Auftraggeber mit Sitz im Ausland** richten, der sich zur Erfüllung eines Auftrags im Inland eines Nachunternehmers bedient. Hätte der Auftraggeber den Auftrag mit eigenen Arbeitnehmern im Inland ausgeführt, wäre er unmittelbar zur Zahlung des Mindestlohns verpflichtet gewesen. Dieser Mindestlohnverpflichtung entledigt sich der im Ausland ansässige Auftraggeber durch die Beauftragung des Nachunternehmers.

24 Hingegen muss ein im Ausland ansässiger Auftraggeber nicht nach § 13 iVm § 14 AEntG für die Mindestlohnverpflichtung eines inländischen Nachunternehmers einstehen, der einen Auftrag im Ausland ausführt. Das im Ausland ansässige Unternehmen wäre bei Ausführung des Auftrags mit eigenen Mitarbeitern nicht zur Zahlung des Mindestlohns nach § 20 verpflichtet gewesen. Er kann sich deshalb auch nicht durch die Beauftragung des inländischen Nachunternehmers einer Mindestlohnpflicht entledigt haben.

3. Öffentliche Hand als Auftraggeber

25 Nach hM gilt die Haftung des Auftragsgebers nicht für hoheitliches Handeln der öffentlichen Hand und zwar selbst dann nicht, wenn die öffentliche Hand dabei iE wie ein Unternehmen am Markt auftritt (vgl. ErfK/Franzen MiLoG § 13 Rn. 2; KAEW/Winkler AEntG § 14 Rn. 20; Thüsing/Mohr AEntG § 14 Rn. 16; Meyer, NZA 1999, 121, 127; **aA** Insam/Hinrichs/Tacou NZA-RR 2014, 569, 571; J. Ulber AEntG § 14 Rn. 17). Behörden und staatliche Stellen erfüllen den Unternehmerbegriff nicht. Sie handeln nicht in der

D. Haftungsvoraussetzungen **§ 13**

Absicht, Gewinne zu erzielen. Beauftragen Ordnungsbehörden Dritte iRd Gefahrenabwehr (zB Abriss- oder Abschleppunternehmen), haften sie nicht nach § 13.

Davon zu unterscheiden sind diejenigen Fälle, in denen die öffentliche Hand durch staatlich beherrschte, aber **privatrechtlich verfasste Unternehmen** am Markt auftritt (vgl. ErfK/Schlachter AEntG § 14 Rn. 3; KAEW/Winkler AEntG § 14 Rn. 20). Staatlich beherrschte, aber privatrechtlich verfasste Unternehmen haften nach § 13. 26

II. Beauftragung mit Werk- oder Dienstleistungen

Der Unternehmer muss einen anderen Unternehmer mit Werk- oder Dienstleistungen beauftragt haben. Von der Haftung erfasst werden damit zunächst unzweifelhaft werk- oder dienstvertragliche Beziehungen iSd § 631 Abs. 1 BGB und § 611 BGB. 27

Die Haftung des § 13 ist indes nicht auf diese Fälle begrenzt (vgl. auch KAEW/Winkler AEntG § 14 Rn. 21; Schubert/Jerchel/Düwell MiLoG Rn. 229; aA wohl Thüsing/Mohr AEntG § 14 Rn. 17). Erfasst sind auch Nachunternehmerverhältnisse, die als **Geschäftsbesorgungsvertrag** (§ 675 BGB), **Fracht-, Speditions-** oder **Lagervertrag** (§§ 407, 453, 467 HGB) oder als sonstiger Auftrag durchgeführt werden. Dies folgt aus dem Sinn und Zweck der Norm. Nach § 13 soll sich ein Auftraggeber nicht dadurch seinen eigenen Verpflichtungen aus dem MiLoG entziehen können, dass er die versprochene Werk- oder Dienstleistung nicht mit eigenen Arbeitnehmern erbringt, sondern Dritte beauftragt (vgl. BAG Urt. v. 16.5.2012 – 10 AZR 190/11, NZA 2012, 980, 982). Soweit also **werk- oder dienstvertragliche Elemente** für die Rechtsbeziehung bei einer Gesamtschau **prägend** sind, kann es auch für den Schutz der Arbeitnehmer vor Umgehung des Mindestlohns durch „Nachunternehmerketten" keinen Unterschied machen im Rahmen welchen Vertragstyps sich die Nachunternehmerschaft vollzieht. Das vom Unternehmer gesetzte Risiko verwirklicht sich bei Nichtzahlung des Mindestlohns in der „Nachunternehmerkette" unabhängig davon, wie das der Beauftragung zugrunde liegende Rechtsverhältnis ausgestaltet ist; die Vorteile der Arbeitsteilung kommen dem Unternehmer jeweils gleichermaßen zugute (vgl. auch BSG Urt. v. 27.5.2008 – B 2 U 11/07 R, NZS 2009, 396, 399). 28

Soweit allerdings andere – zB **kaufvertragliche** – **Elemente** überwiegen (zB Lieferverträge mit Montageverpflichtung, § 434 Abs. 2 BGB), scheidet eine Haftung nach § 13 aus (ebs. Insam/Hinrichs/Tacou NZA-RR 2014, 569, 570) (hierzu schon Rn. 18). In diesen Fällen steht von vornherein nicht die Substitution eigener Arbeitnehmer durch Dritte im Vordergrund. Probleme bereitet in diesem Zusammenhang die Einordnung von **Werklieferungsverträgen**, auf die – von wenigen Ausnahmen abgesehen (§ 651 S. 3 BGB) – nach § 651 S. 1 BGB grundsätzlich die Vorschriften über den Kauf anzuwenden sind (zu den Hintergründen Palandt/Sprau § 651 Rn. 1). Jedenfalls in den Fällen, in denen die Werklieferung einer nicht vertretbaren Sache (zur vertretbaren Sache vgl. § 91 BGB) geschuldet ist, dürfte aber das werkvertragliche Element überwiegen, so dass der Haftungstatbestand des § 13 eröffnet ist. 29

III. Haftungsgegenstand

Gegenstand der Haftung nach § 13 iVm § 14 S. 1 AEntG ist der gesetzliche Anspruch eines Arbeitnehmers auf Zahlung des Mindestlohns gegen den jeweiligen Nachunternehmer. 30

1. Mindestlohnansprüche

Nach dem Wortlaut des § 13 findet § 14 AEntG nur entsprechende Anwendung. Da das MiLoG allein einen Mindestlohnanspruch des Arbeitnehmers regelt, ist somit von der Verweisung auf § 14 AEntG zunächst nur der gesetzliche **Mindestlohnanspruch** 31 nach § 20 erfasst. Die im Rahmen von § 14 einbezogene Haftung zur Zahlung von Beiträgen zu gemeinsamen Einrichtungen der Tarifvertragsparteien, spielt im MiLoG keine Rolle.

32 Die Auftraggeberhaftung nach § 13 greift auch ein, wenn ein Nachunternehmer zur Zahlung eines Branchenmindestlohns nach §§ 7, 7a oder § 11 AEntG oder zur Gewährung der Lohnuntergrenze nach § 3a AÜG verpflichtet ist. Zwar ist hier der Nachunternehmer wegen § 1 Abs. 3 nicht zur Zahlung des allgemeinen Mindestlohns verpflichtet. Es wäre jedoch zu formalistisch in Fällen, in denen ein oder mehrere Nachunternehmer nicht aus dem MiLoG, sondern aus einer anderen Rechtsgrundlage zur Mindestlohnzahlung verpflichtet sind, von einer Haftung abzusehen. Von dem Verweis des § 13 auf § 14 AEntG sind deshalb bei einer am Normzweck orientierten Auslegung auch Branchenmindestlöhne nach dem AEntG und die Lohnuntergrenze nach § 3a AÜG erfasst. Anderenfalls würden Haftungsketten nur deshalb unterbrochen, weil ein Arbeitgeber nach dem AEntG zur Zahlung eines – nach der Übergangsphase des § 24 Abs. 1 – über dem allgemeinen Mindestlohn liegenden Branchenmindestlohns verpflichtet wäre.

33 Soweit Auftraggeber nach § 13 iVm § 14 AEntG in Anspruch genommen werden, ist die Haftung der **Höhe** nach **durch** den gesetzlichen **Mindestlohn begrenzt**. Ist der Branchenlohn – wie dies die Regel sein wird – höher als der gesetzliche Mindestlohn, kann der Arbeitnehmer nur den dem gesetzlichen Mindestlohn entsprechenden Lohnanteil beim Auftraggeber realisieren. Unterschreitet der Branchenmindestlohn den gesetzlichen Mindestlohn in den Übergangsfällen des § 24 Abs. 1, haftet der Auftragsgeber – obwohl er selbst ggf. nicht branchenzugehörig ist – nur in dieser Höhe. Dieses Ergebnis folgt letztlich auch aus der Akzessorietät der Haftung des Auftraggebers, § 13 iVm § 14 AEntG, § 767 Abs. 1 S. 1 BGB.

Beispiel: Ein Hotelbetrieb A im Schwerin beauftragt am 1.1.2015 das in Lübeck ansässige Gebäudereinigungsunternehmen B mit der Reinigung seiner Gästezimmer. B erledigt den Auftrag zum Teil unter Einsatz von Leiharbeitnehmern des ebenfalls in Schwerin ansässigen Personaldienstleisters C. Die mit der Zimmerreinigung bei A betrauten Arbeitnehmer von B können A nach § 13 iVm § 14 in Anspruch nehmen. Obwohl der Mindestlohn für die Gebäudereinigung (West) zum 1.1.2015 brutto 9,55 Euro beträgt, haftet A nur in Höhe des gesetzlichen Mindestlohns von brutto 8,50 Euro. Die Leiharbeitnehmer des C können A nach § 13 iVm § 14 in Höhe der Lohnuntergrenze in der Arbeitnehmerüberlassung (Ost) von brutto 7,86 Euro in Anspruch nehmen.

34 § 14 AEntG verweist für die Mindestentgeltansprüche auf die in § 8 AEntG normierte Verpflichtung der Arbeitgeber mit Sitz im In- und Ausland zur Gewährung der für den Beschäftigungsort vorgeschriebenen Mindestarbeitsbedingungen. Mit § 8 AEntG korrespondiert die in § 20 normierte Pflicht in- und ausländischer Arbeitgeber, ihren im Inland beschäftigten Arbeitnehmern den Mindestlohn zu zahlen. Die Haftung nach § 13 erfasst daher nur solche (Mindestlohn-)Ansprüche, die nach § 2 Nr. 1 AEntG bzw. Art. 9 Abs. 1 VO (EG) Nr. 593/2008 international zwingend ausgestaltet sind. Die Haftung nach § 13 umfasst damit auch **nur die Vergütung für tatsächlich geleistete Arbeit**. Nur insoweit sind in- und ausländische Arbeitgeber aus § 20 verpflichtet, ihren Arbeitnehmern für eine Tätigkeit im Inland den Mindestlohn zu zahlen.

35 **Nicht** erfasst werden damit **Annahmeverzugsansprüche** des Arbeitnehmers gemäß § 615 S. 1 BGB sowie Ansprüche auf Verzugszinsen wegen verspäteter Zahlung des Mindestlohns; sie beruhen nicht auf international zwingenden Normen (vgl. BAG Urt. v. 12.1.2005 – 5 AZR 617/01, NZA 2005, 627). Wird der Arbeitnehmer etwa während eines Kündigungsschutzprozesses von der Arbeit freigestellt, haftet der beauftragende Unternehmer auch dann nicht gemäß § 13 für den sich aus § 615 S. 1 BGB ergebenden Vergütungsanspruch des Arbeitnehmers, wenn sich die Kündigung als unwirksam herausstellt und der Arbeitnehmer in Erledigung des Auftrags beschäftigt worden wäre. Aus demselben Grund haftet der Auftraggeber auch nicht für Ansprüche des Arbeitnehmers auf **Entgeltfortzahlung** an Feiertagen und im Krankheitsfall nach den §§ 2 f. EFZG (vgl.

auch Deckers NZA 2008, 321, 324; KAEW/Winkler AEntG § 14 AEntG Rn. 31, Schubert/Jerchel/Düwell MiLoG Rn. 232) oder das **Urlaubsentgelt** nach §§ 1, 11 Abs. 1 BUrlG.

Die Haftungsregelung des § 13 gilt ebenfalls nicht für (weitergehende) Entgeltansprüche des Arbeitnehmers, die auf (tarif-)vertraglicher Vereinbarung beruhen (vgl. auch ErfK/Schlachter AEntG § 14 Rn. 3 mwN). 36

2. Nachunternehmer

Nach § 13 iVm § 14 S. 1 AEntG haftet der Auftraggeber für die Mindestlohnverpflichtungen eines von ihm beauftragten Unternehmers oder eines Nachunternehmers oder eines von dem Unternehmer oder einem Nachunternehmer beauftragten Verleihers. Die Haftung nach § 13 ist damit nicht auf die Mindestlohnverpflichtungen des unmittelbaren Vertragspartners des Unternehmers begrenzt, sondern erfasst die gesamte sog. **Nachunternehmerkette**, also auch die von seinen Vertragspartnern beauftragten Nachunternehmer sowie weiteren Unterauftragnehmer (vgl. auch KAEW/Winkler AEntG § 14 Rn. 32; J. Ulber AEntG § 14 Rn. 18). Die Haftung umfasst auch die Verpflichtungen eines Verleihers iSd § 1 Abs. 1 S. 1 AÜG, der von seinem Vertragspartnern oder seinen Unterauftragnehmern beauftragt worden ist (vgl. ErfK/Franzen MiLoG § 13 Rn. 1; Insam/Hinrichs/Tacou NZA-RR 2014, 569, 572). 37

3. Tätigkeit im Rahmen der beauftragten Werk- oder Dienstleistung

Die Haftung besteht nur für Mindestlohnansprüche von Arbeitnehmern, die im Rahmen der beauftragten Werk- oder Dienstleistung eingesetzt werden. Keine Haftung besteht für Mindestlohnansprüche von Arbeitnehmern, die der beauftragte Nachunternehmer im Rahmen von Werk- oder Dienstleistungen für Auftraggeber außerhalb der Nachunternehmerkette einsetzt (ebs. KAEW/Winkler AEntG § 14 Rn. 33). Dies ergibt sich aus Sinn und Zweck des § 13, der den Auftraggeber veranlassen soll, im eigenen Interesse darauf zu achten, dass die Arbeitnehmer seiner Nachunternehmer den Mindestlohn erhalten. Für Arbeitnehmer, die nicht im Rahmen eines von ihm erteilten Auftrags tätig werden, fehlt es an einer Verantwortlichkeit des Auftraggebers. 38

Wird ein Arbeitnehmer des Nachunternehmers für **mehrere Auftraggeber** tätig („Auftragsmehrheit"), ist zu prüfen, ob eine **zeitliche Trennung** der Tätigkeiten bzw. eine Zuordnung der Tätigkeiten zum konkreten Auftrag möglich ist. Ist dies der Fall, haftet der beauftragende Unternehmer nur für die Mindestlohnansprüche, die seinem Auftrag zuzuordnen sind. Nur insoweit findet die Tätigkeit des Arbeitnehmers im Rahmen dieser beauftragten Werk- oder Dienstleistung statt. Eine anteilige Haftung entsprechend der auf die Ausführung des Auftrags aufgewandten Arbeitszeit scheidet aus, wenn eine **Zuordnung der Arbeitszeit** zu den jeweiligen Aufträgen **nicht möglich** ist. In diesem Fall haften die Auftraggeber **gesamtschuldnerisch für sämtliche** in Ausführung ihrer Aufträge vom Arbeitnehmer geleisteten **Arbeitsstunden**. Der Arbeitnehmer des Nachunternehmers wird jeweils *zumindest auch* in Ausführung ihrer Werk- oder Dienstleistung tätig. Hiergegen kann nicht eingewandt werden, dass sich nicht mehr ausschließlich das durch die Beauftragung des Nachunternehmers geschaffene Risiko verwirklicht (hierzu BVerfG Beschl. v. 20.3.2007 – 1 BvR 1047/05, NZA 2007, 609, 612). Wählt der beauftragende Unternehmer eine Vertragsgestaltung, die dem Nachunternehmer eine gleichzeitige Ausführung der Aufträge unterschiedlicher Auftraggeber erlaubt, macht sich der beauftragende Unternehmer die daraus folgenden Synergieeffekte zunutze. Dies wird sich regelmäßig in der Preisgestaltung der Werk- bzw. Dienstleistung niederschlagen. Von daher ist auch insoweit eine den Normgehalt reduzierende verfassungskonforme Auslegung nicht angezeigt (zum Rückgriff im Verhältnis der Auftraggeber Rn. 57). Etwas anderes mag allen- 39 falls dann gelten, wenn der Arbeitnehmer des Nachunternehmers nur zu einem geringfügigen, nicht weiter ins Gewicht fallenden Anteil, in Ausführung des Auftrags tätig wird.

Beispiel: Kleinunternehmer K stellt im Auftrag der Logistikunternehmen A und B Pakete zu. Stellt Zusteller Z vormittags im Auftrag des Unternehmens A, nachmittags im Auftrag des Unternehmens B Pakete zu, haftet A nur für die am Vormittag erworbenen Mindestlohnansprüche und B nur die am Nachmittag erworbenen Mindestlohnansprüche des Z. Stellt Z während des Tages zeitgleich sowohl die Pakete von A als auch die von B zu, haften A und B gesamtschuldnerisch.

4. Nettoentgelt

40 Von der Haftung ist nach § 13 iVm § 14 S. 2 AEntG nur das Nettoentgelt umfasst. Dies ist der Betrag, der nach Abzug der Steuern und der Beiträge zur Sozialversicherung und zur Arbeitsförderung oder entsprechender Aufwendungen zur sozialen Sicherung an den Arbeitnehmer auszuzahlen ist.

41 Es sind jeweils die nach dem für den Arbeitnehmer betreffenden maßgeblichen Steuer- und Sozialversicherungsrecht anfallenden Steuern und Sozialversicherungsabgaben in Abzug zu bringen. Bei entsandten Arbeitnehmern ist im Einzelfall zu prüfen, welchem Steuer- und Sozialversicherungsrecht sie unterliegen (vgl. § 5 SGB IV). Unterliegt ein entsandter Arbeitnehmer dem Sozialversicherungsrecht seines Herkunftsstaates, sind die von ihm auf Grundlage der ausländischen Rechtsordnung zu tragenden Arbeitnehmeranteile zu veranschlagen. Eine Berücksichtigung von fiktiven Beiträgen zur deutschen Sozialversicherung kommt bei der Ermittlung des Nettoentgelts nicht in Betracht, da es § 13 iVm § 14 S. 2 AEntG auf vom Arbeitnehmer tatsächlich zu tragenden Sozialversicherungsbeiträge und nicht auf fiktive Beiträge ankommt, denen keine gleichwertigen sozialversicherungsrechtlichen Ansprüche gegenüberstehen (vgl. BAG Urt. v. 17.8.2011 – 5 AZR 490/10, NZA 2012, 563).

42 Soweit eine Werkleistung nach § 101 Abs. 2 SGB III geschuldet wird, kommt darüber hinaus auch eine Haftung im Hinblick auf den Gesamtsozialversicherungsbeitrag nach § 28e Abs. 3a SGB IV in Betracht. Soweit zugleich eine illegale Ausländerbeschäftigung vorliegt, kann die Haftung nach § 98a Abs. 3 AufenthG auch die vereinbarte bzw. übliche Bruttovergütung nach § 98a Abs. 1 S. 1, Abs. 2 AufenthG umfassen.

E. Einstandspflicht des Unternehmers

43 Der Unternehmer haftet gemäß § 13 iVm § 14 AEntG für die Zahlung des Mindestlohns wie ein Bürge, der auf die Einrede der Vorausklage verzichtet hat (§ 765, §§ 771 f., § 773 Abs. 1 Nr. 1 BGB). Es handelt sich um eine gesetzlich angeordnete Bürgenhaftung, für die die §§ 765 ff. BGB entsprechend gelten (vgl. KAEW/Winkler AEntG § 14 Rn. 34).

I. Grundsätze der Bürgenhaftung

44 Die sich aus § 13 iVm § 14 AEntG ergebende Einstandspflicht des Unternehmers gibt dem Arbeitnehmer einen **eigenständigen Anspruch**. Es handelt sich um eine von der Zahlungsverpflichtung des Nachunternehmers verschiedene, eigene Leistungspflicht des Unternehmers (vgl. Palandt/Sprau Einf. v. § 765 Rn. 1). Wegen der strengen **Akzessorietät** der Bürgschaft hängt die Einstandspflicht des Unternehmers aber von Bestand und Umfang der Mindestlohnverpflichtung des Nachunternehmers ab. Der Unternehmer kann daher sämtliche dem Nachunternehmer zustehenden rechtshindernden und rechtsvernichtenden Einwendungen gegenüber dem Arbeitnehmer geltend machen (vgl. Palandt/Sprau § 765 Rn. 28 f.).

E. Einstandspflicht des Unternehmers §13

Fällig wird der Anspruch des Arbeitnehmers aus § 13 erst, wenn auch der gegen den 45
Arbeitgeber gerichtete Anspruch auf Zahlung des Mindestlohns fällig geworden ist. Nach
§ 13 muss der Unternehmer für die Mindestlohnverpflichtung seines Nachunternehmers
aus § 20 einstehen. Der Mindestlohnanspruch wird daher am **letzten Bankarbeitstag des
auf die Arbeitsleistung folgenden Monats** fällig (vgl. § 20, § 2 Abs. 1 S. 1 Nr. 2). Auf die
vertraglich oder tarifvertraglich vereinbarte Fälligkeit kommt es für die Haftungsregelung
des § 13 nicht an; gleiches gilt für den von § 614 BGB für den Fall einer fehlenden
Fälligkeitsvereinbarung vorgegebenen Fälligkeitstermin. Dies ergibt sich daraus, dass
§ 20 weder auf § 2 Abs. 1 S. 1 Nr. 1 noch auf § 2 Abs. 1 S. 2 verweist.

Die sich aus § 13 ergebende Bürgschaftsverpflichtung erlischt, wenn der Mindestlohn- 46
anspruch des Arbeitnehmers durch **Erfüllungsleistung des Arbeitgebers** erloschen ist.
Schuldet der Nachunternehmer dem Arbeitnehmer Zulagen oder Zuschläge, ist zunächst zu prüfen, inwieweit der Nachunternehmer diese auf seine Verpflichtung aus
§ 20 anrechnen kann. Verbleibt danach ein teilweise noch offener Mindestlohnanspruch
des Arbeitnehmers, so ist weiterhin durch Auslegung der vom Nachunternehmer –
gegebenenfalls konkludent – gesetzten Tilgungsbestimmung festzustellen, ob er mit
seiner Geldleistung zunächst den gesetzlichen Mindestlohnanspruch oder die arbeits-
bzw. tarifvertraglich geschuldeten Zulagen oder Zuschläge tilgen wollte (siehe dazu § 1
Rn. 160 ff.).

Der Unternehmer kann gemäß § 768 BGB die dem Nachunternehmer zustehenden 47
Einreden geltend machen. In Betracht kommt insbesondere die **Einrede der Verjährung**.
Mangels eigenständiger Verjährungsregelung im MiLoG gilt für den Mindestlohn-
anspruch nach § 195 BGB die regelmäßige dreijährige Verjährungsfrist. Dies gilt auch für
den Mindestlohnanspruch eines entsandten Arbeitnehmers. Zwar unterliegt dessen Arbeitsverhältnis in der Regel dem ausländischen Vertragsstatut, so dass für die Verjährung
nach Art. 12 Abs. 1 Buchst. d VO (EG) Nr. 593/2008 grundsätzlich das ausländische
Recht maßgebend ist. Allerdings ist zu beachten, dass Art. 12 Abs. 1 Buchst. d VO (EG)
Nr. 593/2008 den arbeitsvertraglichen Entgeltanspruch betrifft, während sich die Haftung des § 13 auf die gesetzliche Verpflichtung des Arbeitgebers zur Zahlung des Mindestlohns aus § 20 bezieht. Der gesetzliche Mindestlohnanspruch wirkt international
zwingend, weshalb iE das Vertragsstatut von Art. 9 VO (EG) Nr. 593/2008 überlagert
wird (hierzu § 3 Rn. 53). Von der Verjährung der Hauptschuld zu unterscheiden ist die
Verjährung des sich aus der Bürgschaft ergebenden Anspruchs. Dieser verjährt selbständig und zwar auch dann, wenn der Mindestlohnanspruch früher oder später verjährt (vgl.
Palandt/Sprau § 765 Rn. 26). Auch bei der Haftung des § 13 handelt es sich um eine
international zwingende Vorschrift, so dass sie nach deutschem Recht, also nach § 195
BGB verjährt. Die Verjährung der Hauptschuld sowie des sich aus § 13 MiLoG ergebenden Anspruchs können etwa in den Fällen auseinanderfallen, in denen die Verjährung
eines Anspruchs nach §§ 203 ff. BGB gehemmt oder unterbrochen ist.

Im Hinblick auf **Ausschlussfristen** für die Geltendmachung des Mindestlohnanspruchs, 48
für den Verzicht auf den Anspruch und die Verwirkung des Anspruchs ist § 3 zu beachten
(hierzu § 3 Rn. 1 ff.). Nach § 3 S. 1 können weder arbeits- noch tarifvertragliche Ausschlussfristen zu einem Verfall des Mindestlohnanspruchs führen. Nach § 3 S. 2 ist ein
Verzicht auf den Mindestlohnanspruch nur im Wege des gerichtlichen Vergleichs zulässig. Die Verwirkung des Mindestlohnanspruchs ist ausgeschlossen.

Neben vom Mindestlohnschuldner abgeleiteten können dem bürgenden Auftraggeber 49
auch **eigenständige Einwendungen und Einreden** zustehen.

In Betracht kommt zB die Einrede **unzulässiger Rechtsausübung** nach § 242 BGB, etwa 50
bei Herbeiführung des Bürgschaftsfalls durch kollusives Zusammenwirken mit dem
Hauptschuldner (ebs. KAEW/Winkler AEntG § 14 Rn. 48). Die treuwidrige Abrede ist
dabei vom in Anspruch genommenen Auftraggeber darzulegen und zu beweisen.

Dem Auftraggeber sind die Einreden der §§ 771, 772 BGB verwehrt, weil § 13 iVm 51
§ 14 S. 1 AEntG anordnet, dass er wie ein Bürge haftet, der auf die Einrede der Voraus-

klage verzichtet hat (vgl. Palandt/Sprau § 772 Rn. 1). Der Arbeitnehmer eines Nachunternehmers kann sich selbst dann noch an den bürgenden Unternehmer halten, wenn er bereits einen vollstreckungsfähigen Titel gegen den Arbeitgeber erwirkt hat (vgl. BAG Urt. v. 12.1.2005 – 5 AZR 617/01, NZA 2005, 627).

52 Sind mehrere Nachunternehmer in einer Nachunternehmerkette hintereinander geschaltet, hat der Arbeitnehmer ein **Wahlrecht**, bei welchem der seinem Arbeitgeber vorgeschalteten Unternehmen er den Mindestlohn einfordert (ebs. KAEW/Winkler AEntG § 14 Rn. 35; J. Ulber AEntG § 14 Rn. 30).

II. Haftung in Insolvenzfällen

53 § 13 sichert auch den Anspruch eines Arbeitnehmers des Nachtunternehmers gegen den beauftragenden Unternehmer in der **Insolvenz des Nachunternehmers** (vgl. LAG Bln.-Bbg. Urt. v. 30.10.2009 – 6 Sa 219/09 ua, BeckRS 2009, 73920; LAG Nds. Urt. v. 4.10.2010 – 12 Sa 1544/09, BeckRS 2010, 32426; BeckOK ArbR/Gussen AEntG § 14 Rn. 2; ErfK/Schlachter AEntG § 14 Rn. 2; **aA** Kühn/Reich BB 2014, 2938, 2939). Das BVerfG und BAG haben diese Frage bislang offengelassen (BVerfG Beschl. v. 20.3.2007 – 1 BvR 1047/05, NZA 2007, 609, 612; BAG Urt. v. 8.12.2010 – 5 AZR 95/10, NZA 2011, 514, 516). Das BAG hat eine Haftung des beauftragenden Unternehmens nach § 14 AEntG allerdings verneint, soweit die Bundesagentur für Arbeit bei Insolvenz eines Nachunternehmers Insolvenzgeld gezahlt hat. In diesem Fall erlösche insoweit der Anspruch des Arbeitnehmers auf den Mindestlohn und mit ihm im Umfang der Insolvenzgeldzahlungen die Haftung des Auftraggebers (vgl. BAG Urt. v. 8.12.2010 – 5 AZR 95/10, NZA 2011, 514, 516). Ein gesetzlicher Forderungsübergang auf die Bundesagentur für Arbeit gemäß § 169 S. 1 SGB III oder §§ 412, 401 Abs. 1 BGB findet nach Ansicht des BAG nicht statt. Die Haftung des Auftraggebers könne nicht als bloßes Nebenrecht zum Mindestlohnanspruch des Arbeitnehmers eingeordnet werden, da die Haftung andere Zwecke verfolge.

54 Hinter den Erwägungen des BAG mag die Befürchtung stehen, dass ein flächendeckender Mindestlohn mit einer flankierenden Haftung des Auftraggebers für die Bundesagentur für Arbeit zu einem Instrument zur Refinanzierung des Insolvenzgeldes werden könnte. Dies überzeugt indes nicht. Zum einen sind über das Insolvenzgeld lediglich Lohnansprüche von bis zu drei Monaten geschützt (§ 165 Abs. 1 S. 1 SGB III). Zum anderen werden von § 401 BGB, ungeachtet des Haftungszwecks, alle akzessorischen Rechte umfasst. Um ein solches akzessorisches Recht handelt es sich bei der Haftung nach § 13. Dieses Ergebnis entspricht iÜ auch der Ratio der Norm: Der Haftungstatbestand verlöre ansonsten in weiten Teilen die bezweckte Steuerungswirkung, wenn insolvenzbedingte Haftungsfälle vorrangig über das Insolvenzgeld abzuwickeln wären. Im Gegenteil: Die Haftung nach § 13 muss streng genommen gerade in Insolvenzfällen greifen, in denen sich das in der Auftragsweitergabe liegende Risiko des Zahlungsausfalls verwirklicht. Soweit der Nachunternehmer selbst solvent und in der Lage ist, die Mindestlohnansprüche zu bedienen, führt der Haftungstatbestand nach § 13 lediglich zu einer Abwicklung „übers Eck" (zum Rückgriff des Auftraggebers Rn. 55 ff.). Dass dagegen das Schutzbedürfnis der betroffenen Arbeitnehmer gerade in Insolvenzfällen geringer sein soll, erschließt sich nicht. Ebenso fehlt es an Anhaltspunkten dafür, dass sich etwa im Insolvenzverfahren das Regelungskonzept des Gesetzes hinsichtlich der Heranziehung des Auftraggebers nach Intensität und Zielrichtung ändert (vgl. auch BSG Urt. v. 7.3.2007 – B 12 KR 11/06 R, BeckRS 2007, 45269).

F. Rückgriff des Auftraggebers

Befriedigt der nach § 13 bürgende Unternehmer den Zahlungsanspruch des Arbeitnehmers, geht nach § 774 Abs. 1 S. 1 BGB die Mindestlohnforderung gegen den Nachunternehmer oder den Verleiher auf ihn über. Der bürgende Unternehmer kann somit beim mindestlohnverpflichteten Arbeitgeber in voller Höhe Rückgriff nehmen. Eine gesamtschuldnerische Haftung zwischen dem mindestlohnverpflichteten Arbeitgeber und dem bürgenden Auftraggeber besteht nicht (vgl. BAG Urt. v. 12.1.2005 – 5 AZR 617/01, NZA 2005, 627, 630).

Scheitert der Rückgriff beim mindestlohnverpflichteten Arbeitgeber, kann der bürgende Auftraggeber grundsätzlich anteilig bei den Nachunternehmern und Verleihern Regress nehmen, die dem mindestlohnverpflichteten Arbeitgeber in der „Nachunternehmerkette" vorgeschaltet sind. Die verschiedenen für den Mindestlohnanspruch bürgenden Unternehmer haften als **Mitbürgen** nach §§ 769, 774 Abs. 2 BGB **gesamtschuldnerisch**. Im Verhältnis zueinander sind sie damit nach § 426 Abs. 1 S. 1 BGB zu gleichen Teilen verpflichtet, soweit nichts anderes vereinbart worden ist (zu Freistellungsvereinbarungen s. Rn. 67).

Neben dem vertikalen Rückgriff in der Nachunternehmerkette kommt in Fällen der „Auftragsmehrheit" (hierzu schon Rn. 39) auch ein **horizontaler Rückgriff** nach §§ 769, 774 Abs. 2 BGB bei einem anderen Unternehmer in Betracht, der den Nachunternehmer ebenfalls beauftragt hat. Die den Nachunternehmer beauftragenden Unternehmer haften für die Mindestlohnansprüche des Arbeitnehmers, der ihre Aufträge parallel verrichtet hat, im Innenverhältnis nach § 426 Abs. 1 S. 1 BGB zu gleichen Teilen.

G. Prozessuales

I. Gerichtsstand

Dem MiLoG fehlt es für Klagen von entsandten Arbeitnehmern auf Erfüllung einer Verpflichtung aus § 13 an einer ausdrücklichen Regelung zum Gerichtsstand. Der Gesetzgeber ging offenbar davon aus, dass es neben der Regelung des § 15 S. 1 AEntG keiner weiteren Anordnung im MiLoG bedurfte. Nach § 15 S. 1 AEntG können entsandte Arbeitnehmer Klage auf Erfüllung der Verpflichtungen aus §§ 2, 8 oder 14 AEntG auch vor einem deutschen Arbeitsgericht erheben.

Auch wenn nach § 13 für den allgemeinen Mindestlohn allein die Haftungsregelung des § 14 AEntG entsprechende Anwendung findet, dürfte in **Entsendefällen** auch § 15 **S. 1 entsprechend** anwendbar sein. Soweit nicht ohnehin ein inländischer Gerichtsstand nach Maßgabe von §§ 21, 29, 32 ZPO oder § 48 Abs. 1a ArbGG besteht, ist eine solche Analogie jedenfalls durch Art. 11 Abs. 1 RL 2014/67/EU veranlasst. Nach Art. 11 Abs. 1 RL 2014/67/EU haben die Mitgliedstaaten sicherzustellen, dass entsandte Arbeitnehmer im Entsendestaat die Möglichkeit haben, ihren Mindestlohnanspruch gerichtlich einzuklagen.

Inländische Arbeitnehmer können den Anspruch aus § 13 nach § 2 Abs. 1 Nr. 3a iVm § 3 ArbGG vor den Arbeitsgerichten geltend machen (ebs. zu § 14 AEntG KAW/Winkler AEntG § 14 Rn. 41). Gemäß § 3 ArbGG besteht die in § 2 ArbGG begründete Zuständigkeit auch in den Fällen, in denen der Rechtsstreit durch einen Rechtsnachfolger oder durch eine Person geführt wird, die kraft Gesetzes anstelle des sachlich Berechtigten oder Verpflichteten hierzu befugt ist. Zwar tritt der bürgende Auftraggeber nicht an die Stelle des mindestlohnverpflichteten Arbeitgebers, sondern haftet für den Mindestlohnanspruch neben ihm. Der Begriff des Rechtsnachfolgers ist indes nicht streng wörtlich, sondern in einem weiten Sinn zu verstehen. Es ist nicht erforderlich, dass der Rechtsnachfolger an die Stelle des ursprünglichen Schuldners getreten ist. Vielmehr genügt die Erhebung oder Abwehr einer Forderung anstelle des Arbeitgebers oder Arbeitnehmers, unabhängig davon, ob der jeweilige Arbeitgeber oder Arbeitnehmer unter denselben tatsächlichen Voraussetzungen die Leistung fordern könnte oder sie schuldet oder für sie haften müsste. Deshalb werden unter den Begriff der Rechtsnachfolge iSd § 3 ArbGG auch die Haftung für arbeitsrechtliche Ansprüche aus eigenständigen Rechtsgründen wie die Bürgschaft subsumiert (st. Rspr., zuletzt etwa BAG Beschl. v. 5.12.2013 – 10 AZB 25/13, NZA 2014, 221, 222). Mit der erweiternden Anwendung von § 3 ArbGG wird verhindert, dass über Inhalt und Umfang arbeitsrechtlicher Pflichten verschiedene Gerichtsbarkeiten entscheiden, obwohl die größte Sachnähe jeweils die Arbeitsgerichte haben.

II. Rechtskraft

61   Die Rechtskraft einer für den Arbeitnehmer ungünstigen Entscheidung gegen den Arbeitgeber wirkt zugunsten des bürgenden Auftraggebers (ebs. Thüsing/Mohr AEntG § 14 Rn. 24). Umgekehrt wirkt die Rechtskraft einer für den Arbeitnehmer günstigen Entscheidung nicht zulasten des haftenden Auftraggebers. Dies widerspräche dem Rechtsgedanken des § 767 Abs. 1 S. 3 BGB, wonach die Haftung des Bürgen nicht im Nachhinein durch den Hauptschuldner erweitert werden kann (vgl. BAG Urt. v. 2.8.2006 -10 AZR 688/05, NZA-RR 2007, 646, 648).

III. Aussetzung

62   Die Klage des Arbeitnehmers gegen den bürgenden Auftraggeber ist – mangels Vorgreiflichkeit – nicht deshalb nach § 148 ZPO auszusetzen, weil er gleichzeitig Klage gegen seinen Arbeitgeber erhoben hat (vgl. Hess. LAG Beschl. v. 22.8.2005 – 16/10 Ta 345/05, NZA-RR 2006, 381, 382). § 13 begründet eine von der Verbindlichkeit des Arbeitgebers zu unterscheidende, eigene Haftung. Ihre Akzessorietät soll nur sicherstellen, dass der Arbeitnehmer vom Auftraggeber nicht mehr bekommt, als er vom Arbeitgeber zu beanspruchen hat.

IV. Darlegungslast

63   Wird der Auftraggeber nach § 13 in Anspruch genommen, hat er sich grundsätzlich nach § 138 Abs. 2 ZPO zum anspruchsbegründenden Sachvortrag des klagenden Arbeitnehmers zu erklären. Eine **Erklärung mit Nichtwissen** ist nur unter den Voraussetzungen des § 138 Abs. 4 ZPO beachtlich. Nach § 138 Abs. 4 ZPO ist eine Erklärung mit Nichtwissen über Tatsachen zulässig, die weder eigene Handlungen der Partei noch Gegenstand ihrer eigenen Wahrnehmung gewesen sind. Dabei ist anerkannt, dass nicht nur Handlungen und Wahrnehmungen der gesetzlichen Vertreter einer Partei, sondern auch Vorgänge im eigenen Geschäfts- oder Verantwortungsbereich den eigenen Handlungen oder Wahrnehmungen iSv § 138 Abs. 4 ZPO gleichzustellen sind. Eine Partei kann sich daher nicht durch arbeitsteilige Organisation ihres Betätigungsbereichs ihren prozessualen Erklärungspflichten entziehen, sondern muss innerhalb desselben Erkundigungen anstellen (für den gemeinsamen Betrieb einer Baustelle vgl. BAG Urt. v. 17.8.2011 – 5 AZR 490/10, NZA 2012, 563, 565). Ein Bestreiten mit Nichtwissen ist demnach zulässig, wenn der Auftraggeber mit den Nachunternehmern weder in einer arbeitsteiligen Organisation zusammenwirkt, noch die Arbeit des Nachunternehmers durch eigene Arbeitnehmer überwacht. Die Auftragserteilung allein führt demgegenüber nicht zu einer Erklä-

rungspflicht des Auftragsgebers nach § 138 Abs. 2 ZPO (vgl. BAG Urt. v. 19.11.2008 – 10 AZR 864/07, BeckRS 2009, 51337).

H. Begrenzung und Ausschluss des Haftungsrisikos

Das Haftungsrisiko kann der beauftragende Unternehmer zunächst durch eine **sorgfältige Auswahl** seines Nachunternehmers verringern. Bei der Auftragsvergabe hat er die Möglichkeit anhand der **Preiskalkulation** des Nachunternehmers eine Plausibilitätsprüfung vorzunehmen, ob auf dieser Grundlage eine Vergütung der Arbeitnehmer zum Mindestlohn wirtschaftlich möglich ist (vgl. auch ErfK/Schlachter AEntG § 23 Rn. 5). 64

In dem der Beauftragung zugrunde liegenden Dienst- oder Werkvertrag kann der Auftraggeber mit dem Nachunternehmer vereinbaren, dass dieser ihm regelmäßig Nachweis zu erbringen hat, dass die Arbeitnehmer in der Nachunternehmerkette zum Mindestlohn vergütet werden (vgl. BAG Urt. v. 12.1.2005 – 5 AZR 617/01, NZA 2005, 627, 633). Denkbar ist etwa die Vorlage von Lohnlisten oder von Erklärungen der Arbeitnehmer, dass sie den Mindestlohn erhalten haben. Dabei kann vereinbart werden, dass der Auftraggeber berechtigt ist, bis zur **Vorlage der Erfüllungsnachweise** einen Teil der Dienstvergütung bzw. des Werklohns zurückzuhalten (vgl. BAG Urt. v. 12.1.2005 – 5 AZR 617/01, NZA 2005, 627, 633). 65

Der Auftraggeber kann das durch Nachunternehmerketten entstehende Haftungsrisiko ausschließen bzw. verringern, indem er mit dem Nachunternehmer vereinbart, dass die Beauftragung weiterer Nachunternehmer nicht oder nur nach **vorheriger Zustimmung** möglich ist (vgl. BAG Urt. v. 12.1.2005 – 5 AZR 617/01, NZA 2005, 627, 633). Gleiches gilt im Hinblick auf die Erweiterung des Haftungsumfangs infolge einer „Auftragsmehrheit" (s. bereits Rn. 39). Möchte der Auftraggeber vermeiden, dass der Nachunternehmer einen Arbeitnehmer zur zeitgleichen Verrichtung von Aufträgen unterschiedlicher Auftraggeber einsetzt, muss er die geschuldete Dienst- oder Werkleistung entsprechend vertraglich ausgestalten. 66

In einer sog. **Freistellungsvereinbarung** kann sich der Auftraggeber zusichern lassen, dass ihn der Nachunternehmer im Fall einer Inanspruchnahme durch einen Arbeitnehmer aus der Nachunternehmerkette von der Verpflichtung freistellt (vgl. BAG Urt. v. 12.1.2005 – 5 AZR 617/01, NZA 2005, 627, 633). Ohne eine solche Freistellungsvereinbarung könnte der bürgende Auftraggeber nach §§ 769, 774 Abs. 2, § 426 Abs. 1 S. 1 BGB lediglich anteilig bei den Nachunternehmern und Verleihern Regress nehmen, die dem mindestlohnverpflichteten Arbeitgeber in der Nachunternehmerkette vorgeschaltet sind (s. Rn. 55 f.). 67

Weder eine Plausibilitätskontrolle bei Vertragsschluss noch risikoverringernde Vereinbarungen mit dem Auftragnehmer können jedoch gänzlich ausschließen, dass sich das Haftungsrisiko des § 13, zB durch eine Insolvenz des Auftragnehmers realisiert (zur Haftung bei Insolvenz s. Rn. 53 f.). Das Insolvenzrisiko kann der Auftraggeber zB durch die Stellung von Sicherheiten ausschließen bzw. minimieren. Infrage kommen etwa Bareinbehalte oder Bankbürgschaften (vgl. BAG Urt. v. 12.1.2005 – 5 AZR 617/01, NZA 2005, 627, 633). Allerdings kann die Verpflichtung zur Stellung entsprechender Sicherheiten insbesondere bei kleinen Unternehmer die Fremdkapitalbeschaffung erschweren und damit ihre Solvenz verschlechtern (vgl. KAEW/Winkler AEntG § 14 Rn. 53; Thüsing/Mohr AEntG § 14 Rn. 13). 68

Untauglich zur Einschränkung des Haftungsrisikos sind **Vereinbarungen** mit dem Auftragnehmer oder den Arbeitnehmern des Auftragnehmers, die auf einen **Ausschluss** der **Haftung** nach § 13 gerichtet sind. Eine haftungsausschließende Vereinbarung zwischen Auftraggeber und Nachunternehmer wäre auf einen Rechtsverlust des Arbeitnehmers gerichtet und somit ein unzulässiger Vertrag zulasten Dritter. Ebenso unwirksam ist jede 69

Form von Vereinbarung mit dem Arbeitnehmer des Nachunternehmers oder einseitiger Erklärung des Arbeitnehmers, die auf den teilweisen oder vollständigen Verlust des Anspruchs aus § 13 gerichtet ist. Der Mindestlohnanspruch ist nach § 3 unabdingbar; ein Verzicht ist nach § 3 S. 2 nur durch gerichtlichen Vergleich zulässig und kann nicht im Voraus erfolgen (hierzu § 3 Rn. 26 ff.). Dies gilt aufgrund der Akzessorietät der Haftung des Auftraggebers auch für den Anspruch nach § 13.

Abschnitt 3. Kontrolle und Durchsetzung durch staatliche Behörden

§ 14 Zuständigkeit

Für die Prüfung der Einhaltung der Pflichten eines Arbeitgebers nach § 20 sind die Behörden der Zollverwaltung zuständig.

Übersicht

	Rn.
A. Übersicht	1
B. Zuständigkeit	3
I. Binnenzuständigkeit	4
II. Prüfaufgaben	6
C. Vereinbarkeit mit Unionsrecht	7

A. Übersicht

Der Gesetzgeber hat sich ebenso wie für die Kontrolle der Branchenmindestlöhne nach dem AEntG und der Lohnuntergrenze nach § 3a AÜG auch für den allgemeinen Mindestlohn dafür entschieden, die Kontrollkompetenz den Zollbehörden zu übertragen. **1**

In den Jahren 2011 bis 2013 hat der Zoll im Zusammenhang mit der Bekämpfung von Schwarzarbeit jährlich mehr als eine halbe Millionen Personen an ihrer Arbeitsstelle und ca. 65.000 Arbeitgeber überprüft (vgl. Die Zollverwaltung – Jahresstatistik 2013, S. 18). Diese Fallzahlen werden aufgrund der hinzukommenden Kontrolle des Mindestlohns steigen. Vor diesem Hintergrund soll das Personal der FKS sukzessive um 1.600 Stellen aufgestockt werden. **2**

B. Zuständigkeit

Der Zoll ist nicht nur Prüf-, sondern auch Vollzugsbehörde nach § 21. Soweit nicht Zuständigkeiten nach anderen Gesetzen bestehen, umfasst die Zuständigkeit der Zollbehörde nach § 14 nur die Kontrolle der Pflicht des Arbeitgebers nach § 20, seinen Arbeitnehmern ein Arbeitsentgelt mindestens in Höhe des Mindestlohns spätestens zum gesetzlichen Fälligkeitstermin, also zum letzten Bankarbeitstag des auf die Arbeitsleitung folgenden Kalendermonats, zu zahlen. **3**

I. Binnenzuständigkeit

Die Kontrollen zur Unterbindung von Schwarzarbeit und illegaler Beschäftigung werden von der **Finanzkontrolle Schwarzarbeit (FKS)**, einer im Jahr 2004 von der Zollverwaltung eingerichteten Arbeitseinheit, durchgeführt. **4**

Die Aufgabe der Finanzkontrolle wird in 41 der insgesamt 43 Hauptzollämter wahrgenommen (§ 12 Abs. 2 FVG), die bundesweit über insgesamt 113 FKS-Dienststellen verfügen. Die Rechts- und Fachaufsicht über die Hauptzollämter üben die fünf in Deutschland bestehenden Bundesfinanzdirektionen aus. Daneben sind in der Abteilung „Zentrale Facheinheit" jeder Bundesfinanzdirektion einzelne Aufgabenbereiche gebündelt, für die die jeweilige Bundesfinanzdirektion bundesweit zuständig ist. Die Abteilung „Zentrale Facheinheit" erarbeitet Standards für die Erledigung der jeweiligen Aufgaben- **5** bereiche durch die örtlichen Dienststellen. Ziel dieser **Aufgabenkonzentration** ist es, eine **bundeseinheitliche Rechtsanwendung und -auslegung sicherzustellen.** Für die sich aus § 2 SchwarzArbG ergebenden Kontrollaufgaben – und somit für die Durchsetzung des Mindestlohns – ist die Zentrale Facheinheit der Bundesfinanzdirektion West (**BFD West**) mit Sitz in Köln zuständig. Sie ist gegenüber den mit der Rechts- und Fachaufsicht über die Hauptzollämter betrauten Arbeitseinheiten der fünf Bundesfinanzdirektionen weisungsbefugt.

II. Prüfaufgaben

6   Die Prüfaufgaben der FKS ergeben sich aus § 2 **SchwarzArbG**. Im SchwarzArbG sind die verschiedenen bestehenden Regelungen zur Bekämpfung von Schwarzarbeit und illegaler Beschäftigung zusammengeführt, Lücken geschlossen sowie teils zusätzliche Befugnisse der Zollbehörden geschaffen worden. Neben der illegalen Arbeitnehmerüberlassung sowie der illegalen Ausländerbeschäftigung bildet die Gruppe „Lohndumping, Wucher, ausbeuterische Beschäftigung" den dritten Unterfall der illegalen Beschäftigung. Dementsprechend regelt § 2 Abs. 1 Nr. 5 SchwarzArbG, das zu den Aufgaben der FKS die Kontrolle des allgemeinen Mindestlohns sowie der bestehenden Branchenmindestlöhne nach dem AEntG bzw. der Lohnuntergrenze nach § 3a AÜG gehört.

C. Vereinbarkeit mit Unionsrecht

7   Der Kompetenztitel aus § 14 f. kann als teilweise **Umsetzung** von Art. 5 RL 2014/67/ EU v. 15.5.2014 (Durchsetzungs- bzw. Enforcement-RL zur (Entsende-)RL 96/71/EG gesehen werden. Unionsrechtliche Bedenken dagegen, den Mindestlohn staatlicherseits durchzusetzen, bestehen schon insofern nicht.

8   Ebenso wie der materiell-rechtliche Mindestlohnanspruch selbst können nach Ansicht des EuGH auch Regelungen zur Durchsetzung dieses Anspruchs auf den Arbeitnehmerschutz als zwingenden Grund des Allgemeininteresses gestützt werden (vgl. EuGH Urt. v. 12.10.2004 – C-60/03 [Wolff & Müller], NZA 2004, 1211, 1213). Diese Rspr. des EuGH wird sogar dahingehend zu verstehen sein, dass die wirksame tatsächliche Durchsetzung von Mindestlöhnen selbst Voraussetzung für die Rechtfertigung der in dem Mindestlohn liegenden Beschränkung des freien Dienstleistungsverkehrs ist, da die materielle Regelung ohne wirksame Durchsetzung nicht hinreichend zum sozialen Schutz der Arbeitnehmer geeignet ist. Dementsprechend gibt auch Art. 10 Abs. 1 RL 2014/67/EU vor, dass die Mitgliedstaaten geeignete und wirksame Kontroll- und Überwachungsmechanismen sicherstellen. Die zuständigen Behörden haben wirksame und angemessene Prüfungen durchzuführen, um die Einhaltung der Vorgaben der (Entsende-)RL 96/71/EG zu kontrollieren und zu überwachen. Nach ErwGr 17 der RL 2014/67/EU sind wirksame Überwachungsverfahren von wesentlicher Bedeutung für die Durchsetzung entsendefester Mindestarbeitsbedingungen; die Mitgliedstaaten haben nach ErwGr 27 der RL 2014/67/ EU eine wirksame und angemessene Arbeitsaufsicht sicherzustellen. Allerdings sind die durch § 15 S. 1 iVm § 3 ff. SchwarzArbG den Zollbehörden vermittelten Befugnisse unionsrechtskonform dahingehend anzuwenden, dass nur solche Maßnahmen getroffen werden dürfen, die zum Schutz der Arbeitnehmer geeignet und erforderlich sowie im Hinblick auf die Verwirklichung des mit ihnen verfolgten Ziels angemessen sind. Die zuständigen Behörden müssen daher prüfen, ob sie ihre Aufsichtsfunktion ohne die angeforderten Informationen nicht wirksam ausüben können und/oder weniger restriktive Maßnahmen nicht sicherstellen würden, dass die Ziele der Kontrollmaßnahme erreicht werden (vgl. ErwGr 23 RL 2014/67/EU).

§ 15 Befugnisse der Behörden der Zollverwaltung und anderer Behörden; Mitwirkungspflichten des Arbeitgebers

Die §§ 2 bis 6, 14, 15, 20, 22 und 23 des Schwarzarbeitsbekämpfungsgesetzes sind entsprechend anzuwenden mit der Maßgabe, dass
1. die dort genannten Behörden auch Einsicht in Arbeitsverträge, Niederschriften nach § 2 des Nachweisgesetzes und andere Geschäftsunterlagen nehmen können, die mittelbar oder unmittelbar Auskunft über die Einhaltung des Mindestlohns nach § 20 geben, und
2. die nach § 5 Absatz 1 des Schwarzarbeitsbekämpfungsgesetzes zur Mitwirkung Verpflichteten diese Unterlagen vorzulegen haben.

§ 6 Absatz 3 sowie die §§ 16 bis 19 des Schwarzarbeitsbekämpfungsgesetzes finden entsprechende Anwendung.

Übersicht

	Rn.
A. Überblick	1
B. Normzweck	4
C. Kontrollverfahren	5
I. Kontrollpraxis	6
II. Rechtsnatur der Kontrollmaßnahmen	7
III. Kontrollbefugnisse	8
1. Überprüfung und Befragung von Personen	10
2. Betretungsrecht	16
a) Geschäftsräume	17
b) Geschäftszeiten	19
3. Überprüfung von Geschäftsunterlagen	20
IV. Duldungs- und Mitwirkungspflichten	25
V. Zwangsmaßnahmen	32
VI. Zusammenarbeitsstellen	33
E. Ermittlungsbefugnisse	37
F. Datenschutz	41
I. Sozialdatenschutz	42
II. Zentrale Datenbank	49

A. Überblick

§ 15 normiert mittels einer nicht stets übersichtlichen Verweisung auf einzelne Vorschriften des SchwarzArbG **Befugnisse der Behörden der Zollverwaltung und anderer Behörden** bei der **Überwachung des Mindestlohns** sowie **Duldungs- und Mitwirkungspflichten** von Arbeitgebern, Arbeitnehmern, Auftraggebern und Dritten. Die Vorschrift entspricht der Regelung des § 17 AEntG. 1

Durch den Verweis auf § 3 und § 4 SchwarzArbG werden die Prüfbefugnisse der Zollbehörden geregelt. Der in Bezug genommene § 2 Abs. 2 SchwarzArbG regelt, von welchen Behörden der Zoll bei der Prüfung und Kontrolle des Mindestlohns (vgl. § 14 iVm § 2 Abs. 1 S. 1 Nr. 5 SchwarzArbG) unterstützt wird, wobei § 6 SchwarzArbG die Unterrichtung und **Zusammenarbeit** dieser **Behörden** regelt. § 15 verweist des Weiteren auf § 2a und § 5 SchwarzArbG, die mit den Prüfbefugnissen der Zollbehörden weitgehend korrespondierende Duldungs- und Mitwirkungspflichten regeln. § 15 S. 1 Nr. 1 und Nr. 2 konkretisieren diese Prüfbefugnisse sowie die Mitwirkungspflicht nach § 5 SchwarzArbG dahingehend, dass die Prüfbehörden auch Einsicht in Arbeitsverträge, Niederschriften nach § 2 NachwG und andere für die Einhaltung des Mindestlohns relevante Geschäftsunterlagen nehmen können und sich die Mitwirkungspflicht auf die Vorlage dieser Unterlagen erstreckt. Von der Verweisung des § 15 S. 1 ist zudem § 14 SchwarzArbG umfasst, der die Befugnisse der Zollbehörden im Ermittlungsverfahren regelt. 2

3   Die von § 15 in Bezug genommenen Vorschriften des SchwarzArbG regeln zudem Fragen des **Datenschutzes** (§§ 15 bis 19 SchwarzArbG) sowie das **Verwaltungsverfahren** und den **Rechtsweg** zu den Finanzgerichten (§§ 20, 22, 23 SchwarzArbG).

B. Normzweck

4   Die von § 15 geregelten Prüfbefugnisse, sowie die flankierenden Duldungs- und Mitwirkungspflichten sollen eine **wirksame Kontrolle** des Mindestlohns ermöglichen. Die Unterstützung durch die Behörden nach § 2 Abs. 2 SchwarzArbG (sog. Zusammenarbeitsstellen) gewährleistet, dass die Zollbehörden durch das Fachwissen dieser Stellen, auf welches sie zur Kontrolle des Mindestlohns regelmäßig angewiesen sind, unterstützt werden.

C. Kontrollverfahren

5   Die Kontrollen durch die Zollbehörden finden größtenteils vor Ort und **ohne vorherige Ankündigung** statt (vgl. auch BFH Urt. v. 23.10.2012 – VII R 41/10, NZA-RR 2013, 148, 150; krit. hierzu Maschmann NZA 2014, 929, 931). Auch eine Schlussbesprechung oder die Bekanntgabe eines Abschlussberichts sind unüblich (vgl. Ramming NZA-Beilage 2014, 149, 150).

I. Kontrollpraxis

6   Um eine möglichst schonende und effiziente Kontrolle zu gewährleisten, werden die Zollbehörden ihre Prüfungen oftmals durch sog. **Risikoanalysen** vorbereiten und als sog. **Schwerpunktprüfungen** durchführen (vgl. Thüsing/Reufels AEntG § 17 Rn. 9). Durch diese Instrumente dürften die Prüfungen in der Summe weniger, aber – bei gleichzeitiger Reduzierung des Zeitaufwands – iE effizienter werden.

II. Rechtsnatur der Kontrollmaßnahmen

7   Bei **Prüfungsanordnungen** nach dem SchwarzArbG handelt es sich um **Verwaltungsakte**, deren Prüfung nach § 23 SchwarzArbG den Finanzgerichten obliegt. Auch wenn der durch das MiLoG in Bezug genommene § 22 SchwarzArbG eine ergänzende Anwendung der Abgabenordnung erlaubt, handelt es sich bei den mindestlohnrechtlichen Prüfungsanordnungen des Zolls weder um eine abgaben-/steuerrechtliche Außenprüfung iSd §§ 196 ff. AO, noch um eine entsprechende Nachschau iSd. §§ 210 ff. AO, sondern um originäre Maßnahmen auf Grundlage von § 15 iVm § 2 SchwarzArbG (nach BFH Urt. v. 23.10.2012 – VII R 41/10, NZA-RR 2013, 148, 150 ist dies „unzweifelhaft"; ebs. Ramming NZA-Beilage 2014, 149, 150; aA Maschmann NZA 2014, 929).

III. Kontrollbefugnisse

8   § 15 S. 1 iVm §§ 3 bis 5 SchwarzArbG beinhalten die zentralen Befugnisnormen für die Zollbehörden zur Erfüllung ihres sich aus § 14 ergebenden Kontrollauftrags. Die Befugnisse betreffen das verwaltungsrechtliche Prüfverfahren. Sobald sich die Zollbehörden aufgrund eines Anfangsverdachts in einem straf- oder bußgeldrechtlichen Ermittlungsverfahren befinden, richten sich ihre Befugnisse nach § 15 S. 1 iVm. § 14 Schwarz-

ArbG iVm den einschlägigen Vorschriften der StPO bzw. des OWiG (dazu noch Rn. 37 ff.).

Die Zollbehörden können die Einhaltung des Mindestlohns durch **Personenbefragungen** (§ 3 SchwarzArbG) sowie durch die **Überprüfung von Geschäftsunterlagen** (§ 4 SchwarzArbG) ermitteln. Dabei ist durch die Zollbehörden zu klären, welche Zahlungen der Arbeitnehmer zu welchem Zeitpunkt erhalten hat, ob diese Zahlungen in Erfüllung des Mindestlohnanspruchs erfolgt sind, wie viele Arbeitsstunden von ihm in den jeweiligen Abrechnungszeiträumen geleistet und ob und ggf. in welcher Höhe Steuern und Sozialversicherungsbeiträge abgeführt worden sind.

1. Überprüfung und Befragung von Personen

In der Prüfpraxis kann die Einhaltung des Mindestlohns durch die Befragung der Arbeitnehmer sowie durch Einsichtnahme in die von ihnen mitgeführten Unterlagen überprüft werden.

Nach § 3 Abs. 1 Nr. 1 SchwarzArbG steht den Zollbehörden gegenüber den Arbeitnehmern ein **Auskunftsrecht** hinsichtlich ihrer Beschäftigungsverhältnisse sowie ihrer Tätigkeiten zu. Die Befragung kann sich auf alle sachdienlichen Fragen zur Ermittlung der tatsächlichen Beschäftigungsverhältnisse, ihrer rechtlichen Voraussetzungen und Zulässigkeit und der damit verbundenen Fragen iSd Prüfauftrags aus § 2 Abs. 1 SchwarzArbG beziehen (Fehn/Wamers § 3 Rn. 19). Der Begriff Beschäftigungsverhältnis ist an sich ein sozialrechtlicher und kein arbeitsrechtlicher Begriff (vgl. § 7 Abs. 1 SGB IV). Er umfasst das arbeitsrechtliche Beschäftigungsverhältnis wie alle weiteren Rechtsverhältnisse, die in den Schutz der gesetzlichen Sozialversicherung einbezogen sind.

Nach § 3 Abs. 1 Nr. 2 SchwarzArbG dürfen die Zollbehörden **Einsicht** in die von den Arbeitnehmern mitgeführten Unterlagen nehmen. Voraussetzung ist, dass für die Unterlagen anzunehmen ist, dass aus ihnen Umfang, Art oder Dauer der Beschäftigungsverhältnisse oder der Tätigkeiten hervorgehen oder abgeleitet werden können. In Betracht kommen Unterlagen über geleistete Arbeitsstunden, Akkordzettel, Stundenzettel, Maschinenlaufzeiten, Lohn- und Entgelthöhe, Dokumente über zeitliche An- und Abwesenheiten, Ein- oder Ausreise, Abrechnungen über Unterkünfte und Verpflegung etc. (Fehn/Wamers § 3 Rn. 19). § 15 S. 1 Nr. 1 stellt den Inhalt des Einsichtsrechts für die Kontrolle zudem dahingehend klar, dass die Zollbehörden jedenfalls auch Einsicht in Arbeitsverträge, Niederschriften nach § 2 NachwG und andere Geschäftsunterlagen nehmen können, die mittelbar oder unmittelbar Auskunft über die Einhaltung des Mindestlohns geben können.

Die Zollbehörden sind nach § 3 Abs. 3 SchwarzArbG befugt, die **Personalien** der auf dem Grundstück oder dem Geschäftsraum des Arbeitgebers tätigen Personen zu **überprüfen**.

Die Befugnisse des § 3 Abs. 1 bis Abs. 3 SchwarzArbG bestehen auch im Hinblick auf die Einhaltung des Mindestlohns gegenüber **Praktikanten** iSd § 22 Abs. 1 S. 2. Dies ergibt sich für das Einsichtsrecht schon aus § 15 S. 1 Nr. 1, denn es handelt sich bei Praktikumsverträgen, Stundenzetteln etc. um Unterlagen, die Auskunft über die Einhaltung des Mindestlohns geben können. Zudem sieht der von § 15 S. 1 Nr. 1 in Bezug genommene § 2 NachwG nunmehr in Abs. 1a vor, dass die wesentlichen Vertragsbedingungen von Praktikanten nach § 22 Abs. 1 S. 2 schriftlich niederzulegen sind.

Nach § 3 Abs. 5 SchwarzArbG dürfen die Zollbehörden zur Überprüfung von Personen auch **Beförderungsmittel anhalten**. Diese Befugnisnorm kann insbesondere für die Kontrolle der Einhaltung des Mindestlohns im Bereich der Personenbeförderung (zB Taxigewerbe, Reise- und Fernbusse) und des Transportgewerbes von Bedeutung sein.

2. Betretungsrecht

16 Nach § 3 Abs. 1 SchwarzArbG haben die Zollbehörden das Recht, Geschäftsräume und Grundstücke des Arbeitgebers während der Arbeitszeit zu betreten.

17 a) **Geschäftsräume.** Geschäftsräume sind Räume, die im weitesten Sinn zum Betrieb eines Gewerbes bestimmt sind (Fehn/Wamers § 3 Rn. 12). Zum Schutz der Unverletzlichkeit der Wohnung ist es den Zollbehörden demgegenüber nach Art. 13 GG **nicht** gestattet, die **Wohnung** eines Arbeitgebers oder eines Dritten zu betreten (vgl. BT-Drs. 15/2573 S. 14; eingehend auch Fehn/Wamers § 3 Rn. 9 ff.). Die Wohnung eines Arbeitgebers können die Zollbehörden nur betreten, wenn der Arbeitgeber als Wohnungs- oder Hausrechtsinhaber einwilligt (Fehn/Wamers § 3 Rn. 9 mwN).

18 Die notwendige Abgrenzung von Wohn- und Geschäftsräumen kann insbesondere in kleineren „Familienbetrieben" Schwierigkeiten bereiten. Nach dem vom BVerfG zugrunde gelegten weiten Wohnungsbegriff des Art. 13 GG ist Wohnung jeder der allgemeinen Zugänglichkeit entzogene und zur Stätte des Lebens und Arbeitens bestimmte Bereich (vgl. BVerfG Beschl. v. 13.10.1971 – 1 BvR 280/66, NJW 1971, 2299). Dieser Bereich umfasst alle Wohn- und Nebenräume, Arbeits-, Betriebs-, Lager-, und Geschäftsräume, soweit sie nicht allgemein zugänglich sind. Ein danach mangels allgemeiner Zugänglichkeit unter den weiten Wohnungsbegriff fallender Geschäftsraum kann dennoch bei verfassungskonformer Auslegung des § 3 Abs. 1 SchwarzArbG von den Zollbehörden betreten werden, wenn der Geschäftsraum üblicherweise für die jeweilige geschäftliche oder betriebliche Nutzung zur Verfügung steht (vgl. BVerfG Beschl. v. 13.10.1971 – 1 BvR 280/66, NJW 1971, 2299, 2301).

19 b) **Geschäftszeiten.** Das Betretungsrecht nach § 3 Abs. 1 SchwarzArbG besteht nur während der tatsächlich Arbeitszeit der dort tätigen Personen, letztlich also während der Geschäftszeiten. Dabei kommt es nicht darauf an, ob aus arbeitsrechtlicher Sicht der jeweilige Zeitpunkt als Pausenzeit oder als Arbeitszeit der Arbeitnehmer einzuordnen ist. Entscheidend ist, ob sich auf dem Grundstück oder in den Geschäftsräumen zum jeweiligen Zeitpunkt Personen aufhalten, die dort dem äußeren Anschein nach ihrer Arbeit nachgehen (Fehn/Wamers § 3 Rn. 17).

3. Überprüfung von Geschäftsunterlagen

20 Die sich aus der Personenbefragung ergebenden Erkenntnisse können von den Zollbehörden anhand von Geschäftsunterlagen überprüft werden. § 15 S. 1 iVm § 4 SchwarzArbG vermittelt den Zollbehörden für die Kontrolle des Mindestlohns die notwendigen Befugnisse zur Prüfung der Bücher und Unterlagen bei Arbeitgebern und Auftraggebern von Werk- oder Dienstleistungen. **Durchsuchungen**, dh die zielgerichtete Suche nach Sachen in der Absicht, diese aufzufinden und ggf. sicherzustellen erlaubt § 4 SchwarzArbG nicht. Durchsuchungen sind **nur nach Maßgabe der §§ 102, 105 StPO** (ggf. iVm § 46 Abs. 2 OWiG) zulässig.

21 § 4 Abs. 1 SchwarzArbG weist den Zollbehörden zur Prüfung von Geschäftsunterlagen eine Betretungsbefugnis für die Grundstücke und Geschäftsräume von Arbeitgebern und Auftraggebern von Werk- und Dienstleistungen zu. Eine Betretungsbefugnis steht den Zollbehörden zur Überprüfung von Geschäftsunterlagen nur **während der Geschäftszeit** zu; ansonsten bestehen zu der sich aus § 3 Abs. 1 SchwarzArbG ergebenden Betretungsbefugnis zur Überprüfung von Personen keine Unterschiede. Der Begriff Geschäftszeiten ist weiter als der Begriff der Öffnungszeiten, da im Betrieb geschäftliche Aktivitäten auch vor oder nach den Öffnungszeiten stattfinden können (Fehn/Wamers § 4 Rn. 4). Die Betroffenen haben nach § 5 Abs. 1 S. 2 SchwarzArbG das Betreten der Grundstücke und Geschäftsräume zu dulden.

C. Kontrollverfahren § 15

Die Zollbehörden können nach § 4 Abs. 1 SchwarzArbG sämtliche Unterlagen einsehen, aus denen Umfang, Art oder Dauer von Beschäftigungsverhältnissen hervorgehen oder abgeleitet werden können. Hierzu zählen nach § 15 S. 1 Nr. 1 jedenfalls Arbeitsverträge, Niederschriften nach § 2 NachwG und andere Geschäftsunterlagen, die mittelbar oder unmittelbar Auskunft über die Einhaltung des Mindestlohns geben können. Mitumfasst sind insbesondere auch **Praktikantenverträge** sowie die Niederschrift der wesentlichen Praktikumsbedingungen nach § 2 Abs. 1a NachwG. 22

§ 4 Abs. 2 SchwarzArbG räumt den Zollbehörden die Befugnis ein, in Unterlagen, aus denen die Vergütung einer Werk- oder Dienstleistung hervorgeht, Einsicht zu nehmen. Die Vorschrift ist im Rahmen der Mindestlohnkontrolle auf die Aufdeckung von Mindestlohnverstößen in **Subunternehmerketten** gerichtet. § 4 Abs. 2 SchwarzArbG hat letztlich nur klarstellenden Charakter, weil sich die Befugnis zur Einsichtnahme über vereinbarten Vergütungen für Werk- oder Dienstleistungen bereits aus § 4 Abs. 1 SchwarzArbG ergibt (Fehn/Wamers § 4 Rn. 10). 23

Wird ein Arbeitnehmer in Ausführung einer Werk- oder Dienstleistung bei einem privaten Auftraggeber tätig, sind die Zollbehörden nach § 4 Abs. 3 SchwarzArbG befugt, Einsicht in Rechnungen, Zahlungsbelege oder sonstige Belege über Werklieferungen bzw. sonstige Leistungen im Zusammenhang mit einem Grundstück zu nehmen. 24

IV. Duldungs- und Mitwirkungspflichten

Die in § 5 SchwarzArbG geregelten Duldungs- und Mitwirkungspflichten spiegeln weitgehend die Prüfbefugnisse der Zollbehörden nach §§ 3, 4 SchwarzArbG. 25

Arbeitgeber, Arbeitnehmer, Auftraggeber und Dritte, die bei einer Prüfung nach § 2 Abs. 1 SchwarzArbG angetroffen werden, haben nach § 5 Abs. 1 SchwarzArbG die Prüfung zu dulden, dabei mitzuwirken und insbesondere die für die Prüfung erforderlichen Auskünfte zu erteilen sowie die in §§ 3 und 4 SchwarzArbG genannten Dokumente und Unterlagen vorzulegen. Die Mitwirkungspflicht gilt nach § 15 S. 1 Nr. 2 mit der Maßgabe, dass Arbeitsverträge, Niederschriften nach § 2 NachwG und andere Geschäftsunterlagen, die Auskunft über die Einhaltung des Mindestlohns geben können, vorzulegen sind. Die Verpflichtung zur Vorlage prüfungsrelevanter Unterlagen trifft die in § 5 Abs. 1 S. 1 genannten Personen. Dies bedeutet allerdings nicht, dass die Zollbehörden in den Geschäftsräumen aktiv nach Unterlagen suchen dürfen; eine Durchsuchung steht nach Art. 13 Abs. 2 GG unter Richtervorbehalt (Fehn/Wamers § 5 Rn. 6). Durchsuchungen, dh die zielgerichtete Suche nach Sachen in der Absicht, diese aufzufinden und ggf. sicherzustellen sind nur nach Maßgabe der §§ 102, 105 StPO (iVm § 46 Abs. 2 OWiG) zulässig. 26

Nach § 5 Abs. 1 S. 3 SchwarzArbG besteht ein **Aussageverweigerungsrecht**, wenn der Betroffene sich selbst oder eine ihm nahestehende Person im Sinne des **§ 383 Abs. 1 Nr. 1 bis 3 ZPO** der Gefahr aussetzt, wegen einer Straftat oder Ordnungswidrigkeit verfolgt zu werden. Nicht verweigert werden darf die Auskunft über die Personalien (Vor-, Familien- und Geburtsnamen, Ort und Tag der Geburt, Beruf, Wohnort, Wohnung und Staatsangehörigkeit). Ebenso kann das Aussageverweigerungsrecht des § 5 Abs. 1 S. 3 SchwarzArbG der Befugnis der Zollbehörden zur Einsichtnahme von Geschäftsunterlagen entgegengehalten werden. 27

Soweit die für die Prüfung relevanten Informationen vom Arbeitgeber bzw. Auftraggeber elektronisch gespeichert und vorgehalten werden, greift § 5 Abs. 3 SchwarzArbG: Hiernach sind Arbeitgeber und Auftraggeber auf Verlangen der Zollbehörden verpflichtet, die **Daten** aus ihren Datenbeständen **auszusondern** und auf maschinenverwertbaren Datenträgern oder in Form von Listen zur Verfügung zu stellen. Die Daten können nach § 5 Abs. 1 S. 2 SchwarzArbG ungesondert zur Verfügung gestellt werden, wenn die 28

Aussonderung mit einem unverhältnismäßigen Aufwand verbunden wäre und überwiegende schutzwürdige Interessen der Betroffenen nicht entgegenstehen.

29 Die **Betretungs-** und **Einsichtnahmebefugnisse** aus § 4 SchwarzArbG richten sich **nicht gegen Dritte**, in deren Gewahrsam sich Unterlagen oder elektronisch gespeicherte Daten befinden (zB Rechtsanwälte, Wirtschaftsprüfer, Steuerberater, Fremdfirmen). Der Arbeitgeber bzw. der Auftraggeber ist aber aus § 5 Abs. 1 S. 1 bzw. § 5 Abs. 3 SchwarzArbG verpflichtet, eine Einsichtnahme – etwa durch Ermächtigung des Dritten zur Einsichtsgewährung oder Einräumung einer Vollmacht an die Zollbehörden – zu ermöglichen (Fehn/Wamers § 5 Rn. 6, 21).

30 Die Mitwirkungspflichten nach § 5 SchwarzArbG entfallen, sobald der Anfangsverdacht einer Straftat oder einer Ordnungswidrigkeit besteht. Ab diesem Zeitpunkt gelten die ermittlungsrechtlichen Vorschriften der StPO (ggf. iVm § 46 Abs. 2 OWiG; dazu noch Rn. 37 ff.).

31 Personen, die in den in § 2a Abs. 1 SchwarzArbG genannten Wirtschaftsbereichen und Wirtschaftszweigen Dienst- und Werkleistungen erbringen, sind darüber hinaus verpflichtet, ihren Personalausweis, Pass, Passersatz oder Ausweisersatz mitzuführen und auf Verlangen der Zollbehörden vorzulegen.

V. Zwangsmaßnahmen

32 Die Zollbehörden können Verwaltungsakte nach § 15 S. 1 iVm § 22 SchwarzArbG mit den Zwangsmitteln der AO (§§ 328 ff. AO) durchsetzen. Dabei können die Zollbehörden als ultima ratio Verwaltungsakte auch unter Einsatz unmittelbaren Zwangs (§ 331 AO) durchsetzen.

VI. Zusammenarbeitsstellen

33 Nach § 15 S. 1 iVm § 2 Abs. 2 SchwarzArbG werden die Zollbehörden bei der Kontrolle des Mindestlohns von sog. Zusammenarbeitsstellen unterstützt. Mit diesem Unterstützungsrecht korrespondiert spiegelbildlich eine **Unterstützungspflicht** dieser Stellen. Die Zusammenarbeitsstellen haben die Zollbehörden bei der Kontrolle des Mindestlohns grundsätzlich von sich aus zu unterstützen, also ohne von den Zollbehörden förmlich um Unterstützung ersucht worden zu sein (vgl. Fehn/Berwanger § 2 Rn. 35). Zu den unterstützenden Stellen gehören nach dem Katalog des § 2 Abs. 2 S. 1 SchwarzArbG:

- die Finanzbehörden,
- die Bundesagentur für Arbeit,
- die Bundesnetzagentur für Elektrizität, Gas, Telekommunikation, Post und Eisenbahnen,
- die Einzugsstellen (§ 28i SGB IV),
- die Träger der Rentenversicherung,
- die Träger der Unfallversicherung,
- die Träger der Sozialhilfe,
- die nach dem Asylbewerberleistungsgesetz zuständigen Behörden,
- die in § 71 Abs. 1 bis 3 des AufenthaltG genannten Behörden,
- das Bundesamt für Güterverkehr,
- die für den Arbeitsschutz zuständigen Landesbehörden,
- die Polizeivollzugsbehörden der Länder auf Ersuchen im Einzelfall und
- die nach Landesrecht für die Verfolgung und Ahndung von Ordnungswidrigkeiten nach dem SchwarzArbG zuständigen Behörden.

34 Die Zusammenarbeitsstellen können die Erfüllung ihrer originären Aufgaben mit Unterstützungsmaßnahmen für die Zollbehörden verbinden (vgl. § 2 Abs. 2 S. 2 SchwarzArbG). Den Zusammenarbeitsstellen stehen für **Unterstützungsmaßnahmen** die Befug-

nisse der §§ 3 ff. SchwarzArbG zu. Allerdings können die Zusammenarbeitsstellen diese Befugnisse nicht eigenständig, sondern nur **im Rahmen gemeinsamer Prüfungen** mit den Zollbehörden ausüben (Fehn/Wamers § 3 Rn. 7 und § 4 Rn. 2).

Die Unterstützung bei der Prüfung des Mindestlohns erfolgt durch die Zusammenarbeitsstellen gemäß § 15 iVm § 6 SchwarzArbG ua dadurch, dass die für die Prüfungen erforderlichen Informationen einschließlich personenbezogener Daten an die Zollbehörden übermittelt werden (§ 6 Abs. 1 S. 1 SchwarzArbG). Die Unterstützung kann aber auch tatsächlicher, dh technischer Natur sein. Mindestlohnkontrollen in der Binnenschifffahrt können daher mit Unterstützung der Wasserschutzpolizeien der Länder durchgeführt werden. 35

Die **Zollbehörden unterrichten ihrerseits** nach § 15 S. 2 iVm § 6 Abs. 3 S. 1 SchwarzArbG die jeweils zuständige Zusammenarbeitsstellen, wenn sie bei Durchführung ihrer Aufgaben Anhaltspunkte für Verstöße gegen die in § 6 Abs. 3 Nr. 1 bis 10 genannten Gesetze bzw. Bestimmungen gewinnen. In Betracht kommen insbesondere Mitteilungen an die Bundesagentur für Arbeit, die Finanzämter, die Sozialleistungsträger sowie die Ausländerbehörden. 36

E. Ermittlungsbefugnisse

Ergibt sich bei der Prüfungsvorbereitung, der Personenbefragung oder der Einsichtnahme in Unterlagen ein **Anfangsverdacht** für eine **Straftat** oder eine **Ordnungswidrigkeit**, hat die Zollbehörde ihre **Prüfungsmaßnahme abzubrechen** und ein Straf- bzw. Bußgeldverfahren einzuleiten. Ein strafprozessualer Anfangsverdacht (§ 152 Abs. 2 StPO) liegt vor, wenn sich aufgrund tatsächlicher Anhaltspunkte eine gewisse, wenn auch zweifelhafte Wahrscheinlichkeit für das Vorliegen einer strafbaren Handlung bzw. einer Ordnungswidrigkeit ergibt (Meyer-Goßner StPO § 152 Rn. 4b). 37

Während die Zollbehörden im Prüfungsverfahren ordnungsrechtlich im Rahmen der Gefahrenabwehr tätig werden und ihre Maßnahmen nach Zweckmäßigkeitsgesichtspunkten durchführen, haben sie bei einem bestehenden Anfangsverdachts aufgrund des bei der Strafverfolgung geltenden Legalitätsprinzips dem Grunde nach eine Ermittlungspflicht. Für eine ressourcenoptimierende Schwerpunktsetzung ist im Rahmen der Verfolgung von Straftaten kein Raum. Die Verfolgung einer Ordnungswidrigkeit nach § 21 liegt hingegen wegen des im Ordnungswidrigkeitenrecht geltenden Opportunitätsprinzips im pflichtgemäßen Entschließungsermessen der Zollbehörde (vgl. § 47 OWiG), solange das Verfahren bei ihr anhängig ist (vgl. Fehn/Wamers § 14 Rn. 24) (zur Übernahme durch die Staatsanwaltschaft vgl. § 42 OWiG). 38

Die Befugnisse der Zollbehörden richten sich bei Vorliegen eines Anfangsverdachts nicht mehr nach den §§ 4 ff. SchwarzArbG. Die Zollbehörden werden nach § 15 S. 1 iVm § 14 Abs. 1 S. 2 SchwarzArbG als Ermittlungspersonen der Staatsanwaltschaft tätig. Dabei stehen ihnen nach § 14 Abs. 1 S. 1 SchwarzArbG die gleichen Ermittlungsbefugnisse wie den Polizeivollzugsbehörden nach der StPO und dem OWiG zu. Die Sachherrschaft über das Verfahren liegt bei der Staatsanwaltschaft als Herrin des Ermittlungsverfahrens (vgl. auch § 40 OWiG). 39

Über § 14 SchwarzArbG sind den Zollbehörden die Ermittlungsbefugnisse der StPO nicht nur für die eigentlichen Straftaten und Ordnungswidrigkeiten der Schwarzarbeit, sondern auch für die sog. **Zusammenhangsdelikte** zugewiesen. Dies sind solche Straftaten, die in einem engen Zusammenhang mit den Prüfungsgegenständen nach § 2 SchwarzArbG stehen (Fehn/Wamers § 14 Rn. 6). In Betracht kommen im Zusammenhang mit der Nichtgewährung des Mindestlohns insbesondere das Vorenthalten von Sozialversicherungsbeiträgen (§ 266a StGB), Lohnwucher (§ 291 StGB), aber auch **typische Begleittaten** wie Urkundenfälschungen (§ 271 StGB). Stoßen die Zollbehörden bei 40 ihren Ermittlungen auf Delikte der allgemeinen Kriminalität, die in Tateinheit mit den Verstößen des § 2 Abs. 1 SchwarzArbG stehen, sprechen Gründe der Prozessökonomie für eine Ermittlungskompetenz der Zollbehörden (vgl. Fehn/Wamers § 14 Rn. 7 ff. mwN; aA Maschmann NZA 2014, 929, 937).

F. Datenschutz

41 Das MiLoG verweist in § 15 S. 1 für Fragen des Datenschutzes im Hinblick auf die im Laufe der Mindestlohnkontrolle gewonnenen Informationen auf § 15 SchwarzArbG sowie in § 15 S. 2 auf eine entsprechende Anwendung der §§ 16 bis 19 SchwarzArbG. Die §§ 15 bis 19 SchwarzArbG enthalten keine Regelungen zum Schutz der Daten selbst, sondern zur Errichtung und zum Betrieb einer zentralen Datenbank.

I. Sozialdatenschutz

42 § 15 S. 1 SchwarzArbG verweist für die Wahrnehmung der Aufgaben nach dem SchwarzArbG durch die Zollbehörden hinsichtlich der Sozialdaten seinerseits auf das Zweite Kapitel des SGB X, also die §§ 67 bis 85a SGB X. Die dortigen sozialdatenschutzrechtlichen Beschränkungen gelten damit zunächst für die Prüfungsaufgaben nach § 2 SchwarzArbG sowie die Verhütung von Straftaten und Ordnungswidrigkeiten, die im Zusammenhang mit einer solchen Prüfungsaufgabe stehen (Fehn/Lenz § 15 Rn. 9). Werden im Rahmen einer Mindestlohnkontrolle Daten erhoben, sind die sozialdatenschutzrechtlichen Beschränkungen auch im nachfolgenden strafrechtlichen Ermittlungsverfahren zu beachten. Soweit allerdings personenbezogene Daten im Rahmen des strafrechtlichen Ermittlungsverfahrens erhoben werden, gelten die Vorschriften der StPO (Fehn/Lenz § 15 Rn. 17).

43 Sozialdaten unterliegen nach § 35 Abs. 1 S. 1 SGB I einem besonderen Schutz. Sie dürfen von den Leistungsträgern nicht unbefugt erhoben, verarbeitet oder genutzt werden (sog. Sozialgeheimnis).

44 Nach der **Legaldefinition** des **§ 67 Abs. 1 S. 1 SGB X** sind Sozialdaten „Einzelangaben über persönliche oder sachliche Verhältnisse einer bestimmten oder bestimmbaren natürlichen Person (Betroffener), die von einer in § 35 des Ersten Buches genannten Stelle im Hinblick auf ihre Aufgaben ... erhoben, verarbeitet oder genutzt werden". Der Begriff Einzelangabe verlangt nicht, dass die Informationen von dem Betroffenen ausgegangen sein müssen; es genügt, wenn sie sich auf ihn beziehen oder bezogen werden können (Bay. LSG Urt. v. 27.9.2012 – L 18 SO 78/09, BeckRS 2013, 65416 mwN). Keine Sozialdaten sind mithin mangels Personenbezogenheit anonymisierte oder pseudonymisierte (§ 67 Abs. 8a SGB X) sowie aggregierte Daten, bei denen die Einzeldaten in Gruppenzusammenfassungen aufgelöst werden (BeckOK SozR/Gutzler SGB I § 35 Rn. 18).

45 Vom Sozialdatenschutz sind alle personenbezogenen Daten erfasst; es muss sich insbesondere nicht um geheime, etwa nur wenigen Personen bekannte Daten handeln (BeckOK SozR/Gutzler SGB I § 35 Rn. 17). Personenbezogene Daten werden nur zu Sozialdaten, wenn sie von einer in § 35 Abs. 1 SGB I genannten Stelle im Hinblick auf ihre Aufgabe erhoben, verarbeitet oder genutzt werden. Im Rahmen eines strafrechtlichen Ermittlungsverfahrens durch die Zollbehörden erhobene Daten werden indes nicht im Hinblick auf ihre Aufgaben nach § 2 SchwarzArbG erhoben, so dass sie keine Sozialdaten idS darstellen.

46 In welcher Form die Datenübermittlung an die Zollbehörden erfolgt, ist für die Frage des Sozialdatenschutzes unerheblich. Die Daten können **mündlich, schriftlich oder in sonstiger Form** von dem Betroffenen oder Dritten übermittelt werden (BeckOK SozR/ Gutzler SGB I § 35 Rn. 19).

F. Datenschutz § 16

Den Sozialdaten **gleichgestellt** sind nach § 35 Abs. 4 SGB I **Betriebs- und Geschäfts-** 47 **geheimnisse**. Betriebs- und Geschäftsgeheimnisse sind nach der Legaldefinition des § 67 Abs. 1 S. 2 SGB X alle betriebs- oder geschäftsbezogenen Daten, auch von juristischen Personen, die Geheimnischarakter haben. Anders als bei den Sozialdaten muss eine Personenbezogenheit damit nicht vorliegen. Geheimnischarakter haben Daten, wenn sie nur einem begrenzten Personenkreis bekannt sind und an deren Wahrung der Geheimnisträger ein schutzwürdiges Interesse hat (vgl. KassKomm/Seewald SGB I § 35 Rn. 7).

Soweit das SchwarzArbG Regelungen zur Datenverarbeitung oder Datenübermittlung 48 enthält, gehen die §§ 67 bis 85a SGB X mit Blick auf den Schutz von Sozialdaten den allgemeinen Vorschriften des SchwarzArbG als lex specialis vor (Fehn/Lenz § 15 Rn. 21).

II. Zentrale Datenbank

Die Regelungen der §§ 16 bis 19 SchwarzArbG, die nach § 15 S. 2 für die Kontrolle 49 des Mindestlohns entsprechend Anwendung finden, stellen die rechtliche Grundlage für die Einrichtung und den Betrieb einer zentrale Datenbank der FKS dar. Durch die zentrale Datenbank wird die FKS sowohl bei ihrer präventiven Prüftätigkeit als auch bei der repressiven Verfolgung von Straftaten und Ordnungswidrigkeiten unterstützt. Es handelt sich bei der zentralen Datenbank um eine **Mischdatei iSv § 483 Abs. 3 StPO**. Für die Verarbeitung und Nutzung der Daten, die in der zentralen Datenbank der FKS enthalten sind, sind §§ 16 bis 19 SchwarzArbG maßgeblich. Sie stellen für die Verarbeitung und Nutzung von Sozialdaten eine Ausgestaltung der §§ 67 bis 85a SGB X dar (Fehn/Lenz § 16 Rn. 4).

Die Frage der zulässigen **Datenerhebung** ist demgegenüber nicht durch §§ 16 bis 19 50 SchwarzArbG geregelt; hierfür gelten die **allgemeinen Grundsätze**. Ebenso regeln die §§ 16 bis 19 SchwarzArbG nicht die lokale Speicherung von Sozialdaten; hierfür gelten die §§ 67 bis 85a SGB X bzw. im Strafverfahren die §§ 483 ff. StPO.

§ 16 Meldepflicht

(1) Ein Arbeitgeber mit Sitz im Ausland, der eine Arbeitnehmerin oder einen Arbeitnehmer oder mehrere Arbeitnehmerinnen oder Arbeitnehmer in den in § 2a des Schwarzarbeitsbekämpfungsgesetzes genannten Wirtschaftsbereichen oder Wirtschaftszweigen im Anwendungsbereich dieses Gesetzes beschäftigt, ist verpflichtet, vor Beginn jeder Werk- oder Dienstleistung eine schriftliche Anmeldung in deutscher Sprache bei der zuständigen Behörde der Zollverwaltung nach Absatz 6 vorzulegen, die die für die Prüfung wesentlichen Angaben enthält. Wesentlich sind die Angaben über

1. den Familiennamen, den Vornamen und das Geburtsdatum der von ihm im Geltungsbereich dieses Gesetzes beschäftigten Arbeitnehmerinnen und Arbeitnehmer,
2. den Beginn und die voraussichtliche Dauer der Beschäftigung,
3. den Ort der Beschäftigung,
4. den Ort im Inland, an dem die nach § 17 erforderlichen Unterlagen bereitgehalten werden,
5. den Familiennamen, den Vornamen, das Geburtsdatum und die Anschrift in Deutschland der oder des verantwortlich Handelnden und
6. den Familiennamen, den Vornamen und die Anschrift in Deutschland einer oder eines Zustellungsbevollmächtigten, soweit diese oder dieser nicht mit der oder dem in Nummer 5 genannten verantwortlich Handelnden identisch ist.

Änderungen bezüglich dieser Angaben hat der Arbeitgeber im Sinne des Satzes 1 unverzüglich zu melden.

(2) Der Arbeitgeber hat der Anmeldung eine Versicherung beizufügen, dass er die Verpflichtungen nach § 20 einhält.

(3) Überlässt ein Verleiher mit Sitz im Ausland eine Arbeitnehmerin oder einen Arbeitnehmer oder mehrere Arbeitnehmerinnen oder Arbeitnehmer zur Arbeitsleistung einem Entleiher, hat der Entleiher in den in § 2a des Schwarzarbeitsbekämpfungsgesetzes genannten Wirtschaftsbereichen oder Wirtschaftszweigen unter den Voraussetzungen des Absatzes 1 Satz 1 vor Beginn jeder Werk- oder Dienstleistung der zuständigen Behörde der Zollverwaltung eine schriftliche Anmeldung in deutscher Sprache mit folgenden Angaben zuzuleiten:

1. den Familiennamen, den Vornamen und das Geburtsdatum der überlassenen Arbeitnehmerinnen und Arbeitnehmer,
2. den Beginn und die Dauer der Überlassung,
3. den Ort der Beschäftigung,
4. den Ort im Inland, an dem die nach § 17 erforderlichen Unterlagen bereitgehalten werden,
5. den Familiennamen, den Vornamen und die Anschrift in Deutschland einer oder eines Zustellungsbevollmächtigten des Verleihers,
6. den Familiennamen, den Vornamen oder die Firma sowie die Anschrift des Verleihers.

Absatz 1 Satz 3 gilt entsprechend.

(4) Der Entleiher hat der Anmeldung eine Versicherung des Verleihers beizufügen, dass dieser die Verpflichtungen nach § 20 einhält.

(5) Das Bundesministerium der Finanzen kann durch Rechtsverordnung im Einvernehmen mit dem Bundesministerium für Arbeit und Soziales ohne Zustimmung des Bundesrates bestimmen,

1. dass, auf welche Weise und unter welchen technischen und organisatorischen Voraussetzungen eine Anmeldung, eine Änderungsmeldung und die Versicherung abweichend von Absatz 1 Satz 1 und 3, Absatz 2 und 3 Satz 1 und 2 und Absatz 4 elektronisch übermittelt werden kann,
2. unter welchen Voraussetzungen eine Änderungsmeldung ausnahmsweise entfallen kann, und
3. wie das Meldeverfahren vereinfacht oder abgewandelt werden kann, sofern die entsandten Arbeitnehmerinnen und Arbeitnehmer im Rahmen einer regelmäßig wiederkehrenden Werk- oder Dienstleistung eingesetzt werden oder sonstige Besonderheiten der zu erbringenden Werk- oder Dienstleistungen dies erfordern.

(6) Das Bundesministerium der Finanzen kann durch Rechtsverordnung ohne Zustimmung des Bundesrates die zuständige Behörde nach Absatz 1 Satz 1 und Absatz 3 Satz 1 bestimmen.

Übersicht

	Rn.
A. Allgemeines	1
B. Normzweck	4
C. Unionsrechtlicher Rahmen	6
I. Entsendefälle	7
II. Grenzüberschreitende Arbeitnehmerüberlassung	12
D. Anmelde- und Versicherungspflicht	14
I. Meldepflicht	14
1. Erfasste Wirtschaftsbereiche	16
2. Weitere Voraussetzungen	17
a) Persönlicher Anwendungsbereich	18
b) Branchenspezifischer Anwendungsbereich	19
II. Form	21
III. Inhalt	23

1. Entsendefälle		24
2. Grenzüberschreitende Arbeitnehmerüberlassung		34
IV. Zeitpunkt der Meldung		36
V. Adressat der Meldung		38
VI. Regelungen zum Meldeverfahren		39
1. Verordnungszweck		40
2. Mindestlohnmeldeverordnung		42

A. Allgemeines

§ 16 normiert – angelehnt an § 18 AEntG – **mindestlohnspezifische Meldepflichten**. Abweichend von § 18 AEntG ist die Verpflichtung der Arbeitgeber sowie der Entleiher zur Anmeldung entsandter Arbeitnehmer aber auf die in den in § 2a SchwarzArbG genannten Wirtschaftsbereichen und Wirtschaftszweigen beschränkt.

In diesem Rahmen sind **Arbeitgeber mit Sitz im Ausland** nach § 16 Abs. 1 im Fall der Entsendung eines Arbeitnehmers nach Deutschland verpflichtet, vor Beginn jeder Werk- oder Dienstleistung eine schriftliche Anmeldung in deutscher Sprache bei der zuständigen Behörde der Zollverwaltung mit den für die Überprüfung der Einhaltung des Mindestlohns wesentlichen Angaben vorlegen. Der Anmeldung hat der Arbeitgeber gemäß § 16 Abs. 2 eine Versicherung beizufügen, dass er die Arbeitsstunden der nach Deutschland entsandten Arbeitnehmer mit dem Mindestlohn vergütet. Im Fall einer grenzüberschreitenden Arbeitnehmerüberlassung nach Deutschland ist nach § 16 Abs. 3 der **inländische Entleiher** zur schriftlichen Anmeldung des **entsandten Leiharbeitnehmers** verpflichtet. Der Anmeldung hat der Entleiher nach § 16 Abs. 4 eine Versicherung des ausländischen Verleihers beizufügen, dass dieser den Mindestlohn zahlt. Der Verstoß gegen eine der Pflichten aus § 16 kann als Ordnungswidrigkeit nach § 21 Abs. 1 Nr. 4 bis Nr. 6, Abs. 3 mit einem Bußgeld von bis zu 30.000 Euro geahndet werden.

Soweit Arbeitgeber auch auf anderer rechtlicher Grundlage zu entsprechenden Meldungen verpflichtet sind (zB § 28a SGB IV), werden diese Meldepflichten durch § 16 weder verdrängt, noch überlagert.

B. Normzweck

Mit der Meldepflicht für entsandte Arbeitnehmer nach § 16 Abs. 1 soll die **Kontrolle** des Mindestlohns **erleichtert** werden (vgl. Thüsing/Reufels AEntG § 18 Rn. 12). Insbesondere in den Fällen, in denen die Leistungsorte oft wechseln, wäre ohne Meldepflichten eine wirksame Kontrolle des Mindestlohns praktisch nicht möglich. Mit der Pflicht des Arbeitgebers nach § 16 Abs. 2, der Anmeldung eine Versicherung beizufügen, dass er seiner Verpflichtung zur Zahlung des Mindestlohns nachkommt, soll dem Arbeitgeber die Möglichkeit genommen werden, sich bei Nichtzahlung des Mindestlohns im Rahmen des § 21 auf fehlendes Verschulden zu berufen. Bei grenzüberschreitender Arbeitnehmerüberlassung wurde die Meldepflicht auf den Entleiher übertragen, weil der Entleiher als Inhaber des Direktionsrechts über den zu meldenden Einsatzort des Leiharbeitnehmers bestimmt.

Abweichend von § 18 AEntG ist die Verpflichtung der Arbeitgeber sowie der Entleiher zur Anmeldung entsandter Arbeitnehmer auf die **Wirtschaftsbereiche** und **Wirtschaftszweige** nach **§ 2a Abs. 1 SchwarzArbG** beschränkt. Da die Verpflichtung zur Zahlung des Mindestlohns nach § 20 im Grundsatz für alle im Inland beschäftigten Arbeitnehmer gilt, also auch in Branchen, in denen keine Niedriglohnproblematik besteht, schien es dem Gesetzgeber geboten, die Anmelde- und Versicherungspflichten auf „missbrauchsanfällige" Sachverhalte zu fokussieren (BT-Drs. 18/1558 S. 40). Daher beschränkt das Gesetz die Meldepflichten nach § 16 Abs. 1 und Abs. 2 auf ausländische Arbeitgeber sowie inländische Entleiher in den in § 2a Abs. 1 SchwarzArbG genannten Wirtschaftsbereichen und Wirtschaftsbereichen. Hierzu gehören das Bau-, Gaststätten- und Hotelgewerbe, das Personenbeförderungsgewerbe, das Speditions-, Transport- und damit verbundene Logistikgewerbe, das Schaustellergewerbe, forstwirtschaftliche Unternehmen, das Gebäudereinigungsgewerbe, der Bereich Messebau und die Fleischwirtschaft (hierzu im Einzelnen § 17 Rn. 11). Der Gesetzgeber hält diese Wirtschaftsbereiche und Wirtschaftszweige für einen dem Grunde nach tauglichen Anknüpfungstatbestand, hat aber durch die Rechtsverordnungsermächtigung des § 17 Abs. 3 für das BMAS die Möglichkeit zur Nachjustierung geschaffen (zur Verordnungsermächtigung siehe Rn. 39; zur MiLoMeldV siehe Rn. 40 f.).

C. Unionsrechtlicher Rahmen

6   § 16 begegnet keinen unionsrechtlichen Bedenken. Die Norm kann ihrerseits vielmehr bereits als teilweise Umsetzung der RL 2014/67/EU v. 15.5.2014 (Durchsetzungs- bzw. Enforcement-RL zur (Entsende-)RL 96/71/EG) gesehen werden.

I. Entsendefälle

7   Auf entsandte Arbeitnehmer beschränkte Meldepflichten sind nach Art. 9 Abs. 1 Buchst. a RL 2014/67/EU zulässig. Nach Art. 9 Abs. 1 Buchst. a RL 2014/67/EU dürfen die Mitgliedsstaaten einen in einem anderen Mitgliedsstaat niedergelassenen Dienstleistungserbringer zur Abgabe einer Erklärung gegenüber den zuständigen nationalen Behörden spätestens zu Beginn der Erbringung der Dienstleistung in der Amtssprache des Aufnahmestaates verpflichten, die die für die Kontrolle einschlägigen Informationen enthält. Zwar ist ein sekundärrechtlicher Rechtsakt weiterhin am Primärrecht zu messen. Für die Mitgliedsstaaten ergibt sich aus dem Sekundärrecht aber insofern ein verbindlicher Handlungsrahmen, als für die Rechtsakte der Gemeinschaftsorgane grundsätzlich die Vermutung der Rechtmäßigkeit spricht (EuGH Plenum Urt. v. 5.10.2004 – C-475/01, EuZW 2004, 729; vgl. auch Forsthoff IStR 2006, 698).

8   Bedenken gegen die primärrechtliche Vereinbarkeit von Art. 9 Abs. 1 Buchst. a RL 2014/67/EU bestehen nicht. Zwar ist mit den Pflichten aus § 16 eine Beschränkung des freien Dienstleistungsverkehrs verbunden, weil sie Kosten sowie zusätzlichen administrativen Aufwand für im Ausland ansässige Unternehmen verursacht. Die im Ausland ansässigen Unternehmen sind damit unter dem Gesichtspunkt des Wettbewerbs nicht gleichgestellt und können somit von der Erbringung von Dienstleistungen abgehalten werden (vgl. EuGH Urt. v. 25.10.2001 – C-49/98 ua, NZA 2001, 1377, 1379; EuGH Urt. v. 18.7.2007 – C-490/04 [Kommission/Deutschland], NZA 2007, 917, 922). Im Ausland ansässigen Unternehmen können aber besondere Auskunftspflichten auferlegt werden, wenn objektive Unterschiede zwischen der Situation von im Inland ansässigen Unternehmen und derjenigen von in anderen Mitgliedsstaaten ansässigen Unternehmen dies sachlich erforderlich machen (vgl. EuGH Urt. v. 25.10.2001 – C-49/98, NZA 2001, 1377, 1379). Angesichts der für deutsche Unternehmen bestehenden handwerks- und gewerberechtlichen Pflichten liegen solche Unterschiede zwischen der Situation inländischer und derjenigen ausländischer Unternehmen objektiv vor (vgl. ErfK/Schlachter AEntG § 18 Rn. 1). Auch die Schriftlichkeit der Meldung in deutscher Sprache verstößt nicht gegen Unionsrecht. Für die Anmeldung und die beizufügende Versicherung halten die Behörden der Zollverwaltung unter www.zoll.de Formulare vor, so dass die Zurverfügungstellung der Informationen in deutscher Sprache keinen relevanten administrativen oder finanziellen Mehraufwand darstellt (vgl. auch EuGH Urt. v. 18.7.2007 – C-490/04, NZA 2007, 917, 922).

C. Unionsrechtlicher Rahmen   § 16

Soweit die Meldung in deutscher Sprache zu erfolgen hat, begegnet dies aus unionsrechtlicher Perspektive keinen Bedenken. Nach Art. 9 Abs. 1 Buchst. d RL 2014/67/EU kann ausländischen Arbeitgebern vorgegeben werden, für die Entsendung relevante Dokumente in die Amtssprache des Aufnahmestaats übersetzen zu lassen (vgl. auch EuGH Urt. v. 18.7.2007 – C-490/04 [Kommission/Deutschland], NZA 2007, 917, 921). 9

Nach Art. 9 Abs. 1 Buchst. a RL 2014/67/EU kann ferner verlangt werden, dass der im Ausland ansässige Dienstleistungserbringer die Erklärungen „zu Beginn der Erbringung der Dienstleistung" abgibt. Dies steht nicht im Widerspruch zu den Vorgaben des § 16 Abs. 1 S. 1, wonach die Anmeldung „vor Beginn jeder Werk- oder Dienstleistung" erfolgen muss. Der Wortlaut erlaubt es unschwer, den Zeitpunkt der Meldung in den Fällen unionsrechtskonform auszulegen, in denen durch die vorherige Anmeldung der Arbeitseinsatz im Inland insgesamt gefährdet wäre (vgl. hierzu auch EuGH Urt. v. 7.10.2010 – C-515/08 [Santos Palhota], NZA 2010, 1404). 10

Nach Art. 9 Abs. 1 Buchst. a RL 2014/67/EU kann dem Dienstleistungserbringer darüber hinaus vorgegeben werden, dass er in seiner Erklärung die für die Prüfung einschlägigen Informationen mitzuteilen hat. Dem entsprechen die Vorgaben des § 16 Abs. 1 S. 1 und S. 2. Hiernach sind mit der Anmeldung „die für die Prüfung wesentlichen Angaben" zu machen. Der Katalog des § 16 Abs. 1 S. 2 Nr. 1 bis Nr. 6 ist durch den abschließenden Beispielskatalog in Art. 9 Abs. 1 Buchst. a RL 2014/67/EU sowie im Hinblick auf die nach § 16 Abs. 1 S. 2 Nr. 3 verpflichtende Angabe des Bereithaltungsortes durch Art. 9 Abs. 1 Buchst. b RL 2014/67/EU („klar festgelegten Ort") legitimiert. 11

II. Grenzüberschreitende Arbeitnehmerüberlassung

Die dem Entleiher bei grenzüberschreitenden Arbeitnehmerüberlassungen nach § 16 Abs. 3 auferlegten Pflichten sind ebenfalls mit dem Unionsrecht vereinbar. 12

Anmelde- und Versicherungspflichten des Entleihers sind zwar im „Insbesondere-Katalog" des Art. 9 Abs. 1 RL 2014/67/EU nicht enthalten, sind aber über dessen Generalklausel zulässig. Der EuGH hat zur Meldepflicht des § 3 Abs. 2 AEntG in der Fassung vom 23.12.2003 entschieden, dass ein Verleiher im Fall einer grenzüberschreitenden Arbeitnehmerüberlassung nicht verpflichtet werden darf, den Einsatzort seines Leiharbeitnehmers sowie jede Änderung dieses Ortes anzumelden, wenn für einen inländischen Verleiher eine entsprechende Pflicht nicht besteht (vgl. EuGH Urt. v. 18.7.2007 – C-490/04, NZA 2007, 917, 921). Um den unionsrechtlichen Vorgaben Rechnung zu tragen, wurde mit dem 1. Gesetz zur Änderung des AEntG vom 25.4.2007 (BGBl. I S. 576 ff.) die Meldepflicht vom Verleiher auf den „sachnäheren" Entleiher übertragen, weil der Entleiher als Inhaber des Direktionsrechts typischerweise Kenntnis vom aktuellen Einsatzort des Leiharbeitnehmers hat. Beim im Ausland ansässigen Verleiher verursacht die beim Entleiher ansetzende Meldepflicht keinen Verwaltungsaufwand. Eine Beschränkung des Dienstleistungsverkehrs kann zwar insoweit nicht ausgeschlossen werden, als es für inländische Entleiher aufgrund der mit bürokratischem Aufwand verbundenen Meldepflichten weniger attraktiv wird, auf einen im Ausland ansässigen Verleiher zurückzugreifen. Die darin liegende Beschränkung des Dienstleistungsverkehrs ist aber durch den sozialen Schutz des Leiharbeitnehmers als Grund des Allgemeininteresses gerechtfertigt, weil durch die Meldepflicht die Durchsetzung des Mindestlohns erleichtert wird. 13

D. Anmelde- und Versicherungspflicht

I. Meldepflicht

14 Nach § 16 Abs. 1 S. 1 sind **Arbeitgeber mit Sitz im Ausland** im Fall der Entsendung eines Arbeitnehmers nach Deutschland verpflichtet, vor Beginn jeder Werk- oder Dienstleistung eine schriftliche Anmeldung in deutscher Sprache bei der zuständigen Behörde der Zollverwaltung mit den für die Überprüfung der Einhaltung des Mindestlohns wesentlichen Angaben nach § 16 Abs. 1 S. 2 vorzulegen. Änderungen bezüglich dieser Angaben sind nach § 16 Abs. 1 S. 3 unverzüglich zu melden. Die Meldepflicht des § 16 Abs. 1 findet nur Anwendung auf im Ausland ansässige Arbeitgeber. **Maßgeblich ist der Verwaltungssitz** des Arbeitgebers als derjenige Ort, von dem die unternehmerische Tätigkeit verantwortlich gesteuert wird.

15 Nach § 16 Abs. 3 unterfallen der Meldepflicht zudem **Entleiher, die** einen Arbeitnehmer **aus dem Ausland entleihen**. Unbeachtlich ist für die Meldepflicht, ob der Entleiher seinen Sitz im Ausland oder im Inland hat (vgl. ErfK/Schlachter AEntG § 18 Rn. 2), soweit eine Beschäftigung im Inland erfolgt.

1. Erfasste Wirtschaftsbereiche

16 Die Melde- und Versicherungspflichten des § 16 sind auf die Entsendung von Arbeitnehmern in die in **§ 2a SchwarzArbG** genannten Wirtschaftsbereiche und Wirtschaftszweige beschränkt. Hierzu gehören das Bau-, Gaststätten- und Hotelgewerbe, das Personenbeförderungsgewerbe, das Speditions-, Transport- und damit verbundene Logistikgewerbe, das Schaustellergewerbe, forstwirtschaftliche Unternehmen, das Gebäudereinigungsgewerbe, der Bereich Messebau und die Fleischwirtschaft (hierzu § 17 Rn. 11). Der Anwendungsbereich der Melde- und Versicherungspflichten ist damit parallel zu den in § 17 normierten Aufzeichnungspflichten geregelt. Das BMAS kann die Melde- und Versicherungspflichten – ebenso wie die Aufzeichnungspflichten des § 17 – durch Rechtsverordnung hinsichtlich bestimmter Arbeitnehmergruppen oder Wirtschaftsbereiche bzw. Wirtschaftszweige einschränken oder erweitern (§ 17 Abs. 3) (zur MiLoDokV siehe Rn. 40 f.).

2. Weitere Voraussetzungen

17 Eine Meldepflicht nach § 16 besteht daher nur insoweit, als auch das MiLoG für die Beschäftigung einschlägig ist. Die Auferlegung von Meldepflichten stellt eine ungerechtfertigte Beschränkung des freien Dienstleistungsverkehrs dar, wenn der anzumeldende Arbeitnehmer nicht von den Bestimmungen des MiLoG erfasst wird (vgl. BSG Urt. v. 6.3.2003 – B 11 AL 27/02 R, EzAÜG AEntG § 3 Nr. 2; Heinze/Ricken/Giesen NZA 2003, 908).

18 a) **Persönlicher Anwendungsbereich.** Der Arbeitnehmer muss also im Anwendungsbereich des MiLoG beschäftigt werden. Der Arbeitnehmer muss vom im Ausland ansässigen Arbeitgeber nach Deutschland „entsandt" werden, damit der Arbeitnehmer im räumlichen Anwendungsbereich des MiLoG beschäftigt wird (vgl. § 20). Besondere Anforderungen an die „Entsendung" sind nicht zu stellen. Erfasst wird jede tatsächliche Beschäftigung im Inland (vgl. auch § 20 Rn. 6 ff.). Die Meldepflichtigkeit setzt ferner voraus, dass der entsandte Arbeitnehmer nach § 22 unter den persönlichen Anwendungsbereich des Gesetzes fällt. Keine Meldepflicht besteht somit für Arbeitnehmer ohne abgeschlossene Berufsausbildung unter 18 Jahren (§ 22 Abs. 2), Auszubildende (§ 22 Abs. 3) sowie für zuvor langzeitarbeitslose Arbeitnehmer in den ersten sechs Monaten der Beschäftigung (§ 22 Abs. 4 iVm § 18 Abs. 1 SGB III).

D. Anmelde- und Versicherungspflicht § 16

b) **Branchenspezifischer Anwendungsbereich.** Nicht unter den Anwendungsbereich des 19
§ 16 fallen wegen § 1 Abs. 3 Entsendungen, die bereits der Meldepflicht nach § 18
AEntG oder nach § 17b AÜG unterliegen.

Bei der Entsendung von Arbeitnehmern in Branchen, für die Mindestlöhne nach §§ 7, 20
7a, 11 AEntG bestehen, folgen Anmelde- und Versicherungspflichten aus § 18 Abs. 1
und Abs. 2 AEntG. Arbeitgeber mit Sitz im Ausland haben in diesem Fall ihre entsandten
Arbeitnehmer auch dann gemäß § 18 Abs. 1 AEntG anzumelden, wenn sie nicht in einer
der in § 2a Abs. 1 SchwarzArbG genannten Wirtschaftsbereiche oder Wirtschaftszweige
tätig werden.

Auch die durch § 17b AÜG geregelten Anmelde- und Versicherungspflichten gehen
den Vorgaben des § 16 Abs. 3 und Abs. 4 vor, solange eine Lohnuntergrenze für die
Arbeitnehmerüberlassung nach § 3a AÜG besteht. Die „Zweite Verordnung über eine
Lohnuntergrenze in der Arbeitnehmerüberlassung" vom 21.3.2014 (BAnz AT
26.3.2013 V1) gilt für die Zeit vom 1.4.2014 bis zum 31.12.2016. § 16 Abs. 3 und
Abs. 4 haben somit jedenfalls bei Erlass des MiLoG keinen Anwendungsbereich. Es sind
daher auch Entleiher zur schriftlichen Anmeldung eines entsandten Leiharbeitnehmers
verpflichtet, die nicht in einem der in § 2a Abs. 1 SchwarzArbG genannten Wirtschaftsbereiche oder Wirtschaftszweige tätig sind. Sie haben der Anmeldung gemäß § 17b
Abs. 2 AÜG eine Versicherung des Verleihers beizufügen, dass dieser seine Leiharbeitnehmer nicht unterhalb der Lohnuntergrenze nach § 3a AÜG vergütet. Wird ein entsandter Leiharbeitnehmer vom Entleiher mit Tätigkeiten beschäftigt, die unter den
Geltungsbereich eines allgemeinverbindlichen Tarifvertrags nach § 4 Abs. 1 Nr. 1, §§ 5,
6 Abs. 2 AEntG oder einer Mindestlohn-Verordnung nach §§ 7, 7a, 11 AEntG fallen,
richten sich die Anmelde- und Versicherungspflichten des Entleihers allein nach § 18
Abs. 3 und Abs. 4 AEntG.

II. Form

Die Anmeldung muss nach § 16 Abs. 1, Abs. 3 **schriftlich** und **in deutscher Sprache** 21
erfolgen. Damit sollen sprachliche Missverständnissen vermieden und eine zügige Bearbeitung der Anmeldung sichergestellt werden (vgl. KAEW/Asshoff AEntG § 18
Rn. 11). Die Zollbehörden stellen unter www.zoll.de für die Anmeldung Formulare zur
Verfügung, die auch die Versicherung beinhalten, den Mindestlohn zu gewähren. Den
Arbeitgebern wird damit die Möglichkeit eingeräumt, die geforderten Angaben vollständig und in gleichbleibender Form zu übermitteln. Damit eine Verarbeitung der Meldungen erleichtert wird, *sollen* die durch die Zollverwaltung zur Verfügung gestellten Formulare nach § 1 MiLoMeldV verwendet werden.

Nach § 16 Abs. 5 kann das BMF durch Rechtsverordnung im Einvernehmen mit dem 22
BMAS bestimmen, auf welche Weise und unter welchen technischen und organisatorischen Voraussetzungen eine Anmeldung, eine Änderungsmeldung und die Versicherung
auch elektronisch übermittelt werden kann. Perspektivisch ist geplant, auch online-Meldungen zuzulassen. Derzeit fehlen hierzu aber noch die technischen Voraussetzungen und
Mittel. Im Umkehrschluss aus der Rechtsverordnungsermächtigung nach § 16 Abs. 5
folgt indes, dass die Meldung bis auf weiteres allein physisch erfolgen kann.

III. Inhalt

Die Meldeinhalte ergeben sich in Entsendefällen aus § 16 Abs. 1 und Abs. 2; in Fällen 23
grenzüberschreitender Arbeitnehmerüberlassung aus § 16 Abs. 3 und Abs. 4.

1. Entsendefälle

24 Die Angaben, die Arbeitgeber machen müssen, folgen aus der **abschließenden Aufzählung** in § 16 Abs. 1 S. 2 Nr. 1 bis Nr. 7.

25 Nach § 16 Abs. 1 S. 2 **Nr. 1** müssen der **Familienname**, Vorname und Geburtsdatum der im Anwendungsbereich des MiLoG eingesetzten Arbeitnehmer vollständig und richtig angegeben werden.

26 Der **Beginn** der Beschäftigung muss nach § 16 Abs. 1 S. 2 **Nr. 2** datumsmäßig eindeutig bestimmt werden. Hingegen genügt für die „voraussichtliche Dauer" der Beschäftigung eine Prognose.

27 Die Angabe des **Ortes der Beschäftigung** nach § 16 Abs. 1 S. 2 **Nr. 3** muss so präzise sein, dass es der zuständigen Kontrollbehörde ein Aufsuchen des Ortes zu Prüfzwecken erlaubt. Das von den Zollbehörden zur Verfügung gestellte Meldeformular verlangt die Angabe von Postleitzahl, Ortsname, Straße und Hausnummer.

28 Nach § 16 Abs. 1 S. 2 **Nr. 4** ist der **Ort** anzugeben, an dem die nach § 17 Abs. 1 und Abs. 2 erforderlichen **Unterlagen bereitgehalten werden**. Die Angabe des Bereithaltungsortes soll ein zügiges Prüfverfahren durch die Kontrollbehörden ermöglichen.

29 Durch die nach § 16 Abs. 1 S. 2 **Nr. 5** erforderlich Angabe des Familiennamens, des Vornamens, des Geburtsdatums und der Anschrift in Deutschland des **verantwortlich Handelnden** sollen die Kontrollbehörden einen Ansprechpartner im Inland erhalten, der für die Erteilung von Auskünften zuständig ist. Mit dem verantwortlich Handelnden können die Kontrollbehörden ggf. schon im Vorfeld von Prüfungen offene Fragen klären.

30 Nach § 16 Abs. 1 S. 2 **Nr. 6** muss der Familienname, der Vorname und die Anschrift eines **Zustellungsbevollmächtigten** in Deutschland angegeben werden, soweit dieser nicht mit dem verantwortlich Handelnden nach § 16 Abs. 1 S. 2 Nr. 5 personenidentisch ist. Damit erhalten die Kontrollbehörden die Möglichkeit, auch im Inland zustellungsbedürftige Schriftstücke wirksam zuzustellen.

31 Im Unterschied zu § 18 Abs. 1 S. 2 AEntG ist die Branche, in der Arbeitnehmer entsandt wird, nicht im Katalog des § 16 Abs. 1 S. 2 genannt. Der Gesetzgeber ist offenbar davon ausgegangen, dass eine Angabe entbehrlich ist, weil der allgemeine Mindestlohn einheitlich für alle Branchen gilt und somit die Branche, in der der Arbeitnehmer tätig wird, für die Mindestlohnverpflichtung des Arbeitgebers keine Rolle spielt.

32 Es ist vom Arbeitgeber nicht nur vor Beschäftigung eine Anmeldung abzugeben; nach § 16 Abs. 1 S. 3 ist auch jede **Änderung unverzüglich** zu **melden**. Unverzüglich bedeutet ohne schuldhaftes Zögern (vgl. § 121 Abs. 1 BGB). Keine den Anforderungen des § 16 Abs. 1 genügende Meldung sind aus dem Baugewerbe bekannt gewordene Doppel- bzw. Mehrfachanmeldungen, bei denen der Arbeitgeber dieselben Arbeitnehmer wechselnd an mehreren Arbeitsorten einsetzt und diese Arbeitnehmer einheitlich für alle Arbeitsorte sowie für den denselben Zeitraum meldet (vgl. Thüsing/Reufels AEntG § 18 Rn. 18).

33 § 16 Abs. 2 verpflichtet zudem im Ausland ansässige Arbeitgeber, der Anmeldung eine Versicherung beizufügen, dass die sich aus § 20 ergebende Pflicht zur Zahlung des Mindestlohns eingehalten wird. Die Versicherung ist schriftlich und in deutscher Sprache abzugeben. Dies ergibt sich daraus, dass die Versicherung der schriftlich und in deutscher Sprache abzugebenden Anmeldung nach der Gesetzesformulierung „beizufügen" ist (ebs. KAEW/Asshoff AEntG § 18 Rn. 27).

2. Grenzüberschreitende Arbeitnehmerüberlassung

34 Bei einer grenzüberschreitenden Arbeitnehmerüberlassung obliegt nach § 16 Abs. 3 die Meldepflicht dem Entleiher. Die vom Entleiher zu machenden Angaben ergeben sich aus Abs. 3 S. 2 Nr. 1 bis Nr. 6 (siehe Rn. 25 ff.). Unterschiede ergeben sich bei den Meldungen nach Nr. 2, Nr. 5 und Nr. 6. Nach § 16 Abs. 3 S. 1 Nr. 2 muss die **Überlassungsdauer** (anhand der geschlossenen Überlassungsvereinbarung) konkret angegeben werden.

D. Anmelde- und Versicherungspflicht § 16

Die Angabe „vorübergehend" reicht insofern nicht. Nach § 16 Abs. 3 S. 1 Nr. 5 ist der Familienname, der Vorname und die Anschrift eines Zustellungsbevollmächtigten des Verleihers in Deutschland anzugeben. Zustellungsbevollmächtigt kann auch der den Leiharbeitnehmer aufnehmende Arbeitgeber sein. Nach § 16 Abs. 3 S. 1 Nr. 6 sind zudem Angaben zum Familiennamen, dem Vornamen oder der Firma sowie der Anschrift des Verleihers zu machen. Nach § 16 Abs. 3 S. 2 iVm Abs. 1 S. 3 ist jede Änderung im Hinblick auf die zu tätigenden Angaben unverzüglich der zuständigen Zollbehörde zu melden.

Im Fall einer grenzüberschreitenden Arbeitnehmerüberlassung hat der Entleiher zudem nach § 16 Abs. 4 eine Versicherung des Verleihers beizufügen, dass dieser den Mindestlohn zahlt. Die Versicherung ist als verbindlicher Gegenstand der Meldung ebenfalls schriftlich und in deutscher Sprache abzugeben. 35

IV. Zeitpunkt der Meldung

Die Meldung hat nach § 16 Abs. 1 und Abs. 3 *vor Beginn* der Werk- oder Dienstleistung zu erfolgen. Die Regelung bezweckt, dass die zuständige Zollbehörde von Anfang an Kenntnis von der Entsendung des Arbeitnehmers in den Anwendungsbereich des MiLoG erlangt, um die Einhaltung der Mindestlohnverpflichtung wirksam prüfen zu können. 36

Das MiLoG bestimmt – konsequenterweise – keine Zeitspanne, die zwischen der Meldung und dem Arbeitsbeginn liegen muss. In der Rs. Santos Palhota hat es der EuGH für unionsrechtswidrig gehalten, wenn eine Entsendung nach Maßgabe nationalem Rechts erst nach Ablauf einer fünftägigen Prüffrist erfolgen darf (vgl. EuGH Urt. v. 7.10.2010 – C-515/08, NZA 2010, 1404, 1407). Teilweise wurde bisher verlangt, dass der Arbeitgeber der Anmelde- und Versicherungspflicht spätestens „tags zuvor", dh mindestens einen Arbeits- oder Werktag zuvor, nachkommt (vgl. OLG Hamm Beschl. v. 8.10.1999 – 2 Ss OWi 892/99; NStZ-RR 2000, 55, 56). Im Wege **unionsrechtskonformer Auslegung** von § 16 dürfte sich jedoch ergeben, dass auch eine **Meldung unmittelbar vor Beginn der Beschäftigung hinreichend** ist. Zum einen spricht hierfür der Wortlaut von Art. 9 Abs. 1 Buchst. a RL 2014/67/EU, wonach der ausländische Dienstleistungserbringer verpflichtet werden kann, die Meldung „spätestens zu Beginn der Erbringung der Dienstleistung" zu machen. Zum anderen wird auch mit einer Meldung unmittelbar vor Beginn der Beschäftigung der mit der Meldepflicht verfolgte Zweck erreicht (ebs. KAEW/ Asshoff AEntG § 18 Rn. 19). 37

V. Adressat der Meldung

Die Anmeldung hat bei der zuständigen Behörde der Zollverwaltung zu erfolgen (§ 16 Abs. 1 S. 1 und § 16 Abs. 3 S. 1). Durch Rechtsverordnung des BMF kann nach § 16 Abs. 6 die zuständigen Meldebehörde (BFD West) bestimmt werden. Die BFD West leitet die Meldungen an die vor Ort mit der Kontrolle des Mindestlohns betrauten Hauptzollämter auf dem Dienstweg weiter. 38

VI. Regelungen zum Meldeverfahren

Nach § 16 Abs. 5 Nr. 1 bis Nr. 3 können durch Rechtsverordnung verschiedene Vereinfachungen des Meldeverfahrens geregelt werden. Eine Rechtsverordnung nach § 16 Abs. 5 kann durch das BMF im Einvernehmen mit dem BMAS ohne Zustimmung des Bundesrates erlassen werden. 39

1. Verordnungszweck

40　Nach § 16 Abs. 5 Nr. 1 kann bestimmt werden, dass anstelle einer schriftlichen Anmeldung, Änderungsmeldung sowie Versicherung eine elektronische Übermittlung genügt. Nach § 16 Abs. 5 Nr. 2 kann geregelt werden, dass unter bestimmten Voraussetzungen die Änderungsmeldung entfallen kann. Nach § 16 Abs. 5 Nr. 3 können Vereinfachungen oder Abwandlungen des Meldeverfahrens vorgenommen werden, wenn der entsandte Arbeitnehmer im Rahmen einer regelmäßig wiederkehrenden Werk- oder Dienstleistung eingesetzt wird oder sonstige Besonderheiten der Werk- oder Dienstleistung dies erfordern.

41　Hintergrund der Verordnungsermächtigung sind branchenspezifische Unterschiede und Gepflogenheiten in der Arbeitsorganisation und den Arbeitsabläufen. Während bspw. in vielen Branchen örtlich und zeitlich verfestigte Arbeitsstrukturen prägend sind, wechseln in anderen Branchen die Arbeitnehmer häufig den Einsatzort oder sind nur für kurze Zeit in Deutschland beschäftigt.

2. Mindestlohnmeldeverordnung

42　Das BMF hat mit der Verordnung über Meldepflichten nach dem MiLoG vom 26.11.2014 (**MiLoMeldV** – BGBl. I S. 1825) von der **Ermächtigung des § 16 Abs. 5 Nr. 2 und Nr. 3** Gebrauch gemacht (im Volltext als **Anlage 1**).

43　Nach § 1 MiLoMeldV *sollen* meldepflichtige Arbeitgeber (§ 16 Abs. 1) und Verleiher (§ 16 Abs. 3) die durch die Zollverwaltung zur Verfügung gestellten Formulare für Meldezwecke verwenden. Die Formulare erlauben den meldepflichtigen Personen und dem Zoll eine einheitliche und effiziente Handhabung.

44　§ 2 Abs. 1 MiLoMeldV regelt **Abweichungen** von der **Meldepflicht** nach § 16 Abs. 1 S. 1 und S. 2. Meldepflichtige Arbeitgeber, die Arbeitnehmer an einem Ort ganz oder teilweise vor 6:00 Uhr oder nach 22:00 Uhr (§ 2 Abs. 1 Nr. 1 Buchst. a MiLoMeldV), in Schichtarbeit (§ 2 Abs. 1 Nr. 1 Buchst. b MiLoMeldV), an mehreren Orten an selben Tag (§ 2 Abs. 1 Nr. 2 MiLoMeldV) oder in ausschließlich mobiler Tätigkeit (§ 2 Abs. 1 Nr. 3 MiLoMeldV) beschäftigen, genügen ihrer Meldepflicht durch die **Vorlage einer Einsatzplanung**. Während § 2 Abs. 1 Nr. 1 MiLoMeldV auf besondere Arbeitszeitmodelle Rücksicht nimmt, berücksichtigen § 2 Abs. 1 Nr. 2 und Nr. 3 MiLoMeldV den Einsatz an wechselnden Arbeitsorten.

45　§ 2 Abs. 1 Nr. 2 MiLoMeldV erfasst nach dem Willen des Verordnungsgebers va Beschäftigungsmodelle, die regelmäßig in der **Gebäudereinigung** und im Bereich der **Sicherheitsdienstleistungen** anzutreffen sind.

46　Eine ausschließlich **mobile Tätigkeit** iSd § 2 Abs. 1 Nr. 3 MiLoMeldV setzt nach § 2 Abs. 4 S. 1 MiLoMeldV voraus, dass die Tätigkeit nicht örtlich gebunden ist. Dies ist nach § 2 Abs. 4 S. 2 MiLoMeldV va bei der **Zustellung** von **Briefen**, **Paketen** und **Druckerzeugnissen**, der **Abfallsammlung**, **Straßenreinigung**, dem **Winterdienst**, **Gütertransport** und der **Personenbeförderung** der Fall. Durch § 2 Abs. 4 S. 3 wird der Bereich der **ambulanten Pflege** einer ausschließlich mobilen Tätigkeit gleichgestellt, da der regelmäßige Beschäftigungsort in Privathaushalten als Prüfungsort nicht in Betracht kommt.

47　§ 2 Abs. 2 und Abs. 3 MiLoMeldV regelt, wie die Einsatzplanung zu erstellen ist, insbesondere, welche Daten in welchem zeitlichen Rahmen gemeldet werden müssen.

48　Nach § 2 Abs. 2 MiLoMeldV hat der Arbeitgeber in den Fällen des **§ 2 Abs. 1 Nr. 1 und Nr. 2** MiLoMeldV in der Einsatzplanung für jeden Beschäftigungsort die dort eingesetzten Arbeitnehmer mit Geburtsdatum auszuweisen. Die Angaben zum Beschäftigungsort müssen die Ortsbezeichnung, die Postleitzahl und, soweit vorhanden, den Straßennamen sowie die Hausnummer enthalten. Der Einsatz der Arbeitnehmer am Beschäftigungsort ist durch die Angabe von Datum und Uhrzeiten zu konkretisieren. Die Einsatzplanung kann einen **Zeitraum von bis zu drei Monaten** umfassen.

D. Anmelde- und Versicherungspflicht § 17

Nach § 2 Abs. 3 MiLoMeldV ist für den Bereich der ausschließlich mobilen Tätigkeiten 49
nach **§ 2 Abs. 1 Nr. 3 MiLoMeldV** in der Einsatzplanung nicht jeder Beschäftigungsort aufzulisten. Ausreichend ist, Angaben zum Arbeitgeber, zu Beginn und voraussichtlicher Dauer der Werk- oder Dienstleistung, zu den voraussichtlich eingesetzten Arbeitnehmern sowie der Anschrift, an der Unterlagen bereitgehalten werden, zu benennen. Die Einsatzplanung kann nach § 2 Abs. 3 S. 2 MiLoMeldV einen **Zeitraum von bis zu sechs Monaten** umfassen. Diese Einsatzplanung kann allerdings nur für einen Zeitraum erfolgen, für den die Einsätze bereits feststehen. Beträgt der Zeitraum, für den die Aufträge feststehen, weniger als sechs Monate, hat nach dem Ende dieses Zeitraums eine neue Meldung zu erfolgen. Dabei handelt es sich nicht um eine Änderungsmeldung, sondern um eine Neumeldung. § 2 Abs. 3 S. 3 lässt die Benennung eines im Ausland gelegenen Ortes zu, an dem die Unterlagen bereitgehalten werden. Um die Prüfung der einzuhaltenden Arbeitsbedingungen zu ermöglichen, ist im Falle des Bereithaltens der Unterlagen im Ausland eine Versicherung beizufügen, dass die Unterlagen bei Bedarf in deutscher Sprache zur Verfügung gestellt werden. Nach § 2 Abs. 3 S. 4 MiLoMeldV sind den Unterlagen auch Angaben zu den im gemeldeten Zeitraum tatsächlich erbrachten Werk- oder Dienstleistungen sowie den jeweiligen Auftraggebern beizufügen. Das Mitführen der Unterlagen bzw. das Vorhalten im Inland ist während der Erbringung der Werk- oder Dienstleistungen nicht erforderlich.

Nach § 2 Abs. 5 MiLoMeldV gilt die vereinfachte Meldepflicht auch **für Entleiher** 50
entsprechend, die nach § 16 Abs. 3 meldepflichtig sind.

Durch § 3 MiLoMeldV wird die Pflicht Abgabe einer **Änderungsmeldung** nach § 16 51
Abs. 1 S. 3 und Abs. 3 S. 2 abgewandelt. Änderungen der Einsatzplanung bei wechselnden Einsatzorten (§ 2 Abs. 1 Nr. 2) und bei Schichtarbeit (§ 2 Abs. 1 Nr. 1) sind nach § 3 Abs. 1 MiLoMeldV erst zu melden, wenn sich der Einsatz um mindestens acht Stunden verschiebt. Damit sollen die Vorteile der Einsatzplanung erhalten bleiben und kurzfristige Änderungen im gemeldeten Personaleinsatz (zB Umstellung des Schichtbetriebs) nicht unnötig erschwert werden. Änderungen des Beschäftigungsortes werden von § 3 Abs. 1 MiLoMeldV nicht erfasst; sie sind weiterhin nach Maßgabe von § 16 Abs. S. 3, Abs. 3 S. 2 zu melden. Nach § 3 Abs. 2 MiLoMeldV entfällt die Änderungsmeldung für ausschließlich mobile Tätigkeiten (§ 2 Abs. 1 Nr. 3). Aus Sicht des Verordnungsgebers sind Änderungsmeldungen im Hinblick auf den regelmäßig kurzen Aufenthalt der einzelnen Beschäftigten im Inland nicht geeignet, eine sinnvolle Prüfungsplanung vorzunehmen. Eine sinnvolle Kontrolle hält der Verordnungsgeber dennoch für möglich, da die zur Prüfung benötigten Unterlagen weiterhin bereitgestellt werden müssen.

Nach § 4 MiLoMeldV tritt die Verordnung am **1.1.2015** unbefristet **in Kraft.** 52

§ 17 Erstellen und Bereithalten von Dokumenten

(1) Ein Arbeitgeber, der Arbeitnehmerinnen und Arbeitnehmer nach § 8 Absatz 1 des Vierten Buches Sozialgesetzbuch oder in den in § 2a des Schwarzarbeitsbekämpfungsgesetzes genannten Wirtschaftsbereichen oder Wirtschaftszweigen beschäftigt, ist verpflichtet, Beginn, Ende und Dauer der täglichen Arbeitszeit dieser Arbeitnehmerinnen und Arbeitnehmer spätestens bis zum Ablauf des siebten auf den Tag der Arbeitsleistung folgenden Kalendertages aufzuzeichnen und diese Aufzeichnungen mindestens zwei Jahre beginnend ab dem für die Aufzeichnung maßgeblichen Zeitpunkt aufzubewahren. Satz 1 gilt entsprechend für einen Entleiher, dem ein Verleiher eine Arbeitnehmerin oder einen Arbeitnehmer oder mehrere Arbeitnehmerinnen oder Arbeitnehmer zur Arbeitsleistung in einem der in § 2a des Schwarzarbeitsbekämpfungsgesetzes genannten Wirtschaftszweige überlässt. Satz 1 gilt nicht für Beschäftigungsverhältnisse nach § 8a des Vierten Buches Sozialgesetzbuch.

(2) Arbeitgeber im Sinne des Absatzes 1 haben die für die Kontrolle der Einhaltung der Verpflichtungen nach § 20 in Verbindung mit § 2 erforderlichen Unterlagen im Inland in deutscher Sprache für die gesamte Dauer der tatsächlichen Beschäftigung der Arbeitnehmerinnen und Arbeitnehmer im Geltungsbereich dieses Gesetzes, mindestens für die Dauer der gesamten Werk- oder Dienstleistung, insgesamt jedoch nicht länger als zwei Jahre, bereitzuhalten. Auf Verlangen der Prüfbehörde sind die Unterlagen auch am Ort der Beschäftigung bereitzuhalten.

(3) Das Bundesministerium für Arbeit und Soziales kann durch Rechtsverordnung ohne Zustimmung des Bundesrates die Verpflichtungen des Arbeitgebers oder eines Entleihers nach § 16 und den Absätzen 1 und 2 hinsichtlich bestimmter Gruppen von Arbeitnehmerinnen und Arbeitnehmer oder der Wirtschaftsbereiche oder den Wirtschaftszweigen einschränken oder erweitern.

(4) Das Bundesministerium der Finanzen kann durch Rechtsverordnung im Einvernehmen mit dem Bundesministerium für Arbeit und Soziales ohne Zustimmung des Bundesrates bestimmen, wie die Verpflichtung des Arbeitgebers, die tägliche Arbeitszeit bei ihm beschäftigter Arbeitnehmerinnen und Arbeitnehmer aufzuzeichnen und diese Aufzeichnungen aufzubewahren, vereinfacht oder abgewandelt werden kann, sofern Besonderheiten der zu erbringenden Werk- oder Dienstleistungen oder Besonderheiten des jeweiligen Wirtschaftsbereiches oder Wirtschaftszweiges dies erfordern.

Übersicht

	Rn.
A. Allgemeines	1
B. Normzweck	4
C. Vereinbarkeit mit Unionsrecht	5
D. Arbeitgeberpflichten	8
I. Persönlicher und fachlicher Anwendungsbereich	8
1. Aufzeichnungspflichtige Arbeitgeber	9
2. Wirtschaftsbereiche nach § 2a Abs. 1 SchwarzArbG	11
3. Geringfügig Beschäftigte nach § 8 Abs. 1 SGB IV	16
II. Aufzeichnungs- und Aufbewahrungspflicht nach § 17 Abs. 1	17
1. Hintergrund	18
2. Aufzeichnungspflicht	19
a) Tägliche Arbeitszeit	20
b) Beginn, Ende und Dauer der Arbeitszeit	24
c) Form der Dokumentation	26
d) Aufzeichnungsfrist	27
e) Verantwortlichkeit	28
f) Aufbewahrung	29
III. Bereithaltungspflicht nach § 17 Abs. 2	32
1. Bereitzuhaltende Dokumente	33
2. Bereithaltungsort	35
3. Bereithaltungsdauer	37
F. Verordnungsermächtigungen	39
I. Verordnungen nach § 17 Abs. 3	40
1. Verordnungszweck	41
2. Mindestlohndokumentationspflichten-Verordnung	44
II. Verordnungen nach § 17 Abs. 4	45
1. Verordnungszweck	46
2. Mindestlohnaufzeichnungsverordnung	47

A. Allgemeines

1 § 17 normiert in Abs. 1 und Abs. 2 Pflichten des Arbeitgebers zur Aufzeichnung der Arbeitszeiten und Bereithaltung der entsprechenden Unterlagen im Inland. Die Vorschrift übernimmt für den allgemeinen Mindestlohn die Vorgaben des § 19 AEntG, beschränkt

die Pflichten jedoch auf bestimmte Arbeitnehmergruppen. In Bezug auf alle unter das MiLoG fallenden Arbeitnehmer wird von den Arbeitszeitaufzeichnungspflichten etwa jeder vierte Arbeitnehmer erfasst. Der schuldhafte Verstoß gegen die Aufzeichnungs- und Bereithaltungspflichten ist nach § 21 Abs. 1 Nr. 7 und Nr. 8 bußgeldbewehrt.

Soweit Arbeitgeber auch auf anderer rechtlicher Grundlage verpflichtet sind, Lohn- 2 unterlagen zu führen und für Prüfzwecke bereitzuhalten (zB nach § 28f SGB IV und § 28n, § 28p Abs. 9 SGB IV iVm § 8 Abs. 1 BVV), werden diese Pflichten durch § 17 weder verdrängt, noch überlagert.

Darüber hinaus sieht § 17 Abs. 3 eine Verordnungsermächtigung vor, auf deren 3 Grundlage das BMAS Pflichten nach § 17 Abs. 1 und 2 auf bestimmte Arbeitnehmergruppen und Wirtschaftszweige erweitern oder einschränken kann. § 17 Abs. 4 ermächtigt das BMF durch Rechtsverordnung im Einvernehmen mit dem BMAS die Modalitäten der Aufzeichnung und Bereithaltung an tätigkeits- oder branchenspezifischen Erfordernisse anzupassen. Entsprechende Verordnungsermächtigungen finden sich nach der Erweiterung des AEntG auf alle Branchen nun auch in § 19 Abs. 3 und Abs. 4 AEntG.

B. Normzweck

Die Vorschrift soll eine **effektive Kontrolle des Mindestlohns** gewährleisten. Das Unter- 4 lassen von Stundenaufzeichnungen sowie die Erstellung und Führung falscher Stundenaufzeichnungen und doppelter Buchführungen sind die häufigste Form der Verschleierung des tatsächlich gezahlten Stundenlohns (vgl. Aulmann BB 2007, 826, 827). Auf der anderen Seite war dem Gesetzgeber erkennbar daran gelegen, nicht Arbeitsverhältnisse mit zusätzlicher Bürokratie zu belasten, die vom Mindestlohn faktisch nicht nennenswert betroffen sind. Der Gesetzgeber hat daher Aufzeichnungs- und Bereithaltungspflichten nur für **bestimmte Arbeitnehmergruppen und Wirtschaftszweige** vorgesehen und iÜ die Möglichkeit geschaffen, den Adressatenkreis durch Rechtsverordnung nachzujustieren. Erfasst wird zum einen die Gruppe der geringfügig beschäftigten Arbeitnehmer, die nach Überzeugung des Gesetzgebers zu den Beschäftigten gehören, deren Bruttolöhne sich durch den Mindestlohn am stärksten erhöhen werde (BT-Drs. 18/1558 S. 47). Manipulationsgefahr wird va deshalb gesehen, weil der gesetzliche Mindestlohn die Zahl der Arbeitsstunden auf monatlich 52,9 (52 Stunden, 54 Minuten) begrenzt, wenn der Status der geringfügigen Beschäftigung beibehalten werden soll. Auch für kurzfristig beschäftigte Arbeitnehmer habe die Aufzeichnung der Arbeitszeit, insbesondere die Zahl der gearbeiteten Tage, auf Grund der sozialversicherungsrechtlichen Rahmenbedingungen ebenfalls eine besondere Bedeutung. Zum anderen hält der Gesetzgeber die in **§ 2a Abs. 1 SchwarzArbG aufgeführten Wirtschaftsbereiche und Wirtschaftszweige** für einen tauglichen Anknüpfungspunkt für die Dokumentationspflichten, weil sich diese Bereiche durch eine hohe arbeitszeitliche Fluktuation auszeichnen (BT-Drs. 18/1558 S. 47).

C. Vereinbarkeit mit Unionsrecht

Unionsrechtliche Bedenken gegen die Aufzeichnungs- und Bereithaltungspflichten nach 5 § 17 Abs. 1 und Abs. 2 bestehen nicht.

Nach Art. 9 Abs. 1 Buchst. b **RL 2014/67/EU** können die Mitgliedstaaten den Arbeit- 6 geber verpflichten, den Arbeitsvertrag, den Lohnzettel, die Arbeitszeitnachweise mit Angabe des Beginns, des Endes und der Dauer der täglichen Arbeitszeit sowie die Belege über die Entgeltzahlung während des Entsendezeitraums bereitzuhalten. Die Befugnis zur Regelung einer Bereithaltungspflicht für Arbeitszeitnachweise umfasst zugleich auch die Anordnung entsprechender Aufzeichnungspflichten, sofern der im Ausland ansässige

Arbeitgeber diese Arbeitszeitaufzeichnungen nicht ohnehin bereits nach dem Recht seines Niederlassungsstaates vornimmt. Es kann von den Mitgliedstaaten geregelt werden, dass die Dokumente an einem klar festgelegten Ort im Aufnahmemitgliedstaat wie insbesondere dem Arbeitsplatz bereitzuhalten sind. Dem Arbeitgeber kann nach Art. 9 Abs. 1 Buchst. c RL 2014/67/EU vorgegeben werden, diese Dokumente auch nach Beendigung der Entsendung innerhalb einer angemessenen Frist der Prüfbehörde vorzulegen. Art. 9 Abs. 1 Buchst. d RL 2014/67/EU ermächtigt die Mitgliedstaaten, den Arbeitgeber zur Vorlage einer Übersetzung dieser Dokumente in die Amtssprache des Aufnahmestats zu verpflichten.

7   Bedenken gegen die primärrechtliche Vereinbarkeit von Art. 9 Abs. 1 RL 2014/67/EU bestehen nicht. Mit der Auferlegung der inländische und ausländische Arbeitgeber gleichermaßen treffenden Aufzeichnungs- und Bereithaltungspflichten ist zwar eine Beschränkung des freien Dienstleistungsverkehrs verbunden, da Art. 56 AEUV die Aufhebung aller Beschränkungen verlangt – selbst wenn sie unterschiedslos für in- und ausländische Dienstleistende gelten –, sofern sie geeignet sind, die Tätigkeiten des Dienstleistenden, der in einem anderen Mitgliedstaat ansässig ist und dort rechtmäßig ähnliche Dienstleistungen erbringt, zu unterbinden, zu behindern oder weniger attraktiv zu machen. Allerdings kann der soziale Schutz der Arbeitnehmer, durch den der Mindestlohn gerechtfertigt wird, auch die zu seiner Durchsetzung notwendigen Kontrollmaßnahmen rechtfertigen. Der **EuGH** hatte bereits in der Rs. **Arblade** (EuGH Urt. v. 23.11.1999 – C-369/96, NZA 2000, 85, 89) festgestellt, dass im Ausland ansässige Arbeitgeber zur Aufzeichnung der Arbeitszeiten verpflichtet werden dürfen. Vom Arbeitgeber darf jedoch keine Zweiterstellung verlangt werden, wenn bereits die nach dem Recht des Niederlassungsmitgliedstaats zu erstellenden Unterlagen für eine effektive Kontrolle des Mindestlohns ausreichen. Der Aufnahmemitgliedstaat kann von einem im Ausland ansässigen Arbeitgeber verlangen, die für eine effektive Kontrolle erforderlichen Unterlagen an einem zugänglichen und klar bezeichneten Ort im Hoheitsgebiet des Aufnahmemitgliedstaats für die Kontrollbehörden bereitzuhalten. Es verstößt des Weiteren nicht gegen das Primärecht, wenn im Ausland ansässigen Unternehmen auferlegt wird, die zur Kontrolle erforderlichen Dokumente in deutscher Sprache vorzuhalten (EuGH Urt. v. 18.7.2007 – C-490/04 [Kommission/Deutschland], NZA 2007, 917, 921).

D. Arbeitgeberpflichten

I. Persönlicher und fachlicher Anwendungsbereich

8   Die Aufzeichnungs- und Bereithaltungspflichten der § 17 Abs. 1 S. 1 und Abs. 2 S. 1 sind auf die Beschäftigung von Arbeitnehmern in den in § 2a SchwarzArbG genannten Wirtschaftsbereichen oder Wirtschaftszweigen sowie auf geringfügig beschäftigte Arbeitnehmer nach § 8 Abs. 1 SGB IV beschränkt. Das BMAS kann die Aufzeichnungs- und Bereithaltungspflichten – ebenso wie die Meldepflichten des § 16 – durch Rechtsverordnung hinsichtlich bestimmter Arbeitnehmergruppen oder Wirtschaftsbereiche bzw. Wirtschaftszweige einschränken oder erweitern (§ 17 Abs. 3). Der Arbeitgeber wird durch § 17 zur Dokumentation verpflichtet, soweit der Beschäftigte gemäß § 22 dem persönlichen Anwendungsbereich des MiLoG unterfällt. In den Wirtschaftsbereichen und Wirtschaftszweigen nach § 2a Abs. 1 SchwarzArbG finden die Melde- und Dokumentationspflichten damit nach § 17 auf sämtliche Arbeitnehmer iSd MiLoG Anwendung (zur MiLoDokV siehe Rn. 44).

D. Arbeitgeberpflichten § 17

1. Aufzeichnungspflichtige Arbeitgeber

Die Aufzeichnungs- und Bereithaltungspflichten des § 17 können sowohl im Inland als auch im Ausland ansässige Arbeitgeber treffen. Im Bereich der Arbeitnehmerüberlassung richtet sich die Verpflichtung zur Aufzeichnung der Arbeitszeiten nach § 17 Abs. 1 S. 2 nicht an den Arbeitgeber, also nicht an den Verleiher, sondern an den Entleiher. Auch der Entleiher unterliegt nur dann der Aufzeichnungspflicht – wie im Laufe des parlamentarischen Verfahrens noch klargestellt wurde (BT-Drs. 18/2010 (neu) S. 25) –, wenn der Leiharbeitnehmer in einem der in § 2a Abs. 1 SchwarzArbG genannten Wirtschaftszweige beschäftigt wird. Allerdings genießen nach § 1 Abs. 3 die Aufzeichnung- und Bereithaltungspflichten des § 17c AÜG vor den inhaltlich identischen Regelungen des § 17 Abs. 1 S. 2 und Abs. 2 Vorrang, solange für den Bereich der Arbeitnehmerüberlassung eine Lohnuntergrenzenverordnung nach § 3a AÜG besteht. Die „Zweite Verordnung über eine Lohnuntergrenze in der Arbeitnehmerüberlassung" vom 21.3.2014 (BAnz AT 26.3.2013 V1) gilt für die Zeit vom 1.4.2014 bis zum 31.12.2016. Die Aufzeichnungs- und Bereithaltungspflichten des § 17 haben im Bereich der Arbeitnehmerüberlassung somit jedenfalls bei Erlass des MiLoG keinen Anwendungsbereich. Es sind daher auch Entleiher zur Arbeitszeitaufzeichnung verpflichtet, die nicht in einem der § 2a Abs. 1 SchwarzArbG genannten Wirtschaftsbereiche oder Wirtschaftszweige tätig sind. 9

Die in § 17 Abs. 1 enthaltenen Beschränkungen des Anwendungsbereichs gelten nicht für die Branchenmindestlöhne nach dem AEntG. Für diese Branchenmindestlöhne besteht eine Dokumentationspflicht aus § 19 AEntG, die nach § 1 Abs. 3 den Regelungen des MiLoG vorgeht. Das BMAS hat allerdings auch im Rahmen des AEntG die Möglichkeit, bestimmte Branchen oder Arbeitnehmergruppen von den Aufzeichnungs- und Bereithaltungspflichten auszunehmen (vgl. § 19 Abs. 3 AEntG). 10

2. Wirtschaftsbereiche nach § 2a Abs. 1 SchwarzArbG

Die Branchen des § 2a Abs. 1 SchwarzArbG entsprechenden den in § 28a Abs. 4 SGB IV der Sofortmeldepflicht unterliegenden Branchen. Für die Branchenbestimmung kann damit der zwischen der DRV, der BA und der DGUV abgestimmten Branchenkatalog entsprechend herangezogen werden (abrufbar unter www.deutsche-rentenversicherung.de). Arbeitgeber, deren Betriebe seit dem 1.1.2009 ohne Beanstandung der Nichtbeachtung der Sofortmeldepflicht geprüft wurden, können daher davon ausgehen, nicht der Arbeitszeitaufzeichnungspflicht nach § 17 zu unterliegen. Zu den Wirtschaftsbereichen oder Wirtschaftszweigen nach § 2a Abs. 1 SchwarzArbG gehören das Bau-, Gaststätten- und Hotelgewerbe, das Personenbeförderungsgewerbe, das Speditions-, Transport- und damit verbundene Logistikgewerbe, das Schaustellergewerbe, forstwirtschaftliche Unternehmen, das Gebäudereinigungsgewerbe, der Bereich Messebau und die Fleischwirtschaft. Auch wenn die Wirtschaftsbereiche und Wirtschaftszweige nach § 17 iVm § 2a Abs. 1 SchwarzArbG **originär zu bestimmen** sind, kann zur Definition des **Baugewerbes** auf § 101 Abs. 2 SGB III bzw. § 1 BaubetriebeVO, für das **Gaststättengewerbe** auf § 1 Abs. 1 GastG zurückgegriffen werden. Zum **Beherbergungsgewerbe** gehören Hotels, Motels, Campinganlagen sowie Ferienhäuser und Ferienwohnungen, die bestimmungsgemäß der Übernachtung von Menschen dienen. Zur **Personenbeförderung** zählt – ungeachtet des Beförderungsmittels (Velo, Bahn, Bus, Kfz, Schiff) jede gewerbliche Tätigkeit, die darauf gerichtet ist, Menschen an einen Zielort zu bringen (Taxen, Seilbahnen etc.). Keine Personenbeförderung betreiben Mietwagenunternehmen, sie erbringen durch ihre Arbeitnehmer keine Beförderungsleistung. Zum **Transportgewerbe** ist jede zielgerichtete Beförderung von Waren und Gütern zu zählen. Betriebe des **Schaustellergewerbes** können Schau-, Fahr- und Spielgeschäfte sein, wie etwa Achterbahnen, Losbuden und Zirkusbetriebe. Unternehmen der **Forst- und Landwirtschaft** sind beispielsweise Holzeinschlagsbetriebe sowie Betriebe nach § 24 Abs. 2 S. 1 UStG. Dem 11

Gebäudereinigungsgewerbe gehören Betriebe an, die Gebäude, Fassaden und Räume reinigen. Unternehmen des **Messebaus** müssen gewerbsmäßig im Messebau tätig sein. Bloße Messebetreiber oder Betreiber von Ausstellungen werden nicht erfasst. Ebenfalls nicht erfasst werden Unternehmen, die Messen als Marktplatz und Stände selbst auf- und abbauen (vgl. auch jurisPK-SGB IV/Pietrek § 28a Rn. 126). Zur **Fleischwirtschaft** zählen Schlachthöfe und fleischverarbeitende Betriebe, nicht aber der Groß- und Einzelhandel mit Fleischwaren.

12 Für die Zuordnung eines Arbeitgebers zu einem Wirtschaftsbereich oder Wirtschaftszweig ist auf das betriebsbezogene **Überwiegensprinzip** abzustellen (so auch die DRV zur Sofortmeldung nach § 28a Abs. 4 SGB IV, www.deutsche-rentenversicherung.de, Suchbegriff „Sofortmeldung"; **aA** Kreikebohm/ Kreikebohm SGB IV § 28a Rn. 13 „von BA vorgegebene Wirtschaftsklasse maßgeblich"; jurisPK-SGB IV/Pietrek § 28a Rn. 117 „weite Auslegung"). Einer weiten Auslegung der Norm steht schon entgegen, dass schuldhafte Verstöße gegen die Aufzeichnungs- und Bereithaltungspflichten nach § 17 gem. § 21 Abs. 1 Nr. 7 und Nr. 8 bußgeldbewehrt sind (hierzu grundlegend kritisch Rixen NStZ 2002, 510, 512). Das Überwiegensprinzip stellt ferner sicher, dass eine betriebliche Einheit nicht mehreren Wirtschaftsbereichen oder Wirtschaftszweigen zugeordnet werden kann. Dies ist schon vor dem Hintergrund des § 1 Abs. 3 notwendig, der das Verhältnis der Branchenmindestlöhne zum allgemeinen Mindestlohn regelt und seinerseits auf dem Überwiegensprinzip beruht. So ist das Überwiegensprinzip auch in anderen Rechtsbereichen (vgl. zB § 101 Abs. 2 SGB III), va aber im Bereich der Branchenmindestlöhne als Zuordnungskriterium anerkannt (vgl. § 6 Abs. 2 bis Abs. 9 AEntG; Schwab NZA-RR 2010, 225, 226 f.).

13 Nach dem Überwiegensprinzip ist ein Betrieb einem der in § 2a Abs. 1 SchwarzArbG genannten Wirtschaftsbereiche oder Wirtschaftszweigen zuzuordnen, wenn die Arbeitnehmer des Betriebs **arbeitszeitlich überwiegend** dem jeweiligen Wirtschaftsbereich oder Wirtschaftszweig zugehörige Tätigkeiten verrichten (vgl. BAG Urt. v. 28.5.2008 – 10 AZR 358/07, NZA-RR 2006, 639, 640 f.; BAG Urt. v. 24.8.1994 – 10 AZR 980/93, NZA 1995, 1116; BAG Urt. v. 5.9.1990 – 4 AZR 59/90, NZA 1991, 202, 203).

14 Arbeitgeber, die den genannten Wirtschaftsbereichen angehören, haben für alle Arbeitnehmer entsprechende Aufzeichnungen zu führen (ebs. Kreikebohm/ Kreikebohm SGB IV § 28a Rn. 13). Die Aufzeichnungspflicht ist insofern nicht auf gewerbliche Arbeitnehmer oder „mindestlohnrelevante" Arbeitsverhältnisse beschränkt (vgl. auch die Begründung zu § 17 Abs. 3, BT-Drs. 18/2010 (neu) S. 23; zur MiLoDokV siehe Rn. 44). Etwas anderes folgt auch nicht aus § 2a Abs. 1 SchwarzArbG. Die dortige Einschränkung „bei der Erbringung von Dienst- oder Werkleistung" betrifft nur die Mitführungspflicht von Ausweispapieren.

15 Für das Baugewerbe, den Bereich Land-/Forstwirtschaft und Gartenbau, die Gebäudereinigung und die Fleischwirtschaft bestehen derzeit Mindestlohn-Verordnungen nach §§ 7, 7a AEntG. Soweit die Geltungsbereiche dieser Mindestlohn-Verordnungen reichen, gehen nach § 1 Abs. 3 die Dokumentationspflichten des § 19 AEntG vor. Da der Branchenmindestlohn im Baugewerbe bspw. nicht für Angestellte gilt, bleibt es für diese bei der Anwendung von § 17 (vgl. hierzu § 1 Rn. 182 ff.).

3. Geringfügig beschäftigte Arbeitnehmer nach § 8 Abs. 1 SGB IV

16 Der Dokumentationspflicht nach § 17 Abs. 1 unterfällt zudem geringfügig beschäftigte Arbeitnehmer in den Formen der **Entgelt**- sowie der **Zeitgeringfügigkeit**. Entgeltgeringfügigkeit liegt nach § 8 Abs. 1 Nr. 1 SGB IV vor, wenn das Arbeitsentgelt regelmäßig monatlich 450 Euro nicht übersteigt. Zeitgeringfügigkeit ist nach § 8 Abs. 1 Nr. 2, § 115 SGB IV in der Zeit vom 1.1.2015 bis 31.12.2018 bei einer Beschäftigung von nicht mehr als 70 Arbeitstagen oder drei Monaten im Kalenderjahr anzunehmen; auf die Höhe des Entgelts kommt es nicht an. Ausgenommen sind nach § 17 Abs. 1 S. 3, Abs. 2 S. 1

geringfügige Beschäftigungsverhältnisse, die ausschließlich in Privathaushalten ausgeübt werden. Eine **geringfügige Beschäftigung im Privathaushalt** liegt nach § 8a S. 2 SGB IV vor, wenn diese durch einen privaten Haushalt begründet ist und die Tätigkeit sonst gewöhnlich durch Mitglieder des privaten Haushalts erledigt wird.

II. Aufzeichnungs- und Aufbewahrungspflicht nach § 17 Abs. 1

§ 17 Abs. 1 verpflichtet den Arbeitgeber und im Fall der Arbeitnehmerüberlassung den Entleiher zur Aufzeichnung der täglichen Arbeitszeit.

1. Hintergrund

Bereits bestehende, die Arbeitszeit betreffende Dokumentationspflichten hielt der Gesetzgeber für nicht hinreichend. § 16 Abs. 2 ArbZG verpflichtet den Arbeitgeber lediglich, die über die werktägliche Arbeitszeit von acht Stunden hinausgehende Arbeitszeit sowie Arbeitszeit an Sonn- und Feiertagen aufzuzeichnen (hM, vgl. etwa ErfK/Wank ArbZG § 16 Rn. 4 mwN) und diese Nachweise mindestens zwei Jahre aufzubewahren. Hingegen besteht keine Aufzeichnungspflicht, solange ein Arbeitnehmer werktäglich nur acht oder weniger Stunden arbeitet. Nach § 21a Abs. 7 ArbZG hat der Arbeitgeber die Arbeitszeit im Straßentransport zwar insgesamt aufzuzeichnen und die Aufzeichnungen zwei Jahre aufzubewahren, jedoch ist diese Verpflichtung eben auf Arbeitnehmer begrenzt, die im Straßentransport beschäftigt werden.

2. Aufzeichnungspflicht

Nach § 17 Abs. 1 sind Beginn, Ende und Dauer der täglichen Arbeitszeit auszuzeichnen.

a) **Tägliche Arbeitszeit.** „Tägliche Arbeitszeit" meint die vom Arbeitnehmer tatsächlich geleistete und mit dem Mindestlohn zu vergütende Arbeitszeit (hierzu auch § 1 Rn. 53 ff.). Dies folgt daraus, dass die Aufzeichnungspflicht des § 17 Abs. 1 S. 1 der Durchsetzung der in § 20 geregelten bußgeldbewehrten Grundverpflichtung des Arbeitgebers zur rechtzeitigen Zahlung des Mindestlohns dient. Aufgezeichnet werden muss damit jede Form von **Mehrarbeit** und **Überstunden**.

Nicht aufzeichnungspflichtig sind hingegen Ruhepausen, da es sich bei ihnen nicht um Arbeitszeit handelt. Der Arbeitgeber ist nach § 17 Abs. 1 S. 1 nicht verpflichtet, Zeiten zu dokumentieren, die zwar arbeitsschutzrechtlich als Arbeitszeit anzusehen sind, aber nicht nach dem MiLoG vergütungspflichtig sind (aA J. Ulber AEntG § 19 Rn. 7 f.). Nicht aufgezeichnet werden müssen deshalb Zeiten des **Bereitschaftsdienstes**. Zwar handelt es sich hierbei um Arbeitszeit im arbeitsschutzrechtlichen Sinn. Allerdings stellen Zeiten des Bereitschaftsdienstes keine vergütungspflichtige Arbeitszeit iSd MiLoG dar, weil die Vergütung zwar für eine Leistung, nicht aber für die eigentliche Arbeitsleistung erfolgt (s. § 1 Rn. 66 ff.). Bei Zeiten der **Rufbereitschaft** wird ebenfalls nicht die eigentliche Arbeitsleistung vergütet (s. § 1 Rn. 72), so dass sie vom Arbeitgeber nicht aufgezeichnet werden müssen. Die Rufbereitschaft stellt darüber hinaus schon arbeitsschutzrechtlich keine Arbeitszeit dar. Hingegen müssen Zeiten der **Arbeitsbereitschaft** vom Arbeitgeber dokumentiert werden, da es sich um zum Mindestlohn zu vergütende Arbeitszeit handelt (s. § 1 Rn. 64).

Nicht dokumentiert werden müssen **arbeitsfreie** Tage und sonstige **Fehlzeiten**, auch wenn sie vergütungspflichtig sind (aA J. Ulber AEntG § 19 Rn. 7 f.). Zum einen hat der Arbeitnehmer an diesen Tagen keine Arbeit(-szeit) geleistet. Zum anderen folgt die Vergütungspflicht dieser Zeiten nicht aus dem MiLoG, sondern für die Entgeltzahlung an **Feiertagen** aus § 2 EFZG, die Entgeltfortzahlung im **Krankheits**fall aus § 3 EFZG sowie für das **Urlaub**sentgelt aus §§ 1, 11 BUrlG (s. § 1 Rn. 32 ff.). Gleiches gilt für ausgefallene

Arbeitszeit, die unter (Annahme-)Verzugsgesichtspunkten einen Anspruch des Arbeitnehmers aus § 615 BGB begründen kann.

23   Die Aufzeichnungspflicht besteht für den Arbeitgeber auch dann, wenn er seine Arbeitnehmer nicht auf **Stundenlohnbasis**, sondern auf **Stück- oder Akkordlohnbasis** vergütet. Für die gesetzliche Mindestlohnverpflichtung des § 20 ist allein maßgeblich, dass der Arbeitnehmer zum gesetzlichen Fälligkeitstermin für die in dem Monat geleistete Arbeitsstunden insgesamt einen Lohn in Höhe des Mindestlohns erhalten hat.

24   **b) Beginn, Ende und Dauer der Arbeitszeit.** Der Arbeitgeber hat Beginn, Ende und Dauer der Arbeitszeit aufzuzeichnen. Die Arbeitszeit beginnt zu dem Zeitpunkt, in dem der Arbeitnehmer die Arbeit tatsächlich aufnimmt. Die Arbeitszeit endet zu dem Zeitpunkt, zu dem der Arbeitnehmer die Arbeit nicht nur kurzzeitig einstellt (zu Arbeitsunterbrechungen vgl. § 1 Rn. 60). Es genügt nicht, wenn vom Arbeitgeber lediglich Arbeitsbeginn und -ende festgehalten werden (ebs. J. Ulber AEntG § 19 Rn. 11; **aA** Thüsing/Kudlich AEntG § 23 Rn. 38 [da sich aus Arbeitsbeginn und -ende die Arbeitsdauer ermitteln ließe]). Die Aufzeichnung der Dauer der Arbeitszeit ist erforderlich, weil anderenfalls nicht feststeht, wie viel vergütungspflichtige Arbeitszeit der Arbeitnehmer im Zeitraum zwischen Beginn und Ende der Arbeitszeit geleistet hat.

25   Die Aufzeichnung von Arbeitsbeginn und -ende hat **grundsätzlich minutengenau** zu erfolgen. Die **Kontrollpraxis** des Zolls geht allerdings dahin, dass bei elektronischen Zeiterfassungssystemen geringfügige Auf- und Abrundungen (5-Minute-Schritte) nicht beanstandet werden.

26   **c) Form der Dokumentation.** Es bestehen keine besonderen Formvorschriften für die Aufzeichnung. Maßgeblich ist nach dem Zweck der Norm, dass die Art und Weise der Arbeitszeitaufzeichnungen eine Kontrolle der Mindestlohnverpflichtung erlaubt. **Händische Aufzeichnungen genügen.** Unterschriften des Arbeitgebers und/oder Arbeitnehmers sind nicht erforderlich. Die Aufzeichnungen müssen nicht auf einem separaten Schriftstück erfolgen. Zulässig ist es etwa auch, wenn auf einem **Dienstplan** jeweils ergänzend vermerkt wird, wenn Beginn, Ende oder Dauer der Arbeitszeit von den Angaben des Dienstplans abweichen.

27   **d) Aufzeichnungsfrist.** Der Arbeitgeber muss die Arbeitszeit spätestens bis zum Ablauf des siebten auf den Tag der Arbeitsleistung folgenden Kalendertags dokumentiert haben. Die Aufzeichnungspflicht des § 19 AEntG, an die sich § 17 anlehnt, machte bis zur Änderung des AEntG durch Art. 6 Tarifautonomiestärkungsgesetz v. 11.8.2014 (BGBl. I S. 1348) keine Vorgaben, innerhalb welchen Zeitraums die Arbeitszeitaufzeichnungen vom Arbeitgeber bzw. Entleiher erstellt werden mussten. Dies ließ den Schluss zu, dass die Aufzeichnung der Arbeitszeit am Tag zu erfolgen hatte, an dem die tägliche Arbeitszeit endete. Mit der Aufnahme einer Siebentagefrist für die Arbeitszeitaufzeichnungen wollte der Gesetzgeber den Bedürfnissen der betrieblichen Praxis nach Flexibilität Rechnung tragen (BT-Drs. 18/1558 S. 41).

28   **e) Verantwortlichkeit.** Der Arbeitgeber muss die Arbeitszeit nicht persönlich aufzeichnen. Er kann die Arbeitszeit auch von Dritten, wie Vorgesetzen oder auch vom Arbeitnehmer selbst aufzeichnen lassen. Der Arbeitgeber kann sich aber nicht der ihm öffentlich-rechtlich auferlegten Aufzeichnungspflicht durch **Delegation** an **Dritten** entledigen. Die Aufzeichnungspflicht verbleibt auch dann beim Arbeitgeber, wenn der Arbeitgeber zur Erfüllung einen Dritten heranzieht. Soweit der Arbeitgeber die Arbeitszeit nicht selbst erfasst, hat er durch geeignete **organisatorische Maßnahmen** sicherzustellen, dass die Arbeitszeitaufzeichnungen innerhalb der siebentägigen Frist vom Dritten vorgenommen sind. Nimmt der Dritte abredewidrig die Arbeitsaufzeichnungen nicht vor, liegt objektiv ein Verstoß des Arbeitgebers gegen die Dokumentationspflicht vor. Es fehlt aber an einem schuldhaften Verstoß, der nach § 21 Abs. 1 Nr. 7 mit Bußgeld geahndet werden kann, wenn der Arbeitgeber den Dritten sorgfältig ausgewählt und überwacht hat (für die

Möglichkeit einer Delegation Jöris/v. Steinau-Steinrück BB 2014, 2101, 2105; Schubert/Jerchel/Düwell MiLoG Rn. 276; zum AEntG auch Thüsing/Reufels AEntG § 19 Rn. 7; aA J. Ulber AEntG § 19 Rn. 12).

f) **Aufbewahrung.** Die Arbeitszeitaufzeichnungen sind vom Arbeitgeber zwei Jahre aufzubewahren. Eine tabellarische Zusammenfassung der Belege genügt nicht. Nach dem Gesetzeswortlaut sind *diese* Aufzeichnungen aufzubewahren, also in der Form, in der die Aufzeichnungen erstellt wurden (vgl. auch J. Ulber AEntG § 19 Rn. 13). 29

Die Zweijahresfrist beginnt an dem Tag, an dem die Arbeitszeitaufzeichnung spätestens hätte erstellt sein müssen, also am siebten auf den Tag der Arbeitsleistung folgenden Kalendertag. Die Zweijahresfrist endet nach §§ 188 Abs. 2, 187 Abs. 2 BGB nach zwei Jahren an dem Tag, welcher dem Tag vorhergeht, der durch seine Zahl dem Anfangstag der Frist entspricht. 30

Im Fall der **Arbeitnehmerüberlassung** trifft die Aufzeichnungs- und Aufbewahrungspflicht nach § 17 Abs. 1 S. 2 den **Entleiher**. Dies erklärt sich daraus, dass sich die tatsächlich geleistete Arbeitszeit nach dem vom Entleiher ausgeübten Direktionsrecht richtet. Die korrekte Aufzeichnung ist deshalb am ehesten beim Entleiher gewährleistet (vgl. J. Ulber AEntG § 19 Rn. 14). Der Entleiher hat die Dokumentation anstelle des Verleihers vorzunehmen, der seinerseits auch in seiner Funktion als Arbeitgeber nicht über § 17 Abs. 1 S. 1 zur Arbeitszeitaufzeichnung oder Aufbewahrung verpflichtet ist. Beim Verleiher verbleibt aber die Bereithaltungspflicht nach § 17 Abs. 2, wobei zu den bereitzuhaltenden Unterlagen auch die Arbeitszeitnachweise gehören. Damit der Verleiher seiner Aufbewahrungspflicht nachkommen kann, hat ihm der Entleiher eine Abschrift der von ihm gefertigten Arbeitszeitaufzeichnungen zukommen zu lassen. Die Regelung des § 17 Abs. 1 S. 2 hat, solange eine Lohnuntergrenzen-Verordnung nach § 3a AÜG besteht, keinen Anwendungsbereich. 31

III. Bereithaltungspflicht nach § 17 Abs. 2

Nach § 17 Abs. 2 sind die unter den Anwendungsbereich der Norm fallenden Arbeitgeber verpflichtet, sämtliche zur Kontrolle des Mindestlohns erforderlichen Unterlagen bereitzuhalten. Verpflichtet wird der Arbeitgeber, nicht der Entleiher, der nach § 17 Abs. 1 S. 2 die Arbeitszeitaufzeichnungen zu erstellen und aufzubewahren hat (s. Rn. 9). 32

1. Bereitzuhaltende Dokumente

Bereitzuhalten sind die für die Kontrolle der Einhaltung der Verpflichtungen nach § 20 iVm § 2 erforderlichen Unterlagen. Dies sind zunächst alle Unterlagen, aus denen sich ergibt, ob dem Beschäftigten ein Mindestlohnanspruch zusteht. Hierzu zählen – soweit physisch dokumentiert – der Arbeitsvertrag, der Praktikumsvertrag und die mit Beschäftigten abgeschlossenen Dienst- und Werkverträge (vgl. J. Ulber AEntG § 19 Rn. 17). Zu den bereitzuhaltenden Unterlagen zählen des Weiteren die schriftliche Arbeitszeitkontenvereinbarungen nach § 2 Abs. 2, Wertguthabenvereinbarungen nach § 2 Abs. 3 sowie nach § 17 Abs. 1 zu erstellende Arbeitszeitnachweise. Umfasst sind weiterhin die Abrechnungsunterlagen sowie sämtliche Dokumente, die Aufschluss über die Erfüllung des Mindestlohnanspruchs geben können (vgl. J. Ulber AEntG § 19 Rn. 17). Dies sind insbesondere Unterlagen zum Zahlungsverkehr wie Überweisungsträger, Quittungen uä. Darüber hinaus sind Dokumente bereitzuhalten, aus denen sich die Zusammensetzung des gezahlten Arbeitsentgelts ergibt (vgl. J. Ulber AEntG § 19 Rn. 19). Diese Unterlagen sind für die Kontrolle erforderlich, damit die Zollbehörden prüfen können, inwieweit sich das gezahlte Arbeitsentgelt aus nicht mindestlohnwirksamen Zulagen und Zuschlägen beinhaltet (s. hierzu § 1 Rn. 119). 33

34 Die Unterlagen sind in deutscher Sprache bereitzuhalten (zur Vereinbarkeit mit dem Unionsrecht s. Rn. 6 f.).

2. Bereithaltungsort

35 Die Unterlagen sind im Inland bereitzuhalten. Bei im Inland ansässigen Arbeitgebern kann der Bereithaltungsort etwa der Geschäftssitz oder bei einem Steuerberater sein. Im Ausland ansässige Arbeitgeber haben die Dokumente an dem nach § 16 Abs. 1 S. 2 Nr. 4, Abs. 3 S. 2 Nr. 4 gemeldeten Ort im Inland bereitzuhalten.

36 Die zur Kontrolle erforderlichen Unterlagen befinden sich oftmals nicht am Ort der tatsächlichen Beschäftigung, sondern am Geschäftssitz oder bei einem Steuerberater. Um zu verhindern, dass der Arbeitgeber durch die Wahl eine der Prüfung besonders schwer zugänglichen Bereithaltungsortes die Mindestlohnkontrolle übermäßig erschwert oder unmöglich macht, sind die Zollbehörden nach § 17 Abs. 2 S. 2 ermächtigt, vom Arbeitgeber die **Bereithaltung** der Unterlagen **am Beschäftigungsort** zu verlangen. Aus der Systematik des Gesetzes (vgl. § 16 Abs. 1 Nr. 4 und Abs. 3 Nr. 4) ergibt sich, dass es sich bei § 17 Abs. 2 S. 2 um eine Ausnahmebefugnis handelt. Die Anordnung der Bereithaltung der Unterlagen am Beschäftigungsort bedarf einer sachgerechten **Ermessensausübung** der Zollbehörden, die diesem Regel-Ausnahme-Verhältnis Rechnung trägt. Einfache Zweckmäßigkeitserwägungen genügen nicht. Eine entsprechende Anordnung kommt in Betracht, wenn der begründete Verdacht besteht, dass die räumliche Entfernung des Bereithaltungsortes zum Beschäftigungsort dem Arbeitgeber dazu dient, Manipulationen an den Unterlagen vornehmen zu können. Der Arbeitgeber ist zur Bereithaltung am Beschäftigungsort nur verpflichtet, wenn die Zollbehörde dies ausdrücklich verlangt. Die Bereithaltungspflicht am Beschäftigungsort endet spätestens mit der Beendigung der tatsächlichen Beschäftigung des Arbeitnehmers an dem konkreten Beschäftigungsort (vgl. J. Ulber AEntG § 19 Rn. 26). Verlangt der Zoll die Bereithaltung der Unterlagen am Beschäftigungsort, entbindet dies den Arbeitgeber davon, die Unterlagen an dem von ihm ursprünglich gewählten Ort bereitzuhalten (aA J. Ulber AEntG § 19 Rn. 26). Eine **Doppelbelastung** wäre **unionsrechtlich unzulässig**. Auch der Wortlaut des § 17 Abs. 2 S. 2, wonach auf Verlangen die Unterlagen *auch* am Beschäftigungsort bereitzuhalten sind, steht nicht entgegen. Die Formulierung „auch" ist iSe „oder" alternativ, nicht kumulativ zu verstehen.

3. Bereithaltungsdauer

37 In zeitlicher Hinsicht ist der Arbeitgeber zunächst zur Bereithaltung der Unterlagen für die gesamte Dauer der tatsächlichen Beschäftigung des Arbeitnehmers im Inland verpflichtet.

38 Darüber hinaus hat der Arbeitgeber die Unterlagen auch nach Beendigung der tatsächlichen Beschäftigung des Arbeitnehmers bereitzuhalten, wenn die Dauer der von ihm erbrachten Werk- oder Dienstleistung die Dauer der tatsächlichen Beschäftigung des Arbeitnehmers im Inland übersteigt. Längstens hat der Arbeitgeber die Unterlagen zwei Jahre bereitzuhalten. **Fristauslösend** ist der jeweilige **Lohnlauf**. Im Übrigen berechnet sich die Frist nach §§ 186 ff. BGB. Unter teleologischen Gesichtspunkten entfällt die Bereithaltungspflicht auch mit dem Abschluss einer Prüfung durch den Zoll.

E. Verordnungsermächtigungen

39 § 17 beinhaltet in Abs. 3 und Abs. 4 Rechtsverordnungsermächtigungen, mit denen der Anwendungsbereich und die Modalitäten der Dokumentationspflicht verändert werden können.

E. Verordnungsermächtigungen § 17

I. Verordnungen nach § 17 Abs. 3

§ 17 Abs. 3 ermöglicht es dem BMAS, ohne Zustimmung des Bundesrats, durch Verordnung den Anwendungsbereich der Meldepflicht nach § 16 sowie der Dokumentationspflichten nach § 17 Abs. 1 und Abs. 2 **einzuschränken** oder zu **erweitern**. 40

1. Verordnungszweck

Die Veränderung des Anwendungsbereichs kann sowohl bestimmte Arbeitnehmergruppen als auch Wirtschaftsbereiche oder Wirtschaftszweige oder einzelne Tätigkeiten betreffen. Mit einer Gruppe von Arbeitnehmern sind sowohl die Formen geringfügiger Beschäftigung nach § 8 Abs. 1 Nr. 1 und Nr. 2 SGB IV (Entgelt- und Zeitgeringfügigkeit) als auch weitere Arbeitnehmergruppen gemeint (BT-Drs. 18/2010 (neu) S. 23). Ebenso ist von der Verordnungsermächtigung die Kombination gedeckt, dass nur für bestimmte Arbeitnehmergruppen in einem bestimmten Wirtschaftsbereich oder Wirtschaftszweig die Melde- und Dokumentationspflichten angeordnet werden. Einschränkungen und Erweiterungen sind auch hinsichtlich der Verpflichtungen eines Entleihers nach § 16 Abs. 3 sowie § 17 Abs. 1 S. 2 möglich (BT-Drs. 18/2010 (neu) S. 23). 41

Auch iÜ erlaubt § 17 Abs. 3 den Erlass passgenauer Verordnungen, die nur einzelne Aspekte der Pflichten aus §§ 16 Abs. 1 bis Abs. 4, § 17 Abs. 1 und Abs. 2 regeln. Verordnungen nach § 17 Abs. 3 müssen also nicht gleichzeitig die mindestlohnrechtliche Melde- und Dokumentationspflicht betreffen. Dies folgt bereits daraus, dass der Anwendungsbereich der Dokumentationspflichten aus § 17 Abs. 1 und Abs. 2 gegenüber den Meldepflichten aus § 16 Abs. 1 bis Abs. 4 weiter gefasst ist. Die Dokumentationspflicht besteht – anders als die Meldepflicht – generell für geringfügig beschäftigte Arbeitnehmer, wobei die Gesetzesbegründung gerade davon ausgeht, dass der Verordnungsgeber Veränderungen hinsichtlich bestimmter Formen der geringfügigen Beschäftigung anordnen darf (BT-Drs. 18/2010 (neu) S. 23). 42

Eine Ausweitung kann erforderlich sein, wenn dem Verordnungsgeber Anhaltspunkte dafür vorliegen, dass es den Zollbehörden aufgrund fehlender Melde- und Dokumentationspflichten in einem bestimmten Wirtschaftsbereich oder für eine bestimmte Arbeitnehmergruppe erschwert ist, Mindestlohnverstöße zu unterbinden (BT-Drs. 18/1558 S. 41). Hingegen kann sich der Verordnungsgeber zu einer Einschränkung des Anwendungsbereichs veranlasst sehen, wenn die Auferlegung von Melde- und Dokumentationspflichten in einem bestimmten Wirtschaftsbereich oder für eine bestimmte Arbeitnehmergruppe zur effektiven Durchsetzung des Mindestlohns nicht mehr erforderlich erscheint. Erkenntnisse hierzu kann beispielsweise die Arbeit der **Informationsstelle der Mindestlohnkommission** nach § 12 Abs. 3 liefern (vgl. BT-Drs. 18/1558 S. 39). 43

2. Mindestlohndokumentationspflichten-Verordnung

Das BMAS hat von der Verordnungsermächtigung nach § 17 Abs. 3 Gebrauch gemacht und Personen mit einem **verstetigen monatlichen Einkommen von über brutto 2.958 Euro** von den Melde- und Dokumentationspflichten nach § 16 und § 17 ausgenommen (Mindestlohndokumentationspflichten-Verordnung – MiLoDokV v. 18.12.2014 (BAnz AT 29.12.2014 V1) (Anlage 2). **Voraussetzung** für die Befreiung ist nach § 1 S. 1 MiLoDokV, **dass der Arbeitgeber** seine Pflicht zur Aufzeichnung der Arbeitszeit nach **§ 16 Abs. 2 ArbZG** (über acht Stunden an Werktagen sowie Sonn- und Feiertagsarbeit insgesamt) und zur Aufbewahrung dieser Aufzeichnungen tatsächlich **erfüllt**. Dabei ist zu beachten, dass § 16 Abs. 2 ArbZG die arbeitsschutzrechtliche (nicht vergütungsrechtliche) Arbeitszeit betrifft. Für die Ermittlung des verstetigten Monatsentgelts sind nach § 1 S. 2 MiLoDokV ungeachtet ihrer Anrechenbarkeit auf den allgemeinen Mindestlohnanspruch **sämtliche** 44 verstetigten **Zahlungen** des Arbeitgebers zu berücksichtigen, die monatliches Arbeitsentgelt sind. Sachleistungen, wie beispielsweise der aus der Privatnutzung eines Dienstwagens folgende wirtschaftliche Vorteil bleiben damit außer Betracht. Schließlich hat der Arbeitgeber nach § 1 S. 3 MiLoDokV diejenigen Unterlagen in deutscher Sprache im Inland bereit zu halten, aus denen sich die Voraussetzungen des Befreiungstatbestands ergeben. Die Verordnung tritt nach § 2 MiLoDokV zum 1.1.2015 (unbefristet) in Kraft.

II. Verordnungen nach § 17 Abs. 4

45   Nach § 17 Abs. 4 kann das BMF im Einvernehmen mit dem BMAS ohne Zustimmung des Bundesrates durch Rechtsverordnung bestimmen, wie die Verpflichtung des Arbeitgebers, die tägliche Arbeitszeit bei ihm beschäftigter Arbeitnehmer aufzuzeichnen und diese Aufzeichnungen aufzubewahren, vereinfacht oder abgewandelt werden kann, sofern Besonderheiten der zu erbringenden Werk- oder Dienstleistungen oder Besonderheiten des jeweiligen Wirtschaftsbereiches oder Wirtschaftszweiges dies erfordern. Die Verordnungsermächtigung umfasst nur das „Wie", nicht das „Ob" der Aufzeichnungen.

1. Verordnungszweck

46   Die Verordnungsermächtigung ermöglicht es, die Art und Weise der Erfüllung der Dokumentationspflichten im Sinn **größerer Flexibilität** spezifischen Bedürfnissen der Praxis anzupassen, wenn Besonderheiten der zu erbringenden Werk- oder Dienstleistungen oder Besonderheiten des jeweiligen Wirtschaftsbereiches oder Wirtschaftszweiges im Hinblick auf die Kontrollsituation dies erfordern.

2. Mindestlohnaufzeichnungsverordnung

47   Das BMF hat von der Ermächtigungsgrundlage durch den Erlass einer „Verordnung zur Abwandlung der Pflicht zur Arbeitsaufzeichnung nach dem MiLoG und dem AEntG (Mindestlohnaufzeichnungsverordnung – MiLoAufzV) v. 26.11.2014 (BGBl. I S. 1824) Gebrauch gemacht (Anlage 3), die zum 1.1.2015 (unbefristet) in Kraft tritt.

48   Mit der Verordnung wird die Pflicht zur Arbeitszeitaufzeichnung nach dem MiLoG (und dem AEntG) bezüglich Arbeitnehmer mit **ausschließlich mobilen Tätigkeiten**, die keinen Vorgaben zur konkreten täglichen Arbeitszeit (Beginn und Ende) unterliegen und ihre tägliche Arbeitszeit eigenverantwortlich einteilen, abgewandelt. In diesen Fällen reicht es aus, **nur die Dauer der tatsächlichen täglichen Arbeitszeit** aufzuzeichnen (§ 1 Abs. 1 MiLoAufzV).

49   In Anlehnung an die AEntGMeldV v. 10.9.2010 (BGBl. I S. 1304) definiert § 1 Abs. 2 S. 1 MiLoAufzV „ausschließlich mobile Tätigkeiten" als eine Tätigkeit, die nicht an einzelne Beschäftigungsorte gebunden ist. Eine ausschließlich mobile Tätigkeit liegt nach § 1 Abs. 2 S. 2 MiLoAufzV insbesondere bei der **Zustellung** von Briefen, Paketen und Druckerzeugnissen, der **Abfallsammlung**, der **Straßenreinigung**, dem **Winterdienst**, dem **Gütertransport** und der **Personenbeförderung** vor. Im Gegensatz zu sonstigen mobilen Tätigkeiten, bei denen sich die Arbeitnehmer zu verschiedenen Objekten begeben müssen, um die Arbeitsleistung zu erbringen, steht bei einer ausschließlich mobilen Tätigkeit iSd MiLoAufzV die Dienstleistung des Transports bzw. die Ausführung der Dienstleistung im Vordergrund.

50   § 1 Abs. 2 S. 3 definiert, wann Arbeitnehmer **keinen Vorgaben zur konkreten täglichen Arbeitszeit** unterliegen. Wesentliches Merkmal ist, dass Arbeitgeber ihren Arbeitnehmern für die Erfüllung ihrer Arbeitsleistung **lediglich** einen **zeitlichen Rahmen** vorgeben, die konkrete Lage der Arbeitszeit und damit der konkrete Beginn und das Ende der Arbeitszeit jedoch nicht festgelegt ist. Innerhalb dieses zeitlichen Korridors müssen die Arbeitnehmer frei und ohne Weisungen hinsichtlich ihrer Arbeits- und Pausenzeiten arbeiten

E. Verordnungsermächtigungen § 18

können. Ebenfalls umfasst werden sollen die Fälle, in denen der Arbeitgeber entweder den frühesten Zeitpunkt oder das späteste Ende der Erbringung der Arbeitsleistung bestimmt.

Das Merkmal der **eigenverantwortlichen Einteilung** der **Arbeitszeit** erläutert § 1 Abs. 2 S. 4 und S. 5 MiLoAufzV. Prägend für dieses Tätigkeitsmerkmal ist, dass Arbeitnehmer über ihre Arbeitszeit und arbeitsfreie Zeit (Pausen) frei verfügen können und keine verdeckten oder direkten Arbeitszeitvorgaben durch den Arbeitgeber erfolgen. Die Vorgabe eines täglichen Arbeitsauftrags durch den Arbeitgeber, wie zB die Zustellung einer bestimmten Anzahl an Druckerzeugnissen oder Paketen, soll der Eigenverantwortlichkeit dabei nicht entgegenstehen. 51

Die aufgezeichnete Dauer der Arbeitszeit muss der tatsächlich geleisteten Arbeitszeit entsprechen. In welcher Art und Weise der Arbeitgeber seiner Pflicht zur Aufzeichnung nachkommt, insbesondere, ob er diese Aufzeichnung von seinen Arbeitnehmer durchführen lässt, obliegt seiner Entscheidung und richtet sich maßgeblich nach den betrieblichen Rahmenbedingungen. Insofern obliegt Arbeitgebern auch die Entscheidung, ob Grundlage der Arbeitszeitaufzeichnung eine durch den Arbeitgeber ermittelte **Soll-Arbeitszeit (Dauer)** ist, die bei Abweichungen durch die Arbeitnehmerin oder den Arbeitnehmer zu korrigieren ist. Dies setzt in jedem Fall eine rechtzeitige Mitteilung der ermittelten Soll-Arbeitszeit an den Arbeitnehmer voraus. Dieses Verfahren bietet insoweit eine Erleichterung, als die „Routine" bereits standardmäßig vorbereitet erfasst wird und lediglich Ausnahmen, soweit die tatsächliche Arbeitszeit von der Soll-Arbeitszeit abweicht, individuell nachträglich eingearbeitet werden müssen. Gerade in Fällen, in denen Arbeitnehmer ihre Arbeit ohne regelmäßigen Kontakt zum Arbeitgeber erbringen, vermeidet diese Art der Aufzeichnung Mehraufwendungen. Denn statt einer je Arbeitstag erforderlichen Meldung der Dauer der Arbeitszeit durch die Arbeitnehmer führt der Arbeitgeber lediglich die Korrektur seiner ermittelten Soll-Arbeitszeit durch. 52

§ 18 Zusammenarbeit der in- und ausländischen Behörden

(1) Die Behörden der Zollverwaltung unterrichten die zuständigen örtlichen Landesfinanzbehörden über Meldungen nach § 16 Absatz 1 und 3.

(2) Die Behörden der Zollverwaltung und die übrigen in § 2 des Schwarzarbeitsbekämpfungsgesetzes genannten Behörden dürfen nach Maßgabe der datenschutzrechtlichen Vorschriften auch mit Behörden anderer Vertragsstaaten des Abkommens über den Europäischen Wirtschaftsraum zusammenarbeiten, die diesem Gesetz entsprechende Aufgaben durchführen oder für die Bekämpfung illegaler Beschäftigung zuständig sind oder Auskünfte geben können, ob ein Arbeitgeber seine Verpflichtungen nach § 20 erfüllt. Die Regelungen über die internationale Rechtshilfe in Strafsachen bleiben hiervon unberührt.

(3) Die Behörden der Zollverwaltung unterrichten das Gewerbezentralregister über rechtskräftige Bußgeldentscheidungen nach § 21 Absatz 1 bis 3, sofern die Geldbuße mehr als zweihundert Euro beträgt.

Übersicht

	Rn.
A. Überblick	1
B. Normzweck und Entstehungsgeschichte	2
C. Unterrichtungpflichten der Zollbehörden	4
D. Zusammenarbeit der in- und ausländischen Behörden	8

A. Überblick

1 Die Vorschrift regelt Unterrichtungspflichten der Zollbehörden gegenüber den örtlichen Landesfinanzbehörden (§ 18 Abs. 1) sowie gegenüber dem Gewerbezentralregister (§ 18 Abs. 3). Darüber hinaus regelt § 18 Abs. 2 die Zusammenarbeit der Behörden der Zollverwaltung und der übrigen in § 2 SchwarzArbG genannten Behörden mit ausländischen Behörden.

B. Normzweck und Entstehungsgeschichte

2 § 18 übernimmt für die Zusammenarbeit in- und ausländischer Behörden die Regelungen des § 20 AEntG. § 20 Abs. 4 AEntG, der eine Pflicht der Gerichte und Staatsanwaltschaften zur Übermittlung von Erkenntnissen an die Zollbehörden vorsah, wurde durch das Tarifautonomiestärkungsgesetz v. 11.8.2014 (BGBl. I S. 1348) gestrichen. Eine entsprechende Regelung findet sich daher auch in § 18 nicht. Eine Übermittlungspflicht der Gerichte und Staatsanwaltschaften wurde als entbehrlich angesehen, weil auf untergesetzlicher Ebene bereits ausreichende Mitteilungspflichten bestehen (vgl. etwa die Anordnung über Mitteilungen in Zivilsachen – MiZi).

3 Für die Bekämpfung illegaler Beschäftigung sind aufgrund der sich überschneidenden Rechtsmaterien oftmals unterschiedliche Behörden zuständig. Die Vorschrift zielt vor diesem Hintergrund darauf ab, die Zusammenarbeit der betroffenen Behörden zu intensivieren, um dadurch einen verbesserten Informationsaustausch zu erreichen.

C. Unterrichtungspflichten der Zollbehörden

4 In § 18 Abs. 1 und Abs. 3 sind Verpflichtungen der Behörden der Zollverwaltung zur Unterrichtung anderer Behörden geregelt, um den Informationsfluss zwischen den zuständigen Prüfbehörden sicherzustellen. Da es sich um eine **Rechtspflicht der Zollbehörden** handelt, haben die Unterrichtungen ohne ausdrückliches Ersuchen der betroffenen Behörden zu erfolgen.

5 Nach § 18 Abs. 1 unterrichtet die Behörde der Zollverwaltung die zuständige örtliche Landesfinanzbehörde über bei ihr nach § 16 Abs. 1 eingehende Meldungen eines Arbeitgebers mit Sitz im Ausland, der Arbeitnehmer in die in § 2a Abs. 1 SchwarzArbG genannten Wirtschaftsbereiche oder Wirtschaftszweige nach Deutschland entsendet. Gleiches gilt für die Meldungen eines inländischen Entleihers gemäß § 16 Abs. 3, dem von einem im Ausland ansässigen Arbeitgeber Arbeitnehmer überlassen werden. Die Unterrichtung durch die Zollbehörde soll die Landesfinanzbehörde in die Lage versetzen, steuerrechtliche Prüfungen vornehmen zu können. Die Weiterleitung der Meldungen an die jeweilige Landesfinanzbehörde erfolgt durch die BFD West.

6 Nach § 18 Abs. 3 wird das Gewerbezentralregister von den Zollbehörden über ein Bußgeld unterrichtet, das wegen eines Verstoßes gegen eine sich aus dem MiLoG ergebende Pflicht nach § 21 Abs. 1 bis Abs. 3 rechtskräftig verhängt worden ist. Die Unterrichtungspflicht besteht nur, wenn das verhängte Bußgeld über der Bagatellgrenze von 200 Euro liegt. Indem das Gewerbezentralregister von Mindestlohnlohnverstößen durch die Zollbehörden informiert wird, werden öffentliche Auftraggeber in die Lage versetzt, ihrerseits Kenntnis von Verstößen gegen das MiLoG zu erlangen, die nach § 19 zum Ausschluss eines Unternehmers von der Vergabe öffentlicher Aufträge führen können. Die Pflicht zur Eintragung rechtskräftiger Bußgeldentscheidungen ergibt sich an sich bereits aus § 149 Abs. 2 Nr. 3 GewO. § 18 Abs. 3 dient damit letztlich nur der Klarstellung, dass die Regelungen des Sozialdatenschutzes einer Unterrichtung des Gewerbezentralregisters über Mindestlohnverstöße nicht entgegenstehen (vgl. KAEW/Asshoff AEntG § 20 Rn. 4).

§ 18 Abs. 1 und Abs. 3 geben für die vorgeschriebenen Übermittlungen keine bestimmte Form vor. Die Zollbehörden können ihren Informationspflichten daher in allen sachgerechten Kommunikationsformen nachkommen (vgl. Thüsing/Reufels AEntG § 20 Rn. 4).

D. Zusammenarbeit der in- und ausländischen Behörden

Nach Art. 4 Abs. 2 RL 96/71/EG sehen die Mitgliedsstaaten die Zusammenarbeit der Behörden vor, die für die Überwachung der zwingenden Arbeits- und Beschäftigungsbedingungen einschließlich der Mindestlöhne (Art. 3 Abs. 1 Buchst. c RL 96/71/EG) zuständig sind. Nach Art. 6 Abs. 1 und Abs. 9 RL 2014/67/EU leisten sich die Behörden der Mitgliedsstaaten gegenseitig unentgeltlich Amtshilfe. Die Zusammenarbeit zwischen den Mitgliedsstaaten kann nach Art. 6 Abs. 3 RL 2014/67/EU auch die Zusendung und Zustellung von Schriftstücken umfassen. Nach Art. 6 Abs. 7 RL 2014/67/EU gewährleisten die Mitgliedsstaaten, dass nationale Register wechselseitig abgefragt werden können.

Diese unionsrechtlichen Vorgaben werden für den Mindestlohn durch § 18 Abs. 2 umgesetzt. Die Vorschrift legt fest, dass die Zollbehörden sowie die übrigen in § 2 SchwarzArbG genannten Behörden mit den zuständigen Behörden anderer Mitgliedsstaaten zusammenarbeiten. Die Art der Zusammenarbeit der betroffenen Behörden wird durch § 18 Abs. 2 nicht genauer geregelt. Die Behörden können insbesondere Auskünfte einholen und Daten übermitteln. Es dürfen nur Daten übermittelt werden, die im Zusammenhang mit der Verpflichtung des Arbeitgebers zur Zahlung des Mindestlohns aus § 20 stehen. Datenschutzrechtliche Vorgaben sind dabei zu beachten.

Die Regelungen über die internationale Rechtshilfe in Strafsachen bleiben – wie § 18 Abs. 2 S. 2 klarstellt – unberührt.

§ 19 Ausschluss von der Vergabe öffentlicher Aufträge

(1) Von der Teilnahme an einem Wettbewerb um einen Liefer-, Bau- oder Dienstleistungsauftrag der in § 98 des Gesetzes gegen Wettbewerbsbeschränkungen genannten Auftraggeber sollen Bewerberinnen oder Bewerber für eine angemessene Zeit bis zur nachgewiesenen Wiederherstellung ihrer Zuverlässigkeit ausgeschlossen werden, die wegen eines Verstoßes nach § 21 mit einer Geldbuße von wenigstens zweitausendfünfhundert Euro belegt worden sind.

(2) Die für die Verfolgung oder Ahndung der Ordnungswidrigkeiten nach § 21 zuständigen Behörden dürfen öffentlichen Auftraggebern nach § 98 Nummer 1 bis 3 und 5 des Gesetzes gegen Wettbewerbsbeschränkungen und solchen Stellen, die von öffentlichen Auftraggebern zugelassene Präqualifikationsverzeichnisse oder Unternehmer- und Lieferantenverzeichnisse führen, auf Verlangen die erforderlichen Auskünfte geben.

(3) Öffentliche Auftraggeber nach Absatz 2 fordern im Rahmen ihrer Tätigkeit beim Gewerbezentralregister Auskünfte über rechtskräftige Bußgeldentscheidungen wegen einer Ordnungswidrigkeit nach § 21 Absatz 1 oder Absatz 2 an oder verlangen von Bewerberinnen oder Bewerbern eine Erklärung, dass die Voraussetzungen für einen Ausschluss nach Absatz 1 nicht vorliegen. Im Falle einer Erklärung der Bewerberin oder des Bewerbers können öffentliche Auftraggeber nach Absatz 2 jederzeit zusätzlich Auskünfte des Gewerbezentralregisters nach § 150a der Gewerbeordnung anfordern.

(4) Bei Aufträgen ab einer Höhe von 30 000 Euro fordert der öffentliche Auftraggeber nach Absatz 2 für die Bewerberin oder den Bewerber, die oder der den Zuschlag erhalten soll, vor der Zuschlagserteilung eine Auskunft aus dem Gewerbezentralregister nach § 150a der Gewerbeordnung an.

(5) Vor der Entscheidung über den Ausschluss ist die Bewerberin oder der Bewerber zu hören.

Übersicht

	Rn.
A. Allgemeines	1
B. Vereinbarkeit mit Unionsrecht	3
C. Systematische Einordnung der Norm	4
I. Keine Auftragsvergabe an unzuverlässige Bewerber	4
II. Ausschluss von künftigen Vergaben durch Vergabesperre	6
1. Rechtsnatur	7
2. Voraussetzungen	8
III. Vergabesperre wegen Mindestlohnverstoß	9
D. Sinn und Zweck der Norm	11
E. Vergabesperre nach § 19 Abs. 1	14
I. Gegenstand der Vergabesperre	14
II. Relevanter Mindestlohnverstoß	18
III. Vergabesperre für angemessenen Zeit	22
1. Gebundenes Ermessen	23
2. Ausschluss für angemessene Zeit	24
3. Wiederzulassung	28
F. Verfahrensvorschriften	31
I. Auskunftsbefugnis, § 19 Abs. 2	32
II. Anforderung im konkreten Vergabeverfahren	37
III. Anhörungspflicht, § 19 Abs. 5	44
G. Rechtsschutz des Bewerbers	47
I. Generelle Vergabesperre	48
II. Konkreter Vergabeausschluss	49
1. Wettbewerbsrechtliche Schwellenwerte	50
2. Justizgewährungsanspruch	53
H. Landesrechtliche Tariftreueregelungen	54
I. Hintergrund	55
II. Meinungsstand	57
III. Aktuelle Entwicklungen	60
IV. Auswirkungen des MiLoG	62

A. Allgemeines

1 Die Vorschrift des § 19 beinhaltet im Kern in Abs. 1 eine **gesetzliche Ermächtigung öffentlicher Auftraggeber**, ein Unternehmen sowohl von einem konkreten, als auch künftigen Vergabeverfahren auszuschließen, wenn das Unternehmen in erheblichem Maß gegen Pflichten aus dem MiLoG verstoßen hat. § 19 geht auf die Regelung des § 21 AEntG zum **Vergabeausschluss** bei Verstößen gegen das AEntG zurück. Der Regierungsentwurf beinhaltete eine § 21 Abs. 1 S. 2 AEntG entsprechende Vorschrift, die einen Ausschluss auch schon *vor* Durchführung eines Bußgeldverfahrens zuließ, wenn im Einzelfall angesichts der Beweislage „kein vernünftiger Zweifel an einer schwerwiegenden Verfehlung" bestand (vgl. BT-Drs. 18/1558 S. 14). Gegen die hierin liegende Durchbrechung der Unschuldsvermutung sind im parlamentarischen Verfahren rechtsstaatliche Einwände erhoben worden (vgl. die Stellungnahmen der BDA und des HDE, Ausschuss-Drs. 18(11)148 S. 6, 11 f. und S. 125, 131; zu der an § 21 Abs. 1 S. 2 AEntG geübten Kritik s. ErfK/Schlachter AEntG § 21 Rn. 1; Thüsing/Mengel AEntG § 21 Rn. 7). Vor diesem Hintergrund hat der Gesetzgeber für das MiLoG die Möglichkeit eines Ausschlusses von einem Vergabeverfahren wegen der besonderen Tragweite dieser Sanktion **auf die**

Fälle beschränkt, in denen das Ordnungswidrigkeitenverfahren abgeschlossen ist (BT-Drs. 18/2010 (neu) S. 24). In § 21 Abs. 1 S. 2 AEntG wurde diese Möglichkeit hingegen beibehalten.

Daneben sieht § 19 in Abs. 2 bis Abs. 5 **Auskunfts-** und **Verfahrensvorschriften** vor. 2

B. Vereinbarkeit mit Unionsrecht

Unionsrechtliche Bedenken gegen die gesetzliche Legitimation von Vergabeausschlüssen bestehen nicht. Weder die Niederlassungsfreiheit des Art. 49 AEUV noch die Dienstleistungsfreiheit des Art. 56 AEUV stehen nationalen Regelungen entgegen, die Unternehmer bei Rechtsverstößen vorrübergehend in einer der Verhältnismäßigkeit genügenden Weise von Vergabeverfahren ausschließen (vgl. [für die Nichtzahlung von Sozialversicherungsbeiträgen] EuGH Urt. v. 10.7.2014 – C-358/12, EuZW 2014, 738). 3

C. Systematische Einordnung der Norm

I. Keine Auftragsvergabe an unzuverlässige Bewerber

Nach § 97 Abs. 4 S. 1 GWB werden öffentliche Aufträge nur an fachkundige, leistungsfähige sowie gesetzestreue und **zuverlässige Unternehmen** vergeben. Der Zuschlag wird daher nicht an ein nicht gesetzestreues bzw. unzuverlässiges Unternehmen erteilt. In einem konkreten Vergabeverfahren kann das Angebot eines Unternehmens ausgeschlossen werden, wenn von diesem nachweislich eine schwere Verfehlung begangen wurde, die die Zuverlässigkeit in Frage stellt (vgl. § 16 Abs. 1 Nr. 2 Buchst. c VOB/A; § 6 Abs. 5 Buchst. c VOL/A, § 6 Abs. 6 Buchst. c EG VOL/A, § 4 Abs. 9 Buchst. c VOF). 4

Der Verstoß gegen die Pflichten des MiLoG kann dazu führen, dass sich ein Unternehmen im Rahmen der Eignungsprüfung nach § 97 Abs. 4 S. 1 GWB als ungeeignet, weil weder gesetzestreu noch zuverlässig erweist. Als zuverlässig gilt nur, wer mit Blick auf sein vergangenes und gegenwärtiges Verhalten, das für die Ausführung des ausgeschriebenen Auftrags und die Durchführung des Vergabeverfahrens erheblich ist, die Gewähr dafür bietet, den Auftrag ausschreibungsgemäß auszuführen und abzuwickeln sowie sich ordnungsgemäß an dem Vergabeverfahren zu beteiligen; Zweifel an der Zuverlässigkeit sind begründet bei **auftragsbezogenen Rechtsverstößen** (vgl. Immenga/Mestmäcker/Dreher GWB § 97 Rn. 204). Verstöße gegen geltendes Arbeitsrecht, insbesondere gegen Mindestlohnregelungen, können zur vergaberechtlichen Unzuverlässigkeit des Unternehmens führen. Daneben stellen Verstöße gegen das MiLoG das vergaberechtliche Kriterium der Gesetzestreue in Frage (vgl. auch BT-Drs. 16/11428 S. 32). 5

II. Ausschluss von künftigen Vergaben durch Vergabesperre

Die Eignungsprüfung des § 97 Abs. 4 GWB erfolgt bieter- und auftragsbezogen in Bezug auf die jeweilige *konkrete* Vergabe eines öffentlichen Auftrags. Darüber hinaus kommt ein *verfahrensübergreifender* Ausschluss von der Teilnahme des Unternehmens an künftigen Vergaben durch einzelne Auftraggeber in Betracht (sog. generelle Vergabesperre oder Auftragssperre, vgl. Immenga/Mestmäcker/Dreher GWB § 97 Rn. 208). 6

1. Rechtsnatur

Bei einer **generellen Vergabesperre** handelt es sich nicht um einen Verwaltungsakt (vgl. OVG Lüneburg Beschl. v. 19.1.2006 – 7 OA 168/05, NVwZ-RR 2006, 845). Sie stellt 7 eine **privatrechtliche Erklärung** des Auftraggebers dar, mit dem Unternehmer für eine bestimmte Zeit keine Vertragsbeziehungen eingehen zu wollen, dh ihn auch nicht an künftigen Vergabeverfahren zu beteiligen, die dem Vertragsschluss vorausgehen (vgl. Immenga/Mestmäcker/Dreher GWB § 97 Rn. 208; LG Bln. Urt. v. 22.3.2006 – 23 O 118/04, NZBau 2006, 397, 398). Für die Erklärung einer generellen Vergabesperre benötigt der öffentliche Auftraggeber keine gesetzliche Ermächtigung; sie beruht auf dem Grundsatz der Vertragsfreiheit (vgl. KG Bln. Urt. v. 8.12.2011 – 2 U 11/11 Kart, NZBau 2012, 389).

2. Voraussetzungen

8   Die generelle Vergabesperre muss das geltende Vergaberecht beachten (KG Bln. Urt. v. 8.12.2011 – 2 U11/11 Kart, NZBau 2012, 389, 391) und sich am Maßstab der **Verhältnismäßigkeit** messen lassen. Für einen Ausschluss von künftigen Vergabeverfahren wegen fehlender Zuverlässigkeit des Bewerbers bedarf es einer Verfehlung von hinreichendem Gewicht. Teilweise werden an die generelle Vergabesperre strenge Anforderungen idS gestellt, dass die generelle Vergabesperre „nur bei einem besonders schweren Fall der Unzuverlässigkeit" gerechtfertigt sei (so Immenga/Mestmäcker/Dreher GWB § 97 Rn. 209). Nach aA soll eine besonders schwere Verfehlung nicht erforderlich sein (so KG Bln. Urt. v. 8.12.2011 – 2 U11/11 Kart, NZBau 2012, 389, 391). Vielmehr komme es va darauf an, dass die Umstände des Einzelfalls geeignet sind, einen Ausschluss für die Zukunft zu rechtfertigen. Da es sich beim Eignungsmerkmal der Gesetzestreue um eine Ausprägung des Zuverlässigkeitskriteriums handelt, kann dementsprechend auch nicht jeder Gesetzesverstoß, sondern nur ein Verstoß von hinreichendem Gewicht einen zukünftigen Ausschluss vom Vergabeverfahren rechtfertigen. In der vergaberechtlichen Rspr. und im Schrifttum wird dabei angenommen, dass aus Gründen der Verhältnismäßigkeit dem Unternehmen die Möglichkeit eingeräumt werden müsse, die **Wiederzulassung bei Wiederherstellung der Zuverlässigkeit** zu erlangen (vgl. LG Bln. Urt. v. 22.3.2006, 23 O 118/04, NZBau 2006, 397, 399; Immenga/Mestmäcker/Dreher GWB § 97 Rn. 214).

III. Vergabesperre wegen Mindestlohnverstoß

9   Die Vorschrift des § 19 Abs. 1 beinhaltet eine gesetzliche Ermächtigung für die Erklärung einer generellen Vergabesperre bei Verstößen gegen das MiLoG von erheblichem Gewicht. § 19 Abs. 1 stellt eine **einfachgesetzliche Konkretisierung** der für einen Ausschluss zu beachtenden **Verhältnismäßigkeitsanforderungen** dar. Dies bedeutet: Liegen die Voraussetzungen des § 19 Abs. 1 vor, ist der Ausschluss von der Vergabe *in der Regel* verhältnismäßig. Hingegen ist der Ausschluss wegen Verstößen gegen das MiLoG unzulässig, wenn die Voraussetzungen des § 19 Abs. 1 nicht gegeben sind. Die gesetzliche Ermächtigung des § 19 Abs. 1 sperrt aber nicht die Erklärung von Vergabesperren wegen sonstiger Rechtsverletzungen (zB wegen Verstößen gegen das ArbZG).

10 § 19 Abs. 1 normiert nicht nur die Voraussetzungen für ein Teilnahmeverbot an einem konkretem Wettbewerb, sondern ermächtigt zur Erklärung einer Vergabesperre für **künftige Vergabeverfahren** (Immenga/Mestmäcker /Dreher GWB § 97 Rn. 215). Zwar spricht der Wortlaut des § 19 Abs. 1 vom Ausschluss des Bewerbers von „der Teilnahme an *einem* Wettbewerb". Jedoch handelt es sich bei dem Wort „einem" nicht um eine Numerale, sondern um einen unbestimmten Artikel; es ist also zu lesen als Ausschluss von jedem beliebigen Wettbewerb. Ansonsten ergäbe die angeordnete Rechtsfolge, die Bewerber „für eine angemessene Zeit bis zur nachgewiesenen Wiederherstellung ihrer Zuverlässigkeit" auszuschließen, keinen Sinn. § 19 Abs. 1 aE bestimmt, dass es sich bei einem Verstoß gegen das MiLoG, der mit einem Bußgeld von mindestens 2.500 Euro

geahndet worden ist, um einem besonders schweren Fall der Unzuverlässigkeit handelt, der einen Ausschluss von künftigen Vergaben in der Regel rechtfertigt. Zugleich beinhaltet § 19 Abs. 1 die gesetzliche Feststellung, dass es sich bei jedem Verstoß gegen das MiLoG um einen auftragsbezogenen Rechtsverstoß handelt, der die Zuverlässigkeit des Bewerbers gerade hinsichtlich der Ausführung öffentlicher Aufträge infrage stellt. Schließlich verdichtet § 19 Abs. 1 das auszuübende Ermessen vor Ausspruch einer Vergabesperre zu einem gebundenen Ermessen („*sollen … ausgeschlossen werden*") (s. noch Rn. 23).

D. Sinn und Zweck der Norm

Im vergaberechtlichen Schrifttum wird Vergabesperren teilweise ein Strafcharakter abgesprochen (so Immenga/Mestmäcker/Dreher GWB § 97 Rn. 214). Andernorts wird das Instrument der Vergabesperre gerade angesichts des Strafcharakters kritisiert, da die Bekämpfung von Gesetzesverstößen nicht mit den Mitteln des Vergaberechts, sondern durch das Straf- und Ordnungswidrigkeitenrecht zu erfolgen habe (vgl. Quardt BB 1997, 477, 480). 11

Der Gesetzgeber hat die Vergabesperre in § 19 Abs. 1 offenbar – zumindest auch – als **Sanktionsvorschrift** verstanden (BT-Drs. 18/2010 (neu) S. 24 „Sanktion"). Die Vergabesperre wird auch im arbeitsrechtlichen Schrifttum insoweit als Ergänzung der Bußgeldtatbestände angesehen (so zum AEntG Däubler/Lakies TVG § 21 AEntG Rn. 2; KAEW/Koberski AEntG § 21 Rn. 2; Thüsing/Mengel AEntG § 21 Rn. 1; J. Ulber AEntG § 21 Rn. 1). Die Vergabesperre stelle für betroffene Unternehmen sogar eine wesentliche effektivere Form der Sanktion dar, weil für die Unternehmen der Ausschluss vom Wettbewerb um öffentliche Aufträge in vielen Bereichen von größerer Bedeutung als die Verhängung eines Bußgeldes sei (vgl. Däubler/Lakies TVG § 21 AEntG Rn. 2; KAEW/Koberski AEntG § 21 Rn. 5; Thüsing/Mengel AEntG § 21 Rn. 1). 12

Die mindestlohnrechtliche Vergabesperre des § 19 Abs. 1 ist damit von pönalen Elementen nicht gänzlich frei. Dies zeigt sich nicht nur im vom Gesetzgeber der Vorschrift zugrunde gelegten Verständnis, sondern auch in ihrer gesetzlichen Ausgestaltung als „Soll-Vorschrift". Im **Vordergrund** dürfte dennoch der **vergabespezifische Aspekt** stehen, dass es sich bei Unternehmen, die ihren Pflichten aus dem MiLoG nicht nachkommen, um für die Ausführung eines öffentlichen Auftrags ungeeignete, weil nicht gesetzestreue und somit unzuverlässige Unternehmen handelt. Dies wird insbesondere daran deutlich, dass die Vergabesperre nach § 19 Abs. 1 jedenfalls dann aufzuheben ist, wenn die Wiederherstellung der Zuverlässigkeit des Bewerbers nachgewiesen ist. Wäre § 19 Abs. 1 vorrangig eine Sanktionsnorm, müsste sie dem öffentlichen Auftraggeber die Verhängung einer von der Wiederherstellung der Zuverlässigkeit unabhängigen (Mindest-)Sperrfrist vorgeben. 13

E. Vergabesperre nach § 19 Abs. 1

I. Gegenstand der Vergabesperre

Die Vergabesperre bezieht sich auf von öffentlichen Auftraggebern nach § 98 GWB erteilte Liefer-, Bau- oder Dienstleistungsaufträge. **Öffentliche Auftraggeber** idS sind: 14
- Gebietskörperschaften sowie deren Sondervermögen (§ 98 Nr. 1 GWB);
- andere juristische Personen des öffentlichen und des privaten Rechts, die zu dem besonderen Zweck gegründet wurden, im Allgemeininteresse liegende Aufgaben nichtgewerblicher Art zu erfüllen, wenn Stellen, die unter § 98 Nr. 1 oder Nr. 3 fallen, sie

einzeln oder gemeinsam durch Beteiligung oder auf sonstige Weise überwiegend finanzieren oder über ihre Leitung die Aufsicht ausüben oder mehr als die Hälfte der Mitglieder eines ihrer zur Geschäftsführung oder zur Aufsicht berufenen Organe bestimmt haben (§ 98 Nr. 2 S. 1 GWB). Das Gleiche gilt dann, wenn die Stelle, die einzeln oder gemeinsam mit anderen die überwiegende Finanzierung gewährt oder die Mehrheit der Mitglieder eines zur Geschäftsführung oder Aufsicht berufenen Organs bestimmt hat, eine Stelle nach § 98 Nr. 2 S. 1 GWB ist (§ 98 Nr. 2 S. 2 GWB);
- Verbände, deren Mitglieder unter § 98 Nr. 1 oder Nr. 2 GWB fallen (§ 98 Nr. 3 GWB);
- natürliche oder juristische Personen des privaten Rechts, die auf dem Gebiet der Trinkwasser- oder Energieversorgung oder des Verkehrs tätig sind, wenn diese Tätigkeiten auf der Grundlage von besonderen oder ausschließlichen Rechten ausgeübt werden, die von einer zuständigen Behörde gewährt wurden, oder wenn Auftraggeber, die unter § 98 Nr. 1 bis Nr. 3 GWB fallen, auf diese Personen einzeln oder gemeinsam einen beherrschenden Einfluss ausüben können (§ 98 Nr. 4 GWB);
- natürliche oder juristische Personen des privaten Rechts sowie juristische Personen des öffentlichen Rechts, soweit sie nicht unter § 98 Nr. 2 GWB fallen, in den Fällen, in denen sie für Tiefbaumaßnahmen, für die Errichtung von Krankenhäusern, Sport-, Erholungs- oder Freizeiteinrichtungen, Schul-, Hochschul- oder Verwaltungsgebäuden oder für damit in Verbindung stehende Dienstleistungen und Auslobungsverfahren von Stellen, die unter § 98 Nr. 1 bis Nr. 3 GWB fallen, Mittel erhalten, mit denen diese Vorhaben zu mehr als 50 vH finanziert werden (§ 98 Nr. 5 GWB);
- natürliche oder juristische Personen des privaten Rechts, die mit Stellen, die unter die § 98 Nr. 1 bis Nr. 3 GWB fallen, einen Vertrag über eine Baukonzession abgeschlossen haben, hinsichtlich der Aufträge an Dritte (§ 98 Nr. 6 GWB).

15 Der Ausschluss bezieht sich auf die Teilnahme an einem Wettbewerb um einen **Liefer-, Bau- oder Dienstleistungsauftrag**. Diese werde in § 99 Abs. 2 bis Abs. 4 GWB definiert:
- **Lieferaufträge** sind Verträge zur Beschaffung von Waren, die insbesondere Kauf oder Ratenkauf oder Leasing, Miet- oder Pachtverhältnisse mit oder ohne Kaufoption betreffen. Die Verträge können auch Nebenleistungen umfassen (§ 99 Abs. 2 GWB);
- **Bauaufträge** sind Verträge über die Ausführung oder die gleichzeitige Planung und Ausführung eines Bauvorhabens oder eines Bauwerkes für den öffentlichen Auftraggeber, das Ergebnis von Tief- oder Hochbauarbeiten ist und eine wirtschaftliche oder technische Funktion erfüllen soll, oder einer dem Auftraggeber unmittelbar wirtschaftlich zugutekommenden Bauleistung durch Dritte gemäß den vom Auftraggeber genannten Erfordernissen (§ 99 Abs. 3 GWB);
- Als **Dienstleistungsaufträge** gelten die Verträge über die Erbringung von Leistungen, die nicht unter § 99 Abs. 2 oder Abs. 3 fallen (§ 99 Abs. 4 GWB).

16 Im Ergebnis ist damit die Vergabe sämtlicher öffentlicher Aufträge umfasst. Ausgenommen sind Auslobungsverfahren, die allerdings auch der eigentlichen Auftragsvergabe nach § 99 Abs. 5 GWB vorgeschaltet sind.

17 Der Ausschluss betrifft das gesamte Unternehmen und ist nicht auf einzelne Betriebe oder Geschäftsbereiche begrenzt, die gegen das MiLoG verstoßen haben (vgl. KAEW/Koberski AEntG § 21 Rn. 10).

II. Relevanter Mindestlohnverstoß

18 Voraussetzung der Vergabesperre nach § 19 Abs. 1 ist, dass gegen den Bewerber wegen des Verstoßes nach § 21 ein **Bußgeld von wenigstens 2.500 Euro** verhängt ist. Das Gesetz leitet aus der Verhängung eines Bußgeldes von wenigstens 2.500 Euro ab, dass der

E. Vergabesperre nach § 19 Abs. 1   § 19

Bewerber in erheblichem Maß gegen das MiLoG verstoßen und sich damit als nicht gesetzestreu und damit als unzuverlässig erwiesen hat.

Gegen eine gewerbetreibende natürliche Person kann ein Bußgeld nach § 21 Abs. 1 und Abs. 2 verhängt werden, weil sie entweder selbst gegen eine Pflicht aus dem MiLoG verstoßen hat oder sie als Inhaber des Betriebes bzw. Unternehmens bei einem Verstoß durch einen Mitarbeiter ein **Auswahl-** oder **Überwachungsverschulden** nach § 130 OWiG trifft. Die Vergabesperre ist nach § 19 Abs. 1 auch zulässig, wenn ein von der gewerbetreibenden natürlichen Person Beauftragter iSd § 9 Abs. 2 S. 1 Nr. 1 oder Nr. 2 OWiG belangt wurde. 19

Ist der Bewerber eine juristische Person oder eine Personen(handels-)gesellschaft, kann gegen sie wegen einer Ordnungswidrigkeit ihrer Repräsentanten eine sog. Verbandsgeldbuße nach § 30 OWiG verhängt werden. Wurde die Zuwiderhandlung von einem Mitarbeiter unterhalb der Organ- oder Vertretungsebene begangen, kommt auch bei der juristischen Personen und Personen(handels-)gesellschaften eine Ahndung nach § 130 OWiG in Betracht, soweit ein vorwerfbares Aufsichtsverschulden vorliegt. Wurde nach § 9 Abs. 1 Nr. 1 oder Nr. 2 OWiG die Geldbuße gegen einen handelnden Repräsentanten verhängt, ist dies iSd § 19 Abs. 1 als eine gegen den Bewerber verhängte Geldbuße anzusehen (vgl. J. Ulber AEntG § 21 Rn. 5). 20

Der Bußgeldbescheid muss **nicht rechtskräftig** sein, um eine Vergabesperre nach § 19 Abs. 1 aussprechen zu können. Es genügt die Festsetzung einer Geldbuße in entsprechender Höhe durch die Zollbehörde (vgl. Däubler/Lakies TVG § 21 AEntG Rn. 7; KAEW/Koberski AEntG § 21 Rn. 14; Thüsing/Mengel AEntG § 21 Rn. 6). 21

III. Vergabesperre für angemessenen Zeit

Ist der Bewerber nach § 21 mit einer Geldbuße von mindestens 2.500 Euro belegt worden, soll er für eine angemessene Zeit bis zur nachgewiesenen Wiederherstellung seiner Zuverlässigkeit von der Vergabe öffentlicher Aufträge ausgeschlossen werden. 22

1. Gebundenes Ermessen

Bei der Vorschrift des § 19 Abs. 1 handelt es sich um eine „Soll-Vorschrift". Verwendet ein Gesetz das Wort „soll", wird für den Regelfall eine Bindung vorgesehen; nur aus wichtigem Grund oder in atypischen Fällen kann die Behörde von der für den Normalfall vorgesehenen Rechtsfolge abweichen (vgl. Stelkens/Bonk/Sachs/Sachs VwVfG § 40 Rn. 26). Die öffentlichen Auftraggeber sind daher im Regelfall gehalten, von der Möglichkeit einer generellen Vergabesperre Gebrauch zu machen, soweit die Voraussetzungen hierfür vorliegen. Da es sich bei der Vergabesperre in ersten Linie nicht um eine Sanktionsvorschrift handelt (s. Rn. 13), kann von der durch die „Soll-Vorschrift" als Regelfall vorgesehene Erteilung einer Vergabesperre abgesehen werden, wenn die Verstöße gegen das MiLoG einen längeren Zeitraum zurückliegen, sich der Bewerber seitdem gesetzestreu verhalten hat und deshalb von einer Wiederherstellung seiner Zuverlässigkeit ausgegangen werden kann. 23

2. Ausschluss für angemessene Zeit

Die generelle Vergabesperre soll vom öffentlichen Auftraggeber für „eine angemessene Zeit" ausgesprochen werden. 24

Die Vergabesperre ist für einen **befristeten Zeitraum** zu erklären. Nicht zulässig ist es, ein Unternehmen unbefristet bis zum Nachweis der Wiederherstellung der Zuverlässigkeit von der Vergabe öffentlicher Aufträge auszuschließen (aA Däubler/Lakies TVG § 21 AEntG Rn. 8; J. Ulber AEntG § 21 Rn. 14). Dies ergibt sich bereits aus dem Wortlaut des § 19 Abs. 1, wonach der Ausschluss von der Vergabe für „eine angemessene Zeit" 25 erfolgen soll. Mit dem Tatbestandsmerkmal „bis zur nachgewiesenen Wiederherstellung ihrer Zuverlässigkeit" wird dem öffentlichen Auftraggeber nicht die Befugnis eingeräumt, eine unbefristete Sperre bis zum Nachweis der Zuverlässigkeit durch den Bewerber vorzunehmen. Vielmehr betrifft dieses Tatbestandsmerkmal die Wiederzulassung zum Wettbewerb um öffentliche Aufträge während einer noch laufenden Sperrfrist. Aus Verhältnismäßigkeitsgründen muss es dem Bewerber möglich sein, eine Wiederzulassung auch schon während der verhängten Sperrfrist zu erwirken, wenn er die Wiederherstellung seiner Zuverlässigkeit nachweisen kann (vgl. Immenga/Mestmäcker/Dreher GWB § 97 Rn. 212).

26 Das Gesetz macht – anders als etwa § 21 Abs. 1 S. 1 SchwarzArbG – keine ausdrücklichen Vorgaben für die **maximal zulässige Dauer** der Sperrfrist. Im vergaberechtlichen Schrifttum wird teilweise angenommen, die Obergrenze jeder Sperrfrist betrage drei Jahre (vgl. Immenga/Mestmäcker/Dreher GWB § 97 Rn. 164 mwN). Hingegen hat das LG Berlin eine Vergabesperre von vier Jahren selbst dann für zulässig gehalten, wenn die schweren Verfehlungen des Auftragnehmers bis zu zehn Jahre zurückliegen (LG Bln. Urt. v. 22.3.2006 – Az. 23 O 118/04, NZBau 2006, 397, 398 f.). Zur Vergabesperre des § 21 AEntG wird verbreitet die Auffassung vertreten, die Höchstdauer habe sich an § 21 Abs. 1 S. 1 SchwarzArbG zu orientieren und sei damit iE in aller Regel auf drei Jahre begrenzt (vgl. ErfK/Schlachter AEntG § 21 Rn. 1; KAEW/Koberski AEntG § 21 Rn. 19; Thüsing/Mengel AEntG § 21 Rn. 8). Auch auf der Grundlage von § 19 Abs. 1 ist aus Gründen der Verhältnismäßigkeit – jedenfalls **in der Regel** – die Sperrfrist auf **drei Jahre** zu begrenzen. Setzt der Bewerber sein nicht gesetzeswidriges Verhalten nach Verhängung der Sperrfrist fort, kommt aber im Licht dieser Gesetzesverstöße eine **Verlängerung** der Sperrfrist in Betracht.

27 Die Erteilung einer Vergabesperre hat **Prognosecharakter**. Die Vergabesperre beinhaltet die Prognose, dass es dem Bewerber während der verhängten Sperrfrist voraussichtlich weiterhin an der für die Ausführung eines öffentlichen Auftrags gemäß § 97 Abs. 4 S. 1 GWB erforderlichen Zuverlässigkeit und Gesetzestreue fehlen wird. Diese Prognoseentscheidung unterliegt nur einer eingeschränkten gerichtlichen Nachprüfung auf Beurteilungsfehler (vgl. Immenga/Mestmäcker/Dreher GWB § 97 Rn. 176 ff.). Für die Bemessung der Dauer der Vergabesperre ist zunächst die Schwere des Gesetzesverstoßes maßgeblich (vgl. KAEW/Koberski AEntG § 21 Rn. 18; Thüsing/Mengel AEntG § 21 Rn. 8), wobei insbesondere die Anzahl der Verstöße und die Dauer des gesetzeswidrigen Verhaltens, die Höhe des Schadens, sowie die Anzahl und Stellung der beteiligten Personen bzw. beteiligten Geschäftsbereiche zu berücksichtigen ist (vgl. Quardt BB 1997, 477, 479; LG Bln. Urt. v. 22.3.2006 – 23 O 118/04, NZBau 2006, 397, 399). Die **Schwere des Verstoßes** lässt sich in der Regel an der **Höhe der verhängten Geldbuße** ablesen, weil die genannten Gesichtspunkte in die Bemessung der Geldbuße einfließen. Zu berücksichtigen ist ferner, wie viel Zeit seit der letzten Verfehlung verstrichen ist (vgl. Quardt BB 1997, 477, 478). Des Weiteren ist für die Prognoseentscheidung von Bedeutung, inwieweit eine **Wiederholungsgefahr** besteht (vgl. KAEW/Koberski AEntG § 21 Rn. 18; Thüsing/Mengel AEntG § 21 Rn. 8), wobei insbesondere die vom Unternehmen eingeleiteten Maßnahmen der „Selbstreinigung" in die Prüfung einfließen (vgl. Quardt BB 1997, 477, 478; LG Bln. Urt. v. 22.3.2006 – Az. 23 O 118/04, NZBau 2006, 397, 399). Schließlich sind in die Erwägungen die wirtschaftlichen und sozialen Folgen der Vergabesperre für das ausgeschlossene Unternehmen (vgl. LG Bln. Urt. v. 22.3.2006 – 23 O 118/04, NZBau 2006, 397, 399), insbesondere ihre Auswirkungen auf den Fortbestand der Arbeitsplätze (vgl. KAEW/Koberski AEntG § 21 Rn. 18; Thüsing/Mengel AEntG § 21 Rn. 8) einzustellen. Andererseits ist zu berücksichtigen, dass es dem vergaberechtlichen Prinzip eines lauteren Wettbewerbs noch dem vom MiLoG angestrebten „fairen und funktionierenden Wettbewerb" (vgl. § 9 Abs. 2 S. 1) zuwiderläuft, wenn sich ein Unternehmen zulasten seiner Mitbewerber durch die Unterschreitung gesetzlicher Mindeststandards Wettbewerbsvorteile verschafft hat.

3. Wiederzulassung

Die Vergabesperre ist nach ihrem Regelungszweck nur dann geboten, wenn auch **28** zukünftig zu erwarten steht, dass das Unternehmen gegen gesetzliche Pflichten verstößt. Vor diesem Hintergrund wird im vergaberechtlichen Schrifttum vertreten, eine Vergabesperre müsse ab einer Dauer von sechs Monaten aus Gründen der Verhältnismäßigkeit mit der Möglichkeit zur Wiederzulassung bei Wiederstellung der Zuverlässigkeit verbunden werden (vgl. Immenga/Mestmäcker/Dreher GWB § 97 Rn. 212). Die Möglichkeit der Wiederzulassung hält § 19 Abs. 1 für die Vergabesperre wegen eines erheblichen Mindestlohnverstoßes ausdrücklich fest und stellt damit die Verhältnismäßigkeit der Regelung sicher. Der **Nachweis** der Wiederherstellung der Zuverlässigkeit ist also auf eine Wiederzulassung vor Ablauf der Sperrfrist gerichtet. Hingegen muss der Unternehmer nicht nach Ablauf die Wiederherstellung der Zuverlässigkeit selbsttätig nachweisen, um einer anderenfalls vom Gesetz vermeintlich geforderte Verlängerung der Sperrfrist zu entgehen (so aber KAEW/Koberski AEntG § 21 Rn. 20, 23).

Gesetzeswortlaut und Begründung geben keine Auskunft darüber, auf welchem Wege **29** die Wiederherstellung der Zuverlässigkeit nachzuweisen ist. Das Unternehmen hat aber die Möglichkeit, einen **Auszug des Gewerbezentralregisters** (§ 150 Abs. 5 GewO) vorzulegen (vgl. Thüsing/Mengel AEntG § 21 Rn. 10). Da die Eintragung eines Bußgeldes jedoch erst erfolgt, wenn die Entscheidung Rechtskraft erlangt hat, laufende Ordnungswidrigkeitenverfahren also nicht erfasst werden, kann darüber hinaus von der Zollbehörde eine **Unbedenklichkeitsbescheinigung** eingeholt und diese gemeinsam mit dem Gewerbezentralregisterauszug vorgelegt werden. Im Übrigen gelten zur Wiedererlangung der Zuverlässigkeit die im Vergaberecht herausgearbeiteten Grundsätze. Danach ist va maßgeblich, inwieweit das Unternehmen die Ursachen seines Fehlverhaltens beseitigt hat (vgl. Immenga/Mestmäcker/Dreher GWB § 97 Rn. 214). In diesem Zusammenhang ist zu prüfen, welche Maßnahmen – insbesondere organisatorischer und personeller Art – das Unternehmen ergriffen hat, um zukünftige Verstöße gegen das MiLoG zu unterbinden. Auch die Wiedergutmachung des durch den Verstoß gegen das MiLoG entstandenen Schadens – insbesondere die Nachzahlung des Mindestlohns – kann Berücksichtigung finden (vgl. LG Bln. Urt. v. 22.3.2006 – 23 O 118/04, NZBau 2006, 397, 399).

Dem öffentlichen Auftraggeber kommt auch bei der Wiederzulassungsentscheidung ein **30** **Beurteilungsspielraum** zu. Insgesamt sind an eine vorzeitige Aufhebung der Vergabesperre, die angesichts einer „Selbstreinigung" des Unternehmens vorgenommen werden soll, hohe Anforderungen zu stellen (so auch Immenga/Mestmäcker/Dreher GWB § 97 Rn. 214; vgl. auch LG Bln. Urt. v. 22.3.2006 – 23 O 118/04, NZBau 2006, 397, 399). Jedenfalls während der ersten sechs Monate der Sperrzeit dürfte sie regelmäßig nicht in Betracht kommen.

F. Verfahrensvorschriften

§ 19 Abs. 2 bis Abs. 5 beinhalten Verfahrensvorschriften über die Einholung von **31** Auskünften sowie die Anhörung von ausgeschlossenen Bewerbern. Die Verfahrensvorschriften nach § 19 Abs. 2 und Abs. 5 betreffen sowohl den Ausschluss von einem konkreten Vergabeverfahren als auch die verfahrensübergreifende Vergabesperre. Hingegen beziehen sich die Regelungen über die Einholung von Auskünften nach § 19 Abs. 3 und Abs. 4 allein auf die Durchführung eines konkreten Vergabeverfahrens.

I. Auskunftsbefugnis, § 19 Abs. 2

32   Nach § 19 Abs. 2 dürfen die Zollbehörden öffentlichen Auftraggebern und Stellen, die von öffentlichen Auftraggebern zugelassene Präqualifikationsverzeichnisse oder Unternehmer- und Lieferantenverzeichnisse führen, auf Verlangen die erforderlichen Auskünfte geben.

33   Da eine Vergabesperre nach § 19 Abs. 1 schon ausgesprochen werden kann, bevor eine Bußgeldentscheidung in Rechtskraft erwächst, können die Vergabebehörden nach § 19 Abs. 2 von den Zollbehörden Auskunft über laufende Bußgeldverfahren erlangen. Verlangt ein Unternehmen die Aufhebung einer nach § 19 Abs. 1 erteilten verfahrensübergreifenden Vergabesperre, kann es für die Vergabebehörden darüber hinaus von Interesse sein, ob gegen dieses Unternehmen die Durchführung eines Bußgeldverfahrens bevorsteht. Kenntnis von rechtskräftig verhängten Geldbußen können die öffentlichen Auftraggeber durch eine Auskunft des Gewerbezentralregisters nach § 150a Abs. 1 GewO erlangen.

34   Auskunftsberechtigt sind öffentliche Auftraggeber nach § 98 Nr. 1 bis Nr. 3 und Nr. 5 GWB. Ausgenommen sind „unter registerrechtlichen Aspekten" (BT-Drs. 16/5522 S. 46) öffentliche Auftraggeber nach § 98 Nr. 4 GWB (Sektorenauftraggeber auf dem Gebiet der Trinkwasser- und Energieversorgung, des Verkehrs und der Telekommunikation) und § 98 Nr. 6 GWB (Baukonzessionäre). Bei ihnen hat der Gesetzgeber dem Datenschutzinteresse des Bewerbers ein höheres Gewicht als dem Auskunftsinteresse der Auftraggeber eingeräumt (vgl. Thüsing/Mengel AEntG § 21 Rn. 12).

35   Auskunftsberechtigt sind zudem solche Stellen, die von öffentlichen Auftraggebern zugelassene Präqualifikationsverzeichnisse oder Unternehmer- und Lieferantenverzeichnisse führen. Nach § 97 Abs. 4a GWB können öffentliche Auftraggeber **Präqualifikationssysteme** einrichten oder zulassen, mit denen die Eignung von Unternehmen nachgewiesen werden kann. Unter Präqualifizierung versteht man eine vorwettbewerbliche Eignungsprüfung, bei der potenzielle Erbringer von Waren-, Bau- oder Dienstleistungen nach speziellen Vorgaben unabhängig von einer konkreten Ausschreibung ihre Eignung zur Ausführung eines öffentlichen Auftrags vorab nachweisen. Die Präqualifikation kann insoweit den Eignungsnachweis im konkreten Vergabeverfahren ersetzen und damit die Kosten für Bewerber reduzieren. Aus den allgemein zugänglichen Präqualifizierungslisten sind die Unternehmen ersichtlich, welche ein Präqualifizierungsverfahren durchlaufen haben. Im Anwendungsbereich der VOB/A werden als Präqualifizierungsstellen private Unternehmen vom „Verein für die Präqualifikation von Bauunternehmen e. V." beauftragt (ausf. KAEW/Koberski AEntG § 21 Rn. 26 ff.). Der Verein ist bei seiner Tätigkeit an die Leitlinie des BMVI für die Durchführung eines Präqualifizierungsverfahrens v. 25.4.2005 idF v. 17.12.2013, gebunden. Im Anwendungsbereich der VOL/A wird eine Präqualifizierung von den Auftragsberatungsstellen unter Führung der DIHK angeboten. Die Auftragsberatungsstellen gehören zu den Selbstverwaltungseinrichtungen der Wirtschaft und sind überwiegend gemeinschaftliche Einrichtungen der Industrie- und Handelskammern sowie der Handwerkskammern des jeweiligen Landes.

36   § 19 Abs. 2 normiert eine Auskunftsberechtigung öffentlicher Auftraggeber und verzeichnisführender Stellen, die aber als Befugnis der Zollbehörden („dürfen") formuliert ist. Die Entscheidung über die Auskunftserteilung steht im **pflichtgemäßen Ermessen** der Zollbehörden. In der Regel sind die Zollbehörden wegen einer **Ermessensreduzierung auf Null** zur Auskunft verpflichtet (vgl. Thüsing/Mengel AEntG § 21 Rn. 15). Von den Zollbehörden kann ein Auskunftsersuchen aber etwa abgelehnt werden, wenn dadurch die Verfolgung einer Ordnungswidrigkeit erschwert oder sie den Bewerber unverhältnismäßig belasten würde (vgl. KAEW/Koberski AEntG § 21 Rn. 24; Thüsing/Mengel AEntG § 21 Rn. 15).

F. Verfahrensvorschriften § 19

II. Anforderung im konkreten Vergabeverfahren

§ 19 Abs. 3 und Abs. 4 normieren Verfahrensregelungen, die bei Durchführung eines 37
konkreten Vergabeverfahrens von der Vergabebehörde **verpflichtend** einzuhalten sind.

Die hiernach einzuholenden Auskünfte sollen gewährleisten, dass nicht ein zur Durch- 38
führung des öffentlichen Auftrags ungeeigneter, weil wegen eines Verstoßes gegen das
MiLoG unzuverlässiger bzw. nicht gesetzestreuer Bewerber den Zuschlag erhält.

Adressat der Regelungen sind jeweils nur **öffentliche Auftraggeber** im Sinne des § 98 39
Nr. 1 bis Nr. 3 und Nr. 5 GWB (s. Rn. 34).

Nach § 19 Abs. 3 S. 1 haben öffentliche Auftraggeber entweder beim Gewerbezentral- 40
register Auskünfte über nach § 21 Abs. 1 und Abs. 2 rechtskräftig verhängte Bußgelder
einzuholen oder vom Bewerber eine Eigenerklärung vorlegen zu lassen. Mit der **Eigenerklärung** bestätigt der Bewerber, dass die Voraussetzungen für einen Vergabeausschluss
nach § 19 Abs. 1 wegen eines Verstoßes gegen das MiLoG nicht vorliegen. Der Bewerber
hat also in der Eigenerklärung nicht nur rechtskräftige, sondern auch verhängte und noch
nicht bestands- oder rechtskräftig gewordene Bußgeldentscheidungen zu berücksichtigen.
Eine Eigenerklärung, dass die Voraussetzungen für einen Vergabeausschluss nach § 19
Abs. 1 nicht vorliegen, darf vom Bewerber nur abgegeben werden, wenn auch nicht gegen
einen Repräsentanten des Bewerbers ein entsprechendes Bußgeld wegen eines Verstoßes
gegen das MiLoG verhängt worden ist (s. schon Rn. 20).

Die Möglichkeit zur Einholung einer Eigenerklärung soll den bürokratischen und 41
finanziellen Aufwand im Vergabeverfahren verringern. Die Vergabestelle wird in der
Regel auf eine Eigenerklärung des Bewerbers zurückgreifen, weil diese Eigenerklärung für
sie kostengünstiger und schneller erreichbar ist (vgl. Thüsing/Mengel AEntG § 21
Rn. 12).

Die Richtigkeit der mit der Eigenerklärung gemachten Angaben stellt § 19 Abs. 3 S. 2 42
und Abs. 4 sicher. Nach § 19 Abs. 3 S. 2 bleibt die Vergabestelle bei Abgabe einer
Eigenerklärung befugt, zusätzlich Auskünfte des Gewerbezentralregisters anzufordern.
Bei Abgabe einer unrichtigen Eigenerklärung riskiert der Bewerber daher jederzeit, wegen
der Begehung eines (versuchten) Betrugs nach § 263 Abs. 1 StGB strafrechtlich belangt
zu werden. Nach § 19 Abs. 4 muss der öffentliche Auftraggeber bei einem Auftrag ab
einer Höhe von 30.000 Euro vor Zuschlagserteilung selbst eine Auskunft beim Gewerbezentralregister einholen. Damit ist ab einer Bagatellgrenze von 30.000 Euro eine unrichti-
ge Eigenerklärung in der Regel ohne „Erfolgsaussicht". Eine Lücke verbleibt nur insoweit, als das Gewerbezentralregister nur über bestands- bzw. rechtkräftige Bußgelder
Auskunft gibt.

Die Vergabestelle ist nicht gehalten, nach § 19 Abs. 4 vor der Vergabe des Auftrags 43
erneut eine Auskunft beim Gewerbezentralregister einzuholen, wenn sie dies bereits im
Vorfeld nach § 19 Abs. 3 S. 2 getan hat. Zwar ist nach dem Wortlaut der Norm „vor der
Zuschlagserteilung eine Auskunft" einzuholen. Damit wird die Vergabestelle aber nicht
verpflichtet, stets zeitlich unmittelbar vor Zuschlagserteilung eine Auskunft beim Gewerbezentralregister anzufordern. Zwar ist es möglich, dass noch im Laufe des Vergabeverfahrens nach § 21 gegen den Bewerber verhängte Bußgelder rechtskräftig geworden
sind. Allerdings ist die Regelung des § 19 Abs. 4 darauf gerichtet, den bürokratischen
Aufwand im Vergabeverfahren zu verringern, indem die Vergabestelle nur noch für den
Bewerber eine Auskunft beim Gewerbezentralregister einholen muss, der den Zuschlag
erhalten soll (BT-Drs. 16/5522 S. 46). Die Vorschrift zielt nicht darauf ab, zwischen-
zeitlich rechtskräftig gewordene Bußgeldbescheide zu erfassen (vgl. Thüsing/Mengel
AEntG § 19 Rn. 13). Hat die Vergabestelle im laufenden Vergabeverfahren bereits eine
Auskunft beim Gewerbezentralregister eingeholt, ist dem Anliegen des § 19 Abs. 4 Rechnung getragen und damit „vor der Zuschlagserteilung eine Auskunft" angefordert.

III. Anhörungspflicht, § 19 Abs. 5

44 Nach § 19 Abs. 5 ist der Bewerber vor der Entscheidung über den Ausschluss anzuhören. Die Vorschrift bezieht sich sowohl auf den Ausschluss eines Bewerbers von einem konkreten Vergabeverfahren als auch auf die Erteilung einer verfahrensübergreifenden Vergabesperre. Die Anhörung gibt dem Bewerber insbesondere die Möglichkeit, Gesichtspunkte für die Wiederherstellung seiner Zuverlässigkeit vorzutragen.

45 Begehrt ein Bewerber die vorzeitige Aufhebung einer Vergabesperre wegen wiederhergestellter Zuverlässigkeit, ist § 19 Abs. 5 nicht entsprechend anzuwenden. Dem Gedanken des rechtlichen Gehörs ist bereits dadurch genügt, dass der Bewerber bereits mit seinem Aufhebungsbegehren vor der Entscheidung die Gelegenheit hat, die aus seiner Sicht maßgeblichen tatsächlichen und rechtlichen Gesichtspunkte vorzubringen (vgl. zum Sinn und Zweck einer Anhörung Stelkens/Bonk/Sachs/Kallerhoff VwVfG § 28 Rn. 1 ff.). Damit kann er auf hinreichende Weise auf das Verfahren und die inhaltliche Entscheidung Einfluss nehmen. Die Ablehnung der Aufhebung einer Vergabesperre stellt somit für den Betroffenen keine Überraschungsentscheidung dar.

46 Unterbleibt vor einem Ausschluss von einem konkreten Vergabeverfahren die Anhörung nach § 19 Abs. 5, kann dies unter den Voraussetzungen des § 101b GWB dazu führen, dass der abgeschlossene Liefer-, Bau- oder Dienstleistungsvertrag von Anfang an unwirksam ist.

G. Rechtsschutz des Bewerbers

47 Für die Frag des Rechtsschutzes ist danach zu differenzieren, ob der Bewerber Rechtsschutz gegen eine verfahrensübergreifende Vergabesperre oder gegen den Ausschluss von einem konkreten Vergabeverfahren begehrt.

I. Generelle Vergabesperre

48 Gegen eine verfahrensübergreifende Vergabesperre nach § 19 Abs. 1 kann der Bewerber den **Zivilrechtsweg** beschreiten, der Verwaltungsrechtsweg ist nicht eröffnet (LG Bln. Urt. v. 22.3.2006 – 23 O 118/04NZBau 2006, 397; OVG Lüneburg Beschl. v. 19.1.2006 – 7 OA 168/05, NVwZ-RR 2006, 845). Bei der Vergabesperre handelt es sich um eine privatrechtliche Erklärung des öffentlichen Auftraggebers, die zu einem betriebsbezogenen Eingriff in den eingerichteten und ausgeübten Gewerbebetrieb führt (vgl. KG Bln. Urt. v. 8.12.2011 – 2 U 11/11 Kart, NZBau 2012, 389; LG Bln. Urt. v. 22.3.2006 – 23 O 118/04 – NZBau 2006, 397, 398). Der Bewerber kann in entsprechender Anwendung von § 1004 Abs. 1 BGB iVm § 823 BGB die Aufhebung der Vergabesperre verlangen, wenn seine Zuverlässigkeit wiederhergestellt ist, wobei die Entscheidung der Vergabestelle nur auf Beurteilungsfehler überprüfbar ist. Die Einleitung eines vergaberechtlichen **Nachprüfungsverfahrens** nach §§ 102 ff. **GWB** ist demgegenüber **nicht statthaft**, weil dieses nur den Rechtsschutz in einem laufenden konkreten Vergabeverfahren betrifft (LG Bln. Urt. v. 22.3.2006 – 23 O 118/04, NZBau 2006, 397).

G. Rechtsschutz des Bewerbers § 19

II. Konkreter Vergabeausschluss

Begehrt der Bewerber Rechtsschutz gegen den Ausschluss von einem konkreten Ver- 49
gabeverfahren, ist zu unterscheiden, ob der Auftragswert oberhalb oder unterhalb der
Schwellenwerte des § 100 Abs. 1 **GWB** iVm § 2 VgV bzw. § 1 Abs. 2 SektVO, § 1
Abs. 1 VSVgV liegt.

1. Wettbewerbsrechtliche Schwellenwerte

Oberhalb der Schwellenwerte ist nach § 102 GWB das vergaberechtliche Nachprü- 50
fungsverfahren eröffnet. Das **oberhalb** der **Schwellenwerte** statthafte **Nachprüfungsverfahren** ist dadurch gekennzeichnet, dass dem Unternehmen gemäß § 97 Abs. 7 GWB ein
subjektives Recht auf Einhaltung der Bestimmungen über das Vergabeverfahren zusteht
(vgl. Ziekow/Völlink/Dittmann Vor § 102 GWB Rn. 10). Im Nachprüfungsverfahren
entscheiden in erster Instanz gemäß § 104 GWB die verwaltungsinternen, aber gerichtsähnlich ausgestalteten Vergabekammern. Gegen die Entscheidung der Vergabekammer
kann gemäß § 116 GWB sofortige Beschwerde beim OLG als einzige gerichtliche Instanz
eingelegt werden.

Unterhalb der Schwellenwerte kann vom Bewerber das vergaberechtliche Nachprü- 51
fungsverfahren der §§ 102 ff. GWB nicht beschritten werden. Die Unterschiede im
Rechtsschutz beruhen insbesondere auf unionsrechtlichen Vorgaben, die nur oberhalb
der Schwellenwerte gelten und vom deutschen Gesetzgeber auch nur insoweit im GWB
umgesetzt worden sind (ausf. hierzu Ziekow/Völlink/Dittmann, Vor § 102 GWB
Rn. 1 ff.). Das Vergaberecht bleibt unterhalb der Schwellenwerte Teil des öffentlichen
Haushaltsrechts und insofern reines Binnenrecht der Verwaltung. Ein subjektives Recht
auf Einhaltung der Bestimmungen über das Vergabeverfahren hat der Bewerber demzufolge nicht. Aus dem Gleichbehandlungsgrundsatz des Art. 3 Abs. 1 GG ergibt sich
jedoch, dass die Vergabestelle die Vergabe nicht willkürlich vornehmen darf (BVerfG
Beschl. v. 13.6.2006 – 1 BvR 1160/03, NJW 2006, 3701, 3703). Die Vergabestelle kann
durch ihre Vergabepraxis eine Selbstbindung der Verwaltung herbeiführen. Als Selbstbindung der Verwaltung kann damit den Verdingungsordnungen eine mittelbare Außenwirkung zukommen. Für den Bereich **unterhalb der Schwellenwerte** hat das BVerwG
festgestellt, dass für ausgeschlossene Bewerber allein der Rechtsweg zu den **ordentlichen
Gerichten** gegeben ist (vgl. BVerwG Beschl. v. 2.5.2007 – 6 B 10/07, NJW 2007, 2275).
Die von der öffentlichen Hand abgeschlossenen Werk- und Dienstverträge gehörten ausschließlich dem Privatrecht an. Dies gelte auch für das dem Abschluss des Vertrags
vorausgehende Vergabeverfahren. Nicht entscheidend sei, dass die öffentliche Hand im
Vergabeverfahren öffentlich-rechtlichen Bindungen unterliege.

Vom **Primärrechtsschutz** sind die Bewerber um eine Auftragsvergabe unterhalb der 52
Schwellenwerte **regelmäßig ausgeschlossen**. Unterlassungsansprüche – sofern sie überhaupt bestehen (hierzu Ziekow/Völlink/Dittmann Vor § 102 GWB Rn. 16 mwN) –
können in aller Regel nicht rechtzeitig geltend gemacht werden, da die erfolglosen
Bewerber von ihrer Nichtberücksichtigung erst mit Erteilung des zum Untergang des
Unterlassungsanspruchs führenden Zuschlags erfahren. Für den nicht berücksichtigen
Bewerber kommen daher in erster Linie **Schadenersatzklagen** in Betracht. Eine Schadensersatzpflicht kann sich aus §§ 280 Abs. 1, 311 Abs. 2, 241 Abs. 2 BGB wegen der
Verletzung des zwischen Vergabestelle und Bieter zustande kommenden vertragsähnlichen Vertrauensverhältnisses ergeben (Ziekow/Völlink/Dittmann Vor § 102 GWB
Rn. 17). Daneben sind bei bestehender Wiederholungsgefahr **Feststellungsklagen** denkbar.

2. Justizgewährungsanspruch

53   Die Zweiteilung des Rechtsschutzes ist angesichts des bei Auftragsvergaben unterhalb der Schwellenwerte faktisch nicht bestehenden Primärrechtsschutzes auf verfassungsrechtliche Kritik gestoßen. Das **BVerfG** hat festgestellt, dass der Rechtsschutz bei Vergaben öffentlicher Auftraggeber unterhalb der Schwellenwerte den Anforderungen des **Justizgewährungsanspruchs** des Art. 20 Abs. 3 GG genügt (BVerfG Beschl. v. 13.6.2006 – 1 BvR 1160/03, NJW 2006, 3701). Es liege im gesetzgeberischen Gestaltungsspielraum, das Interesse des Auftraggebers an einer zügigen Ausführung des Auftrags und das Interesse des erfolgreichen Bewerbers an alsbaldiger Rechtssicherheit dem Interesse des erfolglosen Bieters an Primärrechtsschutz vorzuziehen. Es verletze auch nicht den Gleichheitssatz des Art. 3 Abs. 1 GG, dass der Gesetzgeber den Rechtsschutz unterhalb der Schwellenwerte anders gestaltet hat als den gegen Vergabeentscheidungen, die die Schwellenwerte übersteigen.

H. Landesrechtliche Tariftreueregelungen

54   Die Einführung eines allgemeinen gesetzlichen Mindestlohns wirft die Frage nach dem Verhältnis von MiLoG und landesrechtlichen Vergabegesetzen auf, die sog. Tariftreueregelungen enthalten.

I. Hintergrund

55   Beginnend mit dem Jahr 1999 verpflichteten zahlreiche Landesvergabegesetze öffentliche Auftraggeber, Aufträge für Bauleistungen nur an „tariftreue" Unternehmen zu vergeben, die den jeweils einschlägigen Tariflohn zahlen. Der EuGH hat in der Rs. **Rüffert** eine solche **Tariftreueklausel** des NTVergG als mit der im Lichte der Dienstleistungsfreiheit gewürdigten (**Entsende-)RL 96/71/EG unvereinbar** angesehen (vgl. EuGH Urt. v. 3.4.2008 – C-346/06, NZA 2008, 357). Tariftreue könne nur in Bereichen verlangt werden, in denen Tariflöhne insgesamt verbindlich seien. Außerdem wurde beanstandet, dass die Tariftreue gesetzlich nur für die Vergabe öffentlicher Aufträge, nicht aber im Rahmen privater Aufträge, gefordert sei.

56   Nachfolgende Tariftreueregelungen, die von insgesamt 14 Ländern erlassen wurden, versuchten den unionsrechtlichen Vorgaben dadurch Rechnung zu tragen, dass die Tariftreueverpflichtung nur noch die nach Bundesrecht verbindlichen und vom AEntG erfassten Tarifnormen beinhaltete. Lediglich für öffentliche Aufträge über Dienstleistungen im Bereich des ÖPNV knüpften die Landesvergabegesetze weiterhin an nicht allgemeinverbindliche Tarifverträge an, da die Landesgesetzgeber davon ausgingen, dass der Verkehrsbereich durch Art. 58 Abs. 1 AEUV der Dienstleistungsfreiheit entzogen sei (vgl. hierzu Greiner ZIP 2011, 2129, 2135).

II. Meinungsstand

57   Im Schrifttum gehen die Meinungen auseinander, ob ein vergabespezifischer Mindestlohn mit dem Unionsrecht vereinbar ist.

58   Eine Ansicht hält vergabespezifische Mindestlohnvorgaben – gestützt auf die Ausführungen des EuGH in der Rs. Rüffert – für unionsrechtswidrig (so Krebber EuZA 2013, 435; Simon RdA 2014, 165). Eine auf die Vergabe öffentlicher Aufträge begrenzte Mindestlohnregelung erweise sich als inkohärent und daher zum Schutz der Arbeitnehmer ungeeignet. Die Rechtfertigung der mit dem vergabespezifischen Mindestlohn einher-

gehenden Beschränkung der Dienstleistungsfreiheit könne vor diesem Hintergrund nicht auf den Arbeitnehmerschutz gestützt werden.

Nach **aA** handelt es sich beim vergabespezifischen Mindestlohnvorgaben um einen Mindestlohnsatz iSd Art. 3 Abs. 1 Buchst. c RL 96/71/EG (vgl. Glaser/Kahl ZHR 177, 643, 668 f.; Rödl EuZW 2011, 292). Auch ein nur partiell wirkender Vergabemindestlohn sei geeignet, die Arbeitnehmer zu schützen, da er den Schutz von in Ausführung öffentlicher Aufträge tätigen Arbeitnehmer fördere (vgl. Glaser/Kahl ZHR 177, 643, 669 f.). Es müsse dem Gesetzgeber unbenommen bleiben, sozialpolitische Ziele stufenweise zu verwirklichen; dies gelte vor allem in Anbetracht der Vorbildfunktion der öffentlichen Hand (so auch Däubler NZA 2014, 694, 698). Ferner dürfe nicht außer Acht gelassen werden, dass es in Mitgliedstaaten mit föderaler Struktur nicht immer möglich sei, allgemeine Schutznormen zu schaffen. Auch ein tarifgestützter Branchenmindestlohn sei letztlich nichts anderes als eine bloß partiell wirkende Schutznorm, da nur die unter den Geltungsbereich des Tarifvertrags fallenden Arbeitgeber und Arbeitnehmer erfasst würden. 59

III. Aktuelle Entwicklungen

Zuletzt hat es der **EuGH** in der Rs. **Bundesdruckerei** erkannt, dass ein bei der Vergabe öffentlicher Aufträge vorgeschriebenes Mindestentgelt nicht auf die Arbeitnehmer eines Nachunternehmers mit Sitz in einem anderen Mitgliedstaat erstreckt werden kann, wenn der Auftrag ausschließlich im Ausland ausgeführt wird (EuGH Urt. v. 18.9.2014 – C-549/13, NZA 2014, 1129). Auch wenn die Entscheidung des EuGH unmittelbar allein die Frage nach der Erstreckung vergabespezifischer Mindestlöhne auf im Ausland ansässige Nachunternehmer betrifft, eine Entsendekonstellation mithin vorlag, dürfte die Begründung der Entscheidung das Konzept vergabespezifischer Mindestlöhne insgesamt in Frage stellen. Der EuGH wiederholt nämlich die in der Rs. Rüffert aufgestellten Grundsätze, wonach eine nationale Regelung zum Schutz der Arbeitnehmer nicht geeignet sei, soweit sie nur auf öffentliche Aufträge Anwendung findet (EuGH Urt. v. 18.9.2014 – C-549/13, NZA 2014, 1129, 1130). Nach dem Verständnis des EuGH mangelt es also nur partiell wirkenden vergaberechtlichen Mindeststandards insgesamt an hinreichender Kohärenz und zwar unabhängig davon, ob sie – wie in der Rs. Rüffert – auf einem nicht allgemeinverbindlichen Tarifvertrag oder – wie in der Rs. Bundesdruckerei – auf einer für alle Bewerber geltenden gesetzlichen Regelung im Vergaberecht beruhen. 60

Endgültige Klarheit könnte eine Entscheidung des EuGH im Rahmen eines Vorabentscheidungsersuchens des OLG Koblenz bringen. Das OLG Koblenz hat dem EuGH die Frage vorgelegt, ob Art. 3 Abs. 1 RL 96/71/EG einer Vorschrift des LTTG RhPf. entgegensteht, die einem öffentlichen Auftraggeber vorschreibt, nur Unternehmen zu beauftragen, die versichern, ihren mit der Auftragsausführung befassten Mitarbeitern einen nur für öffentliche, nicht aber private Aufträge staatlich festgelegten Mindestlohn zu zahlen, wenn es weder einen allgemeinen gesetzlichen Mindestlohn noch einen die potentiellen Auftragnehmer und eventuelle Nachunternehmer bindenden allgemeinverbindlichen Tarifvertrag gibt (OLG Koblenz Beschl. v. 19.2.2014 – 1 Verg 8/13, NZBau 2014, 317). Nach Auffassung des OLG Koblenz kann der Arbeitnehmerschutz Vergabemindestlöhne nur rechtfertigen, wenn der jeweilige Tariflohn im Einzelfall (persönlich und räumlich) einschlägig sei. Im Übrigen könne Tariftreue nur insgesamt, nicht aber allein bezogen auf öffentliche Auftraggeber verlangt werden. 61

IV. Auswirkungen des MiLoG

62 Durch die Einführung des Mindestlohns büßen die Länder nicht die **Gesetzgebungszuständigkeit** für die Regelung eines vergabespezifischen Mindestlohns ein (ebs. Bayreuther NZA 2014, 865, 867). Zwar hat der Bund mit dem MiLoG von seiner konkurrierenden Gesetzgebung für das Arbeitsrecht nach Art. 74 Abs. 1 Nr. 12 GG Gebrauch gemacht. Die Regelung eines Vergabemindestlohns ist aber dem Recht der Wirtschaft zuzuordnen und beruht auf Art. 74 Abs. 1 Nr. 11 GG.

63 Mit der Einführung des allgemeinen Mindestlohns dürften sich aber die Diskussionen um Mindestlohnvorgaben in Landesvergabegesetzen entschärfen. Mit der Einführung eines Mindestlohns, auf den gemäß § 1 Abs. 1, § 20 jeder im Inland beschäftigte Arbeitnehmer Anspruch hat, ist ein **Mindestlohn** nun nicht mehr nur bei Ausführung öffentlicher Aufträge zu beachten, sondern gilt **auch für private Aufträge**.

64 Gänzlich erledigt haben sich die unionsrechtlichen Fragen für Mindestlohnvorgaben in den Landesvergabegesetzen aber auch nach Einführung des Mindestlohns nicht. Vergabespezifisch bleibt eine Mindestlohnregelung im Landesvergabegesetz zunächst, wenn für die Ausführung öffentlicher Aufträge ein Mindestlohn oberhalb des allgemeinen gesetzlichen Mindestlohns vorgeben wird (ebs. Bayreuther NZA 2014, 865, 867). Des Weiteren könnten aber auch Vergabemindestlöhne, die in ihrer Höhe dem gesetzlichen Mindestlohn entsprechen, weiterhin als rein vergabespezifisch angesehen werden, denn § 24 Abs. 1 lässt in einem insgesamt dreijährigen Übergangszeitraum Abweichungen vom Mindestlohn durch branchenspezifische Mindestlöhne zu. Zudem legt § 24 Abs. 2 für Zeitungszusteller während der Übergangszeit einen abgesenkten Mindestlohn fest. Insoweit ginge auch ein genereller Vergabemindestlohn in Höhe des allgemeinen Mindestlohns während der Übergangszeit über die Vorgaben des MiLoG hinaus. Zu berücksichtigen ist ferner, dass das MiLoG in § 22 Abs. 2 und Abs. 4 Ausnahmen für minderjährige sowie zuvor langzeitarbeitslose Arbeitnehmer vorsieht. Schließlich könnte die Frage aufgeworfen werden, inwieweit auch weitere Regelungen zu den Modalitäten des Mindestlohnanspruchs, etwa zur Anrechenbarkeit von Zulagen und Zuschlägen, zur Fälligkeit des Mindestlohnanspruchs oder zur Verjährung zu harmonisieren sind, damit die Landesvergabegesetze nicht als unionsrechtlich problematische, weil rein vergabespezifische Regelungen angesehen werden.

65 Inwieweit für die Vergabegesetze Spielraum verbleibt, hängt im Wesentlichen davon ab, wie strikt das vom EuGH postulierte Kohärenzprinzip zu verstehen ist (zum Kontrollmaßstab vgl. Simon RdA 2014, 165, 170 f.). Dabei dürfte es auch für den EuGH einen Unterschied machen, ob ein Mindestlohn rein vergabespezifisch ist oder ob es um eine in den Details unterschiedliche Ausgestaltung von allgemeinen Mindestlohn und Vergabemindestlohn geht. Unterschiede in den Modalitäten der Mindestlohnvorgaben dürften das Verdikt der gesetzgeberischen Inkohärenz kaum rechtfertigen können.

66 Unionsrechtlich von vornherein unproblematisch wäre es zurzeit lediglich, wenn die Landesvergabegesetze die Vergabe eines öffentlichen Auftrags schlicht davon abhängig machen würden, dass der Arbeitgeber seinen Verpflichtungen zur Zahlung des Mindestlohns nach § 20 nachkommt.

§ 20 Pflichten des Arbeitgebers zur Zahlung des Mindestlohns

Arbeitgeber mit Sitz im In- oder Ausland sind verpflichtet, ihren im Inland beschäftigten Arbeitnehmerinnen und Arbeitnehmern ein Arbeitsentgelt mindestens in Höhe des Mindestlohns nach § 1 Absatz 2 spätestens zu dem in § 2 Absatz 1 Satz 1 Nummer 2 genannten Zeitpunkt zu zahlen.

A. Überblick und Regelungscharakter § 20

Übersicht

	Rn.
A. Überblick und Regelungscharakter	1
I. Öffentlich-rechtliche Grundverpflichtung	2
II. International zwingende Wirkung	3
B. Inlandsbeschäftigung	6
I. Inlandsbezug	7
1. Einsatz eines Arbeitnehmers im Ausland	7
2. Begriff des Inlands	9
II. Beschäftigung eines Arbeitnehmers	13
1. Keine Beschränkung auf Entsendefälle	13
2. Kurzzeitige Tätigkeit im Inland	14
C. Fälligkeit	19
D. Mindestlohn „je Zeitstunde"	23
E. Mindestlohnwirksamkeit von Arbeitgeberleistungen	24

A. Überblick und Regelungscharakter

§ 20 normiert die Verpflichtung des Arbeitgebers, den bei ihm beschäftigen Arbeitneh- 1
mern ein Arbeitsentgelt mindestens in Höhe des Mindestlohns spätestens zu dem in § 2
Abs. 1 S. 1 Nr. 2 genannten Fälligkeitszeitpunkt zu zahlen. Die Vorschrift hat eine
Doppelfunktion.

I. Öffentlich-rechtliche Grundverpflichtung

§ 20 normiert die **Grundverpflichtung des Arbeitgebers zur Zahlung des Mindestlohns**, 2
an welche die Bußgeldvorschriften des § 21 anknüpfen (BT-Drs. 18/1558 S. 42). Bei den
Bußgeldvorschriften des § 21 Abs. 1 Nr. 1 bis Nr. 9 und Abs. 2 handelt es sich iE um
Unterlassungsdelikte. § 20 begründet die öffentlich-rechtliche Handlungspflicht für den
zentralen Bußgeldtatbestand der nicht oder nicht rechtzeitigen Zahlung des Mindestlohns
in § 21 Abs. 1 Nr. 9. Zudem ist die Mindestlohnverpflichtung Voraussetzung für die
weiteren in §§ 15 bis 17 vorgegebenen Mitwirkungspflichten, deren Verletzung gemäß
§ 21 Abs. 1 Nr. 1 bis Nr. 8 sanktioniert wird.

II. International zwingende Wirkung

Zudem beinhaltet § 20 eine international zwingend wirkende Anspruchsgrundlage für 3
Arbeitnehmer auf Zahlung des Mindestlohns unabhängig davon, ob ihr Arbeitgeber
seinen Sitz im Inland oder Ausland hat.

Die international zwingende Wirkung des Mindestlohns ergibt sich unmittelbar aus 4
§ 20, indem die Vorschrift ausdrücklich **Arbeitgeber mit Sitz im In- oder Ausland** zur
Zahlung des Mindestlohns verpflichtet, wenn sie Arbeitnehmer im Inland beschäftigen.
Zudem ergibt sich die international zwingende Wirkung der in § 20 normierten Zahlungsverpflichtung daraus, dass es sich beim Mindestlohn konzeptionell um einen **Mindestentgeltsatz iSd § 2 Nr. 1 AEntG** handelt (BT-Drs. 18/1558 S. 42). Soweit der Mindestlohn damit auch für Entsendungsfälle gilt, dient § 2 Nr. 1 AEntG iVm § 20 der
Umsetzung von Art. 3 Abs. 1 S. 1 Spiegelstrich 1 Buchst. c RL 96/71/EG. Teile der
Anwaltschaft möchten zwischen den Begriffen Mindestlohn und Mindestentgeltsatz unterscheiden und führen dafür vermeintliche Unterschiede in den von MiLoG und AEntG
verfolgten Zwecken an (Schweibert/Leßmann DB 2014, 1866, 1869). Die Argumentation
ist schon deshalb bemüht, weil Art. 3 Abs. 1 S. 1 Spiegelstrich 1 Buchst. c RL 96/71/EG
selbst von „Mindestlohnsätzen" spricht. Zudem hat § 2 Nr. 1 AEntG keine konstitutive

Wirkung, sondern dient mit Rücksicht auf die betroffenen ausländischen Arbeitnehmer der Klarstellung (vgl. KAEW/Winkler AEntG § 2 Rn. 6).

5 Die international zwingende Wirkung des § 20 ergibt sich letztlich bereits aus den Vorschriften des Internationalen Privatrechts. § 20 stellt eine **Eingriffsnorm iSv Art. 9 Abs. 1 VO (EG) Nr. 593/2008 (Rom-I-VO)** dar, die unabhängig davon gilt, ob iÜ deutsches Recht auf das Arbeitsverhältnis Anwendung findet. Das MiLoG kommt somit auch zwingend zur Anwendung, wenn durch Rechtswahl gemäß Art. 8 Abs. 1 VO (EG) Nr. 593/2008 oder anhand objektiver Anknüpfung gemäß Art. 8 Abs. 2 bis Abs. 4 VO (EG) Nr. 593/2008 ansonsten ausländisches Recht für das Arbeitsverhältnis gilt. Im Zusammenwirken mit Art. 9 VO (EG) Nr. 593/2008 hat § 20 ebenso wie § 2 Nr. 1 AEntG klarstellende Bedeutung, indem der internationale Geltungsanspruch aus der Norm selbst folgt. Im Übrigen ist der Mindestlohn nach seinem **Sinn und Zweck** als Eingriffsnorm zu qualifizieren, da mit ihm vom Gesetzgeber nicht nur Individualinteressen, sondern zumindest auch Gemeinwohninteressen verfolgt werden (vgl. BAG Urt. v. 18.4.2012 – 10 AZR 200/11, NZA 2012, 1152, 1153; zur Funktion des Mindestlohns s. Einf. Rn. 55 ff.). Zudem hat § 20 die Funktion, den für eine Eingriffsnorm erforderlichen Inlandsbezug (vgl. BAG Urt. v. 12.12.2001 – 5 AZR 255/00, NZA 2002, 734, 738) herzustellen und zu konkretisieren, indem er nur für die Beschäftigung von Arbeitnehmern im Inland gilt.

B. Inlandsbeschäftigung

6 Sowohl als öffentlich-rechtliche Handlungspflicht als auch als international zwingend wirkende zivilrechtliche Anspruchsgrundlage ist § 20 auf die Beschäftigung von Arbeitnehmern im Inland begrenzt.

I. Inlandsbezug

1. Einsatz eines Arbeitnehmers im Ausland

7 § 20 findet keine Anwendung auf Arbeitnehmer, die im Ausland eingesetzt werden.

8 Dies gilt zunächst für die Fälle, in denen nach Art. 8 VO (EG) Nr. 593/2008 auf das Arbeitsverhältnis deutsches Recht keine Anwendung findet. Hier ist ein Inlandsbezug – wie ihn § 20 mit der Begrenzung auf die Beschäftigung im Inland vorgibt – sowohl aus völkerrechtlicher als auch aus unionsrechtlicher Warte unerlässlich (dazu noch Rn. 15). Findet der Einsatz des Arbeitnehmers im Ausland statt, kommt § 20 aber auch dann nicht zur Anwendung, wenn das Arbeitsverhältnis nach Art. 8 VO (EG) Nr. 593/2008 deutschem Arbeitsvertragsstatut unterfällt. Allerdings hat der Arbeitnehmer in diesem Fall einen Anspruch auf Zahlung des Mindestlohns gemäß § 1 Abs. 1 (s. bereits § 1 Rn. 6 ff.; aA offenbar Löwisch NZA 2014, 948). Da § 20 keine Anwendung findet, stellt die nicht oder nicht rechtzeitige Zahlung des Mindestlohns für die im Ausland geleisteten Arbeitsstunden indes keine Ordnungswidrigkeit nach § 21 Abs. 1 Nr. 9 dar. Dies ist insofern konsequent, als dass die Zollbehörden im Hoheitsgebiet eines anderen Staates grundsätzlich nicht zur Kontrolle des Mindestlohns mit den in § 15 geregelten Befugnissen berechtigt sind.

2. Begriff des Inlands

9 Der Begriff des Inlands wird **im Gesetz nicht definiert**. Auch die Gesetzesmaterialien geben keinen Aufschluss über die Reichweite des Inlandsbegriffs.

Für die gleichlautende Begrifflichkeit im Körperschaftssteuerrecht (vgl. § 1 KStG) wird **10** angenommen, dass der Begriff des Inlands mangels gesetzlicher Definition nach allgemeinen Grundsätzen dem Begriff des Bundesgebiets entspreche (Gosch/Lambrecht KStG § 1 Rn. 45). Das Bundesgebiet ist das Staatsgebiet, auf dem das Grundgesetz gilt. Zum Bundesgebiet zählen damit die Bundesländer sowie das dazugehörende Küstenmeer und der Luftraum über dem Landgebiet und dem Küstenmeer sowie der Erdraum darunter (Maunz/Dürig/Epping GG Art. 115a Rn. 30). Im Inland beschäftigt würden danach auch Seeleute auf einem Seeschiff, soweit sich dieses im Küstenmeer aufhält, sowie die Besatzungen von Luftfahrzeugen, die den deutschen Luftraum durchqueren. Eine **am Sinn und Zweck des MiLoG orientierte Auslegung** des § 20 spricht allerdings dafür, von einem **engeren Inlandsbegriff** auszugehen, der **nur das Landgebiet einschließlich der Binnengewässer** (Fließ- und Stillgewässer) umfasst. Zum einen wäre der Mindestlohn jedenfalls im Luftraum, aber wohl auch im Küstenmeer praktisch nicht kontrollierbar. Mindestlohnkontrollen im deutschen Küstenmeer geraten iÜ in Konflikt mit dem Recht der friedlichen Durchfahrt nach Art. 17 des Seerechtsübereinkommens der Vereinten Nationen v. 10.12.1982 (BGBl. 1994 II S. 1798). Die Rechtfertigung des Eingriffs in den freien Dienstleistungsverkehr durch den Arbeitnehmerschutz als zwingenden Grund des Allgemeininteresses setzt aber voraus, dass der Mindestlohn zu einem effektiven Arbeitnehmerschutz geeignet ist. Hierzu zählen – wie Art. 20 S. 2 RL 2014/67/EU zeigt – wirksame Sanktionen von Mindestlohnverstößen, die wiederum eine wirksame Kontrolle voraussetzen. Zudem erscheint eine Anwendung des MiLoG in diesen Konstellationen auch angesichts des Schutzzwecks nicht geboten. Insbesondere sind im Unterschied zum Transitverkehr, bei dem das Inland auf dem Land- oder Wasserwege durchquert wird (dazu Rn. 17), keine spürbaren Wettbewerbsverzerrungen im Vergleich zu inländischen Arbeitgebern zu befürchten.

Nicht zum Inland zählen ferner **Handelsschiffe mit deutscher Flagge in ausländischen** **11** **Hoheitsgewässern**. Seeleute auf diesen Schiffen haben nach § 1 Abs. 1 daher nur dann einen Anspruch auf den Mindestlohn, wenn für ihr Arbeitsverhältnis deutsches Arbeitsvertragsstatut gilt. Inwieweit der deutschen Flagge Bedeutung bei der Bestimmung des anwendbaren Rechts zukommt, ist bislang nicht abschließend geklärt (vgl. MüKoBGB/Martiny VO (EG) 593/2008 Art. 8 Rn. 76 ff. mwN).

Die **diplomatischen und konsularischen Vertretungen** der Bundesrepublik Deutschland **12** gehören nicht zum Inland, sondern zum Staatsgebiet des Empfangsstaates (Maunz/Dürig/Epping GG Art. 115a Rn. 33). Der Mindestlohn findet daher keine Anwendung auf **Ortskräfte** in den diplomatischen und konsularischen Vertretungen der Bundesrepublik Deutschland, sofern für sie nicht deutsches Arbeitsvertragsstatut gilt.

II. Beschäftigung eines Arbeitnehmers

1. Keine Beschränkung auf Entsendefälle

§ 20 setzt anders als Art. 3 Abs. 1 S. 1 RL 96/71/EG keine Entsendung voraus (ebs. zu **13** § 2 Nr. 1 AEntG ErfK/Schlachter AEntG § 2 Rn. 1; KAEW/Winkler AEntG § 2 Rn. 5). Nicht maßgeblich für die Frage, ob der Anwendungsbereich des § 20 eröffnet ist, sind demzufolge die Indizienkataloge des Art. 4 Abs. 2 und Abs. 3 (Enforcement-)RL 2014/67/EU zur Bestimmung eines Entsendefalls. Für die Anwendbarkeit des § 20 genügt es, dass ein im Ausland ansässiger Arbeitgeber einen Arbeitnehmer im Inland beschäftigt. Es kommt nicht darauf an, ob die Tätigkeit in Deutschland vorübergehender oder dauerhafter Natur ist.

2. Kurzzeitige Tätigkeit im Inland

14 Der Arbeitnehmer wird grundsätzlich auch dann im Inland beschäftigt, wenn er nur kurzzeitig im Inland tätig wird. Der Wortlaut des § 20 setzt weder eine **Mindestdauer für die Tätigkeit im Inland voraus noch verlangt er eine Integration des ausländischen Arbeitnehmers in den deutschen Arbeitsmarkt.** Eine zeitliche Untergrenze beinhaltet etwa § 7b des österreichischen Arbeitsvertragsrechts-Anpassungsgesetz (AVRAG), der die Geltung der dortigen Mindestarbeitsentgelte in Entsendefällen auf Arbeitnehmer beschränkt, die „zur Erbringung einer *fortgesetzten Arbeitsleistung* nach Österreich entsandt" werden. Eine entsprechende Einschränkung nimmt der Wortlaut des § 20 nicht vor.

15 Im **Schrifttum** werden für eine **einschränkende Auslegung** des § 20 bei **kurzzeitigen Tätigkeiten** neben teleologischen va unionsrechtliche Gesichtspunkte angeführt (Bissels/Falter/Evers ArbR 2015, 4, 5 ff.; Sittard NZA 2015, 78, 80 ff.). Die Geltung des Mindestlohns für kurzzeitige Tätigkeiten im Inland greife unverhältnismäßig in die durch Art. 56 ff. AEUV geschützte Dienstleistungsfreiheit ein; bei Transport- und Reisedienstleistungen sei zudem die Warenverkehrsfreiheit der Art. 28 ff. AEUV betroffen. Für eine Rechtfertigung dieser Beschränkungen könnten Gesichtspunkte des Arbeitnehmerschutzes bei kurzzeitigen Tätigkeiten im Inland nicht hinreichend Gewicht entfalten. Aus der Entscheidung des EuGH in der Rs. Bundesdruckerei (EuGH Urt. v. 18.9.2014 – C-549/13, NZA 2014, 1129 1130) ergebe sich, dass die Anwendbarkeit des Mindestlohns auf ausländische Arbeitnehmer nicht völlig von der Frage der Lebenshaltungskosten abgekoppelt werden dürfe. Vorgeschlagen wird deshalb die Anwendung des Mindestlohns von einer gewissen Dauerhaftigkeit und Regelmäßigkeit einer tatsächlich im Inland erbrachten Tätigkeit abhängig zu machen (Bissels/Falter/Evers ArbR 2015, 4, 5) oder „analog" § 6 Abs. 1 AEntG den Mindestlohn nur zur Anwendung bringen, wenn die Tätigkeiten im Inland mindestens acht zusammenhängende Tage in Anspruch nehmen (so Sittard NZA 2015, 78, 82). Damit sei der Mindestlohn insbesondere nicht auf Reise- und Transportdienstleistungen anzuwenden (aA Stommel/Valder jurisPR-TranspR 5/2014 Anm. 4).

16 Die Missbrauchsgefahr einer solchen einschränkenden Auslegung des Begriffs der Beschäftigung im Inland liegt auf der Hand und kann in der Praxis auch nicht effektiv eingedämmt werden. Eine am Telos der Norm orientierte Auslegung des § 20 darf nicht außer Acht lassen, dass ein angemessener Mindestschutz für Arbeitnehmer auch durch die Einschränkung des Lohnunterbietungswettbewerbs ermöglicht werden soll; dem Mindestlohn kommt insoweit also auch eine (sekundäre) Wettbewerbsfunktion zu (vgl. Einf. Rn. 70 ff.). Auch durch kurzzeitige Tätigkeiten ausländischer Arbeitnehmer im Inland kann es aber zu Wettbewerbsverzerrungen kommen. Die für eine einschränkende Auslegung vorgebrachten unionsrechtlichen Argumente verfangen **edenfalls insoweit nicht als die Anwendung** des Mindestlohns **vom Anwendungsbereich der (Entsende-)RL 96/71/EG gedeckt** ist. Der Anwendungsbereich der Entsenderichtlinie ist nach Art. 1 Abs. 3 Buchst. a eröffnet, wenn der Arbeitnehmer *aufgrund eines Vertrags* zwischen einem im Ausland ansässigen Unternehmen und einem in Deutschland ansässigen Leistungsempfänger nach Deutschland entsandt wird. Eine zeitliche Untergrenze für die Entsendung stellt die Richtlinie dabei nicht auf. Nach Art. 3 Abs. 5 RL 96/71/EG *können* die Mitgliedstaaten eine Ausnahme von der Mindestlohnverpflichtung vorsehen, wenn der Umfang der zu verrichtenden Arbeiten gering ist. Damit hat sich das Unionsrecht bewusst dafür entschieden, die Nichtanwendung bei Entsendungen von kurzer Dauer ins Ermessen der Mitgliedstaaten zu stellen. Zwar ist die RL 96/71/EG als sekundärrechtlicher Rechtsakt weiterhin am Primärrecht zu messen. Allerdings ergibt sich aus ihr für die Mitgliedstaaten insofern ein verbindlicher Handlungsrahmen, als für die Rechtsakte der Gemeinschaftsorgane grundsätzlich die Vermutung der Rechtmäßigkeit spricht (EuGH Plenum v. 5.10.2004 – C-475/01; eingehend Forsthoff IStR 2006, 698).

C. Fälligkeit § 20

Im Bereich der **Transport- bzw. Reisedienstleistungen** findet die (Entsende-)RL 96/71/ 17
EG unzweifelhaft auf die Kabotage ieS Anwendung, bei denen Fahrten zwischen zwei
oder mehreren Zielen im Aufnahmestaat durchgeführt werden (vgl. Preis/Sagan Europäisches Arbeitsrecht § 5 Rn. 102). Hingegen kann sich die Anwendung des Mindestlohns
auf den reinen Transitverkehr, bei dem die Bundesrepublik Deutschland während der
Transport- bzw. Reisedienstleistung lediglich durchquert wird, nicht auf die RL 96/71/
EG stützen. Ob eine Transport- bzw. Reisedienstleistung, bei der Deutschland Zwischenziel für Beladungs- oder Entladungsvorgänge darstellt, unter den Anwendungsbereich der
Richtlinie fällt, dürfte von der konkreten vertraglichen Ausgestaltung abhängig sein.
Soweit sich die Anwendung des Mindestlohns nicht auf die RL 96/71/EG stützen kann,
ist sie unmittelbar am Primärrecht zu messen. Dabei ist das Verhältnis des Wettbewerbsschutzes zur Arbeitnehmerschutzfunktion im Unionsrecht in der Rspr des EuGH alles
andere als geklärt. Insbesondere betrifft die Entscheidung des EuGH in der Rs. Bundesdruckerei nicht die kurzzeitige Tätigkeit eines ausländischen Arbeitnehmers im Inland,
sondern eine Konstellation, in der das Arbeitsverhältnis vollständig im Ausland vollzogen
wird.

Zur Klärung der Frage, inwieweit die Anwendung des Mindestlohns im **Verkehrs-** 17a
bereich mit dem Unionsrecht vereinbar ist, hat die **EU-Kommission** am 21.1.2015 ein sog
Pilotverfahren eingeleitet. Im Bereich des reinen Transits werden nach der Pressemitteilung des BMAS vom 30.1.2015 die **Kontrollen durch die Zollbehörden** bis zur Klärung
der unionsrechtlichen Fragen **ausgesetzt.** Ordnungswidrigkeitenverfahren werden dementsprechend nicht eingeleitet; soweit Verfahren bereits eingeleitet worden sein sollten,
werden diese eingestellt. Diese Aussetzung gilt jedoch nicht für den Bereich der Kabotagebeförderung und nicht für den grenzüberschreitenden Straßenverkehr (auch Zielverkehr genannt) mit Beladung oder Entladung in Deutschland. Fahrtunterbrechungen zu
anderen Zwecken, wie zB zum Tanken oder zum Einlegen von Ruhepausen für Fahrer
oder Passagiere stehen der Annahme eines Transits nicht entgegen. Die Interimslösung
erfasst damit zB auch Reisebusse oder Binnenschiffe im Transit.

Grundsätzlich können auch bei kurzzeitigen Tätigkeiten im Inland die **Melde- und** 18
Aufzeichnungspflichten der §§ 16, 17 greifen. Auf der Grundlage des § 16 Abs. 5 Nr. 2
und Nr. 3 hat das BMF durch Rechtsverordnung Vereinfachungen im Hinblick auf die
Meldepflichten bei mobilen Tätigkeiten bestimmt (MiLoMeldV v. 26.11.2014, BGBl. I
S. 1825; im Einzelnen § 16 Rn. 42 ff.). Zudem hat das BMF auf der Grundlage von § 17
Abs. 4 durch Rechtsverordnung Vereinfachungen bei der Aufzeichnung von Arbeitszeiten
geregelt (Mindestlohnaufzeichnungsverordnung – MiLoAufzV v. 26.11.2014, BGBl. I
S. 1824; im Einzelnen § 17 Rn. 47). Zu den mobilen Tätigkeiten zählen ua der Gütertransport und die Personenbeförderung. Solange die unionsrechtlichen Fragen zur Anwendung des Mindestlohns auf den Verkehrsbereich geprüft werden, sind Meldungen
bzw. Einsatzplanungen nach § 16 iVm MiLoMeldV für den reinen Transitbereich sowie
Aufzeichnungen nach § 17 iVm den Vorschriften der MiLoAufzV nicht abzugeben bzw.
zu erstellen.

C. Fälligkeit

Die Fälligkeit der Mindestlohnverpflichtung nach § 20 richtet sich nach § 2 Abs. 1 S. 1 19
Nr. 2. Der Mindestlohn ist danach spätestens am **letzten Bankarbeitstag** (Referenzort
Frankfurt am Main) des Monats zu zahlen, der auf den Monat folgt, in dem die Arbeitsleistung erbracht wurde. Die Anknüpfung an den Referenzort Frankfurt am Main erklärt
sich daraus, dass es dem Gesetzgeber vor dem Hintergrund des unionsrechtlichen Transparenzgebots darauf ankam, einen bundesweit einheitlichen Fälligkeitstermin zu bestimmen.

20 Für die Kontrolle des Mindestlohns durch die Zollbehörden ist allein der in § 2 Abs. 1 S. 1 Nr. 2 vorgegebene Fälligkeitszeitpunkt maßgeblich. Auf einen **früheren arbeits- oder tarifvertraglich vereinbarten Fälligkeitstermin kommt es nicht an**, denn § 20 verweist nicht auf § 2 Abs. 1 S. 1 Nr. 1. Hat der Arbeitgeber also den Mindestlohn zum Zeitpunkt der für das Arbeitsverhältnis maßgeblichen Fälligkeit noch nicht gezahlt, begründet dies keine Ordnungswidrigkeit nach § 21 Abs. 1 Nr. 9. Gleiches gilt mangels Verweisung des § 20 auf § 2 Abs. 1 S. 2, wenn zwischen den Arbeitsvertragsparteien die Fälligkeit der Vergütung nicht vereinbart worden ist und der Arbeitgeber die Vergütung entgegen § 614 S. 2 BGB nicht unmittelbar nach Ablauf des Monats, in dem die Arbeitsleistung erbracht wurde, entrichtet.

21 **Zivilrechtlich** bleibt der Arbeitgeber nach § 1 Abs. 1 iVm § 2 S. 1 Nr. 1 bzw. S. 2 verpflichtet, den Mindestlohn **zum vereinbarten bzw. zu dem in § 614 BGB genannten Fälligkeitszeitpunkt** zu zahlen. Voraussetzung ist, dass das Arbeitsverhältnis nach Art. 8 VO (EG) Nr. 593/2008 deutschem Arbeitsvertragsstatut unterliegt, da der Mindestlohnanspruch aus § 1 Abs. 1 nur insoweit Anwendung findet. Gilt für das Arbeitsverhältnis nicht deutsches Arbeitsrecht, kann der Arbeitnehmer nach § 20 iVm § 2 S. 1 Nr. 2 die Zahlung des Mindestlohns bis zum letzten Bankarbeitstag (Frankfurt am Main) des auf die Arbeitsleistung folgenden Monats verlangen.

22 Für die Mindestlohnverpflichtung des § 20 gelten die in § 2 Abs. 2 und Abs. 3 geregelten Ausnahmen. Die Nichtzahlung des Mindestlohns für eine geleistete Arbeitsstunde am letzten Bankarbeitstag des Folgemonats führt daher nicht zu einem nach § 21 Abs. 1 Nr. 9 bußgeldbewehrten Verstoß wegen nicht oder nicht rechtzeitiger Zahlung des Mindestlohns, soweit der Arbeitgeber die Arbeitsstunde gemäß § 2 Abs. 2 auf einem **Arbeitszeitkonto** oder gemäß § 2 Abs. 3 auf einem **Wertguthabenkonto** einstellen durfte (zu den Einzelheiten s. § 2 Rn. 20 ff.).

D. Mindestlohn „je Zeitstunde"

23 Der Mindestlohn ist nach § 20 iVm § 1 Abs. 2 „je Zeitstunde" zu zahlen. Der Mindestlohnanspruch besteht **für jede tatsächlich geleistete Arbeitsstunde** (im Einzelnen § 1 Rn. 27 ff.).

E. Mindestlohnwirksamkeit von Arbeitgeberleistungen

24 Der Mindestlohnanspruch kann vom Arbeitgeber **nicht durch die Gewährung von Sachleistungen** erfüllt werden (§ 1 Rn. 80 ff.). Eine **Entgeltzahlung** des Arbeitgebers – insbesondere Zulagen und Zuschläge – sind auf den Mindestlohn nur **anrechenbar**, wenn mit ihr die **Normalleistung des Arbeitnehmers vergütet** wird (§ 1 Rn. 92 ff.).

§ 21 Bußgeldvorschriften

(1) Ordnungswidrig handelt, wer vorsätzlich oder fahrlässig

1. entgegen § 15 Satz 1 in Verbindung mit § 5 Absatz 1 Satz 1 des Schwarzarbeitsbekämpfungsgesetzes eine Prüfung nicht duldet oder bei einer Prüfung nicht mitwirkt,
2. entgegen § 15 Satz 1 in Verbindung mit § 5 Absatz 1 Satz 2 des Schwarzarbeitsbekämpfungsgesetzes das Betreten eines Grundstücks oder Geschäftsraums nicht duldet,

E. Mindestlohnwirksamkeit von Arbeitgeberleistungen § 21

3. entgegen § 15 Satz 1 in Verbindung mit § 5 Absatz 3 Satz 1 des Schwarzarbeitsbekämpfungsgesetzes Daten nicht, nicht richtig, nicht vollständig, nicht in der vorgeschriebenen Weise oder nicht rechtzeitig übermittelt,
4. entgegen § 16 Absatz 1 Satz 1 oder Absatz 3 Satz 1 eine Anmeldung nicht, nicht richtig, nicht vollständig, nicht in der vorgeschriebenen Weise oder nicht rechtzeitig vorlegt oder nicht, nicht richtig, nicht vollständig, nicht in der vorgeschriebenen Weise oder nicht rechtzeitig zuleitet,
5. entgegen § 16 Absatz 1 Satz 3, auch in Verbindung mit Absatz 3 Satz 2, eine Änderungsmeldung nicht, nicht richtig, nicht vollständig, nicht in der vorgeschriebenen Weise oder nicht rechtzeitig macht,
6. entgegen § 16 Absatz 2 oder 4 eine Versicherung nicht, nicht richtig oder nicht rechtzeitig beifügt,
7. entgegen § 17 Absatz 1 Satz 1, auch in Verbindung mit Satz 2, eine Aufzeichnung nicht, nicht richtig, nicht vollständig oder nicht rechtzeitig erstellt oder nicht oder nicht mindestens zwei Jahre aufbewahrt,
8. entgegen § 17 Absatz 2 eine Unterlage nicht, nicht richtig, nicht vollständig oder nicht in der vorgeschriebenen Weise bereithält oder
9. entgegen § 20 das dort genannte Arbeitsentgelt nicht oder nicht rechtzeitig zahlt.

(2) Ordnungswidrig handelt, wer Werk- oder Dienstleistungen in erheblichem Umfang ausführen lässt, indem er als Unternehmer einen anderen Unternehmer beauftragt, von dem er weiß oder fahrlässig nicht weiß, dass dieser bei der Erfüllung dieses Auftrags
1. entgegen § 20 das dort genannte Arbeitsentgelt nicht oder nicht rechtzeitig zahlt oder
2. einen Nachunternehmer einsetzt oder zulässt, dass ein Nachunternehmer tätig wird, der entgegen § 20 das dort genannte Arbeitsentgelt nicht oder nicht rechtzeitig zahlt.

(3) Die Ordnungswidrigkeit kann in den Fällen des Absatzes 1 Nummer 9 und des Absatzes 2 mit einer Geldbuße bis zu fünfhunderttausend Euro, in den übrigen Fällen mit einer Geldbuße bis zu dreißigtausend Euro geahndet werden.

(4) Verwaltungsbehörden im Sinne des § 36 Absatz 1 Nummer 1 des Gesetzes über Ordnungswidrigkeiten sind die in § 14 genannten Behörden jeweils für ihren Geschäftsbereich.

(5) Für die Vollstreckung zugunsten der Behörden des Bundes und der bundesunmittelbaren juristischen Personen des öffentlichen Rechts sowie für die Vollziehung des dinglichen Arrestes nach § 111d der Strafprozessordnung in Verbindung mit § 46 des Gesetzes über Ordnungswidrigkeiten durch die in § 14 genannten Behörden gilt das Verwaltungs-Vollstreckungsgesetz des Bundes.

Übersicht

	Rn.
A. Überblick	1
B. Sinn und Zweck	3
C. Vereinbarkeit mit dem Grundgesetz	4
D. Vereinbarkeit mit Unionsrecht	9
E. Allgemeine Grundsätze	12
I. Vorsatz und Fahrlässigkeit	12
II. Irrtümer	15
1. Abgrenzung von Inhalts- und Verbotsirrtum	16
2. Unvermeidbarkeit des Verbotsirrtums	19
III. Versuch	26
F. Sanktionierte Ordnungswidrigkeiten	27
I. Nicht oder nicht rechtzeitige Zahlung des Mindestlohns	28
1. Handlungspflicht	29
2. Unterlassen	32
3. Verschulden	34

4. Rechtswidrigkeit	35
5. Verantwortlichkeit	37
II. Verstöße gegen Mitwirkungspflichten	40
III. Verstöße gegen Meldepflichten	45
IV. Verstöße gegen Aufzeichnungspflichten	48
V. Verstöße des Auftraggebers	51
1. Tauglicher Täter	52
2. Tathandlung	53
a) Fehlerhafte Nachunternehmerauswahl	54
b) Keine Überwachungspflicht	55
3. Verschulden	56
VI. Verjährung	58
G. Höhe des Bußgeldes	59
I. Zumessungskriterien	60
1. Bedeutung der Ordnungswidrigkeit	61
2. Vorwurf, der den Täter trifft	62
3. Wirtschaftliche Verhältnisse	64
4. Wirtschaftlicher Vorteil	65
II. Pflichtigkeit	67
III. Verfall	70
H. Verfahren	77
I. Zuständigkeit	77
II. Verfahrensablauf	78
III. Beitreibung	84
J. Strafbarkeit bei Mindestlohnunterschreitung	94
I. Strafbarkeit durch „Lohndumping"	94
1. Lohnwucher	95
2. Menschenhandel zum Zweck der Ausbeutung der Arbeitskraft	98
3. Illegaler Beschäftigung von Ausländern	99
II. Vorenthalten von Sozialversicherungsbeiträgen	100
III. Betrug	104
K. Sonstige Konsequenzen von Mindestlohnverstößen	107
I. Wettbewerbsrechtliche Konsequenzen	107
1. Unlautere Handlung	108
2. Konkurrenzen	110
II. Ausschluss von öffentlichen Vergabeverfahren	111

A. Überblick

1 § 21 entspricht inhaltlich § 23 AEntG. In § 21 Abs. 1 Nr. 9 ist mit dem Verstoß gegen die in § 20 enthaltene Grundverpflichtung des Arbeitgebers zur Zahlung des Mindestlohns die zentrale materielle Bußgeldnorm geregelt. Ein Verstoß kann nach § 21 Abs. 3 mit einem Bußgeld von bis zu 500.000 Euro geahndet werden. Daneben beinhaltet § 21 Abs. 1 verschiedene formale Verstöße gegen Mitwirkungs-, Mitteilungs- und Aufzeichnungspflichten, die mit einer Geldbuße von bis zu 30.000 Euro geahndet werden können.

2 § 21 Abs. 2 regelt unternehmerbezogene Ordnungswidrigkeitentatbestände für Fälle, in denen sich Unternehmer bei Ausführung einer Werk- oder Dienstleistung eines Nachunternehmers bedienen. Bei einem Verstoß gegen § 21 Abs. 2 kann ein Bußgeld von bis zu 500.000 Euro verhängt werden.

B. Sinn und Zweck

3 Die in § 21 normierten Bußgeldvorschriften sollen gewährleisten, dass der Arbeitgeber seiner Verpflichtung zur rechtzeitigen Zahlung des Mindestlohns aus § 20 nachkommt. Indem die Bußgeldvorschriften auf eine Stärkung der tatsächliche Wirksamkeit des Mindestlohns abzielen, dienen sie zugleich der Umsetzung der RL 96/71/EG und RL 2014/67/EU (s. dazu noch Rn. 9 ff.).

C. Vereinbarkeit mit dem Grundgesetz

§ 21 ist mit dem Grundgesetz vereinbar, insbesondere hinreichend bestimmt. **4**

Im Ordnungswidrigkeitenrecht gilt ebenso wie im Strafrecht der **Bestimmtheitsgrund- 5 satz** des Art. 103 Abs. 2 GG (vgl. auch KK-OWiG/Rogall § 3 Rn. 26). Insbesondere die zentralen Bußgeldtatbestände betreffend die Nichtzahlung des Mindestlohns in § 21 Abs. 1 Nr. 9 sowie § 21 Abs. 2 bauen im Wesentlichen auf der Zivilrecht- und Arbeitsrechtsordnung auf (sog. Zivilrechtsakzessorietät). Zwar regelt § 20 eine öffentlich-rechtliche Grundverpflichtung des Arbeitgebers zur Zahlung des Mindestlohns, an welche die Bußgeldtatbestände des § 21 anknüpfen (BT-Drs. 18/1558 S. 42). Diese öffentlich-rechtliche Grundpflicht bestimmt sich aber wiederum weitestgehend danach, ob dem Arbeitnehmer ein zivilrechtlicher Anspruch nach den § 1 Abs. 2, § 2 Abs. 1 S. 1 Nr. 2 zusteht. Bedenken an der hinreichenden Bestimmtheit der Bußgeldtatbestände könnten deshalb aufkommen, weil die Auslegung der in Bezug genommenen arbeits- und zivilrechtlichen Regelungen oftmals umstritten ist (vgl. auch Rixen NStZ 2002, 510, 511). Gerade bei neuen Gesetzen fehlt es oftmals an Auslegungshilfen.

Nach dem BVerfG stellt die **Zivilrechtsakzessorietät** einer Strafnorm ihre hinreichende **6** Bestimmtheit indes nicht in Frage (vgl. BVerfG Beschl. v. 23.6.2010 – 2 BvR 2559/08 ua, NJW 2010, 3209). Zwar zieht die Verletzung des zivilrechtlichen Anspruchs des Arbeitnehmers letztlich eine bußgeldrechtliche Sanktion nach sich. Dennoch sind die arbeits- und zivilrechtlichen Regelungen nicht am strafrechtlichen Bestimmtheitsgrundsatz zu messen. Denn weder werden sie dadurch selbst zu Strafnormen noch sind es Normen, die zur Ausfüllung eines strafrechtlichen Blanketts bestimmt sind (vgl. BVerfG Beschl. v. 18.5.1988 – 2 BvR 579/84, NJW 1988, 2593, 2594). Im Übrigen bestehen auch bei Kernnormen des Strafrechts, die nicht auf fremde Rechtsordnungen rekurrieren, erhebliche Auslegungsschwierigkeiten und daraus folgende Meinungsstreitigkeiten (vgl. auch Wohlers ZStW 2011, 791, 803). Streitigkeiten um die Auslegung der zugrunde liegenden arbeits- und zivilrechtlichen Regelungen sprechen daher nicht gegen die hinreichende Bestimmtheit. Ebenso muss im Fall von Auslegungsunsicherheiten nicht aus Bestimmtheitsgründen „in dubio pro reo" die für den Täter günstigste Auslegung gewählt werden (vgl. Rönnau ZStW 2007, 887, 915; Wohlers ZStW 2011, 791, 804; **aA** Lüderssen, FS Eser, S. 163, 170). Arbeitgeber und Auftraggeber werden bei erheblichen Unklarheiten über die Auslegung der zugrunde liegenden arbeits- und zivilrechtlichen Regelungen hinreichend über die Grundsätze des **Verbotsirrtums** geschützt (s. dazu Rn. 15 ff.). Zudem lässt das nach § 47 OWiG im Ordnungswidrigkeitenrecht geltende **Opportunitätsprinzip** die Möglichkeit der Verfahrenseinstellung, wenn sich der Tatvorwurf infolge einer diffizilen Rechtslage als geringfügig darstellt.

Bei der Anwendung der die Bußgeldtatbestände des § 21 ausfüllenden Regelungen des **7** Arbeits- und Zivilrechts sind die für das Ordnungswidrigkeitenrecht geltenden Regeln zu berücksichtigen (vgl. Wohlers ZStW 2011, 791, 804 mwN). Insbesondere einer Erweiterung von Mindestlohnansprüchen im Wege des **Analogieschlusses** werden die § 21 Abs. 1 Nr. 9 und Abs. 2 **nicht** durch eine entsprechende Ausdehnung der bußgeldrechtlichen Ahndung folgen können, sog. asymmetrische Akzessorietät (ebs. [zu § 23 AEntG] Thüsing/Kudlich AEntG § 23 Rn. 25). Gleiches muss für eine zulasten des Täters gehende teleologische Reduktion der in § 22 Abs. 1 S. 2, Abs. 2 und Abs. 4 sowie § 24 geregelten Ausnahmetatbestände gelten. Hingegen stehen der teleologischen Reduktion von Ansprüchen des MiLoG – wie sie etwa für die zivilrechtliche Haftung des § 13 angenommen wird (vgl. § 13 Rn. 18 ff.) –, keine Bestimmtheitsgründe entgegen, weil die Einschränkung zugunsten des Täters wirkt.

Das Bestimmtheitsgebot verbietet es schließlich, arbeits- und zivilrechtliche **Vermutungs- 8 und Beweislastregeln** auf das Bußgeldverfahren zu übertragen (s. dazu noch Rn. 79 ff.).

D. Vereinbarkeit mit Unionsrecht

9   Regelungen zur Stärkung der Verfahrensmodalitäten zur Durchsetzung des materiell-rechtlichen Mindestlohnanspruchs können auf den **Arbeitnehmerschutz** als zwingenden Grund des Allgemeininteresses gestützt werden (vgl. EuGH Urt. v. 12.10.2004 – C-60/03 [Wolff & Müller], NZA 2004, 1211, 1213). Da die materielle Regelung ohne wirksame **tatsächliche Durchsetzung** nicht hinreichend zum sozialen Schutz der Arbeitnehmer geeignet ist, dürften effektive Verfahrensmodalitäten ihrerseits sogar Voraussetzung für die Rechtfertigung der Beschränkung des freien Dienstleistungsverkehrs sein. Eine die effektive Durchsetzung des Mindestlohns fördernde Regelung idS ist auch die Sanktionierung von Mindestlohnverstößen durch Bußgelder. Dies zeigen auch die Vorgaben der RL 96/71/EG sowie der RL 2014/67/EU. Nach ErwGr 23 der RL 96/71/EG müssen die Mitgliedstaaten geeignete Maßnahmen für den Fall der Nichteinhaltung der Mindestarbeitsbedingungen vorsehen. Art. 20 S. 1 RL 2014/67/EU konkretisiert dies dahingehend, dass die Mitgliedstaaten Vorschriften über Sanktionen festlegen. Die Sanktionen müssen nach Art. 20 S. 2 RL 2014/67/EU wirksam, verhältnismäßig und abschreckend sein.

10 Die von § 21 Abs. 1 Nr. 1 bis Nr. 9 sanktionierten Verstöße können sich auf die RL 2014/67/EU stützen. Die durch § 21 Abs. 1 Nr. 9 sanktionierte Nichtzahlung des Mindestlohns stellt einen Verstoß gegen Art. 3 Abs. 1 Buchst. c RL 96/71/EG dar, deren verbesserte Durchsetzung Ziel der RL 2014/67/EU ist (vgl. Art. 1 Abs. 1 RL 2014/67/EU). Die Sanktionen nach § 21 Abs. 1 Nr. 1 bis Nr. 8 wegen formaler Verstöße gegen mindestlohnrechtliche Mitwirkungs-, Mitteilungs- und Aufzeichnungspflichten sind durch die Art. 9 und Art. 10 RL 2014/67/EU legitimiert.

11 Auch nach § 21 Abs. 2 sanktionierte Sorgfaltsverstöße bei der Auswahl eines Nachunternehmers sind iE durch Art. 20 RL 2014/67/EU legitimiert. Art. 12 Abs. 6 RL 2014/67/EU räumt den Mitgliedsstaaten die Möglichkeit ein, anstelle der von ihnen für den Baubereich verpflichtend einzuführenden zivilrechtlichen Haftung andere angemessene Durchsetzungsmaßnahmen zu ergreifen.

E. Allgemeine Grundsätze

I. Vorsatz und Fahrlässigkeit

12 Bußgeldbewehrt ist sowohl der vorsätzliche als auch der fahrlässige Verstoß gegen die in § 21 Abs. 1 und Abs. 2 geregelten Ordnungswidrigkeitentatbestände („wer vorsätzlich oder fahrlässig" bzw. „von dem er weiß oder fahrlässig nicht weiß").

13 Vorsatz und Fahrlässigkeit werden im Ordnungswidrigkeitenrecht ebenso definiert wie im Strafrecht. Vorsatz ist das Wissen und Wollen der objektiven Tatbestandsverwirklichung. Für die Ahndung wegen eines Vorsatzdeliktes genügt bedingter Vorsatz (Bohnert OWiG § 10 Rn. 12). Bedingter Vorsatz (dolus eventualis) liegt vor, wenn der Täter den Eintritt des tatbestandsmäßigen Erfolges billigend in Kauf nimmt. Fahrlässig handelt, wer die Sorgfalt außer acht lässt, zu der er nach den Umständen und nach seinen persönlichen Kenntnissen und Fähigkeiten verpflichtet und imstande ist und deshalb die Möglichkeit der Tatbestandsverwirklichung nicht erkennt, aber erkennen kann (unbewusste Fahrlässigkeit) oder die Tatbestandsverwirklichung zwar für möglich hält, aber darauf vertraut, dass sie nicht eintreten werde (bewusste Fahrlässigkeit) (KK-OWIG/Rengier § 10 Rn. 15 mwN).

14 Die Abgrenzung von vorsätzlicher und fahrlässiger Begehung ist für die Bestimmung des Bußgeldrahmens von Bedeutung, der nach § 17 Abs. 2 OWiG bei Fahrlässigkeit auf die Hälfte abgesenkt ist. Abzugrenzen ist va die bewusste Fahrlässigkeit vom bedingten

E. Allgemeine Grundsätze § 21

Vorsatz. Im Unterschied zum bedingten Vorsatz ist der Täter bei der bewussten Fahrlässigkeit mit der Tatbestandsverwirklichung nicht einverstanden, sondern vertraut ernsthaft darauf, dass alles schon gut gehen und der tatbestandliche Erfolg nicht eintreten werde (hierzu BGH Urt. v. 11.12.2001 – 5 StR 419/01, NStZ 2002, 315, 316).

II. Irrtümer

Vorsatzausschließend ist nach § 11 Abs. 1 S. 1 OWiG der sog. Tatbestandsirrtum, bei dem der Täter eines der Tatbestandsmerkmale nicht kennt. Die Möglichkeit der Ahndung wegen fahrlässigen Handelns bleibt im Fall eines Tatbestandsirrtums gemäß § 11 Abs. 1 S. 2 OWiG unberührt. Hingegen lässt die fehlende Einsicht des Täters, etwas Unerlaubtes zu tun, den Vorsatz unberührt (sog. Verbotsirrtum). Der Täter handelt gemäß § 11 Abs. 2 OWiG allerdings nicht vorwerfbar, wenn er den Irrtum nicht vermeiden konnte.

15

1. Abgrenzung von Inhalts- und Verbotsirrtum

Ein Verbotsirrtum liegt zunächst vor, wenn der Täter eine Pflicht aus dem MiLoG verletzt und sich nur über deren Bußgeldbewährtheit im Unklaren gewesen ist (vgl. Thüsing/Kudlich AEntG § 23 Rn. 14). Von einem vorsatzausschließenden Tatbestandsirrtum ist hingegen auszugehen, wenn der Täter über das Vorliegen eines Tatumstandes irrt, der nach dem MiLoG Voraussetzung für eine der bußgeldbewehrten Pflichten ist.

16

Die Ordnungswidrigkeiten nach § 21 bzw. die in Bezug genommenen Vorschriften des MiLoG verweisen teils unmittelbar auf außerhalb des MiLoG liegende Vorschriften (sog. echte Blankettverweisung), teils rekurrieren sie mittelbar durch normative Tatbestandsmerkmale auf va arbeitsrechtliche Rechtsregeln und oftmals richterrechtlich geprägte Rechtsbegriffe wie etwa den Arbeitnehmerbegriff (zur Abgrenzung zwischen Blankettgesetz und normativem Tatbestandsmerkmal vgl. KK-OWiG/Rengier § 11 Rn. 28). Dies kann zu schwierigen Abgrenzungsfragen zwischen Inhalts- und Verbotsirrtum führen, wenn der Irrtum des Täters im Bereich der unmittelbar oder mittelbar in Bezug genommenen Rechtsregel liegt. Ein Tatbestandsirrtum liegt unstreitig vor, wenn der Täter über einen Tatumstand irrt, der zu einer durch das MiLoG unmittelbar oder mittelbar in Bezug genommenen Rechtsregel zählt. Kennt der Täter hingegen die Tatumstände, irrt aber über außerhalb des Tatbestands der Ordnungswidrigkeit liegende rechtliche Vorfragen, ist nach wohl hM von einem Verbotsirrtum auszugehen (zum Streitstand vgl. LK-StGB/ Vogel § 16 Rn. 39 mwN). Der BGH hat es im Rahmen einer Verurteilung wegen Vorenthaltens von Sozialversicherungsbeiträgen nach § 266a StGB als einen den Vorsatz nicht berührenden Verbotsirrtum in Form eines Subsumtionsirrtums angesehen, wenn der Arbeitgeber trotz Kenntnis der tatsächlichen Umstände irrigerweise nicht von einem Arbeitsverhältnis, sondern von einer Beschäftigung im Rahmen eines freien Dienst- oder Werkvertrags ausgeht (BGH Beschl. v. 4.9.2013 – 1 StR 94/13, NStZ 2015, 321, 322 ; BGH Beschl. v. 7.10.2009 – 1 StR 478/09, NStZ 2010, 337; BGH Beschl. v. 10.7.1984 – VI ZR 222/82, NJW 1985, 134, 135 nimmt einen Verbotsirrtum bei rechtlich fehlerhafter Beurteilung eines normativen Tatbestandsmerkmals an). Ebenfalls als Verbotsirrtum hat der BGH den Irrtum über den Inhalt oder die Reichweite der von einem Blanketttatbestand in Bezug genommenen Ausfüllungsnorm behandelt (BGH Urt. v. 15.11.2012 – 3 StR 295/12, wistra 2013, 153).

17

Beispiel: Der Arbeitgeber beschäftigt einen Arbeitnehmer nach der Ausnahmeregelung des § 22 Abs. 4 unterhalb des Mindestlohns. Die Voraussetzungen der Ausnahme liegen nicht vor, weil der Arbeitnehmer zwar in den letzten zwölf Monaten ohne Beschäftigung gewesen ist, die Arbeitslosigkeit aber wegen einer Erkrankung von mehr als sechs Wochen nach § 18 Abs. 1 S. 2 SGB III unterbrochen war. Ist dem Arbeitgeber diese Erkrankung nicht bekannt gewesen, befindet er sich in einem vorsatzausschließenden Tatbestandsirrtum. Es kommt allenfalls noch eine fahrlässige Tatbegehung in

Betracht. Geht der Arbeitgeber in Kenntnis der Erkrankung hingegen davon aus, dass diese nicht zu einer Unterbrechung der Arbeitslosigkeit führt, unterliegt er einem für den Vorsatz unbeachtlichen Verbotsirrtum.

18 Von einem Tatbestandsirrtum wird man lediglich dann auszugehen haben, wenn die unmittelbar oder mittelbar in Bezug genommene Rechtsregel nicht nur deskriptive, sondern auch normative Tatbestandsmerkmale beinhaltet, deren rechtlich-sozialen Sinn der Täter bei einer „**Parallelwertung in der Laiensphäre**" nicht erfassen konnte (vgl. Hombrecher JA 2012, 535, 541).

2. Unvermeidbarkeit des Verbotsirrtums

19 Ein Verbotsirrtum ist unvermeidbar, wenn der Täter trotz der ihm nach den Umständen des Falles, seiner Persönlichkeit sowie der seinen Lebens- und Berufskreis zuzumutenden Anspannung des Gewissens die Einsicht in das Unrechtmäßige seines Handelns nicht zu gewinnen vermochte. Jeden, der eine berufliche oder sonstige Tätigkeit ausübt, trifft die Pflicht, sich über die einschlägigen Vorschriften informiert zu halten (KK-OWiG/Rengier § 11 Rn. 65 mwN). Wer andere Personen als Arbeitgeber in einem Arbeitsverhältnis beschäftigt, muss sich mit den Grundsätzen des Arbeitsrechts vertraut machen (vgl. Thür. OLG Beschl. v. 1.11.2005 – 1 Ss 222/05, juris; vgl. auch KK-OWiG/Rengier § 11 Rn. 67). Auch Inhaber kleiner Unternehmen trifft eine Erkundigungspflicht hinsichtlich der geltenden gesetzlichen Mindestarbeitsbedingungen (vgl. Bbg. OLG Beschl. v. 3.4.2003 – 2 Ss (OWi) 158B/02, IBR 2003, 510). Der Arbeitgeber hat ggf. fachkundigen Rat einzuholen, um seiner Erkundigungspflicht zu genügen (vgl. BGH Beschl. v. 27.1.1966 – KRB 2/65, BGHSt 21, 18, 20). Entsprechende Erkundigungspflichten dürften angesichts der besonderen arbeitsmarktpolitischen Bedeutung des allgemeinen Mindestlohns sehr weitgehend sein (so [zu Mindestlöhnen nach dem AEntG] Thür. OLG Beschl. v. 1.11.2005 – 1 Ss 222/05, juris).

20 Als fachkundige Stelle kommt grundsätzlich jede **rechtskundige Person**, insbesondere ein Rechtsanwalt in Betracht. Die rechtsirrige Auskunft eines Rechtsanwalts führt aber nicht automatisch zur Unvermeidbarkeit eines Verbotsirrtums. Vielmehr ist nach den Umständen des Einzelfalls zu prüfen, ob die Auskunft vertrauenswürdig ist. In diese Einzelfallprüfung einfließende Umstände sind insbesondere, ob der Berater objektiv und sachkundig erscheint, kein erkennbares Eigeninteresses verfolgt, die Sach- und Rechtslage pflichtgemäß geprüft und sich in verbindlicher Weise geäußert hat (KK-OWiG/Rengier § 11 Rn. 76). Zweifel an der Objektivität des Beraters sollten beim Erkundigungspflichtigen zB entstehen, wenn der Berater für seine Tätigkeit damit wirbt, dass er „Strategien zur Umgehung des Mindestlohns" aufzeigt. Bei Rechtsauskünften eines Justiziars kann es im Einzelfall geboten sein, eine zweite – externe – Meinung einzuholen (ähnlich KK-OWiG/Rengier § 11 Rn. 78). Weist der Rechtsberater darauf hin, dass die Rechtslage – etwa mangels vorliegender gerichtlicher Entscheidungen oder wegen voneinander abweichender gerichtlicher Entscheidungen – unklar ist, so ist es dem Arbeitgeber zuzumuten, zusätzlich die Auskunft der zuständigen (Zoll-)Behörde einzuholen (vgl. KK-OWiG/Rengier § 11 Rn. 76).

21 Inwieweit die **Auskunft eines Fachverbandes** – wie etwa einer Vereinigung von Arbeitgebern, einer IHK oder einer Handwerkskammer – einen Vertrauenstatbestand begründet, hängt ebenfalls von den Umständen des Einzelfalls ab. Der Arbeitgeber muss insbesondere sorgfältig prüfen, inwieweit der Fachverband objektiv und sachkundig erscheint, insbesondere ob kein erkennbares Eigeninteresse verfolgt wird. Unvermeidbar dürfte der Verbotsirrtum jedenfalls dann nicht sein, wenn dem Arbeitgeber die abweichende Ansicht eines anderen Fachverbandes oder einer sonst kompetenten Stelle bekannt wird (vgl. KK-OWiG/Rengier § 11 Rn. 93). In diesem Fall wird man verlangen können, dass sich der Arbeitgeber zusätzlich noch an die zuständige (Zoll-)Behörde wendet (**aA** KK-OWiG/Rengier OWiG § 11 Rn. 92 mwN).

E. Allgemeine Grundsätze § 21

Schätzt die **zuständige Behörde** die Rechtslage anders als der Rechtsberater oder der 22 Fachverband ein, ist der Vertrauenstatbestand grundsätzlich beseitigt (vgl. KG Bln. Urt. v. 16.3.1984 – Kart.a 10/83, WuW 1984, 801). Zuständige Verwaltungs- und Bußgeldbörden sind nach § 14 die Behörden der Zollverwaltung. Konkret kommen also zunächst Erkundigungen beim örtlich zuständigen Hauptzollamt in Betracht. Daneben kann sich der Arbeitgeber an die Abteilung „Zentrale Facheinheit" der BFD West in Köln wenden, die Standards für die Erledigung der jeweiligen Aufgabenbereiche durch die örtlichen Dienststellen erarbeitet (s. § 14 Rn. 5). Ist der Arbeitgeber von der Richtigkeit der Auskunft des zuständigen Hauptzollamtes nicht überzeugt, kann er versuchen, bei der aufsichtsführenden Behörde weitere Auskünfte einzuholen. Ist der Arbeitgeber von seiner Rechtsauffassung aufgrund anderweitiger Erkundigungen überzeugt und möchte sich deshalb nicht der Rechtsansicht der Vollzugsbehörden anschließen, handelt er auf eigenes Risiko (vgl. KK-OWiG/Rengier § 11 Rn. 79). Etwas anderes kann bei unklarer Rechtslage ausnahmsweise dann gelten, wenn die sich gegenüberstehenden Meinungen zumindest gleichgewichtig sind und dem Arbeitgeber ein Zuwarten bis zur endgültigen Klärung der Rechtslage nicht zugemutet werden kann. Die von der Behördenauffassung abweichende Rechtsansicht des Arbeitgebers muss sich auf bedeutsame Tendenzen im juristischen Schrifttum, va aber in der Rspr. stützen können (vgl. OLG Brem. Beschl. v. 2.3.1981 – Ss (B) 120/80, NStZ 1981, 265, 265 f.). Es gilt bei gegenüberstehenden Meinungen die Faustregel: Rspr. vor Schrifttum; ober- vor untergerichtlicher Rspr. (vgl. KK-OWiG/Rengier § 11 Rn. 87). Unzumutbarkeit kann nur vorliegen, wenn Interessen von erheblicher Bedeutung auf dem Spiel stehen, die ansonsten zunichte gemacht würden (vgl. KK-OWiG/Rengier § 11 Rn. 87 mwN). Dies kann etwa der Fall sein, wenn der Arbeitgeber, richtet er sein Verhalten nach der Rechtsansicht der Behörde aus, den Bestand seines Unternehmens riskiert.

Wird die **Rechtsansicht des Arbeitgebers durch die zuständige Behörde bestätigt**, kann 23 er grundsätzlich wegen der hohen Vertrauenswürdigkeit, welche den Auskünften einer zuständigen Behörde zugesprochen wird, auf die Richtigkeit dieser Auskunft vertrauen (vgl. BGH Beschl. v. 2.2.2000 – 1 StR 597/99, NStZ 2000, 364). Vertrauensschutz kann jedoch nicht entstehen, wenn die Behörde auf Anfrage des Betroffenen keine verbindliche amtliche Auskunft geben möchte und dies auch klar zum Ausdruck bringt (ebs. KK-OWiG/Rengier § 11 Rn. 68a). Nicht um verbindliche amtliche Auskünfte idS handelt es sich in aller Regel bei Rechtsauskünften der fachlich zuständigen Bundesministerien (vgl. auch § 14 Abs. 3 S. 5 GGO der Bundesministerien, wonach Rechtsauskünfte, die eine Rechtsprüfung des Einzelfalls erfordern, grundsätzlich nicht erteilt werden dürfen).

Ebenso sind Auskünfte der bei der **Mindestlohnkommission** nach § 12 Abs. 3 einge- 24 richteten **Informationsstelle** grundsätzlich für sich genommen nicht hinreichend, um ohne die Einholung weiterer kompetenter Auskünfte einen entsprechenden Vertrauenstatbestand zu schaffen. Zwar ist die Informationsstelle weder offensichtlich unzuständig noch nicht fachkundig. Die Informationsstelle ist dafür zuständig, Arbeitnehmer und Arbeitgeber über den Mindestlohn beispielsweise dadurch zu informieren, dass sie eine Telefonhotline oder eine Internetseite einrichtet. Sie befindet sich im fachlichen Austausch mit den Behörden der Zollverwaltung und den fachlich zuständigen Bundesministerien (vgl. BT-Drs. 18/1558 S. 39). Dennoch wird man ihren Äußerungen nicht im selben Maße Vertrauenswürdigkeit wie den Auskünften der zuständigen Vollzugsbehörde zukommen lassen können. Im Übrigen kommt es auch im Hinblick auf die Auskünfte der Informationsstelle auf die Umstände des Einzelfalls an. Deckt sich etwa die Auskunft der Informationsstelle mit der Einschätzung eines Rechtsberaters oder von Fachverbänden, ist dies im Rahmen der Gesamtschau der Umstände zu berücksichtigen. Nicht gewerblichen Arbeitgebern wird man eine geringere „Anspannung des Gewissens" zumuten können als gewerblichen, so dass sie sich eher auf die Auskunft der Informationsstelle verlassen dürfen. Auch für die Auskunft der Informationsstelle gilt aber, dass die Schaffung eines Vertrauenstatbestandes dann ausscheidet, wenn hinreichend klar ist, dass eine rechtsverbindliche Auskunft nicht erteilt werden soll. Eine Klarstellung kann hinsichtlich der im Internet angebotenen Informationen durch einen entsprechenden „Disclaimer" erfolgen. Bei Auskünften einer Telefonhotline genügt ein entsprechender Hinweis durch den Mitarbeiter der Hotline während des Telefonats oder durch eine automatische Bandansage vor Beginn des Telefonats.

25   Hat ein im Ausland ansässiger Arbeitgeber eine **Versicherung nach § 16 Abs. 2** abgegeben, kann er sich nicht darauf berufen, irrigerweise davon ausgegangen zu sein, dass der Arbeitnehmer nicht unter den Anwendungsbereich des MiLoG fällt (vgl. J. Ulber AEntG § 23 Rn. 28).

III. Versuch

26   Der Versuch einer der in § 21 Abs. 1 und Abs. 2 geregelten Ordnungswidrigkeiten ist mangels entsprechender Anordnung im MiLoG nicht bußgeldbewehrt (vgl. § 13 Abs. 2 OWiG). Damit kann etwa die Nichtzahlung des Mindestlohns in Fällen, in denen dem Arbeitgeber nicht bekannt war, dass der Beschäftigte vom Anwendungsbereich des Mindestlohns ausgenommen ist, nicht als untauglicher Versuch des § 21 Abs. 1 Nr. 9 geahndet werden.

F. Sanktionierte Ordnungswidrigkeiten

27   Kern des mindestlohnrechtlichen Katalogs von Ordnungswidrigkeiten ist § 21 Abs. 1 Nr. 9, der den Verstoß gegen die Grundpflicht des Arbeitgebers zur Zahlung des Mindestlohns sanktioniert. Daneben sanktionieren § 21 Abs. 1 Nr. 1 bis Nr. 8 Verstöße gegen mindestlohnrechtliche Mitwirkungs-, Mitteilungs- und Aufzeichnungspflichten. § 21 Abs. 2 enthält besondere Ordnungswidrigkeiten, die Gesetzesverstöße in Nachunternehmerketten erfassen.

I. Nicht oder nicht rechtzeitige Zahlung des Mindestlohns

28   Ordnungswidrig handelt nach **§ 21 Abs. 1 Nr. 9** der Arbeitgeber, der entgegen seiner Verpflichtung aus § 20 einem im Inland beschäftigten Arbeitnehmer den Mindestlohn nicht oder nicht rechtzeitig zahlt. Tathandlung ist ein Unterlassen des Arbeitgebers, wobei sich die Handlungspflicht bereits aus § 20 ergibt. Der gesonderten Prüfung einer Garantenstellung nach § 8 OWiG bedarf es damit nicht.

1. Handlungspflicht

29   Zur Zahlung des Mindestlohns ist der Arbeitgeber nur gegenüber Beschäftigten verpflichtet, die unter den persönlichen Anwendungsbereich des MiLoG fallen. Eine Verpflichtung des Arbeitgebers nach § 20 besteht nicht, wenn das Arbeitsverhältnis unter den Anwendungsbereich eines Branchenmindestlohns nach dem AEntG oder der Lohnuntergrenze nach § 3a AÜG fällt (vgl. § 1 Abs. 3); während des Übergangszeitraums kann ein solcher Branchenmindestlohn nach § 24 Abs. 1 auch unterhalb des allgemeinen Mindestlohns liegen. Der Arbeitgeber muss nach § 20 jede geleistete Arbeitsstunde zum Mindestlohn vergüten (zum mindestlohnrechtlichen Arbeitszeitbegriff vgl. § 1 Rn. 53 ff.).

30   § 20 verpflichtet **in- und ausländische Arbeitgeber**. Die Arbeitgeberstellung ist besonderes **persönliches Merkmal**. Ist der Arbeitgeber eine juristische Person, können nach § 9 Abs. 1 Nr. 1 OWiG ein vertretungsberechtigtes Organ oder ein Mitglied eines solchen Organs taugliche Täter sein. Gleiches gilt nach § 9 Abs. 1 Nr. 2 OWiG für vertretungs-

berechtigte Gesellschafter einer rechtsfähigen Personengesellschaft. Nach § 9 Abs. 2 OWiG kann die Verantwortlichkeit zur Zahlung des Mindestlohns einen rechtsgeschäftlich bestellten Betriebsleiter treffen.

Eine **eigenständige Ordnungswidrigkeit** stellt in diesem Zusammenhang § 130 OWiG dar. Danach kann eine Geldbuße verhängt werden, wenn der Betriebs- oder Unternehmensinhaber erforderliche Aufsichtsmaßnahmen unterlässt, die eine Zuwiderhandlung gegen die aus § 20 folgende Zahlungspflicht hätten verhindern oder wesentlich erschweren können. Nach § 130 Abs. 1 S. 2 OWiG gehören zu den erforderlichen Aufsichtsmaßnahmen ua die Bestellung, sorgfältige Auswahl und Überwachung von Aufsichtspersonen. 31

2. Unterlassen

Der Arbeitgeber muss es unterlassen haben, den Mindestlohnanspruch durch Geldleistung zu erfüllen (zur Anrechenbarkeit von Zulagen und Zuschlägen § 1 Rn. 119 ff.). Neben der Nichtzahlung ist auch die nicht rechtzeitige Zahlung des Mindestlohns zum gesetzlichen Fälligkeitstermin bußgeldbewehrt. Eine nachträgliche Zahlung des Mindestlohns lässt eine Ordnungswidrigkeit nach § 21 Abs. 1 Nr. 9 daher nicht wieder entfallen. Dieses Ergebnis wäre auch ohne die klarstellende Ergänzung des Bußgeldtatbestandes zwingend gewesen, denn die bußgeldbewehrte Handlungspflicht besteht nach § 20, § 2 Abs. 1 S. 1 Nr. 2 gerade darin, den Mindestlohn zum gesetzlichen Fälligkeitstermin zu zahlen. Für den Verstoß gegen diese Handlungspflicht ist es unerheblich, ob vom Arbeitgeber zum gesetzlichen Fälligkeitstermin noch kein Arbeitsentgelt oder ein Arbeitsentgelt unterhalb des Mindestlohns gezahlt wurde. Nachträgliche Zahlungen können die Verwirklichung des Bußgeldtatbestandes nicht mehr entfallen lassen (vgl. J. Ulber AEntG § 23 Rn. 10). Nachträgliche Zahlungen sind aber im Rahmen der Bußgeldzumessung zu berücksichtigen. 32

Nach der **Kontrollpraxis des Zolls** (näheres unter www.zoll.de) wird bei **Saisonarbeitern** eine Anrechnung von **Kost und Logis** unter bestimmten Umständen nicht beanstandet. Die Anrechnung darf dabei allerdings nicht einseitig erfolgen, sondern muss auf einer **Vereinbarung** mit dem Arbeitnehmer beruhen. Da die Zusammensetzung des Arbeitsentgelts betroffen ist, ist § 2 Abs. 1 Nr. 6 NachwG einschlägig. Die Anrechnung vom Arbeitgeber gewährter **Verpflegung** darf den Betrag von **monatlich 229 Euro** (Frühstück und Abendessen je max. 49 Euro, Mittagessen maximal 90 Euro) nicht überschreiten. Die Anrechnung einer zur Verfügung gestellten **Unterkunft** ist bis zur Höhe von **monatlich 221 Euro** zulässig. Der Wert der Unterkunft vermindert sich bei Aufnahme des Beschäftigten in den Haushalt des Arbeitgebers oder bei Unterbringung in einer Gemeinschaftsunterkunft um 15 Prozent und bei der Belegung mit zwei Beschäftigten um 40 Prozent, mit drei Beschäftigten um 50 Prozent und mit mehr als drei Beschäftigten um 60 Prozent. Die Sachleistung (Unterkunft, Verpflegung) muss von **mittlerer Art und Güte** (vgl. § 243 Abs. 1 BGB), dh qualitativ nicht zu beanstanden sein. Als Bewertungsmaßstab hierzu kann die RL für die Unterkünfte ausländischer Arbeitnehmer in der BRD v. 29.3.1971 (BAnz 1.4.1971 S. 2) herangezogen werden. **Saisonarbeitnehmer** sind Arbeitnehmer, die befristet bei einem in Deutschland ansässigen Arbeitgeber angestellt sind und Tätigkeiten ausüben, die aufgrund eines immer wiederkehrenden saisonbedingten Ereignisses oder einer immer wiederkehrenden Abfolge saisonbedingter Ereignisse **an eine Jahreszeit** gebunden sind, während der der Bedarf an Arbeitskräften den für gewöhnlich durchgeführte Tätigkeiten erforderlichen **Bedarf in erheblichem Maße** übersteigt. Hierzu zählen **Erntehelfer** in Sonderkulturbetrieben wie im Obst-, Gemüse- und Weinanbau, Beschäftigte im Tourismus, insbesondere in Gaststätten und Hotels (zB Kellner, Küchenpersonal, Reinigungskräfte) in Betrieben oder Betriebsteilen, die ihrer Natur nach nicht ganzjährig geöffnet sind (zB **Biergärten**, **Skihütten**) oder die während bestimmter befristeter Zeiträume Arbeitsspitzen und erhöhten Arbeitskräftebedarf (zB **Ausflugslokale**) abdecken müssen. 33

3. Verschulden

34 Zum Verschulden und Irrtumskonstellationen vgl. Rn. 12 ff.

4. Rechtswidrigkeit

35 Die Rechtswidrigkeit wird grundsätzlich bereits durch den Verstoß gegen § 20 **indiziert**. Der Arbeitgeber kann sich insofern auch nicht auf einen **rechtfertigenden Notstand** gemäß § 16 OWiG berufen, wenn er den Mindestlohn nicht zahlt, um den Betrieb zu erhalten. Der Gesetzgeber hat bewusst davon abgesehen, (tarifliche) Absenkungen des Mindestlohns im Sanierungsfall zuzulassen. Gegen die Annahme eines rechtfertigenden Notstandes spricht zudem, dass der Mindestlohn ua die Gewährleistung fairer und funktionierender Wettbewerbsbedingungen bezweckt (BT-Drs. 18/1558 S. 28). Damit ist es nicht vereinbar, dass Unternehmen ihre Wettbewerbsfähigkeit dadurch wiederherzustellen suchen, dass sie sanktionslos unter dem Mindestlohn liegende Arbeitsentgelte zahlen.

36 Eine **rechtfertigende Einwilligung** des Arbeitnehmers in die Nichtgewährung des Mindestlohns kommt schon wegen der Unabdingbarkeit des Mindestlohns nach § 3 nicht in Betracht. Die Verpflichtung des Arbeitgebers zur Zahlung des Mindestlohns ist der Privatautonomie der Arbeitsvertragsparteien entzogen (vgl. Thüsing/Kudlich AEntG § 23 Rn. 20).

5. Verantwortlichkeit

37 Eine Verantwortlichkeit des Arbeitgebers besteht nur, wenn er die Pflichten nach § 20 hätte erfüllen können. An der Verantwortlichkeit fehlt es damit grundsätzlich bei **Zahlungsunfähigkeit** des Arbeitgebers zum Fälligkeitszeitpunkt.

38 In Fall der Zahlungsunfähigkeit kann eine tatbestandliche Vorverlagerung der Ordnungswidrigkeiten vor den Fälligkeitszeitpunkt nach der Figur der „omissio libera in causa" in Betracht kommen. Danach ist von einer Verantwortlichkeit des Arbeitgebers auszugehen, wenn ihm die Herbeiführung der Zahlungsunfähigkeit ihrerseits als pflichtwidriges Handeln zur Last zu legen ist (vgl. [zu § 266a StGB] BGH Urt. v. 21.1.1997 – VI ZR 338/95, AP BGB § 823 Schutzgesetz Nr. 23). Eine **pflichtwidrige Herbeiführung** der Zahlungsunfähigkeit liegt zunächst unzweifelhaft dann vor, wenn der Arbeitgeber diese absichtlich (dolus directus 1. Grades) herbeiführt, um sich der Pflicht zur Zahlung des Mindestlohns zu entziehen. Schwieriger zu entscheiden sind Konstellationen, in denen der Arbeitgeber weiß, billigend in Kauf nimmt oder hätte wissen können, dass seine Handlung zur Leistungsunfähigkeit im Hinblick auf den Mindestlohn führen wird, ihm es aber nicht auf die Umgehung des Mindestlohns ankam. Der BGH hat zu § 266a StGB entschieden, dass der Arbeitgeber zwischen der Fälligkeit des Arbeitsentgelts und der Fälligkeit der Arbeitnehmerbeiträge zur Sozialversicherung dafür zu sorgen hat, dass die erforderlichen Zahlungsmittel zur Verfügung stehen (BGH Urt. v. 21.1.1997 – VI ZR 338/95, AP BGB § 823 Schutzgesetz Nr. 23). Ergäben sich deutliche Bedenken, ob ausreichend Mittel zum Fälligkeitszeitpunkt vorhanden sind, sei der Arbeitgeber verpflichtet, durch besondere Maßnahmen, etwa die Aufstellung eines Liquiditätsplans und die Bildung ausreichender Rücklagen unter Zurückstellung anderweitiger Zahlungspflichten, seine Zahlungsfähigkeit soweit wie möglich sicherzustellen. Diese „Vorrangrechtsprechung" kann nicht unbesehen auf den Bußgeldtatbestand des § 21 Abs. 1 Nr. 9 übertragen werden (vgl. Thüsing/Kudlich AEntG § 23 Rn. 28). Bei § 266a StGB muss der Arbeitgeber den Erhalt seiner Zahlungsfähigkeit nur für den Zeitraum zwischen der Fälligkeit des Arbeitsentgelts und der Fälligkeit der Arbeitnehmerbeiträge zur Sozialversicherung im Auge behalten. Notfalls hat der Arbeitgeber die Möglichkeit, die Nettolohnzahlung zu kürzen und dadurch für die Arbeitnehmerbeiträge zur Sozialversicherung die

Zahlungsfähigkeit zu erhalten (vgl. BGH Urt. v. 25.9.2006 – II ZR 108/05, NJW 2006, 3573). Entsprechende Möglichkeiten bietet § 20 nicht. Der Arbeitgeber ist auch nach dem Schutzzweck des MiLoG nicht gehalten, seine Zahlungsfähigkeit nach § 20 durch Zurückstellung der fälligen Forderungen anderer Gläubiger sicherzustellen.

Ungeachtet bestehender (va insolvenzrechtlicher) Anfechtungsrechte, ist die Herbeiführung der Zahlungsfähigkeit mindestlohnrechtlich pflichtwidrig, wenn dem Unternehmen finanzielle Mittel durch Zahlungen an den Inhaber oder Gesellschafter entzogen werden und beim Arbeitgeber zu diesem Zeitpunkt zumindest fahrlässiges Nichtwissen bestand, dass dadurch die Erfüllung der Mindestlohnansprüche gefährdet wird. Gleiches gilt für Zahlungen an vertretungsberechtigte Organe einer juristischen Person. In diesen Fällen wird jeweils vom Unternehmen mithilfe seiner Arbeitnehmer Erwirtschaftetes dem Arbeitgeber oder ihn repräsentierenden Personen zuteil. Der auf Mindestteilhabe am Erwirtschafteten gerichtete Schutzzweck des Mindestlohns (BT-Drs. 18/1558 S. 28) gebietet mithin einen Vorrang der Mindestlohnverpflichtung vor Zahlungsansprüchen und Entnahmerechten des Unternehmers, eines Gesellschafters oder einer den Arbeitgeber repräsentierenden Person. 39

II. Verstöße gegen Mitwirkungspflichten

Nach § 21 Abs. 1 Nr. 1 bis Nr. 3 sind Verstöße gegen sich aus § 15 S. 1 iVm § 5 SchwarzArbG ergebenden Mitwirkungspflichten bußgeldbewehrt. Bußgeldbewehrt sind die Verstöße gegen folgende Mitwirkungspflichten: 40

Nach **§ 21 Abs. 1 Nr. 1** handelt ordnungswidrig, wer eine Prüfung durch die Zollbehörden nicht duldet oder an ihr nicht mitwirkt (hierzu § 15 Rn. 25). Nach § 5 Abs. 1 S. 1 SchwarzArbG sind den Zollbehörden die erforderlichen Auskünfte zu erteilen sowie die in §§ 3, 4 SchwarzArbG genannten Dokumente und Unterlagen vorzulegen. Taugliche **Täter** können **Arbeitgeber, Auftragnehmer, Arbeitnehmer** und **Dritte** sein, die ihren Duldungs- und Mitwirkungspflichten nicht oder nicht vollständig nachkommen. 41

Nach **§ 21 Abs. 1 Nr. 2** handelt ordnungswidrig, wer das Betreten eines Grundstücks oder eines Geschäftsraums durch die Zollbehörden nicht duldet (hierzu § 15 Rn. 16). 42

Nach **§ 21 Abs. 1 Nr. 3** handelt ein Arbeitgeber oder ein Auftraggeber ordnungswidrig, der Daten entgegen § 5 Abs. 3 S. 1 SchwarzArbG nicht, nicht richtig, nicht vollständig, nicht in der vorgeschriebenen Weise oder nicht rechtzeitig den Zollbehörden übermittelt (hierzu § 15 Rn. 28). In § 5 Abs. 3 SchwarzArbG ist die Mitwirkungspflicht des § 5 Abs. 1 S. 1 SchwarzArbG für Arbeitgeber und Auftraggeber besonders ausgestaltet, die prüfungsrelevante Daten in Datenverarbeitungsanlagen gespeichert haben. Nach § 5 Abs. 3 S. 1 SchwarzArbG sind Arbeitgeber und Auftraggeber verpflichtet, auf Verlangen der Zollbehörden die Daten aus ihren Datenbeständen auszusondern und auf maschinenverwertbaren Datenträgern oder in Form von Listen zur Verfügung zu stellen, sofern kein Fall des § 5 Abs. 1 S. 2 SchwarzArbG vorliegt. Nach § 5 Abs. 1 S. 2 SchwarzArbG können Daten ungesondert zur Verfügung gestellt werden, wenn die Aussonderung mit einem unverhältnismäßigen Aufwand verbunden wäre und überwiegende schutzwürdige Interessen der Betroffenen nicht entgegenstehen. 43

Nicht bußgeldbewehrt ist die in § 5 Abs. 2 SchwarzArbG geregelte Mitwirkungspflicht einer **Privatperson** bei einer Prüfung nach § 4 Abs. 3 SchwarzArbG. 44

III. Verstöße gegen Meldepflichten

Nach **§ 21 Abs. 1 Nr. 4** sind Verstöße gegen die Pflicht des im Ausland ansässige Arbeitgebers aus § 16 Abs. 1, einen entsandten Arbeitnehmer vor Beginn jeder Werk- oder Dienstleistung schriftlich in deutscher Sprache bei der zuständigen Behörde der 45

Zollverwaltung anzumelden (hierzu § 16 Rn. 14 ff.), bußgeldbewehrt. Gleiches gilt für einen Entleiher, der im Fall einer grenzüberschreitenden Arbeitnehmerüberlassung seiner Meldepflicht aus § 16 Abs. 3 nicht nachkommt.

46   Nach **§ 21 Abs. 1 Nr. 5** stellt es eine Ordnungswidrigkeit dar, wenn ein Arbeitgeber oder ein Entleiher entgegen § 16 Abs. 1 S. 3 (iVm § 16 Abs. 3 S. 2) Änderungen nicht unverzüglich mitteilt, die sich bezüglich der bei Anmeldung des Arbeitnehmers zu machenden wesentlichen Angaben ergeben haben (hierzu § 16 Rn. 32, 34).

47   Nach **§ 21 Abs. 1 Nr. 6** handelt der im Ausland ansässige Arbeitgeber ordnungswidrig, der der Anmeldung eines nach Deutschland entsandten Arbeitnehmers nicht eine Versicherung beifügt, den Mindestlohn nach § 20 zu zahlen (vgl. § 16 Abs. 2). Gleiche gilt im Fall einer grenzüberschreitenden Arbeitnehmerüberlassung nach Deutschland für einen Entleiher, der der Anmeldung nicht eine Versicherung des Verleihers beifügt, dass dieser den Mindestlohn zahlt (vgl. § 16 Abs. 4).

IV. Verstöße gegen Aufzeichnungspflichten

48   § 21 Abs. 1 Nr. 7 und Nr. 8 regelt Ordnungswidrigkeiten bei Verstoß gegen die aus § 17 Abs. 1 und Abs. 2 folgenden Aufzeichnungs-, Aufbewahrungs- und Bereithaltungspflichten von Dokumenten. Voraussetzung für einen Verstoß ist, dass für das Arbeitsverhältnis die genannten Dokumentationspflichten bestehen (hierzu § 17 Rn. 8).

49   Ordnungswidrig handelt nach **§ 21 Abs. 1 Nr. 7**, wer eine Aufzeichnung nach § 17 Abs. 1 nicht, nicht richtig, nicht vollständig oder nicht rechtzeitig erstellt. Richtig und vollständig ist die Aufzeichnung nur, wenn für jeden Arbeitstag Beginn, Ende und Dauer der täglichen Arbeitszeit rechtzeitig festgehalten ist (hierzu § 17 Rn. 19 ff.). Nicht rechtzeitig ist die Aufzeichnung erstellt, wenn sie nicht spätestens bis zum Ablauf des siebten auf Tag der Arbeitsleistung folgenden Kalendertages erfolgt ist. Nach § 21 Abs. 1 Nr. 7 ist ferner bußgeldbewehrt, wenn die Aufzeichnungen nicht mindestens zwei Jahre aufbewahrt werden. Hat der Arbeitgeber bzw. der Entleiher bereits gegen die Aufzeichnungspflicht verstoßen, scheidet daneben ein Verstoß gegen die Aufbewahrungspflicht aus (vgl. Thür. OLG Beschl. v. 3.5.2005 – 1 Ss 115/05, NStZ-RR 2005, 278).

50   Nach **§ 21 Abs. 1 Nr. 8** handelt ordnungswidrig, wer gegen die Bereithaltungspflicht des § 17 Abs. 2 verstößt (hierzu § 17 Rn. 32 ff.). § 17 Abs. 2 verpflichtet den Arbeitgeber bzw. den Entleiher die für die Kontrolle des Mindestlohns erforderlichen Unterlagen mindestens für die Dauer der Beschäftigung des Arbeitnehmers im Inland, höchstens aber für zwei Jahre, im Inland in deutscher Sprache bereitzuhalten. Ebenso begeht der Arbeitgeber bzw. Entleiher eine Ordnungswidrigkeit der die Unterlagen nicht am Beschäftigungsort bereithält, obwohl die Prüfbehörde dies nach § 17 Abs. 2 S. 2 verlangt hat.

V. Verstöße des Auftraggebers

51   § 21 Abs. 2 enthält besondere Ordnungswidrigkeiten, die Gesetzesverstöße in Nachunternehmerketten erfassen, dh soweit sich Unternehmer bei der Ausführung von Werk- und Dienstleistungen eines Nachunternehmers bedienen.

1. Tauglicher Täter

52   Als Täter nach § 21 Abs. 2 kommt nur ein **Unternehmer** in Betracht (hierzu § 13 Rn. 17 ff.). Im Rahmen der zivilrechtlichen Auftraggeberhaftung des § 14 AEntG geht das BAG von einer **teleologischen Einschränkung** des **Unternehmerbegriffs** aus. Unternehmer soll danach nur derjenige gewerbliche Auftraggeber sein, der sich zur Erfüllung eigener Verpflichtungen eines oder mehrerer Nachunternehmer bedient (vgl. BAG Urt. v. 12.1.2005 – 5 AZR 617/01, NZA 2005, 627; BAG Urt. v. 28.3.2007 – 10 AZR 76/06,

NZA 2007, 613). Diese zur zivilrechtlichen Auftraggeberhaftung ergangene Rspr. ist auf den Unternehmerbegriff des § 21 Abs. 2 zu übertragen (ebs. [zu § 23 AEntG] AG München Urt. v. 30.12.2010 – 1112 OWi 298 Js 35029/10, BB 2011, 2493, 2494; ErfK/Schlachter AEntG § 23 Rn. 5; Rieble NJW-Spezial 2009, 414). Hierfür sprechen nicht nur systematische Gründe (einheitliche Begrifflichkeit innerhalb des MiLoG), sondern auch die gleichartigen Ziele, die § 13 und § 21 Abs. 2 verfolgen. Sowohl die Auftraggeberhaftung nach § 13 als auch der Bußgeldtatbestand des § 21 Abs. 2 bezwecken die Verbesserung der tatsächlichen Wirksamkeit des Mindestlohns, indem sie einen Anreiz setzen, auf die Erfüllung von Mindestlohnansprüchen durch Auftragnehmer zu achten. Ein Erst-Recht-Schluss, nach dem für strafähnliche Sanktionen kein gegenüber der zivilrechtlichen Haftung strengerer Maßstäbe gelten dürfe (so Rieble NJW-Spezial 2009, 414), trägt demgegenüber nicht. Die Bußgeldregelung stellt gegenüber der zivilrechtlichen Haftungsregelung kein „Mehr", sondern ein „Aliud" dar. Beide Instrumente unterschiedlichen sich in ihren Voraussetzungen und Rechtsfolgen. Davon unabhängig wird der Bußgeldtatbestand – anders als die Garantiehaftung aus § 13 – schon durch das Verschuldenserfordernis hinreichend eingeschränkt.

2. Tathandlung

Nach § 21 Abs. 2 handelt ordnungswidrig, wer Werk- oder Dienstleistungen in erheblichem Umfang **ausführen lässt, indem** er einen andern Unternehmern **beauftragt**, von dem er weiß oder fahrlässig nicht weiß, dass dieser bei der Erfüllung dieses Auftrags entgegen § 20 das dort genannte Arbeitsentgelt nicht oder nicht rechtzeitig zahlt oder einen Nachunternehmer einsetzt oder zulässt, dass ein Nachunternehmer tätig wird, der entgegen § 20 das dort genannte Arbeitsentgelt nicht oder nicht rechtzeitig zahlt. 53

a) **Fehlerhafte Nachunternehmerauswahl.** Anknüpfungspunkt für den Bußgeldtatbestand ist damit die Auswahl eines Nachunternehmers, der erkennbar nicht die Gewähr für die Einhaltung des MiLoG bietet. Tatbestandsmäßig ist also das **bestimmungsgemäße Ausführenlassen iSd Bewirkens** einer Werk- oder Dienstleistung durch einen Nachunternehmer (vgl. auch Ignor/Rixen Arbeitsstrafrecht § 7 Rn. 83), der seinen Pflichten aus dem MiLoG nicht genügt. Dabei ist die Beauftragung nicht auftragsrechtlich iSd §§ 662 ff. BGB, sondern als Aufforderung bzw. **Bestimmung zur Leistungserbringung** zu verstehen (vgl. auch Ignor/Rixen Arbeitsstrafrecht § 7 Rn. 84). Die bloße Beauftragung selbst, ohne dass der Auftrag tatsächlich unter Verstoß gegen das MiLoG ausgeführt wird, ist demgegenüber nicht tatbestandsmäßig. Vielmehr füllt erst der **durch die Beauftragung** eines Nachunternehmers **in Gang gesetzte Kausalverlauf**, der einen im Zeitpunkt der Beauftragung bereits erkennbaren Mindestlohnverstoß nach sich zieht, den Tatbestand des § 21 Abs. 2 aus. 54

b) **Keine Überwachungspflicht.** Eine Pflicht zur Überwachung des Nachunternehmers während der Dauer der Auftragsdurchführung besteht nicht. Weder bei grammatikalischer, teleologischer oder historischer Auslegung ergeben sich Anhaltspunkte dafür, dass der Tatbestand des § 21 Abs. 2 zwei Begehungsalternativen (Auswahl und Überwachung) erfasst. Dies wird sprachlich daran deutlich, dass der Gesetzgeber die vermeintlichen Begehungsformen mit dem Wort „indem" verknüpft. Ein weitergehendes Verständnis würde den mit Sanktionen belegbaren Verantwortungsbereich des (Haupt-)Unternehmers überdehnen. Dabei ist auch zu sehen, dass der (Haupt-)Unternehmer oftmals keine rechtliche Handhabe haben dürfte, um Mindestlohnverstöße des Nachunternehmers effektiv zu unterbringen. Wird erst bei Ausführung des Auftrags erkennbar, dass der Nachunternehmer den Pflichten aus dem MiLoG nicht genügt, verbleibt es also bei der Haftung des (Haupt-)Unternehmers nach § 13. 55

3. Verschulden

56 § 21 Abs. 2 setzt in subjektiver Hinsicht die positive Kenntnis bzw. die fahrlässige Unkenntnis von der mindestlohnrechtlichen Unzuverlässigkeit des Nachunternehmers voraus. Diese muss **im Zeitpunkt der Beauftragung** vorliegen (Koinzidenzprinzip). Letztlich wird vom Unternehmer also verlangt, dass er bei der Auswahl eines Nachunternehmers die erforderliche Sorgfalt walten lässt. Dazu, wie der Unternehmer seiner Sorgfaltspflicht bei der Auswahl des Nachunternehmers genügt, verhält sich das Gesetz nicht. Trifft der Unternehmer keine vorbeugenden Maßnahmen, kann hierin bereits eine relevante Pflichtverletzung zu sehen sein (**aA** wohl Ignor/Rixen Arbeitsstrafrecht § 7 Rn. 87; Thüsing/Kudlich AEntG § 23 Rn. 44 „nicht bloß gedankliche Möglichkeit; konkrete Anhaltspunkte"). Dies insbesondere dann, wenn Anhaltspunkte vorliegen, die auf Mindestlohnverstöße des Nachunternehmers schließen lassen, wie zB auffällig günstige Preiskalkulationen (vgl. auch ErfK/Schlachter AEntG § 23 Rn. 5). Dies kann Anlass dazu bieten, weitere Erkundigungen anzustellen. Hierbei ist der Unternehmer nicht zwingend auf eigene Recherchen angewiesen; vielmehr kann er sich bewährter branchenspezifischer Verfahren zur Zertifizierung zuverlässiger Betriebe, wie zB des Präqualifizierungsverfahrens der Bauwirtschaft bedienen. Im Übrigen wird eine sorgfältige Auswahl regelmäßig den allgemeinen Ruf des Nachunternehmers berücksichtigen. Außerdem wird zu berücksichtigen sein, ob es konkrete Anhaltspunkte für ein Fehlverhalten in der Vergangenheit gibt, bspw., ob der Nachunternehmer von der Vergabe öffentlicher Aufträge ausgeschlossen ist (vgl. auch BT-Drs. 18/1558 S. 40).

57 Bei Mindestlohnverstößen in Nachunternehmerketten (§ 21 Abs. 2 Nr. 2) ist zu würdigen, inwiefern die Weitergabe des Auftrags im Zeitpunkt der Beauftragung überhaupt absehbar oder gar vertraglich ausgeschlossen war.

VI. Verjährung

58 Ordnungswidrigkeiten nach § 21 Abs. 1 Nr. 9 und Abs. 2 verjähren sowohl bei vorsätzlicher als auch bei fahrlässiger Begehung gemäß § 31 Abs. 2 Nr. 1 OWiG nach drei Jahren, da sie jeweils im Höchstmaß mit einer Geldbuße von mehr als 15.000 Euro bedroht sind. Die Ordnungswidrigkeiten nach § 21 Abs. 1 Nr. 1 bis Nr. 8 verjähren bei fahrlässiger Begehung gemäß § 31 Abs. 2 Nr. 2 OWiG nach zwei Jahren, ansonsten ebenfalls nach drei Jahren. Die Anordnung eines Verfalls (hierzu Rn. 70 ff.) kann gemäß § 31 Abs. 1 S. 2 OWiG auch noch nach Eintritt der Verjährung zulässig sein.

G. Höhe des Bußgeldes

59 Nach § 21 Abs. 3 kann die Ordnungswidrigkeit in den Fällen des § 21 Abs. 1 Nr. 9 und des § 21 Abs. 2 mit einer Geldbuße bis zu 500.000 Euro, in den übrigen Fällen mit einer Geldbuße bis zu 30.000 Euro geahndet werden. Im Übrigen richtet sich der **Bußgeldrahmen** nach § 21 Abs. 3 iVm § 17 OWiG; er hängt gemäß § 17 Abs. 2 OWiG von der Schuldform ab. Bei fahrlässigem Handeln beträgt nach § 17 Abs. 2 OWiG der Bußgeldrahmen die Hälfte des in § 21 Abs. 3 angedrohten Höchstbetrages, also 250.000 Euro bzw. 15.000 Euro. Die Geldbuße muss nach § 17 Abs. 1 OWiG mindestens fünf Euro betragen.

I. Zumessungskriterien

60 Kriterien für die Zumessung der Geldbuße beinhalten § 17 Abs. 3 und Abs. 4 OWiG. Nach § 17 Abs. 3 S. 1 OWiG ist Grundlage für die Zumessung der Geldbuße die **Bedeutung der Ordnungswidrigkeit** sowie der **Vorwurf, der den Täter trifft**. Daneben kommen nach § 17 Abs. 3 S. 2 OWiG die **wirtschaftlichen Verhältnisse** des Täters in Betracht, die jedoch bei geringfügigen Verstößen in der Regel unberücksichtigt bleiben. Die untere Grenze für die Geldbuße bildet nach § 17 Abs. 4 S. 1 OWiG der **wirtschaftliche Vorteil**, den der Täter aus der Tat gezogen hat, wobei gemäß § 17 Abs. 4 S. 2 OWiG auch das in § 21 Abs. 3 normierte gesetzliche Höchstmaß von 500.000 Euro bzw. 30.000 Euro überstiegen werden darf.

1. Bedeutung der Ordnungswidrigkeit

Bei der Bedeutung der Ordnungswidrigkeit kann der Umstand, dass mit dem Mindestlohn ein unterstes Maß der Vergütung von Arbeitnehmern festgelegt wird, das Ausdruck elementarer Gerechtigkeitsanforderungen ist (BT-Drs. 18/1558 S. 28), nicht als bußgelderhöhend bewertet werden. Dies verstieße gegen das Verbot der Doppelverwertung, weil dieser Umstand vom Gesetzgeber schon bei der Bemessung des Bußgeldrahmens Berücksichtigung gefunden hat (vgl. KK-OWiG/Mitsch § 17 Rn. 36 sowie § 53 Abs. 3 StGB).

2. Vorwurf, der den Täter trifft

Unter dem Zumessungskriterium des Vorwurfs, der den Täter trifft, ist der spezifische individuelle Vorwurf, der den Täter nach seinen persönlichen Fähigkeiten in der konkreten Situation trifft, zu verstehen (vgl. KK-OWiG/Mitsch § 17 Rn. 52). Von Bedeutung sind in diesem Zusammenhang etwa die Beweggründe des Täters (KK-OWiG/Mitsch § 17 Rn. 57 mwN).

Verfolgt der Täter verständliche Ziele, etwa die Erhaltung des Unternehmers in einer wirtschaftlichen Krisensituation, kann dies den Grad des Vorwurfs mindern. Hingegen wirken allgemein von der Rechtsordnung negativ bewertete Motive wie etwa Gewinnsucht bußgelderhöhend. Hat der Täter vorher Erkundigungen bei kompetenten Stellen eingeholt, die allerdings nicht genügen, um seine Verantwortlichkeit wegen eines unvermeidbaren Verbotsirrtums auszuschließen (hierzu Rn. 19 ff.), kann dies bußgeldmindernd wirken; dabei richtet sich das Maß der Minderung nach dem Grad der Vermeidbarkeit des Verbotsirrtums (vgl. KK-OWiG/Mitsch § 17 Rn. 59, 64 mwN). Bei gewerblichen Arbeitgebern sind idR strengere Anforderungen zu stellen als bei Privaten. In die Zumessung kann ferner das **Nachtatverhalten** des Täters einfließen. Hatte etwa der Arbeitgeber bereits vor der Kontrolle durch die Zollbehörde seine Verstöße gegen § 20 freiwillig eingestellt und den Mindestlohn gezahlt, wirkt dies bußgeldmindernd (vgl. KK-OWiG/Mitsch § 17 Rn. 62). Zugunsten des Täters kann auch seine **Mitwirkung** an der Aufklärung der Tat, insbesondere ein **Geständnis** Berücksichtigung finden (vgl. KK-OWiG/Mitsch § 17 Rn. 64 f.). **Vorbelastungen** des Täters können bußgelderhöhend wirken, wenn zwischen den früher begangenen Ordnungswidrigkeiten oder Straftaten und der neuen Tat ein innerer sachlicher und zeitlicher Zusammenhang besteht (vgl. BayObLG Beschl. v. 17.11.1995 – 3 ObOWi 110/95, NStZ-RR 1996, 79). Ausschlaggebend ist, dass der Betroffene wegen des bestehenden Zusammenhangs hätte vorgewarnt sein müssen (vgl. KK-OWiG/Mitsch § 17 Rn. 77). Ein innerer sachlicher Zusammenhang kommt neben vorhergehenden Sanktionen nach § 21 insbesondere in Betracht bei Ordnungswidrigkeiten nach § 23 AEntG. Ein sachlicher Zusammenhang kann ferner angenommen werden mit Straftaten wegen Vorenthaltens von Sozialversicherungsbeiträgen nach § 266a StGB, Lohnwucher nach § 291 Abs. 1 S. 1 Nr. 3 StGB oder anderweitiger Ausnutzung ausländischer Arbeitnehmer durch auffällig unangemessene Arbeitsbedingungen nach § 233 StGB, § 15a AÜG oder §§ 10, 10a SchwarzArbG. Die Warnwirkung einer Vorverurteilung kann bei einem beträchtlichen Zeitabstand entfallen sein (vgl. KK-OWiG/Mitsch § 17 Rn. 78). Grenzen für die Berücksichtigung von Vorbelastungen ergeben sich aus der Tilgung oder der Tilgungsreife der Verfehlungen nach § 149 Nr. 3 und Nr. 4 GewO, § 153 GewO.

3. Wirtschaftliche Verhältnisse

64 Nach § 17 Abs. 3 S. 2 Hs. 1 OWiG kommen bei der Zumessung der Geldbuße auch die wirtschaftlichen Verhältnisse des Täters *in Betracht*. Sie sind damit bei der Bußgeldbemessung von nachrangiger Bedeutung (vgl. KK-OWiG/Mitsch § 17 Rn. 84). Bei geringfügigen Ordnungswidrigkeiten bleiben sie nach § 17 Abs. 3 S. 2 Hs. 2 OWiG sogar idR unberücksichtigt. Die Geringfügigkeitsgrenze liegt üblicherweise bei 55 Euro (vgl. § 56 Abs. 1 S. 1 OWiG), wird aber teilweise aus Gründen der Prozessökonomie auch höher angesetzt (vgl. KK-OWiG/Mitsch OWiG § 17 Rn. 90 ff.). Bei hohen Geldbußen sind die wirtschaftlichen Verhältnisse des Täters indes festzustellen, denn von seiner Leistungsfähigkeit hängt es ab, wie empfindlich ihn die Geldbuße trifft (vgl. KK-OWiG/Mitsch § 17 Rn. 84). Maßgeblich sind die wirtschaftlichen Verhältnisse des Täters zur Zeit der Entscheidung über die Bußgeldbemessung (KK-OWiG/Mitsch OWiG § 17 Rn. 85 f.). Wirkt der Täter bei der Feststellung der wirtschaftlichen Verhältnisse nicht mit – wozu er nicht verpflichtet ist – werden die Verhältnisse geschätzt (vgl. KK-OWiG/Mitsch § 17 Rn. 86 f.). Wird die Geldbuße nach § 30 OWiG gegen eine juristische Person oder eine Personenvereinigung verhängt, sind deren wirtschaftliche Verhältnisse festzustellen.

4. Wirtschaftlicher Vorteil

65 Nach § 17 Abs. 4 S. 1 OWiG bildet der wirtschaftliche Vorteil, den der Täter aus der Tat gezogen hat, die untere Grenze für die Geldbuße. Er ist ggf. nach den Zumessungskriterien des § 17 Abs. 3 OWiG angemessen zu erhöhen. Die Regelung zielt darauf ab, dass sich die Begehung einer Ordnungswidrigkeit für den Täter nicht lohnt (KK-OWiG/Mitsch § 17 Rn. 112). Neben den vom Täter ersparten Aufwendungen gehört auch die Erlangung einer verbesserten Marktposition zu den wirtschaftlichen Vorteilen (vgl. Thür. OLG Beschl. v. 19.8.2004 – 1 Ss 93/04, GewArch 2005, 26, 27, BayObLG Beschl. v. 2.1.1998 – 3 ObOWi 143/97, NJW 1998, 2461, 2462). Eine **verbesserte Marktposition** kann der Arbeitgeber dadurch erlangt haben, dass er durch Nichtzahlung des Mindestlohns seine Wettbewerber im Wege des Lohndumpings vom Markt verdrängt hat (KAEW/Asshoff AEntG § 23 Rn. 30; Thüsing/Kudlich AEntG § 23 Rn. 52). Ein kausaler Zusammenhang zwischen der Nichtzahlung des Mindestlohns und der Erlangung eines Marktvorteils ist im konkreten Einzelfall oftmals schwierig festzustellen. Kann die Erlangung eines Marktvorteils festgestellt werden, ist sein wirtschaftlicher Wert in aller Regel zu schätzen (KAEW/Asshoff AEntG § 23 Rn. 30). Für die Bewertung des wirtschaftlichen Vorteils ist der Zeitpunkt der Entscheidung maßgeblich (vgl. KK-OWiG/Mitsch § 17 Rn. 116). Zu berücksichtigen sind daher bei der Saldierung vom Betroffenen zur Erlangung des Vorteils getätigten Aufwendungen (sog. **Nettoprinzip**, vgl. KK-OWiG/Mitsch § 17 Rn. 118). Zudem darf der erlangte wirtschaftliche Vorteil auch nicht nachträglich wieder entfallen sein (vgl. Thüsing/Kudlich AEntG § 23 Rn. 53). In Abzug zu bringen ist deshalb etwa die auf den wirtschaftlichen Vorteil anfallende Einkommensteuer, um eine verfassungsrechtlich unzulässige doppelte Gewinnabschöpfung über die Einkommensteuer und die abschöpfende Geldbuße nach § 17 Abs. 4 OWiG zu vermeiden (vgl. BVerfG Beschl. v. 23.1.1990 – 1 BvL 4/87 ua, NJW 1990, 1900).

66 Für die Zumessung der Geldbuße von wesentlicher Bedeutung ist die konkrete Feststellung der Gesamtdifferenz zwischen dem gesetzlich geschuldeten Mindestlohn und dem tatsächlich ausgezahlten Arbeitsentgelt (OLG Hamm Beschl. v. 28.6.2000 – 2 Ss OWi 604/1999 ua, NStZ 2001, 584). Nach verbreiteter Auffassung soll dieser Differenzbetrag ein wirtschaftlicher Vorteil sein, der nach § 17 Abs. 4 OWiG abzuschöpfen ist (KAEW/Asshoff AEntG § 23 Rn. 30; Thüsing/Kudlich AEntG § 23 Rn. 52; wohl auch Thür. OLG v. 19.8.2004 – 1 Ss 93/04, GewArch 2005, 26, 27). Allerdings wird dabei vernachlässigt, dass die Nichtgewährung des Mindestlohns durch den Arbeitgeber den zivilrechtlichen Zahlungsanspruch des Arbeitnehmers aus § 1 Abs. 1 unberührt lässt. Insofern hat sich für den Arbeitgeber ein wirtschaftlicher Vorteil noch nicht tatsächlich realisiert. Der Umfang der Mindestlohnunterschreitung ist daher bei der Bußgeldzumessung grundsätzlich nicht im Rahmen des wirtschaftlichen Vorteils, sondern iRd Bedeutung der Ordnungswidrigkeit gemäß § 17 Abs. 3 S. 1 OWiG zu berücksichtigen. Der Umfang der nicht befriedigten Mindestlohnansprüche bildet bei der Bemessung der Geldbuße nach § 17 Abs. 4 OWiG als wirtschaftlicher Vorteil ausnahmsweise dann die Untergrenze für die Geldbuße, wenn die Mindestlohnansprüche von den Arbeitnehmern aus rechtlichen oder tatsächlichen Gründen nicht mehr durchgesetzt werden können (vgl. BGH Urt. v. 18.6.1969 – 2 StR 96/69, BGHSt 23, 23, 24). Möchte der Arbeitgeber angesichts der bislang ungeklärten Rechtslage sichergehen, dass die durch die Nichtzahlung des Mindestlohns ersparten Aufwendungen nicht zuerst gemäß § 17 Abs. 4 OWiG abgeschöpft werden und sodann die ausstehenden Mindestlöhne von den Arbeitnehmern zivilrechtlich geltend gemacht werden, sollte er vor der endgültigen Bußgeldbemessung den Mindestlohn an die Arbeitnehmer zahlen. In diesem Fall wäre der erlangte wirtschaftliche Vorteil unstreitig wieder entfallen und könnte nicht mehr nach § 17 Abs. 4 OWiG die Untergrenze für die Geldbuße bilden. Im Übrigen kann die nachträgliche Gewährung des Mindestlohns – abhängig vom konkreten Einzelfall – bußgeldmindernd Berücksichtigung finden.

II. Pflichtigkeit

67 Die Geldbuße kann gegen den Täter verhängt werden, der eine der in § 21 Abs. 1 und Abs. 2 bußgeldbewehrten Pflichten verletzt hat. Handelt es sich beim Arbeitgeber nicht um eine juristische Person oder eine Personenvereinigung, kann das Bußgeld nach § 9 OWiG auch gegen einen für sie handelnden Repräsentanten verhängt werden. Durch § 9 OWiG werden die den Arbeitgeber bzw. den Auftraggeber treffenden Handlungspflichten auf die handelnde Repräsentanten ausgedehnt.

68 Zudem kann nach **§ 30 OWiG** eine Geldbuße gegen eine juristische Person, einen nicht rechtsfähigen Verein oder eine rechtsfähige Personenvereinigung verhängt werden, wenn einer ihren Repräsentanten eine Ordnungswidrigkeit nach § 21 Abs. 1 oder Abs. 2 begeht (sog. **Verbandsgeldbuße**). Zweck der Vorschrift ist es, eine Besserstellung von juristischen Personen gegenüber natürlichen Personen zu vermeiden. Die Geldbuße, die gegen den Repräsentanten verhängt werden kann, wird der Tragweite der Ordnungswidrigkeit oftmals nicht gerecht und ist zudem nicht geeignet, die erzielten Gewinn abzuschöpfen, weil sie nur unter Berücksichtigung der wirtschaftlichen Verhältnisse des handelnden Repräsentanten festgesetzt werden kann (vgl. KK-OWiG/Rogall § 30 Rn. 17). Ausländische Unternehmensträger können nach § 30 OWiG bebußt werden, wenn der ausländische Verband mit den nach § 30 Abs. 1 OWiG sanktionsfähigen Verbänden rechtlich vergleichbar ist (KK-OWiG/Rogall § 30 Rn. 30). Gegen einen Einzelkaufmann kann eine Verbandsgeldbuße nach § 30 OWiG nicht verhängt werden, wenn ein Mitarbeiter eine sich aus dem MiLoG ergebende Handlungspflicht verletzt (vgl. KK-OWiG/Rogall § 30 Rn. 30). Nach § 30 OWiG kann ein Bußgeld gegen den Verband nur verhängt werden, wenn eine der in § 21 Abs. 1 und Abs. 2 beschriebenen Handlungspflichten durch eine der in § 30 Abs. 1 Nr. 1 bis Nr. 5 OWiG genannten Repräsentanten verletzt worden ist. Hierfür genügt die Feststellung, dass durch einen Repräsentanten eine vorwerfbare Ordnungswidrigkeit begangen ist; die Identität dieses Repräsentanten muss nicht feststehen (OLG Hamm Beschl. v. 28.6.2000 – 2 Ss OWi 604/1999 ua, NStZ 2001, 584).

69 Ist eine Zuwiderhandlung unterhalb der Organ- oder Vertreterebene begangen worden, kann gegen den Verband nach § 130 OWiG ein Bußgeld verhängt werden, wenn der Inhaber des Betriebs oder Unternehmens zumindest fahrlässig die erforderlichen Aufsichtsmaßnahmen unterlässt und durch gehörige Aufsicht die Ordnungswidrigkeit ver-

hindert oder wesentlich erschwert worden wäre. Zu den erforderlichen Aufsichtsmaßnahmen gehört auch die Bestellung, sorgfältige Auswahl und Überwachung von Aufsichtspersonen.

III. Verfall

70 § 29a OWiG erlaubt es gegen denjenigen, der eine Ordnungswidrigkeit begangen, oder gegen einen Dritten, der aus der Ordnungswidrigkeit einen Vermögensvorteil erlangt hat, den Verfall anzuordnen.

71 Zweck des Verfalls ist es, dem Täter das durch die Tat **Erlangte wieder zu entziehen**. Die Gewinnabschöpfung kann zu kurz greifen, weil sie nicht Gewinne abdeckt, die aus nicht vorwerfbaren Taten entstanden sind oder die nicht dem Täter, sondern einem Dritten zugeflossen sind (KK-OWiG/Mitsch § 29a Rn. 1 f.).

72 Die Anordnung des Verfalls kann sich gegen den **Täter** (§ 29a Abs. 1 OWiG) oder gegen einen **Dritten** (§ 29a Abs. 2 OWiG) richten, für den der Täter gehandelt und der aus der Tat etwas erlangt hat. Der Verfall kann nur dann angeordnet werden, wenn nicht zugleich eine Geldbuße verhängt wurde. Die nach § 30 OWiG gegen eine juristische Person oder eine Personenvereinigung verhängte Geldbuße schließt die Anordnung des Verfalls gegen den Täter nicht aus. Umgekehrt kann gegen den Dritten, für den der Täter gehandelt hat, der Verfall auch dann angeordnet werden, wenn gegen den Täter eine Geldbuße verhängt worden ist.

Beispiel: Der Geschäftsführer der A-GmbH bringt an die Arbeitnehmer Löhne unterhalb des Mindestlohns zur Auszahlung. Gegen den Geschäftsführer wird nach § 23 Abs. 1 Nr. 9, eine Geldbuße verhängt. Gegen die A-GmbH wird keine Geldbuße nach § 30 OWiG verhängt, sondern der Verfall des von ihr aus der Nichtzahlung des Mindestlohns Erlangten angeordnet.

73 Nach hM ist die **Bußgeldbehörde** auch **berechtigt**, auf die Verhängung einer **Geldbuße zu verzichten**, um stattdessen den **Verfall anzuordnen** (vgl. OLG Düsseldorf Beschl. v. 30.8.2013 – IV-1 Ws 13/13 OWi, NStZ 2014, 339, 339 f.; OLG Stuttgart Beschl. v. 19.1.2010 – 1 Ss 730/11, NJW Spezial 2012, 218; Brenner NStZ 2004, 256, 259; zweifelnd Thüsing/Kudlich AEntG § 23 Rn. 54).

74 Der Verfall eines Geldbetrages kann bis zu der Höhe angeordnet werden, der dem Wert des Erlangten entspricht. Im Unterschied zum wirtschaftlichen Vorteil iSd § 17 Abs. 4 OWiG richtet sich die Bestimmung des Erlangten nach dem **Bruttoprinzip** (vgl. Thüsing/Kudlich AEntG § 23 Rn. 4).

75 Richtigerweise sind dabei die tatsächlich vom Arbeitgeber gezahlten Arbeitsentgelte verfallsmindernd zu berücksichtigen (aA OLG Frankfurt Beschl. v. 14.9.2010 – 2 Ws 81/10, BeckRS 2012, 16192; auch OLG Düsseldorf Beschl. v. 30.8.2013 – IV-1 Ws 13/13 OWi, NStZ 2014, 339 f., das aber die Schmälerung des Erlangten durch tatsächliche Lohnzahlungen des Arbeitgebers im Rahmen der Ermessensausübung berücksichtigend möchte). Die Veranschlagung des gesamten Mindestlohnbetrags kann nicht aus dem Bruttoprinzip des § 29a OWiG abgeleitet werden. Es fehlt schon an einer entsprechenden Bereicherung des Arbeitgebers. Zwar kann die Arbeitskraft ein erlangtes Etwas darstellen, sie geht indes nicht kausal auf die Nichtzahlung des Mindestlohns zurück: Der Arbeitnehmer hat dem Arbeitgeber nicht deshalb seine Arbeitskraft zur Verfügung gestellt, weil dieser ihm nicht den Mindestlohn zahlt. Die Heranziehung des vollen Wertes der Arbeitskraft kann auch nicht pauschal damit begründet werden, dass der Arbeitgeber den Auftrag und die damit einhergehende Vergütung für die von ihm eingesetzte Arbeitskraft regelmäßig nur deshalb erhält, weil er mit dem Mindestlohnverstoß kalkulieren kann (so aber OLG Düsseldorf Beschl. v. 30.8.2013 – IV-1 Ws 13/13 OWi, NStZ 2014, 339 f.). Inwieweit sich aus der Mindestlohnunterschreitung die Erlangung eines Marktvorteils dergestalt ergeben hat, dass der Arbeitgeber bestimmte Aufträge erhalten hat, ist im Einzelfall fest-

zustellen. Es kann nicht ohne jegliche Anhaltspunkte ein pauschaler Betrag für die Erlangung einer vermeintlich verbesserten Marktposition festgesetzt werden. Der Verfall beschränkt sich bei Mindestlohnverstößen deshalb – sofern für die Erlangung eines konkreten Marktvorteils keine Anhaltspunkte bestehen – auf die **Differenz zwischen dem gesetzlichen Mindestlohn und den tatsächlich gezahlten Arbeitsentgelten** (vgl. OLG Stuttgart Beschl. v. 5.9.2002 – 5 Ss 358/01, EzAÜG AEntG § 1 Nr. 12; OLG Köln Beschl. v. 19.8.2011 – 1 RBs 215/11, BeckRS 2011, 29125; Thüsing/Kudlich AEntG § 23 Rn. 54).

Die bestehenden Mindestlohnansprüche müssen angesichts des Bruttoprinzips nicht bereits im Bußgeldverfahren in Ansatz gebracht werden (BayObLG Beschl. v. 27.4.2000 – 3 ObOWi 16/2000, NStZ 2000, 537, 538). Da nicht sichergestellt ist, ob und in welchem Umfang Mindestlohnansprüche geltend machen werden, bestünde anderenfalls die Gefahr, dass sich der Arbeitgeber durch die Tat noch günstiger stellt, als er ohne die Tat stünde. Die Verfallsregelung des § 29a OWiG lässt daher – anders als § 73 Abs. 1 S. 2 StGB – die Anordnung des Verfalls ohne Rücksicht darauf zu, inwieweit durch Ersatzansprüche Dritter dem Täter der Wert des aus der Tat Erlangten entzogen wird (vgl. auch BT-Drs. 10/318 S. 43). Im Rahmen der Ermessensausübung hat aber einzufließen, dass die Verfallsanordnung nicht zu einer Doppelbelastung führen darf (vgl. BayObLG Beschl. v. 27.4.2000 – 3 ObOWi 16/2000, NStZ 2000, 537, 538). Soweit die Mindestlohnansprüche durch den Arbeitgeber inzwischen nachweislich befriedigt oder rechtskräftig tituliert sind, scheidet eine Verfallsanordnung insoweit aus. Eine Doppelbelastung des Arbeitgebers kann ferner nach § 99 Abs. 2 OWiG im Vollstreckungsverfahren vermieden werden. § 99 Abs. 2 OWiG gilt nicht nur für Ersatzansprüche ieS, sondern ist auch auf Zahlungsansprüche anzuwenden (vgl. BayObLG Beschl. v. 27.4.2000 – 3 ObOWi 16/2000, NStZ 2000, 537, 538). Nach § 99 Abs. 2 S. 1 OWiG wird die Anordnung des Verfalls nicht mehr vollstreckt, soweit der Arbeitgeber eine rechtskräftige Entscheidung über den Mindestlohnanspruch des Arbeitnehmers vorlegt. Ist der verfallen erklärte Geldbetrag bereits beigetrieben worden, findet nach § 99 Abs. 2 S. 2 OWiG eine Rückerstattung an den Arbeitgeber statt, soweit dieser die Zahlung des Mindestlohns an den Arbeitnehmer nachweist.

H. Verfahren

I. Zuständigkeit

Die **Zollbehörden** sind neben der Kontrolle des Mindestlohns nach § 21 Abs. 4 für die Verfolgung der von § 21 Abs. 1 Nr. 1 bis Nr. 9, § 21 Abs. 2 geregelten Ordnungswidrigkeiten **sachlich** zuständig. Die **örtliche** Zuständigkeit richtet sich nach § 37 Abs. 1 OWiG. Danach ist die Verwaltungsbehörde zuständig, in deren Bezirk die Ordnungswidrigkeit begangen bzw. entdeckt wurde oder der Betroffene bei Einleitung des Verfahrens seinen Wohnsitz hat. Ergibt sich daraus die örtliche Zuständigkeit mehrerer Behörden, ist nach § 39 Abs. 1 OWiG die Behörde vorrangig zuständig, die sich zuerst der Sache angenommen hat.

II. Verfahrensablauf

Die **Einleitung** eines Bußgeldverfahrens erfolgt durch die Zollbehörden bei Vorliegen eines Anfangsverdachts. Die Verfolgung von Ordnungswidrigkeiten liegt gemäß § 47 OWiG im pflichtgemäßen Ermessen der Behörde (**Opportunitätsprinzip**); ein Verfolgungszwang besteht anders als bei Straftaten nicht. Die Staatsanwaltschaft kann ein Bußgeldverfahren gemäß § 42 Abs. 1 S. 1 OWiG nur einleiten, wenn sie eine mit der Ordnungswidrigkeit in Zusammenhang stehende Straftat verfolgt. In Betracht kommen insbesondere das Vorenthalten von Sozialversicherungsbeiträgen nach § 266a StGB und Lohnwucher nach § 291 Abs. 1 S. 1 Nr. 3 StGB.

79 Die über die Verhängung eines Bußgeld entscheidenden Zollbehörden und Gerichte haben den Sachverhalt, der einer Entscheidung zugrunde gelegt werden soll, vAw zu untersuchen (**Amtsermittlungsgrundsatz**). Nach § 46 Abs. 1 OWiG iVm § 160 Abs. 2 StPO hat die Zollbehörde sowohl be- als auch entlastende Umstände zu ermitteln. Dabei gilt der Grundsatz „**in dubio pro reo**" (§ 11 OWiG, Art. 103 Abs. 2 GG). Bleibt eine entscheidungserhebliche Tatsache unbewiesen, kann dies daher an sich nicht zu Lasten des Täters gehen.

80 Fraglich ist, inwieweit dieser Zweifelsgrundsatz relativiert werden muss, weil die Ordnungswidrigkeiten nach § 21 Abs. 1 Nr. 9 und § 21 Abs. 2 auf dem zivilrechtlichen Mindestlohnanspruch des Arbeitnehmers aufbauen. Die Verteilung der **zivilprozessualen Beweislast** ist idR bereits im nach Anspruchsgrundlagen, Einreden und Einwendungen strukturierten materiellen Zivilrecht angelegt. Zivilprozessual hat grundsätzlich derjenige, der aus einer ihm günstigen Norm Rechte herleitet, deren tatsächliche Voraussetzungen darzulegen und zu beweisen (BGH Urt. v. 18.5.2005 – VIII ZR 368/03, NJW 2005, 2395, 2396 mwN). Die Beweislast für das Vorliegen der Tatsachen, die den Mindestlohnanspruch begründen, trägt mithin der Arbeitnehmer. Damit liegt aus zivilprozessualer Sicht beim Arbeitgeber die Beweislast, dass für das Arbeitsverhältnis einer der Ausnahmetatbestände aus § 22 Abs. 2 und Abs. 4, § 24 greift. Ausdrücklich normiert § 22 Abs. 1 S. 2 eine zivilrechtliche Beweislastumkehr: Danach gelten Praktikanten iSd § 26 BBiG als Arbeitnehmer iSd MiLoG, *es sein denn* sie fallen unter eine der Ausnahmevorschriften des § 22 Abs. 1 S. 2 Nr. 1 bis 4.

81 Bislang ist **weitgehend ungeklärt**, wie sich **zivilrechtlichen Beweislast- und Vermutungsregeln zum Zweifelsgrundsatz des Ordnungswidrigkeitenrechts** verhalten. Für einen Vorrang der zivilrechtlichen Beweis- und Vermutungsregeln könnte insoweit sprechen, dass § 21 den arbeitsrechtlichen „Regelungseffekt" als solchen schützen will (vgl. auch LK/Vogel § 242 StGB Rn. 24). Besteht also ein mittels zivilrechtlicher Beweisregeln festgestellter Mindestlohnanspruch des Arbeitnehmers, so wäre dieser Anspruch als solcher das Schutzgut des § 21 Abs. 1 Nr. 9 und Abs. 2. Demgegenüber kann gegen eine Übertragung der zivilrechtlichen Beweislast- und Vermutungsregeln auf die Ordnungswidrigkeiten nach § 21 Abs. 1 Nr. 9 und Abs. 2 angeführt werden, dass auf diesem Weg das für das Ordnungswidrigkeitenrecht bestimmende Schuldprinzip suspendiert würde (vgl. LK/Vogel § 242 StGB Rn. 24). Überwiegend wird daher von einem Vorrang des Zweifelsgrundsatzes ausgegangen (gegen eine Verteilung oder gar Umkehr der Beweislast Thüsing/Kudlich AEntG § 23 Rn. 69; vgl. für den Bereich des Steuer- bzw. Wirtschaftsstrafrechts auch Kamps/Wulf DStR 2003, 2045; Wohlers ZStW 2011, 791, 804 f.; aA Klein, Beweislast im Steuerrecht und im Strafrecht, S. 68 ff.). Es müsste also danach durch die Zollbehörden bewiesen werden, dass das Arbeits- oder Praktikumsverhältnis unter keine der in §§ 22, 24 normierten Ausnahmen vom Mindestlohn fällt. Insbesondere bliebe damit auch die Wirksamkeit der in § 22 Abs. 1 S. 2 angeordneten Beweislastumkehr auf den zivilrechtlichen Anspruch beschränkt. Ebenso wäre das Nichtvorliegen von Einwendungen und Einreden nicht durch den Arbeitgeber bzw. Auftraggeber, sondern durch die Zollbehörden zu beweisen. Ihre Grenze fände die Beweislast der Zollbehörden erst dort, wo sich Angaben des Arbeitgebers bzw. Auftraggebers als reine Schutzbehauptungen darstellen (vgl. Kamps/Wulf DStR 2003, 2045, 2051).

82 Zum **Abschluss** kommt das Bußgeldverfahren entweder durch Einstellung (§ 47 Abs. 1 S. 2 OWiG), bei geringfügigen Ordnungswidrigkeiten durch Verwarnung (§ 56 OWiG) oder durch die Verhängung eines Bußgeldes (§§ 65 f. OWiG).

83 Die dem Betroffenen zur Verfügung stehenden **Rechtsmittel** richten sich nach §§ 67 ff. OWiG. Nach § 67 Abs. 1 S. 1 OWiG kann der Betroffene gegen den Bußgeldbescheid innerhalb von zwei Wochen nach Zustellung Einspruch einlegen. Über den Einspruch entscheidet nach § 69 OWiG zunächst die Verwaltungsbehörde. Die Verwaltungsbehörde

H. Verfahren § 21

verwirft den Einspruch, wenn sie ihn – etwa wegen Frist- oder Formverstoßes – für unzulässig hält (§ 69 Abs. 1 S. 1 OWiG). Gegen den Bescheid kann der Betroffene innerhalb von zwei Wochen nach Zustellung einen Antrag auf gerichtliche Entscheidung stellen (§ 69 Abs. 1 S. 2, § 70 OWiG). Ist der Einspruch nach Überzeugung des Gerichts zulässig, wird das gerichtliche Hauptsacheverfahren durchgeführt. Hält die Verwaltungsbehörde den Bußgeldbescheid aufrecht, übersendet sie die Akten der Staatsanwaltschaft, die mit Eingang der Akten zur zuständigen Verfolgungsbehörde wird (vgl. § 69 Abs. 3 und Abs. 4 OWiG). Stellt die Staatsanwaltschaft das Bußgeldverfahren nicht ein, entscheidet nach § 68 OWiG über den Einspruch das Amtsgericht.

III. Beitreibung

Die Geldbuße kann vollstreckt werden, wenn die Bußgeldentscheidung in Bestands- bzw. Rechtskraft erwachsen ist. Die Vollstreckung eines behördlichen Bußgeldbescheides richtet sich gemäß § 21 Abs. 5 nach dem VwVG. Ein gerichtlicher Bußgeldbescheid wird nach § 91 OWiG iVm § 451 StPO vollstreckt. Kann die Geldbuße nicht beigetrieben werden, kann das Gericht auf Antrag der Zollbehörde nach § 96 OWiG **Erzwingungshaft** bis zu sechs Wochen bzw. bei mehreren in einem Bescheid zusammengefassten Bußgeldern bis zu drei Monaten anordnen. Die Anordnung von Erzwingungshaft ist nicht möglich, wenn der Betroffene zahlungsunfähig ist (vgl. § 96 Abs. 1 Nr. 2, Nr. 4 OWiG). Die Vollstreckungsverjährung beträgt drei Jahre für Geldbußen bis zu 1.000 Euro bzw. fünf Jahre für darüber liegende Geldbußen; die Verjährungsfrist beginnt mit der Bestands- bzw. Rechtskraft der Bußgeldentscheidung (§ 34 OWiG). 84

Besondere Schwierigkeiten kann die **Vollstreckung** einer festgesetzten Geldbuße oder des als verfallen erklärten Geldbetrages **bei Arbeitgebern oder Auftraggebern mit Sitz im Ausland** bereiten (s. etwa Aulmann BB 2007, 826, 827). Zur Sicherung der staatlichen Zahlungsansprüche besteht daher die Möglichkeit der Anordnung der Sicherleistung nach § 46 Abs. 1 OWiG iVm § 132 StPO oder des dinglichen Arrestes nach § 21 Abs. 5 iVm § 111d StPO. 85

Nach § 46 Abs. 1 OWiG iVm § 132 Abs. 1 S. 1 Nr. 1 StPO kann gegen Arbeitgeber und Auftraggeber, die der Begehung einer Ordnungswidrigkeit nach § 21 Abs. 1 oder Abs. 2 dringend verdächtig sind und in Deutschland keinen festen Wohnsitz oder Aufenthalt haben, die **Leistung einer angemessenen Sicherheit** für die zu erwartende Geldbuße und die Kosten des Verfahrens angeordnet werden. Nach § 131 Abs. 1 S. 1 Nr. 2 StPO wird zudem angeordnet, dass der Beschuldigte einen Zustellungsbevollmächtigten zu bestellen hat. Anordnungsbefugt ist nach § 132 Abs. 2 StPO nur der Richter, bei Gefahr im Verzug auch die Staatsanwaltschaft und ihre Ermittlungspersonen. Wird der Anordnung nicht Folge geleistet, können Beförderungsmittel und andere vom Beschuldigten mit sich geführte Gegenstände nach § 132 Abs. 3 StPO beschlagnahmt werden. 86

Zur Sicherung der staatlichen Zahlungsansprüche aus dem Verfall kann nach § 21 Abs. 5 iVm § 111d StPO der **dingliche Arrest** angeordnet werden. Der dingliche Arrest dient nur zur Sicherung des Verfalls, nicht aber von Bußgeldansprüchen. Stehen einer Verfallserklärung rechtskräftig festgestellte Zahlungsansprüche der Arbeitnehmer entgegen (hierzu Rn. 76), kann der dingliche Arrest auch zur Sicherung dieser Ansprüche angeordnet werden (vgl. Meyer-Goßner/Schmitt StPO § 111d Rn. 4). 87

Ein **Arrestgrund** liegt nach § 111d Abs. 2 StPO iVm § 917 Abs. 1 ZPO vor, wenn die Besorgnis besteht, dass ohne die Anordnung des Arrestes die künftige Vollstreckung vereitelt oder wesentlich erschwert würde. Von einer solchen Gefahr kann insbesondere ausgegangen werden, wenn zu erwarten ist, dass die Arrestforderung von einem Täter, der sich durch die Ordnungswidrigkeit bereits einen Vermögensvorteil verschafft hat, nicht mehr beigetrieben werden kann (vgl. Meyer-Goßner/Schmitt StPO § 111d Rn. 8 mwN). Nach § 111d Abs. 2 StPO iVm § 917 Abs. 2 ZPO ist ein **Arrestgrund** jedenfalls 88 gegeben, wenn die zu sichernde **Geldforderung im Ausland** beigetrieben werden müsste und **die Gegenseitigkeit** nicht verbürgt ist.

89 Für die insbesondere wegen Mindestlohnverstößen verhängten Geldbußen und Verwaltungssanktionen streben die Art. 13 ff. **RL 2014/67/EU eine Harmonisierung und Erleichterung der grenzüberschreitenden Durchsetzung** innerhalb der Europäischen Union an. Nach Art. 13 RL 2014/67/EU fallen unter den Anwendungsbereich der RL die grenzüberschreitende Durchsetzung von finanziellen Verwaltungssanktionen und Geldbußen, die wegen eines Verstoßes gegen die (Entsende-)RL 96/71/EG oder die RL 2014/67/EU verhängt wurden. Umfasst sind damit sowohl die nach § 21 Abs. 3 verhängten Geldbußen als auch ein Geldbetrag, für den der Verfall nach § 29a OWiG erklärt ist. Die ausländischen Behörden haben das Ersuchen der Zollbehörden um eine Vollstreckung nach Art. 15 Abs. 3 RL 2014/67/EU grundsätzlich anzuerkennen und die erforderlichen Vollstreckungsmaßnahmen vorzunehmen. Um eine Vollstreckung im Ausland kann nach Art. 15 Abs. 2 RL 2014/67/EU nur ersucht werden, wenn die Sanktion rechtskräftig ist. Sie ist zudem zur Vollstreckung in das inländische Vermögen subsidiär (vgl. Art. 15 Abs. 2 S. 3 RL 2014/67/EU). Art. 17 RL 2014/67/EU beinhaltet abschließende Ablehnungsgründe. Das Ersuchen kann nach Art. 17 S. 1 RL 2014/67/EU abgelehnt werden, wenn es nicht die von Art. 16 Abs. 1 und Abs. 2 RL 2014/67/EU vorgegebenen Angaben enthält, unvollständig ist oder offenkundig nicht auf die zugrunde liegende Entscheidung gestützt werden kann. Das Ersuchen kann abgelehnt werden, wenn voraussichtlich der Vollstreckungsaufwand offensichtlich zum beizutreibenden Betrag außer Verhältnis steht oder die Vollstreckung zu erheblichen Schwierigkeiten führt (Art. 17 S. 2 Buchst. a RL 2014/67/EU). Art. 17 S. 2 Buchst. b RL 2014/67/EU zieht zudem eine Geringfügigkeitsgrenze bei Sanktionen unter 350 Euro. Als Ausprägung des *ordre public* kann die ersuchte Behörde eine Vollstreckungsmaßnahme ablehnen, wenn die verhängte Verwaltungssanktion gegen durch die Verfassung des ausländischen Staats verbürgte Grundrechte und Grundfreiheiten oder gegen sonstige Rechtsgrundsätze verstieße. Der Begriff Rechtsgrundsätze ist – wie die Erwägungen zeigen, von denen sich der Richtliniengeber leiten ließ – eng auszulegen. Die ErwGr 38 ff. der RL 2014/67/EU betonen die Bedeutung der grenzüberschreitenden Durchsetzung der Sanktionen für einen wirksamen Schutz der Arbeitnehmer. Nach ErwGr 43 sind die Gründe für eine Nichtanerkennung oder die Ablehnung einer Beitreibung auf das erforderliche Minimum beschränkt worden. Die mögliche Ablehnung einer Vollstreckung wegen der Nichteinhaltung von „Rechtsgrundsätzen" ist daher auf wesentliche Verstöße gegen rechtsstaatliche Prinzipien zu beschränken.

90 Bis zur abschließenden Umsetzung der RL 2014/67/EU ist die Gegenseitigkeit innerhalb der Europäischen Union somit bis auf weiteres nicht zwangsläufig iSd § 917 ZPO verbürgt.

91 Die Gegenseitigkeit ist für Verwaltungssanktionen, die wegen Mindestlohnverstößen verhängt worden sind, auch nicht bereits durch den in 25 Mitgliedsstaaten der Europäischen Union umgesetzten **Rahmenbeschluss 2005/214/JI** des Rates vom 24.2.2005 über **die Anwendung des Grundsatzes der gegenseitigen Anerkennung von Geldstrafen und Geldbußen** gewährleistet. Zunächst ist die Vollstreckung eines Geldbetrages, für den nach § 29a OWiG der Verfall erklärt ist, vom Rahmenbeschluss nicht umfasst, da sich dessen Anwendungsbereich auf Geldstrafen und Geldbußen beschränkt (so auch OLG Frankfurt Beschl. v. 14.9.2010 – 2 Ws 81/10, BeckRS 2012, 16192). Zudem ist zweifelhaft, inwieweit der Rahmenbeschluss für Mindestlohnverstöße überhaupt Anwendung findet (so auch Aulmann BB 2007, 826, 826 f.). Mindestlohnverstöße zählen nicht zum Katalog des Art. 5 Abs. 1 des Rahmenbeschlusses, so dass der Vollstreckungsstaat nach Art. 5 Abs. 3 des Rahmenbeschlusses die Anerkennung und Vollstreckung davon abhängig machen kann, dass der Mindestlohnverstoß nach innerstaatlichen Recht „eine Straftat" darstellen würde.

92 Keine Bindungen entfaltet die RL 2014/67/EU zudem für Drittstaaten. Insoweit muss weiterhin geprüft werden, ob die Gegenseitigkeit durch bi- oder multilaterale Regelungen

(Übersicht bei KK-OWiG/Mitsch Einl. Rn. 190 ff.) oder durch die tatsächliche Übung des ausländischen Staates (vgl. Musielak/Stadler ZPO § 328 Rn. 31) verbürgt ist (vgl. auch die Länder-Liste in Zöller ZPO Anh. V). Die Gegenseitigkeit ist verbürgt, wenn die Anerkennung und Vollstreckung der wegen Verstößen gegen das MiLoG verhängten Sanktion im ausländischen Staat auf keine wesentlich größeren Schwierigkeiten trifft als die Anerkennung und Vollstreckung entsprechender ausländischer Sanktionen in Deutschland (vgl. BGH Urt. v. 30.9.1964 – VIII ZR 195/61, NJW 1964, 2350). Selbst wenn die Gegenseitigkeit verbürgt ist, kann ein Arrestgrund nach § 917 Abs. 2 ZPO gegeben sein, wenn bei der Vollstreckung im Ausland nicht unerhebliche Schwierigkeiten etwa deshalb bestehen, weil in bislang unbekanntes Auslandsvermögen vollstreckt werden müsste (OLG Dresden Urt. v. 7.12.2006 – 21 UF 410/06, NJW-RR 2007, 659).

Für eine Beitreibung im Ausland besteht auch nach Rückkehr eines im Ausland ansässigen Arbeitgebers bzw. Auftraggebers ins Ausland kein Anlass, wenn ausreichendes Inlandsvermögen vorhanden ist (vgl. OLG Düsseldorf Beschl. v. 22.3.2007 – I-10 W 117/06, BeckRS 2007, 14408; strenger offenbar OLG Frankfurt Beschl. v. 14.9.2010 – 2 Ws 81/10, BeckRS 2012, 16192). Kein ausreichendes Inlandsvermögen ist allerdings in einem nicht körperlichen Vermögensgegenstand – wie etwa einem Geschäftsanteil an einer GmbH & Co. KG – zu sehen (OLG Dresden Urt. v. 7.12.2006 – 21 UF 410/06, NJW-RR 2007, 659).

J. Strafbarkeit bei Mindestlohnunterschreitung

I. Strafbarkeit durch „Lohndumping"

Die Ausbeutung der Arbeitskraft durch „Lohndumping" wird von verschiedenen Vorschriften des Kern- und Nebenstrafrechts unter Strafe gestellt. Im Zentrum dieser Straftatbestände steht jeweils die in einem auffälligen Missverhältnis zum Wert der Arbeitsleistung stehende Entlohnung des Arbeitnehmers.

1. Lohnwucher

Der Arbeitgeber, der ein Arbeitsentgelt unterhalb des Mindestlohns zahlt, kann sich des Lohnwuchers nach **§ 291 Abs. 1 Nr. 3 StGB** strafbar machen, wenn das Arbeitsentgelt in einem auffälligen Missverhältnis zur Arbeitsleistung steht. Ein auffälliges Missverhältnis liegt vor, wenn es einem Kundigen, sei es auch erst nach Aufklärung des – oft verschleierten – Sachverhalts, ohne weiteres ins Auge springt. Ein auffälliges Missverhältnis liegt idR bei einem Lohn iHv 2/3 des in einem für allgemeinverbindlich erklärten Tarifvertrag geregelten Entgelts vor (BGH Urt. v. 22.4.1997 – 1 StR 701/96, NZA 1997, 1167, 1168). Von einer 2/3-Grenze geht im Rahmen der Prüfung sittenwidriger Lohnabreden nach § 138 BGB auch das BAG aus (vgl. BAG Urt. v. 22.4.2009 – 5 AZR 436/08, AP BGB § 138 Nr. 64). Das BAG will den Tariflohn jedoch nur dann als marktüblichen Lohn zugrunde legen, wenn mehr als 50% der Arbeitgeber eines Wirtschaftsgebietes tarifgebunden sind oder wenn die organisierten Arbeitgeber mehr als 50% der Arbeitnehmer eines Wirtschaftsgebietes beschäftigen und anderenfalls vom üblichen Lohnniveau im Wirtschaftsgebiet ausgehen (vgl. BAG Urt. v. 22.4.2009 – 5 AZR 436/08, AP BGB § 138 Nr. 64; vgl. hierzu auch Riechert/Stomps RdA 2012, 81, 91). An der vom BAG vorgenommenen Verengung auf übliche Tarifverträge sind durchaus Zweifel angebracht. Zunächst können die Vergütungen in einem Wirtschaftsbereich durch Tariflöhne auch dadurch geprägt werden, dass nicht tarifgebundene Arbeitgeber den Tarifvertrag in Bezug genommen haben oder sich faktisch an ihm orientieren (vgl. Riechert/Stomps RdA 2012, 81, 92). Nach § 5 Abs. 1 S. 2 Nr. 1 TVG erscheint die Allgemeinverbindlicherklärung eines Tarifvertrags idR im öffentlichen Interesse geboten, wenn der Tarifvertrag in seinem Geltungsbereich für die Gestaltung der Arbeitsbedingungen überwiegende Bedeutung erlangt hat. Bei der Ermittlung der überwiegenden Bedeutung können sämtliche Arbeitsverhältnisse Berücksichtigung finden, die tarifgemäß ausgestaltet worden sind (BT-Drs. 18/1558 S. 48 f.). Darüber hinaus können Tarifverträge auch dann als Richtwert herzuziehen sein, wenn sie nicht für die Mehrheit der Arbeitsverhältnisse zur Anwendung kommen. Tarifverträgen darf eine Richtigkeitsvermutung iSe marktangemessenen Ausgleichs grundsätzlich auch dann zuerkannt werden, wenn sich die tariflichen Arbeitsbedingungen nicht überwiegend durchgesetzt haben. Kein irgendwie geartetes Quorum hat der Gesetzgeber etwa für die bindenden Festsetzung nach § 19 Abs. 1 S. 2 HAG für die Orientierung an den tarifvertraglichen Löhnen der Betriebsarbeiter vorgegeben. Auch bei Tariföffnungsklauseln geht der Gesetzgeber davon aus, dass der Tarifvertrag grundsätzlich zu einem angemessenen Ausgleich zwischen der Arbeitgeber- und Arbeitnehmerinteressen führt, ohne dass hierfür eine Üblichkeit des Tarifvertrags verlangt werden muss (§ 3 Abs. 1 Nr. 3, § 9 Nr. 2 AÜG, § 7 Abs. 1, § 12 S. 1 ArbZG, § 13 BUrlG, § 4 Abs. 4 EFZG und § 622 Abs. 4 BGB). Schließlich verlangt das BAG bei der Angemessenheitsprüfung nach § 17 Abs. 1 S. 1 BBiG für die Orientierung am Tarifvertrag selbst nicht dessen Üblichkeit (vgl. BAG Urt. v. 30.9.1998 – 5 AZR 690/97, AP BBiG § 10 Nr. 8; BAG Urt. v. 8.5.2003 – 6 AZR 191/02, AP BBiG § 10 Nr. 14). Zudem sprechen Gesichtspunkte der Praktikabilität dagegen, den Tarifvertrag nur dann zum Richtwert der Lohnwucherprüfung zu machen, wenn er üblich ist. Arbeitgeber und Arbeitnehmer sowie den Gerichten wird es oftmals kaum gelingen, den Verbreitungsgrad eines Tarifvertrags mit hinreichender Sicherheit festzustellen. Erst recht bereitet es in der Praxis erhebliche Schwierigkeiten die übliche Vergütung für eine vergleichbare Arbeitsleistung in der Region zu ermitteln, wenn der Tarifvertrag mangels Üblichkeit als Orientierungsmaßstab ausscheidet (vgl. Böggemann NZA 2011, 493, 495). Die Folgen sind fehlende Rechtssicherheit und Rechtsklarheit. Soweit ein Tariflohn nicht besteht oder – folgt man dem BAG – als Bezugspunkt mangels Üblichkeit nicht herangezogen werden kann, kann der Wert der Arbeitsleistung nach Einführung des Mindestlohns zumindest nicht mehr unterhalb des Mindestlohns liegen.

96 Zur Tatbestandsverwirklichung ist zudem erforderlich, dass der Arbeitgeber bewusst eine der in § 291 StGB beschriebenen Schwächesituationen des Arbeitnehmers ausbeutet. Die Ausbeutung der Unerfahrenheit des Arbeitnehmers kann insbesondere bei ausländischen Arbeitnehmern in Betracht kommen, wenn sie mit den inländischen Verhältnissen wenig vertraut sind (vgl. BGH Urt. v. 22.4.1997 – 1 StR 701/96, NZA 1997, 1167, 1168). Die Arbeitslosigkeit versetzt den Arbeitnehmer nur dann in eine Zwangslage, wenn das Arbeitslosengeld nicht, noch nicht oder nicht mehr gewährt wird oder in der gezahlten Höhe nicht zur Existenzsicherung genügt (vgl. Ignor/Rixen Arbeitsstrafrecht § 8 Rn. 13 f.).

97 Zwischen einer Ordnungswidrigkeit wegen Mindestlohnunterschreitung nach § 21 Abs. 1 Nr. 9 und Lohnwucher nach § 291 Abs. 1 Nr. 3 StGB besteht materiell-rechtlich Tateinheit. Im prozessualen Sinne liegt eine Tat vor.

2. Menschenhandel zum Zweck der Ausbeutung der Arbeitskraft

98 Bei einem auffälligen Missverhältnis zwischen Entlohnung und Wert der Arbeitsleistung kann eine Strafbarkeit nach **§ 233 Abs. 1 S. 1 StGB** wegen Menschenhandel zum Zweck der Ausbeutung der Arbeitskraft in Betracht kommen. Voraussetzung ist, dass die Beschäftigung des Arbeitnehmers unter Ausnutzung einer Zwangslage oder der Hilflosigkeit, die mit seinem Aufenthalt in einem fremden Land verbunden ist, erfolgt.

J. Strafbarkeit bei Mindestlohnunterschreitung § 21

3. Illegaler Beschäftigung von Ausländern

Nach § 10 SchwarzArbG macht sich ein Arbeitgeber strafbar, wenn er illegal einen Ausländer ohne Genehmigung oder Aufenthaltstitel (vgl. § 404 Abs. 2 Nr. 3 SGB III) zu einem Arbeitsentgelt beschäftigt, welches in einem auffälligen Missverhältnis zur Entlohnung eines vergleichbaren deutschen Arbeitnehmers steht. Nach § 15a AÜG macht sich ferner ein Entleiher strafbar, der einen illegal in Deutschland beschäftigten ausländischen Leiharbeitnehmer zu Arbeitsbedingungen tätig werden lässt, die in einem auffälligen Missverhältnis zu den Arbeitsbedingungen eines vergleichbaren deutschen Leiharbeitnehmers stehen. 99

II. Vorenthalten von Sozialversicherungsbeiträgen

Mit einem Verstoß gegen § 21 Abs. 1 Nr. 9 wegen Unterschreitung des Mindestlohns geht zumeist die Verwirklichung der Straftatbestände nach § 266a Abs. 1, Abs. 2 Nr. 1, Nr. 2 StGB wegen Vorenthaltens von Sozialversicherungsbeiträgen einher (ausf. hierzu Metz NZA 2011, 782). Der Arbeitgeber berechnet und zahlt die Sozialversicherungsbeiträge idR auf der Basis des tatsächlich zur Auszahlung gelangten Lohns. Die sozialrechtsakzessorisch ausgestalteten Straftatbestände des § 266a StGB knüpfen an die Höhe und Fälligkeit der Sozialversicherungsbeiträge nach dem materiellen Sozialversicherungsrecht an (BGH Urt. v. 2.12.2008 – 1 StR 416/08, NJW 2009, 528, 530). Danach ist für die Beitragspflicht aber nicht das tatsächlich gezahlte, sondern das geschuldete Arbeitsentgelt maßgeblich (Entstehungsprinzip oder Lohnpflichttheorie, vgl. BGH Urt. v. 2.12.2008 – 1 StR 416/08, aaO; BSG Urt. v. 14.7.2004 – B 12 KR 1/04 R, NZS 2005, 538). 100

Nach dem BGH besteht zwischen der Unterschreitung des Mindestlohns und dem Nichtabführen der Sozialversicherungsbeiträge dennoch weder materiell-rechtliche Tateinheit noch liegt eine Tat im prozessualen Sinne vor (BGH Beschl. v. 15.3.2012 – 5 StR 288/11, NJW 2012, 2051 ff.; Metz NZA 2011, 782, 786; kritisch Ast/Klocke wistra 2014, 206). Die Pflicht zur Zahlung der Sozialversicherungsbeiträge sowie die Verpflichtung zur Zahlung des Mindestlohns wird nicht durch ein und dieselbe Handlung erfüllt: Einerseits sei der Arbeitgeber verpflichtet, den Mindestlohn an den Arbeitnehmer zu leisten, andererseits seien von ihm die Sozialversicherungsbeiträge an die Einzugsstelle zu zahlen. Auch die Unkenntnis von der Mindestlohnverpflichtung steht einer getrennten Beurteilung beider Pflichtverletzungen nicht entgegen (aA noch Thür. OLG Beschl. v. 27.8.2009, BeckRS 2009, 86289; OLG Oldenburg Urt. v. 9.4.2009 – SsBS 48/09, BeckRS 2009, 23040). Dies folgt bereits daraus, dass die Mindestlohnunterschreitung im Unterschied zum Nichtabführen der Sozialversicherungsbeiträge schon bei fahrlässigem Unterlassen sanktioniert ist. 101

Mangels einheitlicher prozessualer Tat sind die Zollbehörden nicht wegen Strafklageverbrauchs nach § 153a Abs. 1 S. 5 StPO gehindert, die Ordnungswidrigkeit zu verfolgen, wenn die Staatsanwaltschaft die Strafverfolgung gegen Auflagen und Weisungen nach § 153a StPO einstellt. Ebenso führt eine Verfolgung einer Straftat nach § 266a StGB nicht dazu, dass die Zollbehörden nach §§ 40, 41 OWiG unzuständig werden. Dies würde letztlich auch dem Interesse am effektiven Rechtsschutz der Arbeitnehmer zuwiderlaufen. 102

Eine Straftat nach § 266a StGB und eine Straftat wegen der Ausbeutung der Arbeitskraft durch „Lohndumping", insbesondere wegen Lohnwuchers nach § 293 Abs. 1 Nr. 3 StGB, stehen zueinander im Verhältnis der Tatmehrheit (§ 53 StGB). Angesichts der unterschiedlichen Schutzzwecke erschöpft sich der Unrechtsgehalt des § 266a StGB nicht in einer Strafbarkeit nach § 291 Abs. 1 Nr. 3 StGB (ebs. Metz NZA 2011, 782, 784; Ignor/Rixen Arbeitsstrafrecht § 8 Rn. 28; aA Zwiehoff, jurisPR-ArbR 51/2010). 103

III. Betrug

104 Ein Betrug zulasten des Arbeitnehmers nach § 263 Abs. 1 StGB setzt zunächst voraus, dass der Arbeitgeber über das Bestehen eines Mindestlohnanspruchs täuscht. Dies ist der Fall, wenn der Arbeitgeber von sich aus oder auf Nachfrage des Arbeitnehmers wahrheitswidrig behauptet, dass er keinen Anspruch auf den Mindestlohn habe. Praktisch erscheint dies va dadurch möglich, dass der Arbeitgeber wahrheitswidrig behauptet, dass es sich bei der Beschäftigung nicht um ein Arbeitsverhältnis, sondern einen freien Dienstvertrag oder einen Werkvertrag handelt. Ebenso ist denkbar, dass der Arbeitgeber gegenüber dem Arbeitnehmer wider besseren Wissens behauptet, sein Betrieb fiele unter eine branchenspezifische Mindestlohnverordnung, die während der Übergangszeit bis zum 31.12.2017 nach § 24 Abs. 1 eine Unterschreitung des allgemeinen Mindestlohns gestattet.

105 Vereinbart der Arbeitgeber hingegen schlicht ein Arbeitsentgelt unterhalb des Mindestlohns und schweigt sich über dessen Anwendbarkeit aus, wird teilweise schon eine Täuschungshandlung mangels Informationspflicht des Arbeitgebers verneint (v. Hoyningen-Huene/Wagner NZA 1995, 969, 972; **aA** Metz NZA 2011, 782, 785). Jedenfalls dürfte es aber zumeist an einem auf einer Täuschung des Arbeitgebers beruhenden Irrtum des Arbeitnehmers fehlen, weil diesem entweder sein Mindestlohnanspruch bekannt ist oder er sich gerade über einen bestehenden Mindestlohnanspruch keine Gedanken macht (vgl. Metz NZA 2011, 782, 785; v. Hoyningen-Huene/Wagner NZA 1995, 969, 972).

106 Eine Vermögensverfügung liegt nicht schon in der Unterzahlung des Arbeitgebers, sondern ist erst darin zu sehen, dass der Arbeitnehmer es unterlässt, den ihm zustehenden Mindestlohn zu verlangen (Metz NZA 2011, 782, 785; v. Hoyningen-Huene/Wagner NZA 1995, 969, 973).

K. Sonstige Konsequenzen von Mindestlohnverstößen

I. Wettbewerbsrechtliche Konsequenzen

107 Verstöße gegen die Verpflichtungen aus dem MiLoG können auch wettbewerbsrechtlich geahndet werden (vgl. [für Branchenmindestlöhne nach dem AEntG] Aulmann BB 2007, 826; Sittard, Tarifnormerstreckung, S. 312 ff.).

1. Unlautere Handlung

108 Zahlt der Arbeitgeber den Mindestlohn nicht oder nicht rechtzeitig, kann bereits dies ein wettbewerbsrechtlich unlauteres Verhalten darstellen. Nach § 4 Nr. 11 UWG handelt unlauter, wer einer gesetzlichen Vorschrift zuwiderhandelt, die auch dazu bestimmt ist, im Interesse der Marktteilnehmer das Marktverhalten zu regeln. Unlautere geschäftliche Handlungen sind nach § 3 Abs. 1 UWG unzulässig, wenn sie geeignet sind, die Interessen von Mitbewerbern, Verbrauchern oder sonstigen Marktteilnehmern spürbar zu beeinträchtigen. Mitbewerber, Wettbewerbs- und Verbraucherverbände, Industrie- und Handelskammern sowie Handwerkskammern können daher Arbeitgeber, die den gesetzlichen Mindestlohn nicht oder nicht rechtzeitig zahlen, nach § 7 Abs. 1, Abs. 3 UWG va auf Beseitigung und Unterlassung in Anspruch nehmen. Dieses Recht kann auch Arbeitgeberverbänden und Gewerkschaften zustehen (vgl. Löwisch/Rieble TVG § 4 Rn. 112).

109 § 20 hat insofern eine den Wettbewerb schützende Dimension. Ein wettbewerbsschützender Normgehalt setzt nach der Rspr. des BGH eine zumindest sekundäre Schutzfunk-

tion zugunsten des Wettbewerbs voraus (vgl. BGH Urt. v. 11.5.2000 – I ZR 28/98, NJW 2000, 3351). Der gesetzliche Mindestlohn dient der Einschränkung eines Lohnunterbietungswettbewerbs zwischen den Unternehmen (vgl. BT-Drs. 18/1558 S. 2, 28). Dem Mindestlohn kommt neben seiner vorrangigen Arbeitnehmerschutzfunktion auch eine sekundäre Wettbewerbsschutzfunktion zu (hierzu ausf. Einl. Rn. 73 ff.). Ob sich der mit dem Mindestlohnverstoß einhergehende Kostenvorteil auf Seiten des Arbeitgebers unmittelbar und nachweislich darin niederschlägt, dass Werk- und Dienstleistungen tatsächlich günstiger am Markt angeboten werden, ist demgegenüber ohne Belang. Der wettbewerbsrechtlich relevante Verstoß iSd § 4 Nr. 11 liegt bereit in dem Mindestlohnverstoß selbst (wohl auch Sack WRP 2004, 1307, 1316). Eines Rückgriffs auf nicht näher normierte Beweiserleichterungen bedarf es insofern nicht (hierfür Aulmann BB 2007, 826, 829).

2. Konkurrenzen

Die Tatsache, dass Mindestlohnverstöße auch auf anderer Grundlage geahndet werden **110** können, hindert Marktteilnehmer nicht an der Durchsetzung ihrer wettbewerbsrechtlich geschützten Interessen. Insbesondere entfalten Verfahren zur Ahnung mindestlohnrechtlicher Ordnungswidrigkeiten keine Sperrwirkung gegenüber dem UWG (vgl. [für Verstöße gegen das AEntG] auch Aulmann BB 2007, 826, 829; krit. Sack WRP 2004, 1307, 1314). Von einer allgemeinen Subsidiarität wettbewerbsrechtlicher Klagen kann damit – auch vor dem Hintergrund unterschiedlich ausgeprägter Schutzgüter und des im Ordnungswidrigkeitenrechts geltenden Opportunitätsprinzips (§ 47 Abs. 1 OWiG) – nicht ausgegangen werden.

II. Ausschluss von öffentlichen Vergabeverfahren

Der Verstoß gegen die sich aus dem MiLoG ergebenden Pflichten soll nach § 19 Abs. 1 **111** zu einem Ausschluss von der Vergabe öffentlicher Aufträge führen, wenn er mit einem Bußgeld von mindestens 2.500 Euro geahndet worden ist (hierzu § 19 Rn. 1 ff.).

Abschnitt 4. Schlussvorschriften

§ 22 Persönlicher Anwendungsbereich

(1) Dieses Gesetz gilt für Arbeitnehmerinnen und Arbeitnehmer. Praktikantinnen und Praktikanten im Sinne des § 26 des Berufsbildungsgesetzes gelten als Arbeitnehmerinnen und Arbeitnehmer im Sinne dieses Gesetzes, es sei denn, dass sie
1. ein Praktikum verpflichtend auf Grund einer schulrechtlichen Bestimmung, einer Ausbildungsordnung, einer hochschulrechtlichen Bestimmung oder im Rahmen einer Ausbildung an einer gesetzlich geregelten Berufsakademie leisten,
2. ein Praktikum von bis zu drei Monaten zur Orientierung für eine Berufsausbildung oder für die Aufnahme eines Studiums leisten,
3. ein Praktikum von bis zu drei Monaten begleitend zu einer Berufs- oder Hochschulausbildung leisten, wenn nicht zuvor ein solches Praktikumsverhältnis mit demselben Ausbildenden bestanden hat, oder
4. an einer Einstiegsqualifizierung nach § 54a des Dritten Buches Sozialgesetzbuch oder an einer Berufsausbildungsvorbereitung nach §§ 68 bis 70 des Berufsbildungsgesetzes teilnehmen.

Praktikantin oder Praktikant ist unabhängig von der Bezeichnung des Rechtsverhältnisses, wer sich nach der tatsächlichen Ausgestaltung und Durchführung des Vertragsverhältnisses für eine begrenzte Dauer zum Erwerb praktischer Kenntnisse und Erfahrungen einer bestimmten betrieblichen Tätigkeit zur Vorbereitung auf eine berufliche Tätigkeit unterzieht, ohne dass es sich dabei um eine Berufsausbildung im Sinne des Berufsbildungsgesetzes oder um eine damit vergleichbare praktische Ausbildung handelt.

(2) Personen im Sinne von § 2 Absatz 1 und 2 des Jugendarbeitsschutzgesetzes ohne abgeschlossene Berufsausbildung gelten nicht als Arbeitnehmerinnen und Arbeitnehmer im Sinne dieses Gesetzes.

(3) Von diesem Gesetz nicht geregelt wird die Vergütung von zu ihrer Berufsausbildung Beschäftigten sowie ehrenamtlich Tätigen.

(4) Für Arbeitsverhältnisse von Arbeitnehmerinnen und Arbeitnehmern, die unmittelbar vor Beginn der Beschäftigung langzeitarbeitslos im Sinne des § 18 Absatz 1 des Dritten Buches Sozialgesetzbuch waren, gilt der Mindestlohn in den ersten sechs Monaten der Beschäftigung nicht. Die Bundesregierung hat den gesetzgebenden Körperschaften zum 1. Juni 2016 darüber zu berichten, inwieweit die Regelung nach Satz 1 die Wiedereingliederung von Langzeitarbeitslosen in den Arbeitsmarkt gefördert hat, und eine Einschätzung darüber abzugeben, ob diese Regelung fortbestehen soll.

Übersicht

	Rn.
A. Arbeitnehmer	2
I. Arbeitnehmerbegriff	3
1. Allgemeiner Arbeitnehmerbegriff	4
2. Unionsrechtlicher Arbeitnehmerbegriff	6
3. Einzelfälle	7
a) Selbständige	7
b) Geschäftsführende Gesellschafter	8
c) Arbeitnehmerähnliche Personen	9
d) Heimarbeiter und Hausgewerbetreibende	10
e) Kirchliche Arbeitsverhältnisse	11
f) Arbeitsgelegenheit nach dem SGB II	12
g) Werkstätten für behinderte Menschen	13

h) Integrationsprojekte	14
i) Familienangehörige	15
j) Strafgefangene	16
k) Rechtsreferendare	17
II. Erfasste Arbeitsverhältnisse	19
1. Teilzeit, geringfügige Beschäftigung, Minijobber	20
2. Steuerrechtliche Privilegierungen	23
3. Befristete Arbeitsverhältnisse	24
4. Einfühlungsverhältnisse	25
B. Arbeitgeber	26
C. Praktikanten	27
I. Zielsetzung	28
II. Praktikumsverhältnis iSv § 26 BBiG	29
1. Vertragsverhältnisse iSv § 26 BBiG	31
2. Praktikumsverhältnis	37
III. Ausnahmetatbestände	41
1. Pflichtpraktika	42
a) (Hoch-)Schulrechtliche Bestimmung, Ausbildungsordnung	44
aa) Anwendungsbereich	45
bb) Einzelfälle	47
(1) Berufsakademie, Duales Studium	47
(2) Berufspraktika	50
cc) Ausländische Ausbildungsordnungen	53
b) Praktikumsdauer	54
2. Orientierungspraktika	55
a) Ausbildung / Studium	56
b) Orientierung	57
c) Praktikumsdauer	62
aa) Praktika von mehr als dreimonatiger Dauer	63
bb) Keine Aufspaltung in mehrere Abschnitte	64
cc) Mehrfache Orientierung	66
dd) „Altfälle"	67
3. Ausbildungsbegleitende Praktika	68
a) Ausbildungsbezug	69
b) Vorpraktika	70
aa) ... ein solches Praktikumsverhältnis	83
bb) ... „nicht zuvor"	83
cc) bei demselben Ausbildenden ...	74
c) Praktikumsdauer	75
d) „Altfälle"	76
4. Einstiegsqualifizierung, Berufsausbildungsvorbereitung	77
a) Einstiegsqualifizierung nach § 54a SGB III	78
b) Sonstige Maßnahmen aktiver Arbeitsförderung nach dem SGB III	81
c) Berufsausbildungsvorbereitung nach § 68 BBiG	82
aa) Hintergrund	83
bb) Maßnahmen der Berufsausbildungsvorbereitung	85
5. Nachweis	87
D. Jugendliche	88
I. Anwendungsbereich	89
1. Personen iSd § 2 Abs. 1, Abs. 2 JArbSchG	89
2. Abgeschlossene Berufsausbildung	93
a) Ausbildungserfolg	94
b) Praktische Bedeutung	96
II. Vereinbarkeit mit höherrangigem Recht	97
1. Jugendmindestlöhne in der Europäischen Union	98
2. Ungleichbehandlung, Diskriminierung	99
3. Rechtfertigung	100
a) Legitimes Regelungsziel	103
b) Geeignetheit	106
c) Angemessenheit	110
E. Auszubildende	112
I. Hintergrund	113
II. Erfasste Ausbildungsverhältnisse	115
1. Zweitausbildungen	116
2. Abiturientenmodelle	117
3. Ausländische Ausbildungsverhältnisse	118

F. Ehrenamtlich Tätige 119
 I. Begriff des Ehrenamts 120
 II. Einzelfälle 123
  1. Freiwilligendienste, § 32 Abs. 4 S. 1 Buchst. d EStG 123
   a) Verweisungsgegenstand 124
   b) Erfasste Dienste 125
  2. Vereinsrechtliches Engagement 127
 III. Mehrere Rechtsbeziehungen 130
G. Langzeitarbeitslose 131
 I. Vereinbarkeit mit höherrangigem Recht 132
 II. Langzeitarbeitslosigkeit 135
  1. Arbeitslosigkeit 136
  2. Unterbrechungen 137
   a) Aufnahme einer Beschäftigung 138
   b) Zeiten der Nichterwerbsfähigkeit 140
 III. Sechs-Monats-Ausnahme 142
  1. Befristete Arbeitsverhältnisse 143
  2. Teilzeitarbeitsverhältnisse 145
 IV. Grenze des Lohnwuchers 149
 V. Auslandssachverhalte 150
  1. Arbeitnehmerfreizügigkeit 151
  2. Entsendefälle 155
 VI. Darlegungs- und Beweislast 156
  1. Glaubhaftmachung 158
  2. Auskunft durch die Agentur für Arbeit 159
   a) Arbeitsvermittlung 160
   b) Sozialdatenschutz 161
  3. Besonderheiten im Bußgeldverfahren 164
 VII. Überprüfungsklausel 165

§ 22 beschreibt in Abs. 1 bis Abs. 4 den personellen Anwendungsbereich des MiLoG. 1

A. Arbeitnehmer

Nach § 22 Abs. 1 S. 1 gilt das Gesetz für Arbeitnehmer. Gemeint ist, dass Arbeitnehmer aus dem Gesetz anspruchsberechtigt sind. Selbstredend gilt das MiLoG auch für Arbeitgeber, vgl. § 20 MiLoG. 2

I. Arbeitnehmerbegriff

Dem MiLoG liegt der allgemeine arbeitsrechtliche Arbeitnehmerbegriff zugrunde. 3

1. Allgemeiner Arbeitnehmerbegriff

Arbeitnehmer ist, wer aufgrund eines privatrechtlichen Vertrags im Dienste eines anderen zur Leistung **weisungsgebundener, fremdbestimmter Arbeit in persönlicher Abhängigkeit** verpflichtet ist. Das Weisungsrecht kann Inhalt, Durchführung, Zeit, Dauer und Ort der Tätigkeit betreffen. Arbeitnehmer ist derjenige Mitarbeiter, der nicht im Wesentlichen frei seine Tätigkeit gestalten und seine Arbeitszeit bestimmen kann (vgl. § 84 Abs. 1 S. 2, Abs. 2 HGB). Der Grad der persönlichen Abhängigkeit hängt dabei auch von der Eigenart der jeweiligen Tätigkeit ab. Letztlich kommt es für die Beantwortung der Frage, ob im konkreten Fall ein Arbeitsverhältnis vorliegt, auf eine **Gesamtwürdigung** aller maßgebenden Umstände des Einzelfalls an. Der jeweilige Vertragstyp ergibt sich aus dem wirklichen Geschäftsinhalt. Die zwingenden gesetzlichen Regelungen für Arbeitsverhältnisse können nicht dadurch abbedungen werden, dass die Parteien ihrem Arbeitsverhältnis eine andere Bezeichnung geben. Der objektive Geschäftsinhalt ist den ausdrücklich getroffenen Ver- 4 einbarungen und der **praktischen Durchführung** des Vertrags zu entnehmen (st. Rspr., zuletzt etwa BAG Urt. v. 9.4.2014 – 10 AZR 590/13, BeckRS 2014, 70204).

5   Widersprechen sich Vereinbarung und tatsächliche Durchführung, ist Letztere maßgebend (BAG Urt. v. 9.4.2014 – 10 AZR 590/13, BeckRS 2014, 70204). Etwas anderes gilt allerdings in den Fällen, in denen die getroffene Rechtsbeziehung explizit als Arbeitsverhältnis vereinbart ist (vgl. Reinecke ZTR 2014, 63, 64). Ist ein Arbeitsverhältnis vereinbart, ist es auch als solches einzuordnen (vgl. BAG Urt. v. 12.9.1996 – 5 AZR 1066/94, AP BGB § 611 Freier Mitarbeiter Nr. 1). Arbeitnehmerschutzrechte sind regelmäßig lediglich einseitig – zu Gunsten des Arbeitnehmers – zwingend. Bedenken dagegen, mit dem Status als Arbeitnehmer zusammenhängende Ansprüche vertraglich zu begründen, bestehen insofern nicht.

2. Unionsrechtlicher Arbeitnehmerbegriff

6   Keine Bedeutung für die Anwendung des MiLoG hat indes das weitreichende Verständnis, mit dem der EuGH den Begriff des Arbeitnehmers – va im Zusammenhang mit der nach Art. 45 AEUV garantierten Freizügigkeit von Arbeitnehmern – ausfüllt (zu aktuellen Tendenzen vgl. Forst RdA 2014, 157). Nach der Rspr. des EuGH können auch Auszubildende, Organe und Beamte im Einzelfall Arbeitnehmer iSd Unionsrechts sein, wobei auch der EuGH den Arbeitnehmerbegriff seit jeher bezogen auf die jeweilige Sachmaterie normativ bestimmt (vgl. hierzu Pötters NZA 2014, 704, 705; Schaub/Vogelsang ArbR-Hdb § 8 Rn. 7). Nach Art. 153 Abs. 5 AEUV gelten die Kompetenzen der Union im Rahmen der Sozialpolitik indes nicht für das Arbeitsentgelt. Etwas anderes folgt auch nicht daraus, dass der deutsche Gesetzgeber den Mindestlohn als Mindestentgeltsatz (§ 2 Nr. 1 AEntG) im unionsrechtlichen Sinn konzipiert hat (vgl. BT-Drs. 18/1558 S. 34, 42). Nach § 20 gelten die Pflichten aus dem MiLoG zwingend für alle Arbeitgeber mit Sitz im Inland oder Ausland, die Arbeitnehmer im Inland beschäftigen. Damit dient das MiLoG auch der Durchführung von Unionsrecht, nämlich der RL 96/71/EG. Wer Arbeitnehmer im entsenderechtlichen Sinn ist, ist gem. Art. 2 Abs. 1 RL 96/71/EG nach Maßgabe des Rechts des Mitgliedsstaats zu bestimmen, in dessen Hoheitsgebiet entsandt wird. Die RL 96/71/EG dient der Umsetzung der unionsrechtlichen Dienstleistungsfreiheit und nicht der Umsetzung der Freizügigkeit von Arbeitnehmern (vgl. ErwGr 2, 3 RL 2014/67/EU sowie ErwGr 5 RL 96/71/EG).

3. Einzelfälle

7   a) **Selbständige.** Selbständige werden vom Anwendungsbereich des Gesetzes nicht erfasst. Nach der Legaldefinition des § 84 Abs. 1 S. 2 HGB ist selbständig, wer im Wesentlichen frei seine Tätigkeit gestalten und seine Arbeitszeit bestimmen kann. Demgegenüber können Angehörige freier Berufe (vgl. hierzu § 1 Abs. 2 PartGG, § 18 Abs. 1 Nr. 1 S. 2 EStG) in einem Arbeitsverhältnis beschäftigt sein.

8   b) **Geschäftsführende Gesellschafter.** Die gesellschaftsrechtliche Stellung schließt es nicht aus, dass geschäftsführende Gesellschafter einer GmbH mit der Gesellschaft ausdrücklich einen Arbeitsvertrag schließen, der neben die gesellschaftsrechtliche Stellung tritt (vgl. auch BAG Urt. v. 9.1.1990 – 3 AZR 617/88, NZA 1990, 525, 526). In diesem Fall ist – mangels Sonderregelungen – die Arbeitsleistung des geschäftsführenden Gesellschafters mit dem Mindestlohn zu vergüten.

9   c) **Arbeitnehmerähnliche Personen.** Arbeitnehmerähnliche Personen, dh Dienstleistende, die mangels persönlicher Abhängigkeit keine Arbeitnehmer, aber wegen ihrer wirtschaftlichen Abhängigkeit auch keine Unternehmer sind (vgl. Schaub/Vogelsang ArbR-Hdb § 10 Rn. 1), werden vom Anwendungsbereich des Gesetzes nicht erfasst. Sie haben keinen Anspruch auf den Mindestlohn (krit. hierzu Däubler NJW 2014, 1924, 1926).

A. Arbeitnehmer § 22

d) Heimarbeiter und Hausgewerbetreibende. Heimarbeiter und Hausgewerbetreibende 10
iSd § 1 Abs. 1 HAG sind ebenfalls nicht in das MiLoG einbezogen. Heimarbeit ist eine
Form der Lohnarbeit, bei der der Arbeitsplatz entweder in der eigenen Wohnung oder in
selbst gewählter Arbeitsstätte des Beschäftigten liegt, während der Arbeitgeber die Produktionsmittel zur Verfügung stellt und das Eigentum an dem hergestellten Produkt
erwirbt (zur Definition vgl. § 2 Abs. 1, Abs. 2 HAG). Heimarbeiter und Hausgewerbetreibende sind keine Arbeitnehmer, da sie nicht persönlich abhängig sind (vgl. BAG
Urt. v. 10.7.1963 – 4 AZR 273/62, AP HAG § 2 Nr. 3). Für Auftraggeber und Beschäftigte können bindende Mindestentgelte im Bereich der Heimarbeit nach § 19 Abs. 1
HAG festgesetzt werden (vgl. hierzu BAG Urt. v. 5.5.1992 – 9 AZR 13/91, BeckRS 1992,
30914292, zur Verfassungsmäßigkeit der Festsetzung vgl. BVerfG Beschl. v. 27.2.1973 –
2 BvL 27/69, NJW 1973, 1320).

e) Kirchliche Arbeitsverhältnisse. Das MiLoG findet auf kirchliche Arbeitsverhältnisse 11
uneingeschränkt Anwendung (vgl. auch Lakies AuR 2014, 360; für Branchenmindestlöhne vgl. Riechert/Stomps NZA 2012, 707, 713). Weder das grundrechtlich geschützte
Selbstbestimmungsrecht der Kirchen (Art. 140 GG iVm. Art. 137 Abs. 3 WRV) noch der
sog. „Dritte Weg" gebieten eine Sonderbehandlung.

f) Arbeitsgelegenheit nach dem SGB II. Für Personen, die im Rahmen einer Arbeits- 12
gelegenheit nach dem SGB II beschäftigt werden (sog. **Ein-Euro-Jobber**), gilt das MiLoG
nicht. Arbeitsgelegenheiten mit Mehraufwandsentschädigung begründen nach § 16d
Abs. 7 S. 2 SGB II ein von Rechtssätzen des öffentlichen Rechts geprägtes Rechtsverhältnis und kein Arbeitsverhältnis (vgl. BAG Urt. v. 26.9.2007 – 5 AZR 857/06, NZA 2007,
1422, 1423). Ein privatrechtliches Rechtsverhältnis entsteht auch dann nicht, wenn bei
der Verschaffung der Arbeitsgelegenheit die Zulässigkeitsschranken nach § 16d Abs. 3
SGB II für Arbeitsgelegenheiten mit Mehraufwandsentschädigung nicht eingehalten werden oder es am Abschluss einer Eingliederungsvereinbarung nach § 15 SGB II fehlt (vgl.
BAG Urt. v. 20.2.2008 – 5 AZR 290/07, NZA-RR 2008, 401, 402).

g) Werkstätten für behinderte Menschen. Auf behinderte Menschen im Arbeitsbereich 13
von Werkstätten für behinderte Menschen wird das MiLoG in Ermangelung eines Arbeitsverhältnisses **typischerweise** keine Anwendung finden (zur Rechtsnatur des Werkstattvertrags und zum Meinungsstand vgl. Schaub/Linck ArbR-Hdb § 188 Rn. 25). Nach
§ 138 Abs. 1 SGB IX stehen behinderte Menschen im Arbeitsbereich anerkannter Werkstätten in einem **arbeitnehmerähnlichen Rechtsverhältnis** zu der sie beschäftigenden
Werkstatt, wenn sie nicht Arbeitnehmer sind. Der Inhalt ihrer Beschäftigung wird nach
§ 138 Abs. 3 SGB IX unter Berücksichtigung des zwischen den behinderten Menschen
und dem Rehabilitationsträger bestehenden Sozialleistungsverhältnisses durch Werkstattverträge zwischen den behinderten Menschen und dem Träger der Werkstatt näher
geregelt. Ihr Anspruch auf ein Arbeitsentgelt ist in § 138 Abs. 2 SGB IX abschließend
geregelt. Bei der Beschäftigung eines behinderten Menschen im Arbeitsbereich einer
Werkstatt für behinderte Menschen dürften regelmäßig die gezielte Rehabilitation und
therapeutische Maßnahmen im Vordergrund stehen und für die Beschäftigung prägend
sein (vgl. auch LAG Saarl. Urt. v. 15.7.1987 – 2 Sa 34/86, BeckRS 1987, 30722182;
Hess. LAG Urt. v. 19.4.1984 – 3 Sa 1117/83 [soziales Beschäftigungsverhältnis eigener
Art]).

h) Integrationsprojekte. In Integrationsprojekten nach § 132 Abs. 1 SGB IX erfolgt die 14
Beschäftigung schwerbehinderter Menschen **regelmäßig** in einem **Arbeitsverhältnis** (vgl.
Küttner/Poeche Rehabilitation (berufliche) Rn. 5; Neumann/Pahlen/Majerski-Pahlen
SGB IX § 133 Rn. 5), so dass das MiLoG in Integrationsprojekten ab dem 1.1.2015
anzuwenden ist (vgl. auch BT-Drs. 18/2010 (neu) S. 17). Integrationsprojekte sind nach
§ 132 SGB IX rechtlich und wirtschaftlich selbständige Unternehmen oder Organisationseinheiten in Unternehmen, die mindestens 25 Prozent schwerbehinderte Menschen

beschäftigen, deren Teilhabe an einer sonstigen Beschäftigung auf dem allgemeinen Arbeitsmarkt auf Grund von Art oder Schwere der Behinderung oder wegen sonstiger Umstände auf besondere Schwierigkeiten stößt. Im Rahmen des parlamentarischen Gesetzgebungsverfahrens zum MiLoG haben die Regierungsfraktionen zugesagt, die Wirkung des Gesetzes auf die Beschäftigungsmöglichkeiten in Integrationsfirmen genau zu beobachten und bestehende Förderinstrumente ggf. auszubauen (BT-Drs. 18/1020 (neu) S. 17).

15 **i) Familienangehörige.** Soweit Angehörige in einem Familienbetrieb tätig werden, ist im Einzelfall zu prüfen, ob die Tätigkeit als arbeitsvertragliche Beschäftigung ausgestaltet ist oder auf gesetzlicher, dh außervertraglicher Grundlage (zB familienrechtlicher Verpflichtung, familiärer Verbundenheit) erfolgt. Ehegatten sind einander nach § 1360 BGB kraft Gesetzes verpflichtet, durch ihre Arbeit zum Familienunterhalt beizutragen. Kinder sind nach § 1619 BGB, solange sie dem elterlichen Hausstand angehören und von diesen erzogen oder unterhalten werden, verpflichtet, in einer den Kräften und der Lebensstellung entsprechenden Weise den Eltern in ihrem Geschäft Dienste zu leisten. Die Verpflichtung kann auch nach der Vollendung des 18. Lebensjahres fortbestehen (vgl. BGH Urt. v. 7.12.1971 – VI ZR 153/70, NJW 1972, 429), endet aber, wenn das Kind selbst voll erwerbstätig ist (vgl. BGH Urt. v. 6.10.1997 – VI ZR 144/96, NJW 1998, 307). Auf familienrechtlich geschuldete Tätigkeiten finden arbeitsrechtliche Vorschriften keine Anwendung. Auch soweit die Tätigkeit nicht ieS familien*rechtlich* geschuldet, sondern nur durch eine familiäre Verbundenheit veranlasst ist, kann ein Arbeitsverhältnis ausscheiden, wenn die Erbringung einer Arbeitsleistung nicht Zweck der Tätigkeit ist (vgl. im Einzelnen ErfK/Preis BGB § 611 Rn. 133 ff. mwN).

16 **j) Strafgefangene.** Strafgefangene, die im Rahmen der **Anstaltsgewalt** nach § 41 StVollzG zur Arbeit verpflichtet sind, werden statusrechtlich nicht in einem privatrechtlichen Arbeitsverhältnis beschäftigt (vgl. etwa BAG Beschl. v. 18.11.1986 – 7 AZR 311/85, AP ArbSchG § 2 Nr. 5). Ihnen wird Arbeit nach § 37 Abs. 2 StVollzG zugewiesen. Damit werden Strafgefangene vom MiLoG nicht erfasst. Soweit einzelne Bundesländer (zB Brandenburg, Rheinland-Pfalz, Saarland) die Arbeitspflicht durch die im Rahmen der sog. Föderalismusreform I gewonnene Gesetzgebungskompetenz abgeschafft haben (zur Weitergeltung des StVollzG iÜ vgl. Art. 125a Abs. 1 GG), gilt nichts anderes. Die Beschäftigung von Strafgefangenen dient nicht Erwerbszwecken, sondern der **Resozialisierung**. So genannte **Freigänger** gemäß § 39 StVollzG sind demgegenüber regelmäßig Arbeitnehmer, wenn sie außerhalb der Anstalt einer allgemeinen Beschäftigung nachgehen (vgl. LAG Bad.-Württ. Urt. v. 15.9.1988 – 4b Sa 41/88, NZA 1989, 886).

17 **k) Rechtsreferendare.** Die Ausbildung von Rechtsreferendaren erfolgt durch die Länder. Ihr Status ist durch die jeweiligen Landesgesetze ganz überwiegend als **öffentlich-rechtliches Ausbildungsverhältnis** ausgestaltet. Allein im Freistaat Thüringen erfolgt die Einstellung als Beamter auf Widerruf. Soweit Rechtsreferendare, zB während der obligatorischen Anwaltsstage, eine zusätzliche Vergütung erhalten, ist das MiLoG nicht einschlägig, weil es sich um einen verpflichtenden Teil der Referendarausbildung handelt. Zwar hat der EuGH auch Rechtsreferendaren unter dem Gesichtspunkt der Freizügigkeit (Art. 45 AEUV) als Arbeitnehmer angesehen (vgl. EuGH Urt. v. 17.3.2005 – C-109/04, NJW 2005, 1481). Die Frage, ob ein Anspruch auf Mindestlohn als Arbeitnehmer besteht, ist indes keine solcher der Freizügigkeit, sondern entsenderechtlicher Natur. Wer Arbeitnehmer im entsenderechtlichen Sinn ist, ist nach Art. 2 Abs. 1 RL 96/71/EG nach Maßgabe des Rechts des Mitgliedstaats zu bestimmen, in dessen Hoheitsgebiet entsandt wird.

18 Die Beschäftigung von Rechtsreferendaren erfolgt nicht aufgrund eines Arbeits- oder Praktikantenvertrags, sondern in Erfüllung der Verpflichtungen aus dem Referendarverhältnis. Für den Bereich der Berufsbildung stellt § 3 Abs. 2 Nr. 2 BBiG klar, dass das

BBiG – und damit auch die Regelungen über Praktika – auf die Berufsbildung in einem öffentlich-rechtlichen Dienstverhältnis keine Anwendung finden. Soweit Rechtsreferendare demgegenüber zusätzlich zum Referendariat einer Nebentätigkeit – zB in einer Kanzlei – nachgehen, haben sie Anspruch auf den Mindestlohn, wenn die Nebentätigkeit als Arbeitsverhältnis ausgestaltet ist oder im Rahmen eines – dem MiLoG unterfallenden – freiwilligen Praktikums erfolgt.

II. Erfasste Arbeitsverhältnisse

Das Gesetz knüpft an den Status als Arbeitnehmer an, ohne nach der Art des Arbeitsverhältnisses zu differenzieren. **19**

1. Teilzeit, geringfügige Beschäftigung, Minijobber

Das MiLoG gilt für Teilzeit- und Vollzeitarbeitsverhältnisse gleichermaßen. Eine **Ausnahme** für Teilzeitarbeitsverhältnisse wäre **gleichheitsrechtlich unzulässig**. Sie würde überwiegend Frauen betreffen, die mehrheitlich Teilzeitarbeit leisten und damit gegen das unionsrechtliche Gebot der Entgeltgleichheit aus Art. 157 AEUV (vgl. EuGH Urt. v. 19.9.1999 – C-281/97, NZA 1999, 1151; BeckOK SozR/Rittweger SGB IV § 8 Rn. 51.3) sowie den verfassungsrechtlichen Gleichheitssatz des Art. 3 Abs. 1 GG verstoßen. Im Übrigen gilt das unionsrechtliche Benachteiligungsverbot aus § 4 Nr. 1 der Rahmenvereinbarung über Teilzeitarbeit im Anhang der RL 97/81/EG, das einfachgesetzlich in § 4 Abs. 1 TzBfG ausgestaltet ist. **20**

Auch sog. **Minijobber** haben Anspruch auf den Mindestlohn. Der Begriff des Minijobbers ist kein Begriff des Arbeitsrechts. Im juristischen Sprachgebrauch bezeichnet der Begriff eine geringfügige Beschäftigungsform nach § 8 Abs. 1 Nr. 1 SGB IV, die beitragsrechtlich in der Sozialversicherung privilegiert ist (vgl. Küttner/Griese Minijob Rn. 1 f.). Arbeitsrechtlich ist der Minijob regelmäßig ein Teilzeitarbeitsverhältnis (vgl. auch § 2 Abs. 2 TzBfG). Es unterscheidet sich nicht von einem „regulären" Arbeitsverhältnis (zu Auswirkungen des MiLoG auf geringfügige Beschäftigte vgl. auch Lakies ArbR 2014, 527). Eine Ausnahme von Minijobs vom Mindestlohn wäre gleichheitsrechtlich unzulässig. Die sozialversicherungsrechtliche Privilegierung stellt keinen sachlichen Grund für eine Ungleichbehandlung dar. Der sozialversicherungsrechtliche Status steht mit der Eigenschaft als Arbeitnehmer in einem Arbeitsverhältnis nicht im Zusammenhang. Der Wert der Arbeitsleistung geringfügig Beschäftigter wird durch ihren sozialversicherungsrechtlichen Status nicht gemindert. Die Gegenleistung für Arbeit besteht in der Zahlung von Bruttobeträgen durch den Arbeitgeber (zum Vergleich des Bruttoentgelts LAG Hamm Urt. v. 29.7.2011 – 18 Sa 2049/10, BeckRS 2012, 65169; LAG Düsseldorf Urt. v. 3.2.2011 – 5 Sa 1351/10, BeckRS 2011, 70521). Der Betrag ist unabhängig von Steuerklassen, Freibeträgen und Sozialversicherungsbeiträgen und damit auch unabhängig von den privaten Lebensumständen. Bei dem sozialversicherungsrechtlichen Status handelt es sich mit Blick auf die Höhe die Vergütung von vorherein um ein sachfremdes Unterscheidungskriterium (vgl. BAG Urt. v. 12.6.1996 – 5 AZR 960/94, NZA 1997, 191, 193 mwN). **21**

Soll der sozialversicherungsrechtliche Status als geringfügig Beschäftigter auch nach dem 1.1.2015 beibehalten werden, sind monatlich lediglich noch 52,9 Arbeitsstunden „abrufbar", dh 52 Stunden und 54 Minuten (zu möglichen Vertragsanpassungen vgl. § 3 Rn. 54 ff.). **22**

2. Steuerrechtliche Privilegierungen

Für die Anwendbarkeit des MiLoG unerheblich sind **steuerrechtliche Kategorien**: Auch **Übungsleiter, Betreuer und Ausbilder**, deren Einnahmen aus nebenberuflicher Tätigkeit einkommensteuerrechtlich in § 3 Nr. 26 EStG privilegiert werden, fallen unter den **23**

Anwendungsbereich des Gesetzes, soweit sie in einem Arbeitsverhältnis beschäftigt werden (vgl. aber BT-Drs. 18/2010 (neu) S. 15).

3. Befristete Arbeitsverhältnisse

24   Das Gesetz gilt in unbefristeten und befristeten Arbeitsverhältnissen, ungeachtet dessen, ob für die Befristung ein sachlicher Grund besteht. Eine **Ausnahme** für befristete Arbeitsverhältnisse wäre **gleichheitsrechtlich unzulässig**. Eine Ausnahme für befristet beschäftigte Arbeitnehmer würde gegen das unionsrechtliche Benachteiligungsverbot aus § 4 Nr. 1 der RL 1999/70/EG zu der EGB-UNICE-CEEP Rahmenvereinbarung über befristete Arbeitsverträge verstoßen, dass einfachgesetzlich in § 4 Abs. 2 TzBfG ausgestaltet ist. Das MiLoG gilt ferner in Arbeitsverhältnissen auf Abruf (§ 12 TzBfG) wie auch in auflösend bedingten Arbeitsverhältnissen (§ 21 TzBfG).

4. Einfühlungsverhältnisse

25   Die kurzzeitige, bis zu einer Woche dauernde (so auch Barth BB 2009, 2646, 2647 mwN), Tätigkeit im Rahmen eines sog. Einfühlungsverhältnisses ist nicht nach dem MiLoG mindestlohnpflichtig (vgl. auch Berndt DStR 2014, 1878). Eine Einfühlung begründet kein Arbeitsverhältnis der Beteiligten, sondern eine Rechtsbeziehung eigener Art (sui generis) (vgl. LAG SchlH Urt. v. 17.3.2005 – 4 Sa 11/05, AuA 2005, 431). Charakteristisch für das Einfühlungsverhältnis ist, dass keine Pflicht zur Arbeitsleistung und damit auch kein Direktionsrecht besteht. Der Betriebsinhaber verfügt insofern lediglich über das Hausrecht (LAG Brem. Urt. v. 25.7.2002 – 3 Sa 83/02, LAGE BGB § 611 Probearbeitsverhältnis Nr. 5).

B. Arbeitgeber

26   Verpflichteter des MiLoG ist **jeder Arbeitgeber** (§ 20), ungeachtet seiner rechtlichen Verfasstheit. Erfasst werden damit natürliche Personen (zB Kaufleute nach § 1 Abs. 1 HGB), Personengesellschaften (zB Gesellschaften des bürgerlichen Rechts, §§ 705 ff. BGB) und juristische Personen (zB Vereine, §§ 21 ff. BGB). Auch Arbeitgeber, die gemeinnützige Zwecke verfolgen (**gGmbH, Stiftungen**) werden erfasst. Der Mindestlohn gilt ebenso für kirchliche Arbeitgeber. **Betriebliche Schwellenwerte kennt das MiLoG nicht.** Wie viele Arbeitnehmer beschäftigt werden, ist für die Anwendbarkeit des MiLoG unerheblich. Auch die arbeitsvertragliche Beschäftigung in einem **privaten Haushalt** ist erfasst.

C. Praktikanten

27   Nach § 22 Abs. 1 S. 2 gelten Praktikanten in mindestlohnrechtlicher Hinsicht als Arbeitnehmer. Sie haben damit grundsätzlich einen Anspruch auf Zahlung des Mindestlohns, soweit nicht einer der in § 22 Abs. 1 S. 2 Nr. 1 bis Nr. 4 genannten Ausnahmetatbestände einschlägig ist (krit. hierzu Picker/Sausmikat NZA 2014, 942, 943 ff.).

I. Zielsetzung

28   Auf den ersten Blick überrascht die Regelung zu Praktikanten, weil sie weder im Koalitionsvertrag angesprochen war noch in der bisherigen Diskussion um das Für und Wider eines allgemeinen Mindestlohns im Fokus stand (vgl. auch Däubler NJW 2014,

C. Praktikanten　　　　　　　　　　　　　　　　　　　　　　　　　　§ 22

1924, 1925 f.; Lakies ArbR 2014, 3, 4). Mit der Einbeziehung von Praktikanten in das MiLoG verfolgt der Gesetzgeber das Ziel, den **Missbrauch von Praktika einzuschränken** (vgl. BT-Drs. 18/1558 S. 42) und den unter dem Begriff „Generation Praktikum" zusammengefassten Missständen ein Ende zu bereiten (vgl. Nahles, Plenarprotokoll 18/46 S. 4091 D). Die Regelung geht aber über das Problem der sog. Scheinpraktikanten, dh diejenigen Sachverhalte, in denen materiell-rechtlich ohnehin ein Arbeitsverhältnis vorliegt (hierzu ausf Orlowski RdA 2009, 38) hinaus, indem sie – nur dann besteht überhaupt ein Regelungsbedarf – für „echte" Praktikanten einen Anspruch auf eine Vergütung nach dem MiLoG konstituiert. Dem Gesetzgeber ging es iE darum, mit dem in § 22 Abs. 1 S. 2 beschriebenen Regel-Ausnahme-Verhältnis einen Kompromiss zwischen der Verhinderung des Missbrauchs von Praktikanten als billige Hilfskräfte und dem Bedürfnis nach berufsorientierenden und ausbildungsbegleitenden Praktika zu finden (demgegenüber sieht Bayreuther NZA 2014, 865, 871 die Regelung praktisch auf eine Beweislastregel reduziert).

II. Praktikumsverhältnis iSv § 26 BBiG

Anspruch auf den Mindestlohn haben nur Praktikanten iSd § 26 BBiG. Dies setzt zunächst voraus, dass ein Rechtsverhältnis nach § 26 BBiG vorliegt. Bei diesem muss es sich um ein Praktikumsverhältnis und nicht um ein sonstiges Rechtsverhältnis iSv § 26 BBiG handeln. Für sonstige von § 26 BBiG erfasste Vertragsverhältnisse, die keine Praktikantenverhältnisse sind, findet das MiLoG keine Anwendung (vgl. BT-Drs. 18/1558 S. 42; BT-Drs. 18/2010 (neu) S. 24). Andere Rechtsverhältnisse nach § 26 BBiG, die auf eine praktische Ausbildung abzielen, welche mit der Berufsausbildung vergleichbar ist, sind keine Praktikumsverhältnisse idS. 29

Der **Begriff des Praktikums** ist durch das BBiG nicht und durch die Rspr. des BAG nur ansatzweise konturiert worden (vgl. etwa BAG Urt. v. 5.8.1965 – 2 AZR 439/64; BAG Urt. v. 13.3.2003 – 6 AZR 564/01, BeckRS 2008, 54164). Der Gesetzgeber sah sich deshalb aus Gründen der Rechtssicherheit veranlasst, den Begriff des Praktikanten im Zuge der Mindestlohngesetzgebung zu schärfen (vgl. BT-Drs. 18/2010 (neu) S. 24). Er hat den Begriff des Praktikanten in § 22 Abs. 1 S. 3 definiert und sich dabei an ErwGr 27 der Empfehlung des Rates der Europäischen Union v. 10.3.2014 zu einem Qualitätsrahmen für Praktika orientiert (hierzu ausf Vielmeier BB 2014, 2485). 30

1. Vertragsverhältnisse iSv § 26 BBiG

Das Bestehen eines Rechtsverhältnisses nach § 26 BBiG setzt voraus, dass es dem **Erwerb beruflicher Fertigkeiten, Kenntnisse, Fähigkeiten oder beruflicher Erfahrungen dient**, ohne dass es sich um ein Arbeitsverhältnis oder eine systematische Berufsausbildung im Sinne des BBiG handelt. Von einem Arbeitnehmer unterscheidet sich der Praktikant dadurch, dass im Praktikumsverhältnis die Ausbildungsabsicht im Vordergrund steht. Der Unterschied zu einem Auszubildenden besteht darin, dass bei diesem eine im Einzelnen genau geregelte vollständige Ausbildung zu einem anerkannten Ausbildungsberuf mit abschließender Prüfung angestrebt wird (vgl. BAG Urt. v. 5.8.1965 – 2 AZR 439/64, AP KSchG § 21 Nr. 2). 31

§ 26 BBiG gilt nicht für **Umschüler** iSd § 58 BBiG (Benecke/Hergenröder BBiG § 26 Rn. 8; Lakies/Malottke BBiG § 26 Rn. 10), weil ihnen nicht erstmals berufliche Kenntnisse oder Fertigkeiten vermittelt werden (vgl. BAG Urt. v. 20.2.1975 – 5 AZR 240/74, AP BGB § 611 Ausbildungsbeihilfe Nr. 2; LAG Schleswig-Holstein Urt. v. 27.2.2001 – 1 Sa 409a/00). 32

An einem Rechtsverhältnis idS fehlt es auch bei einem sog. **Schnupperpraktikum**. Wer sich für eine verhältnismäßig kurze Zeit (in der Regel bis zu einer Woche) dem Hausrecht 33 eines Dritten unterwirft, ohne eigene Mitwirkungspflichten einzugehen, befindet sich in einem „losen Rechtsverhältnis eigener Art" das nicht der Anwendung des § 26 BBiG untersteht (vgl. Orlowski RdA 2009, 38, 39).

34 Auch **Hospitanten** sind keine Praktikanten iSd § 26 BBiG und haben keinen Anspruch auf den Mindestlohn. Hospitanten unterziehen sich keiner betrieblichen Tätigkeit. Sie gastieren nur als Außenstehender in einem Betrieb, um Arbeitsweisen und -methoden kennenzulernen, ohne selbst tätig zu werden. Beim Hospitationsverhältnis steht die Möglichkeit im Vordergrund, Kenntnisse und Fähigkeiten durch Beobachtung und Erläuterungen zu erwerben (ähnlich LAG MV Urt. v. 5.2.2008 – 1 Sa 87/07, BeckRS 2008, 52943). Der Hospitant ist nur dem Haus-, nicht dem Direktionsrecht des Betriebsinhabers unterworfen.

35 Kein Vertragsverhältnis iSv § 26 BBiG stellt ferner ein sog. **Pflichtpraktikum** dar (hierzu ausf. Rn. 42 ff.). Nach dem BAG ist daher auch das im Studiengang Medizin vorgesehene sog. „**praktische Jahr**" regelmäßig kein Rechtsverhältnis iSv § 26 BBiG (vgl. BAG Urt. v. 25.3.1981 – 5 AZR 353/79, AP BBiG 1979 § 19 Nr. 1).

36 Auch bei der Anfertigung von studienbezogenen Abschlussarbeiten (**Bachelor-/Masterarbeit**) oder **Doktorarbeiten** in einem Unternehmen handelt es sich um kein Rechtsverhältnis iSv § 26 BBiG. Das bloße Anfertigen der Arbeit „im Unternehmen" führt nicht dazu, dass das Anfertigen der Arbeit nach dem MiLoG zu vergüten ist (vgl. auch Natzel NZA 2008, 567, 569; Picker/Sausmikat NZA 2014, 942, 947; BSG Urt. v. 11.2.1993 – 7 RAr 52/92, BSGE 72, 105). Etwas anderes kann gelten, wenn anlässlich der Abschlussarbeit eine begleitende Praktikumsvereinbarung nach § 26 BBiG geschlossen wird und der Praktikant über die Anfertigung der Abschlussarbeit hinaus betrieblich tätig wird.

2. Praktikumsverhältnis

37 Bei dem Rechtsverhältnis iSv § 26 BBiG muss es sich um ein Praktikumsverhältnis handeln.

38 Nach § 22 Abs. 1 S. 3 ist Praktikant, wer sich für eine begrenzte Dauer zum Erwerb praktischer Kenntnisse und Erfahrungen einer bestimmten betrieblichen Tätigkeit zur Vorbereitung auf eine berufliche Tätigkeit unterzieht, **ohne dass es sich** dabei um eine Berufsausbildung iSd BBiG oder **um eine damit vergleichbare praktische Ausbildung** handelt. Nach § 22 Abs. 1 S. 3 kommt es für das Vorliegen eines Praktikumsverhältnisses nicht auf die von den Vertragspartnern gewählte Bezeichnung des Rechtsverhältnisses, sondern auf die **tatsächliche Ausgestaltung und Durchführung** an.

39 Mit dem Merkmal „keine der Berufsausbildung vergleichbare Ausbildung" werden diejenigen Fälle erfasst, in denen zwar eine Ausbildung durchlaufen wird, die weder in einem staatlich anerkannten Ausbildungsberuf nach § 4 BBiG noch im Rahmen einer staatlichen Ausbildungsordnung nach § 5 BBiG erfolgt. Eine **vergleichbare Ausbildung iSd MiLoG** liegt vor, wenn die Ausbildung qualitativ und quantitativ einer Berufsausbildung iSd BBiG nahe kommt. Dies wird der Fall sein, wenn die Ausbildung zumindest **zwei Jahre** dauert (vgl. BAG Urt. v. 23.6.1986 – 6 AZR 595/80, AP BetrVG 1972 § 78a Nr. 10; BAG Urt. v. 1.12.2004 – 7 AZR 129/04, NZA 2005, 779, 781) und – auch ohne staatliche Anerkennung – im jeweiligen Berufszweig als **Qualifikationsstandard** etabliert ist. Dies kann beispielsweise anzunehmen sein, wenn die Ausbildungsinhalte tarifvertraglich festgehalten sind (vgl. auch Picker/Sausmikat NZA 2014, 942, 946). Die Ausbildungsinhalte können aber auch im Ausbildungsvertrag selbst festgehalten sein.

40 Damit fallen **Volontäre** nicht unter den Anwendungsbereich des MiLoG (zum Redaktionsvolontariat vgl. auch Ory AfP 2014, 308; krit. Hilgenstock Rn. 22). Volontäre sind nach § 82a HGB Personen, die, ohne als Lehrling angenommen zu sein, zum Zwecke ihrer Ausbildung unentgeltlich mit kaufmännischen Diensten beschäftigt werden. Obwohl § 82a HGB nur den kaufmännischen Volontär beschreibt, wird die Norm auch zur Definition technischer oder landwirtschaftlicher Volontäre herangezogen (vgl. HK-BBiG/Pepping § 26 Rn. 21; Maties RdA 2007, 135, 140). Die Abgrenzung zwischen Arbeits-,

Ausbildungs-, Praktikums- und Volontariatsverhältnissen im eigentlichen Sinn findet nach den allgemeinen Auslegungsgrundsätzen der §§ 133, 157 BGB statt. Es ist im jeweiligen Einzelfall zu prüfen, welches Rechtsverhältnis sich hinter dem von den Vertragspartnern gewählten Begriff des Volontariats verbirgt (§ 22 Abs. 1 S. 3). Ein Volontär im eigentlichen Sinn ist nach überwiegender Auffassung nur derjenige, der zum Zwecke der Ausbildung tätig wird, ohne dass mit der Ausbildung eine vollständig abgeschlossene Fachausbildung in einem anerkannten Ausbildungsberuf beabsichtigt ist (vgl. Baumbach/Hopt/Roth HGB § 82a Rn. 1; Küttner/Röller Praktikant Rn. 2) bzw. eine staatliche „Zertifizierung" infolge grundrechtlich geforderter Neutralität nicht in Betracht kommt (so bspw. im Pressebereich). Es muss also ein geordneter Ausbildungsgang sichergestellt sein; dies wird es regelmäßig bedingen, dass das Volontariat für die Dauer von jedenfalls zwei Jahren begründet wurde (vgl. hierzu BAG Urt. v. 23.6.1986 – 6 AZR 595/80, AP BetrVG 1972 § 78a Nr. 10; Urt. v. 1.12.2004 – 7 AZR 129/04, NZA 2005, 779, 781). In diesem Fall stellt das Volontariat ein anderes Vertragsverhältnis iSv § 26 BBiG dar, dessen Vergütung nicht durch das MiLoG, sondern durch § 17 BBiG geregelt wird (vgl. auch BT-Drs. 15/3980 S. 47).

III. Ausnahmetatbestände

41 § 22 Abs. 2 S. 2 regelt in Nr. 1 bis Nr. 4, welche Praktikumsverhältnisse ausnahmsweise nicht unter den Anwendungsbereich des MiLoG fallen. Dabei haben die Ausnahmetatbestände in § 22 Abs. 1 S. 2 Nr. 1 bis Nr. 4 **teils deklaratorischen** (Nr. 1, Nr. 4 Alt. 2), **teils konstitutiven** (Nr. 2, Nr. 3, Nr. 4 Alt. 1) **Charakter** (vgl. auch Natzel BB 2014, 2490, 2492). Neben § 22 Abs. 1 S. 2 Nr. 1 bis Nr. 4 sind aber auch die **allgemeinen Ausnahmen** vom Mindestlohn zu beachten; insbesondere findet § 22 Abs. 2 auch auf minderjährige Praktikanten Anwendung (hierzu unter Rn. 88 ff.). Die **Ausnahmetatbestände** stehen zueinander nicht in einem Ausschließlichkeitsverhältnis, sondern sind miteinander **kombinierbar**.

1. Pflichtpraktika

42 Nach § 22 Abs. 1 S. 2 Nr. 1 wird durch das MiLoG nicht die Vergütung für sog. Pflichtpraktika vorgegeben. Mit der Regelung zu Pflichtpraktika will der Gesetzgeber sicherstellen, dass für **obligatorische Praxisphasen** im Rahmen der Ausbildung im weiteren Sinn eine hinreichende Kapazität an Praktikumsplätzen vorhanden ist.

43 Die Ausnahme in § 22 Abs. 1 S. 2 Nr. 1 hat rein deklaratorischen Charakter, weil sog. Pflichtpraktika – nach der Rspr. des BAG – schon nicht vom BBiG erfasst werden, jedenfalls aber keine Praktika iSv § 26 BBiG sind (vgl. BAG Urt. v. 19.6.1974 – 4 AZR 436/73, AP BAT § 3 Nr. 3; BAG Urt. v. 3.9.1998 – 8 AZR 14/97, BeckRS 1998, 30371274; krit. hierzu Schade NJW 2013, 1039, 1041). § 26 BBiG findet weder auf Studenten, die innerhalb ihres Studiums und als dessen Bestandteil ein Praktikum absolvieren, noch im schulischen Bereich Anwendung.

44 a) **(Hoch-)Schulrechtliche Bestimmung, Ausbildungsordnung.** Ein Pflichtpraktikum iSd § 22 Abs. 1 S. 2 Nr. 1 liegt vor, wenn das Praktikum auf Grund einer schulrechtlichen Bestimmung, einer Ausbildungsordnung, einer hochschulrechtlichen Bestimmung oder im Rahmen einer Ausbildung an einer gesetzlich geregelten Berufsakademie obligatorisch zu leisten ist. Nicht notwendig ist, dass die (Hoch-)Schule den Praktikumsplatz vermittelt oder den Praktikumsbetrieb förmlich als Ausbilder einsetzt.

45 aa) **Anwendungsbereich.** Durch die umfassende Formulierung „schulrechtliche Bestimmung" werden insbesondere auch Praktika zur Erlangung eines schulischen Abschlusses erfasst (im RegE zum MiLoG war zunächst noch der Begriff „Schulordnung" vorgesehen,

vgl. BT-Drs. 18/1558 S. 15). Der Begriff Studienordnung ist nach dem Willen des Gesetzgebers ebenfalls **umfassend zu verstehen** (im RegE zum MiLoG war zunächst noch der Begriff „Studienordnung" vorgesehen, vgl. BT-Drs. 18/1558 S. 15). Unter den Begriff sind neben klassischen Studien- und Prüfungsordnungen auch **Zulassungsordnungen**, welche die Absolvierung eines Praktikums als Voraussetzung zur Aufnahme eines bestimmten Studiums verpflichtend vorschreiben, zu subsumieren (BT-Drs. 18/2010 (neu) S. 24). Die Ausnahme in § 22 Abs. 1 S. 2 Nr. 1 erfasst auch Praktika, die auf Grundlage landesrechtlicher Hochschulgesetze erfolgen (BT-Drs. 18/2010 (neu) S. 24). Keine Bestimmung idS sind demgegenüber durch den Arbeitgeber, ggf. auch kollektivrechtlich, geschaffene **interne Ausbildungsordnungen**. Ebenfalls keine Bestimmung idS sind solche Praktikumsvorgaben, die von einem Dritten für eine Förderleistung (zB ein Stipendium oder eine Ausbildungsbeihilfe) vorausgesetzt werden. In diesen Fällen ist das Praktikum nicht obligatorisch innerhalb der Ausbildung vorausgesetzt, sondern dient anderen, vom Arbeitgeber oder Dritten vorgegebenen Zwecken.

46 Pflichtpraktika sind nur dann vom Mindestlohn ausgenommen, wenn die Voraussetzungen von § 22 Abs. 1 S. 2 Nr. 1 bei Aufnahme des Praktikums tatsächlich, dh **objektiv vorliegen**. Der Praktikant muss also aus einer der oben genannten Bestimmungen zur Absolvierung des Praktikums verpflichtet sein; darüber hinaus muss das Praktikum als Pflichtpraktikum durchgeführt werden. Hierfür ist notwendig, aber auch ausreichend, dass der Praktikant gegenüber dem Praktikumsgeber **erklärt das Praktikum als „Pflichtpraktikum" durchführen zu wollen**. Dies gilt auch, wenn ein Praktikant während eines Zulassungspraktikums seinen Studienwunsch aufgibt. Ein innerer Vorbehalt des Praktikanten ist nach der Wertung des § 116 S. 1 BGB insoweit unbeachtlich. Gleiches gilt in den Fällen, in denen das Studium nicht erfolgreich abgeschlossen oder der Student aus anderen Gründen exmatrikuliert wird.

47 **bb) Einzelfälle. (1) Berufsakademie, Duales Studium.** Ein Praktikum wird ebenso verpflichtend auf Grund einer hochschulrechtlichen Bestimmung geleistet, wenn es im Rahmen von Kooperationsverträgen zwischen Hochschulen und Unternehmen erfolgt.

48 Damit können insbesondere auch Praktika, die im Rahmen von dualen Studiengängen absolviert werden, vom Anwendungsbereich des MiLoG ausgenommen sein. Für duale Studiengänge ist charakteristisch, dass die für den Studienabschluss erforderlichen Kompetenzen in Teilen betrieblich erworben werden. Dabei wird zwischen ausbildungs- und praxisintegrierten Studiengängen unterschieden (ausf Koch-Rust/Rosentreter NJW 2009, 3005, 3006; Natzel, NZA 2008, 567). Im **ausbildungsintegrierten Studiengang** wird neben dem Studienabschluss auch ein Abschluss in einem anerkannten Ausbildungsberuf angestrebt. Es liegt ein Berufsbildungsverhältnis vor, das bereits nach § 22 Abs. 3 vom allgemeinen Mindestlohn ausgenommen ist. Im **praxisintegrierten Studiengang** wird während der Praxisphase keine Berufsausbildung durchlaufen; es wird allein ein Studienabschluss angestrebt. Die praktische Tätigkeit im Betrieb dürfte aber regelmäßig innerhalb des Studiengangs verpflichtend sein, so dass es sich um eine Tätigkeit außerhalb des MiLoG handelt.

49 Ebenfalls mindestlohnfrei sind Praktika, die im Rahmen der Ausbildung an einer gesetzlich geregelten Berufsakademie geleistet werden. Auch insofern findet das BBiG schon nach § 3 Abs. 2 Nr. 1 BBiG keine Anwendung (vgl. auch BAG Urt. v. 18.11.2008 – 3 AZR 192/07, NZA 2009, 435, 437).

50 **(2) Berufspraktika.** Kein Anspruch auf ein Arbeitsentgelt nach dem MiLoG besteht nach der Begründung des Gesetzgebers auch für Personen, die verpflichtend ein sog. Berufspraktikum leisten (vgl. BT-Drs. 18/1558 S. 42), **ohne in einem Arbeitsverhältnis** beschäftigt zu sein. Berufspraktika idS sind **Praktika**, die einer Ausbildung oder einem Studium nachfolgen, um eine bestimmte staatlich anerkannte Berufsbezeichnung führen zu können. Insofern besteht eine strukturelle Vergleichbarkeit zu Pflichtpraktika.

C. Praktikanten § 22

Gemeint sind va Praktika, auf die der Tarifvertrag für Praktikanten des öffentlichen Dienstes (**TVPöD**) Anwendung findet (abrufbar unter www.bmi.bund.de), dh für Berufspraktika in den Bereichen Sozialarbeit/Sozialpädagogik/Heilpädagogik, pharmazeutisch-technischer Assistenz iSd **PTAG**, Erziehung/Kinderpflege, Massage/Physiotherapie iSd **MPhG** sowie Rettungsassistenz iSd **RettAssG** (s. aber Sächs. LAG Urt. v. 30.9.2005 – 3 Sa 542/04, LAGE BBiG § 10 Nr. 4; LAG München Urt. v. 19.11.2013 – 6 Sa 334/13, LAGE BBiG 2005 § 26 Nr. 5 [nrkr, anhängig BAG Az. 9 AZR 78/14]) bzw. – ab dem 1.1.2015 – iSd **NotSanG**. Als Berufspraktika idS sind ferner Praktika zu qualifizieren, die nach Maßgabe der vom GKV-Spitzenverband der Pflegekassen nach **§ 87b Abs. 3 SGB XI** erlassenen Richtlinien zur Qualifikation von zusätzlichen Betreuungskräften obligatorisch sind. 51

Psychotherapeuten in Ausbildung haben während der praktischen Tätigkeit (§ 8 Abs. 3 Nr. 3 PsychThG, § 2 PsychTh-APrV) nur dann einen Anspruch auf eine Vergütung nach dem MiLoG, wenn sie im Rahmen ihrer Ausbildung in einem Arbeitsverhältnis beschäftigt werden (vgl. hierzu LAG Hamm Urt. v. 29.11.2012 – 11 Sa 74/12, BeckRS 2013, 67258 [nrkr, anhängig BAG Az. 9 AZR 289/13, Termin: 10.2.2015]; ArbG Hmb. Urt. v. 16.10.2012 – 21 Ca 43/12, AuR 2013, 48 ArbG Köln Urt. v. 18.9.2014 – 11 Ca 10331/ 13, NZA 20/2014 S. VII). Ein Mindestlohnanspruch als Praktikant iSd § 26 BBiG scheidet aus (vgl. auch BT-Drs. 18/1684 S. 26 f.). Nach § 7 PsychThG findet das BBiG auf die psychotherapeutische Ausbildung keine Anwendung. 52

cc) **Ausländische Ausbildungsordnungen.** Zur Bestimmung, ob ein Pflichtpraktikum iSd § 22 Abs. 1 S. 2 Nr. 1 vorliegt, muss ggf. auch eine **ausländische Ausbildungsordnung** herangezogen werden. Ist ein Praktikum nach der im Einzelfall einschlägigen ausländischen Ausbildungsordnung als Pflichtpraktikum ausgestaltet, ist diese Ausgestaltung grundsätzlich auch bei der Anwendung des MiLoG zu beachten (zur Ausbildungsförderung für ein Praktikum im Ausland vgl. BVerwG Beschl. v. 16.5.2013 – 5 C 22.12, NJW 2013, 2919 sowie EuGH Urt. v. 18.7.2013 – C-523/11, NJW 2013, 2879). Der deutsche Gesetzgeber ist unionsrechtlich gehalten, Praktikanten aus Mitgliedsstaaten nicht ohne Sachgrund anders zu behandeln als vergleichbare deutsche Praktikanten. Von Gesetzes wegen ist der Ausnahmetatbestand in § 22 Abs. 1 S. 2 Nr. 1 nicht auf „deutsche" Pflichtpraktika beschränkt. Für Praktikanten aus Drittstaaten ergibt sich die Verpflichtung zur Gleichbehandlung – wenn sie nicht bereits in einem bilateralen oder multilateralen Assoziierungsabkommen geregelt ist – jedenfalls aus dem verfassungsrechtlichen Gleichheitssatz des Art. 3 Abs. 3 GG. 53

b) **Praktikumsdauer.** Anders als § 22 Abs. 1 S. 2 Nr. 2 und Nr. 3 nimmt § 22 Abs. 1 S. 2 Nr. 1 Pflichtpraktika ungeachtet ihrer Dauer vom MiLoG aus. Liegt ein – auch längerfristiges – Pflichtpraktika vor, besteht aus Sicht des Gesetzgebers keine Missbrauchsgefahr, der mit dem MiLoG zu begegnen wäre. Soweit die dem Praktikum zugrundeliegende schulrechtliche Bestimmung, die Ausbildungsordnung oder die hochschulrechtliche Bestimmung lediglich eine **Mindestpraktikumsdauer** vorgibt, ist das Praktikumsverhältnis allerdings auch nur für die vorgeschriebene Mindestdauer vom Anwendungsbereich des MiLoG ausgenommen. Nur insoweit ist das Praktikum verpflichtend. Dies schließt es jedoch nicht aus, die Praxisphase im Betrieb im Anschluss an das Pflichtpraktikum nach Maßgabe von § 22 Abs. 1 S. 2 Nr. 3 als ausbildungs-/studienbegleitendes Praktikum fortzuführen. 54

2. Orientierungspraktika

Nicht unter das MiLoG fallen zudem nach § 22 Abs. 1 S. 2 Nr. 2 Praktika von bis zu drei Monaten Dauer zur Orientierung für die Wahl einer Ausbildung oder eines Studiums (sog. Orientierungspraktika). 55

56 **a) Ausbildung/Studium.** Die Begriffe Ausbildung und Studium sind **weit zu verstehen** (BT-Drs. 18/1558 S. 42). Eine Beschränkung auf Berufsausbildungen iSd BBiG oder staatliche Studiengänge würde dem Bestreben des Gesetzgebers, Orientierungsphasen außerhalb des MiLoG zu ermöglichen, nicht gerecht.

57 **b) Orientierung.** Nach dem Wortlaut des § 22 Abs. 1 S. 2 Nr. 2 muss das Praktikum zur Orientierung für eine Berufsausbildung oder für die Aufnahme eines Studiums geleistet werden.

58 Ausreichend ist, dass das Praktikum der Orientierung dient und der Praktikant jedenfalls dem Grunde nach eine entsprechende Ausbildung bzw. ein entsprechendes Studium aufnehmen könnte (vgl. auch Bayreuther NZA 2014, 865, 871). Ein „Erfolg" in dem Sinn, dass das Praktikum in einer Ausbildung oder der Aufnahme eines Studiums mündet, kann schon deswegen **nicht verlangt** werden, weil am Ende eines Orientierungspraktikums gerade auch die Erkenntnis stehen kann, eine entsprechende Ausbildung bzw. ein entsprechendes Studium nicht aufnehmen zu wollen. Insofern kann der Ausnahmetatbestand ggf. auch mehrfach – bezogen auf verschiedene Ausbildungs-/Studiengänge in Anspruch genommen werden.

59 Auch **nach abgeschlossener Berufsausbildung** kann ein Praktikum iSd § 22 Abs. 1 S. 2 Nr. 2 zur Orientierung für die Aufnahme eines Studiums durchgeführt werden. Hierfür spricht zunächst der Wortlaut der Norm, der ein Praktikum zur Orientierung für die Aufnahme eines Studiums allgemein zulässt und nicht davon abhängig macht, dass der Praktikant über keine abgeschlossene Berufsausbildung verfügt. Maßgeblich ist auch insofern, dass das Praktikum einen Orientierungszweck hat. Ein Orientierungszweck ist zB gegeben, wenn nach einer abgeschlossenen kaufmännischen Berufsausbildung ein auf einen technischen Studiengang bezogenes Orientierungspraktikum durchgeführt wird.

60 Ob auch freiwillige Praktika nach Abschluss eines berufsqualifizierenden Studienabschlusses, zB eines Bachelors, vom Mindestlohn erfasst werden, gibt der Wortlaut von § 22 Abs. 1 S. 2 Nr. 2 nicht eindeutig her. **Absolventen** eines **Bachelorstudiengangs** sind aber mit Blick auf den Missbrauch von Praktikumsverhältnissen besonders schutzbedürftig. Gerade bei dieser Personengruppe besteht die Gefahr, Zeiten der praktischen Einarbeitung als Berufseinsteiger in einem Arbeitsverhältnis unter Hinweis auf den Erwerb beruflicher Fähigkeiten als Praktikum auszugestalten. Denn abstrakt gesehen kommt jeder Absolvent eines Bachelorstudiengangs für einen sich anschließenden Masterstudiengang in Betracht. Daher ist es nach dem Normzweck des § 22 Abs. 1 S. 2 Nr. 2 gerechtfertigt, auch freiwillige Praktika nach Abschluss eines Bachelorstudienganges und vor Aufnahme eines Masterstudiums vom Mindestlohn zu erfassen. **Nach einem berufsqualifizierenden Studienabschluss wird daher regelmäßig davon auszugehen sein, dass die berufliche Orientierungsphase abgeschlossen ist** (vgl. auch BT-Drs. 18/2145 S. 23). Es dürfte sich insofern – auch sprachlich – regelmäßig nicht um die „Aufnahme", sondern vielmehr um die „Fortsetzung" eines Studiums handeln.

61 Demgegenüber fallen Praktika, die zur **beruflichen Umorientierung** geleistet werden, unter den Ausnahmetatbestand (so auch Hund/Pechtold AuA 2014, 540). Der Wortlaut des § 22 Abs. 1 S. 2 Nr. 2 differenziert nicht zwischen erstmaliger und weiterer Orientierung zur Aufnahme einer Ausbildung oder eines Studiums. Ein anderes Ergebnis ist auch vom Telos der Norm nicht geboten, weil in Fällen der Umorientierung die Gefahr etwaigen Missbrauchs nicht einschlägig ist.

62 **c) Praktikumsdauer.** § 22 Abs. 1 S. 2 Nr. 2 nimmt ausschließlich ein Orientierungspraktikum von bis zu dreimonatiger Dauer vom Mindestlohn aus. Bereits aus dem Wortlaut folgt, dass das Praktikum „kalendermonatsübergreifend" absolviert werden kann. § 22 Abs. 1 S. 2 spricht von einer Dauer von bis zu drei Monaten, nicht *Kalender*monaten.

Beispiel: Ein Praktikum, welches am 15.1.2015 begonnen wird, ist damit nach § 22 Abs. 1 S. 2 Nr. 2 mindestlohnfrei, wenn es spätestens mit dem 14.4.2015 endet.

aa) Praktika von mehr als dreimonatiger Dauer. Ein Orientierungspraktikum mit einer Dauer von mehr als drei Monaten wird von der Ausnahmeregelung des § 22 Abs. 1 S. 2 Nr. 2 nicht erfasst, sondern ist ab dem ersten Tag der Beschäftigung mit dem Mindestlohn zu vergüten (so auch Jöris/v. Steinau-Steinrück BB 2014, 2101, 2102; Sagan/Witschen jM 2014, 372, 378; Schubert/Jerchel/Düwell MiLoG Rn. 169; **aA** ErfK/Franzen MiLoG § 22 Rn. 12; unklar D. Ulber AuR 2014, 402, 404; **aA** Lembke NZA 2015, 70, 77; Reufels/Blöchl ArbRB 2014, 353, 355). Dies ergibt sich schon aus dem **Wortlaut** der Norm. § 22 Abs. 1 S. 2 Nr. 2 beschreibt tatbestandlich ein Praktikum, bei dessen Absolvierung der Praktikant ausnahmsweise nicht als Arbeitnehmer iSd MiLoG gilt. § 22 Abs. 1 S. 2 Nr. 2 definiert hingegen nicht eine Karenzzeit, für die ein Praktikant vom Mindestlohn ausgenommen ist. Wäre eine Karenzzeit vom Gesetzgeber gewollt gewesen, hätte die Formulierung – dies zeigt auch **eine systematische Auslegung** im Lichte der diesen Ansatz wählenden Ausnahme für Langzeitarbeitslose nach § 22 Abs. 4 – etwa lauten müssen: „Für ein Praktikum zur Orientierung für eine Berufsausbildung oder für die Aufnahme eines Studiums gilt der Mindestlohn in den ersten drei Monaten der Beschäftigung nicht". Ein anderes Verständnis wäre auch mit dem **Normzweck** des § 22 Abs. 1 S. 2 nicht vereinbar. Der Gesetzgeber sieht die zeitliche Grenze, ab der die Gefahr missbräuchlicher Ausnutzung von Praktikanten überwiegt, bei einer drei Monate überschreitenden Praktikumsdauer. Dem liegt die gesetzgeberische Einschätzung zu Grunde, dass die berufliche Orientierung nach einer dreimonatigen Praktikumsdauer typischerweise abgeschlossen ist (vgl. auch BT-Drs. 18/2145 S. 23).

bb) Keine Aufspaltung in mehrere Abschnitte. Die Mindestlohnausnahme greift nur für Praktika von **bis zu dreimonatiger Dauer, nicht für 90 Praktikumstage.** Das Praktikum kann also nicht auf mehrere Abschnitte aufgespalten werden, die insgesamt die Dauer von drei Monaten nicht übersteigen (**aA** wohl Bayreuther NZA 2014, 865, 872). Für die **Berechnung der Praktikumsdauer** kommt somit die Auslegungsregel des § 191 BGB nicht zur Anwendung.

Auch die **Verlängerung** eines Orientierungspraktikums im Laufe seiner Durchführung auf eine Dauer von mehr als drei Monaten hat zur Folge, dass es sich nicht mehr um ein vom Mindestlohn nach § 22 Abs. 1 S. 2 Nr. 2 ausgenommenes Orientierungspraktikum handelt. Dabei kommt es nicht darauf an, ob die Verlängerung von einem „Sachgrund" getragen ist. Auch in Fällen, in denen ein **„unvorhergesehener Störfall"**, wie beispielsweise Krankheit, dazu führt, dass Teile des Praktikums nicht absolviert werden können, führt die Verlängerung des Praktikums dazu, dass der Ausnahmetatbestand des § 22 Abs. 1 S. 2 Nr. 2 nicht vorliegt. Etwas anderes gilt dann, wenn das Praktikum nur vereinbart, aber insgesamt nicht vollzogen wird.

cc) Mehrfache Orientierung. Die Ausnahme des § 22 Abs. 1 S. 2 Nr. 2 kann in der Regel nicht mehrfach bei demselben Ausbildenden in Anspruch genommen werden. Der Regelung ist immanent, dass eine Berufsorientierung ab einer dreimonatigen Praktikumsdauer grundsätzlich abgeschlossen ist (vgl. auch BT-Drs. 18/2145 S. 23). Der **Ausnahmetatbestand** des § 22 Abs. 1 Nr. 2 MiLoG ist damit *in der Regel* durch ein Orientierungspraktikum bei demselben Ausbilder **verbraucht** (**aA** Hund/Pechtold AuA 2014, 540, 542). Ein striktes Verbot von Vorpraktika sieht § 22 Abs. 1 S. 2 Nr. 2, anders als § 22 Abs. 1 S. 2 Nr. 3, indes nicht vor. Ein weiteres Orientierungspraktikum kommt in Betracht, wenn die Orientierung im Hinblick auf ein anderes Berufsfeld erfolgt und die Praktika nicht in einem zeitlichen Zusammenhang stehen. In diesem Fall wird es sich empfehlen, die Zielrichtungen des Praktikums klar zu dokumentieren.

dd) „Altfälle". Für die Dauer des Praktikums sind vor dem 1.1.2015 geleistete Praktikumszeiten zu berücksichtigen. Das MiLoG beschreibt in § 22 Abs. 1 S. 2 Nr. 2 tatbestandlich ein Praktikum, welches ausnahmeweise nicht mit dem Mindestlohn zu vergüten ist. Einen **Bestandsschutz für „Altverträge"** besteht insofern **nicht.** Ebenso wie Arbeitgeber nicht mit dem Einwand gehört werden, eine den gesetzlichen Mindestlohnanspruch unterschreitende Entgeltabrede sei bereits vor dem Inkrafttreten des MiLoG getroffen worden, ist dem Praktikumsgeber der Einwand abgeschnitten, dass das Praktikum bereits vor dem 1.1.2015 vereinbart oder aufgenommen wurde (so auch Jöris/ v. Steinau-Steinrück BB 2014, 2101, 2102).

Beispiel: Das Orientierungspraktikum beginnt am 1.12.2014. Es muss am 28.2.2015 enden, soll es nicht mit dem Mindestlohn zu vergüten sein. Wird es über den 28.2.2015 hinaus fortgesetzt, ist es ab dem 1.1.2015 mit dem Mindestlohn zu vergüten.

3. Ausbildungsbegleitende Praktika

68   § 22 Abs. 1 S. 2 Nr. 3 nimmt ausbildungsbegleitende Praktika von bis zu drei Monaten vom Mindestlohn aus.

69   a) **Ausbildungsbezug.** Das Praktikum muss einen inhaltlichen Bezug zur Ausbildung bzw. dem Studium haben. An den inhaltlichen Bezug dürften indes keine hohen Anforderungen zu stellen sein. Auch bei Anwendung von § 22 Abs. 1 S. 2 Nr. 3 ist der Begriff Berufs- und Hochschulausbildung **weit zu verstehen** (BT-Drs. 18/1558 S. 42). Nur soweit die Tätigkeit, die der Praktikant im Rahmen des Praktikums kennenlernt, in keinem erkennbaren Bezug zum aktuellen Ausbildungsberuf oder Studiengang des Praktikanten steht, ist der erforderliche Ausbildungsbezug zu verneinen. Dabei kann nicht unberücksichtigt bleiben, dass viele Studiengänge nicht mehr auf ein primäres Berufsbild verengt werden können, sondern vorrangig der Ausprägung methodischer und analytischer Fähigkeiten dienen. Jedenfalls in den Fällen, in denen der angestrebte Berufsabschluss dazu befähigt, in dem Umfeld, in dem das Praktikum absolviert wird, eine (Dauer-)Beschäftigung aufzunehmen, ist der Ausbildungsbezug gegeben.

70   b) **Vorpraktika.** Nach § 22 Abs. 1 S. 2 Nr. 3 darf nicht bereits zuvor ein solches Praktikum bei demselben Ausbildenden bestanden haben.

71   aa) **... ein solches Praktikumsverhältnis ....** § 22 Abs. 1 S. 2 Nr. 3 begründet im Rahmen von § 22 Abs. 1 S. **2 kein allgemeines Verbot von Vorpraktika** (vgl. auch Natzel BB 2014, 2490, 2491). Nach dem Wortlaut der Norm sperren nur bereits zuvor geleistete ausbildungsbegleitende Praktika die erneute Inanspruchnahme der Ausnahme nach § 22 Abs. 1 S. 2 Nr. 3 („wenn nicht zuvor *ein solches Praktikumsverhältnis...*") (so auch Bayreuther NZA 2014, 865, 872). Die Norm verbietet es hingegen nicht, im Anschluss an ein Pflichtpraktikum nach § 22 Abs. 1 S. 2 Nr. 1 ein ausbildungsbegleitendes Praktikum nach § 22 Abs. 1 S. 2 Nr. 3 anzuschließen.

72   bb) **... nicht „zuvor" ....** Die Formulierung „zuvor" ist von der gesetzgeberischen Zielsetzung her gesehen **eng zu verstehen.** Der Gesetzgeber will mit der grundsätzlichen Einbeziehung von Praktika in das MiLoG dem Missbrauch von Praktikanten als billige Arbeitskräfte beggenen. Dies bedingt es, dass die Ausnahmevorschrift des § 22 Abs. 1 S. 2 Nr. 3 – bezogen auf denselben Ausbilder und den jeweiligen Ausbildungsgang – nur einmal in Anspruch genommen werden kann. Es gilt mithin ein striktes **Verbot ausbildungsbegleitender Vorpraktika.**

73   Dem steht die einschränkende Auslegung des Tatbestandsmerkmals „zuvor" im Rahmen des befristungsrechtlichen Vorbeschäftigungsverbots aus § 14 Abs. 2 S. 2 TzBfG nicht entgegen (vgl. hierzu BAG Urt. v. 6.4.2011 – 7 AZR 716/09, NZA 2011, 905, 908 ff.). Zum einen berührt das MiLoG nicht in gleicher Weise grundrechtlich geschützte Positionen des Praktikanten, die von Verfassungs wegen eine einschränkende Auslegung gebieten (**aA** Hilgenstock Rn. 30). Zum anderen ist damit nicht ausgeschlossen, dass der

C. Praktikanten § 22

Praktikant zuvor ein anderes – nicht unter § 22 Abs. 1 S. 2 Nr. 3 fallendes – Praktikum bei demselben Ausbilder absolviert hat (zB zunächst im Rahmen eines Schülerpraktikums und zu einem späteren Zeitpunkt im Rahmen eines Hochschulstudiums).

cc) bei demselben Ausbildenden .... Nach dem Wortlaut des § 22 Abs. 1 S. 2 Nr. 3 74 darf das Vorpraktikum nicht mit demselben Ausbildenden bestanden haben. Die Formulierung des Gesetzgebers ist insoweit missverständlich, als sie den Blick auf den Begriff des Ausbilders iSd § 14 Abs. 1 Nr. 2 BBiG, § 28 BBiG lenkt. Im Berufsbildungsrecht müssen die Person des Ausbilders und die aus dem Ausbildungsverhältnis verpflichtete Person nicht notwendigerweise identisch sein (vgl. auch VGH Bad.-Württ. Urt. v. 22.12.1988 – 9 S 2583/87, BeckRS 1988, 30475604). Ausbilder im berufsbildungsrechtlichen Kontext ist, wer die Gewähr für den ordnungsgemäßen Ausbildungsverlauf übernimmt (vgl. HWK/C. S. Hergenröder BBiG § 14 Rn. 5). Die Verpflichtung zur Zahlung des Mindestlohns knüpft demgegenüber an den **Praktikumsgeber als diejenige natürliche oder juristische Person an, in deren Namen das Praktikumsverhältnis begründet wurde** (unklar Hilgenstock Rn. 33). Ausbildender iSd § 22 Abs. 1 S. 2 Nr. 3 ist demnach die natürliche oder juristische Person, die das Praktikumsverhältnis begründet hat. Ein ausbildungsbegleitendes Praktikum hat daher nur dann zuvor mit demselben Ausbildeden bestanden, wenn der Praktikumsgeber des Praktikanten bei beiden Praktika dieselbe natürliche oder juristische Person ist.

c) **Praktikumsdauer.** Zur Praktikumsdauer siehe Rn. 62 ff. 75

d) **„Altfälle".** Zur Behandlung von Altfällen siehe Rn. 67. 76

4. Einstiegsqualifizierung, Berufsausbildungsvorbereitung

Keinen Anspruch auf eine Vergütung nach dem MiLoG haben nach § 22 Abs. 1 S. 2 77 Nr. 4 Praktikanten, die an einer Einstiegsqualifizierung nach § 54a SGB III oder an einer Berufsausbildungsvorbereitung nach §§ 68 bis 70 BBiG teilnehmen.

a) **Einstiegsqualifizierung nach § 54a SGB III.** Bei der Einstiegsqualifizierung handelt es 78 sich um eine Maßnahme der aktiven Arbeitsförderung (§ 3 Abs. 2 SGB III, §§ 26 ff. SGB III) durch die Agenturen für Arbeit. Ihr Ziel es ist, Ausbildungssuchenden die Möglichkeit zu bieten, durch ein sechs- bis zwölfmonatiges Praktikum in einem Ausbildungsbetrieb einen anerkannten Ausbildungsberuf iSd § 4 Abs. 1 BBiG, § 25 Abs. 1 S. 1 HwO, des SeemG oder des AltPflG kennenzulernen. In diesem Zusammenhang können Arbeitgeber nach § 54a SGB III durch Zuschüsse gefördert werden. Hierzu muss die Einstiegsqualifizierung nach § 54a Abs. 1, Abs. 2 Nr. 1 SGB III auf der Grundlage eines Vertrags iSv § 26 BBiG durchgeführt werden. Eine sozialrechtlich veranlasste Einstiegsqualifizierung fällt insofern **als Maßnahme der Berufsbildung iSd § 1 Abs. 1 BBiG unter § 26 BBiG** (vgl. ErfK/Schlachter BBiG § 26 Rn. 1).

Soweit sich die Einstiegsqualifizierung im Rahmen eines betrieblichen Praktikums voll- 79 zieht, ist dieses Praktikum nach § 22 Abs. 1 S. 2 Nr. 4 Alt. 1 vom Mindestlohn ausgenommen. Eine Gefahr missbräuchlicher Ausnutzung von Praktikanten sah der Gesetzgeber infolge der Beteiligung der Bundesagentur für Arbeit bei Maßnahmen der Einstiegsqualifizierung nicht.

Durch die Agenturen für Arbeit nach § 54a SGB III veranlasste Praktika sind auch 80 dann vom Mindestlohn ausgenommen, wenn der Praktikumsgebender auf finanzielle Förderung verzichtet. **Ausreichend** ist, dass die **Fördervoraussetzungen** des § 54a SGB III **vorliegen**, unabhängig davon, ob Fördermittel beantragt oder tatsächlich in Anspruch genommen werden (vgl. auch BT-Drs. 18/2010 (neu) S. 22; ebenso Natzel BB 2014, 2490, 2492; krit. D. Ulber AuR 2014, 402, 406). Der Wortlaut des § 22 Abs. 1 S. 2 Nr. 4 spricht nur davon, dass Praktikanten an einer Einstiegsqualifizierung teilnehmen; eine staatliche Förderung ist vom Wortlaut nicht explizit gefordert.

81　**b) Sonstige Maßnahmen aktiver Arbeitsförderung nach dem SGB III.** Auch im Rahmen sonstiger berufspraktischer Phasen im Rahmen von Maßnahmen der aktiven Arbeitsförderung nach dem SGB III und im Rahmen von Leistungen zur Eingliederung in Arbeit nach dem SGB II besteht kein Anspruch auf den Mindestlohn (vgl. BT-Drs. 18/1558 S. 42). Maßnahmen der aktiven Arbeitsförderung nach dem SGB III und im Rahmen von Leistungen zur Eingliederung in Arbeit nach dem SGB II liegt schon kein Praktikantenverhältnis iSd § 26 BBiG zugrunde. Es handelt sich um Maßnahmen, bei denen die **Integration in den Ausbildungs- und Arbeitsmarkt im Vordergrund** steht (vgl. BT-Drs. 18/1558 S. 42). Insofern macht es auch keinen Unterschied, ob die Maßnahme unmittelbar durch bzw. über die Agenturen für Arbeit durchgeführt wird, oder ob sich die Agenturen für Arbeit im Rahmen ihrer Vermittlungs- und Eingliederungsbemühungen privater Dritter bedienen.

82　**c) Berufsausbildungsvorbereitung nach § 68 BBiG.** § 22 Abs. 1 S. 2 Nr. 4 Alt. 2 stellt – wohl deklaratorisch (vgl. BT-Drs. 18/2010 (neu) S. 24) – klar, dass Maßnahmen der Berufsausbildungsvorbereitung nach §§ 68 bis 70 BBiG nicht mindestlohnpflichtig sind.

83　**aa) Hintergrund.** Für Maßnahmen der Berufsausbildungsvorbereitung war bisher streitig, ob das der Vorbereitung zugrunde liegende Vertragsverhältnis unter § 26 BBiG fällt (so bspw. Leinemann/Taubert BBiG § 26 Rn. 30, § 68 Rn. 7; aA Natzel BB 2011, 1589, 1590 „Qualifizierungsverhältnis sui generis"; vgl. auch BT-Drs. 15/26 S. 30). Auch seitens der Rspr. war die Frage ungeklärt. Diese Unklarheit hat den Gesetzgeber im Verlauf des parlamentarischen Verfahrens dazu veranlasst, im Rahmen des MiLoG für Klarheit zu sorgen und Maßnahmen der Berufsausbildungsvorbereitung vom Mindestlohn auszunehmen (vgl. BT-Drs. 18/2010 (neu) S. 24). Mit der Regelung in § 22 Abs. 1 S. 2 Nr. 4 Alt. 2 wollte der Gesetzgeber insbesondere mit Blick auf **tarifvertragliche Integrations- und Förderprogramme** sowie auf Integrations- und Förderprogramme, die von einem Arbeitgeberverband durchgeführt werden, einem praktischen Bedürfnis nach Rechtssicherheit entsprechen. Dabei hatte er va die Programme in der Chemiebranche sowie in der Metall- und Elektrobranche im Blick (vgl. BT-Drs. 18/2010 (neu) S. 24).

84　Eine Einbeziehung von Maßnahmen der Berufsausbildungsvorbereitung in das MiLoG wäre in einen nicht auflösbaren **Wertungswiderspruch** geraten. Sie hätte dazu führen, dass Personen, deren Ausbildungsreife hergestellt werden soll, Anspruch auf den Mindestlohn haben. Demgegenüber sind Auszubildende nach § 22 Abs. 3 vom Mindestlohn ausgeschlossen.

85　**bb) Maßnahmen der Berufsausbildungsvorbereitung.** Eine gesetzliche Definition von Maßnahmen der Berufsausbildungsvorbereitung ist weder in § 1 Abs. 2 BBiG noch in den §§ 68 ff. BBiG enthalten. Das BBiG umschreibt lediglich den Kreis der für entsprechende Maßnahmen in Frage kommenden Personen und die damit im Zusammenhang stehenden Ziele der Berufsausbildungsvorbereitung (**Herstellung von Ausbildungsreife**). Die Berufsausbildungsvorbereitung richtet sich nach § 68 Abs. 1 S. 1 BBiG an lernbeeinträchtigte oder sozial benachteiligte Personen, deren Entwicklungsstand eine erfolgreiche Ausbildung in einem anerkannten Ausbildungsberuf oder einer gleichwertigen Berufsausbildung noch nicht erwarten lässt. Nach § 68 Abs. 1 S. 2 BBiG muss die Berufsvorbereitung nach Inhalt, Art, Ziel und Dauer den besonderen Erfordernissen des in § 68 Abs. 1 S. 1 BBiG genannten Personenkreises entsprechen und durch umfassende **sozialpädagogische Betreuung** und Unterstützung begleitet werden. Dabei ist eine Einzelbetreuung nicht erforderlich; ausreichend ist, wenn ein Betreuer für mehrere Maßnahmeteilnehmer verantwortlich ist. Maßnahmen der Berufsausbildungsvorbereitung können sowohl im Rahmen der aktiven Arbeitsförderung öffentlich-rechtlich durch die Agenturen für Arbeit als auch durch private Dritte durchgeführt werden, die nach § 70 BBiG von den landesrechtlich zuständigen Stellen beraten und überwacht werden (vgl. auch Schaub/Vogelsang ArbR-Hdb § 15 Rn. 3).

Maßnahmen der Berufsausbildungsvorbereitung sind auch dann vom Mindestlohn ausgenommen, wenn der Anbieter seiner **Anzeigepflicht** nach § 70 Abs. 2 BBiG nicht oder nicht rechtzeitig nachgekommen ist. Zwar nimmt § 22 Abs. 1 S. 2 Nr. 4 Alt. 2 nicht nur § 68 Abs. 1 BBiG, sondern die §§ 68 bis 70 BBiG in Bezug. Die Bezugnahme kann aber ohne weiteres als Verweis auf die Berufsausbildungsvorbereitung iSd Teil 2, Kapitel 4 Abschnitt 2 BBiG verstanden werden. Mindestlohnrechtlich entscheidend ist, dass die **materiellen Voraussetzungen** einer Berufsausbildungsvorbereitung **erfüllt** sind. Die Anzeige nach § 70 Abs. 2 BBiG dient allein dazu, eine effiziente Überwachung und Beratung durch die zuständigen Stellen zu gewährleisten (vgl. BT-Drs. 15/3980 S. 56). Nur wenn die Voraussetzungen des § 68 Abs. 1 BBiG nicht vorliegen, kann die Maßnahme nach § 70 Abs. 1 BBiG untersagt werden. 86

5. Nachweis

Das MiLoG regelt nicht, wie im Streitfall nachzuweisen ist, dass ein Praktikum als Pflichtpraktikum, zur Orientierung für eine Berufsausbildung oder für die Aufnahme eines Studiums iSd § 22 Abs. 1 S. 2 Nr. 2 MiLoG geleistet wird. Es gelten die allgemeinen Verfahrensgrundsätze (vgl. auch BT-Drs. 18/2145 S. 23). Hiernach ist zunächst durch den Anspruchsteller darzulegen, dass er als Praktikant iSv § 22 Abs. 1 S. 3 beschäftigt wurde. Gelingt dies, ist der **Praktikumsgeber für** die tatsächlichen Umstände des mindestlohnrechtlichen **Ausnahmetatbestands darlegungs- und beweisbelastet**. Das Regel-Ausnahme-Verhältnis von mindestlohnpflichtigen Praktika und mindestlohnfreien Praktika macht der Gesetzgeber durch die Formulierung in § 22 Abs. 1 S. 2 („*es sei denn*") deutlich. Rein praktisch dürfte der Nachweis eines Pflichtpraktikums durch die Vorlage einer Bescheinigung, aus der sich der Status als Schüler oder Student ergibt sowie einen Auszug aus der jeweiligen Ausbildungsordnung erbringen lassen. 87

D. Jugendliche

Nach § 22 Abs. 2 gelten Personen iSd § 2 Abs. 1, Abs. 2 JArbSchG ohne abgeschlossene Berufsausbildung nicht als Arbeitnehmer iSd MiLoG. Sie haben damit keinen Anspruch auf den Mindestlohn. 88

I. Anwendungsbereich

1. Personen iSd § 2 Abs. 1, Abs. 2 JArbSchG

Wie der Verweis auf das JArbSchG ergibt, sind Minderjährige ohne abgeschlossene Berufsausbildung vom Anwendungsbereich des MiLoG ausgeklammert. Sie gelten nach § 22 Abs. 2 nicht als Arbeitnehmer iSd MiLoG, ungeachtet dessen, ob sie in einem Arbeitsverhältnis beschäftigt werden. 89

Das JArbSchG definiert in § 2 Abs. 1, Abs. 2 JArbSchG für Zwecke des Jugendarbeitsschutzes die Begriffe Kind und Jugendlicher. Nach § 2 Abs. 1 JArbSchG ist Kind, wer noch nicht 15 Jahre alt ist. Jugendlicher ist nach § 2 Abs. 1 JArbSchG, wer 15, aber noch nicht 18 Jahre alt ist. 90

Der **Verweis** des Gesetzgebers auf das JArbSchG muss als **missglückt** bezeichnet werden, suggeriert er doch, dass beide Gesetze, das JArbSchG und das MiLoG, in einem Regelungszusammenhang stehen oder ähnliche Ziele verfolgen (vgl. auch Schulten Ausschuss-Drs. 18(11)148 S. 83, 84). Tatsächlich regeln beide Gesetze gänzlich unterschiedliche Sachverhalte. Während der Zweck des JArbSchG darin liegt, die Gesundheit und Entwicklung Minderjähriger vor den von Beschäftigung ausgehenden Gefahren zu schüt- 91 zen (vgl. HWK/Tillmanns JArbSchG § 1 Rn. 1; KZD/Bantle § 108 Rn. 1), zielt das MiLoG auf einen Mindestentgeltschutz ab. Nach § 5 Abs. 1 JArbSchG ist Kinderarbeit grundsätzlich verboten. Damit will der Gesetzgeber Kinder ua auch vor der wirtschaftlichen Ausnutzung ihrer Arbeitskraft schützen (vgl. ErfK/Schlachter JArbSchG § 5 Rn. 1). Hierzu passt es nicht, wenn § 22 Abs. 2 arbeitenden Kindern den Mindestlohnanspruch vorenthält.

92 Letztlich muss der Verweis auf das JArbSchG als **reine**, von den Zwecken des JArbSchG abgekoppelte **Altersgrenze** begriffen werden. Die Begründung zum Regierungsentwurf spricht insofern von einer im Wege der Inbezugnahme gesetzten Altersgrenze (BT-Drs. 18/1558 S. 42). Aus Gründen der Normenklarheit wäre es allerdings wünschenswert gewesen, hätte der Gesetzgeber dies unmittelbar in § 22 Abs. 2 zum Ausdruck gebracht.

2. Abgeschlossene Berufsausbildung

93 Jugendliche sind nur dann nach § 22 Abs. 2 vom Mindestlohn ausgenommen, wenn sie nicht bereits eine Berufsausbildung abgeschlossen haben. Nach Abschluss der Ausbildung haben Jugendliche ungeachtet dessen, ob sie in dem erlernten oder einen anderen Beruf arbeitsvertraglich tätig werden, Anspruch auf den Mindestlohn (vgl. auch Hilgenstock Rn. 41).

94 a) **Ausbildungserfolg.** Eine Ausbildung ist iSd § 22 Abs. 2 abgeschlossen, wenn sie *erfolgreich* beendet wurde. Dies ist der Fall, sobald die Abschlussprüfung bestanden ist.

95 Das Berufsausbildungsverhältnis ist kraft Gesetzes ein befristetes. Nach § 21 Abs. 1 S. 1 BBiG endet das Berufsausbildungsverhältnis mit dem **Ende der Ausbildungszeit**. Die Ausbildungszeit ergibt sich aus der jeweiligen Ausbildungsordnung (§ 5 Abs. 1 Nr. 2 BBiG). Ist die Ausbildung als Stufenausbildung (§ 5 Abs. 2 S. 1 Nr. 1 BBiG) gestaltet, endet das Berufsausbildungsverhältnis nach § 22 Abs. 1 S. 2 BBiG mit Ablauf der letzten Stufe. Bestehen Auszubildende vor Ablauf der Ausbildungszeit die Abschlussprüfung, so endet das Berufsausbildungsverhältnis nach § 21 Abs. 2 BBiG mit **Bekanntgabe des Ergebnisses durch den Prüfungsausschuss**. Auch wenn sich das Berufsausbildungsverhältnis nach der Rspr. des BAG weder von selbst noch auf Verlangen des Auszubildenden verlängert, wenn die Abschlussprüfung erst nach Ablauf der Ausbildungszeit stattfindet (vgl. BAG Urt. v. 13.3.2007 – 9 AZR 494/06, AP BBiG § 14 Nr. 13), ist die Ausbildung erst mit der erfolgreich absolvierten Abschlussprüfung iSd § 22 Abs. 2 abgeschlossen. Bestehen Auszubildende die Abschlussprüfung nicht, verlängert sich das Berufsausbildungsverhältnis nach § 22 Abs. 3 BBiG auf ihr Verlangen bis zur nächstmöglichen Wiederholungsprüfung, höchstens jedoch um ein Jahr.

96 b) **Praktische Bedeutung.** Dem Merkmal „ohne abgeschlossene Berufsausbildung" dürfte in der Praxis – wenn überhaupt – nur eine untergeordnete Bedeutung zukommen. Vergegenwärtigt man sich, dass ein Ausbildungsbeginn vor dem 16. Lebensjahr die Ausnahme sein dürfte und die Ausbildungsdauer nach § 5 Abs. 1 Nr. 2 BBiG nicht weniger als zwei Jahre betragen soll, sind kaum Fälle denkbar, in denen der Ausbildungsabschluss vor dem vollendenden 18. Lebensjahr liegt.

II. Vereinbarkeit mit höherrangigem Recht

97 Verfassungs- und unionsrechtlich ist die Regelung des § 22 Abs. 2 **kritisch** zu sehen (so auch Brors NZA 2014, 938, 942 [„unverhältnismäßig und europarechtswidrig"]; Fischer-Lescano, Gestaltung von Mindestlohnausnahmen, S. 19 ff., 34 f.; Preis BT-Drs. 18/2010 (neu) S. 14; Preis/Ulber, Verfassungsmäßigkeit des Mindestlohns, S. 129 ff.; Schu-

bert/Jerchel/Düwell MiLoG Rn. 177 ff.; aA Barczak RdA 2014, 290, 298; Grzeszick ZRP 2014, 66, 67; Lakies ArbR 2014, 189, 190, Thüsing BT-Drs. 18/2010 (neu) S. 13).

1. Jugendmindestlöhne in der Europäischen Union

In neun der 21 Mitgliedstaaten der Europäischen Union, die derzeit über einen allgemeinen gesetzlichen Mindestlohn verfügen, existieren mindestlohnrechtliche Sonderregelungen für junge Arbeitnehmer (Belgien, Frankreich, Griechenland, Großbritannien, Irland, Luxemburg, Malta, Niederlande, Tschechien) (vgl. auch Schulten Ausschuss-Drs. 18(11)148, 83, 84 f.). Dabei ist auffällig, dass die Mitgliedsstaaten, die eine gesonderte Regelung für junge Arbeitnehmer getroffen haben, tendenziell eher über ein hohes Mindestlohnniveau verfügen. In Frankreich, Luxemburg, Irland, Malta, Tschechien und – ab 2015 – Belgien beschränken sich die Sonderregelungen auf minderjährige Arbeitnehmer. Lediglich in Griechenland, Großbritannien und den Niederlanden gelten auf das Lebensalter bezogene Jugendmindestlöhne auch für volljährige Arbeitnehmer. In diesen Ländern wird der Standard-Mindestlohn erst ab einem Alter von 21 Jahren (Großbritannien), 23 Jahren (Niederlande) und 25 Jahren (Griechenland) gezahlt (vgl. Amlinger/Bispinck/Schulten, WSI Report 14/2014 S. 3). Der Verbreitungsgrad von Jugendmindestlöhnen in Europa ergibt freilich kein Argument für seine diskriminierungsrechtliche Zulässigkeit. Eine Überprüfung durch den EuGH steht insofern noch aus (vgl. auch Brors NZA 2014, 938, 941). **98**

2. Ungleichbehandlung, Diskriminierung

Die Bereichsausnahme für die Gruppe junger Arbeitnehmer berührt das unionsrechtliche Diskriminierungsverbot aus **Art. 21 GRC** sowie den verfassungsrechtlichen Gleichheitssatz aus **Art. 3 GG**. Den für die Anwendbarkeit der GRC nach Art. 51 Abs. 1 GRC erforderlichen unionsrechtlichen Bezug stellt die RL 2000/78/EG her, die die Mitgliedsstaaten zur nationsstaatlichen Verwirklichung des Grundsatzes der Gleichbehandlung verpflichtet. Diskriminierungen wegen des Alters sind nach Art. 21 Abs. 1 GRC verboten. Art. 3 Abs. 1 GG bestimmt, dass alle Menschen vor dem Gesetz gleich sind. Benachteiligungen wegen des Alters sind damit am Maßstab des Art. 3 GG zu messen (vgl. bspw. BVerfG Beschl. v. 26.1.1993 – 1 BvL 38/92 ua, NJW 1993, 1517; krit. BeckOK GG/Kischel Art. 3 Rn. 139 f.). Soweit Arbeitnehmer bis zu einer bestimmten Altersgrenze vom Mindestlohn ausgenommen werden, liegt hierin eine rechtfertigungsbedürftige Ungleichbehandlung. Arbeitnehmer, die die Altersgrenze unterschreiten, erfahren wegen ihres Alters eine weniger günstige Behandlung als Arbeitnehmer, die die Altersgrenze überschreiten. **99**

3. Rechtfertigung

Für den Gesetzgeber ergeben sich aus dem allgemeinen Gleichheitssatz des Art. 3 Abs. 1 GG je nach Regelungsgegenstand und Differenzierungsmerkmalen unterschiedliche Grenzen. Diese reichen vom bloßen Willkürverbot bis zu einer strengen Bindung an Verhältnismäßigkeitserfordernisse (vgl. BVerfG Beschl. v. 26.1.1993 – 1 BvL 38/92, NJW 1993, 1517). Die gerichtliche Kontrolle läuft letztlich auf eine verfassungsrechtliche **Angemessenheitsprüfung iSe Zweck-Mittel-Relation** hinaus. **100**

Im Schrifttum wird davon ausgegangen, dass der Prüfung ein **Willkürmaßstab** zugrunde zu legen ist, da die Ausnahmen an Merkmale anknüpfen, die nicht unmittelbar personenbezogen sind (so Barczak RdA 2014, 290, 298; Grzeszick ZRP 2014, 66, 67). Hinter den ausgenommenen Gruppen stünden jeweils sachbezogene Merkmale wie die Absicherung durch anderweitige Einkommens- und Unterhaltsleistungen bzw. der Förderung sozialversicherungspflichtiger Beschäftigung. **101**

102 Unionsrechtlich stellt eine Ungleichbehandlung wegen des Alters nach Art. 6 Abs. 1 Unterabs. 1 RL 2000/78/EG keine Diskriminierung dar, sofern sie objektiv und angemessen ist und im Rahmen des nationalen Rechts durch ein legitimes Ziel, worunter insbesondere rechtmäßige Ziele aus den Bereichen Beschäftigungspolitik, Arbeitsmarkt und berufliche Bildung zu verstehen sind, gerechtfertigt ist und die Mittel zur Erreichung dieses Ziels angemessen und erforderlich sind.

103 a) **Legitimes Regelungsziel.** Für die gleichheitsrechtliche Prüfung ist zentral, welches Ziel der Gesetzgeber mit der gesetzlichen (Ausnahme-)Regelung verfolgt.

104 Nach der Begründung zum Regierungsentwurf ist § 22 Abs. 2 auf eine **nachhaltige Integration junger Menschen in den Arbeitsmarkt** gerichtet. Durch die Ausnahme soll sichergestellt werden, dass der Mindestlohn keinen Anreiz setzt, zugunsten einer mit dem Mindestlohn vergüteten Beschäftigung auf eine Berufsausbildung zu verzichten. Die gesetzte Altersgrenze soll dahingehende Fehlanreize verhindern, dass junge Menschen nach Abschluss der Sekundarstufe 1 von einer weiterführenden Schulausbildung oder einer Berufsausbildung absehen, um stattdessen eine mit dem Mindestlohn vergütete Beschäftigung aufzunehmen. Dabei geht der Gesetzgeber davon aus, dass von jungen Menschen nach Abschluss der Sekundarstufe 1 wichtige Weichen für ihren späteren beruflichen Werdegang gestellt werden (vgl. BT-Drs. 18/1558 S. 43).

105 Bezogen auf das bildungspolitische Ziel, keinen Anreiz für Jugendliche zu setzen, statt einer Ausbildung auf den allgemeinen Arbeitsmarkt zu drängen, handelt es sich um ein legitimes, sozialpolitisches Ziel im unions- und verfassungsrechtlichen Sinn. Nach Art. 6 Abs. 1 Unterabs. 1 Buchst. a RL 2000/78/EG können Ungleichbehandlungen wegen des Alters insbesondere die Festlegung besonderer Beschäftigungs- und Arbeitsbedingungen auch in Entlohnungsfragen einschließen, um die berufliche Eingliederung von Jugendlichen zu fördern oder ihren Schutz sicherzustellen. Auch wenn die Regelung des § 22 Abs. 2 nicht – wie möglicherweise in anderen Mitgliedstaaten der Europäischen Union – der Bekämpfung von Jugendarbeitslosigkeit dient (vgl. European Commission, Age and Employment (Juli 2011), S. 5, 32 ff.), ist die Regelung dennoch auf eine nachhaltige Integration junger Menschen in den Arbeitsmarkt gerichtet. Personen ohne Berufsabschluss tragen gegenüber Personen mit Berufsabschluss ein deutlich erhöhtes Risiko, von Arbeitslosigkeit betroffen zu werden (vgl. BMAS, Fortschrittsbericht 2013, S. 24, abrufbar unter www.bmas.de; Pressemitteilung der Europäischen Kommission v. 23.6.2014 zum Bericht über offene Stellen und Einstellungen in Europa, IP 14/700).

106 b) **Geeignetheit.** Die Regelung erscheint unter Berücksichtigung des gesetzgeberischen Beurteilungsspielraums (hierzu BVerfG Beschl. v. 26.1.1993 – 1 BvL 38/92 ua, NJW 1993, 1517; EuGH Urt. v. 18.6.2009 – C-88/08, NZA 2009, 891 [Hütter]) zur Erreichung der verfolgten Zwecke jedenfalls **nicht evident ungeeignet**.

107 Um ihr Ziel zu erreichen, dh die Attraktivität von Ausbildungsangeboten hoch zu halten, müsste die Regelung – jedenfalls bei typologisierender Betrachtung – an der Schnittstelle zwischen dem Ausscheiden aus der Schule und der gesetzgeberisch „erwünschten" Entscheidung für eine Berufsausbildung ansetzen (zum Gebot kohärenter und folgerichtiger Gesetzesausgestaltung vgl. Grzeszick ZRP 2014, 66, 68 mwN). Daran könnte es fehlen, weil nach statistische Erhebungen Auszubildende bei Ausbildungsbeginn durchschnittlich bereits 20 Jahre alt sind (vgl. BIBB, Datenreport zum Berufsbildungsbericht 2013, S. 154). Allerdings ging es dem Gesetzgeber darum, eine aus bildungspolitischer Sicht besonders prekäre Gruppe junger Menschen zu erfassen. Die gesetzte Altersgrenze will gezielt nach Abschluss der Sekundarstufe 1 ansetzen. Die Sekundarstufe 1 dürfte typischerweise zwischen dem 16. und 18. Lebensjahr abgeschlossen werden.

108 Des Weiteren wird vorgebracht, dass die (va tarifvertragliche) Vergütung für ungelernte Tätigkeiten seit jeher über derjenigen Vergütung liegt, die typischerweise in Ausbildungsverhältnissen gezahlt wird. Insofern sei die Ausnahme vom allgemeinen Mindestlohn ungeeignet, Fehlanreize zur Aufnahme ungelernter Tätigkeiten zu nehmen. Allerdings

ändert dies nichts daran, dass das MiLoG – insbesondere in bislang nicht tarifierten Bereichen – nicht weitere, zusätzliche Anreize zur Aufnahme einer „Hilfstätigkeit" anstelle einer Ausbildung setzten will.

Die Regelung dürfte auch nicht dazu veranlassen, zur Erledigung einfacher Hilfstätigkeiten künftig vermehrt auf minderjährige Arbeitnehmer ohne abgeschlossene Berufsausbildung zurückzugreifen. Dies dürfte für Arbeitgeber bereits infolge der demographischen Entwicklung nicht erfolgversprechend sein. 109

c) **Angemessenheit.** Im Hinblick auf die Einhaltung des **Übermaßverbots** erscheint es verfassungsrechtlich problematisch, dass § 22 Abs. 2 sämtliche Arbeitsverhältnisse Minderjähriger vom Mindestlohn ausnimmt. 110

Ausgenommen vom Mindestlohn sind damit auch Nebentätigkeiten und Ferienjobs, der Minderjährige neben der Schul- oder Berufsausbildung nachgehen (vgl. auch Brors NZA 2014, 938, 942). Der vom Gesetzgeber angeführte Zweck der Mindestlohnausnahme ist für diese Nebentätigkeiten nicht einschlägig. Zwar ist der Gesetzgeber zu einer generalisierenden Betrachtungsweise berechtigt. Allerdings dürften von der Ausnahme ganz überwiegend Minderjährige betroffen sein, die eine Nebentätigkeit ausüben (nach Amlinger/Bispinck/Schulten, WSI Report 14/2014, S. 9 sind 97,2 % der minderjährigen Arbeitnehmer geringfügig Beschäftigte). Dies dürfte Anlass geben, die Ausnahmevorschrift **verfassungskonform einschränkend auszulegen,** dh nicht auf bloße Nebentätigkeiten anzuwenden. 111

E. Auszubildende

Nach § 22 Abs. 3 Alt. 1 regelt das MiLoG nicht die Vergütung von zu ihrer Berufsausbildung Beschäftigten. 112

I. Hintergrund

Der Gesetzgeber stellt mit § 22 Abs. 3 klar, dass es nicht Aufgabe des MiLoG ist, die Vergütung von Auszubildenden vorzugeben. Eine auf diese besondere Zielsetzung der Ausbildungsvergütung zugeschnittene Schutzvorschrift stellt § 17 Abs. 1 S. 1 BBiG dar, wonach Ausbildende verpflichtet sind, ihren Auszubildenden eine angemessene Vergütung zu gewähren. Mit der Klarstellung soll augenscheinlich vermieden werden, dass die Ausbildungsbereitschaft von Unternehmen und die Heranbildung eines ausreichenden Nachwuchses an qualifizierten Fachkräften gefährdet wird. 113

Eine Anwendung des allgemeinen Mindestlohns auf diese Beschäftigungsverhältnisse wird dem in Berufsausbildungsverhältnissen im Vordergrund stehenden **Ausbildungszweck** nicht gerecht. Das Berufsausbildungsverhältnis wird maßgeblich durch die Ausbildungs- und Freistellungspflicht des Ausbildenden geprägt (vgl. §§ 14, 15 BBiG). Anders als beim Arbeitsverhältnis ist die Vergütung im Ausbildungsverhältnis lediglich eine Nebenpflicht (vgl. BAG Beschl. v. 10.2.1981 – 6 ABR 86/78, AP BetrVG 1972 § 5 Nr. 25; Natzel DB 1992, 1521, 1524). Die Ausbildungsvergütung verfolgt – anders als die Vergütung eines Arbeitnehmers – nur zum Teil einen Entlohnungszweck. Die Ausbildungsvergütung hat nach der st. Rspr. des BAG regelmäßig drei Funktionen. Sie soll zum einen dem Auszubildenden bzw. seinen Eltern zur Durchführung der Berufsausbildung eine finanzielle Hilfe sein, zum anderen die Heranbildung eines ausreichenden Nachwuchses an qualifizierten Fachkräften gewährleisten und schließlich eine Entlohnung darstellen (zuletzt etwa BAG Urt. v. 15.12.2005 – 6 AZR 224/05, AP BBiG § 10 Nr. 15; BT-Drs. 5/4260 S. 9). 114

II. Erfasste Ausbildungsverhältnisse

115 Mit der Begrifflichkeit „zu Ihrer Berufsausbildung Beschäftigter" bezieht sich der Gesetzgeber auf die **Berufsausbildung nach § 1 Abs. 3 BBiG**, dh auf Ausbildungsgänge, die auf der Grundlage der §§ 4, 5 BBiG bzw. § 3 Abs. 3 BBiG iVm. §§ 25, 26 HwO durch Ausbildungsordnungen bundeseinheitlich geregelt sind (weitergehend ErfK/Franzen MiLoG § 22 Rn. 3).

1. Zweitausbildungen

116 Erfasst wird nicht nur die Erstausbildung im Anschluss an die Vollzeitschulpflicht, sondern auch jede weitere Berufsausbildung (zu Zweitausbildungen vgl. BAG Urt. v. 3.6.1987 – 5 AZR 285/86, NZA 1988, 66, 67; HKW/C. S. Hergenröder BBiG § 1 Rn. 3). Der Wortlaut von § 22 Abs. 3 differenziert insofern nicht nach den Kategorien Erst-/Zweitausbildung. Ferner begründet der Gesetzgeber die Ausnahme von Auszubildenden statusrechtlich (vgl. BT-Drs. 18/1558 S. 43), dh in Abgrenzung zum Arbeitsverhältnis.

2. Abiturientenmodelle

117 Unter dem Stichwort „Abiturientenmodell" werden in der Regel verkürzte Berufsausbildungen für Abiturienten bezeichnet, an die sich eine **Aufstiegsfortbildung** anschließt. Soweit sich die Ausbildung innerhalb eines sog. Abiturientenmodells vollzieht, nimmt § 22 Abs. 3 nur diejenigen Ausbildungsphasen bis zum erfolgreichen Ausbildungsabschluss aus. Sich an die Berufsausbildung anschließende Aufstiegsqualifizierungen oder Maßnahmen zur Erlangung der Ausbildereignung werden von § 22 Abs. 3 MiLoG nicht erfasst, sondern sind anhand von § 22 Abs. 1 auf ihre Mindestlohnpflichtigkeit hin zu überprüfen.

3. Ausländische Ausbildungsverhältnisse

118 Aus unionsrechtlicher Sicht sind auch vergleichbare ausländische Ausbildungsverhältnisse vom MiLoG ausgenommen, wenn Teile der Ausbildung im Inland durchgeführt werden. Dies gebietet jedenfalls eine unionsrechtskonforme Auslegung von § 22 Abs. 3 im Licht der RL 2005/36/EG (umgesetzt durch das Berufsqualifikationsfeststellungsgesetz – BQFG). Hiernach ist die Bundesrepublik Deutschland verpflichtet, im EU-Ausland erworbene Berufsabschlüsse anzuerkennen.

F. Ehrenamtlich Tätige

119 Nach § 22 Abs. 3 Alt. 2 regelt das MiLoG nicht die Vergütung von ehrenamtlich Tätigen. Die Regelung hat rein **deklaratorischen Charakter**, weil ehrenamtlich Tätige qua Definition keinen Vergütungsanspruch haben. § 22 Abs. 3 Alt. 2 geht auf eine Vorgabe aus dem Koalitionsvertrag zurück (vgl. Koalitionsvertrag für die 18. Legislaturperiode – Deutschlands Zukunft gestalten, S. 68, abrufbar unter www.bundesregierung.de). Es bestand offenbar die Befürchtung, dass ehrenamtliche Tätigkeiten durch einen allgemeinen Mindestlohn beeinträchtigt werden könnten.

I. Begriff des Ehrenamts

120 Das MiLoG enthält **keine Definition** des Ehrenamts, sondern geht von einer vorgegebenen Begrifflichkeit aus, so dass zur Bestimmung ehrenamtlicher Tätigkeit auf allgemeine Grundsätze zurückzugreifen ist. Synonym für den Begriff des Ehrenamts werden

F. Ehrenamtlich Tätige   § 22

zunehmend auch Begriffe wie freiwilliges oder bürgerschaftliches Engagement gebraucht (vgl. auch BT-Drs. 16/4256 S. 1).

Eine allgemeingültige, positive Definition des Ehrenamts gibt es indes nicht. Teilweise wird zur Bestimmung des Ehrenamtes auf sozialrechtliche Kategorien zurückgegriffen: Danach ist ehrenamtlich tätig, wer ein öffentliches Amt bekleidet, dh Amtsträger einer privaten, meist gemeinnützigen Organisation ist, im Gesundheitswesen bzw. in der Wohlfahrtspflege tätig wird oder sonst eine Tätigkeit übernommen hat, die sich ihrem Gesamteindruck nach als Ausdruck eines bürgerschaftlichen Engagements erweist (so Bayreuther NZA 2014, 865, 872). Typisch für das Ehrenamt ist jedenfalls, dass eine **gemeinnützige Tätigkeit** verrichtet wird, für die kein Entgelt, aber eine Aufwandsentschädigung gezahlt wird (vgl. Küttner/Röller Ehrenamt Rn. 1). Freilich wäre es aber zirkulär, von dem Umstand, dass kein Entgelt gezahlt wird, auf ein ehrenamtliches Verhältnis zu schließen. 121

Eine **Abgrenzung** kann letztlich nur **in negativer Hinsicht zum Arbeitsverhältnis** gelingen. Während mit einem Arbeitsverhältnis typischerweise die Vereinbarung oder jedenfalls die berechtigte Erwartung einer angemessenen Gegenleistung für die versprochenen Dienste verbunden ist, fehlt eine solche Vergütungserwartung bei ehrenamtlich Tätigen regelmäßig. Anders als im Arbeitsverhältnis liegt das Wesen des Ehrenamtes nicht im Synallagma von Arbeit und Lohn. Ob eine berechtigte Vergütungserwartung besteht, richtet sich nach der Art der Arbeit und nach den Umständen, unter denen sie geleistet wird (vgl. § 612 Abs. 1 BGB). Auch wenn die Erwerbsabsicht keine notwendige Bedingung für die Arbeitnehmereigenschaft ist, spricht ihr Fehlen nach der Rspr. des BAG im Rahmen einer Gesamtwürdigung maßgeblich gegen die Annahme eines Arbeitsverhältnisses (vgl. BAG Urt. v. 29.8.2012 – 10 AZR 499/11, NZA 2012, 1433, 1434) und damit für das Vorliegen einer ehrenamtlichen Tätigkeit. Typischerweise verfolgt ein Arbeitnehmer das Ziel, für seine Arbeit ein Entgelt zu erhalten. Dass neben diesem materiellen Interesse oftmals auch immaterielle Interessen eine Rolle spielen, schließt es nicht aus, die Erwerbsabsicht als wesentliches Merkmal zur Abgrenzung von Tätigkeiten heranzuziehen, die vorwiegend auf ideellen Beweggründen beruhen. Die Vereinbarung der Unentgeltlichkeit von Dienstleistungen ist insofern – bis zur Grenze des Missbrauchs – rechtlich zulässig, wenn eine Vergütung, wie bei ehrenamtlicher Tätigkeit, nicht zu erwarten ist. Die Ausübung von Ehrenämtern dient insofern nicht der Sicherung oder Besserung der wirtschaftlichen Existenz. Sie ist Ausdruck einer inneren Haltung gegenüber Belangen des Gemeinwohls und den Sorgen und Nöten anderer Menschen. Dies gilt es im Einzelfall zu prüfen. 122

II. Einzelfälle

1. Freiwilligendienste, § 32 Abs. 4 S. 1 Buchst. d EStG

Ehrenamtlich tätig iSv § 22 Abs. 3 Alt. 2 sind nach der Begründung der Bundesregierung auch Personen, die einen **freiwilligen Dienst iSd § 32 Abs. 4 S. 1 Nr. 2 Buchst. d EStG** leisten (BT-Drs. 18/1558 S. 43). In seinem originären Anwendungsbereich verhält sich § 32 Abs. 4 EStG indes zur Anerkennung von Freibeträgen für Kinder im Rahmen der einkommensteuerrechtlichen Behandlung der Eltern. Der Kinderfreibetrag wird nach § 34 Abs. 4 S. 1 Buchst. d EStG auch für Kinder berücksichtigt, die das 18., aber noch nicht das 25. Lebensjahr vollendet haben, wenn sie einen der im Einzelnen aufgeführten Dienste verrichten. 123

a) **Verweisungsgegenstand.** Gegenstand der Verweisung in der Gesetzesbegründung auf § 32 Abs. 4 S. 1 Nr. 2 Buchst. d EStG sind allein die **dort genannten freiwilligen Dienste**, nicht aber auch die persönlichen Voraussetzungen, die § 32 Abs. 4 S. 1 Nr. 2 EStG eingangs aufstellt. Auch Personen, die das 25. Lebensjahr bereits vollendet haben, sind damit im mindestlohnrechtlichen Sinn ehrenamtlich tätig, wenn sie einen der in § 32 124

Abs. 4 S. 1 Nr. 2 Buchst. d EStG genannten Dienste leisten. Einen plausiblen Grund, nur Personen bis zu einer gewissen Altersgrenze auszunehmen, gibt es im Bereich des gesetzlichen Mindestlohns – anders als im Steuerrecht – nicht.

125 **b) Erfasste Dienste.** Freiwillige Dienste iSd § 32 Abs. 4 S. 1 Nr. 2 Buchst. d EStG sind das freiwillige **soziale** oder **ökologische Jahr** iSd JFDG, der Freiwilligendienst iSd Beschl. Nr. 1719/2006/EG zur Einführung des **Programms „Jugend in Aktion"** (ABl. EU Nr. L 327 S. 30), der **entwicklungspolitische Freiwilligendienst „weltwärts"** iSd RL des Bundesministeriums für wirtschaftliche Zusammenarbeit und Entwicklung vom 1.8.2007 (BAnz. 2008 S. 1297), der **Freiwilligendienst aller Generationen** iSv § 2 Abs. 1a SGB VII, der **Internationale Jugendfreiwilligendienst** iSd RL des Bundesministeriums für Familie, Senioren, Frauen und Jugend vom 20.12.2010 (GMBl S. 1778) und die **Dienste nach dem BFDG**.

126 Diesen Diensten ist gemein, dass der Einsatz regelmäßig nicht in einem Arbeitsverhältnis erfolgt (vgl. auch BAG Beschl. v. 12.2.1992 – 7 ABR 42/91, NZA 1993, 334, 335). Der Zweck der Dienstleistung liegt im freiwilligen Engagement für das Allgemeinwohl (so zB § 1 Abs. 1 BFDG). Auch wenn den Diensten regelmäßig Vereinbarungen über den Einsatz zugrunde liegen (vgl. zB § 8 Abs. 1 BFDG, § 11 Abs. 1 JFDG) und eine Meldung zur Sozialversicherung erfolgt (vgl. zB § 13 Abs. 2 BFDG), erhalten die Dienstleistenden keine Vergütung iSd § 611 Abs. 1 BGB, sondern lediglich ein Taschengeld (vgl. zB § 2 Nr. 4 BFDG, § 3 Abs. 1 Nr. 3 JFDG).

2. Vereinsrechtliches Engagement

127 Ein weiterer praxisrelevanter Bereich, in dem freiwilliges Engagement eine bedeutende Rolle spielt, sind die Aktivitäten von Vereinen.

128 In der Rspr. ist seit jeher anerkannt, dass als **Rechtsgrundlage für die Leistung von Diensten** in persönlicher Abhängigkeit auch **die Mitgliedschaft in einem Verein** in Betracht kommt (vgl. bereits BAG Urt. v. 18.2.1956 – 2 AZR 294/54, NJW 1956, 647). Auch der Mitgliedsbeitrag in einem Verein kann insofern – statt in einer Geldleitung – in der Leistung von Diensten bestehen. Dies folgt aus der Vereinsautonomie, die es dem Verein ermöglicht, Rechte und Pflichten der Vereinsmitglieder und des Vereins durch Satzung zu regeln. Rechtsgrund der Beitragsleistung ist nicht ein schuldrechtlicher gegenseitiger Austauschvertrag, sondern die Vereinssatzung mit der Beitragsabrede. Die Beitragsleistung erfolgt, um den Vereinszweck zu fördern. Durch Ausübung der Mitgliedschaftsrechte kann das Mitglied auf die Geschicke des Vereins Einfluss nehmen. Die Begründung vereinsrechtlicher Arbeitspflichten darf allerdings nicht gegen ein gesetzliches Verbot oder die guten Sitten verstoßen und damit zwingende arbeitsrechtliche Schutzbestimmungen umgehen (vgl. BAG Beschl. v. 26.9.2002 – 5 AZB 19/01, NJW 2003, 161).

129 Auch soweit die Tätigkeit nicht ieS vereins*rechtlich* geschuldet, sondern nur durch eine persönliche Verbundenheit veranlasst ist, kann eine ehrenamtliche Tätigkeit iSd § 22 Abs. 3 vorliegen, wenn die Tätigkeit nicht in der Erwartung einer finanziellen Gegenleistung erbracht wird. Dies haben die Koalitionsfraktionen im parlamentarischen Verfahren bekräftigt. Nach ihrem Verständnis fallen insbesondere ehrenamtliche **Übungsleiter** und andere **ehrenamtlich tätige Mitarbeiter in Sportvereinen** nicht unter das MiLoG. Von einer ehrenamtlichen Tätigkeit sei immer dann auszugehen, wenn die Tätigkeit nicht von der Erwartung einer finanziellen Gegenleistung, sondern von dem Willen geprägt sei, sich für das Gemeinwohl einzusetzen. Liege diese Voraussetzung vor, seien auch Aufwandsentschädigungen für mehrere ehrenamtliche Tätigkeiten, unabhängig von ihrer Höhe, unschädlich. Auch **Amateur- und Vertragssportler** fielen nicht unter den Arbeitnehmerbegriff, wenn ihre ehrenamtliche sportliche Betätigung und nicht die finanzielle Gegenleistung für ihre Tätigkeit im Vordergrund stünden (vgl. BT-Drs. 18/2010

(neu) S. 15). In diesem Zusammenhang hat auch das LSG Nds.-Brem. zuletzt erkannt, dass ein abhängiges Beschäftigungsverhältnis nicht schon dann bejaht werden könne, wenn dem Fußballspieler die Spielorte vorgegeben werden und die Anordnungen des Trainers befolgt werden (vgl. LSG Nds.-Brem. Beschl. v. 12.11.2013 – L 4 KR 383/13 B ER, ArbRB 2014, 66). Letztlich bedarf es aber auch insofern jeweils einer auf den **Einzelfall bezogenen Prüfung** (vgl. hierzu BAG Urt. v. 10.5.1990 – 2 AZR 607/89, AP BGB § 611 Abhängigkeit Nr. 51).

III. Mehrere Rechtsbeziehungen

Soweit ehrenamtlich Tätige zusätzlich mit der Durchführung von Aufgaben betraut werden, kann dies ein **neben das Ehrenamt tretendes Arbeitsverhältnis** entstehen lassen. In einem solchen Fall besteht neben der ehrenamtlichen Verbundenheit eine zusätzliche arbeitsrechtliche Beziehung, auf die das MiLoG Anwendung findet. Besonderes Augenmerk ist in diesen Fällen aber darauf zu legen, ob nicht in Wahrheit ein einheitliches Arbeitsverhältnis „gelebt" wird. Hierzu ist zu prüfen, ob die arbeitsrechtliche Beziehung bei Beibehaltung des Ehrenamtes ohne weiteres gelöst werden kann. 130

G. Langzeitarbeitslose

Nach § 22 Abs. 4 S. 1 gilt der Mindestlohn in den ersten sechs Monaten der Beschäftigung nicht für Arbeitsverhältnisse von Arbeitnehmern, die unmittelbar vor Beginn der Beschäftigung langzeitarbeitslos iSd § 18 Abs. 1 SGB III waren. 131

I. Vereinbarkeit mit höherrangigem Recht

Die vorübergehende Ausnahme Langzeitarbeitsloser vom Mindestlohn ist mit dem Unions- und Verfassungsrecht vereinbar. Sie ist weder unter allgemeinen gleichheitsrechtlichen Gesichtspunkten noch unter dem Gesichtspunkt einer mittelbaren Benachteiligung wegen des Alters zu beanstanden (vgl. auch Grzeszick ZRP 2014, 66, 67, 69; Preis/Ulber, Verfassungsmäßigkeit des Mindestlohns, S. 139). 132

Die Ausnahme soll Langzeitarbeitslosen den Wiedereinstieg in den ersten Arbeitsmarkt erleichtern. Die Regelung dient einer **nachhaltigen Integration von Langzeitarbeitslosen in den Arbeitsmarkt**. Die vorübergehende Ausnahme Langzeitarbeitsloser vom Mindestlohn verfolgt insofern mit der Verbesserung der Eingliederungschancen ein **legitimes arbeitsmarktpolitisches Ziel** iSd Unions- und Verfassungsrechts. Das Ziel, Arbeitslosigkeit zu bekämpfen, hat nach der Rspr. des BVerfG auf Grund des Sozialstaatsprinzips (Art. 20 Abs. 1 GG) Verfassungsrang (zuletzt etwa BVerfG Beschl. v. 11.7.2006 – 1 BvL 4/00, NZA 2007, 42, 45). Die Interessenlage ist mit der Situation vergleichbar, die der Gesetzgeber mit der befristungsrechtlichen Privilegierung bei der Einstellung älterer Arbeitnehmer in den Blick genommen hat (vgl. § 14 Abs. 3 TzBfG idF des Gesetzes zur Verbesserung der Beschäftigung älterer Menschen v. 19.4.2007, BGBl. I S. 538; BT-Drs. 16/3793 S. 16 ff.; zur Vereinbarkeit von § 14 Abs. 3 TzBfG mit Unions- und Verfassungsrecht vgl. BAG Urt. v. 28.5.2014 – 7 AZR 360/12, DB 2014, 2475). Wie der EuGH in der Rs. Mangold erkannt hat, kann eine Benachteiligung wegen des Alters gerechtfertigt sein, wenn die persönliche Situation von Arbeitsuchenden konkret berücksichtigt wird (vgl. EuGH Urt. v. 22.11.2005 – C-144/04, NZA 2005, 1345). 133

Unerheblich für die gleichheitsrechtliche Beurteilung von § 22 Abs. 4 S. 1 ist, dass der Gesetzgeber mit Eingliederungszuschüssen (§§ 88 ff., 131 SGB III, § 16 Abs. 1 S. 2 Nr. 5 SGB II) weitere Instrumente bereithält, um die Beschäftigungsaussichten Langzeitarbeits- 134 loser zu verbessern. Weder das GG noch das Unionsrecht gebieten es, vorrangig bereits bestehende Fördermöglichkeiten auszuweiten. Es ist Sache des Gesetzgebers, auf der Grundlage seiner sozialpolitischen Vorstellungen zu entscheiden, welche Maßnahmen er im Interesse des Gemeinwohls ergreifen will (vgl. etwa BVerfG Beschl. v. 11.7.2006 – 1 BvL 4/00, NJW 2007, 51, 55).

II. Langzeitarbeitslosigkeit

135 § 22 Abs. 4 S. 1 verweist für den Begriff der Langzeitarbeitslosigkeit auf § 18 Abs. 1 SGB III. Danach ist langzeitarbeitslos, wer **ein Jahr und länger arbeitslos** ist. Mit dem Verweis auf § 18 Abs. 1 SGB III entspricht der personelle Anwendungsbereich von § 22 Abs. 4 S. 1 dem statistischen Messkonzept der Bundesagentur für Arbeit für die Langzeitarbeitslosigkeit. Nach den Arbeitsmarktberichten der Bundesagentur für Arbeit (abrufbar unter www.statistik.arbeitsagentur.de) waren zuletzt regelmäßig ca. 1 Mio. Personen langzeitarbeitslos idS. Damit ist ca. jeder Dritte Arbeitslose langzeitarbeitslos (vgl. Amlinger/Bispinck/Schulten, WSI Report 14/2014, S. 4).

1. Arbeitslosigkeit

136 Arbeitslos ist nach § 16 Abs. 1 SGB III, wer vorübergehend nicht in einem Beschäftigungsverhältnis steht, eine versicherungspflichtige Beschäftigung sucht und dabei den Vermittlungsbemühungen der Agentur für Arbeit zur Verfügung steht und arbeitslos gemeldet ist. Personen die außerhalb des Systems der Arbeitsvermittlung durch die Bundesagentur für Arbeit beschäftigungslos sind, fallen nicht unter den Ausnahmetatbestand.

2. Unterbrechungen

137 Die Arbeitslosigkeit wird grundsätzlich mit der **Aufnahme einer Beschäftigung** unterbrochen. Zur Unterbrechung der Arbeitslosigkeit können ferner länger andauernde **Zeiten der Nichterwerbsfähigkeit** führen.

138 a) **Aufnahme einer Beschäftigung.** Auf die Dauer der Beschäftigung kommt es für die Unterbrechung der Arbeitslosigkeit nicht an. Auch eine **kurzfristige Beschäftigung** kann zur Unterbrechung führen.

139 Allerdings wird Langzeitarbeitslosigkeit nicht dadurch ausgeschlossen, dass Langzeitarbeitslose, zB. zum Zwecke des Hinzuverdiensts, in Umfang von bis zu 15 Wochenarbeitsstunden in Teilzeit beschäftigt werden. Langzeitarbeitslose dürfen einer Teilzeitbeschäftigung **von bis zu 15 Wochenarbeitsstunden** nachgehen (**statuserhaltende Nebentätigkeit**). Erst ab einem Beschäftigungsvolumen von regelmäßig 15 Wochenarbeitsstunden bestimmt § 138 Abs. 3 S. 1 SGB III, dass eine leistungsrechtlich relevante Beschäftigung vorliegt, die mit dem Status als (Langzeit-)Arbeitsloser nicht zu vereinbaren ist. Langzeitarbeitslose können damit, ungeachtet bestehender Nebentätigkeiten von bis zu 15 Wochenarbeitsstunden, zulässigerweise nach § 22 Abs. 4 S. 1 beschäftigt werden.

Beispiel: Der seit dem 1.8.2013 Arbeitslose A nimmt am 1.4.2015 eine geringfügige Beschäftigung mit fünf Wochenarbeitsstunden bei Arbeitgeber B auf, die zum 30.6.2015 beendet wird. Am 1.7.2015 nimmt A eine vollzeitige Beschäftigung bei Arbeitgeber C auf. Bei Aufnahme der Tätigkeit bei C ist A langzeitarbeitslos.

140 b) **Zeiten der Nichterwerbsfähigkeit.** Nach § 18 Abs. 1 S. 2 SGB III unterbrechen die Teilnahme an einer **Maßnahme der beruflichen Eingliederung** nach § 45 SGB III sowie **Zeiten einer Erkrankung** oder **sonstiger Nicht-Erwerbsfähigkeit bis zu sechs Wochen** die Dauer der Arbeitslosigkeit nicht, da die Agenturen für Arbeit und die Jobcenter (iVm

§ 16 Abs. 1 S. 2 Nr. 2 SGB II) diese Maßnahmen mit dem Ziel erbringen, unmittelbar die berufliche Eingliederung von Arbeitsuchenden zu unterstützen. Damit ist klargestellt, dass nicht jede Unterbrechung der Verfügbarkeit auch zur Unterbrechung der Dauer der Arbeitslosigkeit führt. Die Ausnahme für Zeiten einer Erkrankung entspricht der Regelung zur Leistungsfortzahlung in § 146 Abs. 1 SGB III, die bei unverschuldeter Arbeitsunfähigkeit wegen Krankheit die Fortzahlung des Arbeitslosengeldes vorsieht, obwohl die betreffende Person den Vermittlungsbemühungen nicht zur Verfügung steht. Das Gleiche soll für kurze Zeiten sonstiger Nicht-Erwerbsfähigkeit gelten. Darunter fallen beispielsweise **Urlaubzeiten**, die kurzfristig verzögerte Arbeitslosmeldung nach Beendigung der Hilfebedürftigkeit, die kurzzeitige **Betreuung von Kindern oder Pflege naher Angehöriger**, die Teilnahme an einer ärztlich verordneten **Maßnahme der medizinischen Vorsorge oder Rehabilitation**, die Teilnahme an einer Veranstaltung, die staatspolitischen, kirchlichen oder gewerkschaftlichen Zwecken dient oder sonst im öffentlichen Interesse liegt und die Ausübung einer ehrenamtlichen Tätigkeit.

§ 18 Abs. 2 SGB III findet im Bereich des MiLoG keine Anwendung, da die Regelung sich nur auf Leistungen des SGB III und des SGB II bezieht, die Langzeitarbeitslosigkeit voraussetzen. **§ 18 Abs. 2 SGB III** hat insofern **rein leistungsrechtliche Bedeutung** (vgl. auch BT-Drs. 18/1742 S. 53).

III. Sechs-Monats-Ausnahme

Langzeitarbeitslose haben nach § 22 Abs. 4 in den ersten sechs Monaten ihrer arbeitsvertraglichen Beschäftigung keinen gesetzlichen Anspruch auf den Mindestlohn. Es handelt sich um eine **Sperrfrist**; bei einer länger andauernden Beschäftigung besteht ein Anspruch auf den Mindestlohn ab dem siebten Beschäftigungsmonat.

1. Befristete Arbeitsverhältnisse

§ 22 Abs. 4 S. 1 differenziert nicht nach der Art des Arbeitsverhältnisses. Die Ausnahme greift damit **unabhängig davon, ob** die Einstellung **befristet oder unbefristet** erfolgt.

Eine einschränkende Auslegung der Vorschrift auf unbefristete Arbeitsverhältnisse ist auch unter Berücksichtigung des Normzwecks nicht geboten. Selbst wenn es im Einzelfall evident erscheint, dass die Einstellung dem zuvor Langzeitarbeitslosen nur eine kurzfristige Beschäftigungsmöglichkeit von bis zu sechs Monaten bietet – zB im Bereich der Saisonarbeit oder der Kampagne-Betriebe – und damit nicht in erster Linie der nachhaltigen Integration in den Arbeitsmarkt dient, findet § 22 Abs. 4 S. 1 Anwendung. Der Wortlaut der Norm ist insofern eindeutig. Davon unabhängig bietet auch ein unbefristetes Arbeitsverhältnis keine weitergehende Gewähr dafür, dass die nachhaltige Integration gelingt, denn auch das unbefristete Arbeitsverhältnis ist in den ersten sechs Monaten der Beschäftigung in den Grenzen der §§ 138, 242 BGB jederzeit kündbar. Für dieses Verständnis von § 22 Abs. 4 S. 1 spricht letztlich auch die in § 22 Abs. 4 S. 2 vorgesehene Überprüfungsklausel, mit der der Gesetzgeber der Gefahr der zweckwidrigen Nutzung von § 22 Abs. 4 S. 1 begegnet.

2. Teilzeitarbeitsverhältnisse

Die Ausnahmevorschrift des § 22 Abs. 4 findet auch für in Teilzeit durchgeführte Nebentätigkeiten Anwendung; dies auch dann, wenn das Teilzeitarbeitsverhältnis unter 15 Wochenarbeitsstunden beträgt und die Langzeitarbeitslosigkeit deshalb nicht beendet (vgl. § 138 Abs. 3 S. 1 SGB III). Ein anderes Verständnis ist weder im Wortlaut der Norm angelegt noch finden sich entsprechende Hinweise in den Gesetzgebungsmaterialien. Eine **teleologische Reduktion** von § 22 Abs. 4 S. 1 ist auch **nicht normativ geboten**.

Die mit der Ausnahme verfolgten arbeitsmarktpolitischen Ziele greifen auch bei der Ausübung einer Nebentätigkeit. Es kann jedenfalls nicht von vorherin ausgeschlossen werden, dass auch eine Teilzeitarbeit (von bis zu 15 Wochenarbeitsstunden) zu einer nachhaltigen Integration Langzeitarbeitsloser in den ersten Arbeitsmarkt führt. Dies insbesondere auch deshalb, weil teilzeitbeschäftigte Arbeitnehmer nach § 9 TzBfG einen privilegierten Zugang zu freiwerdenden Arbeitsvolumina haben. Nach § 9 TzBfG hat der Arbeitgeber einem teilzeitbeschäftigen Arbeitnehmer, der ihm den Wunsch nach einer Verlängerung seiner vertraglich vereinbarten Arbeitszeit angezeigt hat, bei der Besetzung eines frei werdenden Arbeitsplatzes bei gleicher Eignung bevorzugt zu berücksichtigen.

146 Wird das Arbeitsvolumen in einer während der Langzeitarbeitslosigkeit **ausgeübten Nebentätigkeit** auf mehr als 15 Wochenarbeitsstunden **aufgestockt**, wird das Arbeitsverhältnis ab dem siebten Beschäftigungsmonat mindestlohnpflichtig. Es liegt ein einheitliches Arbeitsverhältnis vor, so dass „Vorbeschäftigungszeiten" mitzählen. Gleiches gilt normativ, wenn die Nebentätigkeit nach sechs Monaten „formal" beendet und mit demselben Arbeitgeber ein neuer Arbeitsvertrag mit mehr als 15 Wochenarbeitsstunden geschlossen wird. Dies unabhängig davon, ob sich die Tätigkeiten, inhaltlich unterscheiden. Entscheidend ist, dass die Integration des zuvor Langzeitarbeitslosen in den ersten Arbeitsmarkt geglückt und die Erprobung erfolgreich verlaufen ist.

147 Der Langzeitarbeitslose hat auch in einer Nebentätigkeit ab dem siebten Beschäftigungsmonat einen Anspruch auf den Mindestlohn, wenn infolge der Nebentätigkeit der „Status Langzeitarbeitslosigkeit" nicht aufgehoben wird.

Beispiel: Der seit dem 1.8.2013 Arbeitslose A nimmt am 1.4.2015 eine geringfügige Beschäftigung mit fünf Wochenarbeitsstunden bei Arbeitgeber B auf. Ab dem 1.10.2015 hat A Anspruch auf den Mindestlohn, obwohl er nach § 138 Abs. 3 S. 1 SGB III weiter (langzeit-)arbeitslos ist.

148 Solange „Langzeitarbeitslosigkeit" vorliegt, schließt es das Gesetz nicht aus, dass der Langzeitarbeitslose in verschiedenen, ggf. auch nacheinander begründeten, Nebentätigkeitsverhältnissen von bis zu 15 Wochenarbeitsstunden durch verschiedene Arbeitgeber unter Inanspruchnahme von § 22 Abs. 4 beschäftigt wird.

Beispiel: Wie im obigen Beispiel nimmt der seit dem 1.8.2013 Arbeitslose A am 1.4.2015 eine geringfügige Beschäftigung mit fünf Wochenarbeitsstunden bei Arbeitgeber B auf. Diese wird jedoch zum 30.9.2015 beendet. Am 1.10.2015 nimmt A eine geringfügige Beschäftigung mit fünf Wochenarbeitsstunden bei Arbeitgeber C auf. A hat in den ersten sechs Monaten keinen Anspruch gegen C auf Zahlung des Mindestlohns, da er bei Aufnahme der Beschäftigung bei C langzeitarbeitslos ist.

IV. Grenze des Lohnwuchers

149 Zuvor Langzeitarbeitslose haben innerhalb der ersten sechs Monate der Beschäftigung in einem Arbeitsverhältnis keinen gesetzlichen Mindestlohnanspruch. Die Höhe der Vergütung richtet sich daher nach der dem Arbeitsverhältnis zugrundeliegenden arbeits- bzw. tarifvertraglichen Vereinbarung. Das vereinbarte Arbeitsentgelt ist an **§ 138 BGB zu messen**. Nach der Rspr. des BAG zum Lohnwucher ist ein Arbeitsentgelt grundsätzlich sittenwidrig, wenn es **weniger als 2/3 der üblichen Vergütung** beträgt (zuletzt etwa BAG Urt. v. 17.10.2012 – 5 AZR 792/11, NZA 2013, 266). Die Untergrenze für die übliche Vergütung bildet künftig der allgemeine Mindestlohn. Damit ist für vom Mindestlohn ausgenommene Arbeitnehmer jedenfalls eine Vergütungsabrede sittenwidrig, die unterhalb von 2/3 des allgemeinen Mindestlohns, also von brutto 5,67 Euro je Zeitstunde liegt. In diesem Fall hat der Langzeitarbeitslose nach § 612 BGB einen Anspruch auf die übliche Vergütung, also mindestens auf den Mindestlohn von 8,50 Euro je Zeitstunde. Ist die übliche Vergütung in einem Wirtschaftszweig höher, bildet diese den Maßstab für die Prüfung der Sittenwidrigkeit.

V. Auslandssachverhalte

Die Bezugnahme auf § 18 Abs. 1 SGB III wirft die Frage auf, ob die Ausnahmevorschrift in § 22 Abs. 4 S. 1 auf inländische Langzeitarbeitslose im Anwendungsbereich des SGB III beschränkt ist. **150**

1. Arbeitnehmerfreizügigkeit

Ausländische Arbeitsuchende dürften regelmäßig nicht die Voraussetzungen der Arbeitslosigkeit nach § 16 SGB III erfüllen; insbesondere nicht in Deutschland arbeitslos gemeldet sein. Außerdem gilt § 18 SGB III nach § 30 Abs. 1 SGB I nur für Personen mit Wohnsitz oder gewöhnlichem Aufenthalt in Deutschland. **151**

Dessen ungeachtet ist **§ 22 Abs. 4 S. 1** auch auf **ausländische Langzeitarbeitslose** anzuwenden (aA Lakies ArbR 2014, 343, 344; ders. AuR 2014, 360, 364; Schubert/Jerchel/Düwell MiLoG Rn. 195). Dies gebietet eine unionsrechtskonforme Anwendung der Norm unter dem Gesichtspunkt der Arbeitnehmerfreizügigkeit (aA Eichenhofer AuR 2014, 450). Nach Art. 45 Abs. 1 AEUV ist die Freizügigkeit von Arbeitnehmern innerhalb der Union gewährleistet. Die Freizügigkeit umfasst nach Art. 45 Abs. 2 AEUV die Abschaffung jeder auf der Staatsangehörigkeit beruhenden unterschiedlichen Behandlung von Arbeitnehmern der Mitgliedsstaaten in Bezug auf Beschäftigung, Entlohnung und sonstige Arbeitsbedingungen. **152**

Arbeitsuchende aus dem Ausland machen, wenn sie einen Arbeitsvertrag mit einem im Inland ansässigem Arbeitgeber schließen, von ihrem Recht auf Freizügigkeit als Arbeitnehmer Gebrauch. Würde § 22 Abs. 4 S. 1 auf sie keine Anwendung finden, würde sie – anders als inländische Arbeitnehmer – auch in den ersten sechs Monaten ihrer Beschäftigung Anspruch auf den Mindestlohn haben. Rein arbeitsrechtlich gesehen würden ausländische Arbeitsuchende damit allerdings gegenüber deutschen Langzeitarbeitslosen besser gestellt; eine Benachteiligung, dh schlechtere Behandlung, wäre damit nicht verbunden. Die Arbeitnehmerfreizügigkeit umfasst aber auch das **Recht auf gleichen Zugang zum Arbeitsmarkt** (vgl. EuGH Urt. v. 23.3.2004 – C-138/02, AP EG Art. 39 Nr. 14). Arrondierend hierzu garantiert Art. 1 VO (EU) 492/2011 für Unionsbürger das Recht, ungeachtet ihres Wohnsitzes ein Arbeitsverhältnis in einem anderen Mitgliedstaat nach den für die Arbeitnehmer dieses Staates geltenden Rechtsvorschriften aufzunehmen. Diese Dimension der Arbeitnehmerfreizügigkeit ist betroffen, wenn ausländischen Arbeitsuchenden der Zugang zum Arbeitsmarkt wegen der im Vergleich zu inländischen Langzeitarbeitslosen höheren Kosten ihrer Beschäftigung erschwert wird (dies übersehen Schubert/Jerchel/Düwell MiLoG Rn. 195). Dies ist mit dem Durchsetzungsanspruch des Unionsrechts nicht zu vereinbaren. **153**

Auch **ausländische Arbeitsuchende** müssen vor Aufnahme der Beschäftigung **ein Jahr arbeitslos** gewesen sein, um unter die Ausnahme nach § 22 Abs. 4 S. 1 zu fallen. Die Bestimmung des Status als Arbeitsloser richtet sich **iÜ nach dem für das Arbeitsverhältnis maßgeblichen Sozialversicherungsrecht**. **154**

2. Entsendefälle

In Entsendefällen ist es grundsätzlich geboten, die Ausnahmevorschrift des § 22 Abs. 4 S. 1 **zugunsten ausländischer Arbeitgeber zur Anwendung zu bringen**. **155**

Dies gilt jedenfalls dann, wenn der ausländische Langzeitarbeitslose **anlässlich einer Entsendung nach Deutschland eingestellt** wird. Die Nichtanwendung von § 22 Abs. 4 S. 1 würde in diesen Fällen zu einer Ungleichbehandlung des ausländischen Arbeitgebers führen. Ausländische Arbeitgeber wären für die Dauer der Entsendung nach Deutschland verpflichtet, auch zuvor langzeitarbeitslosen Arbeitnehmern eine Vergütung nach dem

MiLoG zu zahlen. Demgegenüber könnten inländische Wettbewerber die Vorschrift des § 22 Abs. 4 S. 1 nutzen, um ihre Dienste am Markt günstiger anzubieten. Diese Ungleichbehandlung könnte nicht gerechtfertigt werden und wäre mit dem Recht der Dienstleistungsfreiheit (Art. 56 AEUV) deshalb unvereinbar.

VI. Darlegungs- und Beweislast

156 Die Voraussetzungen des § 22 Abs. 4 S. 1 müssen objektiv vorliegen. Im Streitfall gelten die allgemeinen zivilprozessualen Grundsätze. Hiernach hat der Arbeitgeber, will er sich auf die Ausnahmevorschrift des § 22 Abs. 4 S. 1 berufen, zunächst darzulegen und ggf. zu beweisen, dass die tatbestandlichen Voraussetzungen bei der Einstellung vorlagen (zur Beweislast vgl. GMP/Prütting ArbGG § 58 Rn. 77). Soweit er hierzu aus eigener Kenntnis nur eingeschränkt vortragen kann, kann der Arbeitnehmer allerdings nach § 138 Abs. 2 ZPO gehalten sein, sich seinerseits zu erklären (vgl. Musielak ZPO/Stadler § 138 Rn. 10).

157 Das Gesetz regelt nicht, wie das Vorliegen von Langzeitarbeitslosigkeit iSd § 22 Abs. 4 S. 1 iVm § 18 Abs. 1 SGB III für den Arbeitgeber rechtssicher feststellbar und im Streitfall nachzuweisen ist.

1. Glaubhaftmachung

158 Die Möglichkeit einer Glaubhaftmachung besteht nicht. Zwar kann nach § 18 Abs. 3 SGB III im Einzelfall auf das Mittel der Glaubhaftmachung, letztlich also eine Versicherung an Eides statt, zurückgegriffen werden, um den Status als Langzeitarbeitsloser zu belegen. § 18 Abs. 3 SGB III wird durch die Verweisung in § 22 Abs. 4 S. 1 indes nicht erfasst. § 24 Abs. 1 S. 1 nimmt nur § 18 Abs. 1 SGB III in Bezug. Davon unabhängig können ohnehin **nur Tatsachen** – zB die Dauer der Beschäftigungslosigkeit –, **nicht** jedoch der **Status** „Langzeitarbeitslos" Gegenstand einer Versicherung an Eides statt sein. Schließlich ist eine Versicherung an Eides statt nur im Verhältnis zu Behörden und staatlichen Einrichtungen (vgl. § 294 ZPO, § 156 StGB), **nicht** aber **im Verhältnis vom Privaten** als Bekräftigungsform vorgesehen.

2. Auskunft durch die Agentur für Arbeit

159 Das Gesetz sieht auch keine rechtliche Handhabe vor, von der Agentur für Arbeit eine entsprechende Auskunft oder Bescheinigung zu erhalten.

160 a) **Arbeitsvermittlung.** Da allerdings auch die Agentur für Arbeit von Gesetzes wegen ein Interesse an der nachhaltigen Vermittlung in Arbeit hat, dürfte – auch ohne gesetzliche Verpflichtung – eine entsprechende Auskunft oftmals auf freiwilliger Basis erteilt werden. Nach § 4 SGB III hat die Vermittlung in Arbeit Vorrang vor den Leistungen zum Ersatz des Arbeitsentgelts sowie zu sonstigen Leistungen der Arbeitsförderung, es sei denn, die Leistung ist für eine dauerhafte Eingliederung erforderlich. Zudem bestimmt § 35 Abs. 1 S. 1 SGB III, dass die Agentur für Arbeit Arbeitssuchenden und Arbeitgebern Arbeitsvermittlung anzubieten hat. Die Arbeitsvermittlung umfasst nach § 35 Abs. 1 S. 2 SGB III alle Tätigkeiten, die darauf gerichtet sind, Arbeitsuchende mit Arbeitgebern zur Begründung eines Beschäftigungsverhältnisses zusammenzuführen. Dabei stellt die Agentur für Arbeit nach § 35 Abs. 1 S. 3 SGB III sicher, dass Arbeitslose, deren berufliche Eingliederung voraussichtlich erschwert sein wird, eine verstärkte vermittlerische Unterstützung erhalten. Aber auch soweit die Agentur für Arbeit eine entsprechende Auskunft erteilt, verbleibt das Risiko, dass der Arbeitsuchende tatsächlich langzeitarbeitslos ist, beim einstellenden Arbeitgeber (**aA** Lakies AuR 2014, 360, 364). Die Erklärung der Agentur dürfte insofern allenfalls eine **reine Wissenserklärung** darstellen, der mit Blick auf den Ausnahmetatbestand nach § 22 Abs. 4 S. 1 keine konstitutive Wirkung zukommt. Die Voraussetzungen des § 22 Abs. 4 S. 1 müssen objektiv vorliegen.

b) Sozialdatenschutz. Eine Auskunft durch die Agentur für Arbeit über den Status eines Arbeitssuchenden als langzeitarbeitslos dürfte iE auch **datenschutzrechtlich zulässig** sein (**aA** ErfK/Franzen MiLoG § 22 Rn. 15; Lakies AuR 2014, 360, 364). Gleiches gilt für sog. **Negativatteste**, die bescheinigen, dass jemand nicht arbeitslos gemeldet bzw. nicht langzeitarbeitslos ist (vgl. Marschner NZS 1996, 113, 114). 161

Nach § 35 Abs. 1 S. 1 SGB I besteht ein Anspruch, dass Sozialdaten nicht unbefugt genutzt werden (Sozialgeheimnis). Es gilt der Grundsatz, dass die Nutzung von Sozialdaten, wozu nach § 67 Abs. 6 SGB X auch die Übermittlung, dh das Bekanntmachen gegenüber Dritten gehört, eine **Einwilligung** des Betroffenen erfordert, es sei denn, eine andere **sozialrechtliche Rechtsvorschrift erlaubt** die Nutzung. Nach § 69 Abs. 1 Nr. 1 SGB X ist die Übermittlung zulässig, soweit sie zur Erfüllung der der Agentur für Arbeit zugewiesenen Aufgaben erforderlich ist. Hierzu zählt auch die Vermittlung von Arbeitssuchenden nach Maßgabe von § 35 SGB III (zur Offenbarung der Eigenschaft als Sozialhilfeempfänger vgl. SG Schleswig Urt. v. 8.8.2007 – S 15 SO 35/05; VG Bremen Urt. v. 4.10.1990 – 3 A 323/88, NVwZ-RR 1991, 564). Insofern macht es auch keinen Unterschied, ob der Arbeitgeber im Rahmen einer Stellenausschreibung darauf hingewiesen hat, dass sich die Stellenausschreibung lediglich an Langzeitarbeitslose richtet. 162

Nicht zulässig dürfte es indes sein, wenn die **Agentur für Arbeit eigeninitiativ** auf eine vorhandene Langzeitarbeitslosigkeit von Stellenbewerbern hinweist und damit den Ausnahmetatbestand des § 22 Abs. 4 S. 1 gewissermaßen bewirbt. 163

3. Besonderheiten im Bußgeldverfahren

Im Ordnungswidrigkeitenverfahren bedarf es darüber hinaus der positiven Feststellung eines schuldhaften Verstoßes des Arbeitgebers. Ihm muss also im Hinblick auf den fehlenden Langzeitarbeitslosenstatuts zumindest fahrlässiges Nichtwissen nachgewiesen werden. Einen Fahrlässigkeitsvorwurf muss sich der Arbeitgeber im Normalfall nicht machen lassen, wenn ihm der Arbeitnehmer die Leistungsbescheide des letzten Jahres vorgelegt hat. Jedenfalls fehlt es an einem fahrlässigen Nichtwissen des Arbeitgebers, wenn ihm eine Bescheinigung der Agentur für Arbeit vorgelegt worden ist. 164

VII. Überprüfungsklausel

Der Gesetzgeber hat in § 22 Abs. 4 S. 2 eine gegenüber § 23 (einmalige Evaluation durch die Bundesregierung) und § 9 Abs. 4 (laufende Evaluation durch die Mindestlohnkommission) selbstständige Überprüfung der Ausnahmevorschrift für Langzeitarbeitslose vorgesehen. 165

Nach § 22 Abs. 4 S. 2 hat die Bundesregierung gegenüber den gesetzgebenden Körperschaften zum 1.6.2016 eine Einschätzung darüber abzugeben, ob die Ausnahmeregelung für Langzeitarbeitslose in § 22 Abs. 4 S. 1 zu einer nachhaltigen Integration von Langzeitarbeitslosen in den Arbeitsmarkt beigetragen oder lediglich zu kurzfristigen Beschäftigungsmöglichkeiten für Langzeitarbeitslose geführt hat. Die Bundesregierung schlägt gegebenenfalls eine Aufhebung der Regelung vor. Angesichts der Ausführungen der Sachverständigen in der Anhörung des Deutschen Bundestages hinsichtlich der Ausnahme der Langzeitarbeitslosen von einem Anspruch auf den Mindestlohn in den ersten sechs Monaten ihrer Beschäftigung erschien es dem Gesetzgeber sachgerecht, diesen Sachverhalt frühzeitig zu überprüfen (vgl. BT-Drs. 18/2010 (neu) S. 25). 166

§ 23 Evaluation
Dieses Gesetz ist im Jahr 2020 zu evaluieren.

Übersicht

	Rn.
A. Allgemeines	1
B. Zuständigkeit und Form	4
C. Inhalt	7
D. Zeitpunkt	9
E. Rechtsfolgen der Evaluation	12

A. Allgemeines

1 Das MiLoG beinhaltet verschiedene Evaluationsklauseln. Nach § 23 ist das MiLoG im Jahr 2020 zu evaluieren. Die Regelung begründet eine rechtsverbindliche Pflicht zur retrospektiven Gesetzesfolgenabschätzung. Die retrospektive Gesetzesfolgenabschätzung hat zum Ziel, *ex post* festzustellen, ob die mit dem Gesetz angestrebten Ziele erreicht wurden, aber auch die eventuell nicht beabsichtigen Nebenfolgen des Gesetzes und etwaigen Überarbeitungsbedarf und -umfang festzustellen (Böhret/Konzendorf, Gesetzesfolgenabschätzung, S. 19).

2 Die Evaluation ist ein in der **moderneren Gesetzgebung** nicht unübliches Instrument zur Überprüfung der Effektivität und Effizienz eines Gesetzes im Hinblick auf die vom Gesetz verfolgten Ziele. Der Gesetzgeber hatte bereits in § 24 AEntG sowie § 19 MiArbG für die nach diesen Gesetzen erlassenen Branchenmindestlöhne eine Evaluation gesetzlich verankert. Die Evaluationsvorschrift des § 19 MiArbG lief ins Leere, da nach dem MiArbG mangels Akzeptanz des Instruments bei den Sozialpartnern keine Mindestlöhne erlassen wurden; inzwischen ist das MiArbG durch Art. 14 des Tarifautonomiestärkungsgesetzes vom 11.8.2014 (BGBl. I S. 1355) aufgehoben worden. Hingegen sind in den Jahren 2010/11 auf der Grundlage von § 24 AEntG acht Branchenmindestlöhne hinsichtlich ihrer Auswirkungen auf die Beschäftigung, den Arbeitnehmerschutz und den Wettbewerb untersucht worden. Evaluiert worden sind die Branchenmindestlöhne für die Bauindustrie, das Dachdeckerhandwerk, das Maler- und Lackiererhandwerk, das Elektrohandwerk, die Gebäudereinigung, die Pflegebranche, die Abfallwirtschaft sowie die Wäschereidienstleistungen im Objektkundengeschäft. Die Evaluation wurde im Auftrag des BMAS von unterschiedlichen Forschungsinstituten durchgeführt. Die Abschlussberichte der beauftragten Forschungsinstitute sind der interessierten Öffentlichkeit im Internet (www.bmas.de) zugänglich gemacht worden. Auf Branchenebene hat die Evaluation der Mindestlöhne nach dem AEntG keine negativen Beschäftigungseffekte feststellen können. Unter anderem auf die Evaluation der Branchenmindestlöhne nach dem AEntG stützt der Gesetzgeber seine Erwartung, dass auch die Einführung des allgemeinen Mindestlohns zu keinen signifikanten Beschäftigungseffekten führen wird (BT-Drs. 18/1558 S. 28).

3 Neben der Evaluation des Mindestlohngesetzes nach § 23 hat die Mindestlohnkommission nach § 9 Abs. 4 eine laufende Evaluation des Mindestlohns im Hinblick auf seine Auswirkungen auf den Arbeitnehmerschutz, die Wettbewerbsbedingungen, die Beschäftigung im Bezug auf bestimmte Branchen sowie Regionen und die Produktivität durchzuführen. Schließlich verpflichtet § 22 Abs. 4 S. 2 die Bundesregierung, dem Bundestag und dem Bundesrat zum 1.6.2016 darüber zu berichten, inwieweit die Ausnahme für Langzeitarbeitslose vom Mindestlohn geeignet ist, zu einer nachhaltigen Wiedereingliederung von Langzeitarbeitslosen in den Arbeitsmarkt beizutragen.

B. Zuständigkeit und Form

Der spärliche Wortlaut des § 23 lässt keinen Adressat der Evaluationspflicht erkennen. **4**
Auch die Begründung des Regierungsentwurfs (BT-Drs. 18/1558 S. 43) schweigt sich
hierzu aus. Nach § 23 ist jedenfalls nicht die Mindestlohnkommission zur Evaluation des
Mindestlohngesetzes berufen. Dies ergibt sich bei systematischer Auslegung aus § 9
Abs. 4, durch den der Mindestlohnkommission bereits die Aufgabe der laufenden Evaluierung der verschiedenen Wirkungen des Mindestlohns übertragen wurde. Ebenfalls ist
§ 23 keine Eigenverpflichtung des Bundestages zur Evaluation zu entnehmen. Der Bundestag kann sich nicht wirksam selbst binden, denn er könnte das Gesetz einschließlich
der Evaluationspflicht jederzeit wieder aufheben. Dies gilt insbesondere für den Bundestag der nächsten Wahlperiode, der nicht wie eine Behörde verpflichtet werden kann (vgl.
[zu § 14 S. 2 IFG] BeckOK InfoMedienR/Schnabel IFG § 14 Rn. 7). Als Adressat der
Evaluationspflicht kommt daher letztlich nur die **Bundesregierung** in Betracht. Aufgrund
des Ressortprinzips (Art. 65 S. 2 GG) ist davon auszugehen, dass innerhalb der Bundesregierung die Evaluation vom federführenden Fachressort, also dem **BMAS**, durchzuführen ist. Das BMAS arbeitet dabei nach § 19 Abs. 1 S. 1 der Gemeinsamen Geschäftsordnung der Bundesministerien mit den Bundesministerien zusammen, deren Geschäftsbereiche durch die Evaluation des Mindestlohngesetzes betroffen sind.

Der Wortlaut des § 23 regelt nicht, ob die Evaluation unter Hinzuziehung wissen- **5**
schaftlicher Sachverständiger durchzuführen ist. Der Gesetzgeber dürfte dies aber vorausgesetzt haben. Dies ergibt sich zum einen aus dem umfassenden Evaluationskatalog, den
die Begründung des Regierungsentwurfs beinhaltet (BT-Drs. 18/1558 S. 43), welcher die
Ressourcen des BMAS übersteigen dürfte. Zudem ist auch die Evaluation der Branchenmindestlöhne nach dem AEntG, auf deren Ergebnisse sich die Begründung beruft, von
Forschungsinstituten im Auftrag des BMAS durchgeführt worden. Schließlich spricht
gegen eine inhaltliche Untersuchung durch das BMAS in Abstimmung mit den anderen
betroffenen Ressorts der Bundesregierung, dass die Bundesregierung selbst für den Erlass
der Mindestlohnverordnungen nach § 11 Abs. 1 zuständig ist und insofern für die
Anpassungen des Mindestlohns mit verantwortlich zeichnet. Aufgabe des BMAS ist daher
nicht die eigentliche inhaltliche Evaluation, sondern die Vergabe entsprechender Forschungsaufträge sowie die Auswertung und Bewertung der wissenschaftlichen Studien
(vgl. KAEW/Winkler AEntG § 24 Rn. 12).

§ 23 gibt nicht ausdrücklich vor, gegenüber wem die Evaluation zu erfolgen hat. Aus **6**
der Zielrichtung der Evaluation als ein Instrument der retrospektiven Gesetzesfolgenabschätzung ergibt sich, dass sie zur Kenntnis des Bundestages als für das MiLoG
zuständigem Gesetzgebungsorgan gelangen muss. Allerdings macht § 23 keine Vorgaben,
dass dies durch einen förmlichen Bericht der Bundesregierung geschehen muss. Ein
solcher – ggf. erläuternder und einordnender – Bericht erscheint mit Blick auf Sinn und
Zweck der Evaluation zwar sinnvoll, ist aber rechtlich nicht zwingend erforderlich.

C. Inhalt

Nach § 23 ist das MiLoG selbst, also die Sinnhaftigkeit des Gesetzes und seiner **7**
einzelnen Elemente, zu evaluieren. Im Unterschied zur Evaluationspflicht der Mindestlohnkommission nach § 9 Abs. 4 bezieht sich die Evaluation nach § 23 damit nicht bloß
auf die Auswirkungen des Mindestlohns, sondern auf die Wirkungen des Gesetzes.
Allerdings überlappen sich die Prüfungsaufträge, da im Zentrum des MiLoG die Einführung des Mindestlohns steht. Die Evaluation des MiLoG nach § 23 ist im Vergleich zum
an die Mindestlohnkommission gerichteten Evaluationsauftrag breiter angelegt. Begren-

zungen inhaltlicher Art ergeben sich aus dem Wortlaut des § 23 nicht. Der schlanke Wortlaut trägt auch den im Schrifttum zur Evaluationsregelung des § 24 AEntG vorgebrachten Einwänden Rechnung. An § 24 AEntG wurde bemängelt, dass die Festlegung konkreter und abschließender Evaluationsgegenstände auf verfassungsrechtliche Bedenken stoßen müsse, da der Inhalt der Evaluationspflicht verfassungsrechtlich determiniert sei und daher nicht vom Gesetzgeber vorgegeben werden könne (Thüsing/Thüsing AEntG § 24 Rn. 4). Diese Einwände dürften allerdings ohnehin nicht überzeugen können, da der Gesetzgeber verfassungsrechtlich nicht verpflichtet ist, eine retrospektive Folgenabschätzung gesetzlich vorzusehen. Wenn der Gesetzgeber hierzu aber verfassungsrechtlich nicht gehalten ist, kann er auch nicht darin gehindert sein, in ein Gesetz eine ausdrückliche Evaluationspflicht aufzunehmen, die auf bestimmte Gegenstände begrenzt ist (vgl. KA-EW/Winkler AEntG § 24 Rn. 8). Die allgemeine verfassungsrechtliche Beobachtungs- und Nachbesserungspflicht besteht daneben fort, soweit sie nicht durch den gesetzlich festgehaltenen Evaluationsauftrag abgedeckt ist.

8 Aus der Begründung des Regierungsentwurfs wird ersichtlich, welche Gesichtspunkte bei der Evaluation des Mindestlohngesetzes insbesondere von Bedeutung sein sollen (vgl. BT-Drs. 18/1558 S. 43). Die in Inhalt und Umfang äußerst anspruchsvollen Evaluationsaufgaben lassen sich in drei Gruppen ordnen. Erstens sollen die für die Arbeit der Mindestlohnkommission geschaffenen Regelungen auf ihre Geeignetheit untersucht werden, einen angemessenen Mindestlohn zu gewährleisten. Zweitens soll der Blick auf die vorgesehenen Rahmenbedingungen gerichtet und evaluiert werden, inwieweit diese ausreichend und angemessen sind, um den Gesetzeszweck zu erfüllen. Angesprochen sein dürften damit insbesondere die Kontrollregelungen der §§ 14 ff. Den Schwerpunkt bildet drittens die Evaluation der Auswirkungen des Mindestlohns. Untersucht werden soll, inwieweit der Mindestlohn geeignet ist, zu einem angemessenen Mindestschutz der Arbeitnehmer beizutragen sowie faire und funktionierende Wettbewerbsbedingungen zu ermöglichen. Zudem sind die Auswirkungen auf die Beschäftigung zu überprüfen. Diese Evaluationsgegenstände entsprechen den Prüfkriterien, die von der Mindestlohnkommission nach § 9 Abs. 2 S. 1 bei ihrer Anpassungsentscheidung zugrunde zu legen sind. Zur Prüfung der Beschäftigungswirkungen im weiteren Sinne soll nach Vorstellung des Regierungsentwurfs auch zählen, inwieweit sich der Mindestlohn auf die Förderung von Ausbildung zur langfristigen Sicherung des Fachkräftepotenzials auswirkt. Des Weiteren sollen die Auswirkungen des Mindestlohns auf die Integration von Langzeitarbeitslosen in den Arbeitsmarkt untersucht werden. Untersucht werden soll also, inwieweit sich für Langzeitarbeitslose durch den Mindestlohn etwa die Chancen zum Marktzutritt verändern. Im Unterschied dazu ist die Berichtspflicht der Bundesregierung nach § 22 Abs. 4 S. 2 darauf gerichtet, die Ausnahme von Langzeitarbeitslosen vom Mindestlohn für die ersten sechs Monate ihrer Beschäftigung darauf zu überprüfen, ob sie – wie vom Gesetzgeber mit ihr bezweckt – zu einer nachhaltigen Wiedereingliederung von Langzeitarbeitslosen in den Arbeitsmarkt beiträgt. Schließlich soll die Evaluation nach § 23 betrachten, wie sich die Einführung des Mindestlohns auf die Entwicklung von Scheinselbständigkeit und Schwarzarbeit auswirkt. Der Gesetzgeber hält es offenbar nicht für ausgeschlossen, dass es durch die Einführung des Mindestlohns zu Ausweichbewegungen der Arbeitgeber in Richtung illegale Beschäftigung kommen kann.

D. Zeitpunkt

9 Die Evaluation des Mindestlohngesetzes hat im Jahr 2020 stattzufinden.
10 Nach Ansicht des Gesetzgebers erlaubt der gewählte Zeitpunkt eine Analyse des gesetzlichen Rahmens unter wechselnden ökonomischen Bedingungen und ist erforderlich, um die Verfügbarkeit einer breiten Erfahrungsbasis sicherzustellen (BT-Drs. 18/1558

E. Rechtsfolgen der Evaluation

S. 43). Im Gesetzgebungsverfahren ist der von § 23 festgelegte Zeitpunkt teilweise als zu spät kritisiert worden. Berücksichtigt werden muss jedoch, dass die Mindestlohnkommission den Mindestlohn gemäß § 9 Abs. 1 erstmalig mit Wirkung zum 1.1.2017 anpassen kann. Die Evaluation kann aber erst dann sinnvoll durchgeführt werden, wenn mit einem Beschluss der Mindestlohnkommission ein zentrales Element des Gesetzes erstmalig Wirkung entfaltet hat (vgl. BT-Drs. 18/1558 S. 43) und zu den Auswirkungen des angepassten Mindestlohns entsprechende Daten vorliegen.

Im Schrifttum ist hinsichtlich der Evaluationsregelung des § 24 AEntG kritisiert worden, dass nur eine einmalige Evaluation erfolge und danach die Mindestlöhne keiner weiteren Kontrolle mehr unterzogen würden (Thüsing/Thüsing AEntG § 24 Rn. 5f). Auch § 23 sieht nur eine punktuelle Evaluation des Mindestlohngesetzes vor. Allerdings ist daneben nach § 9 Abs. 4 die Mindestlohnkommission zur laufenden Evaluation der Auswirkungen des Mindestlohns angehalten, wobei sie der Bundesregierung alle zwei Jahre über ihre Erkenntnisse zu berichten hat. Mit den verschiedenen in § 23, § 9 Abs. 4 sowie § 22 Abs. 4 S. 2 geregelten Evaluationspflichten hat der Gesetzgeber in besonderem Maße dem Umstand Rechnung getragen, dass aufgrund der erstmaligen Einführung eines allgemeinen Mindestlohns bislang zwangsläufig in Deutschland mit den Auswirkungen eines solchen Mindestlohns noch keine Erfahrungen gesammelt werden konnten.

E. Rechtsfolgen der Evaluation

Bei einer nicht unerheblichen Abweichung der tatsächlichen von den prognostizierten Auswirkungen eines Gesetzes kann der Gesetzgeber gehalten sein, gesetzgeberisch nachzubessern (BVerfG Urt. v. 14.2.2012 – 2 BvL 4/10, NVwZ 2012, 357, 362, BVerfG Beschl. v. 26.10.2004 – 1 BvR 911/00 ua, NVwZ 2005, 315, 318; BVerfG Beschl. v. 27.1.2011 – 1 BvR 3222/09, NJW 2011, 1578, 1582). Im Bereich der Wirtschafts- und Arbeitsmarktpolitik hat der Gesetzgeber allerdings einen **weiten Beurteilungsspielraum** (BVerfG Beschl. v. 20.3.2007 – 1 BvR 1047/05, NZA 2007, 609). Es ist vornehmlich seine Sache, auf der Grundlage seiner wirtschafts-, arbeitsmarkt- und sozialpolitischen Vorstellungen und Ziele unter Beachtung der Gesetzlichkeiten des betreffenden Sachgebiets zu entscheiden, welche Maßnahmen er im Interesse des Gemeinwohls ergreifen will (BVerfG Beschl. v. 11.7.2006 – 1 BvL 4/00, NJW 2007, 51, 55).

Der Beurteilungsspielraum des Gesetzgebers ist erst dann überschritten, wenn die gesetzgeberischen Erwägungen so fehlsam sind, dass sie vernünftigerweise keine Grundlage für die getroffene Maßnahme abgeben können (BVerfG Beschl. v. 20.3.2007 – 1 BvR 1047/05, NZA 2007, 609, 611). Der weite Beurteilungsspielraum des Gesetzgebers besteht im Grundsatz nicht nur bei Erlass eines Gesetzes, sondern auch im Hinblick auf seine Aufhebung oder Änderung (vgl. etwa BVerfG Beschl. v. 27.1.2011 – 1 BvR 3222/09, NJW 2011, 1578, 1582). Der Beurteilungsspielraum verengt sich jedoch insoweit, als dass der Gesetzgeber durch die Evaluation besser über die Auswirkungen des Gesetzes im Bilde ist, als er es *ex ante* bei Erlass des Gesetzes im Rahmen seiner Prognoseentscheidung sein konnte. Allerdings sind die Wirkungen des Mindestlohns so komplex, dass mit einem Ergebnis der Evaluation, welches den Gesetzgeber zwingend zur Aufrechterhaltung, Aufhebung oder Änderung des MiLoG veranlassen würde, nicht zu rechnen ist (vgl. auch KAEW/Winkler AEntG § 24 Rn. 25).

§ 24 Übergangsregelung

(1) Bis zum 31. Dezember 2017 gehen abweichende Regelungen eines Tarifvertrages repräsentativer Tarifvertragsparteien dem Mindestlohn vor, wenn sie für alle unter den Geltungsbereich des Tarifvertrages fallenden Arbeitgeber mit Sitz im In- oder Ausland

sowie deren Arbeitnehmerinnen und Arbeitnehmer verbindlich gemacht worden sind; ab dem 1. Januar 2017 müssen abweichende Regelungen in diesem Sinne mindestens ein Entgelt von brutto 8,50 EUR je Zeitstunde vorsehen. Satz 1 gilt entsprechend für Rechtsverordnungen, die auf der Grundlage von § 11 des Arbeitnehmer-Entsendegesetzes sowie § 3a des Arbeitnehmerüberlassungsgesetzes erlassen worden sind.

(2) Zeitungszustellerinnen und Zeitungszusteller haben ab dem 1.1.2015 einen Anspruch auf 75 Prozent und ab dem 1.1.2016 auf 85 Prozent des Mindestlohns nach § 1 Abs. 2 S. 1. Vom 1.1.2017 bis zum 31.12.2017 beträgt der Mindestlohn für Zeitungszustellerinnen und Zeitungszusteller brutto 8,50 Euro je Zeitstunde. Zeitungszustellerinnen und Zeitungszusteller iSd S. 1 und S. 2 sind Personen, die in einem Arbeitsverhältnis ausschließlich periodische Zeitungen oder Zeitschriften an Endkunden zustellen; dies umfasst auch Zustellerinnen und Zusteller von Anzeigenblättern mit redaktionellem Inhalt.

Übersicht

	Rn.
A. Überblick	1
B. Sinn und Zweck	5
C. Abweichung durch Rechtsverordnungen	7
I. Anwendungsbereich von § 24 Abs. 1	7
II. Voraussetzungen für den Erlass	13
1. Voraussetzungen nach dem AEntG	13
a) Formelle Voraussetzungen	14
b) Materielle Voraussetzungen	15
2. Repräsentative Tarifvertragsparteien	19
3. Zeitpunkt	22
III. Umfang der Vorrangwirkung	23
1. Vorrang der Regelungen des AEntG	23
2. Geltungsbereich der Übergangsverordnung	25
IV. Übersicht über die erlassenen Übergangsverordnungen	30
1. Friseurhandwerk	32
2. Land-, Forstwirtschaft, Gartenbau	36
3. Fleischwirtschaft	38
4. Wäschereidienstleistungen im Objektkundengeschäft	41
5. Textil- und Bekleidungsindustrie	44
6. Arbeitnehmerüberlassung	46
D. Gesetzliche Übergangsregelung für Zeitungszusteller	49
I. Abweichender Mindestlohn für Zeitungszusteller	50
II. Hintergrund	51
III. Vereinbarkeit mit höherrangigem Recht	52
1. Pressefreiheit	53
2. Branchenspezifische Anpassungsschwierigkeiten	58
IV. Persönlicher Anwendungsbereich	60
1. Ausschließlichkeitsprinzip	61
2. Endkundenzustellung	63
3. Zustellobjekt	64
a) Zeitungen, Zeitschriften	65
b) Anzeigenblätter mit redaktionellem Inhalt	66
c) Periodisches Erscheinen	69

A. Überblick

1 § 24 beinhaltet eine gestufte Übergangsregelung für branchenbezogene Abweichungen vom allgemeinen Mindestlohn.

2 Nach § 24 Abs. 1 können Mindestlohn-Verordnungen nach dem AEntG sowie die Lohnuntergrenzen-Verordnung nach § 3a AÜG bis zum 31.12.2017 hinter dem allgemeinen Mindestlohn zurückbleiben; ab dem 1.1.2017 müssen sie dabei mindestens ein

Arbeitsentgelt von brutto 8,50 Euro je Zeitstunde vorsehen. Der Regierungsentwurf hatte noch eine Übergangszeit bis zum 31.12.2016 vorgesehen (BT-Drs. 18/1558 S. 16, 43). Im parlamentarischen Verfahren ist die erstmalige Anpassung des Mindestlohns vom 1.1.2018 auf den 1.1.2017 um ein Jahr vorgezogen worden. Mit der Verlängerung der Übergangszeit um ein Jahr sollte es den Tarifvertragsparteien ermöglicht werden, die vorgezogene Anpassung des Mindestlohns erst zum 1.1.2018 nachvollziehen zu müssen (BT-Drs. 18/2010 (neu) S. 25).

Mit § 24 Abs. 2 ist zudem im parlamentarischen Verfahren eine Übergangsregelung für Zeitungszusteller und Zusteller von Anzeigenblättern eingefügt worden. Im Unterschied zu § 24 Abs. 1 setzt die Übergangsregelung für Zusteller nicht auf einem Tarifvertrag auf; die gestufte Heranführung an den allgemeinen Mindestlohn wird – wenngleich auch durch die Prozentangaben etwas verklausuliert – im Gesetz selbst betragsmäßig vorgegeben. 3

Nach Art. 15 Abs. 2 des Tarifautonomiestärkungsgesetzes (BGBl. I S. 1348, 1360) tritt die Übergangsregelung mit Ablauf des 31.12.2017 außer Kraft. 4

B. Sinn und Zweck

Die Übergangsregelung beinhaltet **für Tarifverträge keine Bestandsschutzregelung** und dient mithin nicht dem Schutz der ausgeübten Tarifautonomie. Ihre Funktion liegt darin, die Entlohnungsbedingungen in bestimmten Branchen stufenweise an den Mindestlohn heranzuführen, um Vorlaufzeit für ggf. erforderliche Anpassungsprozesse in den Branchen zu lassen (BT-Drs. 18/1558 S. 43). Die Tarifvertragsparteien werden aufgrund ihrer besonderen Sachnähe für diese Aufgabe durch den Gesetzgeber in Dienst genommen. Die Abweichung vom Mindestlohn durch nach dem AEntG erstreckte Mindestlohntarifverträge stellt damit ein – auf eine Übergangszeit begrenztes – funktionales Äquivalent zur Absenkung bzw. Differenzierung des allgemeinen Mindestlohns durch die Mindestlohnkommission dar (krit. zur „Indienstnahme" der Tarifvertragsparteien Bepler NZA 2014, 891, 893). 5

Der Gesetzgeber hat **von einer allgemeinen Bestandsschutzregelung für Tarifverträge** nicht zuletzt **mit Blick auf das Unionsrecht abgesehen** (ausf. Einf. Rn. 153 ff.). Nach der Rechtsprechung des EuGH kann die mit dem Mindestlohn erfolgende Beschränkung der Dienstleistungsfreiheit nur dann durch den Arbeitnehmerschutz als zwingenden Grund des Allgemeininteresses gerechtfertigt werden, wenn der Mindestlohn auf sämtliche Arbeitsverhältnisse Anwendung findet (EuGH Urt. v. 3.4.2008 – C-346/06, NZA 2008, 537, 539; EuGH Urt. v. 18.9.2014 – C-549/13, NZA 2014, 1129, 1130). Der Mindestlohn wäre nicht generell zum Zwecke des Arbeitnehmerschutzes erforderlich, wenn er durch einen Tarifvertrag unterschritten werden könnte. Dementsprechend sind gegen die Übergangsregelung des § 8 Abs. 2 MiArbG, die zu einem Stichtag bestehenden Tarifverträgen sowie ihren Folgetarifverträgen Vorrang vor einem nach dem MiArbG festgesetzten Branchenmindestlohn einräumte, unionsrechtliche Bedenken angemeldet worden (Maier NZA 2009, 351, 354). Jedenfalls müsste – dies zeigt die Entscheidung des EuGH in der Rs. Laval (EuGH Urt. v. 18.12.2007 – C-341/05, NZA 2008, 159) – eine Diskriminierung ausländischer Arbeitgeber dadurch vermieden werden, dass eine Abweichung durch (gleichwertige) ausländische Kollektivvereinbarungen zugelassen wird (vgl. Maier NZA 2009, 351, 353; Thüsing ZfA 2008, 590, 619 ff.). Damit wäre aber nicht nur die sozialpolitische Zielsetzung des Mindestlohns beeinträchtigt, sondern zudem in Frage gestellt, ob der Mindestlohn in der Übergangszeit überhaupt von den Zollbehörden kontrollierbar gewesen wäre und – im Hinblick auf den Bestimmtheitsgrundsatz des Ordnungswidrigkeitenrechts – mit einem Bußgeld hätte bewehrt werden können. 6

C. Abweichung durch Rechtsverordnungen

I. Anwendungsbereich von § 24 Abs. 1

7   Nach § 24 Abs. 1 S. 1 können nur abweichende Regelungen eines Tarifvertrages repräsentativer Tarifvertragsparteien dem Mindestlohn vorgehen, die für alle unter den Geltungsbereich des Tarifvertrages fallenden Arbeitgeber mit Sitz im In- oder Ausland verbindlich gemacht worden sind.

8   Dies sind Mindestlohn-Tarifverträge, die **durch Rechtsverordnung nach §§ 7, 7a AEntG für alle Arbeitgeber und Arbeitnehmer verbindlich gemacht** worden sind. Diese tarifgestützten Mindestlohn-Verordnungen finden zwingend auch auf im Ausland ansässige Arbeitgeber Anwendung, die ihre Arbeitnehmer nach Deutschland entsenden (§ 3 AEntG).

9   Nicht unter die Übergangsregelung des § 24 Abs. 1 S. 1 fallen hingegen **nach § 5 TVG für allgemeinverbindlich erklärte Tarifverträge** (Sittard NZA 2014, 951, 954; aA offenbar Bayreuther NZA 2014, 865). Nach § 5 TVG für allgemeinverbindlich erklärten Tarifverträgen kommt keine international zwingende Wirkung zu, so dass sie nicht für Arbeitgeber mit Sitz im Ausland gelten, die Arbeitnehmer nach Deutschland entsenden (BAG Urt. v. 4.5.1977 – 4 AZR 10/76, NJW 1977, 2039). Einzige Ausnahme sind die allgemeinverbindlichen Tarifverträge im Anwendungsbereich des AEntG. Durch Art. 6 des Tarifautonomiestärkungsgesetzes ist das AEntG allerdings dahingehend geändert worden, dass allgemeinverbindliche Tarifverträge nur noch in der Baubranche unter den Anwendungsbereich des AEntG fallen. Die tarifgestützten Branchenmindestlöhne im Baubereich liegen jeweils deutlich über dem allgemeinen Mindestlohn, so dass die Übergangsregelung hier praktisch keine Relevanz besitzt.

10 Nicht unter die Übergangsregelung des § 24 Abs. 1 S. 1 fallen **Firmen- und Flächentarifverträge**, die nicht für alle unter den Geltungsbereich des Tarifvertrages fallenden Arbeitgeber verbindlich gemacht worden sind, sondern nach § 3 TVG oder infolge arbeitsvertraglicher Inbezugnahme gelten.

11 Den tarifgestützten Mindestlohn-Verordnungen nach dem AEntG gleichgestellt ist nach § 24 Abs. 1 S. 2 Alt. 1 der **Mindestlohn in der Pflegebranche**, der gemäß §§ 10 ff. AEntG auf Grundlage der Empfehlung einer sich aus Branchenvertretern zusammensetzenden Kommission zustande kommt. Die 2. PflegeArbbV (BAnz AT v. 28.11.2014 V1) sieht zum 1.1.2015 Mindestlöhne oberhalb von 8,50 Euro vor, so dass § 24 Abs. 1 S. 2 Alt. 1 voraussichtlich keine praktische Bedeutung haben wird.

12 Dem Anwendungsbereich der Übergangsregelung unterfällt gemäß § 24 Abs. 1 S. 2 Alt. 2 schließlich die nach § 3a AÜG erlassene **Lohnuntergrenzen-Verordnung für die Arbeitnehmerüberlassung**. Die Zweite Verordnung über eine Lohnuntergrenze in der Arbeitnehmerüberlassung (BAnz AT 26.3.2014 V1) sieht noch bis 30.5.2016 in den Bundesländern Berlin, Brandenburg, Mecklenburg-Vorpommern, Sachsen, Sachsen-Anhalt und Thüringen eine Lohnuntergrenze unterhalb des allgemeinen Mindestlohns von brutto 8,50 Euro je Zeitstunde vor.

II. Voraussetzungen für den Erlass

1. Voraussetzungen nach dem AEntG

13 Der Erlass einer tarifgestützten Mindestlohn-Verordnung, die nach § 24 Abs. 1 S. 1 unter den Anwendungsbereich der Übergangsregelung fällt, setzt voraus, dass die Voraussetzungen für den Verordnungserlass nach dem AEntG vorliegen.

C. Abweichung durch Rechtsverordnungen §24

a) Formelle Voraussetzungen. Es müssen die **formellen Voraussetzungen** für einen Verordnungserlass vorliegen. Der Erlass einer Rechtsverordnung nach § 7 AEntG bzw. § 7a AEntG setzt einen **Antrag beider Tarifvertragsparteien** des Mindestlohntarifvertrags voraus (§ 7 Abs. 1 AEntG, § 7a Abs. 1 AEntG). Vor Erlass der Verordnung ist den Betroffenen nach § 7 Abs. 4 AEntG bzw. § 7a Abs. 3 AEntG **Gelegenheit zur schriftlichen Stellungnahme** zu geben. In **Branchen, die nicht im Branchenkatalog des § 4 Abs. 1 AEntG** genannt sind, muss vor Erlass der Mindestlohn-Verordnung **nach § 7a Abs. 4 AEntG der Tarifausschuss befasst** werden. Das BMAS kann gemäß § 7a Abs. 4 S. 2 AEntG die Mindestlohn-Verordnung erlassen, wenn der Tarifausschuss mehrheitlich den Antrag befürwortet. Gleiches gilt, wenn der Tarifausschuss innerhalb von zwei Monaten keine Stellungnahme abgibt. Wird der Verordnungserlass nur von zwei oder drei Mitgliedern des Tarifausschusses befürwortet, kann die Rechtsverordnung nicht durch das BMAS, sondern gemäß § 7 Abs. 4 S. 3 AEntG nur von der Bundesregierung erlassen werden. Von einem Verordnungserlass muss abgesehen werden, wenn weniger als zwei Mitglieder des Tarifausschusses für den Antrag stimmen.

14

b) Materielle Voraussetzungen. Zudem müssen die **materiellen Voraussetzungen** für den Verordnungserlass vorliegen.

15

Der Erlass einer Mindestlohn-Verordnung setzt einen **wirksamen bundesweiten Tarifvertrag** voraus. Ein Tarifvertrag mit einem regional begrenzten Geltungsbereich ist nicht nach §§ 7, 7a AEntG erstreckungsfähig. **Zulässig** ist es aber, wenn ein bundesweiter Tarifvertrag **regionale Differenzierungen** vornimmt. Der Mindestlohntarifvertrag muss also nicht ein bundesweit einheitliches Mindestlohnniveau vorsehen. Ebenfalls zulässig ist es, wenn ein regional differenzierter Branchenmindestlohn in bestimmten Regionen unterhalb und in anderen Regionen oberhalb des allgemeinen Mindestlohns liegt. Erforderlich ist aber, dass die Tarifvertragsparteien für das gesamte Bundesgebiet eine eigene Regelung treffen (keine „weißen Flecken").

16

Der Erlass der Mindestlohn-Verordnung muss **im öffentlichen Interesse geboten erscheinen, um die in § 1 AEntG genannten Gesetzesziele zu erreichen** (vgl. § 7 Abs. 1 AEntG bzw. § 7a Abs. 1 AEntG). Nach § 1 AEntG zielt das AEntG auf die Schaffung und Durchsetzung angemessener Mindestarbeitsbedingungen, die Gewährleistung fairer und funktionierender Wettbewerbsbedingungen, die Erhaltung sozialversicherungspflichtiger Beschäftigung sowie die Wahrung der Ordnungs- und Befriedungsfunktion der Tarifautonomie. Für Branchen, die nicht im Branchenkatalog des § 4 Abs. 1 AEntG genannt sind, soll die Mindestlohn-Verordnung nach § 7a Abs. 1 AEntG insbesondere geeignet sein, einem Verdrängungswettbewerb über die Lohnkosten entgegenzuwirken.

17

Mindestlohn-Verordnungen, die die Übergangsregelung des § 24 Abs. 1 S. 1 nutzen, weichen zulasten der Arbeitnehmer vom allgemeinen Mindestlohn ab und senken insofern in dieser Branche das Schutzniveau der Arbeitnehmer ab. Der zur Konkretisierung des öffentlichen Interesses in §§ 7, 7a AEntG iVm § 1 AEntG vorgegebene Prüfrahmen ist darauf ausgerichtet, dass durch die Branchenmindestlohn-Verordnung ein bestimmtes Schutzniveau eingeführt wird. Insofern bedürfen die vom Verordnungsgeber zugrunde zu legenden Prüfkriterien für Übergangsverordnungen nach § 24 Abs. 1 S. 1 einer Anpassung, die der Zwecksetzung der Übergangsregelung Rechnung trägt. Vor diesem Hintergrund **konkretisiert und modifiziert § 24a AEntG für Übergangsverordnungen nach § 24 Abs. 1 S. 1 die Prüfkriterien**. Der Verordnungsgeber hat danach zu prüfen, ob die Unterschreitung des allgemeinen Mindestlohns erforderlich ist, um in der betreffenden Branche eine schrittweise Heranführung des Lohnniveaus an die Vorgaben des MiLoG zu bewirken und dabei faire und funktionierende Wettbewerbsbedingungen und den Erhalt sozialversicherungspflichtiger Beschäftigung zu berücksichtigen. Von besonderer Bedeutung ist dabei nach der Gesetzesbegründung, ob anderenfalls in der Branche Beschäftigungsverluste drohen (vgl. BT-Drs. 18/1558 S. 28). Aus wettbewerblicher Sicht kann von Bedeutung sein, ob insbesondere klein- und mittelständische

18

Unternehmen einer stufenweisen Heranführung der Entlohnungsbedingungen an den Mindestlohn bedürfen.

2. Repräsentative Tarifvertragsparteien

19 Nach § 24 Abs. 1 S. 1 kann nur ein Tarifvertrag repräsentativer Tarifvertragsparteien Grundlage des entsenderechtlichen Rechtsverordnungsverfahrens sein.

20 Bereits nach § 7 Abs. 2 AEntG (iVm § 7a Abs. 2 AEntG) muss der Verordnungsgeber im Rahmen der Gesamtabwägung auch die Repräsentativität der Tarifverträge berücksichtigen, wenn in einer Branche mehrere Tarifverträge mit zumindest teilweise demselben fachlichen Geltungsbereich zur Anwendung kommen. Zudem kann ein Tarifvertrag nicht erstreckt werden, wenn er von völlig unbedeutenden Koalitionen abgeschlossen ist (vgl. BVerfG Beschl. v. 18.7.2000 – 1 BvR 948/00, NZA 2000, 948, 949; [zu § 5 TVG] BT-Drs. 18/1558, S. 49). § 24 Abs. 1 S. 1 hat insofern **keinen darüber hinausgehenden eigenständigen Regelungsgehalt, sondern lediglich klarstellenden Charakter.**

21 **Hintergrund der Formulierung** des § 24 Abs. 1 S. 1 ist gewesen, dass sich der Referentenentwurf seinerzeit möglichst nah an die Formulierung des Koalitionsvertrags halten wollte. Der Koalitionsvertrag ließ im Hinblick auf die Ausgestaltung der Übergangsregelung Interpretationsspielraum (Einf. Rn. 37 ff.). Die Formulierung des § 24 Abs. 1 S. 1 zielte vor diesem Hintergrund darauf ab, die Übergangsregelung auf Mindestlohn-Verordnungen nach dem AEntG zu begrenzen, ohne von den Formulierungen des Koalitionsvertrags zu weit abzuweichen. Im Koalitionsvertrag war das Erfordernis „repräsentativer Tarifvertragsparteien" wiederum ein Überbleibsel der Forderungen derjenigen, die eine „echte" Tariföffnungsklausel für die Übergangszeit anstrebten. Um den Abschluss von Gefälligkeitstarifverträgen zu unterbinden, hätte eine „echte" Tariföffnungsklausel – entsprechend den Vorschlägen aus dem Schrifttum zur Begrenzung von Tariföffnungsklauseln (dazu Riechert NZA 2013, 303, 305 mwN) – von der Repräsentativität der Tarifvertragsparteien abhängig gemacht werden sollen.

3. Zeitpunkt

22 Die Übergangsregelung setzt nicht voraus, dass die Mindestlohn-Verordnung vor dem 1.1.2015 erlassen ist. Ebenfalls ist es nicht erforderlich, dass der Mindestlohntarifvertrag bereits vor dem 1.1.2015 abgeschlossen ist. § 24 Abs. 1 S. 1 ist keine Bestandsschutzregelung. Der Erlass einer Übergangsverordnung nach dem 1.1.2015 dürfte jedoch einen erhöhten Begründungsaufwand erfordern, da in der Branche der allgemeine Mindestlohn bereits zur Anwendung gekommen wäre und nachträglich abgesenkt würde.

III. Umfang der Vorrangwirkung

1. Vorrang der Regelungen des AEntG

23 Die für die Branchenmindestlöhne geltenden Regelungen gehen nach § 24 Abs. 1 iVm § 1 Abs. 3 den Regelungen des MiLoG insgesamt vor. Zwar gehen die abweichenden Regelungen des Mindestlohntarifvertrags nach dem Wortlaut von § 24 Abs. 1 S. 1 nur „dem Mindestlohn" vor. Die Vorschrift ist jedoch in Zusammenhang mit § 1 Abs. 3 zu sehen, der das Verhältnis der Branchenmindestlohnregelungen zum MiLoG iÜ regelt.

24 Für die Fälligkeit des Branchenmindestlohns gelten mithin nicht die Vorgaben des § 2 Abs. 1, sondern die Regelungen der tarifgestützten Mindestlohn-Verordnung. Ebenso gehen die Regelungen des Mindestlohntarifvertrags zu Arbeitszeitkonten den Bestimmungen des § 2 Abs. 2 und Abs. 3 vor. Abweichend von § 3 S. 1 kann der Mindestlohntarifvertrag gemäß § 9 S. 3 AEntG eine Ausschlussfrist für den Mindestlohn vorsehen, die mindestens sechs Monate betragen muss. Die Kontrolle und Sanktionierung des Mindest-

2. Geltungsbereich der Übergangsverordnung

Die Mindestlohn-Verordnung nach §§ 7, 7a bzw. § 11 AEntG geht dem MiLoG nur vor, soweit der Geltungsbereich des **Mindestlohntarifvertrags** reicht. 25

Der **räumliche Anwendungsbereich** des Mindestlohntarifvertrags entspricht dem Anwendungsbereich des MiLoG, da nach §§ 7, 7a AEntG nur bundesweite Tarifverträge erstreckt werden können. Gleiches gilt für Verordnungen nach § 11 AEntG und § 3a AÜG. Regionale Differenzierungen sind zulässig (hierzu Rn. 16). 26

Ein Arbeitgeber ist während der Übergangszeit nur dann berechtigt, seine Arbeitnehmer zu einem abgesenkten Branchenmindestlohn zu vergüten, wenn er unter den **fachlich-betrieblichen Geltungsbereich** der Verordnung fällt. Für die Zuordnung eines Betriebes zu einer Branche gilt – wie § 6 AEntG und § 10 AEntG klarstellen – das Überwiegensprinzip. Danach fällt ein Betrieb oder eine selbständige Betriebsabteilung unter den betrieblich-fachlichen Geltungsbereich des Mindestlohntarifvertrags, wenn dort arbeitszeitlich überwiegend die im Tarifvertrag beschriebenen Tätigkeiten ausgeführt werden (BAG Urt. v. 25.11.2009 – 10 AZR 737/08, NZA 2010, 518, 519). Das Überwiegensprinzip gilt hingegen nicht für die Lohnuntergrenze für die Arbeitnehmerüberlassung nach § 3a AÜG. Diese gilt für sämtliche Arbeitgeber, die als Verleiher im Rahmen ihrer wirtschaftlichen Tätigkeit einen Arbeitnehmer an einen Dritten überlassen. 27

Für Arbeitnehmer, die vom **persönlichen Anwendungsbereich** des Branchenmindestlohns nicht erfasst werden, wird der allgemeine Mindestlohn durch den Branchenmindestlohn nicht verdrängt. Sie haben weiterhin Anspruch auf den allgemeinen Mindestlohn (hierzu § 1 Rn. 182 ff.). 28

Die Verordnungsermächtigungen des AEntG sowie des § 3a AÜG umfassen grundsätzlich nur die Festsetzung eines Mindestlohns für Arbeitnehmer, nicht aber für weitere Beschäftigtengruppen. Da der allgemeine Mindestlohn gemäß § 22 Abs. 1 S. 2 im Grundsatz auch für **Praktikanten** gilt, würde dies in der Übergangszeit an sich dazu führen, dass durch eine Branchenmindestlohn-Verordnung zwar ein abgesenkter Mindestlohn für Arbeitnehmer geregelt werden kann, Praktikanten aber weiterhin Anspruch auf den allgemeinen Mindestlohn behielten. Dieses Ergebnis ist nicht sachgerecht und kann vom Gesetzgeber ersichtlich nicht gewollt gewesen sein. Es ist daher davon auszugehen, dass eine auf § 24 Abs. 1 iVm §§ 7, 7a, 11 AEntG bzw. § 3a AÜG aufsetzende Mindestlohn-Verordnung auch Praktikanten umfassen kann. § 24 Abs. 1 regelt, dass der Mindestlohntarifvertrag vom Mindestlohn abweichende Regelungen für *Arbeitnehmer* regeln kann. Für die Anwendung von § 24 Abs. 1 ist insofern der Arbeitnehmerbegriff des § 22 maßgeblich. Damit modifiziert § 24 Abs. 1 für Übergangsverordnungen die Verordnungsermächtigungen der §§ 7, 7a, 11 AEntG bzw. § 3a AÜG dergestalt, dass eine Mindestlohn-Verordnung auch Praktikanten umfassen kann. Haben die Tarifvertragsparteien des Mindestlohntarifvertrags den persönlichen Anwendungsbereich auf Arbeitnehmer bezogen, dürften sie für den Übergangszeitraum dabei idR den Arbeitnehmerbegriff des § 22 MiLoG zugrunde gelegt haben. 29

IV. Übersicht über die erlassenen Übergangsverordnungen

Rechtsverordnungen nach § 7, 7a AEntG, die den Mindestlohn – vorübergehend unterschreiten – bestehen im Bereich **Schlachten und Fleischverarbeitung** (BAnz AT 31.7.2014 V1), für das **Friseurhandwerk** (BAnz AT 10.12.2014 V1), den Bereich der **Land-, Forstwirtschaft** nebst **Gartenbau** (BAnz AT 19.12.2014 V1), die **Wäschereidienst-** 30

§ 24 Übergangsregelung

leistungen im Objektkundengeschäft (BAnz AT 31.1.2014 V1) und die **Textil- und Bekleidungsindustrie** (BAnz AT 31.12.2014 V1) (im Volltext als Anlage 4 bis 8).

31   Ferner wird der Mindestlohn nach § 24 Abs. 1 S. 2 Alt. 2 iVm § 3a AÜG bis zum 30.5.2016 in den Bundesländern Berlin, Brandenburg, Mecklenburg-Vorpommern, Sachsen, Sachsen-Anhalt und Thüringen im Bereich der **Arbeitnehmerüberlassung** (BAnz AT 26.3.2014 V1, im Volltext als Anlage 9) unterschritten.

1. Friseurhandwerk

32   Der Branchenmindestlohn erfasst in **fachlicher Hinsicht** alle Betriebe und selbständigen Betriebsabteilungen des Friseurhandwerks; in **persönlicher Hinsicht** gilt der Mindestlohn für Arbeitnehmer (§ 1 TV MiEnt Friseure). Der Mindestlohn soll nicht für Praktikanten gelten, die nicht länger als drei Monate beschäftigt werden (§ 1 aE TV MiEnt Friseure). Diese branchenspezifische Praktikantenregelung dürfte nach dem erkennbaren Willen der Tarifvertragsparteien dahingehend auszulegen sein, dass Praktikanten, die nach § 22 Abs. 1 S. 2 Anspruch auf den Mindestlohn haben, nur nach Maßgabe der FriseurArbbV mindestlohnberechtigt sind (vgl. hierzu auch Rn. 29).

33   Bis einschließlich 31.7.2015 beträgt die **Höhe** des Mindestlohns im Tarifbezirk Ost (neue Bundesländer einschließlich Berlin), brutto 7,50 Euro je Zeitstunde; im Tarifbezirk West beträgt sie brutto 8,00 Euro je Zeitstunde (§ 3 TV MiEnt Friseure). Ab dem 1.8.2015 gilt der gesetzliche Mindestlohn nach dem MiLoG; zu diesem Zeitpunkt tritt die FriseurArbbV außer Kraft (§ 4 TV MiEnt).

34   Eine **Fälligkeitsregelung** besteht nach dem TV MiEnt Friseure nicht, so dass die gesetzliche Fälligkeitsregel des § 2 Abs. 1 gilt. Nachdem der TV MiEnt Friseure keine Anhaltspunkte für die Zulässigkeit von **Arbeitszeitkontenregelungen** enthält, können diese die Fälligkeit nach § 2 Abs. 1 nicht durchbrechen.

35   Ansprüche auf den Mindestlohn sind innerhalb einer **Ausschlussfrist** von sechs Monaten nach Fälligkeit schriftlich geltend zu machen (§ 5 TV MiEnt Friseure).

2. Land-, Forstwirtschaft, Gartenbau

36   Der **betriebliche Geltungsbereich** des Branchenmindestlohns erfasst sämtliche Betriebe und selbständigen Betriebsabteilungen, die arbeitszeitlich überwiegend landwirtschaftliche, gartenbauliche oder forstwirtschaftliche Tätigkeiten verrichten (vgl. im Einzelnen auch § 1 Nr. 2 TV MiEnt Landw). Als solche Betriebe gelten alle Betriebe und selbständigen Betriebsabteilungen, für die die Sozialversicherung für Landwirtschaft, Forsten und Gartenbau (SVLFG) gemäß § 123 Abs. 1 Nr. 1 bis Nr. 5 und Nr. 7, § 131 SGB VII zuständig ist oder wäre, wenn der Betrieb oder die selbständige Betriebsabteilung im Inland gelegen wäre. Nicht erfasst werden Betriebe und selbständigen Betriebsabteilungen, die unter den fachlichen Geltungsbereich des BRTV für gewerbliche Arbeitnehmer im Garten-, Landschafts- und Sportplatzbau idF v. 5.3.2007 fallen. Der **persönliche Geltungsbereich** erfasst alle Arbeitnehmer iSd MiLoG, dh auch Praktikanten iSd § 22 Abs. 1 S. 2 (§ 1 Nr. 3 TV MiEnt Landw).

37   In Berlin, Brandenburg, Mecklenburg-Vorpommern, Sachsen, Sachsen-Anhalt und Thüringen beträgt der Branchenmindestlohn ab dem 1.1.2015 brutto 7,20 Euro und in der Zeit vom 1.1.2016 bis 31.12.2016 brutto 7,90 Euro je Stunde. Im Übrigen beträgt der Branchenmindestlohn ab dem 1.1.2015 brutto 7,40 Euro, ab dem 1.1.2016 brutto 8,00 Euro und ab dem 1.1.2017 brutto 9,10 je Stunde (§ 2 Nr. 1 TV MiEnt Landw). Es gilt das **Arbeitsortsprinzip** (§ 2 Nr. 2 TV MiEnt Landw).

37a   Der Anspruch auf das Mindestentgelt wird spätestens zum letzten Bankarbeitstag (Frankfurt am Main) des Kalendermonats **fällig**, der dem Kalendermonat folgt, für den das Mindestentgelt zu zahlen ist (§ 2 Nr. 4 S. 1 TV MiEnt Landw). **Arbeitszeitkonten** sind nach Maßgabe von § 2 Abs. 2 zugelassen (§ 2 Nr. 4 S. 2 TV MiEnt Landw).

3. Fleischwirtschaft

Der **betriebliche Geltungsbereich** des Branchenmindestlohns erfasst alle Betriebe und selbständige Betriebsabteilungen der Fleischwirtschaft (§ 1 Nr. 2 TV MiBed Fleischw). Dies sind Betriebe, in denen Schweine, Rinder oder Geflügel geschlachtet und/oder zerlegt werden oder überwiegend Fleisch und Fleischwaren verarbeitetet, portioniert und/oder verpackt werden. Nicht erfasst werden also bloße Verkaufsstellen. Ebenfalls in den Geltungsbereich einbezogen sind Dienstleister, die in Betrieben oder selbständigen Betriebsabteilungen der Fleischwirtschaft tätig werden. Der **persönliche Anwendungsbereich** erfasst Arbeitnehmer, einschließlich geringfügig beschäftigter Arbeitnehmer. Ausgenommen sind Auszubildende und Pflichtpraktikanten (§ 1 Nr. 2 TV MiBed Fleischw). Diese branchenspezifische Praktikantenregelung dürfte nach dem Willen der Tarifvertragsparteien dahingehend auszulegen sein, dass Praktikanten, die nach § 22 Abs. 1 S. 2 Anspruch auf den Mindestlohn haben, nur nach Maßgabe der Fleisch-VO mindestlohnberechtigt sind (vgl. hierzu auch Rn. 29).

38

Bis einschließlich 30.9.2015 beträgt die **Höhe** des Mindestlohns brutto 8,00 Euro je Stunde; ab 1.10.2015 gilt ein Branchenmindestlohn von brutto 8,60 Euro, ab 1.12.2016 von 8,75 Euro je Stunde (§ 2 Nr. 1 TV MiBed Fleischw).

39

Der Anspruch auf den Mindestlohn wird spätestens zum 15. des Monats **fällig**, der auf den Monat folgt, für den der Mindestlohn zu zahlen ist (§ 2 Nr. 3 TV MiBed Fleischw). Anhaltspunkte dafür, dass die geregelte Fälligkeit durch **Arbeitszeitkontenregelungen** durchbrochen werden kann, enthält der TV MiBed Landw nicht. Ansprüche auf den Mindestlohn sind innerhalb einer **Ausschlussfrist** von sechs Monaten ab Fälligkeit schriftlich geltend zu machen (§ 3 TV MiBed Fleischw).

40

4. Wäschereidienstleistungen im Objektkundengeschäft

Der **betriebliche Geltungsbereich** des Branchenmindestlohns erfasst Betriebe oder selbständige Betriebsabteilungen, deren Umsatz mehrheitlich auf das Waschen von Textilien für gewerbliche Künden sowie öffentlich-rechtliche oder kirchliche Einrichtungen entfällt (§ 1 TV MiLo Wäscherei). Der **persönliche Anwendungsbereich** erfasst Arbeitnehmer (§ 1 TV MiLo Wäscherei).

41

Der Branchenmindestlohn unterschreitet den allgemeinen Mindestlohn allein im Tarifbezirk Ost (Berlin, Brandenburg, Mecklenburg-Vorpommern, Sachsen, Sachsen-Anhalt, Thüringen) und nur noch bis zum 30.6.2015. Bis dahin beträgt die **Höhe** des **Mindeststundenlohns Ost** brutto 8,00 Euro je Stunde (§ 2 Nr. 2 TV MiLo Wäscherei). Es gilt das **Arbeitsortsprinzip** (§ 3 Nr. 1 S. 1 TV MiLo Wäscherei).

42

Der Abrechnungszeitraum für den Mindestlohn ist jeweils der Kalendermonat (§ 3 Nr. 1 S. 1 TV MiLo Wäscherei). Der Anspruch auf den Mindestlohn wird spätestens am 15. des Folgemonats **fällig** (§ 3 Nr. 1 S. 2 TV MiLo Wäscherei). **Arbeitszeitkonten** aufgrund einer Individual- oder Betriebsvereinbarung sind nach Maßgabe von § 3 Nr. 3 TV MiLo Wäscherei zulässig (12-monatiger Ausgleichszeitraum, maximal 160 Gut-/Minusstunden).

43

5. Textil- und Bekleidungsindustrie

Der **betriebliche Geltungsbereich** des Branchenmindestlohns erfasst Betriebe und selbständige Betriebsabteilungen der Textil- und Bekleidungsindustrie. Erfasst werden ferner Verkaufsstellen (§ 1 TV MiEnt Textil), was Abgrenzungsfragen zum Einzelhandel aufwerfen dürfte. Im Ergebnis dürften nur produktionsnahe Verkaufsstellen (Werkverkauf) erfasst sein. In **persönlicher Hinsicht** gilt der Mindestlohn für Arbeitnehmer gemäß § 22 Abs. 1 mit Ausnahme minderjähriger Arbeitnehmer ohne abgeschlossene Berufsausbildung (§ 1 TV MiEnt Textil).

44

§ 24   Übergangsregelung

45   Die **Höhe** des Mindeststundenlohns beträgt in den Bundesländern Sachsen, Thüringen, Sachsen-Anhalt, Mecklenburg-Vorpommern, Brandenburg und Berlin-Ost ab dem 1.1.2015 brutto 7,50 Euro, ab dem 1.1.2016 brutto 8,25 Euro und ab dem 1.11.2016 brutto 8,75 Euro (§ 2 Abs. 2 TV MiEnt Textil). Ab dem 1.1.2017 (bis zum 31.12.2017) soll der Mindestlohn dem gesetzlichen Mindestlohn entsprechen, mindestens aber brutto 8,75 Euro betragen. Für die übrigen Bundesländer (West) verweist der Tarifvertrag auf den gesetzlichen Mindestlohn (§ 2 Abs. 3 TV MiEnt Textil).

45a Der Abrechnungszeitraum für den Mindestlohn ist jeweils der Kalendermonat. Der Anspruch auf den Mindestlohn wird spätestens am 15. des Folgemonats **fällig** (§ 3 Abs. 3 TV MiEnt Textil). Für Vergütungsansprüche aus **Arbeitszeitkonten** ist der zum Zeitpunkt des Ausgleichs bzw. der Abgeltung geltende Mindestlohn maßgeblich (§ 3 Abs. 4 TV MiEnt Textil). Wegen des Hinweises auf Arbeitszeitkonten im TV MiEnt Textil ist davon auszugehen, dass **iÜ § 2 Abs. 2** Anwendung findet.

6. Arbeitnehmerüberlassung

46   Unter den **fachlichen Geltungsbereich** fallen in- und ausländische Unternehmen, die im Rahmen ihrer wirtschaftlichen Tätigkeit Arbeitnehmer überlassen; unter den **persönlichen Anwendungsbereich** fallen Leiharbeitnehmer (§ 1 2. VO LohnuntergrenzeAÜ).

47   Der gesetzliche Mindestlohn wird in den Bundesländern Berlin, Brandenburg, Mecklenburg-Vorpommern, Sachsen, Sachsen-Anhalt und Thüringen bis zum 31.12.2016 unterschritten. In diesen Bundesländern beträgt der Mindestlohn bis zum 31.3.2015 brutto 7,86 Euro und bis zum 31.5.2016 brutto 8,20 Euro je Stunde (§ 1 Abs. 2 Buchst. a 2. VO LohnuntergrenzeAÜ). Es gilt das **Arbeitsortsprinzip** (§ 2 Abs. 3 S. 1 2. VO LohnuntergrenzeAÜ).

48   Der Anspruch auf den Mindestlohn wird entsprechend § 2 Abs. 1 S. 1 Nr. 2 **fällig** (§ 2 Abs. 4 S. 1 2. VO LohnuntergrenzeAÜ). **Tarifliche Arbeitszeitkonten** sind nach Maßgabe von § 2 Abs. 4 2. VO LohnuntergrenzeAÜ zulässig (grds. maximal 200 Plusstunden bei Vollzeit; ab 150 Plusstunden Pflicht zur Insolvenzsicherung).

D. Gesetzliche Übergangsregelung für Zeitungszusteller

49   § 24 Abs. 2 regelt den Mindestlohnanspruch von Zeitungszustellern und Zustellern von Anzeigenblättern während einer Übergangsphase bis zum 31.12.2017.

I. Abweichender Mindestlohn für Zeitungszusteller

50   Nach § 24 Abs. 2 S. 1 beträgt der Mindestlohnanspruch von Zeitungszustellern **ab dem 1.1.2015 zunächst 75 Prozent** des Mindestlohns nach § 1 Abs. 2 S. 1, dh **brutto 6,38 Euro je Zeitstunde** und **ab dem 1.1.2016** dann **85 Prozent** des Mindestlohns nach § 1 Abs. 2 S. 1, dh **brutto 7,23 Euro je Zeitstunde**. Vom 1.1.2017 bis zum 31.12.2017 haben Zeitungszusteller nach § 24 Abs. 2 S. 2 einen Mindestlohnanspruch von brutto 8,50 Euro je Zeitstunde. Zeitungszusteller werden damit voraussichtlich erst zum 1.1.2018 einen Anspruch auf den vollen gesetzlichen Mindestlohn haben.

II. Hintergrund

51   Der Gesetzgeber hielt eine stufenweise Einphasung des Mindestlohns für die Zeitungszustellung durch gesetzliche Regelung für erforderlich, weil die mit der Einführung des Mindestlohns einhergehenden Mehrkosten insbesondere in ländlichen und struktur-

schwachen Regionen die Trägerzustellung beeinträchtigen würden. Die Zustellung sei notwendige Bedingung für das Funktionieren der durch **Art. 5 Abs. 1 S. 2 GG** geschützten freien Presse. Die verlässliche Trägerzustellung von Zeitungen und Zeitschriften am Tag ihres Erscheinens an den Endkunden sei eine wesentliche Säule für den Vertrieb dieser Printprodukte (vgl. BT-Drs. 18/2010 (neu) S. 25). Darüber hinaus erschien dem Gesetzgeber für den Bereich der Zustellung von Presseerzeugnissen der durch **§ 24 Abs. 1** eröffnete Weg, über bundesweite, nach dem AEntG erstreckte Tarifverträge vorübergehend vom Mindestlohn abzuweichen, wegen der besonderen Beschäftigten- und Entgeltstrukturen nicht gangbar, jedenfalls **nicht sachgerecht** (vgl. BT-Drs. 18/2010 (neu) S. 25; Nahles, Plenarprotokoll 18/46, S. 4092 C).

III. Vereinbarkeit mit höherrangigem Recht

Gleichheitsrechtlich ist die Regelung des § 24 Abs. 2 MiLoG **kritisch** zu sehen (vgl. auch Preis/Ulber, Verfassungsmäßigkeit des Mindestlohns, S. 140 ff.), weil Zeitungszusteller – als einzige Gruppe von Arbeitnehmern – im Rahmen der Mindestlohngesetzgebung eine gesonderte Behandlung erfahren. Die in § 24 Abs. 2 liegende Ungleichbehandlung ist mit Blick auf den allgemeinen Gleichheitssatz des Art. 3 Abs. 1 GG rechtfertigungsbedürftig.

52

1. Pressefreiheit

Allein unter Hinweis auf den Schutz der **Pressefreiheit** dürfte sich die Regelung **nicht rechtfertigen** lassen.

53

Zwar schützt das Grundrecht der Pressefreiheit den gesamten Tätigkeitsbereich der Presse, von der Beschaffung einer Information bis zur Verbreitung der Nachricht und der Meinung (vgl. bereits BVerfG Beschl. v. 6.10.1959 – 1 BvL 118/53, BVerfGE 10, 118). Auch hat das BVerfG unlängst erkannt, dass der Vertrieb von Tageszeitungen vom Schutzbereich der Pressefreiheit erfasst wird (vgl. BVerfG Beschl. v. 20.4.1999 – 1 BvQ 2/99, NZA 1999, 583; Beschl. v. 29.4 2003 – 1 BvR 62/99, NZA 2003, 864). Hiernach ist der Schutzbereich der Pressefreiheit nicht auf die unmittelbar inhaltsbezogenen Pressetätigkeiten beschränkt, sondern erfasst im Interesse einer ungehinderten Meinungsverbreitung auch inhaltsferne Hilfsfunktionen von Presseunternehmen. Auch der Vertrieb von Tageszeitungen durch morgendliche Botenzustellung fällt in den Schutzbereich der Pressefreiheit. Diese besondere Form des Zeitungsvertriebs sei gerade für Tageszeitungen, die in besonderer Weise aktualitätsbezogen sind, alternativlos. Weder eine (spätere) Postzustellung noch ein Verkauf an außerhäuslichen Verkaufsstellen könnte den Vertrieb einer Tageszeitung in gleicher Weise sicherstellen wie die morgendliche Botenzustellung. Auch wenn Art. 5 Abs. 1 S. 2 GG keinen unmittelbaren Anspruch auf staatliche Förderung begründet, kann der Gesetzgeber durch die Begünstigung der Zustellung von Presseerzeugnissen einem staatspolitischen Interesse an Information und öffentlicher Meinungsbildung entsprechen. Von daher können auch eine wirtschaftlich schwierige Lage von Presseunternehmen und das Bestreben, die Vielfalt der Presse zu erhalten und zu stärken, eine begünstigende Behandlung durch den Staat rechtfertigen (zur steuerlichen Begünstigung von Zeitschriften und Zeitungen vgl. BVerfG Urt. v. 5.3.1974 – 1 BvR 712/68, NJW 1976, 689, 691).

54

Vor diesem Hintergrund kommt der ehemalige Richter am BVerfG di Fabio in seinem für den Bundesverband Deutscher Zeitungsverleger (BDVZ) erstatteten Gutachten zu dem Ergebnis, dass es Art. 5 Abs. 1 S. 2 GG *gebiete*, den Bereich der Zustellung von Zeitungen im Rahmen der Mindestlohngesetzgebung gesondert zu behandeln (di Fabio, Mindestlohn und Pressefreiheit, S. 5; ebenso Degenhart, Pressefreiheit als Vertriebsfrei-

55

heit, S. 24; Thüsing Ausschuss-Drs. 18(11)148 S. 56; **aA** Pieroth/Barczak, Mindestlohnausnahme für Zeitungszusteller?, S. 116).

56 Diese Ansicht übersieht jedoch, dass der Gesetzgeber mit der Regelung des § 24 Abs. 2 **nicht iSe unmittelbarer staatlicher Förderung lenkend wirkt** (wie zB bei der privilegierten Verbreitung von Druckschriften durch die Deutsche Post AG auf Grundlage des Universaldienstes), **sondern** die Zustellung von Zeitungen **auf Kosten** der mit dem Zustellvorgang befassten **Arbeitnehmer letztlich subventioniert**. Warum Arbeitnehmer, die Presseerzeugnisse zustellen, dem Grundrecht der Pressefreiheit über eine gesetzlich erzwungene „Lohnzurückhaltung" zur Wirksamkeit zu verhelfen haben, erschließt sich nicht. So geht der DGB davon aus, dass der Anteil der auf den Zustellvorgang entfallenden Kosten weniger als 15 Prozent der Gesamtkosten der Verlage beträgt (vgl. DGB, Mindestlohn für alle, jetzt, S. 11). Im Übrigen fehlt es der Regelung auch insofern an innerer Kohärenz, als ausschließlich Zeitungszusteller, nicht aber sonstige Hilfsfunktionen (Druck, Layout, Vertrieb etc.) erfasst werden (vgl. auch Sagan/Witschen jM 2014, 372, 373). Zu Recht weisen Preis/Ulber in diesem Zusammenhang darauf hin, dass es „befremdlich sei anzunehmen, dass die Niedriglohnung von Zeitungszustellern überhaupt ein Belang von verfassungsrechtlicher Tragkraft im Licht der Pressefreiheit sein kann" (Preis/Ulber, Verfassungsmäßigkeit des Mindestlohns, S. 163). Bei genauer Betrachtung ist die Pressefreiheit auch insofern nicht geeignet, einen abweichenden Mindestentgeltschutz für Zeitungszusteller zu begründen, weil sich **die Argumentation letztlich nicht gegen den Mindestlohn „an sich", sondern nur gegen dessen Höhe wendet**. Konsequent zu Ende gedacht müsste der Gesetzgeber sogar, soweit der Verbreitungsgrad von Printmedien weiter abnimmt und Zeitungspreise unter Druck geraten, den Mindestlohn – und dies nicht nur übergangsweise – im presserelevanten Bereich weiter nach unten anpassen.

57 Trotz des unzweifelhaft weiten Beurteilungs- und Ausgestaltungsspielraums, über den der Gesetzgeber bei der Normsetzung und damit auch bei der Ausgestaltung des Mindestlohns verfügt, erscheint doch zweifelhaft, ob der Schutz der Pressefreiheit als sachliches Kriterium die in § 24 Abs. 2 liegende Ungleichbehandlung trägt.

2. Branchenspezifische Anpassungsschwierigkeiten

58 Um die in § 24 Abs. 2 liegende Ungleichbehandlung zu rechtfertigen, scheint vielmehr die Frage **zielführender**, inwiefern **branchenspezifische Anpassungsschwierigkeiten** eine unmittelbare gesetzliche Behandlung der Zustellung von Zeitungen **rechtfertigen** können. Dieser Ansatz erscheint gegenüber dem auf Art. 5 Abs. 1 S. 2 GG gestützten Ansatz auch aus systematischen Gründen vorrangig, weil die Regelung als Teil der Übergangsregelung des § 24 gefasst und erst im Verlauf des parlamentarischen Verfahrens in § 24 integriert wurde (der Gesetzentwurf der Bundesregierung sah noch keine Übergangsregelung für Zeitungszusteller vor, vgl. BT-Drs. 18/1558).

59 Soweit der Gesetzgeber die Regelung auch damit begründet, dass es den Presseunternehmen nicht in gleicher Weise möglich ist, die Übergangsregelung des § 24 Abs. 1 zu nutzen, dürfte es insofern zutreffend sein, dass die Zusammensetzung der Beschäftigten im Bereich der Zustellung von Presseerzeugnissen aus strukturellen Gründen eine effektive gewerkschaftliche Interessenvertretung erschwert. Zeitungszusteller sind ganz überwiegend in Teilzeit – oft geringfügig – beschäftigt. Anzeigenblätter werden überwiegend von Schülern zugestellt. Der Zustellvorgang wird regelmäßig allein ausgeübt. Klassisch ortsfeste Betriebsstrukturen existieren nur bedingt. Die Charakteristik von ländlichen und urbanen Zustellgebieten variiert stark. Hinzu kommt, dass im Bereich der Zustellung von Zeitungen bisher ganz überwiegend auf die Struktur des jeweiligen Zustellbezirks zugeschnittene Stücklohnmodelle vorherrschen. Vor diesem Hintergrund scheint es jedenfalls noch **vertretbar**, wenn der Gesetzgeber zu der **Beurteilung** gelangt, dass der durch § 24 Abs. 1 eröffnete Weg, über bundesweite, nach dem AEntG erstreckte Tarifverträge vorübergehend vom Mindestlohn abzuweichen, wegen der besonderen Beschäftigten-

und Entgeltstrukturen nicht gangbar, jedenfalls nicht sachgerecht ist (vgl. BT-Drs. 18/ 2010 (neu) S. 25; Nahles, Plenarprotokoll 18/46, S. 4092 C, krit. hierzu Bayreuther NZA 2014, 865, 872; Jöris/v. Steinau-Steinrück BB 2014, 2101, 2103).

IV. Persönlicher Anwendungsbereich

Nach § 24 Abs. 2 S. 3 gilt der gestufte Mindestlohn im Bereich der Zeitungszustellung nur für Personen, die in einem Arbeitsverhältnis ausschließlich periodische Zeitungen, Zeitschriften oder Anzeigenblätter an Endkunden zustellen. **60**

1. Ausschließlichkeitsprinzip

Um eine klare Abgrenzung der von der Sonderregung erfassten Personen zu ermöglichen, bedient sich der Gesetzgeber innerhalb von § 24 Abs. 2 dem Ausschließlichkeitsprinzip (krit. hierzu Schweibert/Leßmann DB 2014, 1866, 1868). Die Übergangsregelung ist nur einschlägig, wenn sich die arbeitsvertragliche Hauptleistungspflicht des Arbeitnehmers in der Zustellung von Presseerzeugnissen erschöpft. Demnach findet § 24 Abs. 2 S. 3 keine Anwendung, wenn neben Zeitungen auch Briefe, Pakete bzw. andere Waren zustellt oder Wurfsendungen verteilt werden, sog. **Hybridzustellung** (vgl. Bayreuther NZA 2014, 865, 872; Lakies AuR 2014, 360, 364). Auch das Bestücken der Zeitungen mit Werbebeilagen darf nicht durch den Zusteller erfolgen. Das Ausschließlichkeitsprinzip der Übergangsregelung ist sachlich dadurch begründet, dass bei Hybridzustellungen in das Arbeitsverhältnis Tätigkeiten einbezogen werden, die nicht dem Schutz des Art. 5 GG unterfallen. **61**

Kein Verstoß gegen das Ausschließlichkeitsprinzip liegt demgegenüber vor, wenn den Presseerzeugnissen Werbung beigefügt ist. Dies wird schon daran deutlich, dass der Gesetzgeber auch die Zustellung von Anzeigenblättern mit redaktionellem Inhalt, die qua Definition Werbung beinhalten, in die Übergangsregelung einbezieht. Auch ist es nicht erforderlich, dass der Arbeitgeber ausschließlich oder auch nur überwiegend mit der Zustellung von Presseerzeugnissen befasst ist. Die Übergangsregierung nimmt in § 24 Abs. 2 insofern nicht die Branche des Arbeitgebers, sondern den Vorgang der Zustellung **besonderer Presseerzeugnisse** in den Blick. **62**

2. Endkundenzustellung

§ 24 Abs. 2 S. 3 erfasst nur die Zustellung an Endkunden. Endkunde ist diejenige natürliche oder juristische Person, für die ein Presseerzeugnis letztendlich bestimmt ist, dh der **Abonnent**, **Leser** bzw. diejenige **Person**, die ein Presseerzeugnis **zum Lesen durch Dritte bereithält**. Endkunden idS ist daher auch der Arzt oder Friseur, der Zeitungen für Patienten oder Kunden im Wartebereich vorhält. Endkunden können auch Bibliotheken oder sonstige Einrichtungen sein, die ihren Nutzern im Rahmen von Leseräumen oä Presseerzeugnisse zugänglich machen. **Keine Endkunden** sind demgegenüber **gewerbliche Vertriebsstellen**, wie beispielsweise Zeitungskioske, Buchhandlungen, Supermärkte etc. **63**

3. Zustellobjekt

Objekt der Zustellung muss nach § 24 Abs. 2 S. 3 eine periodisch erscheinende Zeitung, Zeitschrift oder ein Anzeigenblatt mit redaktionellem Inhalt sein. Für die Zustellung von Briefen und Paketen wie auch die Auslieferung von Büchern, Bildbänden, Kalendern oder Katalogen greift § 24 Abs. 2 nicht. **64**

a) **Zeitungen, Zeitschriften.** Nach dem allgemeinen Sprachgebrauch sind Zeitungen Druckschriften, deren Herausgabezweck darauf gerichtet ist, über Tagesereignisse, Zeit- oder Fachfragen durch presseübliche Berichterstattung zu unterrichten (vgl. BVerwG Urt. **65**

v. 6.10.1967 – VII C 142.66, BVerwGE 28, 36; BGH Urt. v. 20.9.2012 – I ZR 116/11, NJW 2013, 72, 73). Demgegenüber greifen Zeitschriften einzelne Fragen heraus, die nicht notwendigerweise tagesaktuell sein müssen.

66 **b) Anzeigenblätter mit redaktionellem Inhalt.** Anzeigenblätter sind Presseprodukte, die (auch unter den Synonymen Wochenzeitung, Wochenblatt, Stadtteilzeitung) kostenlos regelmäßig an die Haushalte eines festumrissenen Gebiets verteilt werden, sich allein durch die aufgegebenen Anzeigen finanzieren und dabei nur einen kleineren – evtl. nur regionalen – redaktionellen Teil enthalten (FG Hmb. Urt. v. 17.4.2007 – 3 K 64/06, AfP 2007, 589).

67 An den redaktionellen Inhalt eines Anzeigenblatts sind schon aus verfassungsrechtlichen Gründen keine besonderen qualitativen Anforderungen zu stellen (zur staatlichen Neutralitätspflicht bei der Förderung von Presseerzeugnissen vgl. BVerfG Beschl. v. 6.6.1989 – 1 BvR 727/84, NJW 1989, 2877). Ausreichend ist die anhand inhaltlich neutraler Betrachtung zu treffende Feststellung, dass das Anzeigenblatt die Öffentlichkeit über Tagesereignisse, Zeit- oder Fachfragen unterrichten will (vgl. BGH Urt. v. 20.9.2012 – I ZR 116/11, NJW 2013, 72, 74). Redaktionelle Inhalte setzen insofern aber eine **journalistische Leistung** voraus. An einer journalistischen Leistung **fehlt** es bei der **bloßen Wiedergabe von Veranstaltungsprogrammen, Terminen, Radio- und Fernsehprogrammen sowie amtliche Mitteilungen** (vgl. OLG Hamm Urt. v. 24.5.1984 – 4 U 24/84, GRUR 1985, 63; Ikas WRP 1997, 392, 394). Auszuscheiden sind außerdem sog. Annoncen-Zeitungen, die ausschließlich gewerbliche Anzeigen oder private Kleinanzeigen verbreiten (kritisch hierzu Löwisch NZA 2014, 948).

68 Auch quantitative Vorgaben zum Verhältnis des werbenden und des redaktionellen Teils von Anzeigeblättern macht das MiLoG nicht. Entscheidend ist, dass die Prospekte zum Anzeigenblatt gehören, dh eine Werbeleistung des Anzeigenblatts darstellen. Ob die Prospekte ins Anzeigenblatt oder auf das Anzeigenblatt gelegt werden oder neben dem Anzeigenblatt in den Briefkasten geschmissen werden, ist unerheblich. In aller Regel dürfte aber ein „physischer Verbund" zwischen Anzeigeblatt und Prospekten bestehen, wenn das Prospekt eine Werbeleistung des Anzeigeblattes darstellt.

69 **c) Periodisches Erscheinen.** Ein periodisches Erscheinen setzt voraus, dass eine bestimmte Zahl von Druckschriftennummern regelmäßig innerhalb eines bestimmten Zeitraums, der längstens ein Jahr betragen darf, erscheint. Maßgebend ist hierfür, dass die Druckschrift – anders als ein Flugblatt – nicht nur zur gelegentlichen Informationskundgabe bestimmt, sondern auf das für ein Presseerzeugnis übliche periodische Erscheinen angelegt ist, dh nicht nur gelegentlich publiziert werden soll. Ob die Druckschrift bereits in der Vergangenheit tatsächlich regelmäßig erschienen ist, ist hingegen ohne Belang (BGH Urt. v. 20.9.2012 – I ZR 116/11, NJW 2013, 72, 74 f.).

Anlage 1

Verordnung über Meldepflichten nach dem Mindestlohngesetz, dem Arbeitnehmer-Entsendegesetz und dem Arbeitnehmerüberlassungsgesetz (Mindestlohnmeldeverordnung – MiLoMeldV)

Vom 26. November 2014

Auf Grund des § 16 Absatz 5 Nummer 2 und 3 des Mindestlohngesetzes vom 11. August 2014 (BGBl. I S. 1348), des § 18 Absatz 5 Nummer 2 und 3 des Arbeitnehmer-Entsendegesetzes vom 20. April 2009 (BGBl. I S. 799) und des § 17b Absatz 3 Nummer 2 und 3 des Arbeitnehmerüberlassungsgesetzes, der durch Artikel 1 Nummer 3 des Gesetzes vom 20. Juli 2011 (BGBl. I S. 1506) eingefügt worden ist, verordnet das Bundesministerium der Finanzen im Einvernehmen mit dem Bundesministerium für Arbeit und Soziales:

§ 1
Meldung

Für die Abgabe der Meldung nach § 16 Absatz 1 des Mindestlohngesetzes und § 18 Absatz 1 des Arbeitnehmer-Entsendegesetzes sollen Arbeitgeber mit Sitz im Ausland den von der Zollverwaltung hierfür vorgesehenen Vordruck verwenden. Entsprechendes gilt für Entleiher hinsichtlich der Meldung nach § 16 Absatz 3 des Mindestlohngesetzes, § 18 Absatz 3 des Arbeitnehmer-Entsendegesetzes und § 17b Absatz 1 des Arbeitnehmerüberlassungsgesetzes.

§ 2
Abwandlung der Anmeldung

(1) Abweichend von der Meldepflicht nach § 16 Absatz 1 Satz 1 und 2 des Mindestlohngesetzes und § 18 Absatz 1 Satz 1 und 2 des Arbeitnehmer-Entsendegesetzes ist in den Fällen, in denen ein Arbeitgeber mit Sitz im Ausland Arbeitnehmerinnen und Arbeitnehmer

1. an einem Beschäftigungsort
   a) zumindest teilweise vor 6 Uhr oder nach 22 Uhr oder
   b) in Schichtarbeit,
2. an mehreren Beschäftigungsorten am selben Tag oder
3. in ausschließlich mobiler Tätigkeitbeschäftigt, eine Einsatzplanung vorzulegen.

(2) In den Fällen des Absatzes 1 Nummer 1 und 2 hat der Arbeitgeber in der Einsatzplanung für jeden Beschäftigungsort die dort eingesetzten Arbeitnehmerinnen und Arbeitnehmer mit Geburtsdatum auszuweisen. Die Angaben zum Beschäftigungsort müssen die Ortsbezeichnung, die Postleitzahl und, soweit vorhanden, den Straßennamen sowie die Hausnummer enthalten. Der Einsatz der Arbeitnehmerinnen und Arbeitnehmer am Beschäftigungsort wird durch die Angabe von Datum und Uhrzeiten konkretisiert. Die Einsatzplanung kann einen Zeitraum von bis zu drei Monaten umfassen. Beim Einsatz von Arbeitnehmerinnen und Arbeitnehmern im Geltungsbereich von Tarifverträgen für Bergbauspezialarbeiten auf Steinkohlebergwerken gilt der Schacht als Ort der Beschäftigung.

Anlage 1

(3) In den Fällen des Absatzes 1 Nummer 3 hat der Arbeitgeber in der Einsatzplanung den Beginn und die voraussichtliche Dauer der Werk- oder Dienstleistung, die voraussichtlich eingesetzten Arbeitnehmerinnen und Arbeitnehmer mit Geburtsdatum sowie die Anschrift, an der Unterlagen bereitgehalten werden, zu melden. Die Einsatzplanung kann je nach Auftragssicherheit einen Zeitraum von bis zu sechs Monaten umfassen. Sofern die Unterlagen im Ausland bereitgehalten werden, ist der Einsatzplanung eine Versicherung beizufügen, dass die Unterlagen auf Anforderung der Behörden der Zollverwaltung für die Prüfung in deutscher Sprache im Inland bereitgestellt werden. Diesen Unterlagen sind auch Angaben zu den im gemeldeten Zeitraum tatsächlich erbrachten Werk- oder Dienstleistungen sowie den jeweiligen Auftraggebern beizufügen.

(4) Bei einer ausschließlich mobilen Tätigkeit im Sinne des Absatzes 1 Nummer 3 handelt es sich um eine Tätigkeit, die nicht an Beschäftigungsorte gebunden ist. Eine ausschließlich mobile Tätigkeit liegt insbesondere bei der Zustellung von Briefen, Paketen und Druckerzeugnissen, der Abfallsammlung, der Straßenreinigung, dem Winterdienst, dem Gütertransport und der Personenbeförderung vor. Das Erbringen ambulanter Pflegeleistungen wird einer ausschließlich mobilen Tätigkeit gleichgestellt.

(5) Die Absätze 1 bis 4 gelten entsprechend für Angaben des Entleihers auf Grund des § 16 Absatz 3 des Mindestlohngesetzes, des § 18 Absatz 3 des Arbeitnehmer-Entsendegesetzes und des § 17b Absatz 1 des Arbeitnehmerüberlassungsgesetzes.

§ 3
Änderungsmeldung

(1) Eine Abweichung der Beschäftigung von den in der gemeldeten Einsatzplanung nach § 2 Absatz 2 gemachten Angaben müssen Arbeitgeber oder Entleiher entgegen § 16 Absatz 1 Satz 3 und Absatz 3 Satz 2 des Mindestlohngesetzes, § 18 Absatz 1 Satz 3 und Absatz 3 Satz 2 des Arbeitnehmer-Entsendegesetzes und § 17b Absatz 1 Satz 2 des Arbeitnehmerüberlassungsgesetzes nur melden, wenn der Einsatz am gemeldeten Ort um mindestens acht Stunden verschoben wird.

(2) Eine Abweichung der Beschäftigung von den in der gemeldeten Einsatzplanung nach § 2 Absatz 3 gemachten Angaben müssen Arbeitgeber oder Entleiher entgegen § 16 Absatz 1 Satz 3 und Absatz 3 Satz 2 des Mindestlohngesetzes, § 18 Absatz 1 Satz 3 und Absatz 3 Satz 2 des Arbeitnehmer-Entsendegesetzes und § 17b Absatz 1 Satz 2 des Arbeitnehmerüberlassungsgesetzes nicht melden.

§ 4
Inkrafttreten, Außerkrafttreten

Diese Verordnung tritt am 1. Januar 2015 in Kraft. Gleichzeitig tritt die Arbeitnehmer-Entsendegesetz-Meldeverordnung vom 10. September 2010 (BGBl. I S. 1304) außer Kraft.

Berlin, den 26. November 2014

Der Bundesminister der Finanzen
Schäuble

Anlage 2

Verordnung zu den Dokumentationspflichten nach den §§ 16 und 17 des Mindestlohngesetzes in Bezug auf bestimmte Arbeitnehmergruppen (Mindestlohndokumentationspflichten-Verordnung – MiLoDokV)

Vom 18. Dezember 2014

Auf Grund des § 17 Absatz 3 des Mindestlohngesetzes vom 11. August 2014 (BGBl. I S. 1348) verordnet das Bundesministerium für Arbeit und Soziales:

§ 1

Die Pflicht zur Abgabe einer schriftlichen Anmeldung nach § 16 Absatz 1 oder 3 des Mindestlohngesetzes, die Pflicht zur Abgabe einer Versicherung nach § 16 Absatz 2 oder 4 des Mindestlohngesetzes sowie die Pflicht zum Erstellen und Bereithalten von Dokumenten nach § 17 Absatz 1 und 2 des Mindestlohngesetzes werden vorbehaltlich des Satzes 3 dahingehend eingeschränkt, dass sie nicht gelten für Arbeitnehmer und Arbeitnehmerinnen, deren verstetigtes regelmäßiges Monatsentgelt brutto 2 958 Euro überschreitet und für die der Arbeitgeber seine nach § 16 Absatz 2 des Arbeitszeitgesetzes bestehenden Verpflichtungen zur Aufzeichnung der Arbeitszeit und zur Aufbewahrung dieser Aufzeichnungen tatsächlich erfüllt. Für die Ermittlung des verstetigten Monatsentgelts sind ungeachtet ihrer Anrechenbarkeit auf den gesetzlichen Mindestlohnanspruch nach den §§ 1 und 20 des Min-destlohngesetzes sämtliche verstetigten monatlichen Zahlungen des Arbeitgebers zu berücksichtigen, die regelmäßiges monatliches Arbeitsentgelt sind. In Bezug auf die in Satz 1 genannten Arbeitnehmer und Arbeitnehmerinnen hat deren Arbeitgeber diejenigen Unterlagen im Inland in deutscher Sprache bereit zu halten, aus denen sich die Erfüllung der in Satz 1 genannten Voraussetzungen ergibt.

§ 2

Diese Verordnung tritt am 1. Januar 2015 in Kraft.

Berlin, den 18. Dezember 2014

Die Bundesministerin
für Arbeit und Soziales
Andrea Nahles

Anlage 3

Verordnung zur Abwandlung der Pflicht zur Arbeitszeitaufzeichnung nach dem Mindestlohngesetz und dem Arbeitnehmer-Entsendegesetz (Mindestlohnaufzeichnungsverordnung – MiLoAufzV)

Vom 26. November 2014

Auf Grund des § 17 Absatz 4 des Mindestlohngesetzes vom 11. August 2014 (BGBl. I S. 1348) und des § 19 Absatz 4 des Arbeitnehmer-Entsendegesetzes, der durch Artikel 6 Nummer 12 Buchstabe c des Gesetzes vom 11. August 2014 (BGBl. I S. 1348) angefügt worden ist, verordnet das Bundesministerium der Finanzen im Einvernehmen mit dem Bundesministerium für Arbeit und Soziales:

§ 1
Vereinfachung und Abwandlung der Pflicht zur Arbeitszeitaufzeichnung

(1) Abweichend von § 17 Absatz 1 Satz 1 des Mindestlohngesetzes und § 19 Absatz 1 Satz 1 des Arbeitnehmer-Entsendegesetzes genügt ein Arbeitgeber,

1. soweit er Arbeitnehmerinnen und Arbeitnehmer mit ausschließlich mobilen Tätigkeiten beschäftigt,
2. diese keinen Vorgaben zur konkreten täglichen Arbeitszeit (Beginn und Ende) unterliegen und
3. sich ihre tägliche Arbeitszeit eigenverantwortlich einteilen,

seiner Aufzeichnungspflicht, wenn für diese Arbeitnehmerinnen und Arbeitnehmer nur die Dauer der tatsächlichen täglichen Arbeitszeit aufgezeichnet wird.

(2) Bei einer ausschließlich mobilen Tätigkeit im Sinne des Absatzes 1 handelt es sich um eine Tätigkeit, die nicht an Beschäftigungsorte gebunden ist. Eine ausschließlich mobile Tätigkeit liegt insbesondere bei der Zustellung von Briefen, Paketen und Druckerzeugnissen, der Abfallsammlung, der Straßenreinigung, dem Winterdienst, dem Gütertransport und der Personenbeförderung vor. Arbeitnehmerinnen und Arbeitnehmer unterliegen im Sinne des Absatzes 1 keinen Vorgaben zur konkreten täglichen Arbeitszeit, wenn die Arbeit lediglich innerhalb eines bestimmten zeitlichen Rahmens geleistet werden muss, ohne dass die konkrete Lage (Beginn und Ende) der Arbeitszeit durch den Arbeitgeber festgelegt wird. Eine eigenverantwortliche Einteilung der Arbeitszeit im Sinne des Absatzes 1 liegt vor, wenn Arbeitnehmerinnen oder Arbeitnehmer während ihrer täglichen Arbeitszeit regelmäßig nicht durch ihren Arbeitgeber oder Dritte Arbeitsaufträge entgegennehmen oder für entsprechende Arbeitsaufträge zur Verfügung stehen müssen. Die zeitliche Ausführung des täglichen Arbeitsauftrages muss in der Verantwortung der Arbeitnehmerinnen und Arbeitnehmer liegen.

§ 2
Inkrafttreten

Diese Verordnung tritt am 1. Januar 2015 in Kraft.

Berlin, den 26. November 2014

Der Bundesminister der Finanzen
Schäuble

Anlage 4

Verordnung über zwingende Arbeitsbedingungen in der Fleischwirtschaft

Vom 30. Juli 2014

Auf Grund des § 7 Absatz 1 und 2 in Verbindung mit Absatz 4 des Arbeitnehmer-Entsendegesetzes vom 20. April 2009 (BGBl. I S. 799) verordnet das Bundesministerium für Arbeit und Soziales, nachdem es den in den Geltungsbereich dieser Verordnung fallenden Arbeitgebern, Arbeitnehmern und Arbeitnehmerinnen, den Parteien des Tarifvertrags nach § 1 Satz 1 dieser Verordnung sowie den Parteien von Tarifverträgen in der Branche mit zumindest teilweise demselben fachlichen Geltungsbereich Gelegenheit zur schriftlichen Stellungnahme gegeben hat:

§ 1
Zwingende Arbeitsbedingungen

Die in der Anlage zu dieser Verordnung aufgeführten Rechtsnormen des Tarifvertrags zur Regelung der Mindestbedingungen für Arbeitnehmer in der Fleischwirtschaft der Bundesrepublik Deutschland (TV Mindestbedingungen) vom 13. Januar 2014, abgeschlossen zwischen dem Arbeitgeberverband der Bayrischen Ernährungswirtschaft (abe) e.V., Oskar-von-Miller-Ring 1, 80333 München, dem Arbeitgeberverband der Ernährungsindustrie Baden-Württemberg e.V., Eduard-Pfeiffer-Straße 48, 70192 Stuttgart, dem Arbeitgeberverband der Ernährungsindustrie Nordrhein-Westfalen, Ostwall 227, 47798 Krefeld, dem Arbeitgeberverband Ernährung Genuss Hessen/Rheinland-Pfalz/Saarland e.V., Sonnenberger Straße 46, 65193 Wiesbaden, dem Arbeitgeberverband Nahrung und Genuss Thüringen e.V., Lossius-straße 1, 99094 Erfurt, dem Arbeitgeberverband der Ernährungsindustrie Hamburg/Schleswig-Holstein/MecklenburgVorpommern e.V., Winterhuder Weg 76, 22085 Hamburg, dem Sächsischen Arbeitgeberverband Nahrung und Genuss e.V., Bamberger Straße 7, 01187 Dresden, dem Verband der Ernährungswirtschaft Niedersachsen/Bremen/SachsenAnhalt e.V., Arbeitgebervereinigung, Mengendamm 16 D, 30177 Hannover, und der Wirtschaftsvereinigung der Ernährungsindustrie in Berlin und Brandenburg e.V., Am Schillertheater 2, 10625 Berlin, einerseits, sowie der Gewerkschaft Nahrung-Genuss-Gaststätten, Hauptverwaltung, Haubachstraße 76, 22765 Hamburg, andererseits, finden auf alle nicht an ihn gebundenen Arbeitgeber sowie Arbeitnehmer und Arbeitnehmerinnen Anwendung, die unter seinen Geltungsbereich fallen, wenn im Betrieb oder in der selbstständigen Betriebsabteilung überwiegend geschlachtet oder Fleisch verarbeitet wird (Betriebe der Fleischwirtschaft) sowie wenn der Betrieb oder die selbstständige Betriebsabteilung ihre Arbeitnehmer und Arbeitnehmerinnen überwiegend in Betrieben der Fleischwirtschaft einsetzt. Das Schlachten umfasst dabei alle Tätigkeiten des Schlachtens und Zerlegens von Tieren mit Ausnahme von Fischen. Die Verarbeitung umfasst alle Tätigkeiten der Weiterverarbeitung von beim Schlachten gewonnenen Fleischprodukten zur Herstellung von Nahrungsmitteln sowie deren Portionierung und Verpackung. Nicht erfasst ist die Verarbeitung, wenn die Behandlung, die Portionierung oder die Verpackung beim Schlachten gewonnener Fleischprodukte direkt auf Anforderung des Endverbrauchers erfolgt. Die Rechtsnormen des Tarifvertrags gelten auch für Arbeitsverhältnisse zwischen einem Arbeitgeber mit Sitz im Ausland und seinen im Geltungsbereich dieser Verordnung beschäftigten Arbeitnehmern und Arbeitnehmerinnen. Wird ein Leiharbeitnehmer oder eine Leiharbeitnehmerin von einem Entleiher mit Tätigkeiten beschäftigt, die in den Geltungsbereich dieser Verordnung fallen, so hat der Verleiher ihm oder ihr nach § 8 Absatz 3 des ArbeitnehmerEntsendegesetzes zumindest die nach dieser Verordnung vorgeschriebenen Arbeitsbedingungen zu gewähren.

§ 2
Inkrafttreten, Außerkrafttreten

Diese Verordnung tritt am 1. August 2014 in Kraft und am 31. Dezember 2017 außer Kraft.

Berlin, den 30. Juli 2014

Die Bundesministerin
für Arbeit und Soziales
Andrea Nahles

Anlage
(zu § 1)

Rechtsnormen des Tarifvertrags zur Regelung der Mindestbedingungen für Arbeitnehmer in der Fleischwirtschaft der Bundesrepublik Deutschland (TV Mindestbedingungen) vom 13. Januar 2014

§ 1
Geltungsbereich

1. Räumlicher Geltungsbereich Für das Gebiet der Bundesrepublik Deutschland.
2. Betrieblicher Geltungsbereich
    a) Alle Betriebe und selbständige Betriebsabteilungen der Fleischwirtschaft. Dies sind Betriebe, in denen
       – Schweine und Rinder geschlachtet und/oder zerlegt werden,
       – Geflügel jeder Art geschlachtet und/oder zerlegt wird,
       – überwiegend Fleisch und Fleischwaren jeder Art verarbeitet, portioniert und/oder verpackt werden.
       Hierzu zählen auch Betriebe und selbständige Betriebsabteilungen, die ihre Arbeitnehmer in Betrieben oder Betriebsabteilungen der Fleischwirtschaft einsetzen (Dienstleister der Fleischwirtschaft).
    b) Nicht erfasst werden Betriebsstätten, die zum Fleischerhandwerk gehören, es sei denn, dass sie als Dienstleister der Fleischwirtschaft tätig werden.
3. Persönlicher Geltungsbereich
   Alle Arbeitnehmerinnen und Arbeitnehmer, insbesondere solche, die eine nach den Vorschriften des Sechsten Buches Sozialgesetzbuch – Gesetzliche Rentenversicherung – (SGB VI) versicherungspflichtige Tätigkeiten ausüben, einschließlich derjenigen, die gemäß § 8 des Vierten Buches Sozialgesetzbuch – Gemeinsame Vorschriften für die Sozialversicherung – (SGB IV) eine geringfügige Beschäftigung ausüben.
   Dies sind auch Arbeitnehmer von Dienstleistern der Fleischwirtschaft, soweit sie in Betrieben oder selbständigen Betriebsabteilungen der Fleischwirtschaft eingesetzt werden.
   Ausgenommen sind:
    a) Auszubildende im Sinne des Berufsbildungsgesetzes.
    b) Personen, die nachweislich aufgrund einer Schul-, Ausbildungs- oder Studienordnung ein Praktikum absolvieren.

§ 2
Mindestlöhne

1. Das Mindestentgelt ist Entgelt im Sinne des § 5 Absatz 1 Nummer 1 des Arbeitnehmer-Entsendegesetzes. Höhere Entgeltansprüche aufgrund anderer Tarifverträge, betrieblicher oder einzelvertraglicher Vereinbarungen bleiben unberührt.
2. Die Mindestlöhne je Stunde betragen bundeseinheitlich je Stunde
   ab 1. Juli 2014   7,75 Euro,
   ab 1. Dezember 2014   8,00 Euro,
   ab 1. Oktober 2015   8,60 Euro,
   ab 1. Dezember 2016   8,75 Euro.
3. Der Anspruch auf das Mindestentgelt wird spätestens zum 15. des Monats fällig, der auf den Monat folgt, für den das Mindestentgelt zu zahlen ist.

§ 3
Ausschlussfristen

Für alle Ansprüche aus diesem Tarifvertrag gilt eine Ausschlussfrist von 6 Monaten ab Fälligkeit des Anspruchs.

Anlage 5

Verordnung
über zwingende Arbeitsbedingungen im Friseurhandwerk
(Friseurarbeitsbedingungenverordnung – FriseurArbbV)

Vom 9. Dezember 2014

Auf Grund des § 7a Absatz 1 und 4 in Verbindung mit Absatz 2 und 3 und § 7 Absatz 2 des Arbeitnehmer-Entsendegesetzes vom 20. April 2009 (BGBl. I S. 799), von denen § 7a durch Artikel 6 Nummer 7 des Gesetzes vom 11. August 2014 (BGBl. I S. 1348) eingefügt worden ist, verordnet das Bundesministerium für Arbeit und Soziales, nachdem es den in den Geltungsbereich dieser Verordnung fallenden und den möglicherweise von ihr betroffenen Arbeitgebern, Arbeitnehmern und Arbeitnehmerinnen, den Parteien des Tarifvertrags nach § 1 Satz 1 dieser Verordnung sowie allen am Ausgang des Verfahrens interessierten Gewerkschaften, Vereinigungen der Arbeitgeber und paritätisch besetzten Kommissionen, die auf der Grundlage kirchlichen Rechts Arbeitsbedingungen für den Bereich kirchlicher Arbeitgeber festlegen, Gelegenheit zur schriftlichen Stellungnahme gegeben sowie der Tarifausschuss befasst war:

§ 1
Zwingende Arbeitsbedingungen

Die in der Anlage 1 zu dieser Verordnung aufgeführten Rechtsnormen des Tarifvertrags vom 31. Juli 2013 zur Regelung der Mindestentgelte im Friseurhandwerk im Gebiet der Bundesrepublik Deutschland, abgeschlossen zwischen den Mitgliedern der Tarifgemeinschaft des deutschen Friseurhandwerks (Anlage 2) einerseits und der Vereinten Dienstleistungsgewerkschaft – ver.di, Paula-Thiede-Ufer 10, 10179 Berlin, andererseits, finden auf alle nicht an ihn gebundenen Arbeitgeber sowie Arbeitnehmer und Arbeitnehmerinnen Anwendung, wenn der Betrieb oder die selbstständige Betriebsabteilung überwiegend Tätigkeiten erbringt, die unter den Geltungsbereich dieses Tarifvertrags fallen. Die Rechtsnormen des Tarifvertrags gelten auch für Arbeitsverhältnisse zwischen einem Arbeitgeber mit Sitz im Ausland und seinen im Geltungsbereich dieser Verordnung beschäftigten Arbeitnehmern und Arbeitnehmerinnen. Wird ein Leiharbeitnehmer oder eine Leiharbeitnehmerin von einem Entleiher mit Tätigkeiten beschäftigt, die in den Geltungsbereich dieser Verordnung fallen, so hat der Verleiher ihm oder ihr nach § 8 Absatz 3 des Arbeitnehmer-Entsendegesetzes zumindest die nach dieser Verordnung vorgeschriebenen Arbeitsbedingungen zu gewähren; dies gilt auch dann, wenn der Betrieb des Entleihers nicht in den fachlichen Geltungsbereich dieser Verordnung fällt.

§ 2
Inkrafttreten, Außerkrafttreten

Diese Verordnung tritt am 1. Januar 2015 in Kraft und am 31. Juli 2015 außer Kraft.

Berlin, den 9. Dezember 2014

Die Bundesministerin
für Arbeit und Soziales
Andrea Nahles

Anlage 5

Anlage 1
(zu § 1)

Rechtsnormen
des Tarifvertrags zur Regelung der Mindestentgelte im Friseurhandwerk
vom 31. Juli 2013

§ 1
Geltungsbereich

Räumlicher: Im gesamten Gebiet der Bundesrepublik Deutschland.

Fachlicher: Für alle Betriebe und selbstständigen Betriebsabteilungen des Friseurhandwerks.

Persönlicher: Für alle in Friseurbetrieben und selbstständigen Betriebsabteilungen des Friseurhandwerks beschäftigten Arbeitnehmerinnen und Arbeitnehmer. Er gilt nicht für Auszubildende. Er gilt ebenfalls nicht für Praktikanten, sofern sie nicht länger als drei Monate beschäftigt werden.

§ 2
Regelungsgegenstände

1. Dieser Tarifvertrag regelt ausschließlich die Mindeststundenvergütung für Arbeitnehmerinnen und Arbeitnehmer, sofern sie im Geltungsbereich gemäß § 1 beschäftigt sind.
2. Höhere oder für die Arbeitnehmerinnen und Arbeitnehmer günstigere Entgeltansprüche aufgrund tarifvertraglicher Regelungen oder einzelvertraglicher Vereinbarungen bleiben hiervon unberührt.

§ 3
Mindestlöhne

Die Stundenlöhne betragen:

	ab 1. August 2014
West	8,00 €
Ost (neue Bundesländer einschließlich Berlin)	7,50 €

§ 4
Inkrafttreten und Laufzeit

[Diese Vorschrift wird von der Verordnung nicht erfasst und ist daher nicht abgedruckt.]

§ 5
Ausschlussfristen

Alle Ansprüche aus diesem Tarifvertrag sind innerhalb einer Ausschlussfrist von sechs Monaten nach Fälligkeit schriftlich geltend zu machen.

Anlage 5

Anlage 2
(zu § 1)

Mitglieder der Tarifgemeinschaft des deutschen Friseurhandwerks

Mitgliedsverbände des Zentralverbandes des Deutschen Friseurhandwerks
Fachverband Friseur und Kosmetik Baden-Württemberg, Gerberstraße 26, 70178 Stuttgart,
Landesinnungsverband des Bayerischen Friseurhandwerks, Pettenkoferstraße 7, 80336 München,
Friseur-Innung Berlin, Konstanzer Straße 25, 10709 Berlin,
Landesinnungsverband Friseure Brandenburg, Dortustraße 54, 14467 Potsdam,
Landesinnungsverband für das Friseurhandwerk Bremen, Martinistraße 53 – 55, 28195 Bremen,
Landesinnungsverband Friseurhandwerk Hessen, Nürnberger Straße 19, 63450 Hanau,
Landesinnungsverband des niedersächsischen Friseurhandwerks, Ricklinger Stadtweg 92, 30459 Hannover,
Friseur- und Kosmetikverband Nordrhein-Westfalen, Deggingstraße 16, 44141 Dortmund,
Fachverband des Pfälzischen Friseurhandwerks, Burgstraße 39, 67659 Kaiserslautern,
Landesverband Friseure & Kosmetik Rheinland, Kalvarienbergstraße 1, 54595 Prüm,
Landesinnung Friseure und Kosmetik Saarland, Grülingsstraße 115, 66113 Saarbrücken,
Landesinnungsverband Friseurhandwerk Sachsen, Katharinenstraße 27, 08056 Zwickau,
Landesinnungsverband des Friseurhandwerks und der Kosmetiker in Schleswig-Holstein, Barkauer Straße 56 24145 Kiel,
Landesinnungsverband der Friseure und Kosmetiker Thüringen/Sachsen-Anhalt, Am Kühlhaus 27, 99085 Erfurt.

Weitere Mitglieder
Landesinnungsverband des Friseurhandwerks und der Kosmetiker Mecklenburg-Vorpommern, Wilhelm-Külz-Platz 5, 18055 Rostock,
Friseur-Innung Hamburg, Holstenwall 12, 20355 Hamburg,
Friseur-Innung Bochum, Springorumallee 10, 44795 Bochum,
Friseur- & Kosmetik-Innung Chemnitz, Waldenburger Straße 23, 09116 Chemnitz,
Friseur-Innung Delmenhorst, Am Grünen Kamp 1 B, 27749 Delmenhorst,
Friseur-Innung Duisburg, Düsseldorfer Straße 166, 47053 Duisburg,
Friseur-Innung Dortmund und Lünen, Lange Reihe 62, 44143 Dortmund,
Verband der Friseurunternehmen e. V., vertreten durch den Vorstand, Kurfürstenstraße 14, 14467 Potsdam,
Frisör Klier GmbH, vertreten durch den vertretungsberechtigten Geschäftsführer, Heinenkamp 2, 38444 Wolfsburg,
ESSANELLE HAIR GROUP AG, vertreten durch den Vorstand, Himmelgeister Straße 103–105, 40225 Düsseldorf,
Ryf Coiffeur GmbH, vertreten durch den Geschäftsführer, Erdkampsweg 4, 22335 Hamburg,
Frisör Thonet GmbH, vertreten durch den Geschäftsführer, Weidenstraße 7, 54311 Trier.

Anlage 6

Verordnung über zwingende Arbeitsbedingungen in der Land- und Forstwirtschaft sowie im Gartenbau (Landwirtschaftsarbeitsbedingungenverordnung – LandwArbbV)

Vom 18. Dezember 2014

Auf Grund des § 7a Absatz 1 und 4 in Verbindung mit Absatz 2 und 3 und § 7 Absatz 2 des Arbeitnehmer-Entsendegesetzes, von denen § 7a durch Artikel 6 Nummer 7 des Gesetzes vom 11. August 2014 (BGBl. I S. 1348) eingefügt worden ist, verordnet das Bundesministerium für Arbeit und Soziales, nachdem es den in den Geltungsbereich dieser Verordnung fallenden und den möglicherweise von ihr betroffenen Arbeitgebern, Arbeitnehmern und Arbeitnehmerinnen, den Parteien des Tarifvertrags nach § 1 Satz 1 dieser Verordnung sowie allen am Ausgang des Verfahrens interessierten Gewerkschaften, Vereinigungen der Arbeitgeber und paritätisch besetzten Kommissionen, die auf der Grundlage kirchlichen Rechts Arbeitsbedingungen für den Bereich kirchlicher Arbeitgeber festlegen, Gelegenheit zur schriftlichen Stellungnahme gegeben hat und der Tarifausschuss befasst war:

§ 1
Zwingende Arbeitsbedingungen

Die in der Anlage zu dieser Verordnung aufgeführten Rechtsnormen des Tarifvertrags zur Regelung der Mindestentgelte für Arbeitnehmer in der Land- und Forstwirtschaft sowie im Gartenbau der Bundesrepublik Deutschland (TV Mindestentgelt) vom 29. August 2014, abgeschlossen zwischen dem Gesamtverband der Deutschen Land- und Forstwirtschaftlichen Arbeitgeberverbände e. V., Claire-Waldoff-Straße 7, 10117 Berlin, und der Arbeitsgemeinschaft der gärtnerischen Arbeitgeberverbände e. V., Godesberger Allee 142–148, 53175 Bonn, einerseits, sowie der Industriegewerkschaft Bauen – Agrar – Umwelt, Bundesvorstand, Olof-Palme-Straße 19, 60439 Frankfurt am Main, andererseits, finden auf alle nicht an ihn gebundenen Arbeitgeber sowie Arbeitnehmer und Arbeitnehmerinnen Anwendung, wenn der Betrieb oder die selbstständige Betriebsabteilung überwiegend Tätigkeiten erbringt, die unter den Geltungsbereich dieses Tarifvertrags fallen. Die Rechtsnormen des Tarifvertrags gelten auch für Arbeitsverhältnisse zwischen einem Arbeitgeber mit Sitz im Ausland und seinen im Geltungsbereich dieser Verordnung beschäftigten Arbeitnehmern und Arbeitnehmerinnen. Wird ein Leiharbeitnehmer oder eine Leiharbeitnehmerin von einem Entleiher mit Tätigkeiten beschäftigt, die in den Geltungsbereich dieser Verordnung fallen, so hat der Verleiher ihm oder ihr nach § 8 Absatz 3 des Arbeitnehmer-Entsendegesetzes zumindest die nach dieser Verordnung vorgeschriebenen Arbeitsbedingungen zu gewähren; dies gilt auch dann, wenn der Betrieb des Entleihers nicht in den fachlichen Geltungsbereich dieser Verordnung fällt.

§ 2
Inkrafttreten, Außerkrafttreten

Diese Verordnung tritt am 1. Januar 2015 in Kraft und am 31. Dezember 2017 außer Kraft.

Berlin, den 18. Dezember 2014

Die Bundesministerin
für Arbeit und Soziales
Andrea Nahles

Anlage 6

Anlage
(zu § 1)

Rechtsnormen des Tarifvertrags zur Regelung der Mindestentgelte
für Arbeitnehmer in der Land- und Forstwirtschaft sowie im Gartenbau
der Bundesrepublik Deutschland (TV Mindestentgelt)
vom 29. August 2014

§ 1
Geltungsbereich

1. Räumlicher Geltungsbereich Das Gebiet der Bundesrepublik Deutschland.
2. Betrieblicher Geltungsbereich
   Betriebe und selbstständige Betriebsabteilungen, die arbeitszeitlich überwiegend landwirtschaftliche, gartenbauliche oder forstwirtschaftliche Tätigkeiten verrichten. Dazu gehören insbesondere
   – die Gewinnung pflanzlicher und tierischer Erzeugnisse einschließlich deren Aufbereitung für die Rohstoffmärkte, die Tierhaltung sowie die Erbringung mit der Landwirtschaft, dem Gartenbau und der kommerziellen Jagd verbundener Dienstleistungen,
   – die Erzeugung von Stammholz, die Gewinnung von wild wachsenden Erzeugnissen des Waldes, die Erzeugung bzw. Gewinnung geringfügig bearbeiteter Erzeugnisse wie Brennholz, Holzkohle oder Industrieholz sowie die Erbringung mit der Forstwirtschaft und der Holzgewinnung verbundener Dienstleistungen,
   – die Nutzung der Fischereiressourcen aus dem Meer-, Brack- und Süßwasser (einschließlich Aquakulturen) zum Zwecke des Fischfangs und des Sammelns von Krusten- und Weichtieren und anderen organischen Meeresprodukten sowie die Erbringung mit der Fischerei und Aquakultur verbundener Dienstleistungen; ausgenommen sind die große Hochseefischerei und die mit ihr verbundenen Dienstleistungen.
   Als Betriebe und selbstständige Betriebsabteilungen im Sinne von Absatz 1 gelten alle Betriebe und selbstständigen Betriebsabteilungen, für die die Sozialversicherung für Landwirtschaft, Forsten und Gartenbau gemäß § 123 Absatz 1 Nummer 1 bis 5 und 7 sowie § 131 des Siebten Buches Sozialgesetzbuch zuständig ist oder zuständig wäre, wenn der Betrieb oder die selbstständige Betriebsabteilung ihren Sitz in der Bundesrepublik Deutschland hätte.
   Ausgenommen sind Betriebe und selbstständige Betriebsabteilungen, die unter den fachlichen Geltungsbereich des Bundesrahmentarifvertrags für gewerbliche Arbeitnehmer im Garten-, Landschafts- und Sportplatzbau in der Bundesrepublik Deutschland in der Fassung vom 5. März 2007 fallen.
3. Persönlicher Geltungsbereich
   Alle Arbeitnehmer gemäß § 22 Absatz 1 des Mindestlohngesetzes (MiLoG) mit Ausnahme der Personen im Sinne von § 2 Absatz 1 und 2 des Jugendarbeitsschutzgesetzes, die Schüler oder Schülerinnen an allgemeinbildenden Schulen sind.

§ 2
Mindestentgelte

1. Das Mindestentgelt beträgt mit Wirkung ab 1. Januar 2015 7,40 Euro je Stunde, mit Wirkung ab 1. Januar 2016 8,00 Euro je Stunde, mit Wirkung ab 1. Januar 2017 8,60 Euro je Stunde und mit Wirkung ab 1. November 2017 9,10 Euro je Stunde.
   Für die Zeit bis zum 31. Dezember 2016 beträgt das Mindestentgelt für Arbeiten, die an Arbeitsorten in den Bundesländern Berlin, Brandenburg, Mecklenburg-Vorpommern, Sachsen, Sachsen-Anhalt oder Thüringen ausgeübt werden, abweichend von Satz 1 mit Wirkung ab 1. Januar 2015 7,20 Euro je Stunde und mit Wirkung ab 1. Januar 2016 7,90 Euro je Stunde.

2. Es gilt das Mindestentgelt des jeweiligen Arbeitsortes. Auswärts beschäftigte Arbeitnehmer behalten jedoch den Anspruch auf das Mindestentgelt ihres Einstellungsortes. Ist das Mindestentgelt des auswärtigen Arbeitsortes höher, so haben sie während der Tätigkeit an diesem Arbeitsort Anspruch auf dieses höhere Mindestentgelt.
3. [Diese Vorschrift wird von der Verordnung nicht erfasst und ist daher nicht abgedruckt.]
4. Der Anspruch auf das Mindestentgelt wird spätestens zum letzten Bankarbeitstag (Frankfurt am Main) des Kalendermonats fällig, der dem Kalendermonat folgt, für den das Mindestentgelt zu zahlen ist. Ein Hinausschieben der Fälligkeit ist nur aufgrund einer gültigen tarifvertraglichen Arbeitszeitflexibilisierung in den Grenzen von § 2 Absatz 2 MiLoG zulässig.

Anlage 7

Zweite Verordnung über zwingende Arbeitsbedingungen für Wäschereidienstleistungen im Objektkundengeschäft

Vom 27. Januar 2014

Auf Grund des § 7 Absatz 1 und 2 in Verbindung mit Absatz 4 des Arbeitnehmer-Entsendegesetzes vom 20. April 2009 (BGBl. I S. 799) verordnet das Bundesministerium für Arbeit und Soziales, nachdem es den in den Geltungsbereich der Verordnung fallenden Arbeitgebern, Arbeitnehmern und Arbeitnehmerinnen, den Parteien des Tarifvertrags nach § 1 Satz 1 dieser Verordnung sowie den Parteien von Tarifverträgen in der Branche mit zumindest teilweise demselben fachlichen Geltungsbereich Gelegenheit zur schriftlichen Stellungnahme gegeben hat:

§ 1
Zwingende Arbeitsbedingungen

Die in der Anlage zu dieser Verordnung aufgeführten Rechtsnormen des Mindestlohn-Tarifvertrags für Wäschereidienstleistungen im Objektkundengeschäft vom 25. September 2013, abgeschlossen zwischen dem Industrieverband Textil Service – intex – e. V., Mainzer Landstraße 55, 60329 Frankfurt am Main, der Tarifpolitischen Arbeitsgemeinschaft Textilreinigung (TATEX) im Deutschen Textilreinigungsverband e. V., In der Raste 12, 53129 Bonn, einerseits, sowie der Industriegewerkschaft Metall – Vorstand, Wilhelm-Leuschner-Straße 79, 60329 Frankfurt am Main, andererseits, finden auf alle unter seinen Geltungsbereich fallenden und nicht an ihn gebundenen Arbeitgeber sowie Arbeitnehmer und Arbeitnehmerinnen Anwendung, wenn der Betrieb oder die selbständige Betriebsabteilung gewerbsmäßig überwiegend Textilien für gewerbliche Kunden sowie öffentlich-rechtliche oder kirchliche Einrichtungen wäscht; dies gilt unabhängig davon, ob die Wäsche im Eigentum der Wäscherei oder des Kunden steht. Die Rechtsnormen des Tarifvertrags gelten auch für Arbeitsverhältnisse zwischen einem Arbeitgeber mit Sitz im Ausland und seinen im Geltungsbereich dieser Verordnung beschäftigten Arbeitnehmern und Arbeitnehmerinnen. Wird ein Leiharbeitnehmer oder eine Leiharbeitneh-merin von einem Entleiher mit Tätigkeiten beschäftigt, die in den Geltungsbereich dieser Verordnung fallen, so hat der Verleiher ihm oder ihr nach § 8 Absatz 3 des Arbeitnehmer-Entsendegesetzes zumindest die nach dieser Verordnung vorgeschriebenen Arbeitsbedingungen zu gewähren.

§ 2
Anwendungsausnahmen

Die Verordnung findet keine Anwendung auf Wäschereidienstleistungen, die von Werkstätten für behinderte Menschen im Sinne des § 136 des Neunten Buches Sozialgesetzbuch erbracht werden.

§ 3
Inkrafttreten, Außerkrafttreten

Diese Verordnung tritt am 1. Februar 2014 in Kraft und am 30. September 2017 außer Kraft.

Berlin, den 27. Januar 2014

Die Bundesministerin
für Arbeit und Soziales
Andrea Nahles

Anlage 7

Anlage
(zu § 1)

Rechtsnormen des Mindestlohn-Tarifvertrags
für Wäschereidienstleistungen im Objektkundengeschäft
vom 25. September 2013

§ 1
Geltungsbereich

Räumlich: Für die Bundesrepublik Deutschland.
Fachlich: Betriebe oder selbständige Betriebsabteilungen, deren Umsatz überwiegend auf das Waschen von Textilien für gewerbliche Kunden sowie öffentlich-rechtliche oder kirchliche Einrichtungen entfällt (Objektkundengeschäft), unabhängig davon, ob die Wäsche im Eigentum der Wäscherei oder des Kunden steht, soweit das Objektkundengeschäft prägend ist.
Das ist der Fall, wenn mehr als 50 % des Umsatzes auf das Objektkundengeschäft entfällt.
Persönlich: Für alle Arbeitnehmerinnen und Arbeitnehmer.

§ 2
Mindeststundenlohn

1. Der folgende Mindestlohn je Stunde ist zugleich Entgelt im Sinne des § 5 Nummer 1 des Arbeitnehmer-Entsendegesetzes für alle vom persönlichen Geltungsbereich dieses Tarifvertrags erfassten Arbeitnehmerinnen und Arbeitnehmer.
2. Der Mindestlohn je Stunde beträgt in den Bundesländern Berlin, Brandenburg, Mecklenburg-Vorpommern, Sachsen, Sachsen-Anhalt und Thüringen:
   ab 1. Dezember 2013   7,50 €
   ab 1. Oktober 2014   8,00 €
   ab 1. Juli 2016   8,75 €.
3. Der Mindestlohn je Stunde beträgt in den Bundesländern Baden-Württemberg, Bayern, Bremen, Hamburg, Hessen, Niedersachsen, Nordrhein-Westfalen, Rheinland-Pfalz, Saarland und Schleswig-Holstein:
   ab 1. Dezember 2013   8,25 €
   ab 1. Oktober 2014   8,50 €
   ab 1. Juli 2016   8,75 €.

§ 3
Weitere Bestimmungen

1. Es gilt der Mindestlohn des Arbeitsortes. Auswärts beschäftigte Arbeitnehmer behalten jedoch den Anspruch auf das Entgelt ihres Einstellungsortes, soweit dieses höher ist.
2. Der Abrechnungszeitraum für den Mindestlohn ist jeweils der Kalendermonat. Der Anspruch auf den Mindestlohn wird spätestens am 15. des Folgemonats fällig.
3. § 3 Nummer 2 gilt nicht für Entgeltansprüche, die im Rahmen einer Arbeitszeitflexibilisierung aufgrund Betriebsvereinbarung oder Individualvereinbarung nach folgenden Maßgaben in ein Arbeitszeitkonto eingestellt werden. Die von der regelmäßigen tariflichen oder individuell vereinbarten wöchentlichen Arbeitszeit abweichend erbrachten Arbeitsstunden werden auf ein Arbeitszeitkonto gebucht. Innerhalb eines Ausgleichszeitraums von bis zu zwölf Monaten ist ein auf dem Arbeitszeitkonto vorhandenes Guthaben durch Freizeitausgleich zu erfüllen oder auszuzahlen. Das Arbeitszeitkonto darf höchstens 160 Gutstunden bzw. Minusstunden umfassen.

Anlage 7

Bei Führung eines Arbeitszeitkontos erhalten Arbeitnehmer zum 15. des Folgemonats ein verstetigtes Monatseinkommen auf der Basis von 40 Stunden die Woche, bei Teilzeit auf Basis der vereinbarten regelmäßigen wöchentlichen Arbeitszeit.

Anlage 8

Verordnung über zwingende Arbeitsbedingungen in der Textil- und Bekleidungsindustrie (Textilarbeitsbedingungenverordnung – TextilArbbV)

Vom 29. Dezember 2014

Auf Grund des § 7a Absatz 1 und 4 in Verbindung mit Absatz 2 und 3 und § 7 Absatz 2 des Arbeitnehmer-Entsendegesetzes, von denen § 7a durch Artikel 6 Nummer 7 des Gesetzes vom 11. August 2014 (BGBl. I S. 1348) eingefügt worden ist, verordnet das Bundesministerium für Arbeit und Soziales, nachdem es den in den Geltungsbereich dieser Verordnung fallenden und den möglicherweise von ihr betroffenen Arbeitgebern, Arbeitnehmern und Arbeitnehmerinnen, den Parteien des Tarifvertrags nach § 1 Satz 1 dieser Verordnung sowie allen am Ausgang des Verfahrens interessierten Gewerkschaften, Vereinigungen der Arbeitgeber und paritätisch besetzten Kommissionen, die auf der Grundlage kirchlichen Rechts Arbeitsbedingungen für den Bereich kirchlicher Arbeitgeber festlegen, Gelegenheit zur schriftlichen Stellungnahme gegeben hat sowie der Tarifausschuss befasst war:

§ 1
Zwingende Arbeitsbedingungen

Die in der Anlage 1 zu dieser Verordnung aufgeführten Rechtsnormen des Tarifvertrags zur Regelung der Mindestentgelte für Arbeitnehmer in der Textil- und Bekleidungsindustrie der Bundesrepublik Deutschland vom 1. Dezember 2014, abgeschlossen zwischen dem Gesamtverband der deutschen Textil- und Modeindustrie e. V., Arbeitgeberverbund, Reinhardtstraße 12–14, 10117 Berlin, einerseits und der Industriegewerkschaft Metall, Vorstand, Wilhelm-Leuschner-Straße 79, 60519 Frankfurt am Main, andererseits, finden auf alle nicht an ihn gebundenen Arbeitgeber sowie Arbeitnehmer und Arbeitnehmerinnen Anwendung, wenn der Betrieb oder die selbstständige Betriebsabteilung überwiegend Tätigkeiten erbringt, die unter den Geltungsbereich dieses Tarifvertrags fallen. Die Rechtsnormen des Tarifvertrags gelten auch für Arbeitsverhältnisse zwischen einem Arbeitgeber mit Sitz im Ausland und seinen im Geltungsbereich dieser Verordnung beschäftigten Arbeitnehmern und Arbeitnehmerinnen. Wird ein Leiharbeitnehmer oder eine Leih-arbeitnehmerin von einem Entleiher mit Tätigkeiten beschäftigt, die in den Geltungsbereich dieser Verordnung fallen, so hat der Verleiher ihm oder ihr nach § 8 Absatz 3 des Arbeitnehmer-Entsendegesetzes zumindest die nach dieser Verordnung vorgeschriebenen Arbeitsbedingungen zu gewähren; dies gilt auch dann, wenn der Betrieb des Entleihers nicht in den fachlichen Geltungsbereich dieser Verordnung fällt.

§ 2
Inkrafttreten, Außerkrafttreten

Diese Verordnung tritt am 1. Januar 2015 in Kraft und am 31. Dezember 2017 außer Kraft.

Berlin, den 29. Dezember 2014

Die Bundesministerin
für Arbeit und Soziales

In Vertretung
Jörg Asmussen

Anlage 8

Anlage
(zu § 1)

Rechtsnormen
des Tarifvertrags zur Regelung der Mindestentgelte für Arbeitnehmer
in der Textil- und Bekleidungsindustrie der Bundesrepublik Deutschland
vom 1. Dezember 2014

§ 1
Geltungsbereich

Dieser Tarifvertrag gilt:
Räumlich: Für das Gebiet der Bundesrepublik Deutschland.
Fachlich: Für alle Betriebe und selbstständigen Betriebsabteilungen einschließlich Verkaufseinrichtungen der Textil-und Bekleidungsindustrie.
Persönlich: Für alle Arbeitnehmerinnen und Arbeitnehmer gemäß § 22 Absatz 1 des Mindestlohngesetzes mit Ausnahme von Personen im Sinne von § 2 Absatz 1 und 2 des Jugendschutzgesetzes ohne abgeschlossene Berufsausbildung.

§ 2
Mindeststundenlohn

Es gilt das im Gesetz zur Regelung eines allgemeinen gesetzlichen Mindestlohns (Mindestlohngesetz) festgelegte Mindestentgelt je Stunde.

Für die Bundesländer Sachsen, Thüringen, Sachsen-Anhalt, Mecklenburg-Vorpommern und Brandenburg sowie BerlinOst beträgt der Mindeststundenlohn hiervon abweichend:

ab dem 1. Januar 2015   7,50 Euro
ab dem 1. Januar 2016   8,25 Euro
ab dem 1. November 2016   8,75 Euro
ab dem 1. Januar 2017   die ggf. gesetzlich neu festgesetzte Höhe, mindestens aber 8,75 Euro.

In den übrigen Bundesländern gilt ab dem 1. Januar 2015 der gesetzliche Mindestlohn.

§ 3
Weitere Bestimmungen

Betriebe und selbstständige Betriebseinrichtungen einschließlich Verkaufseinrichtungen in den Bundesländern Sachsen, Thüringen, Sachsen-Anhalt, Mecklenburg-Vorpommern und Brandenburg sowie Berlin-Ost, die bislang andere Vergütungssysteme (Stücklohn usw.) anwenden, führen ab dem 1. Januar 2015 eine Stundenlohnvergütung ein.
[Der zweite Satz wird nicht von der Verordnung erfasst und ist daher nicht abgedruckt.]
Der Abrechnungszeitraum für den Mindestlohn ist jeweils der Kalendermonat. Der Anspruch auf den Mindestlohn wird spätestens am 15. des Folgemonats fällig.
[Der vierte Satz wird nicht von der Verordnung erfasst und ist daher nicht abgedruckt.]

Anlage 9

Zweite Verordnung über eine Lohnuntergrenze in der Arbeitnehmerüberlassung

Vom 21. März 2014

Auf Grund des § 3a Absatz 2 in Verbindung mit Absatz 1, 3 und 5 des Arbeitnehmerüberlassungsgesetzes, der durch Artikel 1 Nummer 6 des Gesetzes vom 28. April 2011 (BGBl. I S. 642) eingefügt worden ist, verordnet das Bundesministerium für Arbeit und Soziales, nachdem es Verleihern und Leiharbeitnehmerinnen und Leiharbeitnehmern sowie den Gewerkschaften und Vereinigungen von Arbeitgebern, die im Geltungsbereich der Verordnung zumindest teilweise tarifzuständig sind, Gelegenheit zur schriftlichen Stellungnahme gegeben hat und der in § 5 Absatz 1 Satz 1 des Tarifvertragsgesetzes genannte Ausschuss befasst wurde:

§ 1
Geltungsbereich

Diese Verordnung findet Anwendung auf alle Arbeitgeber, die als Verleiher Dritten (Entleiher) Arbeitnehmerinnen und Arbeitnehmer (Leiharbeitnehmerinnen und Leiharbeitnehmer) im Rahmen ihrer wirtschaftlichen Tätigkeit überlassen. Diese Verordnung findet auch auf Arbeitsverhältnisse zwischen einem im Ausland ansässigen Verleiher und seinen im Inland beschäftigten Arbeitnehmerinnen und Arbeitnehmern Anwendung.

§ 2
Lohnuntergrenze

(1) Verleiher sind verpflichtet, ihren Leiharbeitnehmerinnen und Leiharbeitnehmern mindestens das in Absatz 2 genannte Bruttoentgelt pro Arbeitsstunde zu zahlen (Mindeststundenentgelt).

(2) Das Mindeststundenentgelt beträgt:
a) in den Bundesländern Berlin, Brandenburg, Mecklenburg-
   Vorpommern, Sachsen, Sachsen-Anhalt und Thüringen
   vom 1. April 2014 bis zum 31. März 2015   7,86 Euro
   vom 1. April 2015 bis zum 31. Mai 2016   8,20 Euro
   vom 1. Juni 2016 bis zum 31. Dezember 2016   8,50 Euro
b) in den übrigen Bundesländern
   vom 1. April 2014 bis zum 31. März 2015   8,50 Euro
   vom 1. April 2015 bis zum 31. Mai 2016   8,80 Euro
   vom 1. Juni 2016 bis zum 31. Dezember 2016   9,00 Euro

(3) Es gilt das Mindeststundenentgelt des Arbeitsortes. Auswärtig beschäftigte Leiharbeitnehmerinnen und Leiharbeitnehmer behalten den Anspruch auf das Entgelt ihres Einstellungsortes, soweit dieses höher ist.

(4) Der Anspruch auf das Mindeststundenentgelt wird spätestens am 15. Bankarbeitstag (Referenzort ist Frankfurt am Main) des Monats fällig, der auf den Monat folgt, für den das Mindestentgelt zu zahlen ist. Satz 1 gilt nicht für die über die regelmäßige monatliche Arbeitszeit hinaus entstandenen Arbeitsstunden, wenn eine tarifvertragliche Regelung zur Arbeitszeitflexibilisierung mit einem Arbeitszeitkonto besteht. Das Arbeitszeitkonto darf höchstens 200 Plusstunden umfassen. Zur Beschäftigungssicherung kann das Arbeitszeitkonto bei saisonalen Schwankungen im Einzelfall bis zu 230 Plusstunden

Anlage 9

umfassen. Beträgt das Arbeitszeitguthaben mehr als 150 Plusstunden, ist der Verleiher verpflichtet, die über 150 Stunden hinausgehenden Plusstunden einschließlich der darauf entfallenden Sozialversicherungsabgaben gegen Insolvenz zu sichern und die Insolvenzsicherung der Leiharbeitnehmerin oder dem Leiharbeitnehmer nachzuweisen. Ohne diesen Nachweis darf das Arbeitszeitguthaben höchstens 150 Plusstunden umfassen.

Bei Teilzeitbeschäftigten wird die Obergrenze der Arbeitszeitkonten im Verhältnis zur arbeitsvertraglich vereinbarten Arbeitszeit angepasst. Teilzeitbeschäftigung liegt vor, wenn die arbeitsvertraglich vereinbarte Arbeitszeit weniger als 35 Wochenstunden beträgt.

Auf Verlangen der Leiharbeitnehmerin oder des Leiharbeitnehmers werden Stunden aus dem Arbeitszeitkonto, die über 105 Plusstunden hinausgehen, ausbezahlt. Bei Teilzeitbeschäftigten richtet sich die Anzahl der Plusstunden anteilig nach der jeweils arbeitsvertraglich vereinbarten Arbeitszeit.

§ 3
Inkrafttreten, Außerkrafttreten

Diese Verordnung tritt am 1. April 2014 in Kraft und am 31. Dezember 2016 außer Kraft.

Berlin, den 21. März 2014

Die Bundesministerin
für Arbeit und Soziales
Andrea Nahles

Sachverzeichnis

Die fetten Zahlen bezeichnen die Paragraphen, die mageren die Randnummern

13./14. Monatseinkommen 1 135
50-Prozent-Grenze 2 44 ff.
– Minusstunden **2** 47
Abberufung 8 6 ff.
Abiturientenmodell 22 117
Akkordlohn 1 168 f., **3** 10 f., **17** 23
Akkordprämie 1 126, 172
alternierender Vorsitz 6 7 ff.
Altersteilzeitvereinbarung 2 52
Amateursportler 22 129
Änderungskündigung 3 58 ff.
Anerkenntnisurteil 3 31 ff.
Anfangsverdacht 15 8, 30, 37 ff., **21** 78
Annahmeverzug 1 47 ff., 61
– Abdingbarkeit **1** 52
– Auftraggeberhaftung **13** 35
– entsandte Arbeitnehmer **1** 51
– Praktikum **1** 50
Anpassung des Mindestlohns Einf. 52, **1** 26, **9** 1 ff.
– Beschlussbegründung **9** 27 ff.
– Kriterien **9** 10 ff.
– Rechtsverordnung **11** 1 ff.
– Tarifindex **9** 22 ff.
Anrechenbarkeit Einf. 47, 52, **1** 92 ff., 172 ff., **9** 4, **21** 51
– Äquivalenzprinzip **1** 95 ff., 101 ff.
– Aufwandsentschädigung **1** 148 ff.
– Betriebliche Altersvorsorge **1** 154 ff.
– Entgeltumwandlung **1** 155 ff.
– Leistungsbezogene Entgeltbestandteile **1** 172 ff.
– Normalleistung **1** 114 ff.
– Sonderzahlung **1** 98 f., 106 ff., 128 ff.
– Trinkgeld **1** 158 f.
– vermögenswirksame Leistung **1** 152 f.
– Zulagen und Zuschläge **1** 119 ff.
Anspruchsgrundlage 1 1 ff., **20** 3
Anwaltsvergleich 3 40 ff.
Anzeigenblätter 24 66 ff.
Arbeitnehmerähnliche Personen 22 9
Arbeitnehmerbegriff 22 3 ff.
– unionsrechtlicher **22** 6
Arbeitsbereitschaft 1 64 f., **17** 21
Arbeitsunterbrechungen 1 62
Arbeitszeit 1 27 ff.
– Arbeitsbereitschaft **1** 64 f., **17** 21
– Arbeitsunterbrechungen **1** 62
– Arbeitszeitbegriffe **1** 54 ff.
– Beginn und Ende **1** 60 ff.
– Bereitschaftsdienst **1** 66 ff., **17** 21
– Dienstreise **1** 74 f.

– Nichtarbeit **1** 32 ff.
– Rufbereitschaft **1** 72 f., **17** 21
– Überstunden **1** 28 ff.
– Umkleidezeit **1** 78
– Wegezeit **1** 76 f.
Arbeitszeitaufzeichnung Einf. 52, **17** 1 ff., **21** 48 ff.
– Akkordlohn **17** 23
– Arbeitnehmerüberlassung **17** 9, 31
– Arbeitsbereitschaft **17** 21
– Arbeitszeitgesetz **17** 18
– Aufbewahrung **17** 29 ff.
– Bereithaltungspflicht **17** 32 ff.
– Bereitschaftsdienst **17** 21
– Branchenmindestlohn **17** 10
– Delegation **17** 28
– Feiertag **17** 22
– Form **17** 26
– Krankheit **17** 22
– Mindestlohnaufzeichnungsverordnung (MiLoAufzV) **17** 47 ff.
– Mindestlohndokumentationspflichten-Einschränkungs-Verordnung **17** 44
– Mobile Tätigkeit **17** 47 ff.
– Ordnungswidrigkeit **21** 48 ff.
– Pausen **17** 21
– Rufbereitschaft **17** 21
– Siebentagefrist **17** 27
– Stücklohn **17** 23
– Unionsrecht **17** 5 ff.
– Urlaub **17** 22
– Verordnung **17** 3, 8, 39 ff.
– Verordnungsermächtigungen **17** 40 ff.
– Verstetigtes Arbeitseinkommen **17** 44
– Wirtschaftsbereiche **17** 4, 8, 11 ff.
Arbeitszeitkonto Einf. 52, **2** 20 ff.
– 50-Prozent-Grenze **2** 44 ff.
– Altsaldo **2** 43
– Bereithaltungspflicht **17** 33
– Entgeltkonto **2** 23 f.
– Gleitzeitkonto **2** 25
– Schriftliche Vereinbarung **2** 30 ff.
– Verstetigtes Arbeitsentgelt **2** 26 ff.
– Vertrauensarbeitszeit **2** 25
– Zwölfmonatsgrenze **2** 37 ff.
Auftraggeberhaftung Einf. 47, 52, **13** 1 ff., **21** 51 ff.
– Auftragsmehrheit **13** 39, 57, 66
– Aussetzung **13** 62
– Begrenzung des Haftungsrisikos **13** 64 ff.
– Beweislast **13** 63
– Einwendungen und Einreden **13** 44 ff.

Sachverzeichnis

fette Zahlen = §§

- Gerichtsstand **13** 58 ff.
- Grundgesetz **13** 8 ff.
- Haftungsgegenstand **13** 30 ff.
- Insolvenzrisiko **13** 53 ff., 68
- Nettoentgelt **13** 40 ff.
- Öffentliche Hand **13** 25 f.
- Rechtskraft **13** 61
- Rückgriff **13** 55 ff.
- Unionsrecht **13** 12 ff.
- Unternehmerbegriff **13** 17 ff., **21** 52
- Werk- oder Dienstleistungen **13** 27 ff.
- Zweck **13** 4 ff.

Auftragssperre s. Vergabesperre
Aufwandsentschädigung 1 148 ff.
- pauschaliert **1** 150
- Wegegeld **1** 151

ausbildungsbegleitendes Praktikum 22 68 ff.
- Begriff **22** 69
- Praktikumsdauer **22** 75
- Vorpraktikumsverbot **22** 70 ff.

Ausgleichsquittung 3 28
Auskunftsberechtigung öffentlicher Auftraggeber 19 32 ff.
Auslandsbeschäftigung 1 6 ff., **20** 7 f.
Ausnahmen vom Mindestlohn Einf. 142 ff., **22** 88 ff., 131 ff.
- Jugendliche **Einf.** 145, **22** 88 ff.
- Langzeitarbeitslose **Einf.** 52, 146, **22** 131 ff.
- Zeitungszusteller **Einf.** 147, **24** 49 ff.

Aussageverweigerungsrecht 15 27
Ausschlussfristen 3 14 ff.
- (tarif-)vertraglicher Vergütungsanspruch **3** 16 ff.

Auszubildender 22 31, 39, 112 ff.
- Abgrenzung zum Praktikum **22** 31, 39
- Abiturientenmodell **22** 117
- ausländisches Ausbildungsverhältnis **22** 118
- Zweitausbildung **22** 116

Bachelorarbeit im Betrieb 22 36
befristete Arbeitsverhältnisse 22 24, 143 f.
behinderte Menschen 22 13 f.
Beitreibung 21 84 ff.
- dinglicher Arrest **21** 87 ff.
- im Ausland **21** 85 ff.
- Sicherheitsleistung **21** 86

Beratende Mitglieder 7 1 ff.
- Aufgaben **7** 16 ff.
- Ausscheiden **7** 19
- Berufung **7** 2 ff.
- Geschlechterausgewogenheit **7** 14 f.
- Rechtsschutz **7** 20
- Weisungsfreiheit **7** 7 ff.
- Wissenskreis **7** 4 ff.

Bereitschaftsdienst 1 66 ff., **17** 21
Berufsakademie 22 49
Berufsausbildungsvorbereitung 22 77 ff.

Berufsfreiheit Einf. 132 ff.
Berufspraktikum 22 50 ff.
Berufung 5 1 ff., **6** 3 ff., **7** 2 ff.
Beschäftigungseffekte Einf. 102 ff., **9** 20 f.
Beschlussbegründung 9 27 ff.
Beschlussfähigkeit 10 3 ff.
Beschlussfassung 10 7 ff.
Bestandsschutz Einf. 127, **24** 5 f.
Bestimmtheitsgrundsatz 21 4 ff.
Betretungsrecht 15 16 ff.
- Wohnungsbegriff **15** 18

Betriebliche Altersvorsorge 1 154 ff.
Betriebsgeheimnis 15 47
Beurteilungsspielraum 11 3, 23 ff.
Beweislast 13 63, **21** 8, 79 ff., **22** 87, 156 ff.
Binnengewässer 20 10
Branchenmindestlöhne 1 175 ff., **24** 1 ff.
- Arbeitszeitaufzeichnung **17** 10
- Dokumentationspflichten **1** 181
- Fälligkeit **2** 6 f.
- Meldepflichten **16** 19 f.
- Übergangsregelung **24** 1 ff.
- Übersicht **1** 185 ff.
- Verhältnis **1** 175 ff.

Bundesgremienbesetzungsgesetz 5 26, 30
Bürgenhaftung 13 1 ff.; s. a. Auftraggeberhaftung
Bußgeld s. Ordnungswidrigkeit
Bußgeldhöhe 21 59 ff.

Datenerhebung 15 50
Dienstreise 1 74 f.
Doktorarbeit im Betrieb 22 36
Duales Studium 22 47 f.
Duldungspflichten 15 25 ff.
Durchsetzungs-Richtlinie s. Enforcement-Richtlinie
Durchsuchungen 15 20

Ehrenamtlich Tätige 22 119 ff.
- Begriff **22** 120 ff.
- Freiwilligendienste **22** 123 ff.
- Vereinsaktivitäten **22** 127 ff.

Eigenerklärung 19 40 ff.
Ein-Euro-Jobber 22 12
Einfühlungsverhältnis 22 25
Eingriffsnorm Einf. 75, 151, **1** 6 ff., **20** 5
Einmalzahlung 1 140 ff.
Einstiegsqualifizierung 22 77 ff.
Einwendungen und Einreden 13 44 ff., **21** 81
Enforcement-Richtlinie 14 7 f., **16** 6 ff., **17** 5 ff., **18** 8, **21** 3, 9 ff., 89 ff., 92 f.
Entgeltfortzahlung 1 35 ff.
- entsandte Arbeitnehmer **1** 39
- Praktikum **1** 38
- Unabdingbarkeit **1** 40

Entgeltumwandlung 1 155 ff., **3** 21 ff.
Entsendefestigkeit Einf. 119 ff.

348

magere Zahlen = Rn.

Sachverzeichnis

Erfüllung **1** 79 ff.
– Sachleistungen **1** 80 ff.
Erlassvertrag **3** 28
Ermittlungsbefugnisse **15** 37 ff.
– Anfangsverdacht **15** 8, 30, 37 ff.
– Sozialdatenschutz **15** 42
– Zusammenhangsdelikte **15** 40
Erntehelfer s. Saisonarbeiter
Erschwerniszulage **1** 124
Erzwingungshaft **21** 84
Europäische Sozialcharta **Einf.** 159 ff.
– Existenzsicherung der Familie **Einf.** 163 ff.
Evaluation **Einf.** 22, 44, 52, 106, **9** 33 f., **11** 6, **12** 17, **22** 165 f., **23** 1 ff.
– Branchenmindestlöhne **Einf.** 22, 106, **23** 2
– Langzeitarbeitslose **Einf.** 44, 52, **22** 165 f., **23** 3, 8, 11
– Mindestlohnkommission **Einf.** 52, **9** 33 f., **11** 6, **12** 17, **23** 3
Existenzsicherung **Einf.** 28 f., 33, 56 ff., 79, 112, 129 f., 160 ff., **1** 13 ff., **9** 12
– Bezugspunkt **1** 15 ff.
– Europäische Sozialcharta **Einf.** 160 ff.
– Familie **Einf.** 163 ff., **1** 22 f.
– Grundsicherung **1** 19 f.
– Pfändungsfreigrenze **1** 16 ff.
– Steuerliches Existenzminimum **1** 21 f

Fahrlässigkeit **21** 12 ff.
Faire und funktionierende Wettbewerbsbedingungen **9** 14 ff.
Fälligkeit **2** 1 ff., **20** 19 ff.
Familienangehörige **22** 15
Feiertag **1** 35 ff., **17** 22
Finanzkontrolle Schwarzarbeit **14** 4 ff.
Fleischwirtschaft **24** 38 ff.
Freistellungsvereinbarung **13** 67
Freiwilligendienste **22** 123 ff.
Friseurhandwerk **24** 32 ff.
Funktion des Mindestlohns **Einf.** 55 ff.
– Existenzsicherung **Einf.** 56 ff.
– Lohnunterbietungswettbewerb **Einf.** 70 ff.
– Soziale Sicherungssysteme **Einf.** 78 f., 93 ff.

Gefälligkeitstarifverträge **Einf.** 115 ff.
gemeinnützige Arbeitgeber **22** 26
Generalunternehmerhaftung s. Auftraggeberhaftung
gerichtlicher Vergleich **Einf.** 46, 52, **3** 35 ff.
– Anwaltsvergleich **3** 40 ff.
– Doppelnatur **3** 37
– Tatsachenvergleich **3** 39
– Teleologische Reduktion **3** 39 ff.
– Verzichtbare Ansprüche **3** 43 ff.
– Zustandekommen **3** 38
geringfügig Beschäftigte
– Arbeitszeitaufzeichnung **17** 8, 16, **22** 21 f.
Geschäftsführer **22** 8

Geschäftsgeheimnis **15** 47
Geschäftsordnung **10** 25 f.
Geschäftsstelle **4** 5, **12** 1 ff.
Geschäftsunterlagen **15** 20 ff., 27
– Aussageverweigerungsrecht **15** 27
Gesetzesfolgenabschätzung s. Evaluation
Gesetzlicher Anspruch **1** 2 ff.
Gewerbezentralregister **18** 6, **19** 29, 40, 42 f.
Gratifikation **1** 130 f.
Grundgesetz **Einf.** 83 ff.
– Ausnahmen vom Mindestlohn **Einf.** 142 ff.
– Eingriff in die Tarifautonomie **Einf.** 84 ff.
Grundverpflichtung **20** 2

Haftung s. Auftraggeberhaftung
Hausgewerbetreibende **22** 10
Heimarbeiter **22** 10
Historie **Einf.** 1 ff.
Hospitant **22** 34
Hotline **12** 9 ff.
Hybridzustellung **24** 61

in dubio pro reo **21** 79 ff.
– Verhältnis zu zivilrechtlichen Beweislastregeln **21** 80 f.
Informationsstelle **12** 9 ff.
Inland **20** 9 ff.
– Kabotage **20** 17
– kurzzeitige Inlandstätigkeit **20** 14 ff.
– Transitverkehr **20** 17
– Zielverkehr **20** 17
Insolvenz der Nachunternehmers **13** 53 ff., 68
Integrationsprojekte **22** 14
international zwingende Wirkung s. Mindestentgeltsatz

Jugendliche **Einf.** 145, **22** 88 ff.
– Abgeschlossene Ausbildung **22** 93 ff.
– Nebenjobs **22** 111
– verfassungs- und unionsrechtskonforme Auslegung **22** 97 ff.

Kabotage **20** 17
kirchliche Arbeitsverhältnisse **22** 11
Klagerücknahme **3** 30
Klageverzicht **3** 28
Kommission s. Mindestlohnkommission
Kontrollbefugnisse **15** 8 ff.
– Durchsuchungen **15** 20, 26
Kontrolle **15** 1 ff.
– Aussageverweigerungsrecht **15** 27
– Bereithaltungspflicht **17** 32 ff., **21** 50
– Betretungsrecht **15** 16 ff.
– Datenaussonderung **15** 28
– Datenerhebung **15** 50
– Duldungs- und Mitwirkungspflichten **15** 25 ff., **21** 40 ff.
– Ermittlungsbefugnisse **15** 37 ff.

Sachverzeichnis

fette Zahlen = §§

- Geschäftsunterlagen **15** 20 ff.
- Geschäftszeiten **15** 19, 21
- Nachunternehmerkette **15** 23 f.
- Personenbefragungen **15** 10 ff.
- Praktikum **15** 14, 22
- Rechtsnatur **15** 7
- Sozialdatenschutz **15** 42 ff.
- Zentrale Datenbank **15** 49
- Zusammenarbeitsstellen **15** 33 ff.
- Zwangsmaßnahmen **15** 32

Kontrollpraxis 15 6
Kost und Logis 1 86, **21** 33
Krankheit 1 35 ff., **17** 22

Land-, Forstwirtschaft, Gartenbau 24 36 f.
Langzeitarbeitslose Einf. 52, 146, **22** 131 ff.
- ausländische **22** 151 ff.
- befristete Arbeitsverhältnisse **22** 143 f.
- Begriff **22** 135 ff.
- Bescheinigung **22** 159 ff.
- Beweislast **22** 156 ff.
- entsandte Arbeitnehmer **22** 155
- Evaluation **22** 165 f.
- Lohnwucher **22** 149
- Nichterwerbsfähigkeit **22** 140 f.
- Sechs-Monats-Ausnahme **22** 142 ff.
- Statuserhaltende Nebentätigkeit **22** 139, 146 f.
- Teilzeitarbeitsverhältnis **22** 145 ff.
- Vereinbarkeit mit Verfassungs- und Unionsrecht **22** 132 ff.

Langzeitkonto s. Wertguthabenvereinbarung
Lohnuntergrenze in der Arbeitnehmerüberlassung 24 12, 46 ff.
Lohnwucher Einf. 64, **21** 95 ff., **22** 149
Luftverkehr 20 10

Masterarbeit im Betrieb 22 36
Meldepflichten 16 1 ff., **21** 45 ff.
- Arbeitnehmerüberlassung **16** 12 ff., 20, 34 f., 50, **21** 45, 47
- Branchenmindestlöhne **16** 19 f.
- Elektronisch **16** 22
- Formulare **16** 8, 21
- Inhalt **16** 24 ff.
- Mindestlohnmeldeverordnung **16** 40 ff.
- mobile Tätigkeit **16** 44, 46, **20** 18
- Unionsrecht **16** 6 ff.
- Unterrichtung der Landesfinanzbehörde **18** 4 f.
- Verhältnis zu anderen Meldepflichten **16** 3
- Verordnungsermächtigungen **16** 40 ff., **17** 40 ff.
- Wirtschaftsbereiche **16** 5, 16
- Zeitpunkt **16** 36 f.

Mindestentgeltsatz Einf. 28, 151, **1** 6 ff., 102, 106, **20** 3 ff., **22** 6
Mindestlohnaufzeichnungsverordnung 17 47 ff.

Mindestlohndokumentationspflichten-Einschränkungs-Verordnung 17 44
Mindestlohnkommission Einf. 52, **4 ff. 1 ff.**
- Abberufung **8** 6 ff.
- Berufung **5** 1 ff., **6** 3 ff., **7** 2 ff.
- Beschluss **9** 1 ff.
- Beschlussfähigkeit **10** 3 ff.
- Beschlussfassung **10** 7 ff.
- Ehrenamt **8** 10 f.
- Entschädigung **8** 12 ff.
- Errichtung **4** 2 ff.
- Geschäftsordnung **10** 25 f.
- Geschäftsstelle **4** 5, **12** 1 ff.
- Informationsrechte **10** 14 ff.
- Nichtöffentlichkeit **10** 20 f.
- Rechtsstellung der Mitglieder **8** 1 ff.
- Vertraulichkeit **10** 22 ff.
- Vorsitzender **6** 1 ff.
- Zusammensetzung **4** 6 ff.

Mindestlohnmodelle Einf. 25 ff.
- Lohnuntergrenzenmodell **Einf.** 26 ff.

Mindestschutz Einf. 62 ff., 128 ff., 137, **9** 11 ff.
Minijobber 22 21 f.
Mitwirkungspflichten 15 25 ff., **21** 40 ff.
mobile Tätigkeit 16 44, 46, **17** 47 ff., **20** 18

Nacharbeitszuschlag 1 123
Nachprüfungsverfahren 19 48, 50
Nachunternehmerkette 13 37, 66, **15** 23 ff., **21** 57
negatives Schuldanerkenntnis 3 28
Nichtarbeit 1 32 ff.
- Annahmeverzug **1** 47 ff.
- Entgeltfortzahlung **1** 35 ff.
- Urlaubsentgelt **1** 41 ff.

Nichtklagbarkeit 3 28
Nichtöffentlichkeit 10 20 f.
Nichtzahlung des Mindestlohns 21 28 ff.
Normsetzungsermessen 11 3, 23 ff.

Opportunitätsprinzip 15 38, **21** 6, 78, 110
Ordnungswidrigkeit 15 37 ff., **21** 1 ff.
- Analogie **21** 7
- Arbeitszeitaufzeichnung **21** 48 ff.
- Auftraggeber **21** 51 ff.
- Beitreibung **21** 84 ff.
- Bestimmtheitsgrundsatz **21** 4 ff.
- Beweislast **21** 8, 79 ff.
- Bußgeldhöhe **21** 59 ff.
- Ermittlungsbefugnisse **15** 37 ff.
- in dubio pro reo **21** 79 ff.
- Irrtum **21** 6, 16 ff.
- Juristische Person **21** 68 f.
- Meldepflichten **21** 45 ff.
- Mitwirkungspflichten **21** 40 ff.
- Nichtzahlung des Mindestlohns **21** 28 ff.
- Rechtfertigender Notstand **21** 35
- Rechtsmittel **21** 83

magere Zahlen = Rn.

– Repräsentant **21** 67
– Unionsrecht **21** 9 ff.
– untauglicher Versuch **21** 26
– Verfall **21** 58, 70 ff.
– Verjährung **21** 58, 84
– Zahlungsunfähigkeit **21** 37 ff.
– Zivilrechtsakzessorietät **21** 5 ff.
Orientierungspraktikum 22 55 ff.
– Begriff **22** 58
– mehrfache Orientierung **22** 66
– nach abgeschlossener Ausbildung **22** 59
– Praktikumsdauer **22** 62 ff.
– Umorientierung **22** 61
– vor Masterstudium **22** 60
Ortskräfte 20 12

Personenbefragung
– Anhalterecht **15** 15
Personenbefragungen 15 10 ff.
– Auskunftsrecht **15** 11, 27
– Einsichtnahme **15** 12, 28 f.
– Personalien **15** 13, 31
Persönlicher Anwendungsbereich 22 1 ff.
Pfändungsfreigrenze 1 16 ff.
PflegeArbbV 24 11
Pflichtpraktikum Einf. 46, **22** 35, 42 ff.
– Ausländische Ausbildungsordnung **22** 53
– Berufsakademie **22** 49
– Berufspraktikum **22** 50 ff.
– Beweislastumkehr **22** 87
– Duales Studium **22** 47 f.
– Praktikumsdauer **22** 54
Praktikum Einf. 52, **22** 27 ff.
– Annahmeverzug **1** 50
– ausbildungsbegleitendes Praktikum **22** 68 ff.
– Ausnahmen vom Mindestlohn **22** 41 ff.
– Begriff **22** 29 ff., 38 f.
– Berufsausbildungsvorbereitung **22** 77 ff.
– Einstiegsqualifizierung **22** 77 ff.
– Entgeltfortzahlung **1** 38
– Kontrolle **15** 14, 22
– Orientierungspraktikum **22** 55 ff.
– Pflichtpraktikum **Einf.** 46, **22** 35, 42 ff.
– Übergangsregelung **24** 29
– Urlaubsentgelt **1** 44
Praktisches Jahr 22 35
Prämienzahlung 1 137
Präqualifikationsverzeichnis 19 32, 35, **21** 56
Pressefreiheit Einf. 49 f., 147, **24** 53 ff.
Privathaushalt 16 46, **17** 16, **22** 26
Provision 1 170 f., 173 f.
Psychotherapeut in Ausbildung 22 52

Qualitätsprämie 1 126

Rechtsreferendare 22 17 f.
Rechtsschutz
– Anpassungsverordnung **11** 43 ff.

– Berufung Kommissionsmitglieder **5** 35 ff., **7** 20
– Kommissionsbeschluss **11** 40 ff.
– Ordnungswidrigkeit **21** 83
– Vergabeausschluss **19** 49 ff.
– Vergabesperre **19** 48
Rechtsverordnung 11 1 ff.
– Außerkrafttreten **11** 39
– Bekanntmachung **11** 37
– Beurteilungsspielraum **11** 3, 23 ff.
– formelle Voraussetzungen **11** 4 ff.
– Inkrafttreten **11** 38
– materielle Voraussetzungen **11** 15 ff.
– Rechtsschutz **11** 32 ff., 40 ff.
– Übernahmepflicht **11** 17 ff.
– Verfahrensfehler **11** 11 ff.
Repräsentativität 5 10 ff., **24** 19 ff.
Richtlinie 2014/67/EU s. Enforcement-Richtlinie
Rufbereitschaft 1 72 f., **17** 21, **21** 33

Sachleistungen 1 80 ff., **3** 12 f.
– Aktienoptionen **1** 89
– Gutscheine **1** 90 f.
– Kost und Logis **1** 86, **21** 33
– Monatsticket **1** 91
– Personalrabatte **1** 88
– private PKW-Nutzung **1** 87
Saisonarbeiter Einf. 51, **21** 33
Sanierungsfall 21 35
Sanktionen
– Auftraggeberhaftung **13** 1 ff.
– Bußgeld **21** 1 ff.
– Strafbarkeit **21** 94 ff.
– Vergabesperre **19** 1 ff.
Schichtzulage 1 123
Schmutzkonkurrenz Einf. 72
Schnupperpraktikum 22 33
Seeleute 20 10 f.
Selbständige 22 7
Sonderzahlung 1 98 f., 106 ff., 128 ff.
– 13./14. Monatseinkommen **1** 135
– Einmalzahlung **1** 140 f.
– Gratifikation **1** 130 ff.
– Jubiläumszahlung **1** 138
– Mischcharakter **1** 133 ff.
– Prämienzahlung **1** 137
– Tantieme **1** 136
– Urlaubsgeld **1** 139
– Vertragsanpassung **3** 57
– Weihnachtsgeld **1** 135
– Widerrufsvorbehalt **1** 145 ff.
Sonn- und Feiertagszuschlag 1 123
Sozialdaten 15 42 ff.
– Begriff **15** 44
– Geschäftsgeheimnis **15** 47
– Sozialgeheimnis **15** 43
Sozialzulage 1 127

Sachverzeichnis

fette Zahlen = §§

Spitzenorganisation **5** 3 ff.
Sportvereine s. Vereinsaktivitäten
Stärkung der Tarifautonomie Einf. 96 ff., 131
stimmberechtigte Mitglieder **5** 1 ff.
– aus Kreisen der Arbeitgeberverbände und Gewerkschaften **5** 18 ff.
– Ausscheiden **5** 27 ff.
– Begriff der Spitzenorganisation **5** 3 ff.
– Geschlechterausgewogenheit **5** 24 ff.
– kein Vorschlag **5** 15 ff.
– Qualifikation **5** 22 f.
– Rechtsschutz **5** 35 ff.
– Repräsentativität **5** 10 ff.
– Verwaltungsakt **5** 32 ff.
Strafgefangene 22 16
Straftat 15 40, **21** 94 ff.
– ausbeuterischer Menschenhandel **21** 98
– Betrug **21** 104 ff.
– Ermittlungsbefugnisse **15** 37 ff.
– illegale Beschäftigung von Ausländern **21** 99
– Lohnwucher **21** 95 ff., 103
– Vorenthalten von Sozialversicherungsbeiträgen **21** 100 ff.
Stücklohn 1 168 f., **2** 13 f., **3** 10 f., **17** 23
Stundung 3 19

Tantieme 1 136
Tarifautonomie
– Kollektive Selbsthilfe **Einf.** 110
– Kollidierende Verfassungsgüter **Einf.** 87 ff.
– Stärkung **Einf.** 81 ff.
– Stärkung der Tarifautonomie **Einf.** 96 ff., 131
– Tariffestigkeit **Einf.** 111 ff.
Tarifautonomiestärkungsgesetz Einf. 40 ff.
– Referentenentwurf **Einf.** 40 ff.
– Stellungnahme des Bundesrats **Einf.** 46 f.
Tariffestigkeit Einf. 66, 111 ff.
– Gefälligkeitstarifverträge **Einf.** 115 ff.
– Kontrolle **Einf.** 122 ff.
– Tarifversagen **Einf.** 66, 68, 112 ff.
– Tarifvertragliche Richtigkeitsgewähr **Einf.** 66
– Unionsrecht **Einf.** 119 ff., 153 ff.
Tarifindex 9 22 ff.
Tariftreue s. Vergabemindestlohn
Tarifvertrag für Praktikanten im öffentlichen Dienst 22 51
Tatbestandsirrtum 21 16 ff.
Tatsachenvergleich 3 39
Teilzahlung 1 160 ff.
Teilzeitbeschäftigte 22 19
Textil- und Bekleidungsindustrie 24 44 ff.
Transitverkehr 20 17
Trinkgeld 1 158 f.
– Tronc **1** 159
Tronc 1 159

Übergangsregelung Einf. 52, **1** 178 f., **24** 1 ff.
– allgemeinverbindliche Tarifverträge **24** 9

– bestehende Übergangsverordnungen **24** 30 ff.
– Lohnuntergrenze in der Arbeitnehmerüberlassung **24** 12, 46 ff.
– PflegeArbbV **24** 11
– Praktikanten **24** 29
– repräsentative Tarifvertragsparteien **24** 19 ff.
– Tarifverträge **24** 5 f., 11
– Voraussetzungen **24** 13 ff.
– Voraussetzungen für Verordnungserlass **24** 13 ff.
Übergangsverordnungen 24 30 ff.
– Arbeitnehmerüberlassung **24** 46 ff.
– Fleischwirtschaft **24** 38 ff.
– Friseurhandwerk **24** 32 ff.
– Land-, Forstwirtschaft, Gartenbau **24** 36 f.
– Textil- und Bekleidungsindustrie **24** 44 ff.
– Wäschereidienstleistungen **24** 41 ff.
Überstunden 1 28 ff., **3** 8 ff.
Überstundenzuschläge 1 125
Übungsleiter 22 23, 129
Umkleidezeit 1 78
Umschüler 22 32
Unabdingbarkeit 3 1 ff.
Unbedenklichkeitsbescheinigung 19 29
Unionsrecht Einf. 148 ff.
– Tariffestigkeit **Einf.** 119 ff., 153 ff.
unlauterer Wettbewerb 21 107 ff.
untauglicher Versuch 21 26
Unter-18-Jährige s. Jugendliche
Unternehmerbegriff 13 17 ff., **21** 52
Unterrichtungspflichten 18 4 ff.
Urlaubsentgelt 1 41 ff.
– entsandte Arbeitnehmer **1** 45
– Praktikum **1** 44
– Unabdingbarkeit **1** 46
Urlaubsgeld 1 139

Verbandsgeldbuße 21 68
Verbotsgesetz 1 4, **3** 1
Verbotsirrtum 21 6, 16 ff., 63
– Abgrenzung zum Inhaltsirrtum **21** 16 ff.
– Unvermeidbarkeit **21** 19 ff.
Vereinsaktivitäten 22 127 ff.
Verfall 21 58, 70 ff.
– Bruttoprinzip **21** 74 ff.
– Verhältnis zum Bußgeld **21** 72 f.
Verfallsklausel 3 14 ff.; s. a. Ausschlussfristen
Vergabemindestlohn 19 54 ff.
Vergabesperre Einf. 52, **19** 1 ff.
– angemessene Zeit **19** 24 ff.
– Aufhebung **19** 30, 33, 45
– Ermessen **19** 23
– Maximalsperrzeit **19** 26
– Mindestsperrzeit **19** 13, 30
– Öffentlicher Auftrag **19** 14 ff.
– Rechtsschutz **19** 48 ff.
– Strafcharakter **19** 11 ff.
– Unionsrecht **19** 3

magere Zahlen = Rn.

Sachverzeichnis

– Verfahren **19** 31 ff.
– Voraussetzung **19** 18 ff.
– Wiederzulassung **19** 28 ff.
Vergabeverfahren 19 31 ff.
– Anhörung **19** 44 ff.
– Auskunft des Gewerbezentralregisters **19** 40, 42 f.
– Auskunftsberechtigung öffentlicher Auftraggeber **19** 32 ff.
– Eigenerklärung **19** 40 ff.
Vergleich s. Gerichtlicher Vergleich
Verjährung 3 52 f., **21** 58, 84
– Entsendefälle **3** 53
– Ordnungswidrigkeit **21** 58, 84
Verjährungsabrede 3 20
vermögenswirksame Leistung 1 152 f.
Versäumnisurteil 3 34
verstetigtes Monatseinkommen 2 15 ff.
– Arbeitszeitaufzeichnung **17** 44
– Berechnung **2** 18
Vertragsanpassung 3 54 ff.
– Änderungskündigung **3** 59 ff.
– Änderungsvereinbarung **3** 55
– Störung der Geschäftsgrundlage **3** 58
– Widerrufsvorbehalt **3** 57
Vertraulichkeit 10 22 ff.
Verwirkung 3 47 ff.
Verzicht 3 26 ff.
– Anerkenntnisurteil **3** 31 ff.
– Ausgleichsquittung **3** 28
– Erlassvertrag **3** 28
– gerichtlicher Vergleich **3** 35 ff.; s. a. Gerichtlicher Vergleich
– Klagerücknahme **3** 30
– Klageverzicht **3** 28
– Negatives Schuldanerkenntnis **3** 28
– Nichtklagbarkeit **3** 28
– Versäumnisurteil **3** 34
– Verzichtsurteil **3** 31 ff.
Verzichtsurteil 3 31 ff.
Volontäre 22 40
Vorenthalten von Sozialversicherungsbeiträgen 21 100 ff.
– Strafklageverbrauch **21** 101 f.
Vorsatz 21 12 ff.
Vorsitzender 6 1 ff.
– alternierend **6** 7 ff.
– Aufgaben **6** 2
– Ausscheiden **6** 17
– Berufung **6** 3 ff.
– Qualifikation **6** 16

Wäschereidienstleistungen 24 41 ff.
Wegegeld 1 151
Wegezeit 1 76 f.
Weihnachtsgeld 1 135
Weisungsfreiheit 8 3 ff.
Werkstätten für behinderte Menschen 22 13
Wertguthabenvereinbarung 2 34 f., 42, 49 ff.
– Abgrenzungsfragen **2** 53 f.
– Altersteilzeitvereinbarung **2** 52
– ausländische Regelung **2** 57 ff.
– Bereithaltungspflicht **17** 33
– Insolvenzsicherung **2** 55
Wettbewerbsfunktion Einf. 73 ff., **9** 14 ff., **21** 109
Widerrufsvorbehalt
– Sonderzahlung s. Sonderzahlung
– Vertragsanpassung **3** 57
Wiederherstellung der Zuverlässigkeit 19 8, 13, **22** ff., 44 f., 48
Wissenschaftler 7 1 ff.; s. a. Beratende Mitglieder

Zahlungsunfähigkeit 21 37 ff.
– Pflichtwidrige Herbeiführung **21** 38 ff.
Zeitungszusteller Einf. 48 ff., 147, **24** 3, 49 ff.
– Anzeigenblatt **24** 66 ff.
– Hybridzustellung **24** 61
– Pressefreiheit **Einf.** 49 f., 147, **24** 53 ff.
Zentrale Datenbank 15 49
Zielverkehre 20 17
Zollbehörden 14 1 ff., **15** 1 ff., **21** 77
Zulagen und Zuschläge 1 119 ff.
– Akkordprämie **1** 126, 172
– Erschwerniszulage **1** 124
– Nacharbeitszuschlag **1** 123
– Qualitätsprämie **1** 126
– Schichtzulage **1** 125
– Sonn- und Feiertagszuschlag **1** 123
– Sozialzulagen **1** 127
– Überstundenzuschläge **1** 125
Zusammenarbeit mit ausländischen Behörden 18 8 ff.
Zusammenarbeitsstellen 15 33 ff.
Zusammenhangsdelikte 15 40
Zwangsmaßnahmen 15 32
Zweifelsgrundsatz s. in dubio pro reo
Zweitausbildung 22 116